荊楚文庫

〔嘉靖〕蘄州志

〔明〕甘澤 纂修

〔康熙〕蘄州志

〔清〕王宗堯 修 〔清〕盧紘 纂

〔乾隆〕蘄州志

〔清〕錢鋆 修 〔清〕周茂建 等 纂

荊楚文庫編纂出版委員會
武漢大學出版社

荊楚文庫

〔嘉靖〕蘄州志
JIAJING QIZHOU ZHI
〔康熙〕蘄州志
KANGXI QIZHOU ZHI
〔乾隆〕蘄州志
QIANLONG QIZHOU ZHI

圖書在版編目(CIP)數據

〔嘉靖〕蘄州志/〔明〕甘澤纂修.
〔康熙〕蘄州志/〔清〕王宗堯修;〔清〕盧紘纂.
〔乾隆〕蘄州志/〔清〕錢鋆修;〔清〕周茂建等纂.
—武漢:武漢大學出版社,2024.5
ISBN 978-7-307-24108-4
Ⅰ.①嘉… ②康… ③隆…
Ⅱ.①甘… ②王… ③錢… ④盧… ⑤周…
Ⅲ.蘄春縣—地方志—明清時代
Ⅳ.K296.34
中國國家版本館 CIP 數據核字(2023)第 213324 號

責任編輯:黄河清
整體設計:范漢成 曾顯惠 思 蒙
責任校對:汪欣怡
出版發行:武漢大學出版社(中國・武漢)
地址:武昌珞珈山
電話:(027)87215822 郵政編碼:430072
録排:武漢恒清圖文菲林輸出工作室
印刷:湖北新華印務有限公司
開本:787mm×1092mm 1/16
印張:49.75 插頁:6
版次:2024 年 5 月第 1 版 2024 年 5 月第 1 次印刷
定價:198.00 元

ISBN 978-7-307-24108-4
9 787307 241084

出版説明

湖北乃九省通衢，北學南學交會融通之地，文明昌盛，歷代文獻豐厚。守望傳統，編纂荆楚文獻，湖北淵源有自。清同治年間設立官書局，以整理鄉邦文獻爲旨趣。光緒年間張之洞督鄂後，以崇文書局推進典籍集成，湖北鄉賢身體力行之，編纂《湖北文徵》，集元明清三代湖北先哲遺作，收兩千七百餘作者文八千餘篇，洋洋六百萬言。盧氏兄弟輯録湖北先賢之作而成《湖北先正遺書》。至當代，武漢多所大學、圖書館在鄉邦典籍整理方面亦多所用力。爲傳承和弘揚優秀傳統文化，湖北省委、省政府決定編纂大型歷史文獻叢書《荆楚文庫》。

《荆楚文庫》以『搶救、保護、整理、出版』湖北文獻爲宗旨，分三編集藏。

甲、文獻編。收録歷代鄂籍人士著述，長期寓居湖北人士著述，省外人士探究湖北著述。包括傳世文獻、出土文獻和民間文獻。

乙、方志編。收録歷代省志、府縣志等。

丙、研究編。收録今人研究評述荆楚人物、史地、風物的學術著作和工具書及圖册。

文獻編、方志編録籍以一九四九年爲下限。

研究編簡體横排，文獻編繁體横排，方志編影印或點校出版。

《荆楚文庫》編纂出版委員會

二〇一五年十一月

總目録

荊楚文庫

〔嘉靖〕蘄州志

〔明〕甘澤 纂修

前言

《〔嘉靖〕蘄州志》九卷，明甘澤纂修，明嘉靖九年（一五三〇）刻嘉靖十五年（一五三六）補刻本。

甘澤，字仁甫，別號真庵，州人，明成化二十二年（一四八六）舉人，歷任吳縣訓導、太倉學正、四川渠縣知縣。

蘄州沿革，據是志『建置沿革』，北齊置齊昌郡，兼置羅州，後周改爲蘄州。隋初廢，後改州爲蘄春郡，屬淮南節度使。宋爲蘄州，屬淮南西路。元至元十四年（一二七七），改蘄州爲蘄州路。明洪武元年（一三六八）改蘄州路爲蘄州府，領蘄春、黄梅、廣濟、蘄水、羅田五縣。

州志源流不知始於何時，是志凡例多處提及舊志，則是志前應至少尚有一修。而嘉靖三十一年（一五五二）翁學淵所修志書和清代州志序言中皆未提及，可認爲舊志於翁志纂修之前即已佚失。

據是志『書州志補逸後』，是志爲甘澤所作，付梓於嘉靖九年，而版存於甘澤家中。其後書版被人詒去大半，幾爲廢書。『西皋陳公謫倅代至……使人重録，召匠刻補』，於嘉靖十五年重新刊印。其正文每卷卷端鐫『文林郎致仕知縣州人甘澤纂輯 儒學學正閩人王舜鄉校正 訓導真陽裴文采同校正 訓導閩人趙士讓編次 訓導蒙化李茂同編次』，卷之九末頁鐫『儒學生員陳貝 社學生武仲賢 施仲文 陳果 張昱同謄録 江西奉新陳欒余節同刊』。志分天、地、人三册，天册含序、凡例、目録及卷一至卷五，地册含卷六至卷八，人册含卷九及書州志補逸後與後序。

全書凡五十目，部分目下另有子類，所編事蹟各從其類，如『山川』下分『山類』『川類』，『土産』下有『貨類』『穀類』等。卷下各目順序安排依首次原則，如『城池』爲一郡之首，『坊鄉』『市鎮』『橋樑』等以次載之；又如公署爲一郡大小衙門、聽政樓棲息之所，先於『倉場』『鋪舍』，又出於遵宗室之需要，將『藩封』列於『公署』前。舊志混載鄉坊、街坊、牌坊，是志析之，以『重科第，貴仕宦，遵衙門』。內容上，是志講究『事貴實録』，將舊志所録之不實者一一校正。『歷官』所載已往者，有無考者，亦有有可考然有所失傳者，故皆不如在任者詳細。『人物』所載則必求諸仕宦諸公，人物必已没於世，名宦則必已去任，方載之。『詩』『文』録有關世教、堪以垂範者，其餘荒唐幻語、文理謬戾者去之。

是志田賦相關之『户口』『貢賦』『課程』三目所載頗爲詳盡，並於凡例中説明自洪武之後變化趨勢，作爲現今僅存的明代蘄州志書，對於研究當地明朝時期賦税制度具有重要的歷史價值。

據《中國地方志聯合目録》，是志有明嘉靖九年刻嘉靖十五年補刻本，藏於天一閣，另有抄本，藏於上海圖書館。又有一九六二年《天一閣藏明代地方選刊》本。本次據天一閣藏刻本影印。（彭筱溦）

目録

蘄州誌序

蘄爲楚名州舊矣入
國朝建
荊藩於兹疆土尤增重焉
今天子聖學緝熈作極敦化親睦是崇
宸翰奎章毎自
天而降輝映江山邦人聳觀吾
王式克欽承率典樂善雅尚經籍州邑用恊文風日益以隆於是迺有鄉賢士大夫眞庵甘公澤纂輯州誌俾一方之文獻足徵焉誌成藩左史稷從眞庵讀之曰美哉誌乎其迹核其體重其益宏可以爲誌矣夫州之誌猶國之史也史不爲天

下萬世而已意之逞是之謂曲筆誌不爲一鄉與後世而徒以文具爲則將謂何是誌也吾見公而不私也直而不阿也質而不誕以淳也然則其迹不旣核矣乎昔儒有云經以載道史以載事吾惑焉夫道外無事事外無道是故其事得則爲道其事失則爲非道道與事匪有二焉耳矣今兹誌一州史也所載自建置沿革以至詩文爲目凡五十然而有三要焉在養民在衛民在敎民其本則得人而已物産養濟之屬所以養民也軍衛城池之屬所以衛民也學校科貢之

屬所以教民也官得人焉則行之者臧而道是用合官不得人焉則行之者匪臧而道是用離夫誌也可以觀道然則其體不既重矣乎是誌既爲完書歷漢唐以下迄于今千數百年之故具在也繼自今吏玆土者遠稽諸古曰某時某也

其所以養民衛民教民者有道也吾儆之是吾師也近考諸今曰某時某也其所以養民衛民教民者有道也吾儆之是亦吾師也夫不同者時也無不同者道也隨時制宜同底於道以納斯民於阜成之域者存乎人也而於誌焉有賴然

則其益不既宏矣乎其迹核故可信其體重故可觀其益宏故可傳余故曰可以爲誌矣眞庵默然良久曰子之言然尋謁余請以斯言序諸首簡余不能辭也乃悉次而書之先是余同年太倉唐侍御信伯按楚與眞庵夙有師弟誼以其誌屬學正王君舜卿輩校正編次下有司鋟梓迨東魯張公銜

上命繼至謂是有關於政教復督及之然未有能應者會金陵周君南來守蘄慨然以剗宿弊興善政爲務問州之故爰覩此編曰是誠余益矣是誠余益矣刻而傳之余責也

乃遂刻焉眞庵丞以碩學薦於鄉
歷官典教邑令皆茂著聲績晚就
懸車追念厥考福寧守玉窻先生
嘗留心誌事未就因用遺稿殫力
脩纂竟成其先志云
嘉靖八年己丑冬十一月吉
賜進士奉議大夫
荆府左長史華亭吳稷序

蘄州誌凡例

一纂編事蹟貴各從其類如有土者皆山類有水者皆川類名宦即歷官之優人物即科貢之最隱逸者即人物之藏脩恩封者即人物所自出武勳節孝亦人物所崇重悉各以類而載之無以僊釋流寓之在蘄者附焉

一事貴實錄舊誌所載如王彥明本東晉恭皇帝忠節之臣而以爲宋末元兵壓境忠節知州竟不察元兵壓境時止是知州管景模聽信黃州知州陳弃之徇（徇行示也）而以城降之涵輝閣環翠亭本在舊治羅州子城上而謂在今治子城竟不察今治之無子城甚至山誤其所名寺誤其所始凡一切錄之不實者今悉正之

一城池爲一郡之首稱坊鄉市鎭橋梁堤渡之類其次也古蹟又爲郡城之勝悉以次載之

一坊有鄉坊街坊牌坊之異舊誌混載無別今析之所以重科第貴仕宦尊衙門也

一公署爲一郡大小衙門聽政棲息之所其倉場鋪舍皆在所屬故各以次載之然必首之以藩封尊
宗室也

一田賦之數始定於洪武二十四年永樂十年至景泰三年其數多於洪武天順六年至嘉靖元年其數多於永樂宣德正統景泰自洪武一定之後兩次加多姑依此錄之以俟考其所由

一歷官詳於見任畧於已往蓋已往無考間

有可考其所當志者彼此互失其傳故不得如見任之詳也

一人物必求諸仕宦諸公而得之蓋有體斯有用即其用而無愧於名宦無以老而晚節之益堅斯其所以爲人物也人物名宦豈有二道哉然其可錄人物必於沒世名宦必於去任

一詩文有關世教堪以垂範者錄之他如荒唐幻語文理謬戾者去之

蘄州誌凡例畢

蘄州誌目錄

蘄州誌目錄畢

蘄州誌卷之一

文林郎致仕知縣州人甘澤纂輯
儒學學正閩人王舜卿校正
訓導貞陽裴文采同校正
訓導閩人趙　士讓編次
訓導蒙化李　茂同編次

建置沿革

上古度地爲州而州之名以始後世受命按圖而州之地益廣歷三代以至漢唐宋其間或以州部郡或罷郡置州或定爲上中下州而州之地各有定分矣蘄之爲州則自後周始而爲郡爲州爲路凡幾易爰考載籍以叙諸首俾考古定今者於此乎有稽焉

蘄州地夏商無考在周爲蘄國春秋戰國爲蘄國屬楚（自湖南北十州皆楚見杜氏通典此後五見通典）秦屬南郡（以楚郢爲南郡晉武帝時南郡郢治江夏見通典）西漢置爲蘄春縣（黃梅廣濟蘄水羅田在西漢爲蘄春縣地見一統志）屬江夏郡（今武昌）東漢置爲蘄春國吳改蘄春郡晉省郡以縣屬弋陽郡（黃岡縣境西陽城即晉弋陽郡治地見一統志）東晉改爲蘄陽縣（晉簡文皇帝鄭

右諱阿春以春秋爲陽秋富春爲富陽蘄春爲蘄陽以避后諱見齊東野語宋齊竝
屬西陽郡宋齊劉宋蕭齊西陽郡即今黃州府魏黃初中命將守之見通典北七
齊置齊昌郡兼置羅州後周改爲蘄州隋初郡
廢開皇三年罷天下諸郡以州統縣見通典後改州爲蘄春郡煬帝大業
三年又改州爲郡置太守見通典唐復爲蘄州大唐武德元年改郡爲州改太
守爲刺史見通典屬淮南節度使宋亦爲蘄州屬淮南
西路寧宗嘉定十四年辛巳金人犯境知州李
誠之等死之景定四年癸亥元人犯境安撫使
王益遷今治孝恭德祐元年乙亥元人復犯今
治知州管景模帥于黃州知州陳弃之徇以城
降之景炎二年丁丑即元世祖至元十四年丁
丑是年改蘄州爲蘄州路屬河南行省淮西江
北道黃州路淮西江北道屬河南行省一統志
國朝洪武元年戊申改路爲府領縣五蘄春爲附
郭以黃梅廣濟蘄水羅田爲外領洪武九年丙
辰五月改府爲州罷蘄春縣外領黃梅廣濟蘄
水羅田屬黃州府洪武十二年己未割蘄水羅
田入黃州府蘄州仍領黃梅廣濟編戶六十里
八坊廂仍屬黃州府後因消乏景泰間編戶二
十五里三廂坊

州名

蘄州今名蘄春西漢縣名東漢國名隋郡名蘄陽東晉縣名羅州北齊
名

分野

周禮保章氏以星土辨九州之地所封之
域皆有分星則分野之說其來尚矣然古
之星經至漢散亡保章氏分星不可考爰
采舊傳所入度姑錄于左以俟精於天文
者辨之

蘄州在春秋戰國屬楚秦屬南郡郢西漢置蘄
春縣屬江夏郡楚在禹貢爲荊州之域在星紀
翼軫之分野天有十二次而星躔皆列于上地有十二州而分野各屬于下南
郡入翼十度江夏郡入翼十二度晉天文志蘄居荊楚一
隅之地隨其所屬皆入翼蘄實翼分野矣不可
泥吳頭楚尾之說而妄有所議

疆域

昔者先王甄度四海以步分道里於是天
下廣狹險易遠近悉具焉蘄州一隅之地
號稱要區四方相距視古倍蓰而視今別
郡蓋在廣袤之中用列所止以見其畧云

東止廣濟縣楊林鋪界西止蘄水縣陸廟鋪界南止興國州黃顙口鎭江心界北止羅田縣雞兒河界雞兒河蘄水羅田英山蘄州交界之所惟羅田居正北故曰北止羅田縣界

里至

東至廣濟縣楊林鋪界四十里縣前鋪七十里西至蘄水縣陸廟鋪界六十里縣前鋪一百二十里南至興國州黃顙口江心界一十里州前鋪七十里北至羅田縣雞兒河界一百四十里縣前鋪二百里東南至南京水路一千三百七十里陸路一千一百三十五里西北至北京水

路四千八百一十五里陸路三千八百九十里

形勝

自封建廢而郡縣立後世定爲上中下三等每等又有上中下之差自上郡至下下等凡九等如此者不一而足又皆定爲品秩所以任牧伯也然或德浮於已濫八命而虛擁名稱者不足以當形勢之勝也

國朝龍興乃愼是選一以德行文藝由貢舉而進授之郡縣焉于以制五鄙而統四甸眞足以當形勢之勝而爲萬世斯民之建極自秦漢以來郡縣之盛未有過焉者也

蘄州形勝附次于左觀者考焉

背麟岡面鳳嶺大江襟其前諸湖帶其後左控匡廬右接洞庭按輿復蘄州舊治記南距大江北接光蔡西連黃岡東峙灊院張子師廣教院記左舒右黃蘄春古郡云云佳山秀水還絡千里有鼓吹之白雲之勝又余章記三泉堂云江湖絕處宋關詠神光觀記占淮濡之上腴或又以吳頭楚尾荊揚交會之區稱之

按三泉堂天下第三泉之堂也是泉在蘄水縣龍泉山龍泉井唐陸羽嘗此取水烹

茶品爲天下第三泉統誌謂在縣之鳳栖山或又謂在州之鳳凰山皆失之矣夫蘄水在西漢爲蘄春縣地自劉宋分析爲縣至

國初俱屬蘄州及按神光觀亦在蘄水縣玉臺山宋關詠作記亦以時尚屬州故備稱蘄州形勝風俗李常記廣濟寺於蘄之風俗亦極稱之寺則不知其處或廢於前代而泯其迹未可知也

風俗

五性靡常而風俗自有不同者蓋水土氣
習所染非天地之中本然也故欲變其風
而正其俗則在司教化者機括轉移何如
耳曾公治中牟而童子不敢乳雉延壽治
潁川而盜竊亦自潛伏良有以夫蘄州舊
誌盱俗富庶樂於爲儒數十年來人文宣
朗名士輩出斐然成風良由
聖朝涵濡禮樂之教既深且久而牧茲土者
又皆躬行以振勵之故民風士習益隆益
盛但喪禮一節不無可議故采名臣遺訓

倂
嘉靖新令于後俾人知所戒云
其人淳龐近古李常廣濟寺記秀民樂於爲儒宋關詠神光觀
記云云而不輕釋其業彬彬喜學而有鄒魯之遺風士習詩書民務稼穡
萬安脩學記近來喪禮一節漸不如古初喪必裂帛
以弔客名爲散孝喪家執持以爲首務或幹
辦不前則愧赧不自勝富貴者逞其所有貧乏
者强其所無取備是用競以相高殊不知弔禮
一畢退即除之如浼已然至有吐詈而攘其不
祥者焉何也蓋吉凶之常變在人則有專當故
不得如本宗九族五服正服及袒免之安然則
散孝爲何益哉及至殯葬送客散孝弊同初喪
先此數日盛張酒具招賓燕飲侑以鼓樂名爲
孝筵貧者倣效未能間乗夜分扛柩暗埋謂之
偷葬甚至競趨時好曠越寒暑停柩暴露或致
遭回祿竟無尺寸之膚以歸土酒食之害一至
於此哀哉先朝楊文貞公諭其子曰凡喪家遇
親朋來弔皆散孝蓋弔是常禮孝是凶物請他
人爲已持孝大非禮大非禮吾死後切不可行
或有縉紳大夫來弔待賓者明謝以非禮不敢

褻瀆實非慢也嘉靖戊子監察御史劉謙亨等
奏爲禁奢侈以正風俗事内開喪葬之家肆筵
裂帛揚旛結綵崇僧道誦經聚優伶爲戲恬不
爲怪乞要
禁革通行天下伏讀大儒訓辭
愚臣論列蘄弊率皆坐是如更相教誡一洗陋
習則禮教行而風俗正不患其不復古矣

山川

禹貢九地闢而高山大川所以别天下之
區域故九賦九貢無弗給者焉乃若全楚

之壤土地廣衍山澤之利無窮在今日則又宋張耒所謂一大藪澤也蘄州阻山帶水尤爲大郡野沃田良足以事耕取材於山求鮮於水足以益富饒物產之盛名於天下厥賦上下厥貢羽毛齒革之類夫豈無所於取足哉其間窮崖秀谷長谿曲澗每爲名賢逸士選奇而遊憩高僧羽流擇地而栖止又幽勝之具存也附而書之

山類

麒麟山在州後東北八景中麟閣江山即此

鳳凰山在州前西南八景中鳳岡曉鐘即此

周公山在州城北因爲義阡故名（已上在城）

龍峯山在州北八里山麓有大石洞曾產花蛇

龜鶴山在州東十五里兩山相對各具像形八景中龜鶴梅花即此

盤龍山去州北十里舊有石鼓院今廢

磨盤山去州北六里

大泉山去州東十五里

宣撫山去州北十里

呂王山去州北七里僞王姓呂者築城于上（因名）

打鼓臺山去州東五里

野狐山去州東十里

安陽山去州東三十里

夫妻山去州東三十五里

展旗山去州東五十里

百家冶山去州東三十里曾產蘄竹今無

高山去州北三十五里（已上俱在安平上鄉）

細石山去州北四十里

石牛山去州北四十里

圓峯山去州西五十里

林亂山去州西北八十里其山峭嶮林木蓊鬱因名（已上俱在永福上鄉）

馬下山去州西六十里世傳漢高祖討英布于此駐馬因名（一名馬鞍山一名馬華山）

白雲山在舊治西北一里在今治五十里山阿有僧寺揭名廣敎其山舊志亦依附誤載郄於類列復著白雲山且山之奠靈幽人咏士多所鄭重如泥以廣敎復求白雲則雖有大猨如靈運將從何地以敀足也況今寺鐘型署白雲又有足徵故刪廣敎山名

茅山去州西六十里濵江山麓有石齒刺水面
折山去州北六十里折湖之水發源於此因名
策山去州北七十里自英山縣發脈
雲霧山去州北七十里山麓齒刺一石石有虎足跡蹲踞猛肆之勢猶可想見相傳伏虎禪師伏虎于此故遺足跡亦名虎踏石（已上俱在永福下鄉）
堆金山去州一百三十里
四流山去州一百二十里山頂迤邐有水南入蘄水縣西亦入蘄水縣北入壽州霍山縣東

入安慶府太湖縣因名（已上俱在青山上鄉）
三角山去州東北一百二十里峯巒秀拔頂有三尖因名
豹子山去州北一百二十里皇城鎮
老鴉山與豹子山相峙峭拔聳翠蜿蜒二三十里（已上俱在青山下鄉）
盧師山巔石平漫廣衍刻有三大字勁絕蒼古世傳前人註五經于此亡其姓氏疑即盧師因以名山
鼓角山去州東北一百五十里壁立峻絕諺傳漢高祖屯兵此山鳴鼓角因名又傳天欲雨聞有鼓角聲一名鼓吹山
掘斷山去州東一百八十里
九龍山去州東北一百二十里上有高谿寺白崖祖師石身
唐家山去州東北一百五十里
四隘山去州東一百五十里有四隘口因名
小泉山去州東一百五十里（已上俱在崇居上鄉）
白雞山去州東一百五十里
還原山去州東一百五十里

道觀山去州東一百二十里因天常觀名
金鵞山去州東一百二十里
大王山去州東北八十里
雲峯山去州東一百一十里（已上俱在崇居下鄉）
寶蓋山去州東二百五十里
鏡臺山去州東一百五十里
將軍山去州東一百五十里
龍玄山去州東二百五十里
相山去州東北二百五十里接太湖縣界
大原山去州東二百五十里

茅平山去州東二百五十里
丫頭山去州東北二百五十里已上俱在大同上鄉
龍目山去州東北一百四十里相傳宋高宗南渡曾過此山見其聳翠秀拔注目久之因名
六合山去州東一百二十里有東洞龍王聖井在焉
大樽山去州東一百六十里有九十九灣羅州城之祖山也
石人山去州東一百四十里有石如人因名已上俱在大同下鄉

燕子崖在青山下鄉去州北一百二十里元至正間汪不花團結鄉兵立寨于此築壘禦紅巾賊
捨身崖在三角山第一峯石上有人形世傳慈應祖師在此脩行所臥迹也天空雲淨江際風帆遠近樓臺縹緲在目名曰捨身甚言其險也
玉峯嶺在崇居上鄉去州東北二百里
小隘嶺在崇居上鄉去州北一百五十里
國公𦬒在青山下鄉去州北一百二十里昔英太師統兵自英山過此因名
磨旗坂在青山下鄉去州北一百二十里昔英太師統兵駐此磨旗肅軍有竊民徐元英曾者捕獲遂磔以示衆
花蛇洞在龍峯山麓舊產白花蛇今無
僊人洞在大泉山之陰
老龍洞在三角山絕頂有三井洞僅一隙通明井中時或浮出蘆葦脅世謂通江河未知然否
東西二龍洞上有三洞龍王廟

許家洞在六合山雖公尖元末許姓者避亂于此因名路在澗中成化間有人入洞探得所藏今路爲泥沙湮沒人行其上閧閧有聲內可容五六百人

川類　洲磯墩附

金沙湖在州東十里又名東湖
赤東湖在州北十里湖九十九汊春夏水溢秋冬水涸八景中東湖春水即此
諸家湖在州城外人皆得漁故名湖屬廣濟縣地因環繞州之東南隅類而誌之

西河在舊治羅州之西上接宗渡河實一水而
二名
宗渡河在大同上鄉去州東北一百八十里舊傳高宗南渡經此故名
蘄河在崇居下鄉去州東北五十里發源大樸
山經黃城河入赤東湖注大江
黃城河在青山下鄉去州東八十里
翻車水在州東南八十里九江王黯布背項羽
歸漢於此水築城名翻車城
高谿水在崇居上鄉去州東北一百二十里其
派南入蘄河名三十六水

鈷鉧水在舊治州前源出楂梨山入蘄河
雙水在青山上鄉去州北一百四十里有龍潭水常湖水因名
義井在州西南俗呼三眼井
東洞龍王井在崇居上鄉去州東一百一十里
其水清潔湧沸不竭山岩石壁環抱峙立
丹井在州東北井底有四竅按四時出泉世傳
王全眞鍊丹于此其水清潔能解熱疾
西河井在西河驛
會龍井在三角山寺傍水分青黃白三色俗謂
三龍之氣眼水滿其色極清淺則三色自見

西龍井在三角山西龍王廟下其井水分文武
文井左旋武井右旋石壁夾谿宋有聞人題
詠其上今字畫剥落無傳
湯井在崇居上鄉去州北一百四十里其沸如
湯有硫黃氣
大泉出大泉山麓
蓮花池在州北一里亦名王家塘八景中城北
荷池即此
太清池在州東一里玄妙觀前八景中太清夜
月即此

三角山池舊傳三洞龍王會龍之所
掛口港在州北五里內接東湖外濱大江春夏
水長從此入湖秋冬水消從此出江江湖之
水隨時吞吐因名
高湊塘在州北一里
清水塘在州北二里
高家堰在州北六十里今廢
六龍潭在州北一百二十里高谿寺左凡天將
雨水上洶湧其聲如雷震聞二十里外
洗馬潭在州北八十里

鴻宿洲一名金沙洲在州西二里大江中八景
中鴻洲煙雨卽此
龍眼磯在州西一里大江中八景中龍磯夕照
卽此
新生磯在州西南三里大江中學士李東陽過
此有詩見藝文
顧家墩在赤東湖中偏西船艘倏衝烈風每遭
覆溺之患正德十年州人顧相捐貲募工築
爲高墩以便梢泊鄉人感其義遂名顧家墩

蘄州誌卷之一終

蘄州誌卷之二

文林郎致仕知縣州人甘澤纂輯
儒學學正閩人王舜卿校正
訓導眞陽裴文寀同校正
訓導閩人趙士讓編次
訓導蒙化李茂同編次

户口

先王取於民之制自朝廷以及百官蓋有
不得已而爲之賦斂也故粟米布帛力役
因時而取然三者雖均而力役尤所當恤
何者民力奪則粟米布帛無所於成故也
皇明御極力役之征緩急惟時而休養生息之
恩殆百六十年于兹故户口日蕃載籍有
不勝書者盛矣哉蘄州前代民數無徵今
之户口備入編籍具列左次

洪武二十四年户一萬二千九百三十五
口七萬八千六百九十八
永樂十年户一萬二千二百二十二
口七萬四百三十
永樂二十年户一萬一千八百七十七

口七萬二千六百三十九
宣德七年　戶一萬一千八百七十七
口七萬二千六百二十九
正統七年　戶一萬一千三百五十六
口六萬二千一百二十九
景泰三年　戶一萬一千三百五十六
口六萬二千一百二十八
天順六年　戶八千六百五
口六萬四百三十
成化八年　戶七千八百七十二

口六萬三千六百七十
成化十八年　戶七千八百七十
口六萬三千九百五十一
弘治五年　戶七千九百七十
口七萬二千九百五十二
弘治十五年　戶七千九百八十八
口六萬八千三百十七
正德七年　戶七千九百八十八
口六萬八千三百十七
嘉靖元年　戶七千九百八十八

口六萬八千三百三十七內男子三萬例該徵鈔婦女三萬八千三百三十七例不該徵
舊例每一丁徵鈔六貫每貫折徵銀三釐共折徵銀一分八釐
嘉靖新例每一丁亦徵鈔六貫每貫折徵銀一釐一毫伍絲三忽共折徵銀六釐九毫一絲八忽
每歲起運南京庫鈔六萬八千七百四十五貫
本州存留支用鈔六萬八千七百四十五貫

貢賦

先王什一之制天下之中正也故禹貢一

書爲中邦之成賦而貢賦之職於太宰者截然可考後世頭會箕斂則失之桀而或三十稅一百餘稅一則又失之貉而不可以行國朝參酌古今凡百貢賦隨土之宜惟正之供率以什一爲則誠萬世之良法也雖然有良法有良吏秦栢以五縣均楊承爲列郡最夫良法得良吏而行每每皆然蘄之賢守倅亦必容心於此矣

歲進野味活麂二隻
歲辦雜皮二百七十張

白硝退毛麂皮二百四十張白硝退毛獐皮
一十八張硝熟帶毛虎皮二張
歲進各色紵絲四十一疋
深青三十疋黑綠六疋丹礬紅五疋
洪武二十四年官民田地塘三千九百七十八
頃三十三畝一分
田三千三百四十四頃三十六畝三分
地四百六十三頃七十六畝一分
塘一百七十頃二十畝七分
夏稅小麥二百四十二石四斗二升二合六勺

隨粮絲九十四斤六兩四錢二分織絹七十五
疋一丈五尺六寸三分
租絲三十一斤一兩八錢織絹二十五疋二丈
七寸
農桑絲七斤一十五兩九錢六分織絹六疋一
丈五尺九寸四分
秋粮米二萬八千五十九石八斗三升七合二
勺

課程

本州歲辦原額各色課鈔一千七百三十九貫
酒醋課鈔一千四百二十二貫六百八十文
茶課鈔二十二貫八百七十三文
椒課鈔四十六貫四百七十文
房地賃租鈔二百四十六貫四百七十文
稅課局歲辦原額各色課鈔二萬七千六十二
貫
商稅課鈔一萬五千八百二貫三百七十文
門攤課鈔一千四十三貫二百四十四文
赤東湖河泊所歲辦原額各色課鈔
魚課鈔一萬九千八百八十五貫六十二文

魚八千三百九十六斤一十二兩九錢三分
魚鰾四十一斤九兩六錢一分
折色黃麻四千三百二十五斤
永樂十年官民田地塘四千頃一十一畝二分
三釐
田三千三百五十六頃一十一畝四分三釐
地四百七十二頃一十一畝五分
塘一百七十一頃八十三畝三分
夏稅小麥二百四十二石九升一合一勺
隨粮絲九十四斤六兩四錢二分織絹七十五

疋一丈五尺六寸三分
租絲二十九斤一兩一錢四分織絹三十一疋
一尺五寸六分五釐
農桑絲七斤一十四兩八錢織絹六疋一丈二
寸
秋粮米二萬八千七十五石五斗八升六勺
課程
本州歲辦原額各色課鈔二千一十八貫三百
七十五文
酒醋課鈔一千四百二十三貫六百八十文

茶課鈔四十六貫九百一十五文
稅課局歲辦原額各色課鈔一萬八千四百二
十九貫七百文
商稅課鈔一萬六千八百五十六貫四百文
門攤鈔一千四百三貫六百文
稅契鈔五百九貫六百六十文
赤東湖河泊所歲辦原額各色課鈔一萬九千
八百八十五貫一百文
魚課本色鈔一萬七千八百一十八貫五十
文

魚課内花銀一百二十兩折收鈔五百一十
八貫
魚課内收乾魚二千斤折鈔一千貫
魚苗課鈔三百二十一貫六百文
鵞鴨課鈔一百八十五貫四百文
池塘課鈔五十貫五十文
魚油本色油五百九十六斤一十四兩
魚油辦收黄麻一萬三千七百五十斤折油
一千斤
魚鰾本色一十一斤

魚鰾内收黄麻三百七十三斤一十二兩折
鰾二百三十斤
鵞翎七萬七千三百一十三根
永樂二十年官民田地塘四千頃一十一畝一
分三釐
田三千三百五十六頃一十六畝四分三釐
地四百七十二頃一十一畝五分
塘一百七十一頃八十三畝三分
夏稅小麥二百四十二石九升一合九勺
隨粮絲九十四斤六兩四錢二分織絹七十五

疋一丈五尺六寸三分
租絲三十九斤一兩一錢四分織絹三十一疋
一尺五寸六分五釐
農桑絲七斤一十四兩八錢織絹六疋一丈五
寸
秋粮米二萬八千七十五石五斗八升六勺
宣德七年官民田地塘四千頃一十一畝二分
三釐
田三千三百五十六頃一十六畝四分三釐
地四百七十二頃一十一畝五分

塘一百七十一頃八十三畝三分
夏租小麥二百四十二石九升一合九勺
隨粮絲九十四斤四兩三錢六分織絹七十五
疋一丈二尺五寸二分
租絲三十九斤一兩一錢四分織絹三十一疋
七尺
農桑絲七斤一十四兩八錢織絹六疋一丈二
寸
秋粮米二萬八千七十五石五斗八升六勺
正統七年官民田地塘四千頃一十一畝二分

三釐
田三千三百五十六頃一十六畝四分三釐
地四百七十二頃一十一畝五分
塘一百七十一頃八十三畝三分
夏稅小麥二百四十二石九升一合九勺
隨粮絲九十四斤四兩三錢六分織絹七十五
疋一丈二尺五寸二分
租絲三十九斤一兩一錢四分織絹三十一疋
七寸
農桑絲七斤一十四兩八錢織絹六疋一丈二

寸
秋粮米二萬八千七十五石五斗八升六勺
景泰三年官民田地塘四千頃一十一畝二分
三釐
田三千三百五十六頃一十六畝四分三釐
地四百七十二頃一十一畝五分
塘一百七十一頃八十三畝三分
夏稅小麥二百四十二石九升一合九勺
隨粮絲九十四斤四兩三錢六分織絹七十五
疋一丈二尺五寸二分

租絲三十九斤一兩一錢四分織絹三十一疋七尺
農桑絲七斤一十四兩八錢織絹六疋一丈二寸
秋粮米二萬八千七十五石五斗八升六勺
天順六年官民田地塘四千三頃五十二畝四分三釐
田三千三百五十七頃三十六畝三釐
地四百七十四頃一十一畝三釐
塘一百七十二頃四畝四分

夏稅小麥二百四十二石七斗一升一合四勺
隨粮絲九十二斤四兩三錢六分織絹七十五疋一丈
租絲三十九斤一兩四錢織絹三十疋七尺
農桑絲七斤一十四兩八錢織絹六疋一丈二寸
秋粮米二萬八千一百四十四石九斗四升三合四勺
成化八年官民田地塘四千三頃五十二畝四分三釐
田三千三百五十七頃三十六畝三釐
地四百七十四頃一十一畝七分
塘一百七十二頃四畝四分
夏稅小麥二百四十二石七斗一升二合四勺
隨粮絲九十二斤四兩三錢六分織絹七十五疋一丈
租絲三十九斤一兩四錢織絹三十疋七尺
農桑絲七斤一十四兩八錢織絹六疋一丈二寸
秋粮米二萬八千一百四十四石九斗四升三合四勺

成化十八年官民田地塘四千三頃五十二畝四分三釐
田三千三百五十七頃三十六畝三釐
地四百七十四頃一十一畝七分
塘一百七十二頃四畝四分
夏稅小麥二百四十二石七斗一升二合四勺
隨粮絲九十二斤四兩三錢六分織絹七十五疋
租絲三十九斤一兩四錢織絹三十疋七尺

農桑絲七斤十四兩八錢織絹六疋一丈二寸
秋粮米二萬八千一百四十四石九斗四升三
合四勺
弘治五年官民田地塘四千三頃五十二畝四
分三釐
田三千三百五十七頃三十六畝三釐
地四百七十四頃一十一畝七分
塘一百七十二頃四畝四分
夏稅小麥二百四十二石七斗一升二合四勺
隨粮絲九十二斤四兩三錢六分織絹七十五

疋一丈
租絲三十九斤一兩四錢織絹三十疋七尺
農桑絲七斤一十四兩八錢織絹六疋一丈二
寸
秋粮米二萬八千一百四十四石九斗四升三
合四勺
弘治十五年官民田地塘四千三頃五十二畝
四分三釐
田三千三百五十七頃三十六畝三釐
地四百七十四頃一十一畝七分

塘一百七十二頃四畝四分
夏稅小麥二百四十二石七斗一升二合四勺
隨粮絲九十二斤四兩三錢六分織絹七十五
疋一丈
租絲三十九斤一兩四錢織絹三十疋七尺
農桑絲七斤一十四兩八錢織絹六疋一丈二寸
秋粮米二萬八千一百四十四石九斗四升三
合四勺
正德七年官民田地塘四千三頃五十二畝四
分三釐

田三千三百五十七頃三十六畝三釐
地四百七十四頃一十一畝七分
塘一百七十二頃四畝四分
夏稅小麥一百四十二石七斗一升二合一勺
隨粮絲九十二斤四兩三錢六分織絹七十五
疋一丈
租絲三十九斤一兩四錢織絹二十疋七尺二寸
農桑絲七斤一十四兩八錢織絹六疋一丈
秋粮米二萬八千一百四十五石五斗九升六
合六勺

課程

本州歲辦原額各色課鈔三千二十貫八百一十五文

稅課局課鈔一萬七千六十三貫

赤東湖河泊所課鈔一萬九千八百八十五貫十三文

嘉靖元年官民田地塘四千三頃五十二畝四分三釐

田三千三百五十七頃三十六畝三釐

地四百七十四頃一十一畝七分

塘一百七十二頃四畝四分

夏稅小麥二百四十二石七斗一升二合四勺

隨粮絲九十二斤四兩三錢六分織絹七十五疋一丈

租絲三十九斤一兩四錢織絹三十疋七尺

農桑絲七斤一十四兩八錢織絹六疋一丈二寸

秋粮米二萬八千一百四十五石五斗九升六合六勺

課程

本州歲辦原額各色課鈔三千二十貫八百一十五文

稅課局課鈔一萬七千六十二貫

赤東湖河泊所課鈔一萬九千八百八十五貫二十二文

土產

天下之名物多矣自中古爾雅畢備厥後諸儒義訓埤輔則又加詳焉兹特撮其土之所産疏列于左俾博雅君子引伸觸類而知所考索云

貨類

絲花 芝麻一名胡麻石勒之時諱言胡字改曰芝麻 麻餅本草云倉芝麻碎

麻六帖化治絲枲麻也麻之蓺各有所宜而緝布之用類不出此 布一名白疊一名吉貝六帖南蠻吉貝草緝其花為布精曰吉貝粗曰白疊

簟詩斯干下莞上簟註云竹葦曰簟又曰簟竹席也以竹為席曰簟是因席謂之簟也故成王顧命曰敷重篾席注云桃竹枝席也又曰敷重筍席竹席也是則周初以竹名席簟之名則出於周之中葉也

扇崔豹古今注曰舜廣開視聽求賢人以自輔乃作五明扇而黃帝內傳亦有五明扇也陸機扇賦昔武王玄覽作扇然則今之招涼者武王時所作也

傘風俗通曰張帛避雨謂之繖蓋卽傘也帛夏時人三代已有此也繖傘字也

帋後漢書蔡倫傳自古書多以竹簡其用縑帛謂之帋縑貴而簡重並不便於人蔡倫乃造意用之樹皮麻頭弊皮魚網以爲帋時稱爲蔡侯帋

筆說文曰楚謂之聿吳謂之不律燕謂之弗秦謂之筆張華

博物志蒙恬造筆古今註曰牛亨問自古有書契以來便應有筆世稱蒙恬造筆何也曰
恬始爲秦筆耳以枯木爲管以鹿毛爲柱羊毛爲皮非兔毫竹管也由此觀之羊毛筆蒙
恬也製絲皇圖要記曰伏羲化蠶爲絲雲笈又云黃帝元妃西陵氏始養蠶爲絲
穀類自穀食之教興而穀之種類徧天下矣後宋眞宗太宗聞占城國之穀耐旱遣使求之遂名曰占穀今占穀之名實自此始焉
占穀　江西早　臨江早　王瓜早　七十日
柳條赤　青管赤　茅紅秈　三友稻
糯穀　交秋糯　虎皮糯　蜜蜂糯　見缸消
晚穀　光頭晚　銀硃晚　香稻晚
黍類說文曰以大暑而種之故名曰黍

白黍　黑黍爾雅曰秬黑黍又曰秠一稃二米註曰是亦黑黍
粟類說文曰粟之爲言續也
白粟爾雅曰芑白苗　赤粟爾雅曰虋赤苗　黏粟爾雅曰衆秫
麥類
來大麥也牟小麥也詩曰貽我來牟帝命率育又曰於皇來牟將受厥明蓋言來牟爲嘉穀之占來牟熟則百穀無不熟矣
豆類總名曰菽
黃豆　紅豆　綠豆　黑豆　豌豆　蠶豆
蔬類蔬菜也
芹爾雅曰芹楚葵一名水英　韭論衡曰韭者久也說文曰一種而久者故謂之韭

莧有三色紅莧白莧紫莧爾雅曰蕢赤莧郎今紅莧是也莖葉皆高大而見故其字从見
芥劉佃曰芥似菘而有毛其子如粟又曰芥辛菜也食芥墮淚
菘劉佃曰菘性凌冬不彫四時長見有松之操也
葱爾雅曰青謂之葱埤雅曰韭蜀宜白輭良地種法一本卒七八支支多者科輭圓大
壺蘆古今註壺蘆瓠之無柄者也埤雅曰壺性善浮要之可以涉水南人謂之腰舟
大蒜張騫使西域得大蒜而還大蒜自漢有之也
胡荽博物志曰張騫使大夏得胡荽鄴中記曰石勒改爲香荽今人謂之塩荽
笋一名萌一名蒻一名篙一名蘿一名竹胎一名茁一名祹篁
果類
梅梅果中之嘉實也　杏埤雅曰梅一名柟杏類也則杏爲梅類

棗棘大者棗小者棘蓋若酸棗所謂棘也於文重束爲棗並束爲棘一曰棘實曰棗蓋棗性
重喬棘則低矣其制字如此　梨魏文詔曰可解煩結　柿酉陽雜俎曰柿有七絕
橘書曰厥包橘柚安國疏小曰橘大曰柚劉佃曰橙亦橘屬淮南子曰橘踰淮而北爲枳
栗劉佃曰栗味鹹北方之果也有莱蝟自裂又曰今栗房秋熟罅發其實驚躍如爆去根餘
甚遠所謂栗駭其以此歟　石榴博物志曰張騫使安石國得種植中國故名石榴
櫻桃埤雅曰櫻桃爲木多陰其果先熟一名荊桃一名含桃許慎曰鸎之所含食故曰含
桃謂之鸎桃則亦以鸎之所含食故謂之鸎桃也
桃埤雅曰桃有華之盛者其性早華諺曰白頭種桃曰桃三李四故首雖白其華子之利可
待也然皮束莖條頻急四年以上宜以刀劃其皮不然皮急則死
李素問曰李韭皆酸李東方之果木子也故其字从木从子性頗難老老雖枝枯子亦不細

其品虞桃上故果屬有六桃最爲下
菱許慎曰菱稜也楚詞註曰卽菱也
芡許慎曰芡雞頭也傅云蓮芡之蜀有橐貊一名鷄頭其蓬蹲似雞首故曰雞頭一名雞壅
藕爾雅曰其本蔤其根藕蓋莖下白蒻在泥中者曰蔤藕偶生又善耕泥引長故藕之文从耦名之亦曰藕

瓜類

王瓜爾雅曰鉤藈姑郭璞註曰鉤瓤也一名王瓜實如瓝瓜正赤味苦
西瓜宋太史濂曰瓜產西域中國取而食之故名西　甜瓜體輪菌穰甘如蜜
瓝瓜尾銳如頭今俗呼爲菜瓜　冬瓜本草冬瓜性急而能走肉有疾者不可食

花類

桂花　菊花　葵花　芍藥　玉簪　梔子

海棠　鹿葱　薔薇　雞冠　芙蓉　水仙
紫荊　茉莉　鳳仙

木類

松禮記其在人也如松柏之有心也故貴四時不改柯易葉
柏性堅緻有脂而香史記曰松柏百木之長而守宮闕劉尚書曰柏視松也猶伯視公
椿莊子曰上古有大椿八千歲爲春八千歲爲秋
桐種有四曰青桐曰梧桐宜植近齋閣曰白桐材中琴瑟曰岡桐子大有油
楓釋木云楓欇似白楊有脂而香今之香楓是也葉作三春霜後色丹謂之丹楓
槐元命苞曰樹槐聽訟其下註槐之言歸也情見歸實也今之庭陛植槐本此
榆龔遂爲渤海勸民種桑榆鄭澤爲魏郡課百姓植榆爲籬　柳柔脆易生與楊同類

竹類

蘄竹一名笛竹以色潤者爲簟節疎者爲笛帶鬚者爲杖　猫竹　水竹
斑竹　紫竹　苦竹

藥類

益母草爾雅萑蓷郭璞註曰今茺蔚也葉似荏方莖白華華生節間又名益母廣雅云
艾爾雅曰艾冰臺其字从乂草之可以乂病者也一名灸草　茶淮南子曰茶能解藥毒
芣苢一名馬舄一名車前一名當道爾雅曰芣苢馬舄車前景純註大葉長蕙好生道傍
薄荷　山梔子　南星　紫蘇　蒼朮　山查
牛膝　半夏　括蔞　香付子　麥門冬

羽類

鷄春秋題辭鷄爲積陽火德之精故陽出鷄鳴以類感也玄中記桃都山有大樹曰桃都枝相去三千里上有天鷄日初出照此木天雞卽鳴天下鷄隨之　鵝爾雅一名舒鴈江東人謂之鴚廣志駕鵝卽野鵝也
鴨爾雅鴨一名野鳧風俗通鷄伏鴨卵雛成入水鷄毋隨岸呼之雛出而不隨毋鴨鷄異類能相隨也　伯勞爾雅鶪伯勞也廣雅一名博勞
一名伯趙月令仲夏之月鶪始鳴　鷹廣雅一歲爲黃鷹一歲爲梳鷹三歲爲青鷹月令驚蟄之日鷹化爲鳩
鸜鵒說文似鵙而有幘今俗呼爲八哥　雉史記呂台名雉改曰野鷄
烏爾雅一名鴉禽烏之白脰者南人謂之鬼雀鳴則凶咎
鵲一名乾鵲一名乾鵲陸賈新語乾鵲噪而行人至　鶯說文黃鸝倉庚也鳴卽蠶生詩疏名不一曰黃鸎倉庚商庚鶩黃楚雀黃袍
燕爾雅燕玄鳥也說文燕布翅岐尾作巢避戊己日　百舌易通能反覆其舌隨百鳥之音
鳩爾雅註之布穀江人

東呼爲𣝔穀方言大者謂之斑鳩或謂之佳鳩

啄木 爾雅鴷啄木也異物志啄木大如雀啄足背青翠舌長寸秒有刺鈄

雀 說文雀依人小鳥古今註雀一名嘉賓言栖宿人家如賓客又淮南子大廈成而燕雀賀

毛類

馬 李伯樂相馬經馬生下墮地無毛行千里尿舉一脚行百里闌筋竪者千里馬膝如團麴千里馬一歲上下齒二十四歲齒黃三十三歲齒白馬一頭爲王欲得方目爲丞相欲得明春爲將軍欲得强腹爲城郭欲得張四下爲令欲得長眼欲得高匡眼睛欲得如懸鈴紫艷大眼下懸蚕懸鑿欲得成鼻孔欲得大鼻頭欲得有王火字口中欲得赤膝骨欲得圓而張耳欲相近而竪小而厚伏龍骨欲得長雙趺欲得大而突蹄欲厚腹下欲得平有八字尾骨欲得高而垂一凡相馬之法先除三羸五駑乃相其餘大頭一羸也弱脊大腹二羸也

〈蘄州誌　天〉重三十三

小脛大蹄三羸也大腹緩耳一駑也長頸不折二駑也短上長下三駑也大骼短脅四駑也淺髖薄髀五駑也

騾 今俗作騾釋文曰驢父馬母所生

驢 篇訓曰似馬長耳一名衛子世本曰衛靈公好乘驢故人目驢爲衛子或曰晉時衛玠好乘跛驢爲戲當時稱驢爲衛子以譏玠故又有蹇衛之稱云蹇跛驢也

牛 經曰青牛黑牛离牛頭上一巻黃者謂之黃頷牛黃牛胷前一巻白如掌許大謂之白胷牛白牛頭黃者名牛中之王角潤相去一尺者名龍門牛黃黑色牛當春背上一条白者名曰蒿春牛養之主大吉慶若牛身有鹿斑有頭白有黑身頭白尾白有頭脚俱黃角白者此牛養之皆不吉利

羊 周禮羊曰柔毛

豕 爾雅豕豬也曲禮豕曰剛鬣

貓 西陽雜俎貓目精旦暮圓及午竪斂如綖其鼻端常冷惟夏至一日暖俗言貓洗面過耳則客至一名蒙貴一名烏圓又劉尚書曰鼠善害苗而貓能捕鼠故貓之字从苗

狗 爾雅曰未成毫狗家獸也故劉伍扎子曰狗叩也叩氣吠以守也許愼以从犬句聲蓋狗从苟韓子曰蠅營狗苟故从苟也

鹿 列仙傳一千年爲蒼鹿又百年化爲白鹿又五百年化爲玄鹿

麞 道書言麞鹿無魂故可食

兔 舐雄毫而孕故生子從口中而出

鱗類

鯉 今之頳鯉也一名鱣鯉魚之貴者也

魴 一名魟卽今之青鯿也

鱧 今玄鱧是也諸魚中惟此魚膽甘可食有舌鱗絕有花文一名文魚與蛇通氣其首戴星夜則北嚮

鰷 身狹而長若條然故曰鰷也

鱣 大魚似鱏口在頷下無鱗長鼻軟骨俗謂之玉板大者長二三丈江東呼爲黃魚

鱘　鰱　鯖　鮎　鰣　鰌

鱔　鰻　鯽　鮊　鰶　鱠　鱅

介類

〈蘄州誌　天〉又重三十三

龜 劉佃曰龜舊也外骨內肉腸屬于首廣肩無雄與蛇爲匹故龜與蛇合謂之玄武

蟹 許愼曰蟹臨也劉佃曰蟹八脆而二敖水垂殼堅而脆團臍者牝尖者牡也八月腹內有芒眞稻也未被霜食之有毒外骨內肉旁行故今里語謂之旁蟹

蝦 馬援爲武陵太守賑貧羸薄賦稅蝗入海化爲蝦

鼈 以眼聽穹脊連脅水居陸生養魚經曰魚滿三百六十龍爲之長而引飛出水內鼈則魚不復去故鼈亦名神守

蚌 小蚌非唇蚌也

螺

蘄州誌卷之二終

蘄州誌卷之三

文林郎致仕知縣州人甘澤纂輯
儒學學正閩人王舜卿校正
訓導眞陽裴文采同校正
訓導閩人趙士讓編次
訓導蒙化李茂同編次

城池

城池所以防險固備不虞斷乎不可無也自古石城湯池之教興而強攻弱守必以是爲要務焉

皇明一統四海爲家然要害遐荒城郭溝池皆足以代藩屛蘄州腹裏之地而城池間設慮亦遠矣玆因誌其制以見沿革之由而職守者當知所愼云

蘄州舊城卽羅州城宋嘉定辛巳金人犯境知州李誠之力戰不支城陷死之元世祖中統四年癸亥卽宋理宗景定四年癸亥元兵據河西白雲山設砲臨城守者懼夜率其民保鴻宿洲以據之安撫使王益遷麒麟山創築今城西濱大江東距南北環遶諸家湖不勞疏鑿功而據以爲池亦天設自然之險也孝恭皇帝德祐元年乙亥卽元世祖至元十二年乙亥元兵復從襄陽沿降至蘄知州管景模從黃州知州陳弈之徇（徇行示也）以城降之元至正辛卯紅巾賊劉福通倡亂徐壽輝僭號據之僞相陳友諒弑壽輝復自僭據是爲僞漢癸卯七月

聖祖與陳友諒大戰於鄱陽湖友諒大敗十月親征武昌甲辰友諒之子理銜璧出降是年

聖祖卽王位遣指揮趙廣清領千戶許勝陳遇二所官軍至蘄守禦戊申正月

聖祖始登寶位建元洪武元年越六年癸酉許勝始因舊址脩砌永樂六年指揮胡善增築腰墻垛口天順七年指揮李廣胡宣成化二十二年指揮李泰田禎正德十四年指揮王欽舒泰代相脩砌其城周闊九里三十三步一千一百三十丈高一丈八尺其池東南北闊一十七丈八尺西則天塹瀰漫不可以丈尺計爲門六東曰朝陽西曰旬宣西之右曰澄清西之左曰善城正南曰文明正北曰雄武原建城門六座窩鋪三十所敵樓三座城垛三千一百六十五箇

城上串楼九百九十間

坊鄉

第一坊在州南一里

第二坊在州東三里

第一廂在州北二里

安平上鄉在州東三十里

安平下鄉在州東北五十里

永福上鄉在州西北六十里

永福下鄉在州西北六十里

青山上鄉在州北一百五十里

青山下鄉在州北八十里

崇居上鄉在州東一百五十里

崇居下鄉在州東北一百三十里

大同上鄉在州北二百里

大同下鄉在州東一百八十里

街坊

麻石街在州西　滑石街在州南

十字街在州南　丁字街在州北

嘉會坊在州前　平政坊在州前

文明坊在儒學前　仁和坊在分司前

清晏坊在州東　寅賓坊在州東

金沙坊在州南　鳳山坊在文明門内

懷德坊在州西　豐樂坊在州西

通義坊在州西　拱辰坊在州北

威振坊在州西　兌澤坊在旬宣門内

勇智坊在州西　和樂坊在椎武門外

武定坊在州西　清江坊在澄清門外

平津坊在旬宣門　全勝坊在州城東北

椎江坊在法勝寺　迎恩坊在遞運所

椎邊坊在朝陽門外

科第坊

解元坊在儒學左爲永樂十五年解元程燧成
化二十二年解元華巒立

進士坊在儒學右爲成化二十三年進士華巒
壽儒立

經元坊在椎武門外爲正統三年經元宋誠立

登科坊在椎武門外委巷爲正統九年舉人陳
溱立

俊士坊在文明門外巷口爲景泰元年舉人張
禧立

擢秀石牌坊在雄武門外爲景泰元年舉人江琳立
鵬程萬里坊在文明門外濱江爲景泰七年舉人胡祥立
飛黄坊在州西爲天順六年舉人華仲賢立
文奎坊在善城門外爲成化元年舉人金蘭立
登第坊在雄武門外爲成化元年舉人易濂立
登科坊在善城門外爲成化四年舉人甘瑩立
攀龍坊在旬宣門内坡上爲成化四年舉人何珍立

亞元坊在旬宣門内爲成化十年亞元田鵬立
三桂坊在州南爲成化十九年舉人壽儒華霦劉臣立
登雲坊在三桂坊前偏左爲成化二十二年舉人甘澤立
恩榮坊在旬宣門外爲天順元年進士王翰立
進士坊在朝陽門内爲天順元年進士劉澄立
進士坊在州西爲成化十一年進士華仲賢立
仕宦坊
都憲坊在州宣化坊前爲都御史熊翼立
晝錦坊在雄武門外爲知府宋誠立
地官坊在旬宣門外爲郎中王翰立
方伯太史氏坊在州西爲布政華仲賢編脩華鑾共立
各衙門坊
肅政坊在布政分司前　宣化坊在州前
澄清坊在按察分司前　泮宫坊在儒學前
宣威坊在衛左　振武坊在衛右
郭市鎮橋垻渡
馬口廂郭在州西南　水陸巷郭在州西北

羊子料郭在州南　三里岡郭在州東北
谿口市去州四十里　西河市去州五十里
茅山鎮去州六十里　大同鎮去州二百里
菩堤橋在州東三十里舊誌謂眞觀間慈應禪師造非蓋眞觀唐太宗年號慈應唐敬宗寶曆二年生人没于後唐同光元年
滑石橋在州南宋景定五年安撫使王益造
盧家橋在州北七里橋西官路以木爲之
蜈蚣橋在州旬宣門外
横車橋在州北西河驛官路以木爲之史謂金

人犯境知州李誠之迎擊遇于橫槎橋大破
之玆橋與鋪俱曰橫車聲相近而誤傳也
芭茅橋在州北芭茅山側官路以木爲之
新興橋在州北四里
青山鄉武昌里轉蓬橋在州北七十里景泰五
年造
駱駝橋在崇居鄉去州一百里弘治元年民人
唐仁造
崇居鄉大王山轉蓬橋去州北一百里正統二
年造

乭胥垻在州東一里諸家袁市二湖之界古爲
白馬渡後築爲垻弘治間知州陳霽增築寬廣
高亭居民作室以棲其左右
東門垻年久崩塌指揮李繼捐貲脩砌橫埂廣
加倍於舊
西河渡在州北五十里通西河驛官路
赤東湖渡在州北一十里通安平等十鄉路
乾明磯渡在州西一里通鴻宿洲路
黃顙口渡在州南十里通興國州路

古蹟 城亭堂閣樓石鎮店渡廳今附

州名郡號隨時而改頹垣斷礎其蹟俱存
不有紀載則後之視今如今之視昔何由
而知耶凡昔有而今無者悉爲志之或可
與弔古者之一嘅云
羅州城在安平下鄉去今治五十里北齊時築
江夏城在蘄州類要云江夏王所築見一統誌
呂王城在州西北五里僞王呂姓者所築因名
四見亭原在舊治白雲山北塔後宋治平中范
純仁知蘄州政暇必遊白雲廣教寺僧因建
立亭林敏功爲記景定癸亥安撫使王益遷

建今治亭復建于治北麒麟山陰後郡守李
榮祖重建劉廷闓爲記今廢
環翠亭在舊治蘄州子城上子城城門外之月城宋時建
豈弟堂在舊治西北忠恕堂在舊治儒學俱宋時建
安民堂在舊治又有思政貴簡雙桂雙蓮四堂皆宋時建
涵輝閣在舊治蘄州子城上元豐間蘇子瞻以
高麗入貢上表賦詩取罪謫黃州團練副使
有客道涵輝閣之勝而誦其所賦霽容天在
水春態柳藏橋之句子瞻欣然以態易色字
時郭祥正亦賦有詩見藝文後人題咏併煙

屏見山二樓俱指在今治非是
煙霏樓在舊治蘄春縣内
見山樓在舊治蘄春縣内
西龍崖石在三角山石刻觀頤視履四大字傍
題大宋淳熙丁巳潘震爲蘄春三角寺書
六逸崖石在三角山上鐫元豐八年三月主事
陳同知某文林郎編脩某避暑憩此題刻有詩
時人稱爲羅漢洞誤矣
麒麟山石在州治右成化六年毁眞武廟掘地
得之額有風雲奇觀四字下有律詩一首無

作者名氏石移置
荆府詩見藝文
廢蘄陽鎮巡檢司在呂王山之下昭化寺之前
今潴水處産蓮中央墩阜即其遺址
皇城鎮在青山下鄉去州治一百二十里汪不
花墓在其傍遺址尚存
達城鎮去皇城鎮十里蘄界接壤汴京故設有
是鎮
劉家店在青山下鄉去州治一百二十里昔宋
都在汴蘄之達城皇城乃去汴通衢時劉姓
者設店于此
白馬渡在州治東一里諸家袁市二湖之界今
名乞屑垻即其處
歐家渡在青山下鄉去州治北一百二十里西
龍達城二河合流之處宋季頻罹金人冦寔
便趨避去渡數步有石鐫雲路二大字勁古
可愛
演武廳校場三處一在城南三里洪武三年千
戸許勝建立一在城東壕岸洪武二十年指
揮楊信建立一在城北五里近掛口濱江洪

武二十二年吉安侯塚集軍時建立今俱廢
江山清趣亭在州城鳳凰山南四祖寺後弘治
五年
欽差蘄州公幹錦衣衛指揮同知孫瓚建置避暑司
事刑部侍郎戴珊爲記其事司禮監太監蕭
敬都御史謝綬僉事富玹咸賦有詩

蘄州誌卷之三終

蘄州誌卷之四

文林郎致仕知縣州人甘澤纂輯
儒學學正閩人王舜卿校正
訓導貴陽裴文釆同校正
訓導閩人趙士讓編次
訓導蒙化李茂同編次

藩封

先王封建同姓所以隆本支崇屏衛也惟昔有周封國七十而同姓者居五十三漢監于秦務廣舉絶時亦號彌長世至唐則

世遠親盡中雖有不滿者猶慶延三百可不知所自耶

國朝龍飛肇基億萬年無疆之休而皇支帝系維翰維城星羅於霄極者何其盛也詩云文王孫子本支百世信矣哉蘄州自荆憲王由建昌遷國于蘄至我今王殿下其間詠葛藟而詵詵輩出者直有以媲美三代而超軼漢唐矣用志其居第于左觀者庶有考焉

荆王府在州麒麟山之陽舊爲蘄州衛併軍民居址

正統八年荆憲王自建昌度地遷建正統十年之國

官員内使

承奉司承奉正一員　承奉副一員
典寶所典寶正一員　典寶副一員
典膳所典膳正一員　典膳副一員
典服所典服正一員　典服副一員
内使司冠一名　司衣三名
司佩一名　司履一名
各門官門正一員　門副一員

内使司樂二名　司弓矢二名
長史司左長史一員　右長史一員
典簿廳典簿一員
審理所審理正一員　審理副一員
典膳所典膳正一員　典膳副一員
奉祠所奉祠正一員　奉祠副一員　典樂一員
典寶所典寶正一員　典寶副一員
紀善所紀善二員
良醫所良醫正一員　良醫副一員
典儀所典儀正副各一員　引禮舍人三員

工正所工正一員　工副一員
伴讀四員　教授四員
廣容倉庫大使各一員　副使各一員
群牧所正千戶一員　副千戶一員　百戶十員
儀衛司儀正一員　儀副一員　典杖六員
旗手正千戶一員
荆王長子永定王府在　本府內
都昌王府在州城東南
樊山王府在州城文明門內
富順王府在州城東南

永新王府在州城東　各教授一員　典膳一員
都梁王府在州城文明門內第二子鎮國將軍請承祀徙居焉
都昌惠靖王第四子鎮國將軍府在州西
都昌懷順王第二子鎮國將軍府在州西南
都梁悼惠王第三子鎮國將軍府在州城東隅今爲第一孫輔國將軍府
樊山溫懿王第五子鎮國將軍府在州西小街
樊山溫懿王第六子鎮國將軍府在州南大街
都梁悼惠王第二孫輔國將軍府在州西大街
都梁悼惠王第三孫輔國將軍府在州西小街
都梁悼惠王第四孫輔國將軍府在州西

楚望縣主府在州南儀賓王陵
祁門縣主府在州西儀賓羅文蘄水縣人今爲百姓家
石陽縣主府在州南儀賓張勳今改爲寧都郡君府儀賓張驢
寧遠縣主府在州西儀賓徐崑
華陽郡君府在州南儀賓華岱　象山郡君府在州西儀賓楊熾
東阿郡君府在州西儀賓韓世儒　鄖西郡君府在州西儀賓王希仁
慈谿郡君府在州東儀賓熊泰
鄆城郡君府在州東儀賓宋德儀
上饒郡君府在州西儀賓劉儼
歸安郡君府在州南儀賓羅爵儁州人

公署

古者建官立極有取象於天以定居者是曰南宮至臺省寺監衛府制各不一皆所以栖命吏而宣化切爲治之道莫先焉
皇明啓運制度維新自
京師以至一郡一邑莫不援有廈屋齊其臣工爵秩使居以承宣化理焉蘄州實古名郡凡州治衙門藩臬行臺無弗具焉上批下承各有攸歸而且得賢長貳相繼整飭棟宇之隆巍然煥然尤爲一方之表觀云

蘄州在北齊爲羅州後周改爲蘄州宋景定四年元兵壓境安撫使王益遷建今治燬于元末
國朝洪武元年知府左安善始因舊址立爲府治洪武九年改府爲州正統二年知州王坦景泰二年知州陳範成化六年知州莊轍州治衙門廨宇代相脩建悉備譙樓圮壞成化十二年知州王宣重建去任荆王折毁弘治十一年判官張弘宣復建歲久傾圮嘉靖六年知州李材同知吳中立判官譚崇吏目奚銘協議重建州治衙門廨宇至是又一新焉

正廳三間後堂三間幕廳三間東司房五間西司房五間承發司一間架閣庫十間儀門三間譙樓五間土地堂一間知州衙一所同知衙一所判官衙一所吏目衙一所吏舍二十間監房二連申明亭一座

洪武十六年知州孔思森省令十鄉依式建立旌善亭一十一座

州前一座十鄉各一座

安平上鄉在黃土嶺　安平下鄉在谿口

永福上鄉在彭師橋　永福下鄉在馬下山

青山上鄉在新安坂　青山下鄉在黃城河

崇居上鄉在水車坂　崇居下鄉在同東灣

大同上鄉在宗渡河　大同下鄉在掘斷山

清軍廳在朝陽門外東嶽廟右養濟院左弘治間判官張弘宣市民陳滄地建立遺址尚存

布政分司在州治西南正統十三年遷移州之東南知州姜浩蓋造

正廳三間後廳三間儀門三間外門三間廚三間廊左右六間

按察分司原在州西舊蘄春縣治正統八年遷于舊城隍廟左今長史司前正統十三年遷于州之東南知州姜浩蓋造

前後廳六間儀門三間外門三間廚三間廊六間外房六間

府館在布政分司之右成化二十年知州王宣造

正廳三間後廳三間儀門三間外門一間廚房三間左右廊房六間

稅課局在州治西一里原爲稅課司洪武二年知府左安善創建洪武九年屬州爲局後屬荆王府弘治六年仍隸本州

廳屋三間廊房三間門房一間衙屋一所

赤東湖河泊所洪武元年知府左安善創建洪武九年屬州後屬

荆王府弘治六年仍隸本州
廳屋三間門房一間衙屋一所
蘄陽驛在州治旬宣門外洪武二年知府左安
善創建洪武九年屬州
廳屋三間官房六間譙樓三間廚屋一所衙屋一所
遞運所在州治北二里迎恩坊洪武五年知府
徐麟創建洪武九年屬州
廳屋三間門屋三間衙屋一所
西河驛在州北五十里洪武十二年知州孔思
森創建

廳屋三間門屋三間廊房六間馬房一十二間
茅山鎮巡檢司在州治西六十里洪武二年知
府左安善創建洪武九年屬州
廳屋三間廊房三間譙樓一座衙屋一所
大同鎮巡檢司在州治北二百里正統五年知
州王坦奏立
廳屋三間廊房三間譙樓一座大門三間衙屋一所
陰陽學舊在州旬宣門外久廢正德十一年知
州李純建置于府舘西南
學舍一間門屋一間

醫學舊在州西洪武十年知州孔思森起立久
廢正德十一年知州李純建于府舘西南惠
民藥局一間門屋一間
僧正司在四祖寺洪武十五年僧正竺宗開設
道正司在玄妙觀洪武十年道正陳玄隱開設

倉場

倉場之設各有專當以司出納故其長吏
不得以專理而獨任之唐則著爲令至宋
淳化中又有不許監莞之詔自昔爲然矣
國朝制額府州縣必立判與簿專理儲歛而

兼總於守令蓋以守令之任風化所由宜
躬撫字是故不以貨財累之也雖然於糾
察之任則又有攸歸焉昔胡綱爲河內令
每親詣縣倉入以善政歸之則以高雅自
將而不屑於此又非守令之所貴蘄州有
倉曰廣儲曰便民曰預備宜悉記于左俾有所考
惠民倉在舊治嘉定十三年知州李誠之建立今廢眞西山爲記見藝文
廣儲倉在州治西南一里洪武二年知府左安
善創建洪武十六年被火延燒知州孔思森
重建成化七年知州莊轍同知周仁廣協議

脩葺

倉廳三間大門三間神堂三間廒九座五十四間

便民倉在州北其址先屬牓帳民地成化間致仕知府宋誠市置里納租賃屯粮歲備漕運正德間參歸舉人李朴嘉靖元年知州魏脩判官李昭募里納出其羨鬻于朴籍稅仍分布里納蓋其規畫實自昭始而脩則奬成其事云

倉廳三間大門一間廒六座

預備倉洪武二十三年知州楊琪遵奉戶部差

本州隨朝老人嚴進等賫到榜文分頭建立東在大同下鄉磨石嶺西在永福下鄉火爐鋪南在安平下鄉麻陽山北在青山下鄉關口仍遵蘄字四號勘合於原在府運鈔入員處領鈔一萬二千七百錠內止將七百六十六錠該鈔三千八百三十貫分頭糴穀東倉一千三十八石西倉一千三百五十七石南倉六百三十九石北倉七百九十六石剩鈔一萬二千一十一錠亦遵勘合解

京進納併將糴到稻穀分豁回報以是各倉稻穀歛放豐收自時厥後原設看倉人役相繼淪沒倉廒亦就傾圮權以便民倉廒貯發官民不爾便嘉靖六年知州李材同知吳中立判官譚崇吏目奚銘協議廢墜呈臺省允文許割[illegible]廣儲倉隙地建立倉廒三座倉廳門屋各三間伏覩榜文我

太祖高皇帝聖旨卽天地生物之心也是以殄歲凶荒民得存活者豈非

聖祖之賜哉是用誌之非但俾民知恩有自亦以爲今之子民者告焉

榜文

戶部爲預備粮儲事洪武二十三年五月二十日本部尚書趙勉等

奉天門欽奉

聖旨恁戶部運鈔差隨朝老人就去他本州縣如是豐年糴下些預備粮食倘遇著民飢時接濟他且如到一州縣每處做四面兒分著於抵隣縣疆界里路中間村鎮上依傍著大戶置立倉囤就於當地人民內點選年高老人或七八人或十數人眼同收糴出將榜去教百姓每知道但

是粮有餘的人家要鈔使用從他自將粮食求易換許令糴粮的戶兒自家行槩平斛至鈔照依彼用時價當面給鈔與他糴粮促備就教那眼同糴粮的老人赴
京來見糴下粮食分付那村鎮上大戶每看著倘遇年歉還著糴粮老人親自來奏以憑差人同去給散欽此本部切照近爲山東登萊等處年歉有司
聞及至朝廷知道鋪馬裏差人去賑濟因粮食錢鈔給散不到根底尚有失所人民今特欽承

〈蘄州誌　天〉　五十四

上命收糴預備粮儲實爲小民防患除差隨朝老人分頭前去照依欽奉
旨意收糴外合行出榜曉諭所在人民知會一體欽遵施行如差去老人不照彼中時價增減尅落及不令人戶親自行槩至鈔多收斛面因而阻壞作弊別生事端非理擾害許諸人指實赴
京陳告以憑區處須至榜者

蘄州衛軍儲倉今爲衛址仍置倉西南隅

鋪舍

鋪舍之設在三代盛時有不可緩者矣蓋以達政事而速於行故稽程里至日行四百里日行五百里如人之脉絡周流四體不容以一息間者其在春秋戰國君子亦以比德行良有以夫
國朝遠稽古制凡荒服要地皆設有鋪舍以需急遞不直亭舘廬舍而已建置之盛何其周備如此哉蘄州爲荊揚交會之區部使文字絡繹載道不舍晝夜故鋪舍在所當備有司者宜究心焉用志其名所之大槩于后

〈蘄州誌　天〉　五十五

鋪舍一十二處洪武元年知府左安善建每鋪郵亭一座正房三間東西廂房六間

州前總鋪在州南　兩路口鋪在州東
石家壋鋪在州東　菩堤壩鋪在州東
高山鋪在州治北　十里店鋪在州北
三家店鋪在州北　西河鋪在州治北
火爐鋪在州治北　橫車鋪在州治北

養濟院舊在文明門外洪武二年知府左安善立成化間知州莊轍遷立朝陽門外男女房各一所

蘄州誌卷之四終

蘄州誌卷之五

文林郎致仕知縣州人甘澤纂輯
儒學學正閩人王舜卿校正
訓導眞陽裴文采同校正
訓導閩人趙士讓編次
訓導蒙化李茂同編次

學校

先王建國必以學校爲首務蓋自三代而下未嘗外此以爲治本也我
皇明撫運稽古立制自國都以及郡縣莫不有學所以治隆化治而比迹于三代者良有以也蘄州學舊在羅州遷建今治爰敘始末于左俾有所考焉

蘄州學漢唐無考宋乾道八年建安李宗思爲教授北海通守王公領州符訓誨作興兩得其人朱文公爲記嘉定十四年辛巳金人犯境城陷學燬教授阮希甫死之明年壬午希甫贈承務郎學亦復興景定四年癸亥元人犯境安撫使王益并州治遷建麒麟山之陽復燬于元末
國朝洪武二年知府左安善仍於舊址創建府學洪武九年改爲州學正統九年知州王坦脩建
天順二年知州趙應隆重建脩撰萬安爲記成化八年知州莊轍重建明倫堂樂育堂號房樓
成化二十二年知州周廣榮市學傍袁旻住基以廣學地弘治五年知州楊淮遵奉
欽差本州公幹刑部侍郎戴珊議處公美銀五百五十餘兩米二百餘石市學傍民地毀二郎廟建麗澤堂號房四節祠戴珊自爲記

大成殿五間櫺星門三座東西廡各九間戟門三間采芹亭一座神厨庫各一間明倫堂五間樂育堂三間東西齋各六間麗澤堂五間觀德廳一座號房四十間射圃一所崇賢祠一間衙屋各一所四節祠三間

社學三所成化間知州王宜奉
欽差提督學校副使薛綱案驗市地建立
一在府館西南今廢其址爲陰陽醫學
一在朝陽門外丁家坡西今廢
一在朝陽門外酈家坡東今廢遺址尚存

軍衛

古者因井田以制軍賦問農事而脩武備軍民合一而未分自秦開阡陌以來而軍

民之制始分民以養軍軍以衛民此軍衛
所以設也
國朝自畿內以及州郡皆有軍衛所以重內
而防外者法至備矣蘄州始以一所守禦
尋陞爲衛凡戮力靖難之臣蔭是土者
皆能效勤匪懈武備益修百六十年于玆
一方宴肅民庶安堵有由然哉志軍衛
蘄州衛原在州麒麟山之陽始於元末癸卯
聖祖討平僞漢陳友諒明年甲辰
聖祖即王位遣指揮趙應淸千戶許勝陳遏率其部

伍守禦蘄州戊申
聖祖登極建元洪武元年明年己巳調陳遏一所守
禦武昌以許勝軍卒立爲守禦千戶所創建衙
門脩築城垣洪武十一年八月指揮朱德等領
鳳陽操軍四千戶所至蘄改守禦所置爲衛撤
其廳事與俱增建中前後左右五所洪武十二
年朱德相度東郊闢演武廳校場東西濶五十
八丈南北長一百六十九丈麗廳事三楹名演
武永樂六年十一月調指揮同知胡善督理軍
政凡城池門禁營築悉備正統八年衛基遷爲

荊王府移建本衛軍儲倉基成化七年指揮李廣
胡瑄重脩成化二十三年指揮李泰田禎重建
正廳三間左右耳房各二間東西司房各六間儀門
五間前門三間鎭撫廳三間經歷知事衙各一所五所
廳各三間各門房三間旗纛廟三間演武廳三間

官制

建官之制肇於畫野分州詳於罷侯置守
漢承秦弊寖以奢廣唐襲隋制亦傷於繁
宋因李唐之興襲五代之制又不能無得
失之可議也我

國朝建官自畧而詳一本乎成周治世之典
故三公而下六卿分職各率其屬以倡九
牧阜成兆民官不煩而吏不冗視秦漢以
後之制不足言矣猗歟盛哉蘄州有守有
貳至綂屬諸司亦又有相維相制之勢焉
第列于左方

蘄州知州一員
同知一員
判官一員
吏目一員

儒學學正一員
訓導三員
廣儲倉大使一員副使一員
遞運所大使一員
蘄陽驛驛丞一員
西河驛驛丞一員
茅山鎮巡檢司巡檢一員
大同鎮巡檢司巡檢一員
稅課局大使一員
赤東湖河泊所大使一員

陰陽學典術一員　醫學典科一員
僧正司僧正一員　道正司道正一員
蘄州衛指揮使五員
指揮同知四員
指揮僉事八員
經歷一員　知事一員
衛鎮撫三員　所鎮撫五員
正千戶十員　副千戶三十員
百戶四十七員

蘄州誌卷之五終

蘄州誌卷之六

文林郎致仕知縣州人甘澤纂輯
儒學學正閩人王舜卿校正
訓導貴陽裴文采同校正
訓導閩人趙士讓編次
訓導蒙化李茂同編次

名宦　歷官

州牧之設其來尚矣蓋不特秦廢封建之後然也王制千里爲州州有守其時列爵惟五實分諸侯之任春秋以降則曰州尹

曰知州曰知府曰刺史雖名稱不一所以承流而宣化也夫豈有異哉蘄州自創始以來州牧無慮數百然州無紀載之書牧無題名之石世遠人亡隨以湮沒者多矣於乎甘棠有詠秀麥有歌豈吾人果不古若耶今采其所可知者表而列之賢否兩存使傳循吏者將有徵亦因以示勸戒於後

名宦

唐

韓思彥蘄州録事叅軍嘗過汴州有張僧澈者廬墓三年詔表其閭請思彥爲頌餽縑二百不受固請爲受一疋謂其家曰此孝子之縑不可輕用

員半千蘄州刺史不專任吏惟以文雅自飭故禮化大行

呂元膺蘄州刺史嘗録囚囚因歲旦不得省爲恨因泣元膺惻然悉釋械歸之而戒其依期還吏白不可膺曰吾以信待人人豈我遺因依期至自是群盜感德相率避境而去

宋

呂誨字獻可開封府鄆城縣人治平中爲御史知時雜議推尊濮王典禮誨力陳不可彈歐楊修首建邪議併劾韓琦曾公亮附會出知蘄州尋徙晉州加集賢殿修撰知河中府

范純仁字堯夫蘇州人仲淹子從胡瑗孫復遊勤志肄業父歿始出仕知襄城縣治平中爲侍御史多所彈劾畧無諱避時方議濮王典禮與御史呂誨等更論奏不聽家居待罪既而尊號甫定復以言詔就職遂通判安州改知蘄州

王禹偁字元之咸平間知黃州朞年政通人和百廢具興士君子慕其高風大節移知蘄州謝表云宣室鬼神之問敢望生還茂陵封禪之書已期身後帝曰禹偁其亡乎踰年而卒

林大年錢塘人和靖先生之姪孫也父肯承和靖教登進士甲科生大年介潔自喜爲英宗朝侍御史連被臺移出治獄拒不肯行爲中丞唐介所奏降知蘄州卒于官

張商英字天覺蜀州新津人長身偉然姿采如峙玉負氣倜儻豪視一世元符間朱諤彈商英在紹聖初雖有章䟽論列元祐臣僚然本是姦黨遂出知蘄州列名黨籍

梅執禮仕爲給事中與宰相王黼相善以詩規之黼怒罷顯謨閣待制出知蘄州

李宥知蘄州歲凶民散委嬰兒而去者相屬於路宥令吏收取計口給谷俾營婦均養之每旬閱視所活甚衆

虞策字經臣杭州錢塘人登進士第通判蘄州時蔣之琦以江淮發運上計神宗訪東南人才之琦以策對擢提舉利州路常平湖南轉運判官召爲監察御史進右正言仕至龍圖閣學士

蕭服廬陵人舉進士以使事得入對徽宗謂有諍臣風擢御史為吏部員外郎出知蘄州
韓世清知蘄州州人請為兵馬鈐轄有賊劉忠
犯州境世清戰破之
施溫舒淳熙間知蘄州淳祐間刻震澤語録于蘄
李宗思建安人與朱文公相友善乾道八年為
蘄州學教授文公為教授廳記美其善教
羅頎徽州人宋吏部尚書汝楫之子郢鄂二州
太守之弟紹興間通判蘄州事賜緋
王玠蘄黄鎮撫使司幹辦公事會鎮撫使孔彥
舟謀叛開陳百端不聽入罵曰逆賊萬段彥
舟併玠家屬沉之龍眼磯

李誠之字茂欽婺州東陽人知蘄州寧宗嘉定
十四年辛巳金人犯境極力捍禦不支城破
子死引劍將自刎呼其孥曰城已破汝等宜
速死母辱妻與婦及孫皆赴水死事聞贈朝
散大夫祕閣修撰封正節侯廟祀于蘄賜額
褒忠仍賜其妻孥之死難者
秦鉅字子野江寧縣人丞相檜之曾孫通判蘄
州嘉定十四年金人犯境與李誠之恊力捍
禦不支乃赴一室自焚有老卒冒火挽出叱
曰我為國死汝輩可自求生掣衣赴火而死
子浚與瀶皆從父死鉅贈五官祕閣脩撰封
義烈侯浚瀶贈通直郎淳祐十二年封鉅義
烈顯節侯合祀李誠之廟
趙汝標為蘄州防禦判官金人犯境從李誠之
死贈承務郎
甯時鳳為蘄州蘄春縣主簿金人犯境從李誠
之死贈承務郎
阮希甫為蘄州學教授金人犯境從李誠之死
贈承務郎

嚴剛中蘄州都大監轄蘄州鎮倉庫金人犯境
從李誠之死贈承事郎
杜諤録事參軍兼司戶金人犯境從李誠之死贈承務郎
林棨蘄春縣知縣與統[illegible]中江士旺烟從李之死
葉適知蘄州以經濟自負入為尚書郎官
余童知蘄州賑濟法盡括戶內之數第為三等
量戶力以賑貸之又合五邑度地均糶置場
立人以主察之去後人思之不忘
王益蘄州安撫使景定四年元兵據白雲山設
砲臨城趨鴻宿洲擇麒麟山遷置今治得古

墓塊石刻云本有千年地姑借五百年感謝王刺史移我過西園覩此則去難圖存怙恃亦子是雖出於一時而實緣於前定云

王彥明

蘄州舊誌云王彥明守蘄州元兵壓境力戰粮乏忠義不屈挈其妻子乘大艦于城西龍眼磯慷慨鑿艦沉水而死州人以為烈士立廟于磯之北岸祀之

謹按元世祖中統四年癸亥即宋理宗景定四年癸亥元兵據蘄治河西白雲山設砲臨城守

者懼夜率其民保鴻宿洲以據之安撫使王益相度麒麟山陽遷創今治五年甲子理宗崩度宗即位改元咸亨二年丙寅元人哨掠襄樊三年丁卯元人經畧襄陽四年戊辰至九年癸酉元圍樊城四年而樊城陷圍襄陽三年郡守呂文煥以城降之呂文煥以元人之師徇鄂州（徇辭竣反行示也）守將程鵬飛以城降之程鵬飛以元人之師徇黄州知州陳弈以城降之度宗崩明年乙亥孝恭懿聖皇帝即位改元德祐元年陳弈以元人之師徇蘄州知州管景模以城降之自景定四年癸亥至德祐元年乙亥十又二年有奇元兵凡兩犯蘄在官惟益及模厥後元兵不聞再至亦未嘗復有彥明者為守也天順間知州金公銑為其廟記取舊集之誤而直書其事弘治間楊公淮陳公霽承訛襲舛皆謂為前守追配李誠之秦鉅王玠並稱四節合而祀之夫誠之與鉅事見宋史玠則著見統誌若彥明事按史傳則非其時亦無是人遽揭而躋諸三公使彥明有靈亦安肯冒領秩街而靦面饗食于明禋之際乎澤方推思考究偶得故族王氏家

乘讀之其先徽州人在東晉有拱居蘄陽縣二子長彥明次彥良彥明仕晉值恭皇帝禪位于南宋高祖武皇帝劉裕乃矢不事二主棄官歸蘄裕將徵用詔再至挈家鑿舟於龍眼磯中流沉水而死時人哀其義不忘晉私謚烈士祠祀于磯之北岸彥明事至是始明詎其死差異於三公究其節則有符合者在參以為四配享祠祀也亦宜今志釋其宦籍而列諸人物庶使考者知其梗槩云

續按平宋錄至元十二年（宋孝恭德祐元年）正月五日王（王卿伯顏）與阿朮平章召呂文煥及陳奕謀取蘄州王曰聞管景模呂師道等與汝最親可以書示之使來降文煥奕遣人至蘄景模荅書請降九日先令文煥奕及蒙古萬戶選水軍數萬泛舟而下趨蘄州十日平章進兵蓮子灣是夜文煥遣人賫賈似道夏貴與管景模及池州張林等書言欲據蘄州王密議俾阿朮平章率舟師先造蘄城下王部水陸之師繼至景模出降郎以爲淮西宣撫使師道爲同知留千戶帶荅兒戍守其地觀此則彥明非蘄州守益明矣

宋

（嘉靖十年四月終感一異夢五月初偶獲此文正與夢合信乎正氣不隨死而亡也）

王玠字介玉長洲人倜儻負氣節酒酣嘗舞劒爲樂徙居鄂州黃廷堅謫官來鄂玠以文贄見大蒙稱賞廷堅贈以詩由是有聲江湖間紹興初孔彥舟爲舒蘄鎮撫使自荆湖徙蘄口鎮厚禮聘玠奏爲幕屬凢捍蔽衝要撫循鄉井玠悉啓彥舟行之初權邦彥知東平府彥舟隸麾下因事叛去及聞邦彥簽書樞密心不自安又宣州韓世清伏誅及福建宣撫副使韓世忠自湖外破劉忠俘馬友順流東下彥舟疑其圖已遂有異志問計於玠玠烈士也正色荅之曰總管被命鎮撫二州任優祿厚豈可負朝廷自陷不義諭以順逆凢數百言彥舟怒因之粤數日復問之玠曰君不能與韓公爭先立功以報君父顧乃甘心與逆賊爲比而慮其見圖苟欲富貴能建大勳業於國家則可獨北虜能富貴人哉君誠欲叛幸先殺我孰謂王玠而從賊耶彥舟竟沉玠於龍眼磯與妻子俱死時紹興二年六月十三日也彥舟殺玠引兵北降劉豫初玠赴彥

舟之辟或請止之玠曰吾慮之熟矣彼方駐兵于此姑爲鄉井計儻能息其暴戾固非玠一身之計耶玠嘗有讀楚詞詩意以原自况及被害鄉人悲其志爲立廟磯上周燔賦哀詞（刻石）焉

秦希甫字辨之元豐進士元符中爲陝西轉運判官以言罷去後事白出知蘄州

丘岳字山甫嘉定十年進士授太湖尉辟蘄州推官歷黄州通判再召爲工部尚書累贈特進官至正議大夫封東海郡侯

元

趙篔翁（至正）間任蘄州總管稱以爲能

解觀江西吉水人以易經中進士第任蘄州録
事執法不撓
國朝
左安善吳元丁未守蘄州路洪武元年戊申改
路為府擢知府事有守有為故當平定之初
民亦賴以安堵三年庚戌陞刑部侍郎
徐麟本府廣濟人吳元年為司農洪武元年調
河南府同知洪武二年以擒元散卒之功陞
河南府知府洪武三年調蘄州府就禄養親
先聖五十四代孫孔思森知蘄州時改府為州
寔洪武之十年也設科條振綱紀政治因之
一新
楊琪知蘄州多幹才洪武二十三年奉民部榜
移建預備四倉調度不擾于民
李士安知蘄州宣德二年伐石為鄉舉題名碑
表既往以勵將來留心風化殆知為政之先
務焉
王坦字子平鄆成縣人正統間知蘄州勤慎有
守政尚寬平勸士子民殆終其秩而不渝
金銑字宗潤淮安山陽人由鄉舉知蘄州入脩

國史秩禮部祠祭司員外郎陞廣信府知府文學
該博政事通敏興學校均徭役凡百廢隆悉
舉而新之而民無怨言所著有省菴集
莊轍字中輿上元人成化間由進士為秀水令
擢知蘄州廉介自守仁惠及人先是學校湫
隘撤明倫堂而宏敞之復拓三楹為樂育堂
闢東西隙地各建書樓二十四間時考生徒
勤惰優給燈油紙筆以師儒清約時餽相繼
不輟凡有興作不妨于農惟公處募閑民比
有劇盜逼蘄民兵被殲輒至泣下優恤其妻
子民懼凶禄安捐米席給助貧之師生公廪
文武官軍俸粮月有支給而調庸惠愛之政
殆不可以悉記
何綸廣東順德縣人弘治戊申由鄉舉來知州
事廉介自信剛毅明決所行悉懲前政尤致
意倉庫凡在科税支収悉如令故一時攬納
侵欺之弊肅然無聞踰年以憂去士民思之
葉仕美閩縣人耿介剛明不為時變怵迫因事
見愠于公室會要于路從容與語曰冠服乃
朝廷之制不可毀也于是公室悚然而退正德八

年霸州賊劉六劉七遡流來寇仕美不俟輿
從單騎亟招郊民入城相守一廉如水苞苴
無累至今蘄人誦之
李純福建莆田人由乙榜訓導登進士第始為
濉寧尹民服其明擢是州潔己愛民政聲益
著平生挺特剛勁遇事果斷不怵勢利吏畏
而民懷之以述職去改欽州陞宗仁府經歷
俞敬字一中别號沙泉永康人由進士授刑部
主事轉員外郎正德乙亥添註蘄州同知廉
介有為愛民如子至興學勸士尤惓惓公暇

輒杜門尚考古人行事以飭其政一時縉紳
罔不推服而稱其為儒吏後陞至後府經歷
擢知思州府
張弘宜字時措華亭人由進士授監察御史弘
治八年出為蘄州判官剸繁剔劇才斷過人
凡民間事罔不精究知無不行行無不當一
時境內安堵悉蒙其威明之惠焉後歷沔陽
知州陞湖廣僉事轉雲南副使卒于官
菑佐江西撫州府臨川縣人中乙榜為蘄州學
正博聞強識鉤深致遠不事口吻之說教學

者以性命之理師道大振成就頗多今合祀
崇賢祠
林宗字存敬號敬齋莆田人天順間為蘄州學
正教授生徒一宗體用之學去之日學者追
慕建祠祀之扁以崇賢副使邵寶通判黃壽
有記孫俊歷湖廣按察使陞江西都御史復
起巡撫四川經過必祭告祠下文見碑刻以
俊貴贈工部尚書

歷官

唐

蘄州録事
韓思彥見名宦誌
蘄州刺史
員半千見名宦誌　呂元膺見名宦誌

宋

蘄州知州
呂誨見名宦誌　范純仁見名宦誌
王元之見名宦誌　林大年見名宦誌
張商英見名宦誌　梅執禮見名宦誌
李宥見名宦誌　虞策見名宦誌蕭服見名宦誌

韓世清見名宦誌　施温舒見名宦誌
葉適見名宦誌　余童見名宦誌
李誠之見名宦誌　王益見名宦誌
管景模咸淳間出知蘄州至德祐初元兵侵蘄舉城就降弁阿苟容獻欵虜庭宋之悻臣也回視趙昂發輩之一死則其生也何庸于世哉

元
蘄州路總管
趙質翁見名宦誌　狄思聖　趙昭武
李燊祖見名宦誌

蘄州録事
鮮觀見名宦誌

國朝
李士安見名宦誌　王垣見名宦誌

蘄州府知府
左安善見名宦誌　徐麟見名宦誌

宋
蘄州通判
羅碩見名宦誌　秦鉅見名宦誌

國朝
蘄州知州

孔思森見名宦誌　楊琪見名宦誌
錢敏
姜浩
金銑見名宦誌　陳範
趙應隆四川合州　何堯中四川合州人
莊轍見名宦誌　王宜江西新淦縣人
白福祥符縣人　周廣榮江西上高人
何綸見名宦誌　楊淮淮安府山陽縣人
侯直華亭縣人詳見補遺　陳蘂嘉興府秀水人
余忠無錫縣人　李紳河南内鄉縣人
葉士美見名宦誌　黄嵩江西浮梁縣人
李純見名宦誌　楊清浙江山陰縣人
魏脩興化縣人　李孚先福建莆田人
季材進賢縣人

蘄州同知
萬惟民　王倫淮安府人
王韶應天府人　陳琳浙江人
周仁廣廬陵縣人　鄭昕蘇州府吳江人
劉燮江津縣人　何謙廣東東莞縣人
劉暟浮梁縣人　林宗重福建莆田人

丘蘭光山縣人　魏雲直隸興化縣人
方溥祈門縣人　俞敬見名宦誌
劉禾江都縣人　沈濙直隸吳縣人
吳中立字孔卓廣東增城縣人自嘉靖二年到
任七年一民不被其害惟賦性耿介不能容
悅以媚時竟坐毀罷官去之日縉紳惜之

宋
蘄州判官
趙汝標見名宦誌

國朝
李德玄　張翥

武信　鄭琚福建人
李能四川納溪縣人　李謙
張弘宜見名宦誌　劉佐江西進賢人
單軫四川慶符縣人　周松年四川南溪人
李昭直隸廣德州人　孫甫四川犍為縣人

蘄州吏目
王伯成　楊春江西袁州府人
鍾洪四川嘉靖州人　柳經陝西人
縱緘直隸沛縣人　丁郁應天府溧水人
胡璉西安府華州人　謝實四川墊江人

劉濟直隸霸州人

宋
蘄州蘄春縣
知縣林槩見名宦誌　主簿甯時鳳見名宦誌

國朝
蘄州府蘄春縣知縣
王德明吳元年任

宋
蘄州學教授
李宗思見名宦誌　阮希甫見名宦誌

國朝
蘄州府學訓導
陳堯章見人物誌　趙霖見人物誌

蘄州學學正

江景福　萬鈞黃陂縣人
陳豊　王諶蘇州府人
董佐見名宦誌
林宗見名宦誌　朱成四川重慶府人
陳瑄福建閩縣人　裘淑登浙江天台人
倪憲仁和縣人　袁珽廣東東莞縣人
李時達博羅縣人　劉瓚直隸宣城縣人
黃玉臨安府人　周綱雲南晉寧州人
倪鎧上虞縣人

訓導

陳隲　李素

李太[illegible]山縣人　陳克仁福建莆田人

羅鍾[illegible]川忠州人　柯茂直隸池州府人

徐[illegible]溪縣人　黄和直隸安慶衛人

楊[illegible]浙江剡縣人　蕭環江西新淦縣人

衛[illegible]昌曹縣人　劉聰直隸江都縣人

王一鄂巴縣人　林鍾福建連江縣人

吴伯鈞内江縣人　張灝江西德興縣人

羅昕儀隴縣人　李明四川名山縣人

蘇龍寧都縣人　封淵河南内鄉縣人

王啓賓州人　章鑰浙江富陽縣人

見任

知州

周南字文化別號宜齋南京羽林衛人嘉靖八年十月二十一日到任

同知

彭紳字大章廣西平樂府平樂縣人嘉靖八年六月二十一日到任

判官

譚崇字阜之四川夔州府巫山縣人嘉靖三年十二月二十一日到任

吏目

奚銘字惟警江西南昌府新建縣人嘉靖五年八月二十五日到任

學正

王舜卿字師禹福建福州府閩縣人嘉靖五年九月二十九日到任

訓導

裴文采字尚質河南汝寧府真陽縣人嘉靖二年閏四月二十六日到任

趙士讓字質夫福建福州府閩縣人嘉靖二年十月十一日到任

李茂字廷秀雲南蒙化府人嘉靖七年八月十五日到任

名宦補遺

宋

陳晦字大著知蘄州瀕行魏了翁分韻得輝字詩以送之惠民之政爲之預道焉詩見鶴山文集

國朝

侯直字公繩華亭人由進士第任主事遷通判擢知蘄州廉介有爲愛民如子雖禁令嚴謹不容私謁而常愛接名士耆老詢以民瘼後陞太平府同知至山東副使卒于官

蘄州誌卷之六終

蘄州誌卷之七

文林郎致仕知縣州人甘澤纂輯
儒學學正閩人王舜卿校正
訓導貴陽裴文采同校正
訓導閩人趙士讓編次
訓導蒙化李茂同編次

人物

辛陽八子出而世號多賢唐虞人才之盛而孔子猶不滿於十數豈當時人才止於八子而九人之外果不適於用乎要亦責

程其至極者以嘆其難號爲多耳州之人才甚遺逸既多今欲補記無由故推五代至今一鄉之望以示後來

晉

王彥明其先徽州休寧人東晉時父拱來居蘄陽縣子彥明彥良彥明仕晉時値晉衰慨恭皇帝禪位於南宋高祖武皇帝劉裕自誓臣無二君之義棄官還蘄裕將徵用詔再至摯家鑿舟於龍眼磯中流沉水而死時人哀其義不忘晉私謚烈士祠祀於磯之北岸舊誌誤爲蘄州知州列次名宦類今據考見當爲土著疏列人物

宋

吳瑛州人知郴州以虞部員外郎壯年致仕歸蘄臨谿築室種花釀酒賓至必醉或坐臥花間客有臧否人物者不酬一言人莫不愛其樂易而敬其高尚輕財重義人有負錢數十緡而母老郎焚其券卒年八十有四

國朝

陳堯章蘄州府蘄春縣人博極經史讎校精謹洪武二年任本府儒學訓導陞浙江杭州府臨安縣知縣興利除害惠愛及人以勤勞致

疾卒于官民思之比之羊叔子

趙霖蘄州府蘄春縣人洪武二年任本府儒學訓導陞鳳陽府通判學道愛人根於天性故其贊畫時政率多長貳裨益無或腹誹之者

馮思齊字希賢蘄州府蘄春縣人洪武六年爲弟子員時道出北關溲溺城隅遭守者百黎宣捷思齊屈於理莫敢誰何惟怒曰不爲朝臣不履此門應貢入成均

太祖高皇帝幸太學望見儀度瓌瑰詔得其名氏有有福孩兒之諭尋擢御史巡按九江等處從

是黎宣改調九江衛被劇盜誣坐獄思齊平反得白宣慚泣以沉香刻像報祀建光祿寺勾當知

聖躬夜幸三宮故諫言剴切謫雲南大理府推官尋

詔還其職以疾卒訃

聞欽恤其妻子寡弱遣葬江浦縣浦子口香爐山思齊平生專務脩己進取得君推赤獻欵平反寃獄不畜舊怨可謂得忠恕之道者歟孫祥亦有志當時而轗軻其行

熊冀州人由太學生中永樂二十一年癸卯鄉試甲辰第進士擢御史陞右副都御史巡撫甘肅總督軍務凡師出動循紀律懋著功伐西人慴伏而邊陲無陸梁之擾家食時立志不羣嘗以經濟自負有詩云嘗憶當年呂蒙正如茲落魄尚封侯其後位躋榮顯果符其讖爲鄉邦增氣及歸老移籍于河南之光州故國之人殆莫能覘其隱約云

宋誠字彥實中正統三年戊午鄉試卒業成均授四川劍州知州丁外艱服闋改直隸徐州知州陞四川叙州府知府所至政聲烜赫人以神明稱之

王翰字廷舉州人早入上庠有聲士林間中景泰四年癸酉鄉試丁丑登黎淳榜進士第授戶部主事陞員外郎轉郎中陞廣信府知府愛民如子一以撫字爲心條陳便民七事奏刋落時弊務行其所志性直剛勁挺特不撓于時至詆奸諛拂袖掛冠謝去飄然賦張翰秋風之興來歸鄉井之細石山規畝數楹植松萬章以爲環堵因扁萬松窩日坐其中校

讎古書如不及絶口不理當世事澹如也都御史沈暉高其行有詩以頌美之年至期頤子儼捷庚午魁得報喜溢顏面語人曰吾衣缽有託矣卒之年揮手長逝略無顧慮云所著有松窩集藏于家沈暉詩云君不見柴桑翁棄官歸家撫孤松晦庵特書晉處士至今百世間清風又不見崔盩田公餘常戕二松問昌黎直筆記丞壁亦有靜價垂千年使君愛松有奇癖繞舍只教栽萬植乾坤生息雨露滋數載盡高三百尺誅茅結屋古磵阿彷彿堯天安樂窩門不許俗客到終日坐對長吟哦我來偶過蘄陽路載酒尋君隱居處恍然置我徂徠間萬壑陰森鎖雲霧矯如群龍戲滄海勁若壯士森劍珮又疑漢武獵上林千隊霓旌迎翠蓋解衣石上聊盤礴看舞秋陰雙白鶴酒醒涼風

樹杪來詩成香雪崖前落君林磊落抱棟梁合柱清廟登明堂向爲小試向山郡遽乞黃冠歸故鄉山中清樂浩不極世上浮名空役役式看雲臺蓋世功何似羊裘澤中客如君進退眞見幾直節高風天下稀作詩聊爲補史傳流芳定見超前轍

陳溱字濟寬州人中正統九年甲子鄉試北捷於禮闈入太學以卒其業註選銓曹考上最授虞部主事有澤梁之任分督濟寧河閘時值中貴舩艫犯禁卽律之以法而不少假借中貴領之而去肆中浮石沉木之毀竟坐戍其獄置戍貴州清平衛朝野弗莫吐舌而爲之寒心溱慷慨就道毅然持戟以從事至於

憒集憂深則發諸詩歌以寓懷怨而不怒猶不失忠厚之意溱素喜工詩長篇短什若不加意而機杼圓活瀟灑清麗有陶謝之風致所著有獨醉稿散逸無傳

張禧字吉夫州人精通禮經中景泰元年庚午鄉試家雖甚貧頻年會試未嘗不負笈而往用圖大其事功及其初心已負而銓選期屆授湖州府推官高雅自持一以平反注念人不敢干以私公庭清暇號無冤獄或以定國釋之目之至可否忤長貳嘆曰吾以清白傳

家今不翅足矣遂丐歸鄉井居敝屋數椽如懸磬人或不堪而已則裕然誦讀爲娛樂署不以貧屢經意州大夫聞之或周之以粟帛曾未有錙銖諂求士林多高其節操爲文清新融暢化腐爲奇雖專門名家所不及所著有子書論無傳

先父姓甘名瑩字德輝別號玉窓子中成化戊子鄉試丁未授福建福寧州知州視篆未浹旬而卒于瘴癘愛民澤物之心竟賫志以往嗚呼兆足以行矣天實阨之柰之何哉先父

行實所可録者居多不肖孤脩事實難於措詞追惟先父苦於學問涉獵百氏經史工詩章樂府喜松雪字畫平生尚氣節操履亦不苟是則在鄉評所檃括者謹述而揚之不敝若夫過情以誣吾父則非不肖孤之所敢也所著有謾興經學之餘風月閒情諸稿藏于家

華仲賢字廷佐州人中天順六年巳卯鄉試成化乙未登謝遷榜進士第授刑部主事録事山西陽曲風裁凛凛片言之下疑獄頓决自是以明刑著轉本部員外郎庭無負寃之獄

陞常州府知府剸繁理劇嚴以寬濟陞廣東
右叅政尋陞四川右布政轉福建左布政所
歷三大藩不求赫赫聲而裕國安民之計自
著惜未竟其用以疾卒于家子巒先卒
華巒字伯瞻少以敏才博極諸書從遯菴楊先
生學會領其印正中成化丙午鄉試第一丁
未登費宏榜進士第選庶吉士授編脩爲太
史陸鼎彝器重有質以館下史才鼎彝以巒
對曰青年文字便闖老宿門戶又曰天亦忌
才年及四六果夭所著有日新齋稿失傳

陳大中字時甫號鳳麓以官籍隸蘄州時甫爲
人簡而無傲寬而有容自處高視一世人或
比之孤鴻之在遠漢其入官由弘治乙卯鄉
薦戊辰登李柟榜進士第擢民部主事陞員
外郎轉郎中遷知慶遠府事偃蹇獨立有長
松之於幽壑之操及擢福建鹽運使則以裕
國安民爲計文章政事卓有能聲雖或爲胥
人陰毀然公直在已私枉自別寔爲縉紳之
所尊信故其死之日弗莫悲悼先是歸隱卜
築鳳凰山麓榜曰鳳麓書院僉事方公豪叅

議王公雒皆有詩以頌美之方公詩鳳凰山下新書院春來
才聽江鶯囀陳公拉我泛扁舟隨流笑弄桃花片紫薇仙客意更高數遭青衣牽我袍衣
我白頭倚門切長風已下潯陽皋聞到山形宛如鳳山頭紅霞攓飛棟芸草時香繞萬籤
梅花古調聞三弄庭下郎君皆鳳雛山靈此意良不孤丈人醉鮮黃金帶侍者嬌擎白玉
壺官高多子子且肖歸來只合長歌嘯我兒豚犬仍官小尚子謂此行得無誚君不見彭澤
之官八十日五男總不喜紙筆飄然亦賦歸去來鳳山之巒真特出　王公詩官有高爵
書有院識破世態鳥音轉面江背湖四時景揮毫點染更成片弓裘郎君天分高釁頽頡
頎著藍袍院裏吾伊聲聲好誦法孔孟與伊皐鳳山之足栖栖鳳早售明時作梁棟由來
積善慶有餘鄙夫底用恣舞弄老鳳朝陽先引雛脩翎健翮興不孤有時戴著東坡巾有
時醉倒淵明壺棠陵高才罕比肖次第品題發大牖長揖主人醉登臨扁舟浩然避時誚

君不見當今大明全勝日大要總不在紙筆卓哉書院好作則不負丈夫處與出
劉樽字宗器州人童蒙時祖演立義塾延先公
訓其子誌及樽樽性全別先公獨稱許之後
誌僅應
詔納監樽果能明經爲弟子員致聲儒林間賦命
轗軻累蹶塲屋年四十八始舉鄉試至五十
又四登唐皐榜進士授海豐縣令海豐齊俗
民多詭詐樽將以道變之適罹外艱去竟未
成其志服闋改令遂寧縣著有能聲擢南京
行太僕寺丞視前政稱最陞知鶴慶軍民府

事取道還鄉并省墓以疾卒于家無百畝之
田一味淸白以遺子孫時左史吳公稷極稱
道之

科貢

先王建國必取賢歛才以爲治化之本焉
蓋自三代以上號稱隆盛未有不由于斯
者也我
國朝一遵古制其于賢能固有鄉舉進士之
科矣又准廩養資格例有歲貢或時下
恩詔占廩及年四十五至輸邊皆得作養成均

用是大小咸用致世雍熙　足以比隆三
代而無忝于古先哲王者良有以夫志科貢

甲科

南唐

陳起見人物誌

宋

甘霖字起崖州人戊辰登陳子龍榜進士授復
州教授漢陽主簿

國朝

張仕安州人中洪武十七年甲子鄉試乙丑登
丁顯榜進士授廣西臨縣縣丞

王巘州人中洪武十七年甲子鄉試乙丑登丁
顯榜進士授廣西縣丞

胡琪州人中永樂元年乙酉鄉試丙戌登曾啓
榜進士授眞定府無極縣知縣

熊翼見人物誌

王翰見人物誌

劉澄字巨淵蘄州衛人中正統十二年丁卯鄉
試天順元年丁丑登黎淳榜進士授戶部主事

華仲賢見人物誌

華鑾見人物誌

壽儒字宗魯其先浙江上虞人隨父遊宦於蘄
因占籍焉中成化十九年癸卯鄉試丁未登
費宏榜進士授刑部主事

陳大中見人物誌

張思齊字希賢州人中弘治八年乙卯鄉試乙
丑登顧鼎臣榜進士授四會縣知縣陞亳州
知州轉鳳陽府同知陞四川僉事轉建昌兵
備副使改霸州兵備副使因疾乞休
詔許養病痾痊起調廣東瓊州兵備副使陞本司廉使

劉樽見人物誌
高鵬字汝南蘄州衛人中正德十一年丙子鄉試丁丑登舒芬榜進士授淳安縣知縣調蕭山縣除河南亳州判官陞四川順慶府西充縣知縣遷崇慶州知州
郝守正字中夫州人中嘉靖元年壬午鄉試癸未姚淶榜進士授直隸南皮縣知縣陞楊州府同知

鄉試

宋

甘澤字濟淑州人兩領鄉舉免解就省榜

國朝

張仕安見甲科誌
王巘詳見甲科誌
葉銓州人中洪武二十三年庚子鄉試授浙江處州府青田縣知縣陞漢中府知府
柳隆州人中洪武二十九年丙子鄉試授四川成都府井研縣儒學教諭
汪祐州人中洪武二十九年丙子鄉試授教諭
朱彤州人中洪武二十九年丙子鄉試授山東兗州府金鄉縣儒學教諭
程式州人中洪武二十九年丙子鄉試授四川成都府郫縣儒學訓導
王廷中州人中洪武二十九年丙子鄉試授四川章明縣儒學訓導
明晉州人中永樂元年乙酉鄉試授河南光州儒學學正
周和州人中永樂元年乙酉鄉試授四川順慶府廣安州儒學訓導
張彤州人中永樂元年乙酉鄉試授工部主事

謫大興縣縣丞
張玠州人中永樂四年戊子鄉試授福建泉州府晉江縣儒學教諭
陳情州人中永樂四年戊子鄉試
張桓州人中永樂四年戊子鄉試
潘虔州人由太學生中永樂七年辛卯鄉試授四川嘉定州威遠縣儒學教諭
劉藴州人中永樂七年辛卯鄉試授訓導
徐顯州人中永樂十年甲午鄉試授四川成都府綿竹縣儒學教諭

胡信州人中永樂十年甲午鄉試
程璲州人中永樂十三年丁酉鄉試第一名授
江西新都縣儒學訓導
鄭杜州人中永樂十三年丁酉鄉試授廣東潮
州府同知
張惠州人中永樂十三年丁酉鄉試授通判
魯榮州人中永樂十三年丁酉鄉試授知縣
余悦州人中永樂十三年丁酉鄉試
張璉州人中永樂十六年庚子鄉試
徐鐸州人中永樂十六年庚子鄉試

何清州人中永樂十九年癸卯鄉試任河南唐縣知縣
熊翼見甲科誌
宋誠見人物誌
劉瑄蘄州衛人中正統六年辛酉鄉試授訓導
陳湊見人物誌
劉澄見甲科誌
毛晟州人中正統十三年丁卯鄉試授訓導
張信見人物誌
江琳州人中景泰元年庚午鄉試授知縣
黎冕州人中景泰四年癸酉鄉試

王翰見甲科誌
胡祥字應科州人中景泰七年丙子鄉試授雲
南昆陽州同知
華仲賢見甲科誌
金蘭字廷秀蘄州衛人中成化元年乙酉鄉試
授江西南康府學訓導
易濂字源潔州人中成化元年乙酉鄉試授四
川武隆縣知縣
甘瑩見人物誌
何珍字廷獻州人中成化四年戊子鄉試授貴

州布政司經歷陞廣東提舉司提舉卒于家
田鵬字萬里蘄州衛人中成化十年甲午鄉試
第二名授廣東乳源縣知縣卒于家
壽儒見甲科誌
華霽字景明蘄州衛人中成化十九年癸卯鄉
試授雲南彌勒州知州陞武定軍民府同知
降澂江府教授陞永寧府同知
劉臣字良弼州人中成化十九年癸卯鄉試授
雲南羅雄州同知卒于官
華鑾見甲科誌

甘澤字仁夫別號眞菴瑩長子中成化二十二年丙午鄉試授蘇州府吳縣儒學訓導陞太倉州學正陞鎮江府教授保陞四川順慶府渠縣知縣秩滿懇乞歸休當道許之

陳僖字均樂別號寅齋蘄州衛人中弘治五年鄉試授豐縣知縣而卒追惟君樂雖門弟束脩俱奉親不私素稱端方益信宜列入物志

黃廷玉字德夫中弘治八年乙卯鄉試授溫江縣儒學教諭陞福建晉江縣知縣

陳大中見甲科誌

張思齊見甲科誌

楊榮字本仁中弘治十四年辛酉鄉試

宋良臣字希夔蘄州衛人中弘治十七年甲子鄉試授河南確山縣知縣卒于官

王儼字望之翰之子州人中正德五年庚午鄉試經元嘉靖八年

劉樽見甲科誌

甘棠字茂夫瑩第四子州人中正德八年癸酉鄉試授雲南師宗州知州

高鵬見甲科誌

李朴字淳夫州人中正德十一年丙子鄉試

劉傑字楚望州人中正德十一年丙子鄉試

張逵字德孚州人中正德十一年丙子鄉試

郝守正見甲科誌

陳吉言字夏卿中嘉靖四年乙酉鄉試第一名

李時言字宜輔州人中嘉靖七年戊子鄉試

馮天馭字汝良州人中嘉靖七年戊子鄉試

張仁字愛之州人中嘉靖七年戊子鄉試

翁景昕字子旦州人中嘉靖七年戊子鄉試

歲貢

呂仲和授直隸廣德州吏目

朱仕俊字時英按符驗洪武二年以建寧路同知勾當江西舊誌疏貢在是歲疑誤

楊遜授直隸河間府通判

馮思齊見人物誌

張允誠授四川江安縣儒學教諭

李忠善授福建福清縣主簿

曹正義授戶部主事

余觀授廣東高州府化州判官

李宣授四川大足縣知縣

昌祚授松江府華亭縣知縣

李端授知縣

毛義授縣丞
潘浩授陝西道監察御史
葉餞授知縣
王慶授知州
葉蓁授知府
顧濂授經歷
陳惇授四川重慶府推官
熊兆授縣丞
馮銘授經歷
李俊授主簿

江永授江西余干縣縣丞
潘讜授四川順慶府儀隴縣知縣
曹喜授縣丞
張通授廣東曾城縣知縣
陳暹授浙江西安府西安縣知縣
翁裕授縣丞
盛源授縣丞
朱謚授知縣
張清任江西永豐縣縣丞
張永清授雲南路南州吏目

馮志授直隸徽州府祈門縣縣丞
張禮授經歷
李茂授浙江蕭山縣縣丞
王志授經歷
朱納授經歷
陳憲授主簿
陳昇授直隸眞定府無極縣主簿
寇昱授典寶
周紹授主簿
周傑授訓導

王愼授訓導陞教諭
徐卿
趙昌授主簿
謝忠授照磨
李英授縣丞
戴珎
楊英字邦傑
陳瓚字宗器授河南溫縣縣丞
何瓚授四川叙州府高縣知縣
陳玘字文玉授貴州布政司都事陞知州

張翼字敬之授四川叙州府經歷
傅敬字寅之授山東莘縣縣丞
呂玉授直隸松江府華亭縣主簿
張綱授訓導
鄒誠授訓導
宋環字德儀授直隸三河縣儒學訓導陞教諭
曹裕字尚寛
封玉字大用授引禮舍人陞典簿
陳濟字時濟
熊琳字廷璋授訓導陞四川射洪縣儒學教諭

李淮字源深授江西贛州府儒學訓導
顧昊字伯元
朱易字宗義授都司斷事陞貴州普安州知州
朱暐字用昭授福建衛知事
劉琛字本璋授訓導
馬驄字廷用
劉迪字宗吉
王麟字應祥授廣東南雄府經歷
齊賢字良弼授廣東惠州府照磨
蔣中瑀字正儀授廣東雷州府推官

宋楚字伯山授河南陝州同知
馮翱字時舉授山東兗州府推官
曹玥字廷獻
魯昪字君用授江西饒州府德興縣縣丞
甘銘字警中授廣東布政司都事
吳山字景瞻
張瑩字本明授訓導河南上蔡縣學
王鸞字應期授江西余干縣儒學訓導陞河南
舞陽縣學教諭
呂允昇字元吉授散官

李樂字大韶授山東兗州府儒學訓導
甘泉字淵太瑩第二子
張淸字濂夫授四川訓導陞雲南晉寧州學正
馬謙字益之
王鳳字應時授四川成都府郫縣主簿
李顯字德明授四川廣安州州判
陳佑字天相
彭珠字時重授河南鞏縣縣丞
丘隆字汝昌授河南鞏縣儒學訓導
陳斐字文著

胡思明字視遠
陳仲甫字文英
陳詠字淑雅授四川夔州府萬縣儒學訓導
壽鳳字宗岐
張思學字復初授散官
徐金字聲之
陳僚字君佐授河南開封府扶溝縣儒學訓導
馮鵬字冲霄
嚴泉字本深
劉經濟字汝楫

四十五歲貢
天順五年
張福授福建泉州府儒學訓導陞教諭
陳恕字本忠授四川漢州吏目
例貢
成化二年
吳莬任叙州府檢校
宋奎字伯宿授臨清提舉司提舉
宋璧字伯玉授四川綦江縣主簿
張文字廷煥授中城兵馬陞江西建昌府通判

成化二十一年
劉誌
正德三年
顧楹字濟川
張文憲字時範
陳大章字宗夔
正德十二年
馬廷玉字栗夫
楊楫字本載
正德十二年

李山字靜夫
翁景曉字希明
嘉靖四年
王廷文字孟卿
陳仁民字良治

武勳

自古奉天定難而開國承家所不可後者
漢以淮陰而西土立齊以即墨而青海安
所繫不亦重乎
皇明定鼎金陵一時武臣如康茂才者皆能戮

力攻取以一疆宇而後之立功靖難者亦
多不乏人徇名責實率準軍資爵其身而
録其後書曰賞延于世幸有覩于今日猗
歟盛哉因備誌之
康茂村字壽卿州人能通經史大義事毋孝元
季兵亂茂村團結鄉兵禦之王師下建康率
所部降授秦淮翼水軍元帥守龍灣累陞同
知大都督事經畧中原從定齊魯取汴下洛
駐師陜州給粮造橋以渡大軍遂領河中茂
村善撫綏招徠降解諸州之人屏蔽潼關秦
人不敢東向民立石頌德薨贈湖廣行中書
省平章政事柱國追封蘄國公謚武義
康鐸茂村子襲封蘄春侯初東宮讀書大本堂
鐸侍之賜金牌鐫蘄國武毅公五字置帽上
別其幼小便趨朝祭比長累著功伐後征雲
南薨于營邸贈蘄國公謚忠愍
康鑑茂村仲子遷廣西護衛指揮使司事
康永鐸玄孫洪武二十一年鐸薨子淵甫二歲
聖旨可實授蘄國公食禄二千五百石待十六歲襲
爵比

龍馭升遐停襲正德十一年以兵科給事中戴銑奏
爲敷陳治體助謹
天戒事內開凡開國
元勳配享
太廟及列祀功臣廟者通行求訪故永廕南京錦衣
衛上命所千戶
陳福清其先滁州人
本朝討陳友諒大戰鄱陽湖以劉基占福清急挾
聖躬越七舟火砲果至獲免賜蟒服玉帶授蘄州衛
千戶未幾調陜西河州衛以疾卒歸葬蘄州
鳳凰山麓廕及曾玄陞至萬戶子孫之在蘄
者尤以文顯
田鳳字鳴岐其先山東濟南府武定州陽信縣
人世襲蘄州衛指揮使天順間征香爐山苗
賊有功陞湖廣都司都指揮僉事
王貴字天爵其先北京順天府鵶湖縣人世襲
蘄州衛指揮同知成化初征襄陽賊劉千斤
石和尚等有功陞湖廣都司都指揮僉事
吏選
周禮八職吏掌官書以賛治正歲則辨其

能者良者書之以告于上而懲戒行焉故善觀人者惟諦審其濟時之用何如若其所處之崇卑不暇論也近世談者病於高視刀筆之後若不屑爲往往以試吏爲詘辱殊不知漢世致位台鼎其或起家至二千石者多自吏始兒簿書法律皆吾道緒餘此君子所以每嘆世人之論之不古嘗觀蘇文忠公之詩讀書萬卷不讀律致君堯舜終無術胡文定公與子之書又謹三尺考求立法之意而操縱之斯可爲政不

在人後然則今之飭吏者其亦以講學爲要何患前人之事功不可致耶蘄之爲吏者多玆采其有成績者第列于左風勵後來

童志州人任四川井塩縣典史
梅晟州人任山東曲陽縣典史
郝源州人任雲南通海縣倉大使
黃文州人任四川千戶所吏目
黃裔州人任福建巡檢
劉璀州人任廣西柳州府典史

楊洪州人任山東平渡州維縣遞運所大使
張玉州人任雲南巡檢
朱鑾州人任江西贛州府贛縣主簿
劉憲州人任南京留守衛經歷
項基州人任四川仁壽縣典史
馮信州人任四川江津縣嵩平巡檢
蔡鵬州人任江西袁州府稅課司大使
張珍州人任四川驛丞
劉源州人任江西驛丞
王文州人任河南信陽州廣濟倉大使

哈儀州人任四川南谿縣龍騰水驛驛丞
蔡綸州人任江西贛州府倉大使
聶鎮州人任四川敘州府富順縣典史
陳福州人任直隸通州衛倉副使
許仲信州人任河南南陽府新野縣典史
施濟州人任四川平茶洞長官司吏目
趙仲仁州人任北京海盈倉守支
陳湘州人任通州倉守支
曾訓州人任京倉經歷
劉英州人冠帶聽選

田倫州人冠帶聽選
金相州人冠帶聽選
陶大本州人冠帶聽選
侯佐州人冠帶聽選　何玉州人冠帶聽選
陰陽學典術
嚴杲州人正統間任　宋堅州人成化初任
宋荃州人成化間任　吳洪州人正德二年任
李鑾州人正德三年奉例聽繼
醫學典科
易致和州人洪武十七年授任

奉
天承運
皇帝制曰藥所以治病肇自神農詳水陸之產別草
木之類參以金石入以飛走試性之剛柔配以君臣
世用良能回生於將亡之際起死於瞑目之時昔
人善是懷仁以濟人今人善斯惟貪是務若或
不是剛配剛而柔偶柔傷命須臾或及歲月愚
民無知咸曰疾篤遽然而逝豈知醫之庸險者
耶其險醫又不知好還之道必然者也今朕設
醫官命所在有司精選來聞以憑擢用爾今有
司以良能奏特授爾以職給爾以符俾統諸市
村二科之士懷仁體聖人壽是芳來朝考績朕
將合焉爾其慎哉
易致和授湖廣黃州府蘄州醫學典科
符
洪武十七年十二月二十二日
易崑州人正統間任　易稽州人天順間任
易宗文州人成化十六年任
易宗周州人正德二年任
封贈
自武王未受命追王太王王季故後代有

追謚追尊之典兩漢相承厥後人臣亦有
追贈之制此封贈之源其來遠矣迨我
皇明稽古典禮於文武諸臣在中外者必推恩
以及所生悉照家封贈如例嗚呼爵祿榮其
身以及其親忠孝兩盡尚當於功名事業
之間求之矣
康文廣州大同鄉人以曾孫茂材貴贈中奉大
夫中書參知政事護國追封京兆郡公
康德懋以孫茂材貴贈資善大夫中書右丞上
護軍追封京兆郡公

康壽以子茂材貴贈榮祿大夫同知大都督府
事柱國追封蘄國公
馮寶以子思齊貴贈監察御史
張允誠由歲貢任教諭以子主事張彤降除之
貴封大興縣縣丞
王恭以子翰貴封戶部主事
劉仕銓以子澄貴封工部主事
華玨以子仲賢貴贈刑部主事加贈常州府知府
陳理以子大中貴贈戶部主事
劉仲誠以子樽貴贈太僕寺丞

隱逸

孔子生於春秋刪述垂憲至戰國孟軻氏又爲七篇之說孔孟豈不欲以其用用於鄒魯諸君也顧行止有天命在要不可以必得焉爲今之士當文明熙洽之盛大小底用則下無遺賢矣若曰堯舜在上下有巢由然則今之山林草澤豈無揖孔孟於羹墻而私以自淑者乎

宋

林敏功字子仁蘄州蘄春縣人以春秋下第杜門不出者二十年博通五經尤長於詩治平中曾爲知州范純仁作四見亭記元符末徵詔不起賜號高隱處士其弟敏脩字子來所居比鄰終老以文字相友善敏脩終身不舉進士世號二林

國朝

朱紳字懋孚別號竹坡僑居田野惟事耕稼以自食牛背夕陽卷冊相隨意與情適情與景會下筆千百言袞袞不竭爲律爲古選爲歌爲曲爲行爲引爲長短句慷慨激烈悲今弔

古人莫能窺其際使其出就功名一階進庸以鋪張清廟之美尤必有可觀者焉奈何煙霞痼疾一劑莫砭直欲與古人翱翔于千百世之下鴻冥鳳舉孰得而繒弋之也易簣時猶賦詩云文公先生六篇書世上人人不可無多少好人行好事盡從這裏做工夫

陳熙庠字宗文別號一齋一號垂白山人其先河南杞縣人從事
荊國隸籍儀衛司家于蘄州熙庠美鬚脩幹雙眸電炯步趨言動皆有尺度襟帶衣冠率遵古

法退處于家恬于世嘗日坐兩山精舍討論問學客至談話終日罕及世故信其爲隱君子也善詩畫尤邃于醫得其尊甫味易先生心傳病者不問貧富咸趨其急一時名碩弗莫推重如大巡毛公伯溫憲副惲公巍少卿汪公玄錫嘗造其家毋歿左史吳公稷右史謝公在頻慰廬次觀其交可知其人詩集醫方傳世各凡若干卷

孝子

善事父母是爲孝子蘄之孝子古無所考按今通志陳昇劉瑄之迎養（陳昇爲無極主簿迎母劉氏奉養劉瑄作河南訓導迎母郁氏奉養）顧濂之顏堂宋璧之廬墓（顧濂爲衞揮知事二親俱不在顏其堂曰永思宋璧爲綦江主簿葬親廬墓三年）具有一行之長自我

太祖高皇帝教民以孝榜諭天下以來至今遵奉長於一行者在在有之考之吾蘄亦不勝書茲采西山眞氏勸孝文畧節錄于左方以爲蘄人告冀其互相勸勉以臻大孝各求無負我

聖祖教民之意焉

昔者聖人作孝經一書教人以事親之道其紀孝行章曰孝子之事親也居則致其敬養則致其樂病則致其憂喪則致其哀祭則致其嚴五者備矣然後能事親孝之終始無出於此所謂居則致其敬者言子之事親常須恭敬不得慢易蓋父母者子之天地也爲人而慢天地必有雷霆之誅爲子而慢父母必有幽明之譴昔太守侍郎王公見人禮塔呼而告之曰汝有在家佛何不供養蓋謂人能奉親卽是奉佛若不能奉親雖焚香百拜佛亦不佑此理甚明幸無疑焉所謂養則致其樂者言子之孝親當以順適其意使之喜樂也大凡高年之人心常喜悅則疾病必少中懷戚戚則易損天年昔老萊子雙親年高常著綵衣爲兒童戲正以此也今貧下之民固無美衣珍膳以奉其親但能隨力所有盡其誠心父母未食子不先嘗父母尚寒子不獨煖父母有怒和顏開解父母有命竭力奉承則尊者之心自然快樂閨門之內盎然如春矣所謂病則致其憂者言父母有疾當極其憂慮也昔人有母病三年夜不解帶者親年旣高不

能無疾人子當躬自侍奉藥必先嘗若有名醫不惜涕泣懇告以求治療之法不必剔肝刲股然後爲孝蓋身體髮膚受之父母或不幸因而致疾未免反貽親憂至於喪祭二事皆當以盡誠爲主不暇一一開陳云云　經曰孝悌之至通於神明天下萬善孝爲之本若能勤行孝道非惟鄉人重之官司敬之天地鬼神亦將佑之如其悖逆不孝非惟鄉人賤之官司治之天地鬼神亦將殛之今請鄉黨鄰里之間更相勸勉

列女

節烈婦女美名必爾其情然後可以當之若夫亡再醮遇難求生而不恥於辱身者惡得爲節烈哉稽之於古如奉天竇氏女避群盜於崖穴間爲其鬼出驅迫在前投崖下而死巴陵韓氏女元兵至岳州爲其卒所掠欲獻主將知其必不能免赴水而死鉅鹿魏溥歿妻房氏割左耳投之棺中以自誓懷寧李忠歿妻王氏自經死之數婦女必中有定見眞剛之氣充塞天地寸膚微命故所不恤視彼夫亡再醮遇難求生之輩相去不知幾千萬矣信乎其爲節婦烈女也故我

太宗文皇帝崇尚節烈裒集往古節烈之顯著者命儒臣編次成書曰竇曰韓曰房曰王悉寓甄錄焉蓋欲天下有所矜式而振作栢舟之聲一洗桑濮之污也蘄之婦女若羅冠張思清妻雖不如房王之著有顯迹然亦不聞致有凱風之作在今亦可謂疾風中勁草也　若張文女實有韓竇

之風其亦涵濡

文皇之化而不識不知者歟故併書于左

陳氏眞州民羅冠妻年二十四而冠歿自矢不他適人幼子蚤殤撫長子成立守至三紀而終時以爲節婦請

表其閭未報

夏氏州民張思清妻年一十八而清歿立姪文明爲後家貲雖裕一切文綺不加於體凜然操守至八十有六而猶未艾先年請

表其閭未報

元

萬戸府張總管二女長年三十又二次年二十
又九俱未適人至正辛卯賊兵逼蘄父子流
離相失二女相與嘆曰今父子無俱全之理
吾與汝計決矣賊至皆赴蓮花池溺水而死

國朝

張文秀女正德六年辛未霸州賊劉六等叛
出秦淮浮舟而上漸逼蘄州文載妻女避江
南火山磯窰中賊標掠登磯窺女執污之女
罵賊不從刲其母丘氏被殲文亦被虜

流寓

君子來遊于斯地要皆樂其風俗之美山
水之勝負智于能擇寄興於幽討焉耳其
間或至憤時忤意坐謫而遷果能忘所隱
約抑鬱情於美且勝者否乎因著其名氏
併傳其事

唐 李泌京兆人少以才敏著聞唐玄宗使與太子遊
楊國忠惡之徙蘄州安置

宋 孫傅海州人仕宋為中書舍人宣和來高麗入
貢使者所過調夫治舟傳言擾擾勞費以妨
農時宰相以其所論同蘇軾奏貶蘄州安置

劉摯永靜軍人累官右僕射辯白邪正為羣小
所惡貶光祿卿蘄州居住

國朝

壽章其先浙江上虞縣人仕
荊王府伴讀因占籍蘄州子儒中湖廣鄉試第
進士授虞部主事子鳳應蘄貢註銓部選亦
將有民社之寄孫濂列庠籍
陳遜其先蘇州長洲縣人仕
荊王府紀善子灝儒士王嘉其學行保除本府
教授孫詠占籍蘄州應貢授四川萬縣訓導為

人慱雅悉有父祖風為蘄文賢之所器重
羅啓其先四川長壽縣人成化中仕
荊王府紀善陞右長史子志觀占籍蘄州志觀古
貌慤愿強記工詩辭尤善繪事自有清隱之行
沈俊其先蘇州崑山縣人任羅田縣知縣女為
都昌靖惠王妃隨居蘄州孫惠女為
樊山王妃 恩授南城兵馬指揮

仙釋

仙釋之教外形骸鍊魂魄固非吾儒所宜
崇信也然則胡致堂輪藏記朱紫陽感興

詩模寫誦讀而樂取其說豈揚其波而助其瀾也蓋其教之行日新月盛有不可得而撲滅者既已久矣況有若高閒上人羅浮道士之流是併可棄耶吁與其人不錄其行尚當貴之麟經之外可也

僊

晉　羅眞人在州西南乾明磯山石臺飛昇石上見有履迹方輿勝覽云在城北龍峯山非

劉六眞人在州東一百六十里大桴山得道飛昇

王全眞在州東北天長觀脩鍊白晝飛昇

釋

隋　道信姓司馬氏其先世居河內後徙蘄之廣濟隋大業間領徒衆抵吉州唐武德中之蘄住破額山求徵初卒廣德間號大醫禪師卽宗派所謂四祖也

唐　神秀河南尉氏人住蘄州禮五祖爲師傳衣鉢問乃卽廊廡題偈曰身是菩提樹心如明鏡臺時時勤拂拭莫遣有塵埃唐武后召至都命舊山置度門寺以旌異之張說問法秀曰一切佛法自心本有將心外求捨父逃走神龍初入滅謚大通禪師

伏虎禪師姓韓氏諱令珪琢州人母夢一星墜懷而生出家登三角山脩道乾化間始建寺宋仁宗賜額龍門謚師慈應禪師高宗加賜龍門資教加師慈應妙濟禪師

張祖師舊傳唐貞觀間有勝地神人曾王原居之師欲謀居乃與神人一鬭異術共沐於谿師以手巾蓋石令神揭取莫能起師卽占其地神怒登山以石擊之列二石分左右一石落于師頂以手托之遂結爲石龕掌迹手巾迹見存

高谿寺僧白崖禪師舊傳一人願從其教許之復與盟曰汝凡胎焉能有得必剖腹滌其五臟其人亦無難色引入山澗遂剖血隨水出途人驚往伺察遇一僧告其故語畢忽不知去向尋復追覓弗獲惟見一石齒刺山麓儼然白巖形視其下石刻有詩云金殿重重鈴動風六龍飛入碧雲中晚來落盡前山雨人借僧房鶴借松事之幻固無所考如其詩則有可評焉

蘄州誌卷之七終

蘄州誌卷之八

文林郎致仕知縣州人甘澤纂輯
儒學學正閩人王舜卿校正
訓導貞陽裴文采同校正
訓導閩人趙士讓編次
訓導蒙化李茂同編次

壇壝祠廟寺觀

夫祀者先王所以崇德而報功盖有不徒然者祭法論之詳矣今列于祀典者未必皆有功德也而名山大川捧揭而奉之尤

衆焉乃若異教紛紛歷世延蔓有不能撲滅者可勝嘆哉蘄州斗壘之地自山川社稷文廟祠祀而下棲羽流萃緇徒琳宮寶剎不為不多矣而要皆以陰翊王化爲名則不可得而廢也其建置之由因革之故廢興存亡之異則當各紀歲月以備叅考

壇壝

社稷壇在北門外洪武四年知府徐麟建洪武十五年知州孔思森如制重建正統十年荆憲王遷國禮屬主祭再加脩治弘治十年荆和王撤舊鼎建社稷同壇同壝壇上一層方五丈第二層方五丈三尺高五尺四出陛用五色土隨方築之先是社主用石高五尺闊二尺上微尖立於社壇上半埋土中近南向北稷不用主至是埋石主於社稷壇之正中微露尖於外壝垣四面開靈星門垣之色亦以四方色飾之臨祭時奉國社神牌居東國稷神牌居西俱北向悉如制焉去東爲齋宮西爲各官廬神廚庫房周垣植栢陰森鬱翠

於是始稱欽崇命祀之意矣

風雲雷雨山川壇在南門外制同社稷

軍牙六纛廟一在　荆府一在蘄州衛

州厲壇在州北門三里崗洪武四年知府徐麟建十五年知州孔思森如制重建東西二丈五尺南北亦如之高三尺方一丈四出陛各三級餘地東西界民居址

里社

洪武禮制

凡各處鄉村人民每里一百戶内立壇一所
祀五土五穀之神專爲祈禱雨暘時若五穀
豐登每歲一戶輪當會首常川潔淨壇場遇
春秋二社預期率辦祭物至日約聚祭祀其
祭用一羊一豕酒果香燭隨用祭畢就行會
飲會中先令一人讀抑強扶弱之誓其詞曰
凡我同里之人各遵守禮法毋恃力凌弱違
者先共制之然後經官或貧無可贍周給其
家三年不立不使與會其婚姻喪葬有乏隨
力相助如不從衆及犯姦盜詐僞一切非爲

〈蘄州誌　地〉二重羊七

之人並不許入會讀誓詞畢長幼以次就坐
盡歡而退務在恭敬神明和睦鄉里以厚風
俗

儀注

備載

禮制

祝文

維洪武　年　月　日
某府某州某縣某鄉某里某人等謹致祭于
五土之神
五穀之神曰維
神參贊造化發育萬物凡我庶民悉頼生植
時維仲春秋東作方興歲事有成謹具牲醴恭伸祈告報祭伏
願雨暘時若五穀豐登官賦足供民食充裕
神其鑒知尚享

鄉厲

洪武禮制

凡各鄉村每里一百戶内立壇一所祭無祀
鬼神專祈禱民庶安康孳畜蕃盛每歲三祭
春清明秋七月十五日冬十月一日祭物牲

〈蘄州志　地〉二重羊七

酒隨鄉俗置辦其輪流會首及祭畢會飲讀
誓等儀與祭里社同

祭文

備載

禮制

祭告城隍文

備載

禮制

按

國社州厲俱各如制無可議者其安平等

十鄉原立厲壇名實俱泯里社雖行惟假邏祠爲壇巫覡爲祝悼求衆神以祈百福殊不知春秋二社專祀土穀之神以祈豐年期於上下俱足而已浪祀何益之有哉爰叙禮制于右以爲吾民告厲冀其舉行社冀其改正

祠廟

城隍廟原在麒麟山西南今長史司前洪武三年知府徐麟達成化間遷麒麟山東

國朝誥封威靈公古者諸侯立社稷又爲五祀曰司命中霤國門國行公厲是也鄭氏謂國門

爲城門今之城隍也

褒忠廟在舊治儒學宋寧宗嘉定十四年辛巳金人犯境知州李誠之通判秦鉅力戰不支死之事聞明年壬午封誠之正節侯鉅封義烈侯立廟祀之賜今額

國朝弘治五年知州楊淮建祠學宮匾曰四節十七年知州陳霦移置泮宮坊南今廢

三公廟在州治西洪武三年知府徐麟建祀提刑按察使何公安撫使吳公安撫使張公三公事行無考要皆有功德在民也累遭回祿居民重建

烈士廟在州治西北龍眼磯水濱劉宋間建

國朝洪武十六年耆老張古才重建天順五年知州金銑市地充廣狹隘撤而新之自爲記歲久摧敗碑亦傾倒不存嘉靖元年舉人劉傑秀才李世賢楊仲金相謀營建比三年回祿于火災遺址半爲居民侵占所祀王公辯見前誌

順濟龍王廟在州治龍眼磯之巔永樂六年蘄州衛漕運軍顧文華以神有靈江河建祠祀之嘉靖元年休寧鹽商吳銳慕神之異捐貲重脩沿磯鑿隙伐石填砌如臺傍規石梯登

臨便之神原廟在吳城山大江濱相傳郎吳許二君所誅大蛇子熙寧中王師南征載軍杖數十舡泛江而南龍郎伏其中乘風日數百里有司以狀聞詔封爲順濟龍王遣太常官致祭祠下

二郎廟在州治西神永康道汪縣高濟王次子王郎秦李兆也元豐時國城之西民立祠灌口帝郎位勑封靈惠侯

關公廟在州治南洪武二十二年蘄州衛指揮同知李軫立神郎關羽河東解人美鬚髯槺

慨尚義喜閱左氏春秋以亡命奔涿郡先
主於鄉里合徒衆而羽與張飛爲之禦侮先
主與二人恩若兄弟及定巴蜀拜羽爲前將
軍鎮荆州威振華夷世號虎臣蘄荆州域應得祀之
蕭公廟在州治西南石皷寺右濱江神本新淦
人姓蕭氏名化軒殁于宋咸淳間爲神民爲
立廟祀之元時以其子祥叔合祀焉
國朝初嘗遣官諭祭于太洋洲廟永樂中其孫天
任卒屢著英異亦合祀之詔加封水府靈通
廣濟顯應英祐侯

晏公廟在乾明磯坡上洪武十九年民人胡恂
郎乾明寺廢址剏立正德間火焚嘉靖五年
重建神清江鎮人名戍仔元初爲文錦局堂
長因病歸登舟即尸解人以爲神立廟祀之
有靈顯於江湖
國朝封平浪侯
五顯廟在州西南一里洪武二年民人李茂均建神有
五顯聰顯明顯正顯直顯德稱爲五顯先正
吳兩巖稱之曰變化莫測充周無窮全五常
之德膺五削之封劉須溪讚之曰佛性高明

赤電火鴉捍災禦厄神其以之
國朝劉三吳記神發祥自婺郡乘所載唐貞觀
初五人自天而下立于雙杉因立祠祀之
郎家坂廟在州南一里洪武八年民人蔡興五高俊蓋造洪武二
十四年蘄州衛千戶戴祥改造神高陽氏三
子鄉市皆崇重之卽古大儺爲民逐疫者
東嶽廟在東門外元至正十四年里人黄均剏建
國朝永樂十四年陳仕冠建東嶽爲太山在魯之
封內唐開元十三年封爲天齊王宋大中祥
符元年封天齊仁聖帝盖以東方主生加仁

聖二字封帝勑天下郡縣皆立行祠蘄得有
廟以此一在安平下鄉閻家冲洪武初閻岳建
三洞龍王廟在三角山宋慶曆間祈雨有應仁
宗詔封上洞靈祐侯東洞顯應侯西洞靈應
侯紹興間祈雨有應高宗詔封上洞靈祐沛
澤王東洞顯應孚惠王西洞靈應廣惠王
火星廟二處一在北門外莫知所始一在州東南一
里洪武十三年蘄州衛左所千戶焦義建
靖明廟在州東北高山元至正十五年民宋仕
甫華建弘治間知州陳霽毀拆今復建立

洪山廟在州北迦恩坊久廢嘉靖七年里民瀕江建屋三楹猶為存羊之意云

百神廟在州西菩城門外廟右有小巷通人行

費聖龍君廟按舊經在蘄春縣地後分置爲廣濟縣今州治東十里亦有行祠元蘄州路總管趙昭武達神姓費名光輝生於唐貞觀四年六月二日父元昇出耕毋劉氏餉之時雷雨晦冥感龍而娠適有僧畀之藥曰服之三年當産届期始誕甫七歲出就里師浴於澗水水溢逆流師異之夜窺其棲惟見黄龍蟠伏貞觀十七年七月又七日雲霧四合化爲黄龍而

去蘄人因廟祀之旱禱輒應宋封爲德化侯

文昌祠在文廟戟門之左成化間提學副使薛綱謂文昌宫之第六星名司禄周禮王者獻穀數歲得祭之非有功於茲土遂撤其像遷於玄妙觀東廊弘治五年知州楊淮毀其祠祠前古栢二株尚存

崇賢祠詳見名宦誌

武當行宫在州西舊有廟扁真武久敝正德間荆國殿下重建原廟在太和山取五嶽置行宫類署今額宋天禧二年六月詔封真武靈應真君夫眞武本玄武時避上諱改玄武爲眞武玄龜也武蛇也此本虚危星似之故因而名北方玄武七宿東方則角亢心尾象龍故曰蒼龍西方奎婁狀如虎故曰白虎南方張翼狀如鳥故曰朱雀世以玄武爲眞聖故作龜蛇於下增天蓬天猷及翊聖眞君作四聖焉

寺

四祖正覺禪寺在州鳳凰山隋大業間有道信者即四祖脩行居吉州唐武德中迈蘄州始闢山爲道場後徙黄梅住破額山永徽初入寂賜號大醫禪師後世緇徒充拓舊址爲紺

宇粹容以崇奉香火

國朝洪武元年比成化七年僧正明鐸者代有脩建故重簷複屋金碧相映爲十方叢林之録

五祖真惠禪寺在州東諸家湖畔唐貞觀間有弘忍大師卓錫于此水陸不甚廣衍乃云斯地能着千年僧刼無千年粮遂去之馮茂山至宋末僧某者因舊輒新爲香火之奉

國朝洪武十五年僧祖鑑至正統十年法浩屢能營葺傾圮嘉靖四年永玉增建藏經樓五楹

石皷寺在州南去羊子料灘江宋咸寧間建
國朝天順間僧永啓行化承奉阮古脩建歲久傾
敝僅存規制
法勝寺在州蓮花池西北岸洪武間僧法崇開
剏小庵揭名蓮花後奉例毁僧洪興復興天
順二年
荊靖王樂其宏敞附郭奏請爲祝
聖道場仍請寺額
勑賜今名因充拓舊址建大雄殿五楹後觀音殿稱
其前東西翼以廊又前建三門紺宇輝映永

稱
親王祝願之誠矣至嘉靖戊子僧永玉永浩重脩
併將原領劄付僉録以告後來
禮部爲乞
恩事於
内府抄出
荊王奏切念臣宿緣有幸忝在宗親感
皇上水土之恩荷
天地生成之德知
恩有自報德無階臣今看得洪武年間僧人法崇開

建古跡蓮花寺一所謹連蘄州城北見有僧人
洪興在寺住持戒行頗脩伏乞
皇上俯念親親重換寺額
賜臣爲祝
聖道場凡遇冬年并每月朔望同臣弟都昌王祁鑑
赴寺行香敬祝
皇圖鞏固
聖壽萬年少盡臣子報
恩之誠如蒙
准奏臣不勝感戴

聖恩之至今差承奉正陳亮賫本具奏天順二年四
月十八日本部官於
奉天門欽奉
聖旨該部知道欽此欽遵抄出到部看得内外官員
并僧人奏討寺額有蒙
特恩賜與者有該本部行勘至日覆奏
賜與者今
荊王奏稱蓮花寺一所謹連蘄州城北乞重換寺
名
賜臣爲祝

聖道場一節緣係
親王乞
恩及奉
欽依該部知道事理未敢擅便具題天順二年四月
二十五日本部官於
奉天門題奏次日奉
聖旨與做法勝寺欽此欽遵擬合通行除外合行劄
付本僧前去該寺住持領衆焚脩施行須至劄
付者
右劄付法勝寺住持洪興准此
天順二年四月二十九日對同都吏吳暹
恩事　乞
劄付押
鐵佛寺在州北門内冶鐵像佛因名洪武元年
比丘永明剏建正統三年善明重脩正德十
年火焚十一年海堅行化重建
觀音閣即乾明寺今晏公廟乃其舊址永樂中
比丘智安遷建正統三年福慶重脩嘉靖五年
荆殿下命撤而新之
昭化寺在州北二里創始無考今爲法勝寺子院

成化八年僧智明重建後山分嶺爲李璣祖塋
地藏寺在州東十里舊傳唐上祖師道場久廢荆府王親黄州劉鏜出貲重建
菩提寺在州東三十里剏始無考正統六年僧
智英重脩成化五年僧惠錫重建
沙涇寺在州西北十五里景泰間僧明珍重脩
正德間承奉陳毅重建
龍門資教寺在三角山後梁乾化間慈應禪師
開剏宋仁宗賜額龍門高宗加賜資教
國朝洪武元年僧正東重建
廣教寺在州北五十里白雲山洪武間僧守住
脩葺頹敗正統間明鐸重脩舊誌謂枓亭大
笠福與俱爲貞觀間慈應禪師開剏按貞觀
唐太宗年號慈應唐敬宗寶曆二年生人殁
于後唐同光元年以此觀之俱誤
大笠寺在州北一百三十里洪武十三年僧印
信重修
福興庵在州北八十里洪武三十年僧永錫修建
古佛寺在州東北一百二十里青山鄉蓮臺山永樂三年四祖寺僧永江開剏
紫金教寺在州北二百里久廢歸併四祖寺僧
如霽復興

盤石寺在州東北一百八十里久廢洪武元年
僧智誠重建
三峯教寺在州北二百里久廢洪武三年僧永
善重建
二聖寺在州北一百八十里今廢故址尚存
金山寺在馬華山正西久廢正德十年僧德堅請于山主徐演遷建北岬去舊址一里
已上五寺舊志皆謂張金二禪師開刱其誤
疑與廣教等三寺刱始同
高溪寺在州北一百二十里宋紹興間白崖禪
師開刱

國朝洪武元年僧智龍重建
弘慧寺舊名清溪教寺在州東一百八十里宋
紹興間僧紹慶刱
國朝洪武元年僧道真重建弘治間奉
勑改置
瞿金寺在州北唐貞觀間馬祖師建
國朝洪武三十年僧盛力重建
大泉寺在州東一十里大泉山之阿山有大泉
寺僧傍泉為廚凡舉規木引泉入釜不勞挹
綆之力殆天設自然之福地也

松山寺在州東一百一十里碧雲峯永樂間龍
虎慈禪師卓錫于此因建置焉
靈虬寺在州西北七十里山勢蜒蜿突曲一峯
如虬蟠據因名正統間僧福興重建
靈泉寺在州東八十里景泰元年僧智寶重建
圓峯寺在州西三十里圓峯山山峯峭麗圓如
辰星緇徒因借其勝刱建
龍峯寺在州西北一十里龍峯山
長流寺在州西三十里一水湧前滔滔不絕寺
因以名正統間僧清明重建

朗山寺在州北宣德元年僧本然開建天順間
僧圓通偈云一柄龜毛拂子爛却無頭無尾付與了事之人將去橫拈倒使
成真庵在州北一百五十里唐貞觀間建
國朝洪武二年僧無塵重建
雄江寺在州治北門外雄江坊久崩于江
觀
玄妙觀宋祥符間道士李可道刱建麒麟山東
麓
國朝洪武九年道士陳玄隱重建洪武十八年道
士王懷榮遷建朝陽門外天順四年

荆靖王重建成化二十三年道士王志譚重脩
溪山觀在州北宋元豐間道士桂道録剏建
國朝洪武二十年道士江秋重建
天長觀在州東北晉永興間祖師王全真剏建
國朝洪武十四年道士蔡會祥歸併玄妙觀正德
間道士盛從昇建
天真觀在州北元至正三年道士詹道玄剏建
國朝洪武十二年道士王嗣寳重建
雙井庵在州北舊傳劉五真人居此修道

陵墓

先王封植之制一視其居以爲差也故壙
冢半三仭而樹以栢其在諸侯者無得而踰焉

國朝稽古爲治禮無不備而于喪葬率著爲
令自宗室陵墓一準古制親親之恩至矣
荆國陵墓在州境第列于左庶有所考云
荆憲王陵墓在永福下鄉策山景泰五年主事李
福督造今遷安平上鄉兩路口鋪大泉山之陽
荆靖王陵墓在安平上鄉大泉山去州治東一十
里天順五年主事周正督造
荆和王陵墓在永福下鄉白雲山去州治西五十
里弘治十七年員外王子成督造
都昌恵靖王陵墓在安平上鄉大泉山去州治東
一十里成化十六年進士郭秩督造
都昌恵靖王長子陵墓在安平上鄉大泉山去州
東一十五里成化七年本州同知周仁廣督造
都梁悼恵王陵墓在安平上鄉去州治東五里成
化十四年辦事官楊華督造
樊山温懿王陵墓在永福上鄉去州治西三十里
正德二年進士丁仁督造
都昌懐順王陵墓在安平上鄉虎狼口

都昌悼禧王陵墓在州北龍峯山弘治十二年行
人雷鳯督造嘉靖六年遷葬永福上鄉大王山
樊山莊和王陵墓在安平上鄉袁家嘴去州南十
里嘉靖八年行人吳玭督造
樊山温懿王第三子鎭國將軍陵墓在[illegible]
都昌恵靖王第四子鎭國將軍陵墓在青山上鄉
北河畈去州北一百二十里
樊山温懿王第五子鎭國將軍陵墓在州北泠水井
樊山温懿王第六子七子鎭國將軍陵墓在州[illegible]
蘄州誌卷之八終

蘄州誌卷之九

文林郎致仕知縣州人甘澤纂輯
儒學學正閩人王[illegible]校正
訓導吳陽裴文采同校正
訓導閩人趙士讓編次
訓導蒙化李茂同編次

詩文 文移附

書契作而簡策之文以興文之從來也尚矣或紀載以述其事或賦詠以發其情俾前言往迹蓋於此有所考焉非以藻繪爲工也故是集所采自

朝廷之典禮山川城郭之形勝官司學校祠廟之沿革廢置皆鴻儒碩筆相繼而作是用備錄于左謹以

列聖御製冠之首焉

封威靈公蘄州府城隍 誥命

奉

天承運

皇帝制曰帝王受

天明命行政教於天下必有生聖之瑞受命之符此天示不言之妙而人見聞可及者也神司淑慝爲天降祥亦必受天之命所謂明有禮樂幽有鬼神天理人心其致一也朕君四方雖明智弗類代天理物之道實罄于衷思應天命此神所鑒而簡在

帝心者君道之大惟典神天有其舉之承事惟謹蘄州府城隍聰明正直聖不可知固有超於高城深池之表者世之崇於神者則然神受於天者蓋不可知也玆以臨御之與天下更始凡城隍之神皆新其命睠此郡城明祇所司宜封曰鑒察司民城隍威靈公威則照臨有赫靈則感通無方此固神之德而亦天之命也司于我民鑒于郡政享玆典祀悠久無疆主者施行

制誥

洪武二年正月日

之寶

追封功臣蘄州康茂才蘄國公謚武義
誥命
奉
天承運
皇帝聖旨朕惟帝王之待功臣生則顯官厚秩以榮
之殁則加封錫爵以報之此國家之常典也榮
祿大夫同知大都督府事兼太子右率府使康
茂才初自京口率衆來歸爾即以水軍勝張氏
獲其海舟繼取樅陽攻安慶守龍灣及陳氏犯
境爾能擊退其兵及復從朕以舟師攻舒城江
蘄興國漢陽數郡繼克廬州大戰彭蠡遂平武
昌以至隨大將援江陵湖南四川取泰州援宜
興戰崑山之巫子門擣淮安之馬邏港破吳與
下姑蘇北征沭洛守陝蒲二州招徠絡解之衆
其功可謂偉矣豈期隨征與元旋軍中道因疾
以殁朕聞訃音不勝感悼念今天下混一方欲
論功行賞以報汝功爾乃遽然長逝其於朕心
何可忘哉玆特勑爾官勳賁爾靈爽尚其不昧
承玆新命於冥冥之中也可贈推忠翊運宣力
懷遠功臣光祿大夫湖廣等處行中書省平章

政事柱國追封蘄國公謚武義主者施行
寶
洪武三年九月　　日
洪武三年蘄國武義公子康鐸襲蘄春侯時年
十歲
欽蒙入侍
青宮大本堂讀書洪武六年六月十三日
太祖高皇帝幸大本堂召康鐸于階下慰勉再三
御筆親書八字併康二子三字賜之
康二子
謹承祖業愛爾勤功
洪武六年夏六月十又三日
皇帝幸大本堂堂乃
儲君講道之所而諸
親王肄業於左右當是時勛業之子亦聽執經
來侍
上旣至召開平忠武王之子鄭國公常茂蘄國武義
公之子蘄春侯康鐸列于階下慰勉再三復勑
奉御具觚翰親書二帖一賜茂一賜鐸帖皆八
字其賜鐸者云謹承祖業愛爾勤功鐸稽首再

拜而受乃命良工用黃綾玉軸裝潢成卷珍襲
以示子孫鐸嘗受經於臣濂來請識之臣伏覩
國家之遇勳舊義雖君臣情踰父子上下相孚昭
合無間蘄國公値四海群爭之秋多樹奇功不
幸蚤逝不得見今隆平之盛
宸衷憫悼朝夕弗忘旣勑近臣經紀家事復令其子
習學
禁中且以承祖業爲勗其恩數至優渥也夫祖業
未易承必勤劬之人乃克能之
聖謨所及正合書中業廣惟勤之意鐸宜拳拳弗膺
而弗失庶幾上不負
君師之訓下可以保前人之功業矣鐸尚勗之哉鐸
尚勗之哉帖傍書康二子者以別與茂也二子
鐸與其兄鑑鑑今僉廣西護衛指揮使司事云
九年秋七月二十二日翰林學士承
旨嘉議大夫知
制誥兼脩
國史兼
太子贊善大夫臣金華宋濂恭跋

敬一箴有序

夫敬者存其心而不忽之謂也元后敬則不失
天下諸侯敬則不失其國卿大夫敬則不失其
家士庶人敬則不失其身禹曰后克艱厥后臣
克艱厥臣五子之歌有云予臨兆民如朽索之
馭六馬爲人上者奈何不敬其推廣敬之一言
可謂明矣一者純乎理而不雜之謂也伊尹曰
德惟一動罔不吉德二三動罔不凶其推廣一
之一言可謂明矣蓋位爲元后受
天付託承
天明命作萬方之君一言一動一政一令實理亂安
危之所繫若此心忽而不敬則此德豈能純而
不雜哉故必兢懷畏愼於
郊禋之時儼神明之鑒享發政臨民端莊戒謹惟恐
拂於人情至於獨處之時思我之咎何如改之
不吝思我之德何如勉而不懈凡諸事至物來
究夫至理惟敬是持惟一是恊所以盡爲
天之子之職庶不忝厥
祖厥
親由是九族親之黎民懷之仁澤覃及於四海矣朕

以冲人纘承丕緒自諒德惟寡昧勉而行之欲盡持敬之功以馴致乎一德其先務又在虛心寡慾驅除邪逸信任耆德爲之匡輔敷求善人布列庶位斯可行純王之道以坐致太平雍熙之至治也朕因讀書而有得焉乃述此以自勗云

人有此心　萬理咸具　體而行之
惟德是據　敬焉一焉　所當先務
匪一弗純　匪敬弗聚　元后奉天
長此萬夫　發政施仁　期保鴻圖

敬怠純駁　應驗頓殊　徵諸天人
如鼓答桴　朕何天眷　爲民之主
德或不類　以爲大懼　惟敬惟一
執之甚固　畏天勤民　不遑寧處
曰敬維何　怠荒必除　郊則恭誠
廟嚴孝趨　肅于明廷　愼於間居
省躬察咎　儆戒無虞　曰一維何
純乎天理　弗參以三　弗貳以二
行顧其言　終如其始　靜虛無欲
日新不已　聖賢法言　備見諸經

我其究之　擇善必精　左右輔弼
貴于忠貞　我其任之　鑒別必明
斯之謂一　斯之謂敬　君德旣脩
萬邦則正　天親民懷　永延厥慶
光前垂後　緜衍蕃盛　咨爾諸侯
卿與大夫　以至士庶　一遵斯謨
主敬協一　罔敢或渝　以保祿位
以完其軀　古有盤銘　目接心警
湯敬日躋　一德受命　朕爲斯箴
拳拳希聖　庶幾湯孫　底于嘉靖

欽　文

嘉靖五年六月二十日

之　寶

宋儒范氏心箴

茫茫堪輿俯仰無垠人於其間眇然有身是身之微太倉稊米參爲三才曰惟心耳往古來今孰無此心心爲形役乃獸乃禽惟口耳目手足動静投間抵隙爲厥心病一心之微衆欲攻之其與存者嗚呼幾希君子存誠克念克敬天君泰然百體從令

堪輿是指天地說無垠是無有界限宋儒范氏後作心箴說道茫茫然天地廣大無有界限而人居其中便似太倉中一粒粟米天地這般大人身這般小人與天地參爲三才有非以形體而言惟其心耳蓋心爲一身之主吾心克正則百體四肢莫不聽其使令若心有一毫不正則被聲色所移物欲所攻便動與理反豈不於人道遠哉故范氏之作箴雖是常言西山眞氏特錄於大學衍義之中以獻時君宋君雖未能體而爲後世告其致意也深其用功也至是余所嘉慕而味念之箴之作本于范氏非眞西山發揚其孰能之哉嗚呼念哉

程子視箴

心兮本虛應物無迹操之有要視爲之則蔽交於前其中則遷制之於外以安其内克己復禮久而誠矣

視聽言動四箴者乃宋儒程氏頤之所作也程氏說人之生也其性本善後被物慾交攻而此性始有不善視聽言動四者或不能中此乃受病之處居中而制萬事者心也心之所接必由視聽得之視聽之不明不聰則言動皆違天理然視居其首焉程氏說凡人於視不無被邪諸般物色所蔽惟中心安之凡視無不明勿使外物蕩其中常使中制於外可也書云視遠惟明即此意也要操存之在吾心無有遠邇視之如一辨其是非觀其善惡以吾心之正爲較察然後可免於昏亂之失矣朕惟人皆以視爲明而人君所視者尤爲要焉果以此爲則深爲益也凡觀其邪正辨其賢否不爲奸巧之所惑庶幾忠與不肖不得並進用舍不至於倒置矣嗚呼察之

程子聽箴

人有秉彝本乎天性知誘物化遂亡其正卓彼先

覺知止有定閑邪存誠非禮勿聽
此程氏言動之要說道視聽乃爲出言之機一或有差患必至矣前言視之之道夫人之於視或能察之然又恐聽之未善也目視之旣善耳聽者須盡其善可也耳目之間視聽之際均爲要焉若聽之不審則無以知其是非故聽言之際當分別其邪正勿使甘佞之言從入其心心旣受之必爲誘惑書云聽德惟聰郎此意也葢人生之于天具耳目口鼻之體口之與鼻無所禁者惟耳目爲重故以視聽爲戒朕論之曰口

與鼻之無所禁乃彼知之自然也耳目之於視聽乃彼之不能先覺者也如口之嗜味知其甘辛酸苦嘗之自能別也鼻之臭物知其好惡嗅之自能擇也目之於色則愛其豔麗耳之於聲則愛其音律殊不知豔麗音律皆人爲之也所以反受其害口鼻之覺故賢之於耳目也故程氏箴云卓彼先覺知止有定謂旣能卓然先覺則自有定向而人君之聽尤當審辨之也書云無稽之言勿聽又云庶頑讒說震驚朕師此皆聽德之要也人君於聽納之間當辨其忠讒而

已忠言逆耳近於違我讒言可信近於遜我不能審擇其患豈淺淺哉但使吾心泰定不爲諂佞之徒以惑則所納者未必不可所屛者未必不當惟吾心審斷之而已嗚呼審之

程子言箴

人心之動因言以宣發禁躁妄內斯靜專矧是樞機興戎出好吉凶榮辱惟其所召傷易則誕傷煩則支己肆物忤出悖來違非法不道欽哉訓辭

樞機者譬戶之軸弩之牙也戎是兵戎好是喜好程子之意說凡人所言必謹其妄出輕發如

弩之發矢度而思之務求其中焉言易則至於狂誕言煩不免於支離非聖賢之法言不敢道之於口所以告來世之君子也朕因而論之曰凡人所言必求其合諸道理準諸經傳然後可以爲言也夫言以文身也書云惟口起羞大學云言悖而出者亦悖而入孝經云非先王之法言不敢道斯之謂也人之於言必加謹言焉而人君之言尤當謹之先儒云王言如絲其出如綸王言如綸其出如綍人君之發號施令皆言也令出之善則四海從焉一或不善則四海違

焉故凡出一言發一令皆當合於天理之公因
諸人情之所向背若或徒用巳之聰明恃其尊
大肆意信口不論事理之得失民情之好惡小
則遺當時之患大則致千百年之禍可不戒畏
之哉程氏之作箴其用心也至矣嗚呼謹之

程子動箴

哲人知幾誠之於思志士勵行守之於爲順理則
裕從欲惟危造次克念戰兢自持習與性成聖賢
同歸

哲人是明哲之人志士是有德行之士誠是念

之實守是行之篤理卽天理欲卽人慾程子說
凡人所動作便不可輕舉妄動當審其事機可
否之如何天理人欲之所在思其事之巨細爲
其所當爲然後動與道合無有墜失狂躁之病
戰兢惕勵如此者惟哲人乃能之君子可不謹
之哉朕因而論曰凡人所動爲當求合乎道理
察其當爲與所不當爲精別而行之可也而人
君之所動爲尤重焉蓋君者以一身而宰萬事
不可適巳之欲與夫聽信讒佞輕舉妄動或恃
中國之强而好征伐或盤遊無度而殘害百姓
凡此類者不可枚舉姑說其大者言之一舉動
之間上違
天意下拂民心而敗亡之禍隨之是非可不畏懼
也哉程氏之作箴其用心也至矣嗚呼畏之
斯四箴作之在於程頤以斯四箴而致其君者
乃吾輔臣張璁也頤之作箴其見道之如此而
動與禮合宜朕未之言君子必知矣夫今璁以
此言而告朕與夫昔議禮之持正可謂允蹈之
哉朕罔聞于學特因是而註釋其義于以嘉璁
之忠愛于以示君子之人嗚呼箴之功宜不在

程氏而在于璁也哉用錄此于末云耳

嘉靖丁亥歲季冬越三日註

嘉靖己丑臣澤纂脩州誌適
督學憲臣頒布
皇上所著敬一箴及五箴解責有司
刻石學宮臣伏讀再三仰窺
聖學緝熙繼
天立極謹當敘列
宸翰俾天下後世知所尊崇而服習
焉　臣澤稽首頓首謹識

詩

唐

謝鄭公惠簟　韓昌黎

蘄州笛竹天下知鄭君所寶尤瓌奇攜來當晝不得臥一府爭看黄琉璃體堅色淨又藏節滿眼凝滑無瑕疵法曹貧賤衆所易腰腹空大何能爲自從五月困暑濕如坐深甑遭蒸炊手摩袖拂心語口漫膚多汗眞相宜日暮歸來獨惆悵有買只欲傾家資誰謂故人知我意卷送八尺含風漪呼奴掃地展未了光彩照耀驚童兒

青蠅倒翅蚤虱避肅肅疑有淸飈吹倒身甜寢百疾愈却願天日常炎曦明珠淸玉不足報贈余相好無休時

寄簟與元禮

笛竹出蘄春霜刃劈翠筠織成雙人簟寄與獨眠人捲作筒中信舒爲席上珍滑如鋪薤葉冷似臥氷鱗淸潤宜成露鮮花不受塵通州炎熱地此物最關身

寄蘄春李使君　白居易

下車書奏龔黄課動筆詩傳鮑謝風江郡謳吟誇杜母洛城歡飲會車公笛愁春盡梅花裏簟冷秋生薤葉中不道蘄州歌酒少使君難稱與誰同

送蘄春李使君赴郡

可憐官職好文詞五十專城未是遲曉日鏡前無白髮春風門外有紅旗郡中無處堪攜酒席上誰人解和詩惟共交情開口笑知君不及洛陽時

送蘄州李郎中赴任　劉禹錫

楚關蘄水路非賒東望雲山日夕嘉薤葉照人

呈夏簟松花滿椀試新茶樓中飲興因明月江上詩情爲晩霞此地交情長引領早將玄髮到京華

宋

謝本玉先生惠簟　大梁王學

南朝笛竹蘄爲良織成文簟瑠璃黄舊物正爾冷如鐵此君無奈寒如霜山齋溽暑正六月野人淸夢迷三湘卷舒隨分且藏節作詩爲報劉中央

寄蘄簟與蒲傳正　蘇子瞻

闌谿美箭不成笛離離玉筋排霜脊千絲萬縷自生風入手未開先慘慄公家列屋閑蛾眉珠簾不動花陰移霧帳銀牀初破睡牙籤玉局坐談棊東坡病叟長羈旅凍餓饑吟似饑鼠倚賴春風洗破衾一夜雪寒披故絮火冷燈青誰復知孤舟兒女自嚶咿黃天何時及炎燠媿此八尺黃琉璃願公淨掃清香閣臥聽風漪聲滿榻習習還從兩腋生請公棄此朝閶闔

丫頭山

何不梳妝嫁去休免教人喚作丫頭只因不信

良媒說擔閣千秋與萬秋

涵輝閣　郭祥正

天垂星斗數尋近地捲雲山千里來冰壺倒影露華洗玉寶溶雪蟾光類

國朝

同前　蕪湖陳清　左長史

子城城上虛高閣軒敞玲瓏倚碧空山色捲簾當戶入波光繞坐與江通月明人在冰壺裏日暮暈飛夕照中意思無窮含蓄盡今人登眺古人同

同前　仁和胡懋欽　右長史

當時傑閣扁涵輝高出層城勢欲飛三百年來遺址在天光雲影淡依稀

環翠亭　姑蘇高啓　太史

環翠亭開紫霞裡更掖麟峯幷雉水千崖秀色傍窗浮萬壑濤聲從座起烟消日出天溶溶玉壺倒挿金芙蓉釣簾相對坐長夏灑然冰雪生心胷

見山樓　金華俞敬　同知

牕戶何如畫不關無端詩景翠微間絲絲雨過

添金碧朶朶雲開整髻環滿座春風花色鬧隔屛晴日鳥聲閒宦遊恐惹斯文誚敢謂仁人郤樂山

煙霏樓

濃濃淡淡起誰家縹緲何依橫復斜雲母屛風紛映戶青絲步帳漫籠花絪縕造化疑將判早晚陰晴恐認差分付馮夷收拾起好教日月吐光華

同前　州人陳熙宰　隱士

煙霏樓高幾百尺十二危闌倚半空似雨非晴

還縹緲如絲作陣轉濱濛一川花柳模餬外繞
郭桑麻杳靄中捲地風來忽吹散依然晴日透
窻紅

元

四見亭　觀音奴淮西江北道僉事

臥麟山前江水平臥麟山下望行雲山雲山樹
幾時好江水江花顔色新長江西來流不盡東
到滄海無回津我欲登臨問興廢今時不見古
時人

國朝

同前　州人朱紳隱士

新亭結構郡城巔四顧江山在目前樹暗平林
春雨裏天低遠岫夕陽邊白雲南接匡廬近綠
水西來鄂渚連黎庶萬家忘
帝力熙熙耕鑿自長年

同前　州人馮翺推官

小亭高聳郡城東景色凝眸與未窮四面江山
圖畫裏八窻風月品題中犯顔每欲繩明主謫
任何妨效乃翁顧我宦遊歸已久幾迴登眺仰
餘風

元

登四見亭故址　斡克莊淮西江北道僉事

前朝亭廢野蕪侵暇日躋攀試眺吟楚地寒煙
青漢遠漢江秋水碧流深連城阡陌桑麻藹負
郭人家竹葉森千載麒麟山下路不知遊客幾
登臨

麒麟山石　無名氏

幽人移石暮雲邊時得摩挲最可憐江上風來
飛欲去嶺頭雲起遠相連窻涵青瑣疎松靜吏
散高堂碧樹圓試問荊和在何處白頭零落淚
空漣

國朝

蘄州江中怪石　長沙李東陽學士

崒兀山城抱此州江間怪石擁戈矛隨波草樹
愁生隙駭浪蛟龍却避流豈有岩嶤能砥柱秪
多衝突向行舟憑誰一試君山手月落江平萬
里秋

江山清趣亭　浮梁戴珊刑部侍郎

江上青山山上亭一天晴碧淡虛明鳶飛魚躍
心同適柳蔭荷香景倍清楚觀吳檣雙睫亂鄉

懷宦況二毛呈洞庭衡嶽何時到喚起回僊話此情

同前　樂安謝綬 都御史

山連衡桂天邊翠江接沅湘地底流秀氣不隨雲霧散清光常逐浪漚浮採薪樵子趨林麓罷釣漁翁憩岸頭此景欲求堪擬處洞庭湖上嶽陽樓

同前　會稽富玹 僉事

鳳凰山下水流東亭下青山四望同春樹鳥啼屛障裏夕陽人在畫圖中松風清爽生孤榻花雨繽紛落半空待得公餘無俗事南薰一曲奏絲桐

同前　劒潭蕭敬 司禮監太監

洞庭遠帶瀟湘翠今古滔滔爽氣流隨處有風行客便諸洲無浪見鷗浮雲空光影浸波面水退江痕露石頭一段滌人清意味好將長似鳳凰樓

同前　袁珽 州學正

紅塵奔走心無賴一上新亭眼界開江水瀰茫呈碧見雲山崒嵂送青來四時景物成眞趣八面軒窻絕點埃對此令人清透骨恍疑身世在蓬萊

四節祠　金華俞敬 本州同知

共撐砥柱障驚湍鐵漢肝腸死未乾鵑血空啼天地老松根不改雪霜寒身存許國家寧顧事弗如心義已安鄭重觀風歸載筆百年精爽喜成團

蘄陽八景　州人陳溱 工部主事

麟閣江山獻綺羅太淸夜月宿嫦娥鳳凰岡上晨鐘響龍眼磯頭夕照多城北荷池開錦障湖東春水泛金波鴻洲煙雨將收盡龜鶴梅花雪滿坡

麟閣江山

山寺麒麟聳翠崖誰從麟背築樓臺荊襄二水分流遠楚蜀諸峯接踵來疊嶂雨餘青似黛長江風靜綠如苔登臨倚遍闌干望四面渾如圖畫開

鳳山曉鐘

曙色蒼蒼尚未明鳳凰山上曉鐘鳴悠揚高徹三千界緊慢頻敲百八聲隱隱過江音韻急轟

轟聒耳夢魂驚起來倚傍晝窗聽疑是城頭吼
巨鯨

太清夜月

太清池在觀門前最喜清宵得月先蟾影波光
同皎潔水僊月妹共蟬娟流窮今古消還長照
遍乾坤缺又圓中有道人愛清致臨池賞翫傍
池眠

龍磯夕照

石頭聳目瞰江流正對桑榆夕照收霞彩映波
紅浪衮日光漾水錦鱗浮晚催鴉鳥尋栖所暝
促漁翁繫釣舟暮景滿天吟不盡餘暉猶在斷
磯頭

城北荷池

城北荷池今幾年花開十丈藕如船豔容未必
六郎似清馥還誇十里傳紅臉對人嬌欲語翠
盤翻露碎還圓賞吟絕勝西湖景不用吳姬唱
採蓮

東湖春水

東湖環滙繞蘄城三月湖頭春水生滿川浩渺
還流集萬頃微茫一掌平桃花浪裏魚龍躍青

草洲邊鷗鷺鳴聞說滄浪清徹底此中亦可濯
纓塵

鴻洲煙雨

鴻洲四望水平鋪煙雨微茫景最殊細細隨風
成霡霂霏霏帶霧繞糢餬輕籠樹色濃還淡半
隱人家有若無假使王維如可作也應寫入輞
川圖

龜鶴梅花

一龜一鶴兩山排山上梅花無數開明月夜橫
疎影瘦好風時送暗香來傲霜疑是冰爲骨含
雪何殊玉作腮憶自逋僊歸去後不知此樹是
誰栽

麟閣江山　州人甘瑩福寧州知州

倚雲高閣寵功臣閣外江山絕點塵江接東溟
清不斷山椎南楚碧無垠瓊窗射影玻璃淨袍
笏生寒翡翠勻豪傑登臨偏感激欲圖勳業繼
前人　一

鳳山曉鐘

鳳岡深處梵王家幾度蒲牢向曉撾徧樹幽禽
都擊起半山涼月已敲斜高凌清露飛空外低

掠踈煙到水涯一百八聲方數盡千門萬戶總
諠譁

太清夜月

偃池半畝古城東良夜輝輝月在中龍吐靈泉
浮藻鑑人從近處見蟾宮兩般物象間相盪一
味英華自渾融池上道人能會意優游清賞四
時同

龍磯夕照

江上龍磯落照間無端景色最堪看朱華著樹
穿幽石錦色隨鷗弄急湍沙際漁舟都泊罷城
頭戍角已吹殘餘輝歛盡西山暝詩客徘徊尚
倚闌

城北荷池

郡城北去有芳池池產荷花分外奇翠蓋成陰
欺畏日紅幢倒影媚漣漪一泓秀氣能招隱十
里清香盡索詩野叟相忘時俯檻傍人疑是宋
惇頤

東湖春水

東湖萬頃自天開幾度春風送水來隱隱鴨頭
渾不翳溶溶鏡面絕無埃桃花逐浪霞輕點鷺

影隨波雪亂推眼底微茫都是趣向人在此泛
舟回

鴻洲煙雨

地擁鴻洲臥碧流幾迴煙雨望中幽垂楊半隱
煙初抹古岸全昏雨未收乍有乍無多釣艇欲
明欲暗幾間鷗神功點出天然畫壯麗乾坤萬
萬秋

龜鶴梅花

山如龜鶴孕精靈始射鸞驂此處停雪裹寒英
偏爛熳月中疎影擅娉婷林逋愛子心如結何
遜知君眼更青終見調羹禪大化熙熙民物味
餘馨

麟閣江山　　華亭吳稷左長史

麒麟山前江水迴江清山秀畫圖開千年勝地
宗藩在時有
龍章天上來

鳳岡曉鐘

鳳凰山上曉鐘鳴月落江城度遠聲蘇子解眈
春睡美打鐘何用更關情

太清夜月

太清之池清更深月明寒碧影沉沉何時乘月
池邊坐靜玩空明長道心

龍磯夕照

水清沙白此龍磯草樹瀟疎映夕暉立望人間
多少事却輸鷗鳥鎮忘機

城北荷池

城北野池蓮正紅氤氳香氣動微風有來觀者
須知愛外直中通君子同

東湖春水

東湖水生三尺深溶溶灧灧樂魚禽偷閒我亦

移舟去傍柳隨花續短吟

鴻洲煙雨

汀煙漠漠鷺分去江雨霏霏鳩喚來漁子披蓑
煙雨裏一竿得意小舟開

龜鶴梅花

龜鶴山頭梅萬株花開春色已平鋪謾誇商鼎
和羮重且味逋詩得趣殊

麟閣江山　衡陽謝在右長史

牕棟雕闌勢轉迴玲瓏鎮日八牕開半生老眼
醒醒外水色山光天送來

鳳崗曉鐘

百五年來不爽鳴太平節奏驗斯聲誰知舜蹠
天淵處不獨鷄鳴別此情

太清夜月

一泓澄澈碧深深光印金蟇靜不沉莫把纓絲
忙便濯細看天地一元心

龍磯夕照

層層岌岌枕江磯閣盡西飛幾落暉遙憶桐江
渭川叟曾將行止定先機

城北荷池

不逐東皇混軟紅水晶宮闕養高風明通公溥
淵源叟千古情懷夢寐同

東湖春水

魚苗初出水初深暖浴晴洲種種禽煙柳幾行
漁筏箇一聲飛出水龍吟

鴻洲煙雨

氤氳氣本魚龍吐迷却扁舟送酒來遠淡近濃
如墨潑可容鴈字得書開

龜鶴梅花

庾嶺移來老鐵株襯香須遣玉妃鋪自從笑破

春風面畱與羣芳作散珠

麟閣江山　金陵周南州本州知

閣畫麒麟倚碧辰四時登眺眼皆新乾坤不改江山在却憶當年輔漢人

鳳岡曉鐘

鳳凰畱迹與嵳峩更隱諸天在薜蘿鯨吼一聲星斗散朝陽時見瑞光多

太清夜月

水到此池眞太清虛寒常與月相爭月光映水水映月上下交光天地明

龍磯夕照

老龍厭雨化爲石斜日更生鱗甲光舟子驟來驚眼處黃牛白馬總成羊

城北荷池

翠蓋紅衣入品題風光不減若耶谿太平鎖鑰渾無事一任遊人醉日西

東湖春水

雪消千壑吐春聲新綠溶溶兩岸平若箇小舟天上坐更從何處問蓬瀛

鴻洲煙雨

北來孤影落沙頭爪迹無方任意畱天地茫茫今復古細煙踈雨一江秋

龜鶴梅花

曳尾昂頭天與壽老梅相傍更清嘉人間甲子何須問春信年年自有花

麟閣江山　州人朱紳隱士

地位崇高境界寬層層石蹬可躋攀楚山南聳雲千疊漢水西來雪一灣公館人家煙樹裏風帆沙鳥夕陽間眼前多少關心事常患英雄老鬢顔

鳳山曉鐘

鳳山南畔擁招提鯨吼蒲牢月欲低遠韻悠揚傳郭野洪音瀏亮遏雲霓曙分漸動千林鳥漏盡頻催萬戶雞聽徹聲殘一百八滿城車馬響輪蹄

太清夜月

老子宫前半畝池碧天倒浸月明漪光涵水底龍眠熟影轉松梢鶴睡遲晴雨升沉多隱顯古今來往幾盈虛道人夜夜朝星斗環佩鏘鏘肅羽衣

龍磯夕照

嵳峩城下矗危磯晚景蒼茫對夕暉遠水碧連天一色落霞紅逐鶩齊飛樹稍殘影昏鴉聚浦口餘光釣艇歸試上西樓豁吟目感懷今古思依依

城北荷池

蘄州城北古池塘舊種芙蕖萬朶芳細雨幾番增翠色薰風六月散清香天光雲影晴多趣魚躍鳶飛晚更凉好似若耶谿上景一時人物足徜徉

東湖春水

三月春江水入湖煙波浩淼白雲鋪天連碧色涵冰鑑水照晴光浸玉壺自去自來浮釣艇無拘無束泛泳鳧鷖更寒暑從消長芳草年年榮復枯

鴻洲煙雨

江分二水夾芳洲煙雨濛濛暝色稠低接波光寒霧合淡遮帆影暮雲收看來杳靄無窮處望入糢糊不盡頭八月西風鴻鴈落黃蘆衰草幾經秋

龜鶴梅花

兩山對峙鶴迎龜上有梅花分外奇晴雪不消禁老樹春風先報到南枝神遊赤壁冰香遠夢入清江月影遲若使林逋從此見還能再賦一聯詩

麟閣江山　州人陳熙庠　隱士

極目麟山紫翠堆宛如麟臥勢崔嵬插天遠岫層層出繞郭長江袞袞來

帝子宮墻煙樹杪野人籬落水雲隈登臨吊古無窮意獨立東風首重回

鳳岡曉鐘

寶坊高築鳳山中鐘響常疑落半空驚起禪龕枯坐客喚醒僊館獨眠翁悠揚韻度城頭月斷續聲飄殿角風一百八聲聲正歇纖烏飛上海天紅

太清夜月

太清池近郡東城雲淨風恬一鑑平倒浸天光極澄徹中涵蟾影最分明閱窮今古清還淺照徧興亡虧又盈幾欲幅巾扶杖去俯看何怕到深更

龍磯夕照

龍磯西畔日將殘荏苒餘暉悵望間草樹斜分高下影江山不變古今顏平林烏鳥紛紛聚遠浦舟航箇箇還立到詩成天欲暝漁燈數點起前灣

城北荷池

城北荷池花爛開不知前古是誰栽至今翠蓋亭亭立依舊清香馥馥來根與春陵同氣味水分玉井絕炎埃隔花時復聞人語如到若耶谿畔回

東湖春水

春風吹春春滿城吹入東湖水又生芳渚没時漁艇至綠波湧處釣竿橫天幾流轉心誰契道體無窮眼自明見長見消經六十欲尋源去老難行

鴻洲煙雨

畫詑鴻洲景象殊鴻洲煙雨正模餬煙光擁樹時濃淡雨色吞江半有無隱隱沙頭漁舍在昏昏渡口野航孤試抛書卷憑闌處如對王維水墨圖

龜鶴梅花

龜鶴崚嶒聳處佳山山況更有梅花托根縱去江城遠出色偏來詠士誇風細野橋香淡薄月明谿岸影橫斜廣平君復今而在肯憚相尋道路賒

元

宿蘄陽驛　幹克莊 淮西江北道僉事

夜宿蘄陽驛湍聲已慣聽擁衾裁短句屈指數殘更世慮如山重身謀似葉輕不堪天外鴈作急兩三聲

國朝

望蘄州　東吳楊基 山西副使

未見蘄州城已見蘄州山諸山初不高蒼石礪且頑想當至正時民物庶以殷大江從西來萬里不閉關茲山獨儲英羣雄出其間遂爲禍亂堦滋蔓莫可芟憶我聞亂初我方總兩鬟侍立父祖傍聽說國步艱焉知三十年見此童與菅骨肉亦已零安得髮不斑披榛欲吊古豺虎愴我顏蒼茫望茅宇日落孤邦還

寓蘄陽賦懷　山陰韓陽 提學副使

宦轍馳驅歲月長四年五度到蘄陽葵開麗署
當朱檻竹長新梢過粉墻小雨霏霏侵几潤薰
風拂拂透襟凉眞心報
國應如鐵病久那看兩鬢霜

寓蘄州示諸生　金陵沈鍾提學副使

蘄州雄跨楚江頭隔岸羣峯紫翠浮文事因仍
延信宿春光追逐縱遨遊懷鄉魚鴈常違約弔
古風雲亦解愁擬就滄浪歌一曲媿將軒冕對
沙鷗

詠蘄庠麗澤堂　會稽富玹僉事

木鐸天教振好音斯文光彩照青衿程門立雪
尊師禮沂水乘凉樂道心美價沽來嗟韞玉合
簪會處笑分金行看慎勿慳餘澤多少蒼生望
雨霖

郡齋漫興　華亭侯直本州知州

四野年來少吠尨澆漓漸已復淳厖獨憐
聖代無遺物却笑樗材也作邦風月嘉賓留我主文
章大擔共誰扛趨
朝擬獻經綸策未許歐公筆似杠

蘄陽江山　上高周廣榮本州知州

江上青山山下江江山清趣繞蘄陽舟人喚渡
斜風急樵子肩新落日忙禽鳥拂天雲裏過魚
龍得月鏡中藏無窮景物真奇異試倩良工寫
一張

烈士廟　金陵周南本州知州

從容難就死激烈易捐身拒請寧屠壘閉招益
慕秦世去綱常在舟沉義氣伸相看有龍眼祠
薦四時新

同前　松江吳穆左長史

龍眼磯頭烈士祠祠前古樹碧參差君臣義重
過九鼎生死事輕如一絲晉代清談真負愧楚
江遺迹更增奇表章新見蘄州誌一辯頗除千
載疑

同前　衡陽謝在右長史

崑崗火烈玉石混千古是非何日定請看蘄春
王長公或疑公嘗秉州政龔弟不知幾許年徒
使英雄抱孤悶貞庵父子具眼人律身正直根
天性後先著志四紀餘考據精詳勤整頓公事
當白自天申一卷青編出家秉貞庵得之如百
朋執此可往破群論劉裕何人敢受禪鼠輩偷

生臣二姓一點丹心日月懸公實耻之不忘晉
飄然虎口賦歸來高風直與淵明並裕也畏公
妄致徵詎料再徵爲陷穽公佯許諾携妻孥一
鑿舟沉盡厥命清流何事奸雄損死重丘山死
無恨龍眼磯頭生氣存白璧黄金莽精潤乃今
改列人物科配享明禋表忠蓋吁嗟乎此志秉
筆本春秋與奪惟公乃其任吁嗟乎此志秉筆
本春秋與奪惟公乃其任

同前　閩人王舜卿本學學正

烈士今何在龍磯一廟留可憐終一死晉獨恨始
〈蘄州誌　人〉重三十六
生劉誰謂天將厭吾多主易仇百年生氣壯憑
付楚江流

同前　州人李朴丙子鄉舉

掄材剛此續靈祠倏忽災皇赤火之故址半爲
隣屋地荒臺聊只障江湄從前起廢曾金守向
往褒崇幾石碑不朽龍磯身後事百年誰起晉
人知

同前　州人劉傑丙子鄉舉

一身許國雖當死八口埋江倍可傷芳節是誰
遺太史怒濤猶自泣斜陽殘碑剥蝕文章在[illegible]
址連汀廟貌亡我幾登臨重回首不禁風雨度
徵泫

同前　庠生傅京

誼不甘心晉鼎移孤忠應許屈平知棄官避詔
人間有挈室鑿舟天下奇磯吼憤聲迴急湍山
含生氣映荒碑一時慷慨箴千古名重綱常起
後思

同前　庠生韓世奇

擒劉復晉小臣難回首家山蕨可餐纖寵無端
經再降浮生何處是全安便携妻子沉流水相
〈蘄州誌　人〉叅重三十六
託乾坤主蓋棺千古奔承關節路幾人惶恐過
前灘

同前　庠生劉經綸

撐蒲崛起田家翁典午朝來生業空匹夫勤王
不可得一身似葉還江東青丘只欲書甲子黄
紙忽聞徵臣工壯懷不作楚囚泣屬眷從容同
轉蓬已無錐鐵出博浪豈謀衣袽登艨艟懷沙
讀罷靈均賦鴟夷自卷申胥躬止餘赤心叩奇
相却感白日聯長虹怪石時時露香骨寒流夜
夜鳴孤忠黿鼉至今有生氣蘭芷不老遺清風

荒祠展拜瞳首崖上碑殘草正豐

同前　州人陳吉言（乙酉解元）

江雲羃合江水東百年廟額稱王公秖馮湓藻薦𨚍信誰抱遺編究始終公身未老時事變晉𡸁潛移田舍翁攜家肯赴鳳凰詔秉舟直入蛟龍宮南山巀嵲壯奇氣煙波滿目生悲風可堪片月照精爽平沙怪石寒江空豈同泛泛滯鬼録胎敘造化無全功神鰲横海不受釣孤高幻出凌雲峯濤頭鴟革子胥怒汨羅千載懷遺忠人生取舍有如此嬰城奴難將無同何如天地

容巢許却在唐虞揖讓中

同前　州人甘式皐

國祚嗟南向江山憶昔非義難臣二主門正掩雙扉星使詔仍至碧波身似歸懸知凜神氣不逐下邳飛

菩提寺　貴溪鄭軾（按察司僉事）

午飯菩提境樓居試一登横錢脩古寺閒飯養山僧

王事急如火農家冷過冰買生心似鐵一哭爲蒼生

拾遺

宋

送俞尚寺丞知蘄春縣　梅聖俞

應見言風物于今有貢虵潛蹤遠鼃黽飲露上兼葭清潔一如此傷殘都莫涯君惟修職業男耒女繅車○（鼃蝦蟇黽蟇屬以青蛙而大腹虵今之花蛇也按詩宋亦以此充貢）

蘄州厲使君七夕祈雨　戴石屏

樽俎忘佳節衣冠肅廣庭爲民祈一雨何暇賞雙星五馬無慙德三龍合效靈前山好雲氣早已動雷霆

與施蘄州少路　南軒張栻敬夫

久聞蘄春文物彬彬有前輩遺澤漸濡未泯也計士人中氣質多美者鐵錢事如何計循其理而爲之不若他人做工作事也大抵今日人才之病其號爲安靜者則一切不爲而其欲爲者則又先懷利心往往貽害要是儒者之政一一務實爲所當爲以護養邦本爲先耳此則可貴也某冒居要藩日夜悚亙盖日勉焉而未之能有益也臭味一家偶及之耳○（嘗考鐵錢令下長安民爲之閉肆當時文彥博出帛納錢以導其行豈得已哉此鐵錢所以釁儒者之論云）

乾明寺

乾明寺即今觀音閣在州治鳳凰山之西南麓自開㓉以來棲僧尼宋有女郎曹媼作詩立成一日遊憩於此見諸尼作繡工尼乞詩乃應聲為集句云

睡起楊花滿繡床為它人作嫁衣裳因過竹院逢僧話始覺空門興味長

隱逸

龐安常蘄州人不求聞達以醫術自善嘗患聵與人語須書始能曉東坡笑曰吾與君皆異人

也吾以手為口君以眼為耳非異人乎

名宦

夏文莊公知蘄州龐莊敏公為司法嘗得時疾在告方七日忽吏報莊敏死文莊大駭曰此人當為宰相安得便死吏言其家已發哀文莊曰不然即自往見取燭視其面曰未合死見醫語之曰此陽證傷寒汝等不善治誤爾亟煎承氣湯灌之有頃莊敏果蘇世謂文莊知人多術信然

傅舟求樂間任蘄州學正文學該博奉敕纂修性理大全

蘄民謠四首　儀封王廷相本省按察使今南京兵部尚書

有艽者艾生我土七年之病得者瘉五內失調邪作主富貴貌愁乃自取艾縱有靈將奚補我欲言之上官怒

右蘄艾

龜扇生毛綠的的大如錢貴如璧養來盆中水凝碧小兒之玩有何益

右蘄龜

白花蛇誰教爾能辟風邪上司索爾急如火州中大夫只逼我一時不得皮肉破積骨如巴陵

殺爾種類絕白花不生禍始滅

右蘄蛇

龍鬚作席光電電暑眠不及蘄陽簟涼如水滑如藤一簟幾工能織成官府取之只一聲有價無價誰敢爭

右蘄簟

王介世傳合祀王彥明祠畜經無全文可徵適有少年夜夢行遊龍眼磯之滸邂逅一偉人口授聯對云千年豪傑文章載萬古英雄史筆傳少年告余亦莫知何謂越三日偶獲介傳精神感兆蓋非偶然矣遂作募緣疏以為合祀張本

重建烈士廟疏

伏以

彥明不赴檄詔一家樂從鑿舟之慘玠玉力上叛謀數口勇受沉水之殘死地惟同乎龍磯廟祀斯合於麟麓廟固因歲久傾頹祀亦由廟廢斷絶正喜定星方中而重見經營奈緣營惑失次而盡爲煨燼不散之忠魂失所依歸已絶之祀典無從接續若不再行建造何以表白忠良第工程之浩大顧獨力之難成允我官居士列之家同是吊古哀今之輩宜發慷心共成盛事

金耶粟耶若就肯捨輪爲轅焉便有可觀謹疏

按烈士廟始於劉宋間盛於大宋紹興初

國朝洪武六年民人張古才景泰三年知州

金公銑正德十五年舉人劉傑生員李世賢楊仲金輩各因其敝而撤舊鼎新嘉靖初被火延燒至今幾載矣將來豈無好義之士特起以圖興復者乎謹將二公行實撰爲募緣疏以俟

文

宋

州學教授廳記　朱元晦

乾道八年秋予友建安李君宗思爲蘄州學官始至入學釋菜召諸生坐堂上而告之曰朝廷立學建官所以教養人材而待其用德意甚美宗思不佞得備選焉深爲淺露懼不能稱今將有以教二三子者而相與朝夕乎古人爲己之學庶以無負朝廷教養之意二三子其亦有志於斯乎諸生起而對曰諸生不敏惟先生有以教之則幸甚於是宗

思退郎其居則距學且十里宗思顧而嘆曰學官宜朝夕于學與諸生相切磋者其相距之遠可若是耶翌日相學之東偏有廢地焉請於州願得爲屋以居而日往月來于學以供厥事於是通守北海王侯某領州符嘉宗思之意而悉其力以相之役不逾時遂以備告然後宗思得以日至於學進諸生而敎誨之蓋使之潛思乎論語孟子之書以求義理之要又考編年資治之史以議夫事變之得失焉日力有程不躐不惰操策而問勸督以時凡使之知所以明善脩身之方齊家治國之本而

於詞藝之習則後焉而不急也旣又禮其士之賢而有德者而與其居凡學之教悉使之聽焉由是蘄之爲士者始知所以爲士之事而用其力宗思亦喜其教之行而將有成也礱石於堂考前爲是官者得自某人以下若干名氏歲月刻之而書屬予使因記其所以然者予惟宗思之教可能也而其所教則非世儒之可及王侯之垂意於學可及也而不以宗思之說爲迂闊於事者則非俗吏之可及是皆宜書以詔於後蓋非獨能繼宗思而居此者有所考法抑亦承流千里而帥其民者所宜

知也於是悉書其本末如此俾刻寘題名之首云

九年七月壬子新安朱熹記

玩礱石於堂考前爲是官者得自某人以下若干名氏刻之則蘄之有學雖乾道之前尚不知幾歲月矣萬安記乃謂則自景定癸亥始具狀請文者之誤也

蘄州惠民倉記　　眞西山

嘉定某年某月金華李公守蘄始至曰城郭完乎有司以圯告則命繕而新之凡若干丈尺又曰城完矣兵械具乎有司以乏告則命爲某器

若干某器若干旣又曰吾城堅而械良然守易矣無其人可乎則舉凡兵之在籍若寓于埜者教之卒以法期年士咸就紀律公曰可矣猶未也夫守恃兵兵恃民民恃食故食者民之大命也邉之首政也蘄故號沃壤中興以來流痛未盡復荒茀未盡治歲所出不能當中州一大縣而輸于公家者財萬斛焉以廪吾兵且不給設不幸有旱溢之菑蟲螟之孽其奚以相恤哉余爲二千石于此而奉養啚於斗食吏非矯也重民之脂膏不忍褻而用也覬圭勺之贏還以遺吾

甿也時會而月計之泉之在官者屢有餘歲辛巳登粟之在民者亦屢有餘以其餘於官者易其餘於民者不幸告儉則以藏之官者復散之民此備豫之善畫也迺簡僚吏之材者涖厥事凡糴售者優其直余之未幾得粟爲萬石者二靡錢緡若干萬千百有奇築屋若干楹以謹其出納命之曰惠民倉著公志也夫民食足然後有固心人心固然後可冀以死守昔者孟子談王道於戰國皆是物也彼爭地爭城之將從横馳說之士未有不哂其迂者之莫或能易者蓋

民弗自安而欲與俱危不卹其生而欲責之死
無是道也公之學醇以深其氣剛以大蓋淵源
乎孟氏者故其治邊之政大抵以保民爲本是
倉特其一爾始倉之成公既以告于朝下部使
者核其實又書來命某識之其欲以諗後人俾
勿廢乎余謂使繼至者有公之心雖毋識焉可
也不然則金版玉書猶弗足紀恃此以存難哉
雖然仁人心也人心不可泯則是倉不可廢姑
識之庶異時有考云公名誠之字茂欽十三年
夏五月辛卯朝散大夫集英殿脩撰權發遣隆
興府主管江南西路安撫司公事馬步軍都總
管眞德秀記

國朝

蘄州儒學重脩記　眉州萬安脩撰

天順五年辛巳歲春正月蘄州趙侯重建廟學
新成初侯來述職因過安言將建廟學功成願
有記也時安許之至學正朱成具狀介生員陳
玘來請曰功成而記之執事嘗遂言於趙侯矣
願無辭辭既弗獲乃撫狀記其成績按蘄春本
漢蘄春國後爲郡爲縣不一後周始改爲州後
更置不一
國朝洪武初爲府尋復爲州然蘄州之有學則自
宋景定癸亥（[illegible]北江指今治[illegible]之學而言）蓋自漢以來孔子
有廟不出闕里唐置州縣始立廟通祀孔子然
蘄之學雖起於宋而其學之有廟則固始於唐
矣
國朝混一
詔自京師及海隅郡縣咸建廟學而蘄州廟學寔知
府左安善重建也然規制卑隘且歲久頹敝戊
寅春趙侯來爲州欲大之顧勢有未能迄再期
民懷其惠士服其教遂謀及僚屬曰廟學不飭
惡足以安神明崇教化吾輩奉

朝
命來官於州茲事尚怠何以塞職盍撤而新之僉曰
職分事也敢不祇承於是相與合謀市財鳩工
始建大成殿東西兩廡戟門櫺星門雕塑聖賢
遺像次建明倫堂進德脩業時習三齋及賓客
之位會饌之舍至於庖廩咸以次備輪奐甚美
規模適加始成祀聖育賢之所而湖南北廟學
莫有踰此者矣是役也以庚辰夏四月庀工僅

十越月而成迺三月丁丑侯率僚屬及諸生行釋菜禮退卽丁寧諸生砥礪行業期其有成又爲之豐廩餼蠲徭役凡可崇教道而敦俗化者侯罔不究心也然蘄介舒黃之間其形勝阻山帶河其民務稼穡士習詩書有鄒魯之風比來掇科第躋要津以及持麾外郡顒顒繼出今又得侯剛明仁恕勤於撫字汲汲惟學校是興政教是舉則當坐收治化成效也可期矣所可書距止工役之勤而已哉故併言之使刻諸珉石用以志蘄之學則自趙侯始侯名應隆字文盛早以明經領鄉薦拜知郴州尋以憂去任服闋再調於蘄於時佐其事者同知淮安王倫判官覃懷武信也若耆老助貲匠氏效力者其名氏悉列碑陰云

修廣廟學記　浮梁戴珊刑部侍郎

蘄之儒學在州治東背麒麟山面漢而趾通衢肇於宋燬於元復於我
國朝孔子廟規制咸備餘百二十年于茲守左安善錢綬王坦趙應隆莊轍其創以修者久之入于廠廟爲甚且左逼於官民家參以非其鬼之祠不可以尺寸展諸弟子升堂齋服師訓退而會講或獨息無與居在宋守李誠之王彥明彥明非蘄州守辯見名宦志通判秦鉅後先捍金元兵力不支死之王玠有事蘄黃鎮撫司會孔彥舟謀逆以罵遇害四侯之忠節學政所關欲祀之以表以式而未能者州當藩府末流監臨大吏曠歲無足跡雖有之亦不能以累日加之才不裕與力不足惡乎賴哉弘治五年夏秋之交司禮監太監蕭公敬錦衣衛指揮同知孫公瓚偕珊奉使涖州既事待報謁眎廟學乃胥曰是誠修廣之不可緩者也而鎮守太監劉公雅巡按監察御史汪君宗器右布政使王君範知府劉君肅具在以爲然巡撫右副都御史樂安謝公綬[illegible]分巡按察僉事蕭君山富君玹及知州山陽楊淮而言曰修廣有
明詔矧得之爲有財綬當主之君輩其相以成玹曰敢如命時祠已據法撤去聯屬數家適議他徙址悉來售酬其直以丈計橫盈十而加二縱倍橫之數而加三併之以秩隆殺繚之以堵高堅中構講堂五南向扁曰麗澤前棲息房四十八

間東西相向門三間西向扁曰道義房絕處仍限以堵外構祠三間扁四節其廟學之殿堂之齋廡之門庖倉庫几棟梁榱角板檻之腐折者蓋瓦級甓之破損者以至繪事解駁不鮮者一切易以堅良仍舊增新規制益備且弘矣其費白金五百五十餘兩米二百餘石酌官民之當取者而非正供非橫斂力亦擇其班役于官用之始于秋七月至冬十二月訖工淮率同知鄭昕學正袁珽訓導楊浩衛永昌諸弟子吳山游仲璃輩請爲記珊嘗爲御史爲按察副使董學

西南每思誦法孔孟而忘筌蹄者切恨之所請能已於樂道耶洪惟我

朝

聖聖相承稽古右文置學立師徧郡縣簡俊秀充弟子員聚而教之所以瞻仰聖賢申申夭夭侃侃巖巖之氣象所講讀易詩書禮記春秋文字所明所率仁義禮智之性君臣父子夫婦長幼朋友之倫驗諸身心而有得形諸詞說而不悖推諸家國天下而可行從厚廩餼以養之公貢舉以登之班爵祿以用之是則居之無冀術取之無異途矣於戲孟子三遷其業隨之程子見獵猶動俗好人非大賢異處顧可居之乎廟學之所以脩廣要非美觀聽而已幸相與深鑒而勉進之師知所以教弟子知所以學毋壞心於異術毋失身於異途處爲正士以善其俗出爲名臣以善其治雖遇變臨危成仁取義亦無所難矣夫然斯有以衍我

聖祖文明之化而於教養之恩作新之圖均不負矣雖然春秋以民力爲重築臺囿作門觀親延廐法無善書今茲之役時且義者其謂異乎彼之

書歟若謝與玹非裕於才而有定力定見舉動罔不獲能若是哉敘成績揚休風以爲來勸固不可少也庸書以復

崇賢祠記 祭文附

無錫邵寶 江西副使

蘄州儒學有祠祠其故學正莆田敬齋林先生先生去蘄州若干年矣其生也故祠之其歿也春秋饗焉至于今不衰仕蘄之君子謂是舉也義不可弗繼乃葺其祠之敝益加崇奉而使來請記其事也至作而歎曰於戲盛矣此古之遺敎也夫古之教者蓋斆之以學率之以行格之

以規淡之以恩裁之以義而分不與焉非惡夫
分也徒分不足以爲教教之本立矣則是分也
乃吾教之所以行也而益以遠故有林先生之
教則有蘄諸生之思觀其所思而教於是乎可
知矣非古之遺而今乃有是哉今學校之師例
出銓注其於弟子蓋分相與也始先生至蘄諸
生事之亦以分而已矣久而資其學焉懷其恩
焉畏其義焉曰先生吾師也是雖不吾蒞固將
輕千里而從之况以
朝

命而來哉於是凡蘄諸生無長幼後先翕然以歸論
者蘇胡之風復見于蘄而先生擢揚州教授去
矣此祠之所以作也實不及見先生見其孫中
丞公出故太常少卿贈禮部侍郎林公文所爲
先生墓碑謂先生始爲諸生學成未出提學高
公强而後舉及會試得乙榜例授學職或勸之
辭不聽卒以教顯其校文格以義理無少遷就
時稱得人至以養歸自揚尚未老也郡守岳公
蒙泉客之訪之則答餽之千辭予之田辭蓋其
少也敏而重其壯也順而雅其老也靜而廉迹

其學行有古之遺焉以是爲蘄之師其規也非
抗其思也非徇其義也非激吾所謂古之遺教
固在是矣蘄之諸生曰先生吾師豈過也夫鄉
先生歿則祭于社古之道也今蘄之爲祠實取
諸此而義起焉者視尋常名宦之舉相去遠矣
且學校達天下而祠其師如蘄者乃不多見蘄
之師在先生後先無慮百人而惟先生是祠蓋
切深思遠自有不能已者而豈徒分所能致哉
記禮者謂學莫先於嚴師而極其效至于民之
敬學其于師去而祠歿而饗其爲嚴至矣推是

心焉爲子必嚴其父爲臣必嚴其君固與起於
斯豈直知學之敬而已哉然則是舉也其亦古
之遺也先生諱宗字存敬敬齋所自號系出唐
九牧若干傳而至先生中丞公文章德行望在
海內蓋古遺才君子推其所自亦必歸諸先生
云

同前　　南城黃壽本府通判

祠以崇賢名蘄庠士祀學正莆田林先生而建
也先生諱宗字存敬別號敬齋在膠庠時文行
穎出仕伍八閩士肆書者聞風受業凡經承指

授者輙有成效正統甲子領鄉薦越明年中乙
榜進士或勸之辭弗辭掌海寧州教丁外艱諸
士德之咸不忍其去景泰庚子服闋教蘄倡以
踐履日訓以文藝祁寒暑雨無間戾教者刑不
必貸貧不自給者周之一時士行良業精者居
多迨于今冠倫魁者亦不乏人率歸功於私淑
之教天順戊寅得代諸士思之立生祠于明倫
堂之右已卯最績銓曹辭令不拜擢教揚州天
順壬午柄山東文衡咸莫能奪所取多名士以
母高年懇求謝仕當道勉留之自疏于

朝得允兼程趨庭日臻色養郡守岳公賢之憫其
窀之遺地可數百金峻卻之遺以棺具固償其
直廉退剛特始終一律成化戊子俄以疾終訃
聞蘄庠士相率詣祠哀慟祠多歷年而圮矣壽
判黃
欽勅提督江西學校副使邵公檄脩之顧時多艱而
敝陋日滋勢莫容已財雖出於俸餘力惟出於
儁屬民之良善吏事者羅禎董役事竣學正李
時達訓導吳伯均張灝諸生陳詠輩具顛末速
壽記夫太上立德而德貴乎誠誠則有以服人

志有以格天心不假勢位不事智術而然也先
生以一命而既去乃致祀之以祠亦惟以實德
孚於當時之人心而然耳迨于今頌之不衰祀
之不已又有以服後世之人心矣先生子若孫
繁且賢中丞公尤賢而顯其奏疏在
朝廷功業在天下海內之士仰之如泰山北斗雖
四夷亦知名天之昌先生者於是乎在是皆人
之所至願而不可必得者昔之人有位至宰相
者而子姓且違之勢位足以服人乎有謙恭下
士者而人洞屬其隱微智術足以服人乎之二

人者其後無傳庸非天乎夫然則益可以驗先
生之實德也脩祠以永其祀也允宜亦可以風
士心而勖與教於將來者中丞公名俊字待用
别號見素起家成化戊戌進士云

祭文　孫林俊 刑部尚書前都御史

於赫吾祖嗣徽前聞金精玉潔石介蘭馨繪句
摛詞蛟騰海立論鄉進秀青紫芥拾命與時仇
僅第子師折櫨杗桷成室異施爍爍文光星流
電激紀德祀賢靈祠孔飭俊襲庥庇靡訪克員
矢心敢負白日青天眞風聿懷浮榮伊謝過質

一觴以告地下

嗚呼謂孫猶逸林莽犯風濤而抵于是耶自天申命黃紙臨門不敢有抗也歷彭蠡泝溢城睇望柴桑白違之遺址不得不內愧也蘄不數舍我祖之生祠在焉一尊祠下斯生一僅斯日無已倦勤不可徃也熱淚汪汪西顧欲絶臨風灑情伏與祖訣吾家家範惟孝與忠亦有出處道在中庸孫其敢越乎嗚呼尚饗

嗚呼孫與祖相屬也俗韻寡諧無關久謝蕭去蘄三千餘里一尊祠下徒有其夢又何有以覩

致於今耶方青丘以繼浪忽黃紙而到門付孫以金革之事不敢不起也西川吾邵州祖抗劉關之地今之事任又甚不同者孫其敢不盡耶分

上憂揚先烈再歸我林樊祖其相之謹告

嗚呼孫歸也擒廖擒藍擒鄢擒王及撫其黨第其梗而戮之進孫一官錫以金幣孫疏不允以病告允焉即日東邁下瞿及夔出三峽及荆及岳適黃至蘄瞻望祠下有餘慨焉後孫子而仕而至未可知孫則僅于是也言告祭别嗚呼其何情

春和堂記

天地和而歲功成人心和而百事舉此理之恒也成化庚寅冬予來同知蘄州事太守金陵陸侯中興予每同師雅相好見予官舍陋隘曰君世曹公子乃脫略紛華與寒士爭馳而恬然居此豈易哉予曰政未及民遽求安逸未可也逾二載又曰民非政罔守政非官罔舉官非署罔居居而若此奚其宜予曰民未康時未暇未可也甲午秋蒞丁內艱去王侯益亨來代侯與予

同江右里閈相去二舍許同寅協和與蒞一致政日以平民日以和丁酉予滿考述職還詢民咸曰熙熙迺闢首廳事取材於土植取工於農隙然後揣巳量之所稱計功資之崇卑廉隅朴素務適其宜木立於戊戌臘月二十八日粱舉於己亥正月三日是月侯率僚友及州之士夫交慶適天氣盎然侯觴於予曰斯堂之建不早圖而晩葺君蓋待時而成也氣不待春而盎時蓋因君而和也故名堂曰春和可乎衆從而祝曰天氣和于上同寅和于堂小民和于野歟因

時取義誠爲當矣遂述所由鏤壁以告來者先
是屋壁無紀前賢姓字不聞繼今嗣茲位者編
其歲月名氏始自予始予廬陵人姓周字仁廣
前工部尚書謚文襄公第四子也是歲清明日
記

祈雨有感詩序

天地以生物爲心故乾元資始坤元資生一氣
流行不息以恢生成之功者又在雨以潤之夫
雨者輔也所以輔時以生物也時或不雨而無
輔焉春則徒爲生物之府夏則徒爲長物之府

秋則徒爲成物之府物如五穀苗而不秀秀而
不實天地生物之心荒矣故曰天地之大也人
猶有所憾此之謂也是旱豈天地之所得已哉
人或昧此歲旱輒有事左道以祈雨之應至召
巫覡作法行罡指天罵地或以織帛寫檄或以
鐵牌書符投水激龍一切瀆褻之繆靡所不爲
且謂非此不足以觸神之怒而雨何其愚也殊
不知雨從於雲在以陰畜陽畜道成則陰陽和
而雨畜未極而施未行則陰陽不和雲氣鬱蒸
而不雨故雖賢聖之君如成湯之禱桑林而猶

有七年之旱宣王之靡神不舉而其旱太甚至
於數窮理極而復乎畜道之常故商民終得允
殖周民不至靡有孑遺也如以左道而舞巫迎
龍以致雨亦何謂乎州守魏公德輿人也其先
子先是爲州同知乞休正德辛巳以鄉進士奉
天子命出而繼守吾州州之利弊皆其先子所欲興
欲革而未及者公領其諭于平日今則親見其
實而身任其事不數月間利無不興弊無不革
上有以副
君心下有以成父志一舉而忠孝兩得是在我者不

傷天地之和且有致和之道矣惟茲六月不雨
公與吏民約引咎自懲所謂左道一無所干已
日甘雨如注公惟歸功於畜道之成而不自有
其功民之知理道者相率以告於公曰得雨而
歸功於畜道之成其在易書固非誣者然公素
有致和之道氣順而天地之氣亦順況今日所
遭又非若商周二君所值理數之變故三才協
和乃有此應公爲是推遜奈何公曰有是哉民
咸忻躍而退自是傒渥沾足稿苗復榮遂爲有
年之書天地生成之功于是乎收矣故民生以

遂常賦有供
朝廷之所以責程有司者亦胥此乎舉焉縉紳士夫製冊一帙作爲詩歌以頌其美虛浮爲孱竊惟公之德吾民乃耳聞目接其功豈小補哉他日陟崇階躋顯要霖雨天下以成調元贊化之功者後當有屢書特書者在一州之績奚足爲公善也聊書此以爲張本云

重建王公烈士廟記　淮安金銑本州知州

天地剛直之氣稟之以生人與物皆然也而人得其全能全剛直之氣奮百世而特立者爲豪

傑其人也是氣處乎百世之常泯無形迹可見聞及其遭大變臨大節而發焉則死生榮辱之境以定於胷中不死而辱不生而榮則何外物之足以動其心而奮其志哉是故於夏而發也爲龍逢於殷而發也爲比干於楚而發也爲屈原於唐而發也爲張巡爲許遠顏魯公於宋而發也爲文天祥爲王彥明之數君子也安於臣節以死爲亨所謂能全剛直之氣奮百世而特立者也自龍逢以及天祥史書之廟祀之名公鉅儒爲之詩歌爲傳記以稱美之刻於石登於方策後世得以景仰者有以也惟彥明死節史失傳其廟燬於火未聞名公鉅儒爲之詩歌以刻於石登於方策剛直之氣不得白於天下後世其置諸人心塞乎天地之間固自若也是蓋不以暫而存久而沒也銑承
命來蘄索蘄圖經考古名宦將師法之首得公焉公未許何處人守蘄有德惠在人當元兵壓境忠義不屈拒戰日久民不忍叛未幾城陷公挈其妻子登大艦於西龍眼磯慷慨而沒之蘄民哀而思之尊爲烈士立廟於磯傍曰烈士王公之

廟歲時祀之遂詢之父老僉曰故廟卑隘弗稱逼於民居數罹於火遺址鞠爲草莽亦已久矣予聞而感其心謀於僚友同知淮陽王倫滇南趙和判官西蜀王錦吏目陝右王鼐相與捐俸市其民居以益其地東抵周行西抵大江袤計七十餘丈廣六十餘丈新其廟貌路有門闈以墻經始景泰癸酉秋越明年冬十一月甲子落成予與僚寀率父老拜瞻廟下咸喜公剛直之氣肅然如生因請書其事以刻於石噫公剛直之氣塞乎天地固不藉此而存而公之神靈不

無籍是廟以栖以妥而凡蘄人水旱疾疫之禱於公者舍之將焉適乎他日名公鉅儒爲之詩歌傳記以鳴剛直之氣白於千載之下奮乎百世之上媲美夏殷唐宋諸君子又焉可謂其不籍於是乎銑慕公生有以德於民死有以關於名教而水旱疾疫之禱又足以福乎人祀典所載不可誣也遂書之并系以詩俾蘄之人歌以祀公其辭曰彼都兮烈士全天地兮正氣視殺身兮如歸凜秋霜兮忠義龍磯兮蘄巖壽宮兮新制在祀典兮有徵矧綱常兮攸繫洋洋兮格思驂騑兮孔熾載雲旗兮委蛇繪靈衣組麗奠桂酒兮椒漿神樂康兮少憩願飲福兮錫民永廟祀兮百世

按王彥明事實詳辯見名宦誌已經改正

元

四見亭記　安城劉廷聞（沔陽學官）

蘄陽郡治負麒麟山自山之麓壘石十級委折以升至于山之巔有亭曰四見今郡守雲中李榮祖所重建也亭之高仰瞰城郭廬居麟次若在淵谷岷山嶓冢之流洞庭雲夢之匯谷集奔放滔滔洶洶千數百里而來縈帶洲渚橫流于亭之前而後紆徐以東去吳蜀荊揚之山高者插霄漢遠者隱煙霧昂者龍驤伏者虎踞莫不出奇獻秀爭赴乎軒楣之側至於林廬之隱見溝塍之分畫原隰之襄衍衢里之衝從凭几而觀迎在目睫於是一郡之勝槩畢萃於斯亭矣按圖誌郡有舊址在廣教山（的名白雲山）去州西北五十里蘄水界其陰水北白雲山有四見亭則故范忠宣公純仁所名也宋治平中忠宣以御史言事出守是邦暇日升白雲高處徜徉顧瞻而樂之山僧爲之作亭忠宣喜而名之屬士林敏功爲之記其後郡治荐罹兵燹轉徙不常再易所而至於今治凡城之廨宇里閭臺榭之觀釋老氏之居悉遷於治而不易其故名故麒麟山之亭非復白雲山之比而四見有扁猶仍其舊焉然其爲室卑陋弗稱歲久且圮李侯承

天子命來爲郡牧思所以稱

朝廷遴選任賢之意廉以持身仁以率人恤民隱祛吏蠹期年之間弊無不除廢無不舉令行禁止闔郡大治迺其餘力撤故亭而新之重營宮

極焱舉霞映雉堞盛麗倍蓰於前而未嘗有一毫賦於民父老聚觀而美之曰偉哉斯亭前所未有也仁哉太守其使吾民安於田里以同其樂也于時僕自江右校藝還泊李侯邀余舟宿江之滸設觴豆于亭上曰亭成子適至宜文以記之辭不獲則叙其因革始末之故以示來者舉酒而復於侯曰吾聞樂民之樂者民亦樂其樂後之爲政其庶幾古人乎侯釂觴而謝曰吾不足以知之然吾聞之百年之先長淮大江南北煙塵桴鼓之警交乎遠邇蘄於斯時號爲邊

郡其人狼顧倉皇莫之攸底方是時士君子之遊於斯欲頃刻遊觀若今日暇豫其可得乎吾今升高以望四境桑麻陰陰禾稷蔽野黃童白叟熙熙然遊於鷄豚之社商馳巨舸東西上下於江波煙靄之中者朝暮而不休太平之盛世久矣吾黨之於斯也得以燕居粹食幸其風淳俗簡時和歲豐而與斯民相安於無事委蛇自公時從僚寀賓友嘯咏斯亭無瘵官之譏有登眺之暇

聖天子之深仁厚德所以光被寰區涵照庶類蓋無一民一物之不得其所又不特一郡之幸一時之美而已余曰盛哉侯之言其將致吾君於唐虞之治而與天下同其樂歟遂書其言以爲記

江山清趣亭　浮梁戴珊侍郎

弘治五年壬子五月戊寅珊偕司禮監太監劍潭蕭公錦衣衛指揮同知鄒平孫公奉

使黃之蘄州

命下甫七日卽就道衝冒暑雨跋涉山川如是者月餘比會鎮守太監劉公巡撫右副都御史謝公巡按監察御史汪君暨都指揮同知高君布政

使王君按察僉事富君徃理乃事月又二日事始竣以

聞孫公北崖也南壤伏暑殊不堪假館鳳凰山之四祖寺殿堂門廡簷礎聯屬又無從而風之爰率官奴剗峻坂小徑蚓曲魚貫而上之得隙地孔良凹凸者平之欹斜者正之蕪冗者芟之搆亭一間雕飭不施門戶不設後抱平岡而左右翼尤就刹前駕殿廡城堞而出之無所障蔽長江大湖一碧千頃遠近山岫起如劍戟伏如波濤栁陰荷香鳶飛魚躍相率爭獻奇秀天風時來

肌髮颯爽恍若身世之在廣寒九成也蕭公爲
書江山清趣扁之作詩若干首孫公方適趣于
拄笏凭闌之頃而有感于候鴈南歸之音江漢
朝宗之勢憣然思以憂曰瓚職任侍衛出入禁
闥
天顔不遠咫尺外處及今夏向秋矣而我
聖躬天佑歟
帝德日新歟文教興行而武衛不弛歟求賢從諫若
渴若流歟一切無復瓚所與聞者能愬然不介
之懷徒戀戀清趣於一山一水之曲邪常舉以

語珊竊惟人所以參三才而靈萬物謹諸天人
之際而已故月令有曰仲夏可以居高明遠眺
望升山陵處臺榭范文正公曰處江湖之遠則
憂其君孫公出積善餘慶之裔好讀書明理道
通古今謂父兄門地不足恃膏粱紈綺不可溺
不避艱險左右大將軍克捷貴陽之不庭者以
奇勳授顯秩屢衘
使命之沐之陜之南京綽著聲績今玆一憂樂張
弛間而能順天時脩人道符合古先聖賢之語
良可書也雖然地因人而勝人以賢而名韓昌

黎之詠谿堂蘇東坡之賦赤壁歐六一之記醉
翁亭後之人誦其詩文猶想其盛美蕭公名重
海内而詞翰得之者不啻若隋珠荊玉然重孫
公之賢大書長扁無所吝而謝公輩紀之皆傑
作千古江山一時光重亭之名未必不與谿堂
赤壁醉翁同其傳也而珊得以託名於諸公之
次其亦榮且幸歟知府前監察御史劉君肅偕
知州楊淮請爲記遂書以歸之

宋史

李誠之傳　眞西山爲表其墓見西山文集

李誠之字茂欽婺州東陽人受學呂祖謙鄉舉
第一後入太學舍選亦第一慶元初釋褐爲饒
州教授丁父母憂廬墓終喪幹辦福建安撫司
公事遷刑工部架閣擢國子學錄以言罷起爲
江西轉運司幹辦使穪提會子第其物力高下
輸錢以斂之誠之以爲擾使者不悅曰商君之
令猶能必行今乃齟齬如此誠之愀然曰使君
儒者而欲效商君之所爲乎遂辭去使者遜謝
罷令而後止改通判常州知郢州知金人必敗
盟大脩邊防戰攻守禦之具移知蘄州蘄自南

渡以來未嘗被兵誠之曰備禦無素長驅而來將若之何相視城壁而增益之備樓櫓築軍馬牆教閱廂禁民兵激之以賞積粟四萬先是酒庫月解錢四百五十千以獻守誠之一無所受寄諸公帑以助兵食嘉定十四年二月金人犯淮南時誠之已逾滿代者不至欲先遣其孥歸閩難作而止喟然謂其僚曰吾以書生再任邊壘行年七十抑又何求獨欠一死爾當與同僚戮力以守不濟則以死繼之乃選丁壯分布城守募死士迎擊遇于橫槎橋大破之居數日金

人擁衆臨沙河欲渡又破之明日金兵大至決湟水焚戰樓又拒退之明日金移兵要衝爲必渡計蘄兵直前奮擊殺其酋帥金人雖屢挫然謀益巧攻益力未幾傅城下圍之數重遂燔木柵誠之出兵禦之又殺其將卒數十人奪所佩印三月朔金人攻西門射卻之俄造望樓以窺城誠之爲疑兵以示之又使持書來脅降誠之戮之而還其書越二日金人以攻具進誠之設械禦之夜出擣其營料敵應變若熟知兵者金人卒不得志會黃州太守併兵爲一凡十餘萬

池陽合肥援兵敗走朝命馮榯援二郡榯至竟遷延不進誠之激厲將士勉以忠義城陷率兵巷戰殺傷相當子士允力戰死誠之引劍將自刎呼其孥曰城已破汝等宜速死無辱妻許及婦若孫皆赴水死事聞贈朝散大夫秘閣脩撰封正節侯立廟于蘄賜名褒忠賻銀絹二百仍賜爵迪功郎者三　其妻令人士允通直郎子婦及孫女之没於難者皆贈安人從誠之之死者通判州事秦鉅

秦鉅傳

秦鉅字子野丞相檜曾孫通判蘄州金人犯境與郡守李誠之協力捍禦求援於武昌安慶月餘兵不至策應兵徐揮常用等棄城遁城破鉅與誠之各以自隨之兵巷戰死傷略盡鉅歸署疾呼吏人劉迪令火諸倉庫乃赴一室自焚有老卒見煙焰中着白戰袍者識其鉅也冒火挽出之鉅叱曰我爲國死汝輩可自求生掣衣就焚而死次子浚先往四祖山兵至亟還與弟潭從父偕死特贈鉅五官秘閣脩撰封義烈侯與誠之皆立廟蘄州賜額褒忠贈浚潭通直郎賻

以銀絹各二百州學教授阮希甫贈通直郎防
禦判官趙汝標蘄春主簿甯時鳳錄事叅軍蕪
司戶杜諤俱贈承務郎監蘄州都大監轄蘄口
鎮倉庫嚴剛中贈承事郎時統制官孫中小將
江士旺陳興曹全丘卞軍士李斌等皆鬬死司
理叅軍趙與裕先率民兵百餘人奪關出外求
援僅以自免而全家十六人皆没淳祐十二年
特封鉅義烈顯節侯黃州城陷守臣何大節亦
投江死焉

國朝

大明勅賜榮祿大夫同知大都督府事蕪
太子右率府使贈推忠翊運宣力懷遠功臣光祿
大夫湖廣等處行中書省平章政事柱國追封
蘄國公謚武義康公神道碑銘有序
皇帝即位之三年混一華夷聲教所被罔間遐邇梯
山航海奉贄獻琛
上念熊羆之士不貳心之臣東征西伐宣勞有年方
將胙土分茅以定功賞而都督康公薨于陜州
上聞之嗟悼不已既
勅有司穿土作室以寧體魄復欲昭其功勳於悠久

詔翰林學士臣宋濂稽諸簡牘所書文於堅石以垂
示於億萬載臣濂謹按公諱茂才字壽卿康其
姓也世爲蘄州人曾祖文廣
皇贈中奉大夫中書叅知政事護國追封京兆郡公
祖德懋
皇贈資善大夫中書右丞上護軍追封京兆郡公父
壽
皇贈榮祿大夫同知大都督府事柱國追封蘄國公
母蕭氏追封蘄國夫人公當元之季四方雲擾
未幾蘄州陷公結義旅以捍蔽爲務受以長官
俄遷爲鎮撫同諸將復九江擣蘄水黃連寨轉
蘄州路同知總管府事屯戍和之裕溪太平之
采石使者考其功狀陞淮西宣慰副使同知元
帥府事又陞宣慰使都元帥乙未六月
上帥師渡江將士家屬尚留于臨濠陣人多效死於
是數戰不克後數月常忠武王遇春遣游兵虛
撓之公連日發軍以應王度其力疲夜設伏兵
質明殲其精銳殆盡然猶收合潰散堅寨於天
寧洲明年二月
上命諸將以襄陽大砲破其寨公奔行臺便宜陞淮

南行省參知政事甫踰月
上亦克金陵又奔京口舟師追及之公度天命有歸
乃率所部餘兵三千解甲來附免冠頓首言前
日之戰各爲其主今日屢敗天數也事至於此
死生唯命苟得生全尚竭犬馬之力以圖報效
上笑而釋之仍許統所部兵從征又明年授秦淮翼
水軍元帥守禦龍灣取江陰之馬䭾沙八月僞
吴張士誠犯我疆境公驅兵逐之獲其樓船
上賜名馬一匹黄金一錠歲戊戌從廖楚公永安攻
池州取趙雙刀之樅陽遷都水營田使兼帳前

總制親兵左副指揮使明年八月攻皖城僞將
率樓船出戰公復獲之又明年六月僞漢陳友
諒傾國入寇攻陷我姑孰殺戮我吏民意將窺
我南京
上召公謂曰爾不疑我乎公復頓首謝
上曰汝既不相疑宜作書遣使僞降友諒爲内應招
之速來仍給告以虚實使分兵三道以弱其勢
友諒果如所言既至諸將同公奮擊大破之縛
其士卒二萬有幣帛白金之賜歲辛丑八月
上怒友諒來寇率將士親征公領舟師行擊安慶破
江州僞都友諒西遁遂下蘄州興國漢陽公沿
流而下克黄梅其家寨十一月取江之瑞昌敗
友諒八陣指揮友諒之勢遂衰遷帳前親兵副
都指揮使明年九月復龍興又明年攻左君弼
於廬州四月友諒圍龍興
上親往援公與諸將皆從友諒聞
上至亟解圍還七月大戰於彭蠡湖軍聲嘯呼湖水
爲之起立浮屍蠢蠢動至數十里友諒遂至敗
又有幣帛之賜十月
上親征武昌公從之歲甲辰二月下之友諒之子理

銜璧出降三月進金吾侍衛親軍都護府副都
護四月從大將軍徐公達洊攻廬州七月下之
八月拔安豐繼取江陵及湖南諸州加賜幣帛
明年二月改神武衛指揮使五月進大都督府
副使閏十月士誠兵犯江陰京口
上帥大軍水陸並進公在行中及至鎮江士誠兵已
遁又明年正月追至巫子門擊敗其衆獲士卒
二千公功爲多四月擣淮安之馬邏港拔其水
寨復獲士卒與艨艟無筭淮安平七月遂攻湖
州十一月破之進逼姑蘇姑蘇士誠僞都即遣

銳卒來迎鬬大戰尹山橋公持戟督戰益力大
卒盡覆乃進圍齊門刀劒林立飛鳥不敢下大
將軍命諸將合攻之吳元年九月姑蘇平公取
無錫州十月陞同知大都督府事兼
太子右率府事進階榮祿大夫洪武元年
上以江南之地既入版圖乃遣大將軍經畧中原公
從齊魯之地復由黃河取汴梁下洛陽駐師陜
州規運饋餉造浮橋以渡大軍鎮河中善撫綏
遺民爲之立石頌公德絳解二州則公所招徠蔽
遮潼關秦人不敢東向三年復從大將軍征漢

中奉
詔還軍中道因疾而薨實八月之三日也年五十有
七上下羣臣議贈公推忠翊運宣力懷遠功臣
光祿大夫湖廣等處行中書省平章政事柱國
追封蘄國公謚曰武義卜以九月二十一日葬
于應天府上元縣鍾山鄉之幕府山
上親臨奠而百司繼之祭幄相望聯絡原野時人以
爲榮公娶方氏追封蘄國夫人繼室田氏封蘄
國夫人側室朱氏余氏子男三人鐸田氏出鑑
朱氏出鎮余氏出公通經史大義事太夫人以

孝聞輕財仗義意氣磊落而尤有志於事功值
元祚將終其才弗克盡施然而
眞主龍飛於羣雄之中公卽能識之卷甲韜戈率衆
臣附坦然而不惑可謂上知
天命下察人心者矣由是昭被寵眷倚之以心膂用
之爲爪牙十餘年間屢從征討茂績奇勳著穪
當世存則安富尊榮加以爵位薨則疏封賜謚
貴及九泉令名垂於竹帛重祿延於子孫公其
可以不朽矣臣濂謹拜手稽首述辭於碑系之
以銘深懼不足以穪

上報功之意銘曰於赫
大明受命於天如日之升照于八埏其一于時康公江
險之恃大軍西來視如平地其二巨礮轟雷物莫
敢攖何戰弗潰何守弗傾其三天人攸歸勢何敢
抗知幾先來率衆内鄉其四
皇帝曰嘻有附匪疏予闢誠心遇爾不疑其五爾礪予
鋋爾部士卒助予四征以寧萬國其六公拜稽首
賜死爲生誓殫報效如無餘齡其七孰爲不庭率
師徃討矯如龔如風馳電掃其八東吳西楚蹴陳
駕張身經百戰兇竪始亡其九大將北伐同取汴

洛出鎮于蒲恤其孤弱其十蔽遮河潼以鐵為關
誰敢操戈睥睨其間其十一玄龜負碑以頌遺愛
民亦何心恩義斯在其十二從伐漢中迢迢西征
有命班師中道而薨其十三
帝念將臣血戰之苦將酬其恩錫以茅土其十四孰不
壽考以樂承平公胡嬰疾隕鬼泉扃其十五
帝情憫悼恩命絡繹穿山為堂畢兹窀窆其十六名垂
於史祿延於家翩然而逝公復何嗟其十七史臣
造文大書深刻以昭公勳有永無極其十八

文移

湖廣黄州府為脩誌事本年十一月十三日午
時抄蒙
巡按湖廣監察御史唐　批據蘄州儒學署學
正事舉人王舜卿呈致仕知縣甘澤纂脩本州
誌書一部今已就帙卑職欲行刋刻未敢專擅
理合呈乞施行蒙批郡誌與他書不同黄州府
查估用價若干作何處置行州學刋刻以備一
郡之史此繳仍行不致科索依准同繳蒙此擬
合就行該州查估為此除外仰本州着落當該
官吏照依帖文内事理即查該學所脩誌書今

呈刋行合用板片若干用紙若干匠作工食若
干共該用銀若干逐一估勘明白作急申來以
憑定奪轉呈不許因循誤事及倚此科索依准
一併同繳回報此係
本院即目按臨立等回報事理毋得遲延取究
未便須至帖者
嘉靖七年十一月十五日　右帖下蘄州準此
帖　押
湖廣黄州府為脩誌事抄蒙
巡按湖廣監察御史張　批據本府經歷司呈
前事蒙批仰府即查該州應動無碍官銀呈來
定奪繳等因蒙此案照先為前事已經備由申
稟去後今蒙前因擬合就行為此除外仰本州
着落當該官吏速照批呈牌内事理即查前項
木板紙張工食等項銀兩應該動支何項無碍
官銀作急議處停當的實申來以憑呈奪施行
毋得仍前遲違未便須至牌者
右牌仰蘄州準此
嘉靖八年八月初三日典吏馮斗承
府　押

湖廣黃州府蘄州爲脩誌事抄蒙本府紙牌抄
蒙
巡按湖廣監察御史張　批據本府經歷司呈
前事蒙批仰府即查該州應動無碍官銀呈來
定奪蒙此備仰本州官吏即查前項木板紙張
工食銀兩應該動支何項無碍官銀作急議處
停當的實申來以憑呈奪等因蒙此依蒙卷查
原議刊刻誌書板木并匠作工食印刷紙張等
項估計價銀叁拾捌兩五錢陸分已經移付戶
房府查庫內並無堪動官銀未經呈奪致仕知

縣甘澤見任本州儒學學正王舜卿各自出辦
工食完刻間今本州知州周南查有犯人張全
等紙米等銀共叁拾捌兩五錢陸分見在未敢
擅給擬合申稟爲此州司今將前項緣由合行
具申伏乞
照詳示下以憑遵奉施行須至申者
右　　申
巡按監察御史張
嘉靖九年五月初四日知州周南
同知缺

判官譚崇
吏目吳銘
巡按湖廣監察御史張　批仰州照數動支歸
還取領狀繳

儒學生員陳　具
社學生武仲賢
施仲文
陳　果
張　昱同謄錄
江西奉新陳鑾余節同刊
蘄州誌卷之九終

書州志補逸後

貞菴甘先生纂修志凡若干卷前守周公宜齋既鋟梓仍附先生家藏便民印行詎意先生未沒版被人詒去一七片幾為廢書矣西臯陳公諭倅代至每詢及之深切悼恤乃搜舊本使人重錄召匠刻補于是亡者蓬然復集此天不墜道而茲志之幸也蓋公毘陵節愍公裔孫節愍豐功偉績公嘗彙刻于家曰世恩世德二錄是則公史學之養素矣而今捐俸興補茲志論者要不可視為在官餘事云

嘉靖丙申秋九月鄉貢進士郡人李朴謹書

蘄州志後序

蘄鄉大夫貞菴甘公纂郡志刻成王子從而讀之曰於美哉其翼諸教乎可以觀化矣貞菴之志弘哉畢矣夫君子之有作凡以為

天下後世刱志為郡史關諸政教之尤者是故貞菴之志也夫蘄由周歷漢唐宋迄于今駢耦天下名郡颯颯乎有鄒魯遺風厥志實令翔見貞菴之志弘矣

或曰奚其翼諸教也夫學校教之地也風俗教之原也忠孝節義教之實也人才教之成也三代之有庠校凡以明此而已故郡葺大哉學教立學斯重矣郡

其良哉觀茲志也學校舉而其地隆矣風俗正而其原端矣忠孝節義循以風之而其實昭矣人才咸彥于道教之成章章矣故曰可以觀化矣經而章核而

有則精而確亦可以傳也夫推諸建置沿革之凡物物精具秩秩如也則有左史吳公之序在王子惟其教故略焉要亦識貞菴之志焉已矣

嘉靖九年庚寅春正月下澣蘄州儒學學正閩人王舜卿序

荆楚文库

〔康熙〕蘄州志

〔清〕王宗堯 修
〔清〕盧紘 纂

《荊楚文庫·方志編》編纂組

組　長：賀定安　陽海清（執行）

副組長：劉傑民（執行）　王　濤　謝春枝　范志毅（執行）

參編人員（以姓氏筆畫爲序）：

王　濤　李云超　宋澤宇　范志毅　柳　巍　馬盛南　陳建勛

梅　琳　張　晨　張雅俐　陽海清　彭余焕　彭筱澂　賀定安

劉傑民　謝春枝　嚴繼東

編　審：周　榮

顧　問：沈乃文　李國慶　吴　格

前言

《〔康熙〕蘄州志》十二卷，清王宗堯修，清盧紘纂，清康熙三年（一六六四）刻本。

王宗堯，字銘一，清遼寧廣寧人，蔭生，官蘄州知州。盧紘，字元度，州人，順治進士，官江南督粮道左參政。

州志自嘉靖九年（一五三〇）甘澤修後，嘉靖三十一年（一五五二）翁學淵又續修。清順治十六年（一六五九），王宗堯到任，是時距翁志成書已有百餘年。其間朝代更迭，蘄州歷動亂兵燹，變遷甚多而載籍蕪廢，舊志亦佚失無存，王宗堯即有意延請盧紘續修志書。盧紘一直留意鄉邦文獻，在齊、魯、燕、粤等地任職期間，每遇曾在蘄州爲宦的官員，必問其藏書中是否有蘄州舊志。康熙元年（一六六二），盧紘宦吳，恰有錢農部於毛生家中搜取《湖廣總志》《黄州府志》《蘄州志》見視之。盧紘遂以之爲參考，於次年開始纂修州志，『於其闕略近而聞見所及者，則直録之；遠而莫之或詳者，則以《一統志》《三楚全志》《楚紀》《黄郡志》參補之；或見聞所漏，又爲諸志所未備者，則致書於蘄之士大夫，博稽而互訂之』。書將告成時，又參考顧赤方所攜顧氏《蘄州志》加以續補，終於康熙三年成書付梓。

是志雖參考舊志，然其體例更多仿照吳中各郡縣志，分十一綱，依次爲圖志、沿革、疆域、版籍、建置、封建、職官、選舉、人物、藝文、災異。比之前志，改動較大。翁志首以沿革，續以職官、選舉，而後爲疆域、建置、版籍。是志則以『疆域』爲『土』，其下所領子目皆爲『因土而見故』，置於『沿革』後；又以『有土而有人』，將『版籍』置於『疆域』後。因『有人必安之以居』，則『版籍』後即接『建置』。蘄州歷爲封地，翁志即有『藩封』一門，因清代制度有所改變，是志更名爲『封建』，相關世襲姓氏、軍伍屯田等皆附之。『職官』『選舉』二綱後置，並將翁志『名宦』併入『職官』。新增『災異』一門，按年代記載天災，與之相關之兵寇、郵政附於其下。

其内容於舊志具有延續性。如保留舊志每綱前小序，其後復以盧紘所纂續之。『沿革』『疆域』『職官』『選舉』『人物』『藝文』等皆保留了一定舊志内容，引用者以『舊志』標註於末。『建置』一門多有變化，凡舊志有紀而是時已無可考者，是志詳紀之。所載有考諸其他典籍者，亦一一標註，除去各省、府、州志外，另有歷代史書、《大明會典》《賦役全書》等，可見其採訪範圍之廣，考究之詳審。

據《中國地方志聯合目録》，是志有清康熙三年刻本，藏於國家圖書館，另有膠捲，藏於上海圖書館。本次據國家圖書館藏本爲底本影印。該底本存在較多的破損、字跡漫漶不清、缺頁等現象。（彭筱溦）

目録

重修蘄州志序

蘄州黄之支郡東漢爲蘄春
國明為荊藩分茅重地居荊
服下流山川形勢素稱阨塞
州志修於嘉靖壬子迄今一

錢序一

百十二年載籍蕪廢州人盧
使君濬巖有志補續授訪於
兵燹殘破之餘久之獲舊志
於吾邑故家手自排纘發凡
起例拾遺補闕於是蘄之掌

故燦然臚列蘄志始得爲完
書矣余惟郡國之有志名曰
地志實則史也有唐元和以
後地志始盛宋人撰地志者
吾所及見則宋敏求之長安

錢序二

東京二志程大昌之雍錄范
成大之吳郡志陸務觀之會
稽志詳略得中具有體要有
明地志盛稱康德涵之武功
王敬夫之鄠縣都玄敬之練

川顏惟喬之隨州武功鄠縣
練川近古而太略隨志略於
隨而雜舉時政非體也使君
有良史之才留心蘄志輶軒
所至廣諮博訪知楊子雲所

云把三寸弱翰齎油素四尺
以問異語歸即以鉛摘之於
槧歷載構綴以有斯文文直
事核有倫有要其事則蘄其
文則史當與宋程諸公抗行

後世豈不韙哉余嘗謂昇楚
之故矣黎爲高辛氏火正以
淳燿惇大光昭四海故命之
曰祝融其子孫實光啓土春
秋詩禮樂故志訓典之教則

申叔時志之三墳五典八索
九丘之書則左史讀之韓起
見易象春秋曰周禮在魯楚
棄之矣自公羊子斥楚爲南
夷而宋儒解一匡天下謂明

其說余詳考之詩所謂蠢爾蠻荆者毛萇曰蠻荆荆州之蠻范曄以爲長沙九溪蠻也孔子稱齊桓一匡天下爲其伐山戎斬孤竹并爲包茅徵

楚之役也宋儒承公羊之誤合蠻荆而一之使祝融明德之後與槃瓠犬戎之種共蒙南夷之號春秋以來翼軫鶉尾之區蒙氣未雪此亦楚人之責也使君今之申叔左史也其亦以蕲爲職志徵文奮筆爲三楚一洗之他日將爲楚語爲楚書而假余言以發其端余請執簡以俟焉

歲在癸卯嘉平臘十有九日

石渠舊史虞山錢謙益謹

序

蘄州舊志後序

昔夫子善夏商之制而悼其無傳卒歸之文獻之不足夫文獻何爲也乘載之宗也天地之紀也匪獻弗作匪作弗述匪述弗志匪志弗傳志之不可已矣然必紀載備而後彰往之跡昭苟以膚狹者失之俚其究不過剽掠公羊模竊左氏而已矣取予公而後憲今之義備苟以毀譽者失之誣其究不過組織班范妄肆譏評而已矣聞見博而後參訂之見眞苟以疑似者失之謬其究不過摭蕪瞽朦紛采譜乘而已矣傳之不遠焉用文之蘄州之有志舊矣越年二十殘缺頗多憲史丹翁懼其久而或湮也移檄於州爰集諸鄉獻以考成之凡有十二卷曰沿革曰選舉曰疆域曰建置曰版籍曰藩封曰名宦曰人物曰祀典曰　御製曰藝文曰詩類此其大致也蓋以國於天地有與立焉故首之以歷代之沿革才之華國代不乏焉故次之以歷年之選舉應選舉者必有所鍾之地故次之以疆域而分野山川災異風俗物產之殊皆疆域之疊見也宰疆域者必有出治之所故次之以建置而公署坊郭之修城池防衛之固皆建置之所先也司建置者必先民物之數故次

之以版籍而戶口之盈虛賦錯之多寡皆版籍之所出也然版籍之出宗室之賦貢與焉故次之以藩封有藩封者必有吏治故次之以名宦有名宦者必有鄉賢故次之以人物功叙既勑明信可昭故次之以祀典歌樂既成文華斯沛故次之以　御製次之以藝文次之以詩類凡此皆鄉士大夫稽其詳而丹翁折其衷也一濂得而讀之再拜稽首颺言曰噫嘻休哉渢渢乎斯典也文不在茲乎勿惧其不傳也已質而不俚公而不誣確而不謬其跡昭其義備其見眞可以志矣其尚有不足徵也夫謹識

嘉靖三十一年壬子秋日

賜進士第奉訓大夫蘄州知州崔一濂謨

宗室綏惠尤切士習民風之厚胥飭胥守確然未之有改人文宣朗視昔加隆邇可尚已愚不佞謬以憲臣握兵茲土風紀攸司昕夕惴惴焉以瘝曠厥職是懼而於崇學校育人材重彜倫端風化抑強扶弱釐奸剔弊修廢舉墜竊有志焉而力未之逮也間取州志一繙閱之廼嘉靖巳丑州人甘君真庵纂輯其用心誠亦勤矣第出於一人之手聞見失真蒐獵未廣不免有掛漏魚豕之患乎未愜焉矧可垂之永久乎重越二紀缺略殆甚板刻家藏邇遭煨燼宰物者若啓以重修之機而默畀予有主張之責焉也鄉

士夫揣知其意亟請事事予惟天下之事行之匪艱而主之惟艱謀之於僉宜決之於獨築室潰成盈庭孰咎匪主則渙然靡統匪決則悠然罔斷雖有智才弗能就緒爰乃毅然任之檄州守崔君次泉經理惟愼諏日闢館禮延鄉先生賓雲王公湘東郝公總裁纂輯會闔儁士顧君桂巖以在告未與鄉貢士陳君龍坪高君紹厓楊君蘄南郡庠生田子于藍鍾子沂同任校編據通志楚紀合黄志蘄志凡有關該載群書採錄無遺揮汗竟日不謝勞瘁予公事多暇適館一收餐躬親校閱諸公筆削去取罔狥私請視舊志之缺者補之訛者正之繁者删之簡者增之疵且穢者剗去之於是文獻足徵義例允協頗爲一州之完書矣甫閱月而脫藁雖曰廣衆思集衆益工不愆于素亦幸甘子先有載錄而折衷檃括有所憑藉也否則今志視昔事詳而核文增而粹顧其功成之易且速有如此哉是志也分門别類釐爲十有二卷一曰沿革則禪代職官之故詳矣二曰選舉則古今人材之類辯矣三曰疆域則山川風俗之大可攷也四曰建置則公署坊郭之類可推也五曰版籍則戶口財賦防衛之纖悉具矣六曰藩封則宗室官僚

兵屯之規制存矣七曰名宦則吏茲土者賢否别也八曰人物則士之賢者行義彰也九曰祀典則明禋之誠敬有徵也十曰藝文首之以　御製尊王之義也次之以十一十二曰詩文各賢之墨蹟不泯也有凡例以揭其槩有目錄以著其詳有圖以布方位之嚴有名氏以列修志之士凡此數者斟酌損益稽之有衆而一決之於心而所謂誇誕鄙俚之失胥可以少免矣是舉也不踰期以妨公不糜費以病民不私好惡以違衆故人咸樂成之旣乃次其卷帙繕寫成編僉曰鋟梓之以永傳可也遂命鐫工各乾者

役再閱月而事竣管窺蠡負方深悉惕未卜將來以予爲
功矣夫以予爲罪也夫
明嘉靖三十一年歲次壬子八月既望
賜進士出身朝列大夫奉
勅整飭下江防兵備湖廣按察司僉事前貴州布政司左參
議括蒼丹山翁學淵譔

序

蘄者楚之香艸也屈子爲離騷
上潄天帝中乘遊仙下及于木
夫土伯魚屋龍堂之異狀而其
所志不出於荃蘭芷蕙一二香
草之間則蘄之爲楚美也漢縣

之隋州之今仍之而其實屈子
之志而已矣屈子文章之淵藪
分野之權輿也而且於蘄乎是
志士大夫不蘄之志而何志也
然矣考其昔屈子姊歸人爲三
閭大夫非蘄產也非蘄產而志

之若懷鄉之艸衽席不相離而
究產于蘄者乎澹崖盧先生負
屈于談天炙轂不世出之才而
不忘其所自始于是爲蘄州志
或者曰先生之爲官博矣丞于
粤守于魯列騰于燕漕粟于吳

會尼山練湖之麓廛不臻馬陵
細柳伏波之穴廛不擇日華之
宮綠珠之井響屧之廊耳而目
之靡有不悉而猶戀戀于蘄胡
千里之駒而棧豆之不合也予
曰不然夫含蘄之金沙鉛鋑而

談瓠子勾漏之奇猶之桃梗人
渡西河漂漂然不知其所抑也
含蘄之翠竹芳蘭而語金鶯珠
火之麗猶之康樂公入蓮華社
名利之心都未除也含蘄之龍
盤鴉宿而矜雞陂鱷潭之多猶

之穆王之化人國昇白猿白鹿
以歸也含蘄之無欒禪身麻衣
道體而求諸石袍都嶠支硎玄
墓之枯骸猶之優戲仲尼而披
髮祭于野也夫葵藿猶衛其根
鳥之飛必返其故鄉人雖獷必

懷其父母之邦既父母其邦則當爲此邦之綱紀者而官長志爲此邦之疆理者而賦役志此邦之人有爲之屏翰者而戎馬汛防志蘄州斗大地之綱之紀有其志之若秦之長城確乎不

可拔矣蘄之我疆我理有其志之若成周之井田經界畫然不可紊矣蘄州之屏之翰有其志之若唐之府兵明之三大營旗幟刀斗森森然不可犯矣蘄州得一盧子而山川以之秀衍土田以之富疆天下之爲山川爲土田者孰不願得盧子而生之而志之以使其秀且疆乎此先生之志也懷楚香也實楚善也由楚而達之天下也一舉而思若念祖憂民之指備焉故曰其

文約其辭微其行潔其志芳屈子以後一人而已

康熙歲次甲辰清明日原任

欽差整飭下江防兵備道提督

漢黃德安蘄州九江南昌撫

寧參廣等處提刑按察司僉

事錫山治弟呂暘拜撰

蘄州志序

國有史盛衰之迹寓焉柱下是掌而彰信闕疑其職非賢人君子莫任也家有乘高曾之矩存焉譜帙雖傳而辨統正分其事非孝子慈孫莫主也至郡邑之

有志義亦與國史家乘同而任之主之爲較難者則其職既無專官之設其事又無世守之傳其葺而修也遠者或百年近者或數十年見聞既多曠缺而力殫於旁搜欲任此而勞且歸之

取舍易涉偏私而議撓於衆奪欲主此而怨並隨之夫欲任之主之矣仍有意乎勞是辭而怨是避求志之能修不可得也若吾蘄當荆楚之末服控江漢之南流阨塞要害於是乎憑攷在

周時號爲方國其易而爲郡爲府爲路爲縣爲州則後代事也旣名國矣則君此者亦當在千八百執玉之列而何竟荒忽不可稽也以此推之則其間名號事蹟所爲沿革變遷不知凡幾

遠者誠莫救其荒忽而近者固可任其闕略耶矧地乘燬燹代值鼎新於此而不亟爲典廢舉墜之圖則荒忽者益見其荒忽而闕略者終成其闕略矣凡生茲土者孰能無心紘雖不敏

問嘗與蘄之士大夫咸有意乎任之主之而求遺志於舊家所藏已不可復得乃歷宦齊魯燕粵之鄉於凡宦遊於蘄者徧求其所藏而亦不可得然則紘之用心亦已苦矣壬寅冬紘宦於

吳偶謀諸錢農部三峰因其先
亦曾宦楚者三峰告繼曰吾將
爲子求之一日以全楚志黃郡
志蘄州志見示云是邑之毛氏
子所藏夫以十餘年求之不得
諸宦族求之不得乃一朝於毛

氏子而並得之固知志之見也
不偶而獲重修也有緣能無幸
慶按舊志凡三冊卷十二爲例
凡二十有二修以明嘉靖三十
一年兵憲括蒼公爲之序序載
志之修州守崔君爲之經理鄉

先生王公賓雲郝公湘東董其
政鄉貢士陳君龍坪高君紹崖
楊君蘄南庠生田子士藍鍾子
沂佐其成舊志之因則嘉靖己
丑州人甘君眞菴所募輯夫自
己丑迄壬子甫歷五十年而修

之必合衆賢之長時當治平尚
不甚煩搜緝其於斟酌損益猶
戛戛其難之矧自嘉靖壬子及
今計已歷有百十二年舊志之
外典故所存長老所記又無可
深攷蘄人士凡有同志於斯者

人散處各方而不獲聚統且以一人寡聞藐見毅然欲獨取而任之主之其為難也更倍統固無所諉而於其闕略近而間見所及者則直錄之遠而莫之或詳者則以一統志三楚全志楚

盧序六

紀黃郡志參補之或見聞所漏又為諸志所未備者則致書於蘄之士大夫博稽而互訂之反覆校正期必成可信之完書良以失此不修終遺殘缺然則統之用心又甚勞矣舊志分紀事

悉無所改惟建置有時事已更昔宜詳而今宜略者稍芟之此統之不得避其怨者也民生所關莫如丁畝今淆混特甚咎有所歸而直書之此統之不得避其怨者也凡仕於土者治績

盧序七

可稱則公道之存難為泯沒餘則付之不議此統之不得避其怨者也鄉賢節義亟宜表彰以光編錄然所聞未確未敢妄書寧闕其文以俟來者此統之不得避其怨者也蘄城之燬實由

內典萬家修戮禍首漏誅書無
所諱此紘之不得避其怨者也
夫於勞既無所辭而於怨又無
所避可以質之州人士而共信
其無他者惟是存心之公焉爾
然則此志之修方諸國史未敢

自居爲賢人君子方之家乘尚
欲自託於孝子慈孫也歟
大清康熙二年歲次癸卯季冬
月
賜進士出身分管漕務督理蘇
松常鎮糧儲道兼巡視漕河

江南布政司左參政郡人盧
紘元度父謹譔

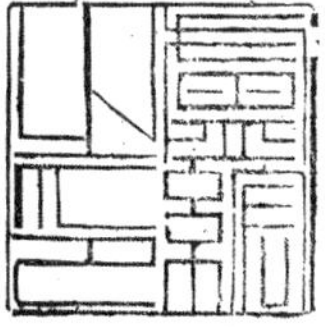

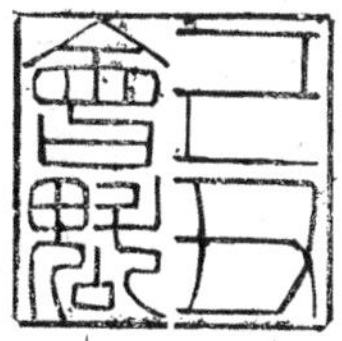

跋蘄州志

歷代史職於一人者爲善，而雜諸衆手者爲劣。史遷而下莫不皆然。唐以後不足觀，唐書善出多手，歐陽氏起而一之，於是論定始有義例。惟郡國之志亦猶是耳。宋子臧寄驛錄引前志粮驛，麻人繇引軍志說名字云云。申胥曰此志也，志通於史，自春秋已然。故史無不有志，史之志亦猶是出一家爲長。唐後世書以天文付李淳

跋語一

風，地理付于志寧，識如江淹、沈約、魏史之雜無出於志，非老於典故、兼覽採輯，豈不注聞事據之志？華陽崔鴻之十六國，宋敏求之河南，劉宗謨之志襄陽，姚孝錫之長沙，博采舊聞，歸諸一致。近代郭青螺纂華志，李于鱗青州志，陳廷完滁州志，康對山武功志，郭造卿永平志，號善纂著。聰明擷凡，摭膾若夫以聚宦道謀，溢涂經緝類勘不觳

跋語二

向來期汗青無日居歲之君志自纂
請於邑人梁孫全甘之譯如是二十年
鄉大夫王郡丞之屬修之僅十二卷甚
後未經撰補　先君子殺於任赴春
秋傳襄公二十四年止崇禎十七年計

跋語三

二千一百八十年年爲類二十有五爲卷
百有餘葉而　濯纓盧先生之出其
先生之書綜覈史乘網羅遺軼於
緗縹于蟬蜎楮末手于沒設義例
更歲寒暑郡邑艱出一手拆表綴

全百世鑑衡卓犖不群者　先生毅
然以古稀之年少通籍無誌書者楚
自長沙六維大潙而後惟先生稿繼
兼肯從自古尹參軍太守令參議衡
繼所見必有西德鑑傳世爲千橋

跋語四

鄭協銘末參少縱亘一生著述精意
於　先君子書本史之鑑　先生亦將
一二取嗚呼末耀方長前努燕緘
後之君子其茲法諸
時康熙三年歲平月　王□識

二日同里晚學顧景星拜書于海

虞之蓍山居

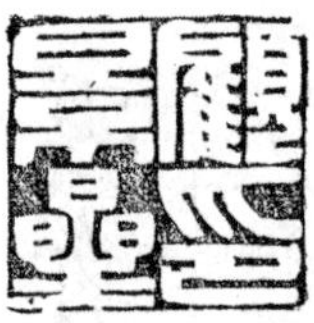

跋蘄州舊志後

蘄志成矣攟摭博矣稽覈精矣澄汰嚴矣此皆我丹山公兼人之知材之力之底於績者也是故無夷齊之漏無梲棗之譌無闕止之溷粹乎無以議爲也於是眎前志若宦迹若人物增入者什三其他以蕪穢陋劣損於前者亦且什一矣公之言曰匪真庵吾孰馮吁厚矣哉或亟欲毁故志謂可作燈炷者其相越何如也人之言曰志其堪輿哉三才函矣或曰志其櫝哉萬寶閟矣陳子曰志其鑑乎哉其用廣矣遠矣夫政有秕良人有淫善辟則醜厥孟陬同臺並照則朱粉謝妍媸昭矣夫惟形生辨辨生憤憤生勇勇以遂憤憤以終辨是故太上臻成其次淑身以無秕政無淫人志之用也卽鉅重秦柔能光范譜邁迹繩武感慨繫之故曰其用遠矣不然冥冥懵然尤而效之如我生何此我公于人材之辯尤屢致意焉嘉惠之甚盛心也不此之求第曰仰繫星紀俯及昆虫草木之么麽細碎而曰志云者抑末矣用告觀者

嘉靖壬子中秋日鄰内龍坪陳吉言夏卿父跋

蘄州志跋

滄巖盧先生督南漕儲三年而奏最將以鼓吹迎東渭橋乃先生不自滿假謂邦本民天於是乎在凡有利於民者不惜為東南請命可謂勞勩獨賢矣而又以其暇博綜典故遊神翰墨於水利則有志於松江則有志三吳之利害在水水之滙而入於海三江居要故志之最後著蘄志蘄先生之鄉也大江上游南北

之衡不可無志於是咨諏考證表章揚扢較舊志增十之七卹政榷茶天文屯田之數條鞭之額舊志所無而今有餘例皆舊志所畧而今詳班然粲然可興可勸自漢以來二千年事蹟具補自嘉靖脩志後百十有二年事蹟具舉猗與盛哉余友忝方顧予嘗為予言先生見一事切於義勇於為政夜不待旦得一義切於理勇於為文筆不加點其至性然也歸在新泰則志新泰矣叅軍西粵則紀西粵矣守山東則序岱史矣榷長蘆鹽則議鹽法矣而又表師曠之墓攷羊祜三世祖之塋復魯先賢高堂生之隴其他闡幽舉廢不可勝書生平窮四庫五車之富著數百萬言蘄志特其一斑焉耳舟受而卒業曰嗟乎先生積學博用意勤是非論斷光明俊偉本於理學出於忠孝所謂至性者非歟語云莫為之前雖執弗臧莫為之後雖範不章先生生

諸賢之後起而語如同堂後先生若奉先生之臧執章範可不勗哉可不勗哉因再拜為之記

康熙三年立春後五日同里晚生方舟敬跋並書

重修蘄州志凡例

一修輯志書遠不過一二十年郎宜補入庶免曠略今考舊蘄志修於明嘉靖三十九年迄今已歷百餘年矣其間缺略甚多矧自癸未兵燹而後并舊志無存壬寅冬虞山錢農部以先世秀峰公按楚曾得湖廣總志黃州府志蘄州志現藏毛生家並搜取見示有如異珍此諸志重獲之由也

一修纂志書其功非經歷年歲蒐集衆長不可考舊志之修上自防憲州守下迨鄉大夫士分任校讐始得

詳備今志之修始癸卯之冬迄甲辰之夏而蘄之同志者道里遼遠書函往復考訂爲難雖長老有存亦祗憑耳聞口述故事蹟年月人物姓名不能詳核綜

一人既不避勞怨以身獨任其所參定者初止凴大明會典一統志湖廣總志楚紀會館題名錄及弇洲覼甄大泌諸名公文集搜補一二其不能載者甚多甲辰之夏書將告成而友人顧赤方來虞始以其尊人重光所集顧氏蘄州志相質得續補十之二三雖不及備載而參訂之功所裨亦不少矣

一新志之修雖準舊志而大端參酌以吳中各郡縣志較爲精詳舊志始沿革即係以職官次選舉又次疆域又次建置又次版籍又次藩封又次名宦又次人物又次祀典古蹟而以藝文終焉計卷十二今定首圖志次志沿革以初辨方正位爰立郡國雖歷代不同然紀載莫先焉而分野形勝山川風俗物產各以例附凡此皆因土而見故也有土而後有人斯次志版籍而戶口田賦徭役課程各以例附凡此皆因人而出故也有人必安之以居斯次志建置而衙署廟

鄉橋梁城池陂塘祀典書院社學古蹟第宅塋墓凡此皆所以居此人者也有人必臨之以長斯次志封建而藩王公侯兵衛屯漕駐防各以例附又次志職官而歷代官制道憲宦蹟各以例附凡此皆所以治此人者也治之大者莫如興學而人才出乎其中斯次志選舉而科目貢監吏仕封贈錄蔭各以例附人才不同品行攸異斯統志以人物而學行忠義正直政蹟殉難文苑廉介恬靜隱逸武勲孝友尚義貞烈方術仙釋鬼神各以例附凡此皆所以別此人者也

若文章所以飾治而人之立功立德感于是乎徵是以古史不廢斯次志藝文而　聖製及文賦詩各以例附凡此皆所以傳此人者也若人失其生而怨積于下斯謫見于天于是乎災異有志焉然而擾民莫如兵寇救民莫如郵政各以例附凡此見天所至重者莫如生人而終卷備載不無深致望于爲君爲長者也修志序次之意大畧如此質諸同人未審有當否

一蘄之爲國在春秋原無可考至東漢始有蘄春國之名嗣後爲郡爲府爲路爲州爲縣歷代不同咸有其據然舊志于周初已志爲國不敢遽刪今志仍存

一蘄治原在今治之東北四十里白雲山之陽後因避亂始遷江滸麟鳳之間實爲形勝險阨癸未蘄城之破或歸罪蘄黃自古冦賊久亂之地不思人和不足而徒歸罪地利詎信爲然故備載圖論欲長人者有所省觀耳

一蘄之爲郡在歷朝或屬九江或屬南郡或屬江夏或屬弋陽或屬淮南考他志所載各以其時所屬而于

所應紀者類編之于蘄但以郡言其地甚廣似疑混及今志槩不載

一分野災異之紀前志未詳今載之爲備但蘄居荊豫揚之間則分星似無定屬今志謂居荊江漢下流去淮海較遠則其地不屬豫揚明甚故舊志稱蘄所屬分星在鶉尾之次入翼宿十度十一度十二度間是張翼軫雖均在楚分星而蘄所屬尚不入軫況于張乎他志所載並紀張翼軫今志止及翼軫並不及張以遠近不同故也

一蘄之爲郡地廣而瘠人稀而惰有由來矣然風氣和柔急公奉法當寇亂之餘殺戮過當以土則多荒蕪以人則鮮生聚其于公賦實無所逋豈誠地產人力之有餘哉特迫於催科之令而然耳故志賦役備載歷朝之法不同抑欲其斟酌于輕重緩急而盡心于開墾招撫長人者覽斯或有所感動也

一建置隨時興廢有舊志或紀之而今蹟無可考者志必詳紀之蓋無忘作始而尤不無以興復之功望之後人也

一封建官制代有沿革不同自
國朝鼎興官制多因仍不改藩封已廢衛所畧更今志于
舊志所紀藩衛之制不盡芟逸抑以備考古者之博
覽云爾
一人才必由選舉而所入亦不必一途周漢唐以來實
無可考不敢附會近代紀之稍備以見聞所及無敢
或遺非故詳近而畧遠也
一宦蹟以功德在人人物為地方增重正如異寶希珍
有可紀述宜亟為之彰表以為譜帙光遑敢狥一人
之私好惡令掩抑不傳乎但一人聞見有限今志之

修事蹟稍得之學憲高公寰旂兵憲呂公全五家藏
然猶有未盡故寧虛紙尾候同志者廣搜補入也
一藝文之首載
聖製重王言也餘則或為遊覽所記或為贈答所存要必
有關于蘄其人足重其事足重者而後紀之所取不
專在文詞之工至于序次各以其代為先後抑倣史
編年之義云爾
一災異之書按史徵驗毫無僭爽今書災特詳而並不

及應者抑春秋之義也後附之以兵寇郵政以明召
之者以人而救之者亦以人蓋天道遠而人道邇責
民上以所自盡無徒惟氣數是諉也
一蘄為名勝地凡宦遊斯土者無不愛其風俗之醇人
情之厚原不徒在山水之佳麗也今志載十景圖詠
特詳以明風俗人情之醇厚亦由山水之佳麗所鍾
非但取為遊覽之具也
一蘄之物産不乏精良而龜蛇簟艾無裨實用徒以厲
民故志雖紀之而不敢誇為珍奇也
一遺事之紀雖無甚關係而世俗傳述已久抑畧記所

聞之一二以補其闕畧也

郡人盧紘謹識

湖廣黄州府奉直大夫蘄州知州王宗堯

州判王尊標

吏目沈毓林

蘄州儒學學正尚登岸

蘄州鄉官户部郎中謝觀

雲南布政司李本晟

江南督粮道左叅政加三級盧紘

浙江杭嚴驛鹽道僉事熊兆祐

知府高培

同知張效蓉

知州陳王道

知縣李炳然

方册

汪蕎

張承瑞

王協

縣丞張效鍊

教諭董良宣

董良因

陳言先

葉俊士

馮琮

封岳

舉人顧咸泰

張承垃

李必泰

劉遐祚

貢生晏昇

張士淑

張泮

孫天衢

貢監李櫕

監貢原授推官顧景星

官監盧鼎初

蘄州儒學稟增附生員

[illegible]等同修
郡人盧綖
武學生 □盧曜初仝纂編
海虞書林凌 梓爲刋

修纂舊志姓氏

欽差整飭下江防兵備湖廣按察司僉事翁學淵
蘄州知州崔一𣲗
州同知梁𢈔
吏目李煋
蘄州儒學學正楊演
訓導熊天爵
王猷
鄉官知府王儼
知府郝守正
舉貢 陳言吉
高暘
楊芳
儒學廪生田子盛
鍾沂

蘄州志目錄

蘄州志卷之一上

圖表

夫城郭宮室井邑術遂之屬成乎人山川丘陵墟落扼塞之類因乎地若其位置綿亘之狀從衡透迤之勢良史皆能貌之而為之圖是圖也者易遠為近斂博而歸之約以便觀者也昔周王知壖澗之勝漢祖按輿地之迹政此類耳志志疆域志山川志形勝志防衛蘄可考而知矣然使必規引而矩折里計而舍求亦昔乎擾矣故必括而為圖夫然後成乎人因乎地者可坐而徵也

圖論

盧紘曰凡方域之記圖與志相參而互見者也周禮職方氏掌天下之圖以知天下之地而鄭侯入秦首收丞相府圖籍以是知天下戶口阨塞多少強弱之處則圖志所關亦綦重矣蘄自歷代沿革之後并州治已經遷移按今之圖西南境則濱臨大江南岸外不里許即屬廣濟西則隔江即屬興國大冶若東北境則本州所轄十鄉而外東距江南廬郡之英霍北距蘄水羅田皆數百里而遙度勢益極遠西南稱而控制東北境者也庶

圖以尺寸之楮該數百里之域其地境遠邇廣狹與山川名勝之概多不能詳因宦吳中見諸志圖繪精悉可觀命工以意倣之較之舊圖而全蘄封域形勢覺燎然在目至於諸蹟有今昔興廢不同或昔有而今廢者則仍舊以爲考古之鑒或昔無而今剏者則增入以備觀覽之全総之致審於茲者抑幾加詳慎矣

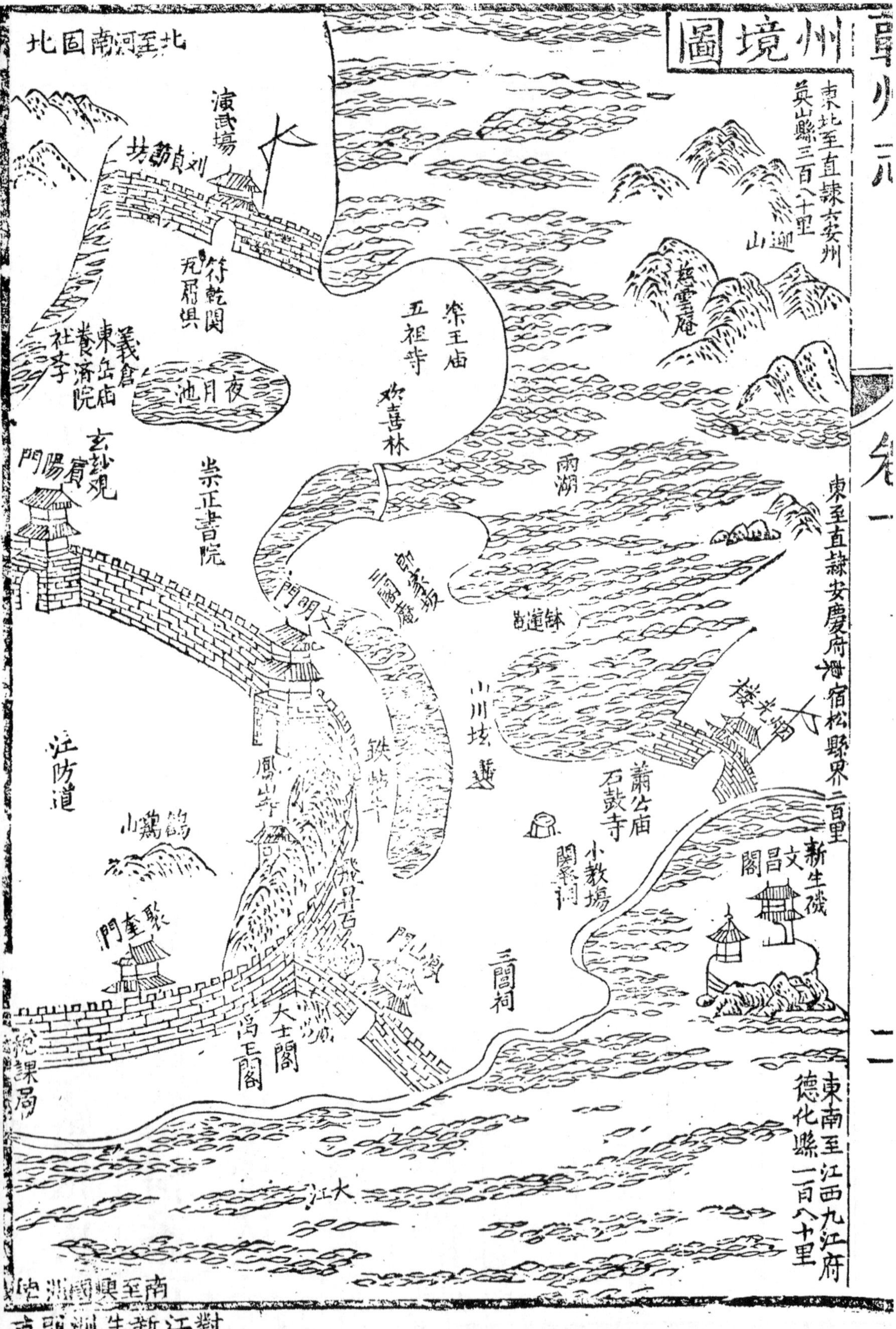
州境圖
東北至直隸六安州英山縣三百八十里
迎山
慈雲庵
演武場
東岳廟
義倉
養濟院
社稷
夜月池
五祖寺
歡喜林
玄妙觀
賓陽門
崇正書院
兩湖
大明門
東至直隸安慶府宿松縣界二百里
江防道
鳳山寺
山川壇
蕭公廟
石鼓寺
小教場
文昌閣
新生磯
聚奎門
三閭祠
大士閣
禹王閣
稅課局
大江
東南至江西九江府德化縣一百八十里

對江新生州印古

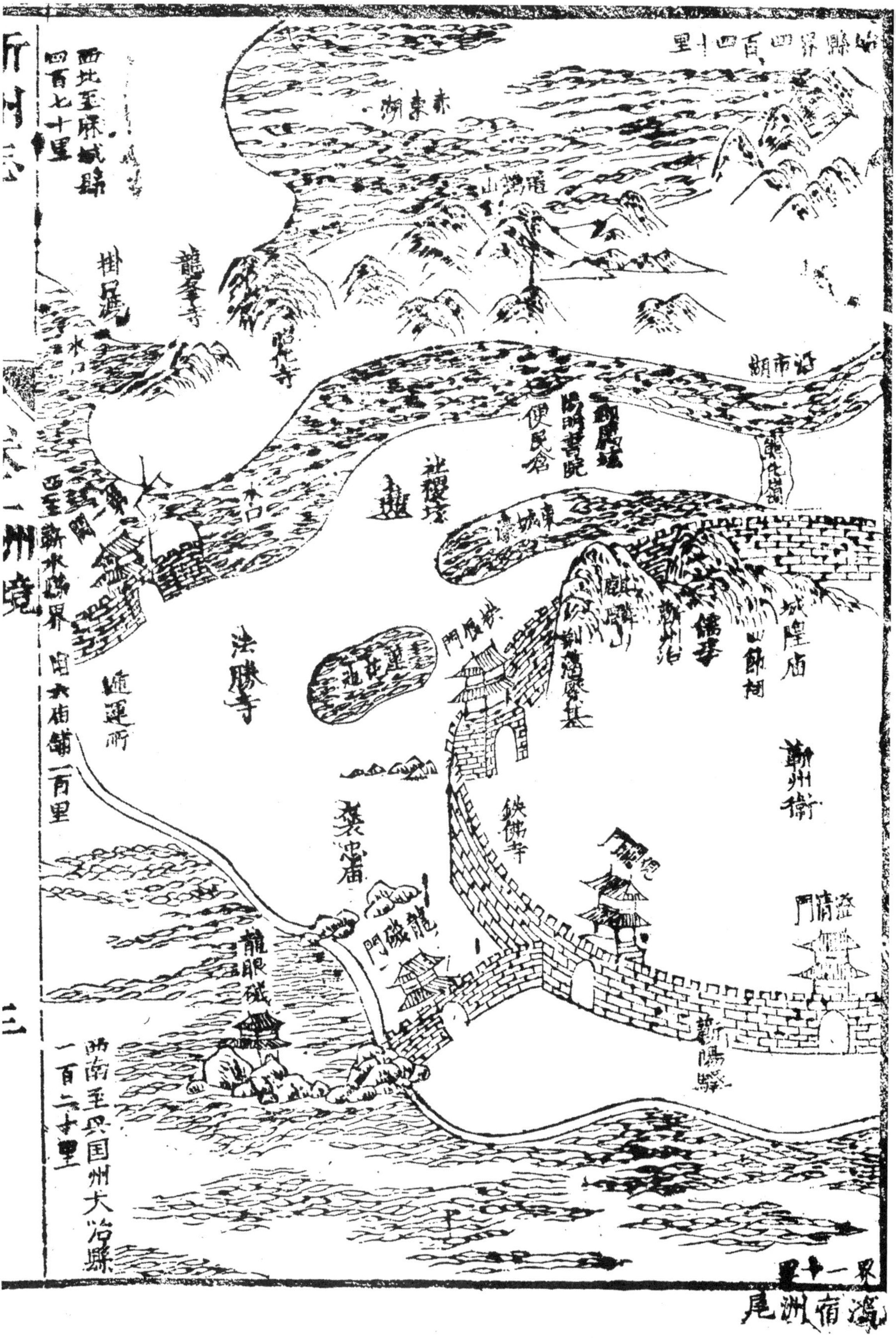
州境
西北至麻城縣
四百七十里
縣界四百四十里
赤東湖
龍峯寺
水口
漕市湖
陽明書院
便民倉
社稷壇
東城濠
西至蘄水縣界
法勝寺
遞運所
拱辰門
蘄州治
儒學
城隍廟
蘄州衛
鐵佛寺
龍眼磯
龍磯門
澄清門
蘄陽驛
西南至興國州大冶縣
一百二十里
三

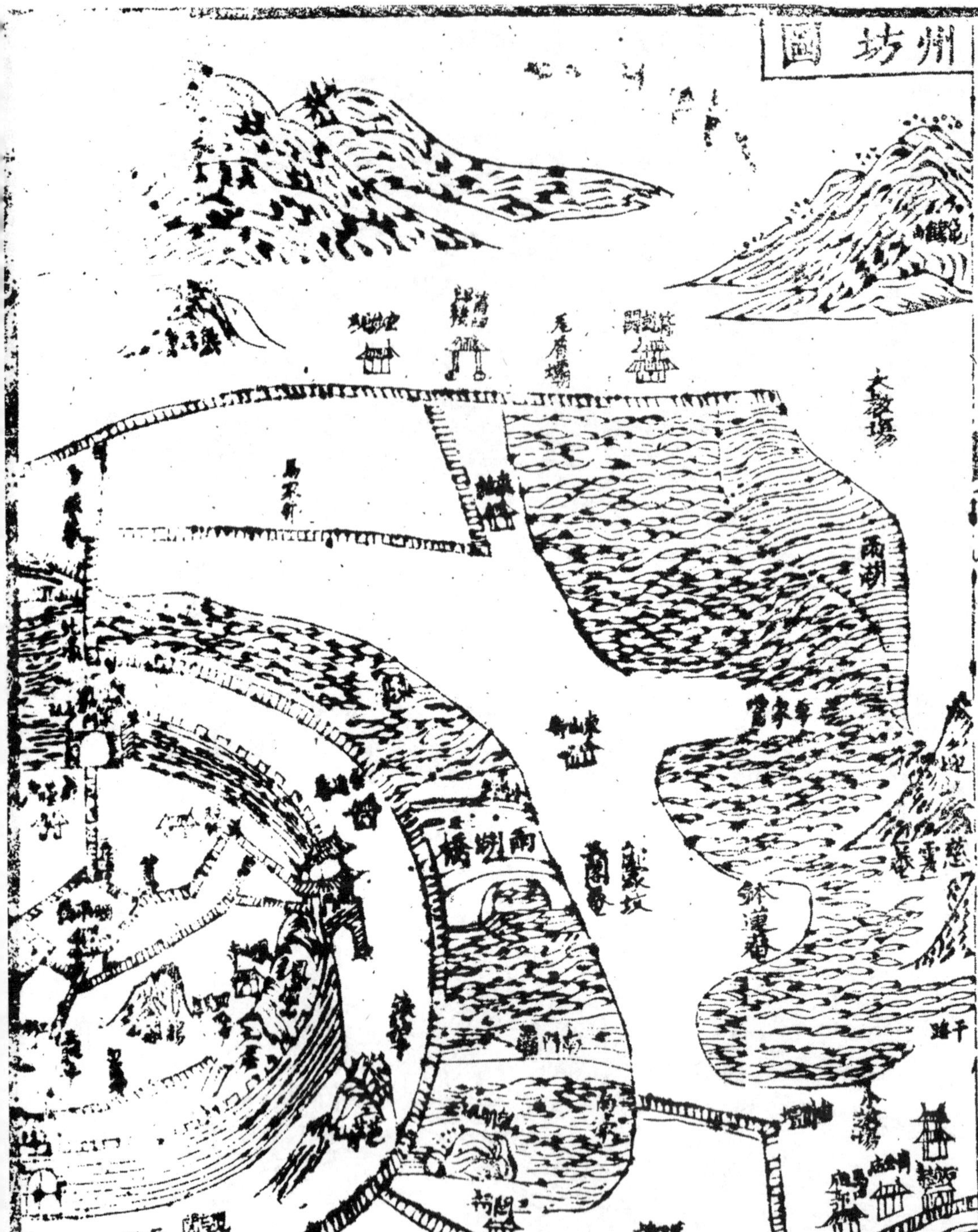

蘄州志 卷一 三

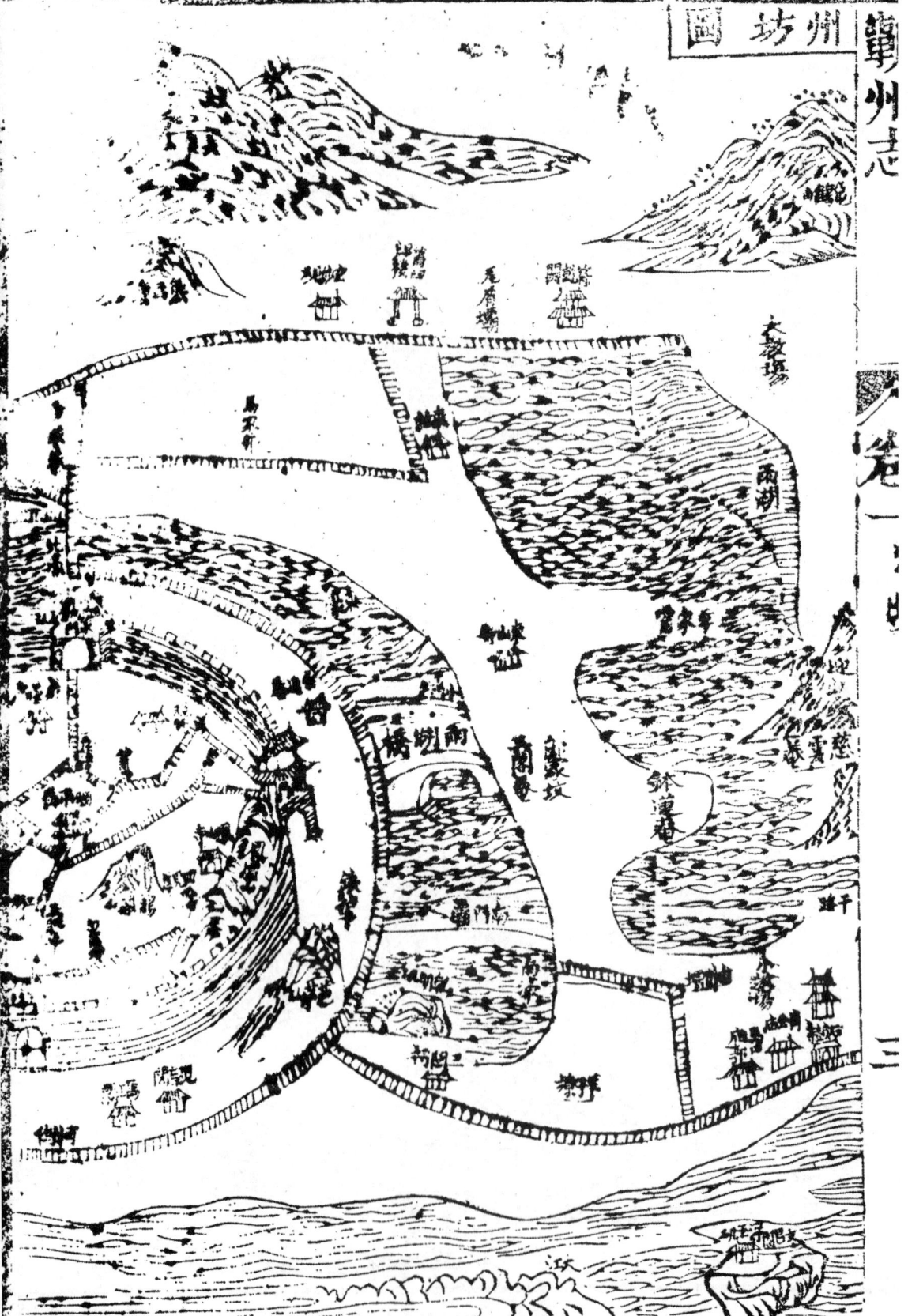

蘄州圖

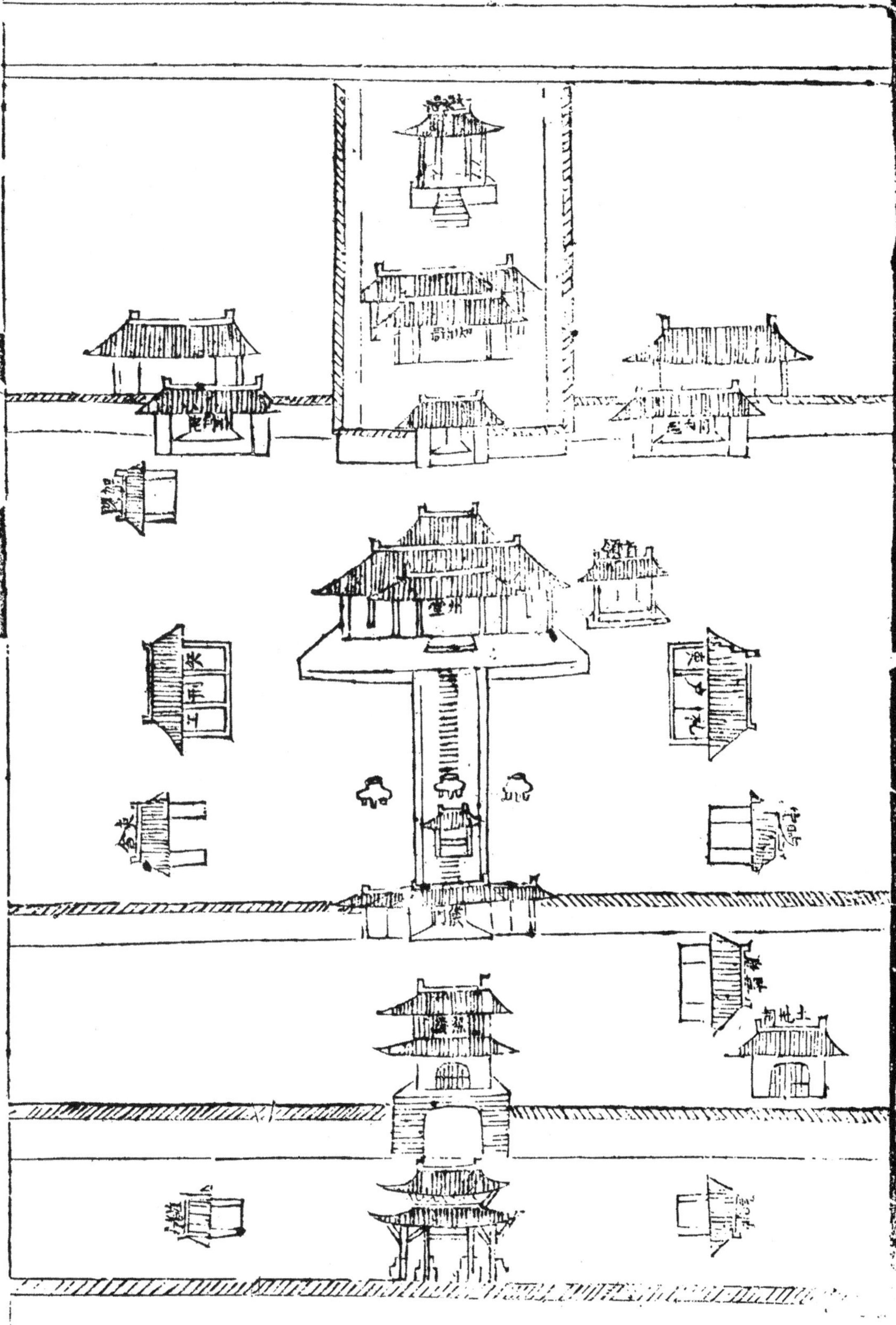

學宮圖

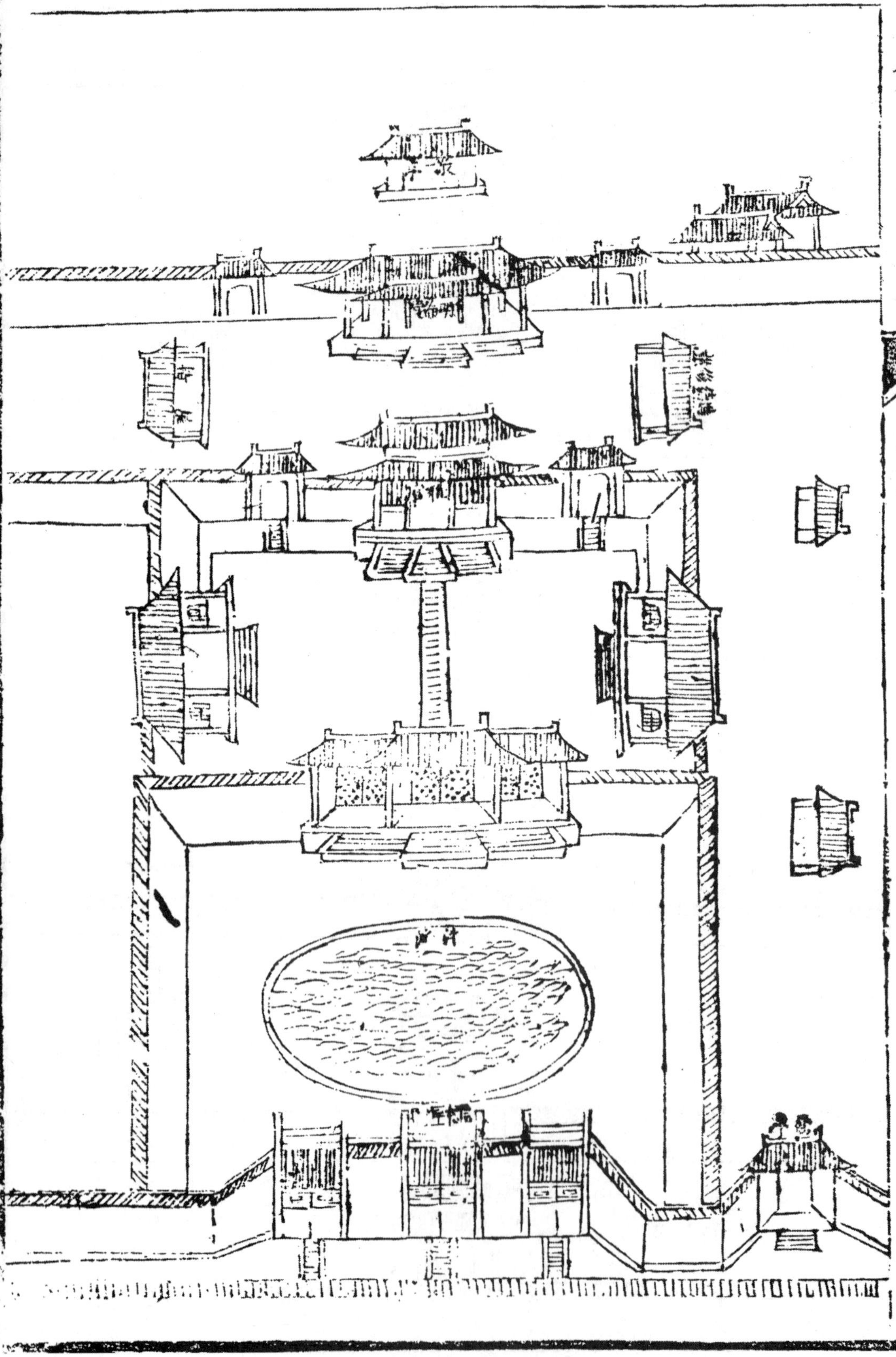

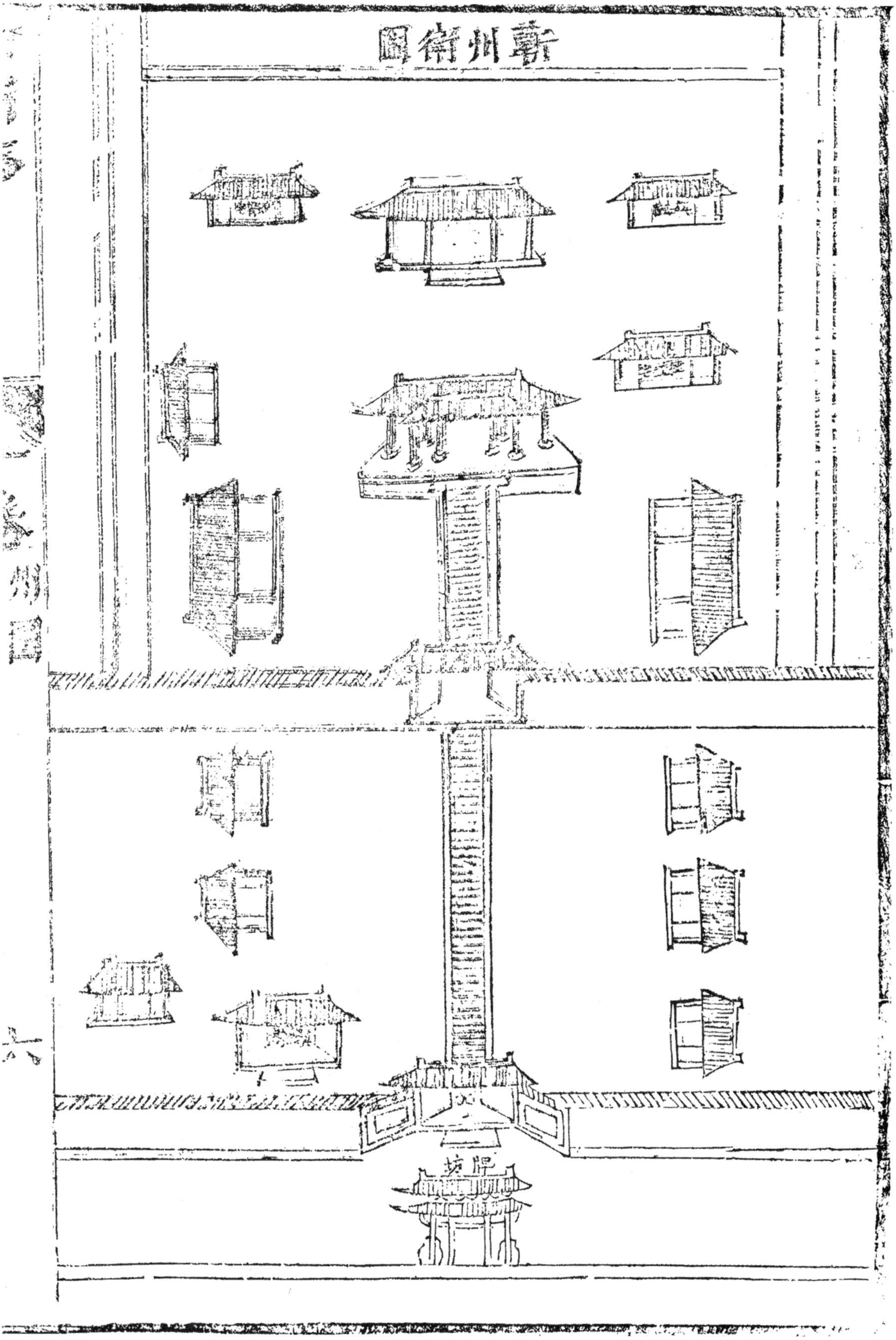
蘄州衛圖
牌坊

附蘄陽勝蹟十景圖

麟阜江山　鳳麓晨鐘　太清夜月

龍磯夕照　城北荷池　金沙夜泛

鴻洲煙雨　龜鶴梅花　浮玉晴沙

雨湖漁舫

諸名公題咏載藝文卷內

麟阜江山

鳳麓晨鐘

卷一

龍磯夕照

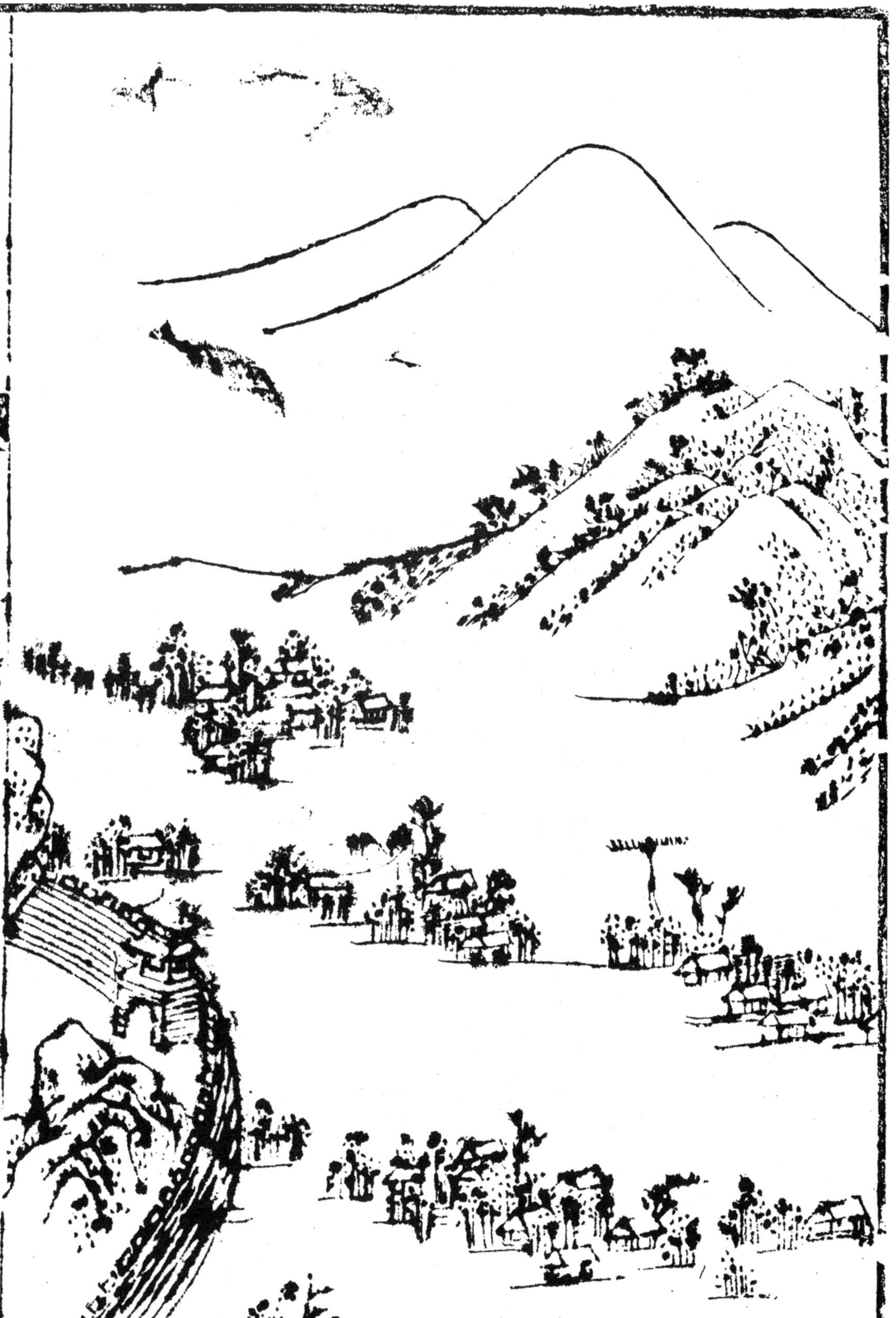

浮玉時帆

蘄州志卷之一下

沿革表

蘄於禹貢在荆州域其後或爲國爲郡爲路爲府爲縣爲州今備著之表 舊志

沿革論

盧綋曰自黄帝畫地分州號爲萬國周則建千八百國基置繡錯大小相維荆之爲域後人概以楚地目之實則楚之封爵僅得爲子不過荆郢一隅而漢陽諸姬皆王室懿親及江黄爲楚所滅江北淮南蠶食殆盡矣按

蘄在春秋亦以國名雖詳不可考然亦當在諸姬之列厥後與江黄并爲楚滅可不問而知也迨秦改郡縣後代相沿或郡或府或縣或路雖比郡皆然而建國分封者獨蘄屢見東漢則以封陳俊子浮爲侯國明復封荆藩傳二百餘年而國除非以處江漢下流爲荆楚要地阨塞險阻匪同他邑必得屏藩重任以鎮之歟明初立蘄州府屬縣四雖尋改屬黄郡而仍爲置防備設監司誠知其地居三省之間控馭之權必非一州治之所能轄而多爲增設其官者非徒取備員而已也

聖朝百度維新獨郡邑職官因循舊制開創規模已大定矣雖衛制稍更意固不甚相遠後之留心國計者擇利審便其因其革自宜致詳抑奚俟蠡測管窺更參末議哉

蘄字說

孫愐唐韻蘄字凡三音音機者縣名在譙沛間音琪者州名即蘄春音芹者菜名按晉劉伯莊地名記言蘄春水隈多蘄菜因以爲名則是地因菜得名而變爲琪音也劉貢父詩話言關中人呼旂音如芹正合此意許慎

說文言蘄從艸靳聲江夏有蘄春亭徐鍇注云諸書無蘄字惟說文旂字注言江夏有旂春亭疑相承誤出也今按旂字音靳及考江夏亦無此地疑是蘄字之誤神農本草有水蘄即芹菜則蘄字當是從艸蘄篆文訛爲蘄爾雅諸書又以蘄作鄿以邑代斤而單字既非諧聲又無取義愈覺支離近時一州守書扁言蘄州產竹字當從竹不當從艸公私信之相承至今則蘄之訛爲蘄安知非此類乎 湖廣總志

紀代	紀年	紀轄	郡	路	府	州	縣

周	春秋	戰國	西漢	東漢	吳
蘄國	因	因		蘄春國 革	蘄春郡
山					
			蘄春縣		

晉	東晉	宋	齊	北齊	後周
			齊昌郡		
				羅州 革	蘄州 革
蘄春縣	蘄陽縣	因	因		

隋	唐	宋	元	明	國朝
開皇三年　大業三年	武德元年	嘉定四年	至元十四年	洪武元年　洪武九年　洪武十三年　[illegible]年改[illegible]	順治[illegible]年
			蘄州路 革		
				蘄州府	
廢	蘄州	因　舍[illegible]縣		蘄州	蘄州　因
				蘄春縣　縣廢　割蘄水羅田二縣	

按蘄州治在禹貢荆州之域中爲吳淮之交夏商以前無考周自湖南十州皆楚屬見杜氏通典　楚以郢爲南郡晉武帝時南郡郢治江夏泰以蘄國屬之地名記云蘄春以水隈多蘄菜因以爲名出太平御覽　蘄香草也葉如蘼蕪即今之芹菜也爾雅翼云蘄蛇嗜此體作芹香嘉靖二十四年歲歉艱食民多采此充腹又十道志蘄揚域春秋戰國屬楚秦置三十六郡屬九江郡出太平御覽　吳志賀齊初晉宗爲滂口將以衆叛入魏還爲蘄春太守圖樂安取保直權以爲恥因軍初罷六月盛夏出其不意詔

齊督麋芳鮮于丹等襲蘄春生虜宗復置蘄春郡○黃梅廣濟蘄水羅田在西漢爲蘄春縣屬江夏郡即今武昌見一統志　東漢置爲蘄春國吳改蘄春郡省郡以縣屬弋陽郡黃岡境西陽城即晉弋陽郡見一統志　東晉簡文皇帝鄭后諱春以春秋爲陽秋以富春爲富陽蘄春遂避爲蘄陽宋齊西陽郡即今黃州府○北齊置齊昌郡兼置羅州○隋初罷天下諸郡以州統縣煬帝又改州爲郡置太守唐改郡爲州改太守爲刺史屬淮南節度使宋因之爲州屬淮南西路寧宗嘉定十四年金人侵境知州李誠之等死之景定癸亥元人侵境安撫使王益遷今治焉孝恭德祐乙亥元人復以兵逆境上輿黃州知州陳奕以身徇知州管景模遂以城降○元世祖改蘄州爲蘄州路屬河南行省淮西江北道○明改路爲府領縣五蘄春爲附郭黃梅廣濟蘄水羅田爲外領洪武丙辰改府爲州罷蘄春縣外領黃梅等縣至己未割蘄水羅田入黃州府蘄州仍領黃梅廣濟編戶六十里八坊廂仍屬黃州府後遇荆府遷國蓋造府第差役重大正統七年黃冊歸併四十二里六坊廂成化八年丁口

愈見消乏申明裁併編戶二十五里三坊廂嘉靖二十八年合爲二十八里萬曆九年丈量之後錢糧賦役始歸一條鞭定例十年編審戶口遞有消長然增減終不失原額至於地里則相沿無改也舊志

國朝定鼎乘兵寇殘燬之餘一切因仍舊制雖地里如故而戶口凋落典籍無存迄今二十餘年尚未得所考據焉茲志僅存大畧修明之功俟諸來者

蘄州志卷之二

疆域表

自秦郡縣天下至今卒不之變者勢也歷朝畫地分疆雖多仍舊而犬牙交錯則有深意存焉爰作疆域志而分野形勝山川可附見矣 舊志

疆域總論

盧紘曰疆域之辨雖成于人實因乎地如人身四肢百骸經脈固相爲倚附而轉折交錯之處各自截然固不可被此爲之移易也上則星野有分下則山川有限自

然條理較若甚明如吾蘄西接江夏郡爲荆南接九江郡爲揚北接南陽郡爲豫皆不出數百里間而作志者斷然指爲荆服而不敢列諸揚與豫者蓋星紀野辨乎吳分鶉星次非乎荆域汝潁流趨乎淮甸江漢氣求乎匡盧界本天成分毫莫踰易曰王公設險以守其國完其善爲設者不過善爲因也軒轅肇始虞夏加詳秦漢以來郡縣斯立雖地里遠近廣狹分隸或有不同要其于疆域自然之勢總無或外焉儒者不出戶庭能周知天下之故洵有以耳矧生乎其地者論無確據何貴乎通經而學古哉

蘄州地共計廣三百里袤四百五十里爲鄉五四界東至廣濟縣楊林舖界四十里縣前舖七十里西至蘄水縣陸廟舖界六十里縣前舖一百二十里南至興國州黄顙口江心界一十里州前舖七十里北至羅田縣雞兒河界一百四十里此蘄水羅田英山蘄州交界之地惟羅田居正北縣前舖二百里東南至江寧水路一千三百七十里陸路一千一百三十五里西北至北京水路四千八百一十五里陸路三千八百九十里 舊志

分野

先儒謂古者受封之月歲星所在之辰其國屬焉或謂以其州之星土爲國之分星稽諸載籍不無異同姑從舊志所存列者昇訂而次序之 舊志

分野論

盧紘曰按分野之說諸家不同因屬渺茫疑于臆測如茲蘄隸在楚服荆州之域爲翼軫之分野昔傳已然無庸異議矣然而毫釐千里之辨不可不爲之致審也夫荆之與揚吳之與楚地壤相接也疑其分星亦不相遠

乃斗牛爲吳分野吳處東南而斗牛在北吾鄉爲楚分野楚居南服而翼軫在東南夫二國之地交相倚附其分野所屬南北相距不啻萬里而遷其府何以爲解耶如謂以受封之月歲星所在之辰國遂屬焉今日之荆揚所封非仍吳楚地其災祥占驗上見于分星者下卽應于國土毫無所爽此又何以爲解耶以愚論之州域之界定自軒轅職方之書成于公旦彼二聖人者皆神明不測必與天通者也周官保章靈臺之設占望是司爰定分野隸以方州初未嘗以國名且封建之始原無

秦鄭韓魏諸國此必春秋而後讖緯之家借聖人成書從而附會後遂相沿不改耳要之天地之大譬諸人身象見於此精通於彼人之一身肝爲左脉而上通于目腎居腰部而上通於耳耳目相去幾何然肝腎所屬卒不可互相移易內臓之病與否不可見神醫察脉而知之預定其臓失調嘗于其官受病此奚待事後而始耶域中大勢界以江河此南北條所由分也然吳楚之域江北淮南俱有其地聖人定制確乎不易者又各因形勢之所蟠旋山川之所趨向遂定其州之疆域也此吾

蘄居荆揚之交吳楚之界可彼可此而作志者斷斷乎屬之荆楚而翼軫爲其分星詎無見而然哉至于分野之志原有深意古聖人欲借占候爲修備計耳故同一州境而氣之所應亦各有所主如吳越同一分野乃歲星所在史墨定知爲越勝斗牛均屬揚域其光氣所見張華定識爲豐城此其分度微渺之間應亦不移尺寸精乎此者于以禦災捍患而無難其書非無所傳而惜其學之未講也

蘄州在春秋戰國屬楚秦屬南郡邾西漢置蘄春縣屬

江夏郡楚在禹貢荆州之域在鶉尾翼軫之分野按天文圖斗牛星紀之次翼軫鶉尾之次南郡入翼十度江夏郡入翼十二度晉天文志

愚按蘄居荆楚一隅之地隨其所屬皆入翼蘄實爲翼分野矣或云吳頭楚尾者傳誤也　舊志

附分野諸家考

周禮保章氏掌天星以志星辰日月之變動以觀天下之遷辨其吉凶以星土辨九州之地所封封域皆有分星以觀妖祥斗牽牛婺女揚州柳七星張三河翼軫荆州堪輿家云星紀吳越之分鶉尾楚之分

或曰分野獨擅於中華星次不屬於荒服豈日月私照與李淳風曰華夏爲四郊之中當二儀之正且聖人觀象分配國野或取水土所生或視風氣所宜因係之以成形象之態故昴爲旄頭被髮之象青丘蠻裔文身之國梗河牧騎負戈之俗越人伺察以斗牛辨祅祲秦人占狼弧齊覘虛危各視其國自所宗奉是以聖人因其性情所感而分隔之豈苟然傅會者哉 乙巳占 鄭樵通志畧云按天之所躔者廣而華夏所占者牛女下十二國耳牛女在東南故釋氏謂華夏爲南贍部州其二十八宿

所營者多十二國之分野隨其所隸耳文獻通考云以十二次言之牛女雖屬揚州而華夏之地所謂十二國者則不特揚州而已又揚州雖可言東南而牛女在天則北方宿也與南贍部州之說異矣且北斗七星其次舍自張而至於角星書以爲一主秦二主楚三主梁四主吳五主趙六主燕七主齊五車五星其次舍在畢星書以爲西北一星主秦東北一星主趙燕東南一星主魯衛中央一星主楚西南一星主魏然則北斗五車所主者亦此十二國而此二星初未嘗屬乎牛女也謂牛女專主華夏可乎癸辛雜志云世以二十八宿配十二州分野最爲疏誕中間僅以畢昴二星管異域諸國鄭夾漈云 云趙曾有疏云五星二十八宿在中國而不在四裔此言信矣 天中記

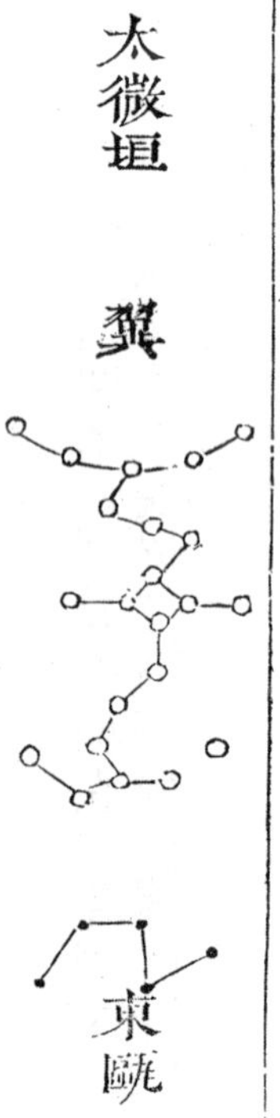

翼十九度井氏云主太微三公化道文籍失色則民流日月交食五星並逆芒動則化道不行文籍壞滅芒動

則三公廢明大則化成隋志云翼爲天樂之府俳倡戲樂又主遠賓負海之客明大禮明樂與四裔來賓動則蠻裔使來移徙則天子舉兵或云明則禮樂興暗則政教失日蝕臣僭月蝕婦人憂五星孛流客犯大臣叛東甌五星在翼之南蠻裔星也張衡云主東甌半句甌三夷金守之其地有兵芒角動移兵內叛 天文畧

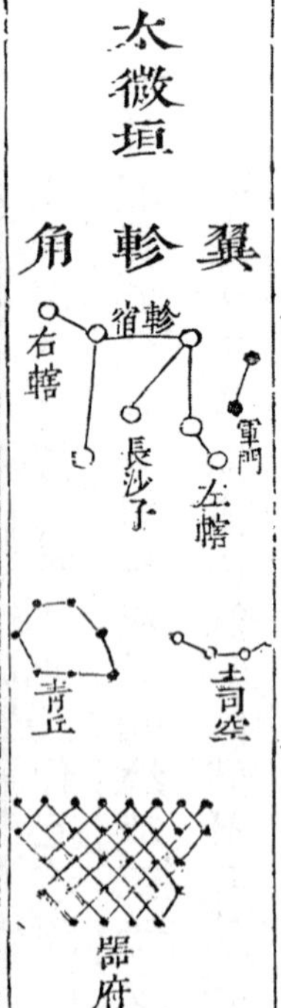

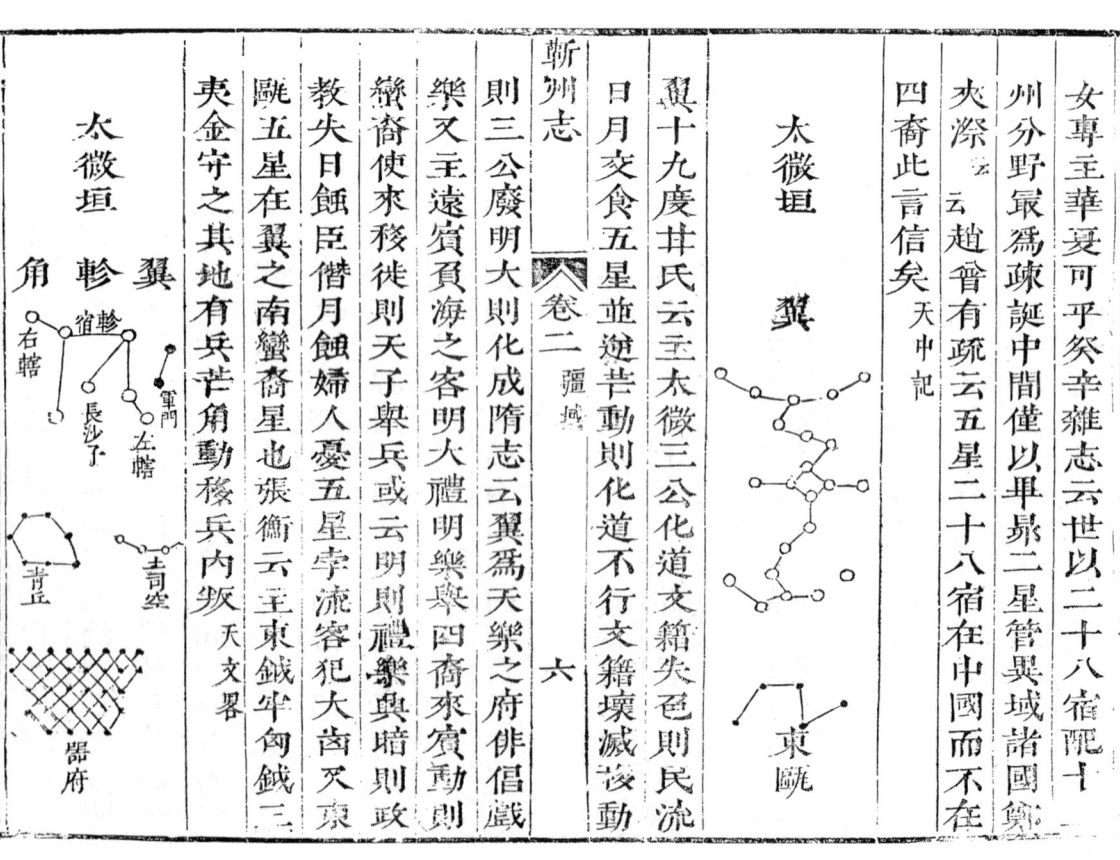

軫十七度井氏云軫七星主將軍樂府歌歡之事五星犯之失位國亡女子主政人失業賊黨掠人禍生於百日之內若明大則天下昌萬民康四海歸王張衡云軫爲冢宰輔臣也主車騎明大則車騎用一云明大則車騎動隋志云主載任有軍出入皆占於軫又主死喪明則車騎備動則車駕用離徙天子憂就聚兵大起軫轄星輔軫兩傍主王侯左轄爲王者同姓也右轄爲異姓也星明兵大起遠軫凶軫轄舉南蠻叛張衡云轄不見國有大憂長沙一星在軫之中主壽命也長沙明則人

壽長子孫盛軍門二黃星在青丘西天子六軍之門主營侯豹威旗占以移其處爲道不通土司空四黃星在軍門南主土工巫咸氏云金火犯之天下田不得耕女不得織隋志云一日司徒主界域青丘七黑星在軫東南主東方三韓之國占與東甌同甌南三十二星名曰器府主樂器之府也明則樂器調理暗則有咎天文略

分星圖並占驗諸家說郡縣志從無紀及此者余因修輯蘄志而特詳之蓋欲存此以備博學之士上驗災祥下明休咎庶幾爲修省防禦之一助云

形勝

巖巒疊巘綿亙層巘廣川大澤縈抱紆洄無事則使冥搜者競取縱觀者忘疲有警則崇關天塹使智者失籌勇夫束手夫是之謂形勝蘄之形勝山經水志所載天造地設之奇見諸前賢之紀述者已得其大率矣若負麟而鳳襟江帶湖特其近小者耳舊志

形勝論

盧紘曰形勝者險峙於外氣聚於內鬱鬱葱葱所謂不拔之基也惟外有所峙則寇沮其志而不敢窺內有所

聚則人樂其生而不輕去如茲蘄自宋元間移治以來因而建城濬隍麟阜翼左鳳麓拱右大江襟前諸湖帶後處既形便勢有地利殆天之所造誠得其守雖全楚之要害阨塞尚于斯憑矧百里之內不能重門擊柝爲暴客之禦乎元末之亂起于蘄黃明祖肇基爲之長慮因立衛所復建藩封嗣設江防又分屯汛地險人謀兼相得矣厥後承平既久人習晏安癸未之變毛楊爭守交訌叛去鎮筸逼寇乘夜襲城禍在門庭患生肘腋任茲土者尚夢夢未有知也百萬生靈委命鋒刃雖有天

險無所恃之廬舍其空鞠爲茂草追原禍始是用痛心
聖朝鼎興休養垂二十餘年矣生理尚未能全復地險如
故人鮮安家責在牧民宜深豈余至于諸兵悉撤專倚
鎮防能化主客之形申嚴明之令則師中長子能不爲
加之意乎

背麟岡面鳳嶺大江襟其前諸湖帶其後左控匡盧右
接洞庭按輿復蘄州舊治記云南距大江北接光蔡西
連黃岡東峙灊皖又張子師廣教院記云左舒右黃蘄
春古郡記云佳山秀水還絡千里有鼓吹白雲之勝余

章記三泉堂云江湖絕處來關脉神光觀記云占淮壖
之上腴或又以吳頭楚尾荆揚交會之區稱之 舊志

按三泉堂天下第三泉之堂也是泉在蘄水縣龍泉山龍泉井唐陸羽曾遊此取水烹茶評爲天下第三泉一統志謂在縣之鳳棲山或又謂在州之鳳凰山胥失之矣

蘄州白雲西蟠大浮東踞江水從茅山十三磯紆行而
趨九江鈷鉧之水入蘄河編戶之里六十四今夫千金
之子爲家之防備諸室則功十步備諸門則功百步是
故扃之鑰急也夫州邑星列迺江防使者復專命而扼
黃之會寧非國家所謂荆域門戶慮哉乃其所籍與守
者朽艫鈍卒毋足以當緩急與時洞鑿綠林闖然一擧
往來箭激巡徼之夫第目迎而送之太平媮惰之習大
抵然矣在元末季蘄黃俶擾蔓於海內此已事之鑒智
者可忽慮乎顧三江之備豫矣疑余可以空名擁也哉
筴其以綢繆焉 湖廣總志

山川

山川郡國之地險也於平時似不足爲有無然蜿蜒龍
嵸固有不鍾於物鍾於人者是固不可少一志山川 舊志

山川論

盧毓曰古之紀封域者必志山川荆之爲域山曰衡嶽
川曰岷江蓋該全州而言也又諸侯封國即得祀其境
內之山川要其克享祀一方者必能調和其風雨福祐
其人民赫矣著靈後生嚮企贊以瞻而祭報詎一丘一
壑之足以當此哉昔讀禹貢荆域北距荆山南盡衡山
之陽茲蘄之去衡山亦曾千有餘里然大江以南山勢
蜿蜒環相拱向似是衡陽之餘勢所蟠而結也且江漢
朝宗于斯依淮南條之勝已收其全昔人所志無可疑
者以愚按之中條淮水發源胎簪泗水發源陪尾其川

與江漢並趨入海察其山勢猶賴亳而東邐廬壽而南歷潛太與黄廣盡于大江之濱而聚爲麟鳳之都會則蘄之殖治非偶然矣此昔人之水經發明者至若山產草木毛羽水產魚鱉菱蒲下利民生上輸國賦則凡爲山水莫不皆然又何可勝紀也

水經曰江水又東過蘄春縣南蘄水從北來注之酈道元註云江水又得葦口江浦也浦東有葦山江水東逕其山北北崖有東湖口江波左迤流結而成故謂之湖矣江水又東得空石口臨江有空石山南對石穴洲洲上

故蘄陽縣治也又東蘄水注之江水又東逕蘄春縣故城又東得銅零口右逕蝦蟆山北而東會海口水南過大湖北達於江左右翼山江水逕其北東合蕺口江水又左逕長風山南得長風口又東逕積布山南俗謂之積布磯庾仲雍所謂高山也此即南陽潯陽之郡界一統志

蘄居楚東上游境内之山有三州治後有山蹲伏如麒麟然因象其形曰麒麟荆藩州治儒學皆依此山上產白戈宋范純仁建四見亭於舊治自雲山景定安撫使王益遷今治壹爲建亭南有山翼然亦象其形曰鳳凰山有洗墨池仙人臺李白杜甫慕其勝槩曾遊此後人遂名其山下之路曰白甫丱千仞亭亦在其上治之中有山曰鵝鷄一名倉基

越城東南八里許有山曰迎山江南諸山環相拱向此山與之迎故名迎山俗呼銀山誤也山腰有小菴高季廸於此修行山之首濱湖者有荆和王妃劉氏墓蘄之士大夫卅周蕭李諸世宦及盧氏祖塋俱在此正東五里許有山曰打鼓臺有王氏祖塋又十里有山曰大泉山山麓有大泉寺又十二里有山巍然特起曰野狐山十五里兩山相對一蹯一翔因狀之曰龜鶴山上有梅花載蘄陽八景三十里曰安陽山曰黄土塘山存張方伯祖塋曰百家冶山上產蘄竹三十五里曰夫妻山東北八十里曰大王

山東一百一十里曰雲峯山一百一十二里曰還元山東北一百里曰九龍山上有高谿寺自厓祖師眞身即九潭東一百二十三里曰金鵝山上有金鵝寺東北一百五十里曰唐家山東一百五十里曰四隘山有四隘口因名一百五十里曰道觀山上有天常觀因名一百五十二里曰鏡臺山一百五十五里曰將軍山一百五十六里曰小泉山一百五十八里曰白雞山東北一百六十里曰丫頭山東一百六十二里曰石人山一百七十里曰河槎山在大同鄉一百六十三里曰六合山有東洞龍王神廟在焉一百六十四里曰六桴山有九十九

沿羅州城發源東北一百六十五里曰龍目山宋高宗南渡曾過此見其声爲之留月久之因名一百六十七里曰鼓角山壁立峻絕舊傳漢高祖屯兵此山鳴鼓角以肅兵因名又傳天欲雨有鼓角声一名鼓吹山東一百八十里曰掘斷凼二百五十里曰大原山二百五十三里曰茅平山二百五十五里曰龍玄山二百五十七里曰寶蓋山東北二百五十八里曰相山枕太湖縣界此皆東峙之山爲州之左臂

越東而西有山曰圓峯山山形如釈盆西竺二祖禪師塔院在焉西北八十里曰靈虬山上有寺其山峭立林木蓊鬱因名產茶西六十里曰馬下山相傳漢高祖討英布於此駐馬其山層麗可愛一名馬華一名馬鞍西北五十里曰白雲山舊治發原山阿有僧寺名廣教山之奠靈名人多有品題西六十里曰五岳山在永福鄉西北六十里曰茅山山麓有石刺水面巡司在焉又有山曰盧師山山巔平衍刻有三大字清勁蒼古此皆西峙之山爲州之右臂

越西而北迫城一里許有山名曰周公山其山屬官今爲漏澤園西二里有山曰象馬廠昔舊相傳邊徼進貢象馬經過蘄境牧于此山下北四里曰磨盤山其山有三一在治北一在安平鄉一在永福下鄉石灰衝舊傳有金牛勝跡又五里曰蟠龍山在州後濱赤東湖有顧氏祖塋又七里曰呂王山即鐵齒山有僞稱玉呂姓者築城於上因名不知何許人又八里曰龍峯山山麓有大石洞曾產花蛇越掛口渡則爲濫泥灘邊十八里許迢北十里有山曰兜鍪山形如兜鍪故元末兵亂土人田黃賈馬四家立石於此避亂子孫至今相傳猶盛北三十五里曰宣撫山曰高山北四十里曰細石山知府王翰結萬松窩隱居於此東北三十里曰百望山有馮大司寇祖塋西北五十五里曰火爐山上有石如火爐相傳呂祖於此修煉因以名舖北四十里曰石牛山北六十里曰折山拆湖之水發原於此北七十里曰雞山自英山發脈北七十里曰雲霧山山麓齒刺一石右上有虎足跡相傳伏虎禪師伏虎於此亦曰虎踏石北八十里曰龍峯山山麓有石穴名花蛇洞春夏水沒八月則見北一百二十里曰豹子山皇城鎮在焉曰老鴉山與豹子山相峙峭巖蜿蜒三十里許東北一百二十里曰三角山峯巒矗立頂有三尖因名一百三十里曰堆金山一百二十里曰四流山山勢迤邐有泉水南流入蘄水西流亦入蘄水北流入壽州霍山縣東流入安慶府太湖縣此皆北峙之山爲州之屏障隔江屬他郡故不及細焉舊志

又府志載東北三十里曰四望西南七十里曰劉季山湖廣全志載州五里曰展旗山曰太原山東北二十里曰桐山舊州志未載

若夫崖嶺坂洞州北一百二十里有曰燕子崖在青山下鄉元至正間汪不花團聚鄉兵立寨於此築壘禦紅巾賊捨身崖在三角山第一峯石上有人形世傳慈應祖師在此修行仰卧迹也天空雲淨江際風帆遠近樓臺縹緲在目者名曰捨身佛氏離形去智故云東十

五里曰黄土嶺在安平鄉東北二百里曰土峰嶺在崇居上鄉北
一百五十里曰小隘嶺在崇居上鄉一百二十里曰國公衙
在青山下鄉舊傳英太師統兵英山過此一百二十里曰磨旗坂在青山下鄉昔英大
師統兵駐此磨旗肅軍有爲民徐英督者遂磔以殉花虼洞在龍峯山之麓今無之仙人洞
在大泉之陰仙人臺一在鳳凰山一在石魁山老龍洞在三角山絶巘有三井洞僅一隙通
明井中時或浮出蘆帚屑或謂通江河東西二龍洞洞上有三洞龍王廟許家洞在六
令山雞公尖元末許姓者避亂於此路在澗中成化間有人入洞探得所藏今爲泥沙湮沒人行聞聞有聲可
容五六百人屋嶺坂洞名雖不同要皆山之類故許及之以
上諸山皆自崑崙發原東衍於衡岳太和以建於鄂百

蘄州志　卷二　疆域　圭

二峰直抵於蘄故其山皆秀拔迤邐爲州之雄鎮焉舊志
州治之前環遶大江大勢自岷嶓發源合洞庭瀦沔湘漢
諸水流衍以經於蘄至於馬口爲諸水之尾閭而氣脈
縈結劉誠意公謂蘄江爲諸省要會舟航往來必由之
衝洵有以也舊志
至於江之滙流爲湖之最大者則曰赤東湖而入水之處
則爲掛口渡越東十里則有湖曰沿市曰金沙曰西湖
亦赤東之支流也至於滛邇於南則曰諸家湖爲業漁
者輸轄而納稅焉故名諸家雖籍屬廣濟而實附於治

東爲州之右帶也湖曲折周廻二三十里春多桃柳夏
盛芙蕖歷落村家朦朧烟雨絶爲勝觀王孫貴介簫鼓
樓舡晝夜不息今改名曰雨湖至於東一里許則曰太
清池汪於東嶽廟前相傳池有寶鏡夜現月光今湮沒
矣自東徂北有曰蓮花池汪濊可掬近歲端午州人於
此競渡龍舟亦蘄景之一也
自北而西則有洲曰鴻宿水泛則半沒而陽鳥若焉水縮
則平衍可藝村家歷落杜若蘆花帶雨幪烟望中隱現
亦蘄景之一也

蘄州志　卷二　疆域　夫

洲之內屹立江濱者有磯曰龍眼磯亦曰隆磯夕照斜暉
最宜登眺鳳山之麓曰乾明磯有羅乙真人仙蹟存焉
南下三里許突起中央曰新生磯因建文昌閣浮玉亭
今改浮玉磯位負城南稗益文風之盛浮玉之名題自
吳明卿先生閣則兵憲吳公所建也
有水潆洄澄涵者則有潭井之類其可書者則有曰義井
曰龍窟曰六龍世傳六龍在高谿寺之左凡天將雨水
上洶湧如雷震聲聞二十里外
由是而環抱者則有港近城之南曰下路港乃兩湖流通

宗渡河
翻車河
高谿河

馬口者城之北曰掛口港乃東西湖流通大江者二十
里外曰大明港有橋焉距州西十里有河曰渴口俗傳
誤曰谿有鎮在焉又五十里曰蘄河在崇居下鄉發源
大桴山西曰西河在舊治羅州之西有驛在焉東北一
百八十里曰宗渡河在大同上鄉舊傳宋高宗南渡經
此故名黄城在青山下鄉治東八十里曰翻車河又東
南八十里曰高谿河在崇居鄉舊傳九江王黥布背項
羽歸漢於此水厓築城故名又東北一百二十里其派
南入蘄河名三十六水曰鈷鉧河在舊治前河源出楂
梨山曰雙水在青山鄉北一百四十里會龍潭常湖二
水因名焉以上諸水又皆蘄江之緒派也夫水發源自
山惟其盤礴故其水源亦環遶而有情蘄有此奇山秀
水是以鍾之人物甲於他郡淵乎固有自哉舊志
又黄州志載州北五十里曰馬婆塘在青山上鄉東十
五里曰清水塘在永福下鄉曰高家堰東北一百三十
里曰丹井俗傳王全真煉丹處舊志云其底有四竅水
分四時出永福鄉五岳山下有留月井晦冥猶有月色
故名東十五里曰大溪泉即旱不涸在懷德坊曰三泉
有余景記米芾書北四十里曰湯泉水如沸湯有硫黄
氣又湖廣全志載州北六十里曰西河井舊産綠毛龜
大者重十錢極小者猶佳今井湮不復産他溝澗中或
有之州東百二十里曰東洞井清潔湧沸不竭山崖石
壁環抱峙立旱取水雩祀有應舊州志太哉

蘄州志　卷二　疆域　七

風俗

五姓殊習百里異尚天下之風俗未必同至於濡染移
人則爲公孫之詐屈平之怨者往往矣蘄俗舊號龐樸
而近頗傷侈靡甚者恥尚失所有非狷夫介士所能挽
而還者其機固有所屬也志風俗舊志
蘄俗自建置以來淳龐近古李常廣濟寺記士習詩書民務稼
穡萬安修學記云秀民樂於爲儒而不輕釋其業彬彬喜學有
鄒魯遺風宋關詠神先觀記
蘄州風氣和平士習文雅其俗舊號龐樸而近亦漸趨
侈靡有三吳風蓋緣地闊湖多生理頗易艮民以國稅
爲急以息訟勸農爲訓固湖東易地樂土也湖廣總志
蘄州志載其民務稼穡士習詩書彬彬喜學有鄒魯遺
風今觀其地抱山澤而沃衍民饒於舟車之利貴介公
子王孫之徒相與搏花鳥鱗騎以相軋壓而俗亦漸侈
靡有三吳風豈蘄故揚州之域而風物亦大較似之歟
然其間固有狷夫介士及諵法孔子者力挽而趨之古
何難焉黄州府志

風俗論

蘄州志　卷二　風俗　十八

盧紘曰凡風俗大端無過奢儉儉所尚也而實與野有辨奢所戒也而實與禮有辨紘生也晚猶及見吾蘄長老遺風賓賓然相先以孝讓周規折矩博帶褒衣所謂文學近於鄒魯者殆謂是歟至於敦尚節義閨門肅然別嫌明微尤稱善俗小民之家重本業勤貿遷知所止足不敢妄生邪心不好訟里巷有爭輒與解由野之民有至老死未嘗遊市井者服食器用務從素朴大禮所存如冠婚喪祭類咸遵制無所苟是其儉也而別於野禮也而別於奢風俗之醇誠莪以尚寖及末季好用多

煩漸鄰誇闘爰啓𢧐戮之禍論者謂數極滿盈天道所忌亶有然矣考舊志修於明嘉隆間猶余所謂先民懿軌也而作志者已緦緦然有江河日下之憂若見後此者其爲蒿目當何若乎迺乘喪亂之餘生理未復民間侈靡相耀甚者妨貴陵長加大破義之事亦多有焉夫

聖朝開創伊始嘉與海內返樸還醇家凜奇衺之禁斯國綿有道之長則主持風敎者不無責也

冠禮凡男女年及婚嫁之時各具冠笄父母卜吉日告於祖先親爲加首畢徧拜尊長爲置宴會親朋或具賀貲以媒妁遺以聘貲從無苟合婚不以正者至買僕婢受貲交券以後終身服役名義凜然有數世而不敢叛者亦蘄俗之最善也

喪禮親歿隨力先具衣棺沐浴掩殮畢殯於中堂列案於前及燈燭品供以父母遺衣陳尸於柩側男女披髮哭踊闔門先以布裹頭衣用素三日用牲堂祭成服齊衰朞功緦麻各以等執喪之日家或不舉火親鄰相遺以粥卽以布帶及孝服徧告訃於親族家有不能及者又陳訃单於門里黨聞者咸赴弔相荅拜至親代送客更

相執事子若孫執杖守柩至七七日而滿寢坐用薦蓆取苫塊義每七日設齋薦亦多用楮錢竭貲不惜雖楚俗尚鬼亦不忍忘親之意也親友於殯後各隨厚薄陳祭奠或用祭章牲醴楮帛諸儀喪家荅以胙又通里各具旌儀醵送喪家樹旌請親友冠裳尊顯者舉之拜奠畢款酌而辭退七七日滿子孫及凡服親徒步具素簡徧踵謝或拜諸門外子執親喪二十七月而服除禫吉後仍三月服降等曰餘服喪期以內衣用布素不舉樂皆古遺意也葬禮必卜吉地或祔葬或獨葬仍先期陳

感以情中懷坦率無物猶然不失爲和順而求其舊難化者無有也

語言城市四鄉已不無差別大端楚音多出宫商近濁而直硬但其稱謂字義亦多與四方相通間有一二土語其甚鄙俚者亦無之較之鄉邑則有間矣

歲時元日祈年 五鼓後郡人悉灑埽廳宇門貼春符簷插梅柏歲陳蠟炬茶果等物焚諸爆開門尤敬禮城隍諸神間有許願者先於除日相率買舟赴太和山齋戒進香其餘三日內羅市序拜各盛服陳綴爲禮三日後彼此宴會謂之春酒各攜具祭奠先墓又迎儺賽民家有世沿爲例者 元宵 民俗燃火輝煌遨遊達旦諸貴胄尤加倍焉 立春 塑土牛芒神於東嶽廟中州官督率諸鄉民農自玄妙觀中迎春遶

師竟日迎畢燕集於庭食春餅 清明 郡民士各於是日埽墳掛錢 四月八日 郡民各饋青精飯於父師或留至一年間以和飯延客爲敬是日社塾率小童子醵會擬束脩多寡名曰議學各以其坊競造龍舟牢猪祭神名曰揭棚樹幟鳴鼓徧歷街巷 端午 是日插艾葉菖蒲於家扃巫祝例送硃砂黃楮符貼之門壁堂懸張眞人像取辟毒意午日正午闔家飲硃砂雄黃菖蒲酒小兒用塗額耳諸處月內焚蒼朮凡男丁未畢姻者競送節禮角黍豚鵞之類女家以紙筆女紅荅之自端一日至端午日競渡龍舟郡內外羅市往觀有因疾疢盤錯而許願者皆攜壺挈榼以償之即古弔屈原之遺意也醫人多於是日采藥及懸蝦蟇爲蟾酥以療疾周歲自元旦外惟以此節爲敬也 六月六日 諺名城隍降誕益緣始築城之期也是日各好事者迎神設醮鼓吹經朝相遞爲首 七月七夕 各士民設瓜果競巧率兒女整羅拜於星月之下亦昉古乞巧之遺意也是夕牛女二星一明於東一曜於西較他夜分外光芒射地益得秋金爽氣致[illegible]謂牛郎織女相會益誤矣 七月半 是日郡內士民以三牲薦祖名曰半年福亦秋焉霜露既降君子履之而有怵惕之心意也 中秋 俗取促織蟲相鬭是日設高案以貼金大餅焚香秉燭祭月祭畢切分親黨 重九登高 是日俗佩茱萸囊飲菊花酒以辟除惡氣俗爲麪糕及菱角爲饋節之禮 十月 荊楚歲時記天時和煖似春人謂之小陽春此月宜雨百蟲飲之藏蟄庶來年不爲蟊蝗也 冬至日 是日夙興州衛官員生儒之類各具冠服赴公所望闕行禮仍赴儒學謁先聖先賢畢各相展拜 小除 二十四日謂小除民家云司命上天是夕淨廚用神馬草豆香燭之類祀以送之至除夕復祀迎之曰接竈是日以後家人父子多置酒私讌曰團年曰分歲如兄弟同居眾多者分日供之 饋歲辭歲守歲 歲晚相饋遺多以糕餅之類往來辭年除夜祀祖相與宴集歌吹達旦謂之守歲仍以松竹生柴焚之名曰爆竹慣燒火炮俗云山魈鬼魅聞爆而遠遁也醫家例以蒼朮和丸相餽曰吉祥丹樹雙炭於門以紅紙束之曰

將軍炭大都蘄俗之要者惟喪祭之豐自正德以前爲俚俗相沿未之有講鄉民於死者多以火焚其親謂之火葬則與炮烙其親無異矣是以有違文公制禮之意自正德以後漸復於正火葬者始少初喪不事僧道惟乘出聘儀題銘旌以弔之士夫之家一遵文公之禮若夫婚嫁士夫以世系相稱爲親而奢儉則因家之貧富耳細民則異於是少長之配亦有不得其正者周歲之中春多宴會四節交相遺餽鄉閭小民信惑鬼神竭力祈禳雖累至貧乏亦無所惜盛夏濕熱尤劇業漁者多於此季至於秋冬禾稻登場雞豚蔬野魚鰕汎於湖泊熙熙嗥嗥各足所願良由地瀕湖多足以聊生有租課者下鄉收貯冬月始歸善良尤以國稅爲急以息訟勸農爲訓是以世系之永有自秦唐而迄今者

附歲時雜占

古有靈臺分至望雲物以辨氛祲後世如東方曼倩乃

有歲占之術而好事者又從而附益之然往往多驗是亦使民先事爲備之不可無者也

正月一雞二犬三猪四羊五牛六馬七八八穀其日晴所主之物育陰則災元宵初日占百果中日晩稻末日早稻諺云雨打上元燈早稻一束稿上旬推五子以定一年之事諺曰甲子豐年丙子旱戊子蟲荒庚子亂惟有壬子水滔滔推尋只在正月半○正月雷塚纍纍二月雷穀推推○正月有三亥湖田變成海　二月驚蟄雷鳴主本月多雨次月旱防農十五日謂之勸農日晴則豐雨則歉○春社日晴牛羊成羣　三月三日聽蛙聲午前鳴高田熟午後鳴底田熟唐詩云田家無五行水旱卜蛙聲三日晴桑上掛銀瓶○清明斷雪穀雨斷霜○上巳有霜三月冷○穀雨有雨主多魚諺曰一點雨一個魚○清明挿柳青農夫休望晴清明挿柳焦農夫好放驕午前晴早蠶好午後晴晩蠶好　四月立夏日青氣見東南吉否則歲多災立夏

與小滿日宜雨諺云立夏不下田家莫耙小滿不滿芒種莫管立夏日雨莎衣高閣起立夏日晴莎衣不離身○四月八日雨魚兒岸上死四月八日晴魚兒上蒿秧○十四日宜晴諺曰有利無利只看四月十四　五月夏至得雨豐稔之候諺云夏至在月頭邊喫邊愁夏至在月中躭閣糶米翁謂米價平也○夏至有雷三伏旱○夏至無雨碓裏無米夏至芒芒打破泥堆○夏至連端午家家賣兒女○端午逢乾農夫喜歡○五月十八得一滿便去饒州揀大碗○五月二十五不宜陰諺曰陰陰沉沉穀壓田塍陰陰暗暗穀壓田岸又北風吹過南倉前無人看南風吹過北有錢糴不得又是日大晴大旱大雨大水故曰有穀無穀但看五月二十五　六月立秋在月晦則早稻遲諺云六月立秋緊趲到秋七月立秋不到秋初三得一雨十日五日有風雨六月初三晴草木盡凋零六月不熱五穀不結　七月七夕以前占河影淺三日而復見則穀賤七日而復見則穀貴十六日以月爲占諺曰月上早好收稻月上遲雨淋漓每年農人視曆日之斗以占歲每年得三滿斗爲大稔而以七月八日得滿斗爲有秋成云　八月秋分日不宜大晴中秋月光則無魚雲重則知次年元宵多雨諺云雲掩中秋月雨打上元燈白露逢壬便立詹凡細雨十八日謂之詹天雨又以初三至二十三日爲詹天雨中秋無月蚌無胎又主蕎麥無實　九月自一日至九日凡北風則穀價賤以日占月可知諺云重陽無雨一冬晴　十月荆楚歲時記天時和煖似春人謂之小陽春一日宜晴諺云十月初一晴柴炭灰樣平此月宜多雨諺云十月雨連連高山也是田又云液雨百蟲飲之蔵蟄一日爲糕飯牛或掛牛角謂之牛生　十一月冬至日青雲見於北方吉應來歲稔否則主旱災冬至日晴則正旦必雨諺曰乾冬濕年　十二月大小寒多風雨損畜兩春夾一冬牛闌九箇空臘月有霧露無水做酒醋　四季甲子春甲子雨赤旱千里夏甲子雨搖船入市秋甲子雨禾生枯耳冬甲子雨雪飛千里此唐俚語驗諸時事不忒　四季甲申大雨穀價大貴小雨穀價小貴錢惟善田家五行序五行之說見於經傳其來尚矣

豈特爲田家設哉然舍田家而言五行不知本者也此古二至之書氛祲三時之紀風雨皆爲田家設也田家以耕桑爲重民生以衣食爲本有天下國家者必先講乎此而後可得以理成周以農事開國王業之艱難風俗之醇厚見於詩之七月書之無逸其迎寒逆暑之候惓惓以耕織爲言憂君愛民之道諄諄以稼穡爲意至洪範之論五行首曰土爰稼穡孟子之論王道亦在乎不違農時是則農事之於五行豈無所係哉

物產

九州所產自禹貢職方氏而下若爾雅埤雅小爾雅風土記諸書蒐集備矣然魯縞齊紈晉鄭代馬成於人者固殊而產於土者亦異故當秖於其所有者載之爾噫芳洲杜若詩語也而尚求杜若於方州是故前丁後蔡

穄說文曰以大暑而種之故名曰黍 麰來大麥
黍爾雅曰秬黑黍又曰秠一稃二米 麥來小麥將
詩曰貽我來牟帝命率育又曰於皇來牟將受厥明 豆
甚言來牟爲嘉穀之占來牟熟則百穀無不熟矣
其種有五紅黃綠黑 綿花 脂麻一名胡麻石勒之時 麻
豇豌蠶總名曰菽 諱言胡字改曰脂
餅本草云 枲 麻 六帖化治絲枲麻也麻之藝各
脂麻枰 有所宜而緝布之用類不出此
以服用之類紀之有曰布 名白疊一名吉貝六帖南蠻吉
具草緝其花爲布精曰吉貝粗
曰白 簟 詩斯干下莞上簟註云竹葦曰簟 扇 崔豹古今
疊 又曰簟竹席也以竹爲席曰簟 注曰舜廣
開視聽求賢人以自輔乃作五明扇而黃帝內傳亦有
五明扇也陸機羽扇賦昔武王玄覽作扇然則今之扇武
王之遺 傘 風俗通曰張帛避雨謂之繖蓋即傘也 帋 後
制也 帛夏時人三代已有此也繖傘字也 漢
書蔡倫傳自古多以竹簡其用縑帛謂之帋縑貴而簡
重並不便於人蔡倫乃造意用樹皮麻頭敝皮魚網以

蘄州志 卷二 物產 天

爲帋府稱 筆 說文曰楚謂之聿吳謂之不律燕謂之 絲
爲蔡侯帋 弗秦謂之筆張華博物志蒙恬造筆
皇圖要記曰伏羲化蠶爲絲雲笈又
云黃帝元妃西陵氏始養蠶爲絲
以園蔬之類紀之有曰芹 爾雅曰芹楚葵一名水英又
云蘄菜二音近州名取諸此 韭
論衡曰韭者久也說文曰 羅漢菜 在三角山出舊傳有
一種而久者故謂之韭 異僧種之而去若雜
以葷物即無 莧 有五 芥 劉佃曰芥似菘而有毛甚 菘 劉
味出一統志 色 子如粟又曰芥辛菜也 佃
曰菘性凌冬不彫四 蔥 爾雅曰青謂之蔥埤雅 壺盧 古
時長見有松之操也 曰韭屬宜白皎艮也 今
註壺蘆瓠之無柄者也埤雅曰壺性 大蒜 漢張騫使西
善浮要之可以涉水南人謂之腰舟 域得大蒜而
還 胡荽 博物志曰張騫使大夏得胡荽鄴中 笋 一名
記曰石勒改爲香荽今人謂之鹽荽 一名
一名笞一名蘿一名竹胎一名蔄
一名𥫗篁一名玉版一名龍孫

性堅緻有脂而香史記曰松柏爲百木之長 椿 莊子曰上
而守宮闕也禮記曰柏視松也猶舊視公 古有大椿
八千歲爲春 桐 種有四曰青桐曰梧桐材可作樓閣 楓
八千歲爲秋 曰白桐材中琴瑟曰岡桐子大有油
釋木云楓其幹似白楊有脂而香之白 槐 元命苞曰
膠是也葉作三春霜後色丹謂之丹楓 樹槐聽訟
其下詁槐之言歸也情見歸 榆 龔遂爲渤海勸民種桑
實也今之庭陛植槐本此 榆鄭岸爲魏郡課百姓
插榆 柳 柔脆易生 蘄竹 一名笛竹以色潤者爲簟
爲籬 與楊同類 節疎者爲笛帶鬚者爲杖 貓竹
水竹 篔竹 斑竹 紫竹 苦竹
以藥餌之類紀之有曰益母草 爾雅萑蓷郭璞註曰今茺
蔚也葉似荏方莖白華華
生節間端午日采之孕 艾 舊傳蘄陽四寶而艾居其一
婦爲藥最良故曰益母 至於竹簟白花蛇毛龜三寶
爲害最大且產於與國深山大谷中也而蘄虛負其名
每爲權貴以土產需之民實不堪惟艾產於山麓易辨

蘄州志 卷二 物產 羊

而功可活人由此觀之則前三寶說以爲寶 茶 淮南子
而艾則眞寶矣故南里高郵有三說一眞辨 曰茶能
解 芣苢 一名馬舄一名當道爾雅曰芣苢馬 薄荷
毒 舄車前景純註大葉長穗好生道傍
山梔子 南星 紫蘇 蒼朮 山查 牛膝 半夏
括樓 五嘉皮 又云木骨 香附子 麥門冬
以禽鳥之類紀之有曰雞 春秋題辭爲積陽火德之精故
陽出雞鳴以類感也玄中記桃
都山有大樹曰桃都枝相去三千里上有天雞 鵞 爾雅一
雞日初出照此木天雞即鳴天下雞隨之 名家鴈
江東人謂之鴚廣 鴨 爾雅鴨一名野鳧風俗通雞伏鴨
駕志鵞即野鵞也 卵雛成入水雞母隨岸呼之雛出
而不隨母鴨雞 伯勞 爾雅鵙伯勞也廣雅一名博 鷹 廣
異類能相隨也 勞一名伯趙月令鵙始鳴 雅
一歲爲黃鷹二歲爲鶬鷹三歲爲 鶻 說文似鵙而青
青鷹月令驚蟄之日鷹化爲鳩 懶今俗呼爲

哥

雉史記呂后名雉攺野雞　烏爾雅一名雅鵒鳥之白脰者南人謂之鬼雀鳴則凶咎　鵲一名

乾鵲一名乾鵲陸賈新語乾鵲噪而行人至　鶯說文黃鸝倉庚也鳴自鼜生詩疏名不一曰黃鶯倉庚商庚鶩黃楚雀黃袍　燕爾雅燕玄鳥也說文燕布翅岐尾作巢避戊巳日　百舌易通能反覆其舌隨百鳥之音　鳩爾雅註人之布穀方言大者謂之斑鳩或謂之隹鳩　啄木爾雅鴷啄木也異物志啄木大如雀啄足背青翠舌長寸杪有刺針　雀說文雀依人小鳥古今註雀一名嘉賓言栖宿人家如賓客又淮南子大廈成而燕雀賀

以走獸之類紀之有曰馬　驘今俗作騾　驢一名衛子世本曰衛靈公好乘驢故人目驢爲衛子或曰晉時衛珍好乘跛驢爲戲當時稱驢爲衛子以譏珍故又有蹇衛之稱云蹇跛驢也　牛

白牛頭黃者名牛中之王角濶相去一尺者名龍門牛黃黑色牛當春上一條白者名曰萬春牛養之主大吉

慶若牛身有鹿斑有頭白有黑身頭白尾白有頭脚俱黃角白者此牛養之皆不吉利　羊周禮羊曰柔毛

豕曲禮豕曰剛鬣　鹿列仙傳一千年爲蒼鹿又百年化爲白鹿又五百年化爲玄鹿　麞道書言麞鹿無覔故可食　兎舐雄毫而孕故生子從口中而出性狡猾藏身之處有三窟

以鱗介之類紀之曰白花蛇一名褰鼻蛇諸蛇鼻向下惟此向上龍頭虎口黑質白花背有二十四方勝尾尖有一佛指甲腹旁有念珠斑朐之置水中則反尾滌其腹長尺餘一能愈大風　烏蛇亦能愈風身烏無花生湖池蘆葦中本草云一尾秤重八九分者爲上身彌大而力彌減也尔翼云蛇死目皆陷惟上二蛇死枯眼光不陷　鼉身如鮫龍無角　穿山甲有甲如鯉生山中　江豚三五成羣每風濤作則隨波拜水而趍食俗呼爲拜水　黿形如鱉大者方廣四五尺　河豚肥美士人無敢啖者過客取食與吳越無異　鯉今之賴鯉也一名鱣鯉魚之貴者也　魴一名鯿即今之青鯿也　鱧

今玄鱧是也諸魚膽苦可食有舌鱗細有花文一名文魚與蛇通氣其首戴星夜則北嚮　鰷身狹而長若條然故曰鰷也　鱣大魚似鱘口在頷下無鱗鼻脊骨極肥美俗謂之玉板大者長二三丈江東呼爲黃魚　鮪似鱣而小俗呼爲鱘性味與鱣同　鰱　鯖　鮎　鰣五月始出　鰌　鱔　鰻　鯽　鮊　鰶　鱲

鱖曰　龜劉伷曰龜舊也外骨內肉腸屬于首廣肩無雄與蛇爲匹故龜與蛇合謂之玄武　綠毛龜背有綠毛浮水中則毛自泛俗傳能避塵驅蠅誤矣　蟹許愼曰蟹醢也劉伷曰蟹六跪而二螯水虫殼堅而脆團臍者牝尖者牡也八月腹內有芒眞稻也未被霜食之有毒外骨內肉旁行故今俚語謂之旁蟹

蝦馬援爲武陵太守賑貧羸博賦稅蝗入海化爲蝦　鼈以眼聽孚春連脊水府陸生養魚經曰魚滿三百六十龍爲之長而引飛出水內有鼈則魚不復去故鼈亦名神守　蚌小蚌非蜃蚌也　螺其種甚繁濱湖人取之以自給

蘄州志卷之三

戶口

司馬民數之上王拜而受之藏之天府亦其盛嚮
登耗之數竟絲不許與實者後世或以僞增晉流移
逃割而紙上之衆如不勝其弊大抵覈實而互…則
政治稱失生民休戚皆可以槩見而大東鴻雁之詩循
拆受人牛羊者…所當…役乎若夫山林川澤之利與民
…六而濟賦者其目又可以附見也志版籍 舊志

附論

盧紘曰自□版拜受與藏府官一男二女俗傳荊服…
蘇軾有言荊襄有可耕之地而無其人則地病淮…人
嫁孫解古皆所紀…甚大要可知然法制有詳…之
殊生齒有繁耗之異宋元以前不可復考求諸近…則
版籍之設因姓立戶按戶計丁籍有二等曰軍曰民
籍隸衛所者計數若干其名亦有三漕運曰班軍防汛
曰屯軍各數若干此載諸衛册者也民籍隸有司其籍
亦有二曰坊廂曰鄉圖坊廂幾處鄉有幾又即於每坊鄉
編爲十甲一圖若干戶戶有田畝之數有銀米之數丁

丁口之數而丁口亦有三有成丁有不成丁有老幼婦女
數若干各納銀有差人丁則當四差女口則輸鹽鈔惟
年十五而下六十而上在所免戶又有貧賤貧富不同
凡差徭按族例有優免豪猾巧於營脫受其累者祇六
二貧黎不均之數良有由也大端居市井者此屋雜封
咸登生齒居村野者深山窮谷悉列編氓外是而僧道
孤貧九流藝術以及外寓流移悉載保甲鮮有遺者此
法制之密大抵然也以吾蘄而論又有異焉明初畝以
米計共二萬八千有奇戶以丁計共三萬六千有奇所

謂丁浮于米也厥後有軍籍隸藩封衛所者例不應民
差其田土則均有占也丁數益寡于是司計者議以米
承丁期無欠于額抑勢有宜然耳
國朝定鼎府衛軍籍盡歸民差則米丁似可除矣而卒不
能爲之變更者則殺戮之後生息未繁不得不准舊制
是仍矣愚故論列其詳使後之隨時通變者有所考據
無徒爲膠柱之鼓也

賦役論

盧紘曰計田以輸賦計戶以供役自古有然一代之興

其制作必有成書可考明初則曰會計錄至萬曆間更爲賦役全書所載解支銀兩要不外粮差二端粮銀則起解籓司轉輸内帑差銀則本地存留撥欵支給田有三則起科上田一畝應納若干中田以二畝准上田一畝下田以三畝准上田一畝所謂下田類在瘠薄之鄉或居山巖或臨湖泊非易傷旱則易傷潦故納賦自不得與上中等其地可坐爛而知無容欺飾者也若差則其名有四曰里甲曰均徭曰驛傳曰兵欵自條編設而差無煩擾法誠莫善於斯可爲經久而不變然不無偏

累者三差類以優免倖脫惟里甲一差按丁米輸銀照欵支給俱取足現在無或漏也大端完號煩難莫如力役而驛傳尤甚如吾蘄居水陸之衝馬困長驅舟苦挽挽工料握于奸胥夫頭之手勒勉侵漁經年不給疲苦勞瘁無路可呼其弊由來已久

國朝定鼎攺賦役全書爲經費錄易四差爲戶禮兵工名殊而實一原無異同於其間邇因兵燹之後田土類多荒蕪　當事憫念民艱爰有丈量之議夫何奉行不善轉滋弊端順治十一二年間各鄉清丈所委非人與一二猾黠不能奉公致滋弊竇將水鄉下則盡攺上田按舊籍上五鄉與下五鄉米畝適均今水鄉之畝既加而上五鄉額載之畝從而獲減尚多有餘之米難爲詰問田粮舊額有竟失所據者言之可爲太息也至各差自奉行裁扣邇年軍興屢告差役較往倍煩而工料視前反縮㷀㷀遺赤幾不能支如往年門差船戶甚爲小民之累自郡侯俯採蒭蕘翻然攺絃重困頓除閭閻遂獲安枕是知法令雖更而奉行宜善不信有然歟

明洪武二十四年戶一萬二千九百三十五口七萬八千六

百九十八官民田地塘三千九百七十八頃三十三畝一分田三千三百四十四頃三十六畝三分地四百六十三頃七十六畝一分塘一百七十頃二十畝七分夏稅小麥二百四十二石四斗二升二合六勺隨糧絲九十四斤六兩四錢二分織絹七十五疋一丈五尺六寸三分租絲三十一斤一兩八錢織絹二十五疋二丈七寸農桑絲七斤一十五兩九錢六分織絹六疋一丈五尺九寸四分秋糧米二萬八千五十九石八斗三升七合二勺官米一千八百三十六石一升五合三勺民米

二萬六千二百二十三石八斗二升一合九勺額辦酒
麂二隻雜皮二百七十張白硝退毛麂皮二百四十張
白硝退毛獐皮一十八張硝熟帶毛虎皮二張各色紵
絲四十一疋深青紵絲三十疋黑綠紵絲六疋丹礬紅
紵絲五疋額辦每歲各色課鈔一千七百三十九貫酒
醋課鈔一千四百二十三貫六百八十文茶課鈔二十
二貫八百七十三文椒課鈔四十六貫四百七十文房
地賃租鈔二百四十六貫四百七　稅課歲征課鈔
一萬七千六十二貫商稅課鈔一萬五千八百二貫三

百七十文門攤課鈔一千四十三貫二百四十四文額
辦亦東湖魚課鈔一萬九千八百八十五貫六十三文
魚八千三百九十六斤一十二兩九錢三分魚鰾四十
一斤九兩六錢一分折色黃麻四千三百二十五斤
永樂十年戶一萬二千二百二十二口七萬四百三十官
民田地塘四千頃一十一畝二分三釐田三千三百五
十六頃一十一畝四分三釐地四百七十二頃一十一
畝五分塘一百七十一頃八十三畝三分夏稅小麥二
一四十二石九升一合一勺隨糧絲同前租絲三十九

斤一兩一錢四分織絹三十一疋一尺五寸六分五釐
農桑絲七斤一十四兩八錢織絹六疋一丈二尺秋糧
米二萬八千七十五石五斗八升六勺額辦歲道皮張
紵絲同前每歲各色課鈔二千一十八貫三百七十五
文酒醋鈔同前茶課鈔四十六貫九百一十五文稅課
鈔一萬八千四百二十九貫七百文商稅課鈔一萬六
千八百五十六貫四百文門攤課鈔一萬六千八百五
十六貫四百文額辦湖課鈔一萬九千八百八十五貫
一百文魚課本色一萬七千八百一十八貫五十文魚

課內花銀一百二十兩折收鈔五百一十八貫魚課內
收乾魚二千斤折鈔一千貫魚苗課鈔三百二十一貫
六百文鵞鴨課鈔一百八十五貫四百文池塘課鈔五
十貫五十文魚油本色油五百九十六斤一十四兩魚
油辦收黃麻一萬三十七百五十斤折油一千斤魚鰾
本色一十一斤魚鰾內收黃麻三百七十三斤一十二
兩折鰾二百二十斤鵞翎七萬七千三百一十三根
永樂二十年戶一萬一千八百七十七口七萬一千六百
三十九官民田地塘稅麥絲絹秋糧辦額等數同前

宣德七年戶一萬一千八百七十七口七萬二千六百二十九官民田地塘稅麥絲絹秋糧額辦同前

正統七年戶一萬一千三百五十六口六萬二千一百三十九官民田地塘畝同前夏稅小麥二百四十二石九升一合九勺隨糧絲同前租絲三十九斤一兩一錢四分織絹三十疋七寸農桑絲同前秋糧歲進額辦同前

景泰三年戶口一萬一千三百五十六口六萬二千一百二十八官民田地塘稅麥絲絹額辦同前

天順六年戶口八千六百五口六萬四百三十官民田地

塘四千三頃五十二畝四分三釐田三千三百五十七頃三十六畝三釐地四百七十四頃一十一畝三釐塘一百七十二頃四畝四分夏稅小麥二百四十二石七斗一升一合四勺隨糧絲九十二斤四兩三錢六分織絹七十五疋一丈農桑絲同前秋糧二萬八千一百四十四石九斗四升三合四勺

成化八年戶口七千八百七十二口六萬三千六百七十官民田地塘稅麥絲絹歲進課鈔等數同前

成化十八年戶口七千八百七十口六萬三千九百五十一官民田地塘稅麥絲絹歲進課鈔等數俱同前

弘治五年戶口七千九百七十口七萬二千九百五十二官民田地塘四千三頃六十一畝四分稅麥絲絹歲進課鈔等數俱同前

弘治十五年戶口七千九百八十八口六萬八千三十七官民田地塘稅麻絲絹歲進課鈔秋糧等數俱同前

正德七年戶口官民田地塘稅麥絲絹歲進課鈔同前秋糧米二萬八千一百四十五石五斗九升六合六勺

嘉靖元年戶口七千九百八十八口六萬八千三十七內

男子三萬婦女三萬八千三十七舊例每一丁徵鈔六貫每貫折徵銀三釐共折徵銀一分八釐新例每一丁亦徵鈔六貫每貫折徵銀一釐一毫五絲三忽共折徵銀六釐九毫一絲八忽官民田地塘四千三頃七十二畝四分二釐秋糧米二萬八千一百四十五石五斗九升六合六勺每歲起運南京庫鈔六萬八千七百四十五貫本州存留支用鈔六萬八千七百四十五貫額辦各色課鈔三千二十貫八百一十五文稅課鈔一萬七千六十二貫赤東湖課鈔一萬九千八百八十五貫二

十二文稅麥絲絹歲進課鈔俱同前
嘉靖十一年戶七千九百五十五戶六萬八千五十成丁
二萬三千三百四十五不成丁一萬七千九十四婦女
大二萬三千三百四十五小口五千一百四十八官民
田地塘畝同前官田地塘一百一十四頃二十四畝二
分三釐職官田五十八畝三分每畝科正耗米三斗七
升四合五勺常平官田二頃六十三畝八分三釐每畝
科正耗米二斗五升六合八勺原沒官田六頃二十九
畝一分每畝科正耗米二斗八升五合八勺二撮六圭

抄斷太量官田九十三頃六十二畝每畝科正耗米一
斗五升七合四勺八抄二撮六圭小麥地一頃四畝九
分每畝科正耗麥三升二合一勺每畝科麥絲二錢桑
地八畝每畝科桑絲四錢常平粟地一畝每畝科正耗
米三升二合一勺官粟地四頃八十三畝四分每畝科
正耗米三升二合一勺棉花地七十七畝四分每畝科
正耗米一斗一升九合八勺四抄基地八畝九分每畝
歲貨鈔三百文抄斷沒太㵎四頃二十七畝四分每畝
科正耗米一斗五升七合四勺八抄二撮六圭民田地
塘三千八百八十九頃四十八畝二分小麥一百三十
八石七斗一升八合麥絲九十二斤一十五兩三錢二
分桑絲七斤一十一兩六錢民米二萬六千三百石五
斗二合二勺三抄民寺學觀田三千二百五十四頃三
十三畝八分每畝科正耗米七升二合七勺六撮五圭
小麥地七十四頃三十六畝七分每畝科正耗米三升
二合一勺每畝科絲二錢桑地三頃九畝每畝桑絲四
錢粟地三百六十九頃一十畝七分每畝科正耗米三
升二合一勺棉花地一十七頃六十九畝八分每畝科

正耗米一斗一升九合八勺四抄基地三頃一十畝九
分每畝科正耗米七升二合七勺六撮五圭民寺學觀
塘一百六十七頃七十七畝三分每畝科正耗米七升
二合七勺六撮五圭
嘉靖二十一年戶口官民田地塘稅麥絲絹秋糧額辦俱
同
嘉靖三十一年同
嘉靖四十一年同
隆慶六年戶七千九百一十口六萬八千五十丁一萬五

千五百七十一　土田四千三項七十二畝四分三釐
萬曆三年戶口七千九百一十四口六萬八千五十丁一
萬五千五百七十一　田四千三百項七十二畝四分有
奇正賦夏稅二百四十二石七斗一升有奇京絹一百
一十三疋一丈九尺有奇秋粮官民米二萬八千一百
四十五石五斗九升有奇課程諸鈔一千七百三十九
貫稅課一萬七千六十二貫赤東湖一萬九千八百八
十五貫六十二文食鹽鈔續增十四萬一千四百八貫
共銀三百五十九兩一錢八分有奇遇閏加銀二十九

兩九錢三分有奇續增庫鈔一百二十四兩六錢六分
有奇魚課帶辦河泊所有起運兩京魚乾魚油翎毛魚
鰾改折黃麻白麻桐油熟鐵線膠鰾魚存留課鈔四百
八十五兩五錢六分有奇遇閏加徵六十二兩二錢一
分有奇商稅稅課司鈔門攤一十九兩二錢五分額辦
歲進活鹿二歲辦雜皮二百七十一張歲造深青段黑
綠段丹礬紅段各邑四十二疋今總曰額辦除舖戶出
辦弁本邑白花蛇烏梢蛇外實徵銀一千五十七兩九
錢三分有奇外加藥味段疋扛解銀二十三兩二錢有
奇遇閏加段疋正銀三十六兩七錢四分扛僱五兩五
錢　以上載黃州府志并州志

萬曆六年閣臣張居正用臺臣疏奏通丈各省布政司所
屬州縣地畝湖廣通計二百二十一萬六千一百九十
九項四十畝一分自九年以後錢粮悉作一條鞭徵收
民稱為便　載大明會典

萬曆年間蘄州田塘地畝五千八百三十六項八十畝
四分一釐七毫起科官民米二萬八千一百四十五石
五斗九升七合七勺每石派銀六錢八分二釐二絲三

忽二微四塵外徵本邑漕粮正米五千九百八十石二
斗每石官民米起派二斗九升七合四勺六抄四撮加
耗米四斗共正耗米八千三百七十二石二斗八升本
邑南粮正米五千九百九十六石八斗每石官民米起
派二斗六升六合三勺三抄加耗米二斗五升共正耗
米七千四百九十六石

三十[illegible]年新定全書蘄州田四千四百六十五項五十
八畝七分七毫內上田三千五百六十八項三十四畝
四分六釐三毫每畝科秋粮米五升六合六勺一抄該

米二萬二百石三斗九升八合九勺山水鄉田八百九十七頃二十四畝二分四毫每畝科秋粮米五升該米四千四百八十六石二斗一升一合二勺二則田照粮每石帶科夏稅小麥八合六勺二抄三撮四圭五粒八粟該麥二百一十二石八斗八升三合九勺夏稅絲七分五釐九毫三絲八忽五微五塵五纖四緲該絲一百一十七斤二兩六錢六分四釐二毫二絲条絲四釐八毫一絲七微該絲七斤六兩七錢六分一釐八毫八絲地一千八十七頃九十六畝二分一釐內上中地一百

六頃四畝五分九釐二毫每畝科秋粮米三升二合該米三百三十九石三斗四升六合九勺四抄山水鄉下地九百八十一頃九十一畝六分一釐八毫每畝科秋粮米一升六合該米一千五百七十一石六升五合八勺八抄八撮二則地照粮每石科小麥八合六勺二抄三撮四圭五粒八粟該麥一十六石四斗七升五合三勺五抄稅絲七分五釐九毫三絲八忽五微五塵五纖四緲該絲九斤一兩七分三釐八毫八絲条絲四釐八毫一絲七微該絲九兩一錢九分四毫二絲三忽塘二

百八十三頃二十五畝五分內上塘二百頃一十五畝每畝科秋糧米五升六合六勺一抄該米一千一百三十三石四升八合七勺六抄八撮山水鄉下塘八十三頃一十畝五分每畝科秋糧米五升該米四百一十五石五斗二升五合二則塘照粮每石帶科夏稅小麥八合六勺二抄三撮四圭五粒八粟該麥一十三石三斗九升三合一勺五抄夏稅絲七分五釐九毫三絲八忽五微五纖四緲該絲七斤五兩五錢九分六釐六絲条絲四釐八毫一絲七微該絲七兩四錢四分七釐六毫

九絲七忽以上共科秋粮米二萬八千一百四十五石五斗九升七合七勺內二斗以上起科没官等田米二百六十九石四斗三升三合八勺一斗以上起科官等田米一千五百五十一石六升四合三勺沙粮一百二十一石九斗一升四合九勺八抄二撮三圭一斗以下起科民田米二萬六千二百三石一斗八升四合六勺一抄七撮七圭其後復奉例丈量不分官民沙粮一體編差計夏稅小麥共二百四十二石七斗一升二合四勺夏稅絲共一百三十三斤九兩三錢三分六釐条絲

共八斤七兩四錢至萬曆末年奉文加有畝餉伍千二百四十七兩二錢七分八釐一毫七絲三忽七微六塵八纖

泰昌天啓崇禎年額徵田地丁塘與萬曆間相同外崇禎年有新餉練餉勦餉等項因流寇暫行加派非係額徵以上載賦役全書

國朝順治初年額徵田地塘丁數目與明萬曆年間相同

順治十四年分奉　文丈量新定則例

原額上則田三千伍百六十八頃三十四畝四分六釐三毫　每畝科米五升六合六勺一抄　該秋粮米二萬二百石三斗九升八合九勺五抄　山水鄉下則田八百九十七頃二十四畝二分四釐四毫　每畝科米伍升該科秋粮米四千四百八十六石二斗一升二合二勺　上中則地乙百六頃四畝伍分九釐二毫　每畝科米三升二合　該秋粮米三百三十九石三斗四升六合九勺四抄　山水鄉下則地九百八十一頃九十一畝六分乙釐八毫　每畝科米一升六合　該秋粮米一千伍百七十乙石六升伍合捌勺捌抄捌撮

上則塘二百頃乙十五畝　每畝科米五升六合六勺乙抄　該秋粮米乙千乙百三十三石四升八合七勺六抄八撮　山水鄉下則塘八十三頃一十畝五分　每畝科米五升　該秋粮米四百一十五石五斗二升五合　以上田地塘共科秋粮米二萬八千一百四十五石五斗九升七合二勺　內報荆莊與屯荒田地塘二十頃五十七畝一分九釐二毫四絲五忽七微四塵五纖則例不等共科荒粮米九十九石乙斗九升九合六勺八抄　入官屯外有免米九百石　每石徵銀二錢六分三毫二絲八忽三微五塵　該銀二百二十三兩五錢二分一釐伍毫一絲五忽　無免米二萬七千二百四十五石五斗九升七合七勺　每石徵銀陸錢九分五釐七毫九忽八微八塵八纖六渺　該銀乙萬八千六百二十八兩五錢五分乙釐六毫六絲乙忽七微二塵三纖　共銀乙萬八千八百乙十四兩六錢六分八釐八毫七絲六忽七微二塵三纖外奉新黃絹每疋銀三錢五分　共該加銀三十七兩四錢四釐三毫　總共并加絹價共銀一萬八千八百五十二

兩七分三釐乙毫七絲六忽七微二塵三纖　內除荒
無徵銀六十六兩三錢一分二釐九毫四絲六忽二微
七塵七纖　實徵銀一萬八千七百八十五兩七錢八
分三釐二毫六絲五忽一微二塵三纖
又每秋粮壹石派徵南粮米正米二斗一升三合六抄
三撮五圭二粒　二五耗米每石派米五升三合二勺
六抄五撮八圭八粒　正耗米七千四百九十六石
內除荒無屯米二十六石四斗乙升九合八勺　實徵
米七千四百六十九石五斗八升二勺　另正米一石

里納船驢脚米三斗五升共米八百九十九石五斗二
升奉　文每石折價一兩　以二分給解役該銀一百
七十九兩九錢四釐　以八分充餉該銀七百一十九
兩六錢一分六釐內除荒銀二兩五錢三分六釐二毫
六絲九微七塵三纖一渺　實徵銀七百一十七兩七
分九釐七毫三絲九忽二塵六纖九渺
又每秋粮一石派徵漕粮正米二斗一升二合四勺七
抄三撮八圭　四耗米每石八升四合九勺八抄九撮
五圭二粒　正耗米八千三百七十二石二斗八升三
合內除荒無徵米二十九石五斗八合二勺六抄六撮
實徵米八千三百四十二石七斗七升四合七勺三抄
四撮　通共夏稅大小二麥共二百四十二石七斗一
升二合四勺　夏稅桑絲共一百四十二斤七錢四分
四釐一毫五絲　原入秋粮內派
原額人丁一萬伍千五百七十一丁　內有免丁九百
丁每丁徵銀一錢一分一釐一毫一絲三忽二微五塵
六纖　該銀一百兩一釐九毫三絲四微　無免丁一
萬四千六百七十一丁每丁徵銀二錢七分八釐八絲

五忽三微六纖　該銀四千七十九兩七錢八分九釐
五毫一絲六忽五微九塵五纖　共徵銀四千一百七
十九兩八錢一分一釐五毫八絲五忽
以上除本色米石外丁粮夏稅共徵銀二萬三千三十
一兩八錢八分四毫六絲一忽七微二塵三纖　內起
運銀三千三百八兩四錢九分三釐二毫五絲二忽七
微九塵三渺　撥運隨漕并起運倉口京措盤費等銀
四千七百三十五兩四錢五釐九毫六絲三忽三微七
塵　本州存留支給共銀七千三百四十二兩七錢一

分四毫三絲內奉　文每兩銀柒錢叁分該銀伍千二百
三十九兩八錢九分七釐三毫一忽　該納錢二百二
十萬零二千八百一十三文一毫三絲九忽裁剩解
部銀七千六百四十五兩二錢七分八毫一絲五忽六
微六塵二纖七渺　內共除荒與屯銀六十三兩二錢
一分二釐九毫四絲六忽二微七塵七纖　實徵銀二
萬二千九百六十五兩五錢七分一釐八毫一絲五忽
四微四塵八纖七渺　玖釐畝餉正銀五千二百五十
三兩一錢二分三釐七毫五絲二忽　京損四十七兩

二錢七分八釐一毫七絲三忽七微六塵八纖　正損
賑粮派徵每石一錢八分八釐三毫二絲八微七塵七
纖　共銀五千三百兩四錢一釐八毫八絲六忽五微
　內除荒與屯銀一十八兩六錢八分一釐三毫六絲
五忽　實徵銀五千二百八十一兩七錢二分五毫九
微八塵四纖奉
顏料銀七百三十一兩八錢一分七釐
康熙二年分
原額上則田三千五百六十八頃三十四畝四分六釐

三毫　每畝科米五升六合六勺一抄　該米二萬二
百石三斗九升八合九勺五抄　山水鄉下則田八百
九十七頃二十四畝二分四釐四毫　每石科米五升
該秋糧米四千四百八十六石二斗一升二合二勺
上中則地一百六頃四畝五分九釐二毫　每畝科
米三升二合　該秋糧米三百三十九石三斗四升六
合九勺四抄　山水鄉下則地九百八十一頃九十一
畝六分一釐八毫　每畝科米一升六合　該秋糧米
一千五百七十一石六升五合八勺八抄八撮　上則

塘二百頃一十五畝　每畝科米五升六合六勺　抄
該秋糧米一千一百三十三石四升六合七勺六抄
八撮　山水鄉下則塘八十三頃一十畝五分　每畝
科米五升　該秋粮米四百一十五石四斗二升五合
以上田地塘共科秋粮米二萬八千一百四十五石
五斗九升七合六勺九抄六撮　新加弁額銀共徵銀
一萬九千三百六十四兩三錢四分四釐一毫五絲六
忽七微二塵三纖　原額荊庄與屯今巳開墾歸民納
賦　有免粮九百七十七石每石免雜徭銀四錢三分

五釐三毫八絲一忽五微三塵八纖六渺　共免銀四
百二十五兩三錢六分七釐七毫六絲三忽二微一塵
二纖二渺　除免外每石派徵銀二錢四分五釐五毫
八絲五忽　共徵銀二百三十九兩九錢三分六釐五
毫四絲五忽　無免米二萬七千一百六十八石五斗
九升七合六勺九抄六撮　每石派徵銀七錢三釐九
毫一絲五忽八微八塵一纖　共徵銀一萬九千一百
二十四兩四錢七釐六毫一絲一忽七微二塵三纖
又秋粮每一石派徵南米正米二斗一升三合六抄三

撮五圭七粒二粟　二五耗米每石米派米五升三合
二勺六抄五撮八圭八粒　正耗米七千四百九十六
石　另正米一石里納船驢脚米三斗五升　共米八
百九十九石五斗二升奉　文每石折價銀一兩　以
二錢給解役該銀一百七十九兩九錢四釐　以八錢
充餉該銀七百一十九兩六錢一分六釐　又每石秋
粮派徵漕粮正米二斗一升二合四勺七抄三撮八圭
四耗米每石八升四合九勺八抄九撮五圭二粒
正耗米八千三百七十二石二斗八升通共夏稅大小

二麥二百四十二石七斗一升二合四勺　夏稅絲一
百三十三斤九兩三錢三分六釐　桑絲八斤七兩四
錢　三項秋粮内帶派
原額人丁一萬五千五百七十一丁　額徵并新加共
銀四千三百九十九兩三錢五分六釐六毫八絲五忽
有免丁九百七十七丁每丁免雜徭銀一錢六分共
釐七毫八絲六忽五微五塵七纖三渺　共免銀一百
六十二兩九錢五分四毫六絲六忽五微二塵七纖八
渺　除免外每丁徵銀一錢一分五釐三毫四絲五忽

六微九塵八纖二緲　共徵銀一百一十二兩六錢九
分二釐七毫四絲七忽一微五塵　無免丁一萬四千
五百九十四丁　每丁徵銀二錢九分三釐七毫二絲
七忽八微二塵九纖一緲　共銀四千二百八十六兩
六錢六分三釐九毫三絲七忽八微五塵
以上丁共銀二萬三千七百六十三兩七錢[illegible]毫四絲
一忽七微二塵三纖　一起運銀八千二百五十五兩
四錢四分四釐一毫四絲五忽一微九塵三緲　一歲
解銀四千一百七十四兩八錢一釐二毫四絲一忽一

微六塵二纖七渺　一隨漕銀三千五百八十六兩四錢五分六釐六毫二忽　一新裁各書辦工食銀二百四十一兩二錢　一撥存七千五百零五兩七錢九分八釐八毫五絲三忽一微　玖釐畝餉正銀五千二百五十三兩一錢二分三釐七毫五絲二忽　京損銀四十七兩二錢七分八釐一毫七絲三忽七微六塵八纖　五損照粮派徵每石一錢八分八釐三毫二絲八纖塵七渺　共銀五千三百兩四錢一釐九毫二絲五忽七微六塵八纖以上載經費錄

徭役

嘉靖三十一年役力二差歲二千六百五十八兩一錢外孤老花銀七兩五錢奉文加編民校銀二十四兩皂隸銀四兩八錢舖兵工食銀二十二兩通共銀二千七百一十六兩四錢銀差銀一千五百五十三兩四錢荊府禮生二人人銀三兩齋郎三人人銀六兩屠戶一人銀三兩中雷祭祀銀六兩廚役一人銀三兩左右長史柴薪各四人奉祠正典膳副典膳正典簿各二人共一十六人人銀一十二兩審理所禁子一人銀三兩富順王府教授柴薪一人銀一十二兩民校七人人銀一十二兩都昌王府民校五人人銀一十二兩樊山王府民校二人奉文加編二人共四人人銀一十二兩都梁王府民校一人銀一十二兩永新王府民校七名人銀一十二兩南京光祿寺少卿員下柴薪一人銀一十二兩四川道御史員下柴薪一人銀一十二兩錦衣衛帶俸指揮員下柴薪一人銀一十二兩布政司馬夫一十人人銀四兩庫子二人人銀八兩造冊書手一人銀九兩皂隸九人人銀六兩應朝長夫一人歲帶徵銀四兩按察司經歷員下馬夫一十人人銀四兩禁子一人銀八兩提學道馬夫一十人人銀四兩柔夫銀一十三兩六錢油燭庫子二十人人銀

一十五兩下江防道門子三人人銀六兩本州油燭銀二十兩本
州知州員下門子二人同知判官吏目各二人共五人
人銀三兩六錢本州知州同知員下柴薪各四人判官吏目各
二人合一十二人人銀一十二兩馬夫各十人人銀四兩布按分司府館
門子三人人銀[illegible]兩[illegible]錢山川社稷郡厲壇門子二人人銀一兩二錢
郡厲壇三祭每祭各銀六兩孤老二十五人人歲給布花銀三錢富戶一
十人人[illegible]正[illegible]銀二兩一錢本州儒學門子三人人銀六兩合一十八兩明
倫堂啓聖名宦鄉賢祠門子二人銀一兩二錢齋夫八人人銀
一十二兩膳夫六名人銀一十兩歲貢盤纏銀每年帶徵二十五

兩五錢鄉飲二次每次銀六兩合一十二兩
先師廟二祭每祭銀二十兩啓聖祠二祭每祭銀四兩名宦鄉賢二祠
二祭每祭銀各一兩八錢崇賢四節祠二祭每祭銀二兩京解一名銀
三十兩奉文加補荆府典簿員下皂隸二人人銀二兩四錢永
克舖兵一十二人人銀二兩
力差銀二千一百六十三兩江防道皂隸一十二人人銀
六兩本府禁子二人人銀六兩本府皂隸三人人銀三十兩本州直堂
庫子一名銀二兩四錢禁子七人人銀四兩本州直堂皂隸一十
八人同知六人判官四人吏目二十人人銀二兩四錢預備倉斗

老一人人銀四兩各倉斗級一十人人銀三兩本州蘄陽驛支應
庫子一十二人人銀二十兩館夫三人人銀四兩西河驛支應庫
子一十二人人銀八兩館夫二人人銀四兩茅山大同二巡司弓
兵各五十名人銀三兩哨船水手六人人銀三兩六錢各舖司兵七
十八人人銀三兩本州儒學祭器庫子一人斗級二人各銀四兩
民壯二百五十人人銀二兩七錢茅山大同二司弓兵除永克
外各編克五十人各內除省存二名人銀六兩黃顙口西河
驛渡夫各四人人銀二兩
嘉靖三十一年知州崔公一濂編派當年里甲夫馬船皂

通融裁減止共派銀三千六十兩比照原奉會冊減銀
一百八十五兩人夫二百八十名每名丁糧朋定銀五
兩共銀一千四百兩有力者徵銀貯庫顧募差遣每夫
一差給銀九分無人者聽其以人代之一歲可二週焉
馬五十匹每匹連鞍轡草料工食定銀一十六兩共銀
八百兩船二十隻每隻定銀一十三兩共銀二百六十
兩皂隸一百名每名定銀六兩共銀六百兩內該二十
八里輪扣一名遞送人犯丁糧一年大約五千丁石每
丁石約計不過六七錢之數丁糧多者編以船馬丁糧

少者編以夫皂朋糧湊差走馬者不派夫皂當夫者六加船馬各照原編册榜自行管辦里長免多科之擾甲首無延挺之姦此乃審據里老士夫公論咸云民情允協經久可守該奉　院道批云確守定規勿有遷易庶窮鄉小民習知而重科包當之弊可革矣藩司刊入會册永遵行之以上俱舊志

萬曆三年驛傳除優免外馬紅站船內編蘄州遞運所馬船六隻〔本州一隻銀一百四十四兩〕紅船〔本州三隻二百五十二兩〕各驛站船〔本州編蘄陽驛四隻每隻夫七名共夫二十八名銀一百六十八兩〕各驛馬〔本州編二十三匹銀六百九十兩〕江濟水夫〔一百六十四名共銀六百七十一兩五錢八分〕協濟〔九十八兩九錢七分八釐〕里甲〔一百五十名銀九百兩〕腳馬〔五十匹銀八百兩〕里甲皂隸〔六十名銀四百三十二兩〕新增廊船水手〔三十名銀一百三十兩〕民壯〔三百三十名銀二千三百七十六兩〕公費〔銀八百二十四兩四錢六分三厘九毫〇以上載湖廣總志〕

萬曆年間蘄州人丁一萬五千五百七十一丁每丁徵銀二錢七分五釐共銀四千二百八十二兩二分五釐

驛傳原編銀一千七百二十兩八錢九分江濟水夫一百六十四名每名銀四兩九分五釐及遞運所紅船之費西河驛馬一十八匹每匹銀三十兩帶閏五錢蘄陽驛站船水夫二十二名每名六兩帶閏一錢詳見國用

民壯原編二百八十三名新減亭前堡二十名內練兵三十三名每名七兩二錢帶閏一錢二分衣鞋一兩二錢民兵七十四名每名七兩應役一百五十六名每名七兩帶閏一錢二分詳見國用

均徭原編正扛閏銀四千四百三十二兩四錢九分新編四千四百八十一兩一錢三分詳見國用

里甲編銀一千八百五兩六錢排夫一百三十名每名七兩二錢帶閏一錢二分腳馬三十五匹每匹二十四

兩帶閏四錢詳見國用以上四欵皆丁三糧七悉派

按四差丁役明代歷年相同以上載賦役全書

國朝各差總歸戶禮兵工項下錢糧欵目雖存亦多裁減充餉詳載每年易知由單內可考也

魚鹽茶諸課論

盧紘曰王者富有四海無土不供禹貢周禮職列貢賦匪獨土田而東南財產號甲天下聖人在上爲之調劑變通要使利在國而害不在民害不在民而利亦不專在國何則其源必從下濬其權又不可不上操上下流通此生生之所以不息也非如後代筭商榷緡殫心股削而豐亨豫大轉益驕奢生者有盡而取者無窮海內空虛祇聞愁怨昔人有言寬一分民受一分之賜者何言之深切哉按蘄地多湖其利在魚因有湖課地接淮

仰食惟鹽因有鹽課地多山其地產茶因有茶課以及酒酤商稅歷稽前法雖曰纖細不遺然課必有程輸之上者什一留之下者什九作志者附諸田賦之後誠欲長吏留心仁愛有所省觀云

湖課

明萬曆中蘄州湖洲雜課共編正扛銀四百八十八兩八錢八分七釐伍毫

崇禎末蘄州赤東湖課銀五百二十三兩七錢八分二釐鱗魚隨課帶徵內吳塘湖載課一百二十兩子池一百八十口載課一百七十五兩分爲東西二湖東湖子池六十九兩西湖子池一百六兩墻網四埠載課五兩各歸子戶辦納撈罾八把載課九兩六錢白船十隻載課三兩五錢漏罶小壩載課一兩五錢當年業甲辦納篊絡船載課一兩并魚苗撈十條東西二處長河載課二百八十兩一錢八分三釐分爲八十戶每戶該銀二兩六錢四釐內手罾每把銀三錢七分二釐岸罾每把銀七錢四分四釐

國朝湖課與明相同順治十年因白船廢將籠頭網繫網蘇網頂補三兩五錢輸年業甲完官

鹽課

唐德宗貞元四年淮西節度陳少游奏加民賦自此江淮鹽每斗亦增錢二百爲錢三百一十其後復增六十

時蘄隸淮食本道鹽

唐順宗永貞元年減江淮鹽價每斗爲錢二百五十

宋太宗太平興國二年令廬和舒蘄黃州漢陽軍舊通商食兩浙鹽處改令官賣又以楚州監歲煮四十一萬七千餘石通州豐利監四十八萬九千餘石泰州海陵監如皋倉小海場六十五萬六千餘石給泰州及淮南

之廬和舒黃蘄州江南等處

明湖廣行淮商鹽萬曆三十二年巡撫湖廣副都御史梁某立碍武漢二府兩淮殘商初到許賣七分五釐每小包殘鹽許賣九分一小包每小包八斤四兩萬曆四十五年始設兩淮疏理鹽法副使以戶部山東司郎中袁世振爲之世振蘄州人始立十綱法以一綱行舊引九綱行新引鹽法大行然商人擡價楚鹽頗貴先是每包不過銀六七分貴不過八九分至是一錢二三分民頗以爲病

荆府食鹽自憲王初封給有鹽額照例三百引每引二百斤後嘉靖初荆端王以痼疾奏辭祿食鹽槩不支至萬曆三十二年荆王由樾疏請得如晉楚周鄭榮襄岷吉伊汝代趙瀋益諸府歲支食鹽三百引下部議至四十三年復援例再請下部議戶部疏稱親王就國例給食鹽三百引每引二百斤雖係祖制然皆初封恩典非許後來陳乞故會典所載弘治十三年有王府奏討食鹽之禁然查萬曆二十二年秦王誼漶請增食鹽部科執會典力爭而竟邀恩旨予鹽三百引蓋秦得比晉在萬曆二十三年晉得比襄伊汝楚代潞在嘉靖十九年晉府初止給鹽一百引至嘉靖四十三年再請加增至三百引皆弘治以後恩例今荆藩合候命下臣部行該省布政司照榮襄等府專例給鹽三百引每引二百斤每歲赴司轉支于兩淮支給仍嚴禁關支員役毋得假借聲勢夾帶騷擾并咨都察院轉行兩淮巡鹽御史及劄兩淮運司一體遵照施行至國除并革

國朝食鹽仍照明例淮商領引掣運按地行銷納課相同

榷酤

明洪武二十四年蘄州酒醋課鈔一千四百二十七貫六百八十文

永樂十年酒醋課鈔同前 續文獻通考

征商務稅

明洪武二年設蘄州府稅課司大使一員收商課門攤雜稅蘄州知府左安善建署二十四年蘄州商稅課鈔一萬五千八百二貫三百七文門攤課鈔一千四十三貫二百四十四文

永樂十年蘄州商稅課鈔二萬六千八百五十六貫四

晉文門攤課鈔亦一萬六千八百五十六貫四百文正
統九年蘄州稅課司局入荆王府
天順元年各處稅課司該辦課程照永樂年間舊額課
鈔不及萬貫者罷歸有司蘄州稅課司屬荆王府如故
成化元年令各處商稅等課俱錢鈔中半兼收每鈔一
貫折收銅錢四文六年又令每鈔一貫折收銅錢二文
隨又令商稅課照舊收鈔蘄州稅課司屬荆王府納鈔
如故
弘治六年蘄州稅課司課鈔仍隸本州奏准罷司局知

州帶辦
嘉靖元年蘄州商稅課鈔一萬七千六十二貫知州帶
辦如故
萬曆中蘄州商稅課舖戶出辦門攤鈔銀一十九兩一
錢五分不加閏存留支用班匠起運南京銀一百三十
三兩二錢以上載賦役全書
國朝照明例稅課相同

榷茶

唐淮南道蘄州蘄春郡歲貢茶一統志蘄州茶山出茶
在蘄水縣北
宋太祖乾德二年八月始令京師及江陵府眞州海州
漢陽軍無爲軍蘄州置六務詔民茶折稅外悉官買敢
藏匿不送官及私販鬻者沒入之論罪主吏私以官茶
貿易及一貫五百并持仗販易者皆死時東南六路阻
淅歸職方餘尚未平故禁南商不令擅有中州之利置
務場以買之自江以北皆爲禁地蘄州之蘄口務額錢
三十五萬九千八百三十九貫八百一十四文買茶場
十三蘄州四場曰王祺場石橋場洗馬場黃梅場山場

之制園戶歲課作茶輸其租餘悉官市之其售于官者
皆先受錢而入茶謂之本錢百姓歲稅願折茶者謂
之折稅其鬻皆在本場諸州所買茶折稅受租同山場
悉送六榷務鬻之務各有所受蘄口務受興國軍進寶
雙勝寶山西府四種片茶潭州獨行靈草綠芽片金金
茗五種片茶共五十萬斤其王祺場額買茶一十八萬
二千二百二十七斤賣錢一千九百五十三貫九百二
十二文石橋場買茶五十萬斤賣錢三萬二千八十貫
洗馬場買茶四十萬斤賣錢二萬六千三百六十貫黃

梅場後廢數未詳

太宗太平興國二年更定法務從官茶販鬻錢三貫以上黥面送闕下茶園戶輒毀敗其叢樹者計所出茶論如法

眞宗景德二年廢蘄州之黄梅場

天禧中詔商人有入錢八萬于京師者給海州荊南茶七萬有奇者給蘄口漢陽十三場茶皆直十萬所以饒裕商人 [illegible]

仁宗天聖元年呂夷簡等考定茶法罷官給本錢使商

人與園戶自相交易一切定爲中估而官收其息園戶過期而輸不足者計所負數如商人入息舊例輸茶百斤外多二三十斤各耗茶者罷之六務近地便于商人增海州荊南爲八萬六千增眞州漢陽蘄州之蘄口爲八萬

徽宗崇寧元年右僕射蔡京請罷榷還商四十餘年利源盡失江淮等七路所產宜仍舊禁榷詔從之定諸路措置茶事官置司其置場所在蘄州即其州及蘄水縣諸州如之制置節目不可毛舉

四年蔡京又議更革蘄州及各處官置場悉罷令商旅請長短引自買于園戶長引往他路限一年短引止本路限一季茶貯以籠篰官爲抽盤法益密刻

明洪武二十四年蘄州茶課鈔二十二貫八百七十[illegible]文

永樂十年蘄州茶課鈔四十六貫九百一十五文 以上續文獻通考

以後舊志不載無可記述

蘆課

按蘆洲乃江中水湧積沙所成此崩彼長變易不常止生蘆葦其課甚輕小民便于輸納向係本州工房彙收解江南工部作修理工料支用舊志隸州治者載有鴻宿洲後崩卸而續報有李家洲對磯州明季兵燹之後其名曰課程册籍已不復存

本朝順治七年州衛互爭州具文申請工部老册而始得稽時清數矣長江上下諸洲止有蘆課原無正米獨二洲既載正米又納蘆課康熙二年奉文丈量其課銀每年仍解江南省蘆政分司彙解奉

以剔欺隱而省䝉衆推奉行安靜罔事紛紜而民間漸
無煩苦矣特增入新志以備稽考云爾
明李家洲一十五頃六十二畝一分二厘五毫　正米
二十五石一升　蘆課銀六兩六錢
國朝丁口頃數正米相同　外新加蘆課一十七兩七錢
明對磯洲正洲一十一頃二畝四分職正米一十七石
六斗六升　邊洲七頃三十六畝八分七厘正米一十
一石七斗九升　蘆課六兩九錢
國朝丁口頃數正米相同　外新加蘆課四兩

蘄州志卷之四

建置

環數百里之地而爲郡固必有建置若公署之聽政綽
楔之樹名示勸市肆懋遷鎮敝墟落橋梁以濟涉禪林
祠觀以祝壽皆王政之所不能無者非務壯觀以勞民
糜費而已也志建置

建置總論

盧紘曰天地定位山澤通氣凡美利所鍾皆因乎其自
然者然而裁成輔相之道王者未嘗廢焉所謂以人事
之有餘補天地之不足則建置所關誠匪細也凡一郡
之中有廳事以肅觀瞻衙署以别僚屬郵館以寓賓客
衢道以通往來橋梁以濟利涉城堡以繕隄防渠堰以
備瀦洩祠廟以資福祐勝蹟以誌古遺或缺者修之隳
者舉之隨時興作要皆王政攸關無之可緩者或者不
察疑一方之志合之卽成一代之史如是纖悉畢紀將
極汗牛充棟不可[illegible]窮不知域中之有九州九州之有
郡邑郡邑之有里黨譬諸人身毫髮毛孔皆形所必具
而氣所必周一有未備卽不得稱爲全人故王者分土

以建官建官以修政所謂集徵成鉅由近暨遠四海雖大披圖覽籍可不越几席而周知惡可厭其煩細闕畧弗紀使異時考古之儒茫然失據致疑汲塚之文尚有脫簡周官之載未爲完書則修明典故責固不重歟

州治　麒麟山左北齊爲羅州後周改爲蘄州宋嘉定辛巳金人犯境城陷宋景定四年元兵壓境安撫使王鎰遷建今治元末復燬于兵明洪武二年知府左安善因舊建府洪武九年改爲州嗣是銓部定制知州一員同知一員通判一員吏目一員正統二年知州王坦景太二年知州陳範成化六年知州莊㦸于州治衙宇代相修建成化十二年知州王宜重建去位荆王拱殷弘治十一年判官張弘宜復建正廳堂幕各三間東西六司房各五間承發司一間架閣庫十間儀門五間譙樓五間土地堂一間官衙各一所吏舍二十間狴獄之連左列申明亭右列旌善亭洪武十六年知州孔思森省令十鄉依式建立旌善亭一十座一在黃土嶺一在渴戶一在彭師橋一在馬下山一在黃城河一在水車坂一在同車灣一在宗渡河一在掘斷山治後大觀亭三間嘉靖壬子歲知州崔一濂重建有詩見藝文集中崇禎十六年爲獻寇焚燬未及修復

國朝歷任守佐暫住別署順治十八年州守王公仍于舊基鋭圖鼎建廳堂衙舍煥然一新規模重覩矣詳載碑記

儒學　州治左麒麟山之陽宋乾道八年建安李宗思爲教授北海通守王公領州符爾盡其職作人有功朱晦翁爲記嘉定十四年辛巳金人犯境學燬景定四年癸亥元兵入境安撫使王益弁州治遷建于此後復燬至明洪武二年知府左安善仍于舊址創建府學洪武九年改爲州嗣是銓部定制學正一員訓導三員正統九年知州王坦修建天順二年知州趙應隆重建修撰高安爲記成化八年知州莊㦸重建明倫堂樂育堂號房榜成化二十年知州周廣榮市學傍袁旻住基以廣學地弘治五年知府楊淮遵刑部侍郎戴珊議處公美銀五百五十兩米二百餘石市學傍民地毀二郎廟建大成殿五間櫺星門五間東西廊各九間戟門三間采芹亭一座廚庫各一間明倫堂五間樂育堂三間東西齋各六間麗澤堂五間觀德亭一座號房二十四間射圃一所崇賢祠一間衙屋各一所四節祠三間鐘樓各一列于左右戴珊爲記計地至長二十五丈闊一十七丈祭器籩豆二百一十有四銅爵盞一百五十有六錫爐瓶十有九錫觶錫盞有四琴板有三祠堂鐵爐有一錫梔子瓶有二錫瓶有一錫酒尊有五帛匣有九大小卓十有八布侯架一豐福乏各一嘉靖即位建敬一箴碑石于明倫堂左箴著國史不備書學左列啓聖祠一所門一座名宦鄉賢祠附于右嘉靖壬子兵備翁公學淵議修核本州學宫舊制頗稱嶽然崇禎癸未燬于獻逆一切文籍舊章祭器樂器蕩然無存

國朝順治二年以後歷任道憲郡守庠師倡率紳衿次第修建殿廡齋廊漸復舊觀矣詳載碑記

衛治　原在州麒麟山之陽始于元末癸卯明太祖討平僞漢陳友諒明年甲辰遣指揮趙應清千戶許勝來遣率其部伍守禦蘄州戊申建元洪武二年己酉詔置一所守禦武昌以許勝軍卒立爲蘄州守禦千戶所創建衛門修築城堡周圍九里三十三步一千一百三十丈八尺其池東南北一十七丈八尺西則臨江矣窩鋪三十所敵樓三座城垛三千一百六十五箇城上串樓九百九十間洪武十一年八月指揮朱德等築鳳凰操軍四千戶所至蘄改守禦所爲衛撤其廳事與倶增建中前後左右五所旗纛廟一所正統八年衛基遷爲府基移建本衛于軍儲倉基即今治也成化七年指揮李廣胡宣修成化二十三年指揮李泰田顧重建久罹回祿僅存荒址嘉靖壬子歲兵備翁公學淵相宜度前議建至崇禎癸未燬于獻逆

國朝仍存衛制而官改守千迄今晉二十餘年類居外署舊址鞠育未云興復也

防道憲署蘄濵大江首尾淮楚寔為東南孔道嘉靖丙申戊戌間巡撫翟公瓚陸公杰並奏分設下江防道爰始有專官領璽書駐鎮乃剏建憲署焉房墻一座大門三間扁江道儀門三間扁憲左右廂房六間正廳三間吏書房三間過廳一間後廳五間廚房六間後衙五間㵎張赴知左書房三間兵備劉公光建茶房二間觀射亭一間兵備卜公大同建土地祠三間抄案房三間門外廊房東西共九間題名記石碑一座測晷報臺二座石坊二座左瀾黃鵠匾雕以上皆兵備翁恣學淵建　舊志

按道署自初建以來未之有改崇禎癸未燬于獻逆比即草剏興復至國朝歷任增修而規模益廓矣今道且議裁而署殊蕪廢因備記由來以存剏始興復之功也

布政司公署在州之西南正統十三年遷于治之東南知州姜浩建正廳後堂儀門外門廚廊各三間歲久頹敝嘉靖辛亥歲兵備翁公學淵重修今廢

按察司公署原在州西舊蘄春縣治正統八年遷于舊城城隍廟左長史司前正統十四年遷于州之東南知州姜浩建廳事同前歲久頹敝嘉靖辛亥兵備翁公學淵修今廢

清軍廳在朝陽門外東嶽廟之右養濟院之左正統間州官張弘宜以價易民陳滄地建立遺址尚存

府館在分司之右成化十三年知州王宜建廳事稍同二司今廢

陰陽學舊在州西洪武十年知州孔思森建正德十一年知州李純重建于府館西南內學舍在焉額設典術一員

醫學設同前共址並陰陽學有窮民藥局在焉額設典科一員二學址連右對深入六丈五尺橫四丈五尺前隙地一方界築左直入六丈六尺右直入五丈五尺前橫計九丈後橫計五丈六尺

稅課局在州治西門外原為稅課司洪武二年知府左安善建洪武九年屬州為府[illegible]屬[illegible]府弘治六年仍隸本州廳屋三間廊房三間[illegible]一間[illegible]座

一所當道議罷止存道址舊設大使一員

夫州學司衙廨館醫局乃建[illegible]大者故首及之　舊志

按分憲各署舊志雖存其名而當未經寇燬時其蹟已蕩然無可復尋矣今仍未敢芟佚俾後圖興復者猶可循名而問蹟也

國朝順治二年於本州專設參府一員衙門未有建立歷韓賀馬三公皆僦居西門內民舍尚無定址其斧兵營房亦就附近小民廢基安插莫可紀焉

自是而以方隅紀之二十有三曰**嘉會**、**平政**二坊在文明儒學青前**晏寅賓**二坊在州治東**懷德**、**豐樂**、**通義**、**威振**、**鳧知**、**武定**六坊俱在州治西**仁和**分司前**金沙**州南**鳳山**文明門內左為白市坊**拱辰**州北**兌澤**澄清門內**和樂**武襄門內**清江**觀瀾門外**平津**澄清門**全勝**城東北**雄邊**賓陽門**雄江**法勝寺前**迎恩**遞運所前

以街衢紀之有四曰**麻石**州之西**滑石**州之南**十字**亦州之南**丁字**州之北

由是而以新舊坊牌紀之三十有八曰**忠孝**、曰**賢良**在荊府前因端王辭祿欽賜石坊二座褒之曰**解元**在儒學左為永[illegible]五年解元程熾成化二十二年解元華巒嘉靖四年解元陳吉言立**進士**坊有四一在澄清門外為天順元年知府王翰一在儒學右為成化二十三年進士華巒壽儒一在賓陽門內為天順元年劉登一在州西為成化十一年進士華仲賢立**經元**在武襄門外為正統三年經元宋誠立**登科**坊有二一在武襄門外為正統九年舉人陳泰一在聚奎門外為成化四年舉人井瑩立**俊士**在文明門外為景泰元年舉人張禧立**擢秀**在武襄門外為景泰元年舉人汪林立石柱扁尚存**鵬程萬里**在文明門外為景泰七年舉人胡辯立**飛**

黄在州西為天順六年舉人華仲賢立文奎在聚奎門外為成化元年舉人佘蘭立登第在武襄門外為成化元年舉人易濂立舉龍在澄清門內為成化四年舉人何珍立亞元在澄清門內為成化十年亞元田鵬立三桂在州南為成化十九年進士壽儒華巒立登雲在州南為成化二十二年舉人井澤立都憲在州前為御史熊翼立晝錦在武襄門外為知府宋龍立地官在澄清門外為郎中王翰立方伯太史在州西為布政仲賢編修華巒立□□在政分司前澄清在按察分司前宣化州前泮宮學前宣威在衛左振武在衛右

已上僅存宣化擢秀二坊餘廢新建鞏握江漢巨防三吾坊在聚奎門內嘉靖庚戌兵備分公學淵鼎建桂林秋色杏苑春光二水坊在儒學左右一知州張洗為鄉試舉人立一同知馬承學為會試進士立兵備十□大同扁

蘄州志　卷四　建置　六

湖東首郡在州前知州陳震為立文衡柱史在賓陽門外同知馬承學為提學御史馮天馭立大廷尉在東門外大街為大理寺少卿馮天馭立御史在東門外大街為御史封御史馮鵬五進士在武襄門內為知州鄭守正立臺憲在東門外大街為御史穆問立參綸嘉靖壬子巡按御史胡公宗憲為御史頓問立舊四牌樓前司寇坊後少卿坊左都憲右廷尉坊在賓陽門外熊商爵為尚書馮天馭立後孫諸生馮一鳳等重修改尚書都憲世家百歲坊侍郎坊文衡柱史俱為馮天馭立新四牌樓前□右□在文明門內十字街為參將李同春李孟春侍郎李盛春參政李際春兄泉立□堂青鎖在賓陽門內為庶吉士都給事李盛春立兄弟聯芳在賓陽門內為李孟春李盛春李際春立三桂坊在州治前為知府周新郎中周祚御史周禧立三翰林在聚奎門內為

提學御史周禧立執法清朝奕世承恩在拱辰門外為御史李載陽立□□在州城內為御史唐一鵬立龍章申錫中都鎖鑰在澄清門內為參議劉如寵立兩試掄魁在熊畫爵為方伯張邦翼立欽旌完節坊在文明門內鳳山為御史王珙祖母龍氏貞節立靖朝執法坊在文明門內鳳山為御史王珙立父子侍御在文明門內□道前為御史饒京立六朝文獻兩鎮干城在賓陽門外玄妙觀前為同知李建中副使李樹初立

以倉備賑之有四曰便民在北門外壇左其地屬版帳民地明成化間撥入府張誠市糴納租貸屯糧歲備漕運正德間參議舉人李村嘉靖元年知州魏修判官李昭募里糾出其漏當于村齋稅仍分布里納益其規畫因昭始廟修其則具云南糧扎餉皆備于此街口有木坊存內倉廳三間後廳三間大門一間數六座廣儲在州治中今在兵備道後明洪武二年知府左安普創建成化七年知州黃緒同知胡仁廣修葺倉廳三間門三門神主三間廒九座五十四間官帑之需備于此本倉額穀倉大使一員副使一員真西山有記後祭嘉靖壬寅黃州節推奎公來參奏大巡史檄措建屬御史馮天馭為記見藝文預備明洪武二十三年知州楊珙遵奉戶部差本州隨勒老人嚴選等賚到坊文本建倉場四處東在大同下鄉磨石嶺西在永福下鄉火爐鋪南在安下鄉調中仍避漸字四號勘合於原在府運鈔人員領鈔萬二千七百錠內止將七百六十六錠數鈔計該三十貫各頭雜谷四倉各有不數狀

蘄州志　卷四　建置　七

有條理嗣後管收者相繼淪歿倉厫亦就傾圮矣以便民倉厫貯發民不稱便嘉靖六年知州李材呈議臺省許創廣儲倉隙地建立倉厫三座倉廳門屋各三間今在觀瀾門內知州陳震弼新置倉基厫屋益爲賑濟設也夫坊牌倉儲乃建置之翼輔故又次及之

又由是而爲州牧之首務以恤孤則有養濟院舊在文明門外明洪武二年知府左安善立成化間知州莊徹遷建于東嶽廟右男女各有居廬每年塑春牛芒神于此

以淑學則有社學明成化間知州王宜奉督學薛綱明文市地學址有三一在府館西南今改爲陰醫學一在丁家坡西今廢一在鄢家坡門廳三間今存

以禮行旅則設有遞運所在法勝寺右沿江遞恩坊額設大使一員明洪武五年知府徐麟創建洪武九年屬州廳三間門三間左右廊二連衙屋一所嘉靖戊戌知州張洗重修額設馬船九隻每馬

船一隻該水夫三十名紅船四十一隻每紅船一隻水夫一十五名蘄陽水驛在大西門外臨江明洪武二年知府左安善創建洪武九年屬州額設驛一員驛廳五間官房六間樵樓三間厨屋一所驛前坊扁站船十隻夫一百名鋪陳十副西河馬驛去州五十里二年知州孔思森創額設驛丞一員驛廳屋三間門三間廊六間馬廳一十二間久頹明嘉靖壬子兵備翁公學淵議修走遞馬本州糧僉七匹鋪陳七副蘄水糧僉馬六匹鋪陳六副浙江溫州府瑞安縣永充馬六匹鋪陳

以防衛則有巡司曰芧山去州六十里明洪武二年知府左安善創建洪武九年屬州額設巡檢一員司廳三間譙樓一座衙屋一所方兵原額永充五十三名近多逃亡止存一十六名編充一百名今革五十名止存五十名內省存二名哨船三隻下有九里十三磯其可紀者曰新生磯能磯螃蟹越石南土水灣鯵魚進士高鵬世封祖塋在焉自正統三年基始祖仲祥墾田供稅迄今七世大同在州治北二百

里正統五年知州王坦奏立添設巡檢一員廳屋三間廊房三間樵樓一座門三間衙屋一所方兵原額永充六名編充五十名內省存二名其鎮地險人悍今漸改化

以演武則有大教場其址見在兎角與滸家團村深長一百三十二丈橫濶七十二丈周圍三百一十二丈東至陽林湖爲界南至馬家田埂爲界西至馮家堅爲界北至官街爲界久頹明嘉靖辛亥兵備翁公學淵增建將臺廳事武具等事共舊三處見古蹟小教場在南橫廟外江壘上不鼓寺前設在廳事三間州士人時習射于此

以水利則有河泊所赤東湖河泊所明洪武元年知府左安善建洪武九年屬州額設大使一員後屬荆府弘治六年仍隸本州州廳事三間門房一間衙屋一所

以容民畜衆則有郭市壩鎮有十曰馬口廟鄰在州治西南濒陸

巷郭州治西北羊子壩郭州南濱江三里岡郭州治東北洄口市舊稱青書谿誤矣去州四十里西河市見驛茅山鎮大同鎮俱見巡司壩曰兎在州治東舊爲白馬渡後築爲壩弘治間知州陳霖始爲埂築居民得以構居于此雞門在州東今廢捐貲增砌南門壩通河街羊子壩并迎山爲口郭鄉菩提壩距州三十里通驛濟古蹟僧圓晃募修

以設險守國則有橋梁津渡十有六橋曰滑石州五年安撫使王益造吳公橋在州大西門外大明橋在赤東湖近湖嘉靖丁酉歲衆鄉人捐貲建下甃以石串三十口圮然百世之利排埠在赤東湖中明嘉靖丁酉亦新造橫車橋在州北西河驛官路以水爲之吏謂金人犯境知州李誠之迎擊遇下橫車大敗之芭茅橋在州北芭茅南鋪官路以水爲之新興州北四里轉運橋在北七十里明景泰五年造駱駝橋在崇居鄉去州二百里

則弘治元年衛台唐仁造中心橋在湯徧洲明嘉靖十七年壽官鍾惠造渡曰西河詳見

衵口見山川近議于此水次交覺軍餉乾明渡在州西一里黃顙渡在州南十里通興國州

白馬渡在州東今龙脣嘴即是歐家渡在青山鄉渡邊有石鐫雲路二大字清勁可愛大院

社驛遞郭市橋梁乃建置之提綱故又以七而及之

由近而及遠有郵舍為十有一曰州前總舖湖東門郡坊左坊布坐南向北廳二間廂房六間門屋三間原無郵亭永充舖兵三名徭編舖兵八名兩路東去州十里在大泉山坐北向南正廳三間郵亭一座廂房六間門一間徭編舖兵八名石家在[illegible]向南樹鄉亭廳廂永充舖兵一名徭編舖兵七名菩提在菩提壩坐亦同前徭編舖兵八名茶亭廳廂高山在高山里俱同前永充舖兵一名徭編舖兵七名十里在永豐里廳事舖兵同高山三家土在

名黎企里制同前徭編舖兵八名西河在西河驛制同前永充舖兵三名徭編舖兵五名火爐在火爐山制同前徭編舖兵八名橫車在孫家嘴制同前徭編舖兵八名女兒街在靈鳳山制同前永充舖兵二名徭編舖兵六名[illegible]宦

有廂鄉為十有三曰一坊州南一里二坊州東三里一廂州北二里曰安平上鄉東三十里下鄉東北[illegible]永福上下俱在州北[illegible]十里[illegible]青[illegible]上鄉州北一[illegible]下鄉州北八十里大同上鄉州北二百里下鄉州東一百八十里崇居上鄉州東一百五十里下鄉東一百三十里夫郵舍以宣王命廂鄉以聯版籍乃建置之統會故又以次而詳及之自茲以上皆治民要務也以上俱舊志

城池

求偽既辨衢道斯通則設險守國王公固首重之易曰地險山川丘陵也山川丘陵未可盡恃而城池立焉於是乎有金湯之說然守得其人則城若增而高池若增而深不然不絜罋而潰木罌而涉矣若夫嚴復隍之訓重穿石之防則有司存蘄州舊城即羅州城宋嘉定十[illegible]金人犯境知州李誠之力戰不支城陷死之元世祖至元統四年癸亥即宋理宗景定四年元兵據[illegible]西南雲山設砲臨城守者懼夜率其民保鴻宿洲安撫使王[illegible]遷城麒麟山今因之西濱大江東南北皆江水[illegible]為湖

為壕不煩疏鑿而其險可據孝恭皇帝德祐元年乙亥元兵復從襄陽乘勝東下黃州知州[illegible]以元兵[illegible]蘄守管景模以城降元至正辛卯紅巾[illegible]偽亂徐壽輝僭號據之偽相陳友諒弑壽輝復自僭據是為偽漢癸卯七月明太祖鄱陽之捷友諒敗死十[illegible]武昌甲辰諒子理銜璧出降尋遣指揮趙庸[illegible]許勝陳漚二所官軍至蘄守禦洪武癸酉許勝始因舊址修砌永樂六年指揮胡善增築腰墻垛口天順成化正德間指揮李廣胡宣李泰田禎王欽舒泰嘉靖[illegible]指揮

李緒田于公蕃欽陳奇策王天相代相修砌其城周遭
九里三十三步一千一百三十丈高一丈八尺其池東
南北闊一十七丈八尺西即大江爲門凡六東曰賓暘
門西曰澄清門西之右曰觀瀾門西之左曰聚奎門正
南曰文明門正北曰武襄門後改拱辰門各有樓周遭
窩鋪三十所雉堞三千一百六十五舊有敵樓三座串
樓九百九十間後廢江防道新翙兵備僉事劉公光文
公大同翁公學淵相繼巡視增修始有專責矣舊志
犄乾關在東關外尾屑壩雨湖沿市湖相通烟光樓關在南關外前江後湖路最險要第

一關在北關外象馬厰前江後湖龍磯門在水西門城外鳳山門在乾明磯前襟
江門在南門內帶湖門在東南二關廂閘臨濠上以上乃關險最要明末
流寇猖獗知州唐世照從士民議掘池築險稍賴以安
厥後人心日玩內變潛生毛楊交爭鎮篡通寇雖有柔
壍棄而不守室廬灰燼民命傷殘至今念之猶爲欷歔
古云地利不如人和亶其然矣

陂塘

易曰重門擊柝以待暴客蓋取諸豫此封疆域民而尤慎
防衛者甚遠大慮也不然何孟門成皐白馬蜚狐之屬
惓惓置辨士矛頰間哉蘄瀕大江而其恃則不專于此
若池隍關隘之屬諸可爲捍蔽助者將平易玩世久易
湮申畫慎固知衣袽之戒者城池而外數百里之間凡
利可資而險可藉皆所當留意者也故次第及之有曰
蓮花池又名黄家塘在州治東北五里許周圍山下水流五六里注田一項四十畝許家塘
在安平上鄉一圖教場口北水流二三里注田九十五畝馬家塘在安平上鄉十一圖尾屑壩水流一二
里注田八十七畝石家塘在安平上鄉一圖二鋪西水流三四里注田一項三十畝唐家塘
在州治北七十里許鈥嘴山下水流六七里注田一項八十畝陳興堰在安平上鄉五圖高畈東水一
大灣注田一項八十畝盧家塘在安平上鄉五圖定馬嶺下水自流四五里注田[illegible]頃四十畝[illegible]

家堰在安平上鄉五圖蘇家畈水一大灣注田一項七十畝藕塘在鎖口山水流八九里注田二
項九十畝徐河堰在高家畈水流三四里注田一項一十畝白陂塘在安平下鄉白陂山下水
流三四里注田二項十畝泉塘在黄土山下水流四五里注田一項八十畝胡家塘在長嶺山
下水流三四里注田一項一十畝破塘在安平下鄉廖家山下水流一四五里注田一項八十畝
岳塘在西河驛水流七八里注田二項三十畝陂堰在史河口畈大灣注田二頃
八十畝余家塘在爵口陂水注田二頃三一七里一畝董家塘在靈虬山下流四
里注田一項十一畝箭陂塘在何火爐舖水流六七里注田二項一十畝鴛鴦塘在永福上鄉馬
驛山前水流七八里注田二項三十畝楊家塘在永福下鄉烏石山畈水流四五里注田一項六十
畝張輝堰在楊樹背畈水一大灣注田二項三十畝高秋堰在烏石山下畈水一大灣

汪田三頃餘　二聖塘在青山上鄉三圖花園嘴水流五七里許汪田一頃八十畝　聶家塘在劉公河水流二三里汪田一頃一十畝　長港堰在青山下鄉黃城河畈水一大灣汪田二頃七八十畝　肖落長堰在青山鄉黃城河水一灣汪田二頃七八十畝　藕塘在關口河水流七八里汪田二頃三十畝　石郎堰在大同鄉三圖馬家畈水一大灣汪田二頃七八十畝　袁家塘在安平上鄉四圖高廟山下水流二三里汪田九十餘畝　胡家塘在山口冲下水流四里汪田八九十畝

○以上俱載舊志

祀典

按祭法所當祀者凡數等要之皆有理于國家有關于風教否則濫且瀆矣鵾鵠之失可徵也祀之且不可况可書之以助之妄邪志祀典舊志

文廟在州治左制見建置祀

至聖先師孔子歷代累加封號塑像冕旒王爵樂用八佾明嘉靖辛卯釐正今稱毀像設木主止用六佾四配十哲稱先賢以顏回升四配顓孫師補十哲兩廡稱先賢先儒著爲令典每歲春秋二仲月上丁有司先日按簿正導迎祭率儒僚整肅諸生習儀于明倫堂齋宿致祭明末癸未廟燬於兵燹復建

國朝祀典仍舊

東廡先賢澹臺滅明至公羊高三十三位先儒伏勝董仲舒毛萇杜子春韓愈歐陽修周惇頤張載程頤胡安國張栻陸九淵真德秀薛瑄胡居仁十五位共四十八位

西廡先賢宓不齊至穀梁赤三十三位先儒高堂生孔安國后蒼王通胡瑗邵雍司馬光程顥楊時朱熹呂祖謙蔡沈許衡陳獻章王守仁十五位共四十八位

一祭器

爵三　登一　鉶一　簠一　簋二
籩八　豆八　以上先師

爵三　登一　鉶一　簠一　簋一
籩六　豆六　以上四配

爵一　鉶一　簠一　簋一　籩四
豆兩　以上十哲

爵四　簠一　簋一　籩四　豆四　以上
廡每廡四壇

一祭品

幣一　羊一　豕一　簠簋籩豆如前
先師

幣一　羊一　豕一　以上四配

幣一　羊一　豕一　豨鱐棋醯子二　幣二　羊进

一樂舞

麾一　柷一　敔一　琴六　瑟二

鐘磬各十六　塤二　篪二　簫四

鳳簫四　笙六　笛四　搏拊　鼓　應鼓各二

樂舞生十六人　大佾　工歌六人　旌二

籥翟各三十六

一樂章奠帛初獻俱奏寧和　迎神奏咸和　亞獻奏文和　終獻奏景和　撤饌奏咸和　詳載會典

啓聖祠在廟左門一座堂三間祀啓聖公叔梁紇以顏路曾點孔鯉孟孫氏程珦朱松蔡元定七賢附之先師則先期行事祭品視十哲其祭之日同前祭之禮羊一豕一菓醢各五香帛各一欽定祝文曰惟公誕生至聖爲萬世王者之師功德顯著古今莫及茲因仲春秋用祭告以先賢顏氏先賢曾氏先賢孔氏先賢孫氏配尚饗部

壇周輔成從祀

名宦祠在儒學左祀唐韓思彥員半千呂元膺凡三人宋呂誨范純仁王禹偁林大平張商英梅執禮李宥虞策韓世清施溫舒簫服劉光世李宗思羅禎王玠李誠之秦鉅趙汝標衛時鳳阮希甫嚴剛忠杜諤林傑葉適余童王益恭希甫王彥明丘岳凡廿八人元趙貴翁李榮祖狄思聖趙昭武凡四人明左安

思森楊琪李士安王坦金銑莊懋何綸葉桂芳李時[illegible]敬張弘宜董佐林宗凡十五人新增此舊志所載自明嘉靖後及

國朝又增祀夏元吉翁學淵侯尭封韓孫愛吳國仕王世德徐希明錢兆元

鄉賢祠在儒學右祀宋吳瑛明康茂才陳尭章趙霖[illegible]大中劉樽以上名宦鄉賢二祠俱于春秋二仲丁祭後四日各用羊一豕一菓蔬各十酒如其神之數俱載舊志　嘉靖後及

國朝又增祀馮翺馮鵬張思齊高鵬李朴馮天馭李儒顯問李啓昭周禧李時珍梁佳邵思學李同春李盛春李建中李正春李際春徐之徠張星李楷李樸李建木[illegible]鎮華王之佐李新夏忠董一化李樹初盧如男宋誠顧闕張邦翼李梴汪宗文晏攄忠郭承恩

附生員孫仍李化龍

續入王臣紀毓京

四節祠舊爲褒忠廟在舊治宋寧宗嘉定十四年辛巳金人犯境知州李誠之通判秦鉅力戰不支死之事聞明年壬午封誠之正節侯封鉅義烈侯立廟祀之賜褒忠額明弘治五年知州楊淮建祠學宮扁曰四節十七年知州陳霽移置泮宮坊久廢嘉靖壬子兵備翁公學淵重建春秋有司同前日具羊一豕一果醢各五香燭酒帛各如其神之數

國朝祀典仍舊

崇賢祠在儒學西明弘治中僉事[illegible]賓建祠前學正莆田林宗今燬重建

附尊經閣藏書紀目

舊藏書顧氏所置癸未寇燬無存今有新置

十三經　十七史　孔子家語　資治通鑑　左傳國語　五經大全　四書大全　性理大全　[illegible]騷經　山海經　水經註　八大家文集　歷朝詩　陶淵明詩集　李杜全集　陸宣公奏議　朱子綱目　宋子家禮　文獻通考　洪武正韻　一統志　大學衍義　唐荆川經世八編　王弇洲四大部稿　弇洲史料　鹽政通考　世法錄　潛確類書　湖廣總志　黄州府志　蘄州志　本草綱目　醫學證治準繩　淳化帖　董其昌書種堂帖　以上諸書鄉宦盧紘捐貲

城隍廟原在麒麟山西南府長史司前明洪武二年知府徐麟建成化間遷麒麟山之東按各處舊[illegible]封號悉釐正止稱城隍之神惟蘄仍封威靈公舊爲蘄春府故封公見存洪武二年以制詔致諸郡乘歲無[illegible]祀但以春秋二仲月附祭于風雲雷雨山川壇毋庸祭則主之羊一豕一香帛菓醴各一明末寇亂廟未全燬隨修復

國朝祀典仍舊

社稷壇在北門外一里許明洪武四年知府徐麟建壇武十五年知府孔思森復如制重建正統十年荆憲王遷國主祭弘治十年荆和王[illegible]嘉靖十年康王鼇舊址而丕新之其制東社西稷壇三成土壝

上一層方五丈二層方五丈有三尺高五尺四出五色土隨方築之先是社主用石高五尺瘞二尺立于社稷上半埋土中近南向北稷不用主至是埋石主於社稷之中微露尖於外壝垣四面闢欞星門垣之色亦以四方色飾之臨祭時奉社稷神牌分列東西俱北向悉如制焉左齋居右官舍神廚楮庫周垣植檜陰森聳翠於是始稱崇祀之意矣明自封建以後春秋皆王主祭今國除仍屬有司祭祀與山川壇同

風雲雷雨山川壇在南門外更制如社稷壇壇皆三成址各方一丈六尺兩成三成各級[illegible]尺崇八寸壝二門風師爲一壇方二丈八尺高二尺五寸雨雷師同爲一壇高如風伯而方倍之齋廬皆同社稷

軍牙六纛廟有二一在荆府一在蘄州衛纛具五色每歲霜降視纛官率衆僚屬盛陳武庫所有車器杖導迎于治之內外祭用羊一豕一明末寇亂廟俱燬

郡厲壇在州北三里明洪武四年知府徐[illegible]十五年知州孔思森如制重建東西二丈[illegible]

三公祠在州城内明洪武三年知府徐璘[illegible]不可攷但祠中神主題云本郡土主中神[illegible]題爲提刑按察使何公左云安撫使吳公右云安撫使張公蓋古有惠澤及民者而民弄德之故立祠祀焉明末寇燬今未重建藥王廟在東門外原祀神農岐伯以下歷代醫仙後僧居之塑藥王藥上菩薩像祭未寇燬按蘄歷朝名醫輩出前有龐安道隨症紫方瓶有神劫後有李時珍著本艸綱目計四十卷有功萬世亦宜從祀於廟者俟廟重修當議增入鄉儺廟在州南二里玄天廟在州西順濟龍王廟在龍磯之巔石磴嵯峨立于水中相傳即吳許二君所誅大蛇于熙寧中王師南征載軍杖數十船泛江而南龍伏于中有風雲百里之狀有司以其事聞詔封爲順濟龍王遣太常寺卿致祭祠下今重修二郎廟在州治西永康導江縣高齊王次子即秦李冰也元豐時民立祠祀之灌口帝即位勅封靈思侯其廟有二一在巴河祖寺左明嘉靖戊戌年荊府鼎新建蓋一在大西門内嘉靖丙午年郡人募緣建明末寇亂未大燬里人隨募重修關公廟州治前明洪武二十二年指揮李軫立祀神關羽解梁人美鬚髯慷慨尚義好讀左氏春秋以亡命奔涿郡會先王起兵羽與張飛[illegible]之翼佐兩定巴蜀拜羽爲前將軍鎮荊州威鎮華夷世號虎臣蘄荊州城應得祀之明末寇燬今未重建蕭公廟州治西南濱江神本新淦人姓蕭名化軒殁于宋咸淳間爲神元時以其子祥叔合祀焉明初遣官諭祭于汰洋洲廟永樂中其孫天任卒屢著英異亦合祀之詔封水府靈通廣濟顯應陰祐侯今燬未重修晏公廟在乾明磯城[illegible]明洪武十九年民人胡恂[illegible]立後火嘉靖五年重建神[illegible]江鎮人名戍仔元初爲文錦局堂長因病歸發舟尸解人以爲神立廟祀之有靈顯于江湖之間事聞於朝封平浪侯嘉靖甲申運使陳大中以其址建爲禹王閣今存五顯廟有二一在崩岸頭一在州南四祖寺神有聰明正直德爲五顯先正吳兩崖稱之曰變化莫測克周無窮仝五常之德隋五顯之封劉三吳記神[illegible]祥自婺郡來所載唐貞觀初五人自天而下立于[illegible]四立祠

祀之荊府重修今存郎家坂戲廟州南一里明洪武[illegible]千戶人蔡與伍高俊蓄造明洪武二十四年千戶戴祥改建神高陽氏三子鄉市皆崇重之即古大儺爲民逐疫者廟今尚存三洞龍王廟在三角山宋慶曆間祈雨有應仁宗詔封上洞靈祐侯東洞顯應侯西洞靈應侯紹興間禱雨又有應俱進封爲王火星廟有三一在富順府傍一在聚奎門内一在旡府壩廟今燬未重建洪山廟在州北迎恩坊今燬芭茅山廟在鳳山之麓今存天王廟在熊畫嶺百神廟在芭茅山廟之城南鳳山之麓西門外白馬廟遺址在州治中大街石碑見存靖明廟在州東北高山元至正十五年民宋仕甫建今燬費聖龍君廟舊址蘄春縣今州治十里有行祠元蘄州路總管昭武[illegible]神姓費名光輝生于唐貞觀四年六月二日父元昇[illegible]耕母劉氏餉之時雷雨晦暝感龍而娠忽有僧付之藥曰服之三年當產屆期始誕甫七歲出就里師浴于澗水水溢逆流師異之夜窺其棲但見[illegible]龍蟠伏貞觀十七年七夕雲霧四合化爲黃龍而去蘄人立廟祀之旱祈輒應封爲德化侯文昌廟舊在文廟戟門之左明成化間提學副使薛綱撤其像以玄妙觀弘治五年知州揚淮毀其祠古柏二株尚存曾王廟州東今燬高山廟州東五里三官廟在州東今存唐王廟州東南今燬烈士廟龍眼磯傍王彥明守蘄元兵壓境拒戰糧盡舉家登大艦鑿而沒之郡人稱曰烈士王公之廟歲祀之明洪武初建景泰中重建後並以祀王玠題其額二烈士廟今存褒忠廟州內金人攻蘄宋守李誠之及通判秦鉅等力戰死之封正節侯鉅封義烈侯賜額今燬文昌閣在南關外江心新生磯先是明萬曆戊子年州守徐困往來船隻多壞築基建亭吳明卿先生題曰浮玉有詩載藝文集中後防道侯公克封韓公孫愛增築未成丙辰新安吳公國仕易建文昌閣飛棟凌虛八窓開朗遂稱勝槩又置田膳士歙[illegible]置波春秋祭祀計工費不貲州紳衿士庶亦[illegible]董成者州宦盧僭諸生孔庭訓盧如鼎[illegible]

自是州之文風亦爲大振繼後王公世德僞□公如檜購白石重建浮玉亭于關前士民不忘侯韓二公像於關聖祠後又專祀吳王李三公主於此功祠閣錄祠記俱大宗伯李公本寧作載藝文集中

關聖祠在南關外江崖上明萬曆庚戌年鼎建龍著靈異前祀關聖像後祀侯韓二公像癸未寇亂尚未大燬 國朝順治己丑年韓參戎修祀發潘沉香樓遺址爲建廟焉

水府廟在羊子塝即三閭祠相傳已久後明萬曆年間里中盧張諸大姓倡募重建癸未寇燬今議重建仍改三閭祠

報功祠在江崖關聖祠右爲防道吳公 國仕建

詠德祠在江崖關聖祠左爲州守仁和錢公兆元建

盧氏節烈祠在城内鳳山坊康熙六年紳衿具呈憲李公爲殉難盧如冑楊表三烈婦建祠象之捐貲建造

以禪林紀之，五十有七曰四祖正覺寺在鳳凰山隋大業間有道信者于此修行君吉州唐武德中返蘄州始開山爲寺后徙黄梅住破額山永徽初入寂賜號大醫禪師明洪武元年

僧正名鐸重建今僧正司在焉上有七葉寮右有藏經閣左鐘樓懸銅鐘清夜扣之聲聞數十里爲蘄陽一景

五祖真慧寺在州東唐貞觀間弘忍大師卓錫于此因寺址窄隘乃云斯地能□□十年僧却無十年根遂去馮茂山明洪武十五年僧□錫□統十年□□治營葺一新嘉靖四年永定王增建藏經樓□□靖丙午荆府撤而新之一名東山 國朝順治十五年僧海蓮募重修迎三峯法嗣佛幢師開堂接衆

□□寺原記順濟龍王宋熙寧間詔封之遣官致祭明□元年鹽商吳鋭捐貲重修嘉靖三十年知州崔□登覽題江亭水月扁僧人負惠守祀香火今皆□烈士廟事奉江防道翁憲使牌在焉蘄陽一景

石壺寺在羊子塝宋咸寧建明天順間僧人永啓行化□□阮佑重修至天啓三年寺漸圮僧人臺鑑募□李瓊岳鎮華諸生孔庭訓盧如鼎等重修鄉老施田永奉香火防憲李公州守錢公爲記並

法勝寺在蓮花池西岸明洪武間僧法崇開池揭名天順二年荆靖王樂其宏□

爲祝 聖道場仍請額得勅賜今名嘉靖□□僧承玉永諧重修併錄原領禮部乞恩劄付欽□□□以彰國典

鐵佛寺在北門内佛像皆鐵諺謂三鐵□□□有三也明洪武元年比丘永明叙嘉靖□□□其文府重修

乾明寺即觀音閣右有晏公廟在焉明□□□比丘知安遷建正統三年福慶重修嘉靖五年荆府撤而新之今存

昭化寺在州北三里始叙無傳今爲□廢子院明成化八年僧智□修今存

地藏寺州東十里舊唐上祖師道場

菩提寺在東三里□始無傳明正統□年僧智英重修成化五年僧惠錫重修

沙溼寺在州西北一十五里西□明景泰間僧明珍修

資教寺在三角山後梁化間慈應禪師叙宋□□□額龍門高宗加賜資教明洪武元年僧正東重建

廣教寺在州北五十里白雲山明洪武間僧□住修葺額敝正統間僧明鐸重建

天竺寺在州北一百三十里明洪武十三年僧邱信重修

福興庵在州北八十里明洪武三十年僧永錫重建

古佛寺州東北一百八十里久廢明洪武元年僧智誠建

三峯寺在州北二百里久廢亦僧智誠重建

二□寺在州北一百八十里久廢

金山寺在馬下山正西久廢明正德十年僧德堅修山主徐演遷去舊址一里建

高溪寺在州北一百二十里宋紹興間白崖禪師建

□慧寺舊名清溪在州東一百八十里宋紹興間僧紹慶叙明洪武二年僧道真修弘治間奉勅改置

□金寺在州北唐貞觀間馬祖師建明洪武三十年僧盛力修

大泉寺在州東十里山阿下有大泉僧儆泉爲厨凡爨汲木引水任意入釜不勞轆轤之力歎天授福泉也

松山寺在州北一百十里碧雲峯明永樂間龍虎慈禪師卓錫于此

靈虬寺在州北七十里山勢蜿蜒突曲一峯如虬蟠處因名焉明正統間僧福興重修

靈泉寺在州東八十里明景泰元年僧智寶重修

圓峯寺在州西三里八峭麗圓如覆釜夜有天燈碑記可攷

龍峯寺在州西北十里

長流寺□西三十里□水流不涸

以名焉明正統閒僧清名重修漁田寺在永福鄉西湖邑延湖可瀕近山可田故名有賈島祠刻僧如
松世守龍窟寺在永福上鄉高家冲原有石井相傳有龍見宋徽宗宣和初門鄉氏董一
山寺在州北明宣德元年僧本然緻天順年間僧圓通有偈寶林寺在州北一百五十里唐貞
觀建明洪武二年僧無塵重建龍潭寺在州北一百二十里唐貞觀間理公禪師建兵燹廢東一禪尚
存科亭寺去州一百二十里唐貞觀慈𢚉禪師建兵燹廢明洪武二十八年僧守性重建磐石
寺州東一百八十里唐貞觀間張令一禪師建兵燹廢併四祖寺僧智敵復立□泉寺在州東
十里紫金寺州北二百里兵燹廢明洪武元年毀併四祖寺僧如霽復立成真寺在州北二
百五十里唐貞觀建明前雄江寺舊在北門雄江坊久崩于江金峩寺在州北百二十里
明洪武元年建永福寺去州北三十里依雲峯山久廢明三洪武間黃梅四祖寺僧祖目復建

資教寺在州北一百二十里唐貞觀元年伏虎禪師後被兵燹明洪武元年僧正果重修元至正年
間比丘明有碑清溪寺在州東一百八十里宋紹慶建明洪武元年毀併寶林寺僧如法重修
城山寺在永福鄉城山之巔靈山寺在永福鄉彭思橋靈山之巔茶庵在永福鄉彭思
僑盧氏香火福勝庵距州城四十里城山下明末寇亂虎士盧時俊施基並香火田　國朝順治十
二年僧圓理圓慈募建有碑記宗遠庵在城東南關外雨湖之濱明萬曆戊戌年鄉宦姜公世振為僧
歸宗建癸未寇燬　國朝順治十三年僧海蓮募化重建國正庵在尾厝墈街萬曆年間荊府
今毀僧[redacted]重建[redacted]三閣庵在南關外雨湖濱明崇禎已巳年鄉宦饒公京建癸未寇燬鄉宦盧建延
僧戒清定弘定洪任持修靜鉢蓮庵在雨湖中明天啟年間鄉宦楊芬建後燬僧祖伏募□□建
雲菴在雨湖南迎山之麓亦鄉宦饒公京建後因□□寇燬鄉宦盧重建延尼慈航任持修靜

庵在東關外明天啟年間僧海瑞募建碧雲庵在北關外□□年間僧祖惠募建寶月庵
在東關外教場口　國朝順治十二年建僧[redacted]任持開通寺距州城□十里安平鄉高山鋪左山
名紫玉明末寇亂生員李具慶全慶施基並香火田地　國朝順治戊子年僧玄明徒祖果勸募鼎建
以宮觀祠院紀之有十三曰玄妙觀宋祥符間道士李□道紛建麟山之麓明
洪武九年道士王德榮遷建于東門外天順四年荊靖王鼎建正德年荊王重修正殿嘉靖二十二年荊世子
後修殿宇樓閣行廊月臺煥然一新贊教鄒道春督修成化年間知府宋誠有記嘉靖年間知府王儞有記俱立
碑石今道正司在焉朝陽觀在永福鄉馬下山左後有祖師修行古祠溪山觀在州北宋元豐
間道士□道祿紛建明洪武元年道士江秋修天長觀在州東北晉永熈間祖師王全真紛建明洪武
十四年道士蔡會祥歸併玄妙觀正德間道士盛從鼎建天真觀在州北元至正三年道士詹道玄□

建明洪武十二年道士王嗣武重建雙井庵在州北舊傳劉五真人居此修道武當行宮
在州治左舊有扁曰真武原在太和山取五嶽置行宮額署今名宋天禧二年六月詔封真武靈應真君夫真
君真武本元武宋避上諱改真武為元武元武即龜蛇也此本虛危星似之故名明嘉靖庚戌荊府□
祠宮在四祖寺之左明嘉靖三十年間荊府重修三閭祠其址有□在□運所一在鴻宿洲
一在羊子塝一在掛卩寨一在王廠近被火遺址尚存關聖行宮在北門外貢生李延□居址
寇毀妻李氏施為廟祀閣聖延僧祖茂任持萬壽宮在羊子塝江西□□順治十五年豫章□
者建祀許真君生員盧灝施基延僧[redacted]任持飛僊閣在鳳山門明崇禎年間里人建祀羅□真人像
于其上今燬雲臺僊院在州城內三眼井前廟舊在寇亂神像為江南人移去
知迎歸重為募建僊院延僧[redacted]任持其中保鄉耆李時暘所施○以上載舊志并新增

按王政之大崇正黜邪昔人治吳中廢[illegible]
存止季扎伍員二祠意殊足尚今志於諸廟[illegible]
詳抑獨何歟自人心不古則神道設教先王已陰用之
以佐政令所不及匪曰楚俗尚鬼雖賢者猶溺其惑也

附記文昌閣規約并祀田 [illegible]

一文昌閣既已鼎峙春秋不可無祭住持不可無食香燈
不可無供一切所需亟宜設處今議置買公田以備祭
祀香燈[illegible]僧人薪米等費庶神有憑依而文峯永賴矣
一公田既設亟需管理若屬之州學官吏恐滋弊胥役侵蝕

之弊令議每年輪請鄉官二位司會稽覈秋成之時諭
令佃戶[illegible]堅固民船裝載運穀至道署後新建公門倉
交納該倉官照數監收揚淨乾穀入倉仍置收支簿各
二扇一報本道存案一送司會鄉官備查其船運脚夫
之費照俗例計石給值取之租稞毋累佃戶亦毋得勒
索佃戶雞鵝等物違者許佃戶稟究不貸
一佃戶每季租稞如數完納不得更易有逋負者究退罰
罪另招佃種
一祭祀之期每歲定以春秋仲月望日該州捕

領道票赴倉支穀八石變價備辦猪一口重[illegible]羊
一腔重三十斤香紙酒醴等費如數銷算祭
州捕官派送本道及州學倉各官若干司會鄉官并禮
生各若干以歆神貺
一江神每歲一祭定以夏至日該州捕官先期稟領道票
支穀八石變價備辦猪一口重六十斤羊一腔重三十
斤香紙酒醴等費祭畢如前散胙有差
一倉穀貯[illegible]定撥義民兵各一名輪流巡視看守該倉官
日夕嚴督如有不到者稟道究革

一住持僧人定以每季薪米給穀七石香燈給穀三石該
僧於孟 初旬赴道領印票至倉如數支穀該倉官取
領並印票繳報
一置官渡船一隻撑駕二名每季共給穀三石仍於城濠
地租銀內動支四兩六錢領
一每歲餘穀若干石除完粮若干外量賑該學貧生其極
貧者不得過十人次貧者不得過二十人以俟 望後
該學官查果極貧及次貧者申道令諸生赴[illegible]親領
票至倉支穀極貧者各給穀二石次貧者[illegible]

該倉官取領并印票繳報如有欺冒情弊許倉官[illegible]
實密書送道免給以杜濫觴[illegible]
一每年倉官給穀六石定於秋收之日赴道領票具領繳
報
一祀田坐落永福鄉靈山下彭恩橋載市戽稞六十九石
每年隨田穀四石新米四斗九升新鵞四隻塘鵞二隻
麥一斗五升麥雞二隻係州民董之艮出業
一祀田坐、、安平鄉童家坂地名宋家塱蘆蓆灣劉家塘
三處共計大小一十五坵載市戽稞三十五石二斗新
米二斗二升新鷄二隻每年二莊穀市戽一石七斗六
升係州、童承訓出業
一祀田坐落安平鄉童家坂地名劉家灣梅家河共二處
載市戽稞二十一石二斗花地一十三塊納市戽穀二
石八斗新米一斗二升新鷄一隻每年上莊市戽穀[illegible]
石零二升係州民李化出業以上俱係防道吳公捐置
詳載文昌閣祀升碑記
一祀田坐落安平鄉菩提壩載稞一十五石、、生員張
邦基出業係州守錢公捐置續載文昌

一每年兌軍及南京糧米共該支穀五石八
八勺凡遇加添通州糧里洒派永以爲例

書院

按文廟從祀諸儒若宋之周濂溪程伯淳正叔朱晦菴
明之薛文清王文成皆因有講論之功得先俎豆斯鐸
福小後先繼起倡明理學不乏其人是以書院社學之
制歷有修舉今並湮然廢矣然其遺意尚可考而知焉
志學院附以社學　舊志

鳳麓書院　[illegible]士陳大中建在南門內鳳凰山之麓今燬無存
陽明書院　刑部尚書馮天馭建福建參政顧問修在北門外便民倉左有碑記詳見藝文
崇正書院　福建副使顧闕建在北門外顧氏松園後碑記無存

按鳳麓建於明正德初陽明崇正建於明嘉靖陽明則
顧公日巖主之崇正則顧公桂巖主之同講學者爲羅
公洪先羅公汝芳錢公緒山王公畿沈公寵侯公堯封
蕭公廩萬公廷言李公材姜公寶陳公循曾公志道耿
公定向定力布衣王公化醇梁公汝元周公復林公能
江方公兆元四方從學不可勝載餘見諸
家譜

社學 [illegible]七[illegible]八合

社學 蘄舊有社學三明成化中知州丁□西南後改爲陰陽學一在丁家岐西公館…

嘉靖初俱廢後鄉大夫按察使顧闕倡修鄉城十□公

立一學共三十社尋廢其址失考

古蹟

夫匡與廬阜而並久橋緣穎濱而繫蘇達人高士之迹

歷翔置能不隨死而亡不與跡俱没者大率類此斯亦

故國喬木乃壽弔之美觀覽古之勝事志之不可無者

也志古蹟舊志

按蘄古蹟昉國自春秋戰國時稱爲上游有鼓吹白雲

之勝杜氏通典亦謂蘄爲湖南北十州之舊郡也壽蘄

南郡漢□則以弋陽郡鳴之北齊始置羅州城在安平鎮去今

治五十里後周隋唐稱爲淮甸 江夏城 見一統志云至于城垣之外

雄封尋爲江夏王築城于此

呂王城 州東北五里相傳古呂王築之或云呂王別見 四見亭 原在舊治白雲山北塔後宋治

平中范純仁知蘄州政暇必遊白雲廣教寺僧因立亭

焉林敏功爲記景定癸亥安撫使王益遷建今治亭復

建于治北麒麟山陰後郡守李榮祖

重建劉廷聞爲記今則廢爲荒址矣 環翠亭 在舊治子城上宋時

建 江山清趣 在州城鳳凰山南四祖寺後明弘治五年

錦衣衛指揮同知孫贊公幹蘄州建置匾

著同事刑部侍郎戴珊爲記司禮監太監

蕭敬都御史謝綬僉事宮垓成賦有詩記 勾□深處 荊王在

府之内麒麟山之陽林木四匝翠峯合抱白雲凌

處之狀則上丁此搆亭養靜題名皆出□□作見藝

蘄陽鎮 仙人臺

文 江山一覽 在鳳凰山兵備劉公亦齋立 千仞亭 在江心亭後兵備江防□公監泉立

亭名則爲後此某公置扁而其亭址則背四祖禪林之

背山巉巖翠巘一眺千里風景奇絶不殊于赤壁也

浮玉亭 在江心新生磯徐州守所建吳明卿先生題 桂花亭 在州東符乾闢州有泉清凉可

汲 豈弟堂 州西北宋建今廢 忠恕堂 在舊治儒學傍宋時建 安民堂 在舊治□

思政貴簡雙桂雙蓮 四堂皆宋時建 溪堂 在舊治南至和中吳瑛致政時隱居也司

馬溫公寄吳北郡之子壯年致仕歸蘄春

詩一朝投紱眞高士萬卷藏書舊世家 涵輝閣 在舊治蘄

州子城上元豐間蘇子瞻以高麗入貢上表賦詩聚罪

謫黃州團練副使有客道涵輝閣之勝而謫其所賦霽

容天在水春態柳藏橋之句子瞻欣然以態易色字時

郭祥正亦賡有詩見藝文後人題咏指在今治非矣

煙霏樓 在舊治蘄春縣內朝夕常有瑞霧合抱春夏尤甚焉 見山樓 在舊治蘄春縣內青螺翠

黛四面環拱蓋取昔人南山當户之

句示不忘君亦忠愛意也故以名焉 烟光樓 州梁國學建吳明卿

先生題後因築險遂名爲關今廢 東龍西龍 在三角山東西對峙 六逸石 在三角山上鐫

元豐八年三月主事陳同知某文林郎編修

某避暑憩題刻有詩時人稱爲羅漢洞誤矣 仙人臺 在州

北一百五十里大桴山西山名石匙一名旋螺山有九

十九峯遠望數百里世傳爲劉五劉六眞人修練飛昇

處有石洞祀二眞像上有石玉虛宮仙林寺夜有天燈

或五色神光晝見知府郝守正重修並題咏見藝文

鳳凰臺 州北鳳凰山相傳羅翼眞人飛昇處遺有履跡 禹閣 在城南桃履之跡粲然可指 觀

顧視履 石刻四大字傍題大宋淳熙丁巳潘震爲蘄春三角寺書 風雲奇觀石 在州治右

明成化六年毁眞武廟掘地得之額有風雲奇觀四字

下有律詩一首無作者名氏石致置荊府之内詩見藝

文 蘄陽鎮 巡檢司在呂王山之下昭化寺之前今豬水處産蓮中央墩阜即其遺址 皇城鎮

在青山下鄉去州至一百二十[illegible]
里江不花墓在其傍遺址尚存　逵城鎮　蘄界[illegible]壞汴京
故設有　在歐家渡青山下鄉去州治北一百
是鎮　雲路石篆　二十里西龍逵城二河合流之處宋
季頻罹金人寇寔便趨避去渡數　在州東百二
步有石鐫雲路二大字勁古可愛　碧雲峯　十里其下有
松山寺漢永平中伏虎慈應禪師卓錫于此州北二十
里曰燕子崖元至正間汪不花團聚鄉兵立寨以禦紅
巾賊者見　溫泉　即湯泉出蘄州蘄春縣界東北六十里
山川類　山下凝冬之月蒸氣上騰人皆沐浴
翻車水　蘄春郡記云九江王英布于翻車水北築翻車
城以示背楚歸漢之意今有翻車河城去州東
南八　鉛錫水　在州治前源出楂黎山入蘄河高溪在州
十里　東北源出白崗山南入蘄河又名三十六
水水經注云蘄春縣有五水蠻左馮居岨[illegible]川世為
抄暴宋世沈慶之于西陽上下誅伐蠻夷江界寧謐即
此處也已　在治東北井底有四竅四時　留月井　在
見山川類　丹井　出泉世傳王全真鍊丹于此　承

福鄉五岳山下雖旱不涸陰雨　東十五里即旱
坊冥猶有尸光盈盪故以名焉　大淫泉　不涸以上俱見
山川類　蘄陽第一泉　在州東大泉　在南門外即南
類　山水最清冽　陳姑泉　壇井相傳陳姑
修鍊于此水最清冽三夏延遠人多汲取　白甫　舊志
之癸未城燬井遂湮沒至今未經修濬　坮　載太
白子美過江上鳳凰山愛其佳勝同為登覽後　鐵牯牛
人指山下之路為白甫冲考二公集俱不載
在南門外團濠內鑄像不知何許曾有闖寇掘出剮鈌
城中遂災止之乃寢彭三鉄鎮蘄陽鉄牛並鉄佛鉄舍
也　古戰場　其址有三一在城南三里明洪武三年千户
許勝建一在城東濠岸洪武二十年指揮楊
信立一在城北五里掛卩江濵洪武二十二年吉安侯
琛集軍訓練今俱廢〇以上載舊志一統志黃州志並
新增

第宅

除無謚寇亂後葬　都昌惠靖王墓　在安[illegible]鄉大泉山[illegible]
李公氣墓並未封[illegible]
王墓　在安平上鄉[illegible]山　樊山溫懿王墓　在永福上鄉蔡家橋　都昌懷順王
墓　在安平上鄉虎狼口　都昌悼僖王墓　在永福上鄉大王畈前　樊山莊和王
墓　在安平上鄉袁家山嘴　都昌王東[illegible]悼僖王墓[illegible]
康　蘄國武毅公父子墓　俱在大同上鄉康家衝[illegible]
柳艮正墓　在崇居鄉打鼓臺　朱侍郎佳儀墓[illegible]
福清墓　在鳳凰山麓載舊志　馮御史恩齊墓[illegible]
山第一泉之側　華方伯仲賢編修鑾墓[illegible]
齊墓　俱在蘇家山菩提壩楊門　馮大司寇天馭墓[illegible]

際春墓　祖墓俱在竹林湖　陳解元書墓[illegible]
問孫使闕茔　祖茔在鹿耳石　生墓俱在鈌齒山[illegible]
子墓　俱茔安平鄉方家橋　張方伯邦翼墓[illegible]
樹初墓[illegible]　王御史希墓[illegible]
新墓　茔頭舖第一泉西湖霹靂山　饒御史京墓[illegible]封
議顧敬墓　在麓門　顧貞譽先生墓[illegible]
外祖[illegible]孺墓　在時思園[illegible]

蘄州志卷之五

封建

蘄地襟江帶湖引吳控楚形勢最勝歷代封國已然固不自明始也爰考近制州治分隸職官藩封統不相攝無抑使吏治國納其貢稅之意乎亦云盡善志封建舊志

封建論

盧綋曰柳子云封建非聖人之得已也勢也然自秦改爲郡縣而百世相沿不易或譏秦爲輕變古法以余言之亦非後人之得已也勢也予與氏之論象封有庳者

曰不得有爲于其國天子使吏治其國而納其貢稅焉斯言已肇後世諸侯守令參設之端矣所病于秦人者則在盡廢封建而使至親子弟夷于氓隷專恃郡縣使素不相關切之人一旦而以心膂相托其賢者尚能循分自靖其不肖者二三其心舉足動揺而海内隨成瓦解之勢矣無他秦懲周弱而勇于變法未免矯枉之過正也漢唐宋之封王同異姓或食祿而名僅空存或握權而勢成尾重要無行之盡善者明之分封寵盛非親子弟不王與郡縣守令位兼設而治不相妨意在近古

至于末季族姓蕃衍祿支不給甚勞司農仰蘄自周漢迄明代有封爵或以其地扼江淮之衝當吳楚之衝非有封國莫能制歟周初之封志雖存國名而詳不可考其他屬在内服隣境若江若黄若隨若羅若英若霍皆爲封國則蘄之有封不問可知漢唐以來封號間存事多荒忽明有荆藩之建歷傳尚自可紀當

聖朝鼎造所遺餘孽悉列編氓然一代官職典禮儀制等威尚有依存未可委諸草莽孔子曰夏禮能言杞不足徵殷禮能言宋不足徵愚因舊志之修而不敢遽爲芟

逸識是方今

聖天子鼎慶維新博稽文獻則斯志所存聊以備在野之求云爾至于軍衛之設論則略見職官然其世襲姓氏軍伍屯田依例附載抑以見立法之初非不詳密而後漸以陵弛也法古準今者曷其鑒諸

藩王

〔唐〕蘄王緝懿宗叔祖咸通三年十一月封八年七月薨 唐書懿宗本紀

〔後周〕蘄王柴熙謹後梁世宗子周顯德六年始封蘄二

文獻通考

宋蘄王韓世忠延安人孝宗隆興四年四月己酉追封世忠爲蘄王宋史孝宗紀

按世忠蘄王之封在其沒後則非以地受封可知乃得兼蘄王之號者或亦不忘其平定荆湖蘄黄之功歟功既在蘄黄則志載之亦允宜矣

明荆王瞻堈仁宗第六子母張順妃永樂四年九月二十四日生二十三年封荆王宣宗宣德四年之國江西建昌英宗正統八年遷蘄州建宫麒麟山之陽景泰元

年表請朝上皇詔止之王天資穎秀勤學好古每遇朝廷大慶必祗慎恭肅禮成無倦樂延文學吟咏品藻至今國人思之景泰四年薨年五十八謚憲王蘄舊志并續通考

荆靖王諱祁鎬憲王長子景泰四年嗣位天順五年薨謚靖王實録續通考

荆和王諱祐橺父見溥靖王第二子成化二年封都梁王十年薨天順五年靖王薨長子見潚嗣弘治四年坐不法幷其長子祐柄廢爲庶人武昌府安置七年卒王以都梁王嗣荆王十七年薨謚和王實録續通考

荆端王諱厚烇和王子弘治十八年嗣位謙和温粹耽情經史尤工篆隸禮賢下士卹困賑災忠君愛親出於天性以内隟地爲田歲耘植以觀旱澇旱則躬自齋祓爲民禱祈因號東莊顏其齋曰白雲深處常力辭常祿以紓民急咸被温旨其題詠詩見藝文正德十年王以疾辭爵不允令富順王暫代行禮儀俟病痊仍舊嘉靖二年王復具疏辭祿勅曰諭荆王邇者王因舊疾未痊要將本等祿米住支請給食米養贍該部奏稱王高潔之行謙恭之心足以表率宗室朕念王既舊疾未痊宜

善加調理常祿不必辭其一應禮儀仍着富順王代行嘉靖十四年王又辭祿勅曰諭荆王先年王奏稱因患眩暈不能躬行禮儀要將祿米住支已有勅旨不允邇復得奏舊疾年久調理未痊再辭常祿具見王志存謙抑行篤清修良可嘉尚但宗藩常祿日用所需況疾病未痊宜資醫藥不必辭茲特差官齎勅往諭王宜安心調攝以光藩輔其一應禮儀仍着富順王代後以疾衰

明壽薨謚端王舊志

荆恭王諱翊鉅永定王諱載墭之子以世孫襲封嘉靖

末嗣荆王隆慶中薨謚恭王續通考
荆康王諱常[redacted]先是恭王薨世子常泠坐不法廢爲庶
人以王嗣焉著賢聲萬曆二十六年薨謚康王舊志
荆定王諱由樾字文伯號爪岐康王長子萬曆中嗣封
王丰神嶽嶽望若天人淹貫博綜謙光儉約敬禮士大
夫周恤民間疾苦人甚敬愛之兼通文翰繪事天啓三
年薨謚定王
荆王諱慈煃號維庭定王第五子以嫡出天啓初嗣位
聰敏多材藝嬉戲無度諫先妃桂氏寵愛使習巫術常

有志遠遊於室衣服喜從民間稱號亡國之兆於茲見
矣王於崇禎十五年冬薨次年春流寇破蘄宮眷悉被
擄惟妃桂氏世子和至次妃劉氏所生獲免移寓九江
府次年甲申
大清受命荆藩國除桂氏逮至京俯
恩赦還爲尼
荆永定郡王載墭荆王子嘉靖初立永定王薨謚端
穆子嗣荆王是爲荆恭王永無嗣續通考
荆都梁郡王見溮靖王第二子成化二年封都梁王十

年薨謚悼惠子嗣荆王是爲荆和王都梁未嗣封支子
奉祀祖廟續通考
樊山郡王見澋荆靖王子成化中封樊山王正德初薨
謚溫懿子祐橏嗣嘉靖中薨謚莊和子厚熑嗣嘉靖末
薨謚恭裕子載埨嗣薨子翊鉦嗣别號正岳博學工文
章載藝文集中天啓六年薨未請謚子常澮嗣續通考
富順郡王厚焜字東蘄[redacted]王子成化三年封富順王善
詩文工書常作花卉蹀躞紛集[redacted]年薨子載垬嗣續通
考

永新郡王厚熿和王子嘉靖初封永新王薨謚安莊子載
塛嗣薨子翊鍵嗣續通考
都昌郡王祁鑑憲王子[redacted]年封都昌王成化中薨謚
惠靖子見潭嗣薨謚懷順子祐樢嗣弘治中薨謚悼僖
續通考
桐城郡王祐櫸[redacted]王子弘治初薨謚懷僖無嗣續通考
岷青郡王祐橋[redacted]王子成化中薨謚悼懷無嗣續通考
德安郡王翊鐯[redacted]王子嘉靖三十六年封德安王薨子
常[redacted]嗣薨子由[redacted]嗣載湖廣總志

遼靳水郡王貴煁遼簡王庶子永樂元年封靳水王
化中薨謚靖和子豪坑嗣弘治中薨謚安穆子恩鉅嗣
嘉靖中薨謚康順子寵㴶嗣嘉靖中薨謚莊簡續通考按靳水
王乃遼藩宗支也遼改封荆州府或封荆而國於靳或封靳而國於荆國制也故得並志
按荆王歲支本色祿米一萬石嘉靖四十五年奏辭五
百石歲支九千五百石親王而下支子封郡王歲支米
二千石郡王而下支子封將軍鎮國將軍米一千石鎮
輔國將軍米八百石次奉國將軍米六百石將軍而下
爲中尉鎮國中尉米四百石次輔國中尉米三百石次

奉國中尉米二百石親盡降爲庶人歲給口糧親王郡
王及諸王女外嫁受封以後歲祿有差郡主及儀賓米
八百石縣主及儀賓米六百石郡君及儀賓米四百石
縣君及儀賓米三百石鄉君及儀賓米二百石續通考
内使則有承奉司承奉正副各一員　典寶所典寶正
副各一員　典膳所典膳正副各一員　典服所典服
正副各一員司冠一人司衣三人司佩一人司屐一人
司藥二司弓矢二人各門門正一人副一人續通考及舊志
文武官屬則長史司左右長史各一員　典簿廳典簿
一員審理所審理正副各一員　典膳所典膳正副各
一員　奉祠所奉祠正副各一員典樂一員典寶所典
寶正副各一員紀善所紀善二員　良醫所良醫正副
各一員　典儀所典儀正副各一員　引禮舍人二員
工正所工正正副各一員　伴讀四員　廣客倉庫
大使各一員副使各一員　群牧所正副千戶各一員
百戶十員　儀衛司儀正副各一員　典杖六員
手所正千戶一員續通考并舊志
按明初諸藩各設有護衛衛有指揮等官永樂後受封

者多不置衛故荆藩官職止有群牧儀衛等官而護衛
之名不復列矣

附記親王儀仗　令旗一對　清道二對　幰弩一對　白澤旗一對　戟一十對　矟一十對　弓箭二十對　刀盾一十對　絳引旗一對　銅鼓二面　金鉦一面　花匡鼓二十四面　金鼓旗二面　畫角十二枝　杖一串　笛二管　鑼二面　節一把　夾矟一對　告止旗一對　傳教旛一對　信旛一對　戲竹一對　笛四管　頭管四管　杖鼓十二面　板一串　大鼓一面　響節四對　紅銷金繖一把　紅綉傘一把　曲蓋二把　方傘四把　戟氅一對　戈氅一對　儀鍠一對　殳叉一把　儀刀四把　班劍一對　梧杖一對　立瓜一對　臥瓜一對　骨朵一對　鐙杖一對　斧一對　幢一對　麾一對　誕馬八匹　馬杌一個　鞍籠一個　交椅一把　水罐一個　水盆一個　香爐一個　香盒一個　拂子二把

扇六把 唾壺一
把 唾盂一個

各儀仗俱儀衛司掌之用則陳列即倣古鹵簿之意大抵諸藩職官間有增減儀制皆同

公侯

東漢 蘄春侯陳浮 光武二十三年祝阿侯陳俊卒子浮嗣徙封蘄春浮卒子專諸嗣專諸卒子篤嗣 後漢書陳俊傳

蘄春郡公達奚長孺字富仁代人也少懷節操膽烈過人歷仕魏至周太祖平蜀平齊有功宣政元年除左前軍勇猛中大夫後與烏丸軌圍陳將吳明徹于呂梁長孺縱奇兵水陸俱發大破之獲明徹以功進大將軍高祖作相王謙舉兵于蜀詔長孺擊破謙并擒承安斬謙之二子高祖受禪進位上大將軍封蘄春郡公邑二五百石

明 蘄國公康茂才字壽卿蘄州人洪武二年已酉擊走元兵于應昌獲元主之孫買的理八刺及玉璽金寶圖書封蘄春侯四年征蜀歿于鋏索橋下贈推忠翊運宣力懷遠功臣光祿大夫湖廣等處行中書省平章政事柱國追封蘄國公諡武毅 載實錄楚紀蘄志

蘄國公康鐸茂才子年十歲襲封蘄春侯十四年征雲南克普定華山有功十五年卒時年二十亡贈宣力武臣蘄國公諡忠愍子淵甫二歲賓授公祿二千五百石未襲封正德間允臺臣奏封其孫南京錦衣衛正千戶 蘄志

蘄國公薛祿[illegible]人宣德初爵陽武侯漢王高煦反帝命祿為前鋒晝夜兼程進不數日抵城下高煦出不意群下潰散遂得擒煦歸京師尋命祿佩鎮朔將軍印帥師巡河至蘄黃遇敵進戰斬獲有功加太保祿為將智勇兼長紀律嚴明所過秋毫無犯善勵士卒所向有功宣德五年卒追封蘄國公諡忠武 實錄

按舊志偽爵廢爵俱不載

兵戎

易云君子以除戎器戒不虞書稱詰戎兵以陟禹迹則戎兵治世之不能無者明初建衛自百戶以上官漸尊所部漸衆蒞以都司總以督府遞轄于兵部其制善矣第今如衛之在蘄者官多褫職伍鮮全卒役于漕者曾無信宿之安戍清浪者率五六年而後得代及代而興

尸以歸者什二三矣逃者不可復返死者不可復蘇是故幸而未逃未死者戶無遺丁也若夫兵器之設非無良治亦有常費而所謂彍弩利戟者曾不足以格潢池之赤子此其故何耶有先事之防者皆不可不講也舊志

兵戎論

盧綋曰自古兵戎之制莫善於井田有事爲兵無事爲農有耕之利而無其害有戰之實而無其名故曰寓兵於農也後世惟唐府兵差爲近古三變以後藩鎮漸成尾大之勢羣盜蠭起國遂以亡宋懲其禍功臣不握兵

權而國威陵夷寖弱明之兵制始爲加詳京師立五府團營外兵分隸衛所分給屯田有運軍班軍之名運軍專領漕運班軍更番戍守以軍種屯以屯養軍其意原取合一而實則漕運守戍者非即屯種之人有屯者即漕運戍守之軍究竟分而爲二承平既久玩愒成風軍皆陵削而力不任戈屯多并兼而名存虛籍至於末季耗敝尤不忍言庸初制之不善歟

國朝更制議罷天下衛所惟近漕渠郡縣間存漕船既減屯丁僅取足供役餘則盡隸有司各衛止設守備千總等員督領漕運兼理屯糧而地方防守別置副將參遊訓練兵卒其人皆由選授而來似可弭世職之患兵由簡練而聚似足振積玩之風此作始者亦可謂至周詳矣第今海內一統漸及晏安官無以旅遷而漠視其地兵無以新附而瞢視其民縱無能禦侮奮威以戰必克猶庶幾奉法循令以守則安官與兵期不負朝廷鄭重制雖垂千萬世而不變可矣愚能不于今之服戎者深致意乎

明初甲辰以指揮趙應清千戶許勝陳遇率郡伍守禦

蘄州己酉立守禦千戶所洪武十一年指揮朱德領四千戶至改所爲衛正統八年建荊王府移衛于軍儲倉今在州西北鎮經歷司一鎮撫司一千戶所五曰左右中前後百戶所四十有七置官無定員今存者指揮使二人同知一人僉事七人經歷一人知事一人千戶正十八人副十八人衛鎮撫三人所鎮五人百戶四十七人吏令史二人典吏二人鎮撫司吏一人所各一人軍吏各一人總旗四十八人小旗一百七十六人軍一千三百五十二人舊志

指揮使田文陽信人永樂年任世襲至崇禎年止郝德合肥人洪武年任世襲至崇禎年止
岳得清河人永樂年任世襲至崇禎年止孫岳璧死寇難李彰鳳陽人洪武年任世襲至崇禎年止
王榮南部人洪武年任世襲至崇禎年止
指揮同知李郁洛陽人洪武年任世襲至崇禎年止
指揮僉事陳聚諸城人吳元任世襲至崇禎年止李旺江都人吳元任世襲至崇禎年
止王忠五河人吳元任世襲至崇禎年止姚勝滁州人洪武丙辰任世襲至崇禎年止李
春虹縣人吳元任世襲至崇禎年止舒祥興國人洪武甲辰任世襲至崇禎年止胡誥鳳陽
人吳元任世襲至崇禎年止王成定遠人洪武甲辰任世襲至崇禎年止王英玉田人永樂年
任世襲至崇禎年止

指揮僉事李楷其先息縣人任衛千戶萬曆年楷以征皮林苗功晉千戶為指揮僉事累官左
都督府僉事出鎮貴州弟棟承襲累陞四川松藩參將
衛鎮撫袁德洪武年任世襲至崇禎年止唐鳳永樂初任世襲至崇禎年止梁棟
山陰人吳元任世襲至崇禎年止
左正千戶永福洪武年任世襲至崇禎年止
副千戶湯成洪武年任世襲至崇禎年止胡成洪武年任世襲至崇禎年止王隆
洪武年任世襲至崇禎年止劉全洪武年任世襲至崇禎年止
百戶趙德成洪武年任世襲至崇禎年止王仲艮臨淮人洪武年任世襲至崇禎年止
李慶洪武年任世襲至崇禎年止張德洪武年任世襲至崇禎年止劉勝宗洪武年任

世襲至崇禎年止戴文雲洪武年任世襲至崇禎年止賀清洪武年任世襲至崇禎年止
蕭義洪武初任世襲至崇禎年止
右副千戶顧安洪武年任世襲至崇禎年止宋興洪武年任世襲至崇禎年止
百戶龐興洪武年任世襲至崇禎年止周源洪武年任世襲至崇禎年止李華洪武
年任世襲至崇禎年止劉華洪武年任世襲至崇禎年止
中正千戶張麟洪武年任世襲至崇禎年止杜彬太原人洪武年任世襲至崇禎年止
副千戶朱貞洪武年任世襲至崇禎年止李成陸安州人洪武年任世襲初任百戶孫季
與陞千戶至崇禎年止朱朗洪武年任世襲至崇禎年止王彬洪武年任世襲至崇禎年止
百戶蕭旭宣德年任世襲至崇禎年止史整洪武年任世襲至崇禎年止鄭富洪武

年任世襲傳二代趙公保洪武年任世襲至崇禎年止方英天順年任世襲至崇禎年止
梅玉興洪武年任世襲至崇禎年止高仲祥洪武年任世襲至崇禎年止黃曾洪武
年任世襲至崇禎年止陳岩洪武年任世襲至崇禎年止
前正千戶歐成淮寧人洪武年任世襲至崇禎年止
副千戶華稷洪武年任世襲至崇禎年止洪阿忠四川人洪武年任世襲至崇禎年
百戶許宗洪武年任世襲至崇禎年止袁福蘄水人洪武年任世襲至崇禎年止鍾成
洪武丙辰年任世襲至崇禎年止陳八郎洪武年任世襲至正德年止李泰吳元任世襲至
崇禎年止王潤洪武年任世襲至崇禎年止郝成洪武年任世襲至崇禎年止王翰洪武
年任世襲至崇禎年止李能久洪武年任世襲至崇禎年止許添起儀真人洪武年任世

襲至崇禎年止崔富蘄州人洪武初任世襲至崇禎年止
後正千戶程文聚洪武年任死節世襲至正德年止
副千戶吳真洪武年任世襲至崇禎年止
百戶羅保洪武年任世襲至崇禎年止許必榮洪武年任世襲至崇禎年止吳[illegible]
一洪武年任世襲至崇禎年止田斌洪武年任世襲至崇禎年止田足國以父世天啓襲
任
所鎮撫陳友直洪武年任世襲至崇禎年止
經歷知事等員俱係外省人歷任選授以上俱舊蘄志
凡指揮並世襲凡蔭襲及軍政悉報上右軍都督府以

達於兵部每歲撫按察其賢否五歲一廢置名曰考選
軍政一人治衛事謂之軍政掌印一人掌操練一人督
屯糧謂之軍政僉書又一人巡捕一人治軍器一人領
漕運謂之見任管事不與此者謂之帶俸歲委帶俸
人入賀江洋設總巡回風磯盤塘三哨每年衛指揮一員
百戶輪管舊志

屯田

按明洪武初兵荒之後民無定居耕稼盡廢糧餉匱乏
始命諸衛分軍屯種其立法漸密每軍種田五十畝爲
一分或多寡不等大率衛所軍士三分守城七分屯種
又有二八一九四六中半等例隨地而異耕種器具牛
隻皆給于官當元順帝至正二十四年甲辰是爲宋龍
鳳元年正月明太祖建國號吳尚奉宋朔以指揮趙應
淸陳遇守禦蘄州初爲守禦千戶所後改所爲衛此蘄
州屯衛之始洪武三十五年是爲建文三年令天下[illegible]
衛每軍歲徵正糧一十二石餘糧一十二石爲定額永
樂二年凡衛軍一百名以上委百戶六員三百名以上
委千戶一員五百名以上委指揮一員提督屯田蘄州

衛凡領經歷司一鎮撫司一千戶所五左右中前後百
戶所四十有七三年更定屯田則例各屯置紅牌一面
寫刊於上每百戶所旗軍一百一十二名或一百名或
七八十名千戶所管十百戶或七百戶五百戶三四百
戶指揮所管五千戶或三千戶二千戶提調屯田都指
揮所收子粒多寡不等俱照十二石正糧爲法比較其
有剩餘聽各旗軍自收不許管屯官苛取正統元年屯
軍每軍歲止徵餘糧六石餘槩免二年令各衛屯軍職
舍人除應襲外及家人女壻無差使者每五丁撥作一

名委官管領撥與開地四十二畝耕種照屯田例納子粒正德十五年題准湖廣各衛所新增田地以十分爲率減除三分其七分撥軍舍承種納粮嘉靖六年部咨該巡撫督率管屯方面官查勘屯田其官舍軍餘占種年久故軍之田仍與領種代納粮草如軍見存無嗣者即令退還本軍爲業其領種故軍之田一人止許二分餘俱令退出蘄州委下江防道查勘本衛屯田地五百五十頃一十四畝五分八厘一毫四絲該粮米一千六百一十七石四升九合七勺歲運漕舡一百二十七隻

共粮六萬三千五百石運軍一千三百七十二人督運指揮一員五所千百戶五員戍清浪戍軍三百名守戍指揮一員五所千百戶五員三年輪一戍焉其置官無定員屯操軍舍登耗不一名數附衛籍不載軍器局歲造軍器七千七百六十件有函一百六十胄一百六十弧一百十二弦三千二十矢四千八百刀一百六十銃一百六十鎗一百六十盾八十箭袋一百六十其後承平久率不可用崇禎十七年蘄州原額屯粮七千四百五十九石九斗八升六合六勺六抄除坍卸一百三十

一石六斗其粮石數目屯伍坐落並詳開後

一左所原額屯粮百戶劉徹卿伍下八十一石二斗七升坐落南直隸宿松縣　百戶賀君聖伍下二百四十三石八斗六升九合二勺七抄一坐落黃梅縣一坐落江西九江府德化縣　百戶張本伍下一百石八斗坐落德化縣　百戶金璧伍下一百五十九石七斗坐落宿松縣　百戶戴聖章伍下二百五十二石三斗六升坐落黃梅縣　百戶趙瑞符伍下二百八十三石四斗三升坐落德化縣　百戶王用鎡伍下二百七十七石九斗一升坐落德化縣　百戶張翼伍下一百七十七石六斗四升一坐落德化縣

一坐落興國州　百戶杭恕伍下一百八十三石二斗四升一坐落興國州一坐落德化縣　百戶蕭本忠伍下三十七石六斗坐落興國州

一右所原額屯粮百戶劉一麒伍下四十二石九斗三升坐落興國州　百戶李正前伍下一百十四石一斗四升坐落興國州　百戶龐忠伍下一百四石六斗一升坐落興國州　百戶許昇伍下五十四石坐落黃梅縣　百戶張寬伍下一百六石二斗八升坐落興國州　百戶周德溥伍下一百一十四石四斗坐落江西瑞昌縣　百戶王時勳伍下五十六石二斗三升坐落興國州

一中所原額屯粮百戶史記事伍下一百三十五石五斗一升坐落宿松縣　百戶梅羹伍下八十石九斗二升坐落黄梅縣　百戶陳珪伍下一百三十四石三斗五升坐落大冶縣　百戶高承祖伍下二百六十石五斗二升一坐落瑞昌一坐落大冶一坐落蘄水縣一坐落蘄州　百戶黄鳳鳴伍下三百一十二石四九升坐落黄梅縣　百戶張元極伍下二百四十六石七斗坐落□升坐落瑞昌縣　百戶蕭旻伍下二百八十石四斗二升坐落瑞昌縣　百戶劉忠伍下七十五石二斗一坐落黄梅縣一坐落興國州　百戶鄭定伍下一百一十二石二升坐落瑞昌縣　百戶黄佑伍下

蘄州志　卷五　屯田　先

一百一石四斗八升一坐落蘄水縣一坐落瑞昌縣一坐落黄梅縣一坐落□□□合坐

一前所原額屯粮百戶李士鰲伍下一百一十五石□一坐落德化縣一坐落興國州一坐落黄梅縣一坐落瑞昌縣一坐落蘄州　百戶崔顯祖伍下一百二十五石六斗五升一坐落黄梅縣一坐落德化縣一坐興國州一坐蘄州□百戶袁光縄伍下三百四十一石五斗二升坐落大冶縣　百戶鍾聲遠伍下一百二十七石四斗二升二合內除塌□七石一斗坐落黄梅縣　百戶許國忠伍下四百六十七石五斗七升坐落大冶縣　百戶許登雲伍下二百六十六石九斗八升內除塌卸九十八石坐落宿松縣　百戶陳魁伍下一百二十一石二斗九升坐落興國州　百戶王長康伍下二百□十八石七斗九升七合一坐落德化縣一坐興國州　百戶王前伍下一百四十一石一斗一升坐落興國州　百戶郝希賢伍下三□六石坐落黄梅縣

一後所原額屯粮百戶姚極伍下一百七石八斗□一坐落黄梅縣一坐蘄水縣　百戶田成龍伍下三十二石八斗三升□除塌卸六石坐落興國州　百戶郭世詔伍下九十石坐落黄梅縣一坐落德化縣一坐蘄水縣　百戶曾倫伍下一百六十一石六斗七升一坐落大冶縣一坐蘄水縣　百戶王倖伍下二百石九斗四升

蘄州志　卷五　屯田　卄

蘄水縣　百戶羅士奇伍下一百九十石三斗七升　百戶錢玄錫伍下二百七石坐落蘄水縣　百戶郭民範伍下一百二十九石四斗八升八合一坐蘄州一坐廣濟縣一坐興國州　百戶吳懷伍下一百五十五石八斗三合五勺一坐蘄州一坐大冶縣　百戶許爵伍下二百石六斗六升坐落蘄州

以上共七千三百二十七石五斗三升

蘄州衛軍丁食粮操舍五十名旗甲一百二十七名屯額班軍四百一十七名各軍領種屯田數目不等有屯故絕者改補無屯故絕者應除運軍一千三百二十一

名每名除領布政司行月糧外實支本衛是月糧每名
一石六斗
國朝衛守備任之鼎順治四年任　陰養蒙棗強人武進士順治七年任　朱
日芳字去非浙江人甲午科康熙六年任
千總孟　黄州人　李復奇　戚文郁江西人　楊顯飛
建德人丁酉
國朝雖存衛制另置官員旗軍改為旗丁除留領運外其

餘盡隷有司當差本衛自明末寇亂漕船多燬順治初
年止存三十隻北運至十年本州漕米協濟湖南係民
自運漕船每年撥充江西糧米運北領運仍僉本衛守
備千總其各伍屯田照舊聽各丁耕種每年屯糧係掌
印官徵收解都使司銷筭報院查核此衛制更易大畧
有然也

駐防

國朝順治三年設武職官員　分防蘄州營參將一員
守備一員　千總一員　左哨把總一員　右哨把總
一員　下江防道標下中軍守備一員今裁
蘄州衛守備一員　千總一員　分汛蘄黄道士洑等
備一員　把總一員
參將韓友陝西人順治四年任陞湖南總兵尋卒
賀世虎山西人順治十年任陞[illegible]副總
馬應龍山西長治人順治十八年任
守備張祿　程士然浙江人武進士　袁應登順天人進士以上順治歷年
任　王俊民廷宇山西太平人康熙七年任

經制蘄州營參將守備千總把總各員每年連閏計十
三個月共該俸廉等銀五百六十一兩九錢六分一釐
七毫九絲無閏扣減
各官騎坐馬一十六匹夏秋二季連閏七個月共該乾
銀五十六兩無閏扣減春冬二季六個月共該豆八十
六石四斗共草五千七百六十束
馬兵一百名步戰兵一百五十名守兵二百五十名每

年連閏計十三個月共該餉銀八千七百七十五兩無
閏扣減
各兵馬一百夏秋二季連閏計七個月共該乾銀三百
五十兩無閏扣減春冬二季六個月共豆五百四十石
共草三萬六千束
共俸餉乾銀九千七百四十二兩九錢六分一厘七毫
九絲
共豆六百二十六石四斗草四萬一千七百六十束
經制道士洑守備營守備把總各員每年連閏計十三

個月共該俸廩等銀一百八十一兩三錢四分三厘五
毫無閏扣減
各官騎坐馬六匹夏秋二季連閏計七個月共該乾銀
二十一兩無閏扣減春冬二季六個月共該豆三十
石四斗草二千一百六十束
馬兵四十名步戰兵六十名守兵一百名每年連閏計
十三個月共該餉銀三千五百一十兩無閏扣減
各兵馬四十匹夏秋二季連閏計七個月共該乾銀二
百四十兩無閏扣減春冬二季六個月共該豆二百一
十六石草一萬四千四百束
共俸餉乾銀五千八百五十二兩三錢四分三厘五毫
共豆二百四十八石四斗草一萬六千五百六十束
道標守備呂應翱[redacted]張德烋[redacted]王廷臣[redacted]
安邦以上俱順治歷年任今奉裁
經制下江防道標營守備一員每年連閏計十三個月
共該俸薪等銀一百四十二兩三錢四分三厘五毫無
閏扣減
本官騎坐馬四匹夏秋二季連閏計七個月共該乾銀

一十四兩無閏扣減春冬二季六個月共該豆二十
石六斗草一千四百四十束
守兵一百名每年連閏計十三個月共該餉銀一千三
百兩無閏扣減
共俸餉乾銀一千四百五十六兩三錢四分三厘五毫
自順治十八年以後本道標下官兵盡行裁革康熙二
年并防道衙門亦裁
按御兵之道自古難言將非其人無論主兵客兵皆足
爲害考明制江防道標有義民兵各巡司有弓兵此外

原無駐防之設至于末季流寇肆虐始奉[illegible]撫標兵[illegible]禦楊文富毛顯文相繼分駐蘄之東北二鎮又有衛鎮[illegible]兵則張國威及蘄之衛弁先後領之癸未春張獻忠破黃梅廣濟漸逼于蘄及左帥之兵沿江而下楊毛皆爭相率叛去蘄遂失守鎮篁通寇誘殺戕將賈[illegible]罪惡容進且楊毛方去寇已忽來則兵寇互遞尤顯[illegible]見此客兵不足恃之明効也

國朝始設駐防已漸變客爲主順治五六年閒土寇蜂起參將韓文奮勇當先轉戰救援疾如風雨下逮九江之寇上解蘄水之圍寇盜如林拖首鼠竄夫兵猶是兵[illegible]將有方畧已屹然長城之恃矣惜也韓以勞瘁疾卒于今蘄人念之家尸戶祝不忘其功余故備列叛逆者于彼忠勇者于此爲將來者示所勸戒也

蘄州志卷之六

古今職官表

夫自龍鳥以降唐虞建官惟百夏商倍之至於後世或相倍蓰不惟繁簡異制而稱異名其不可考者闕之然志其可考者而繫之年以見疏數損益之大畧舊志

職官論

盧紘曰自古吏治周官而後惟漢稱盛刺史守令與民最親是以天子每降詔書深加褒美治成奏最位至公卿此循良卓異如河南潁川東郡渤海史不絶書後世守令之遷輒循資格賢者絶志清華而其心廢棄不肖者輾轉下位而憒發無聊治不逮古有由然矣然而桐鄉之祀公論自存暮夜之知神人共凛人以官重官亦何嘗不以人重哉夫天子設吏榮以冕裳長吏親民稱曰父母撫蒞茲土詎屬偶然縱循良作傳莫希國史之編而去後留思不輟人心之慕此作志者不敢褻朝廷簡命官以年紀表曰職官明所重在尊也尤不敢没草野是非蹟以政紀表曰治績明所重在賢也若茲蘄歷代以來或以郡稱或以縣稱或以府稱或以州稱迨治

不同而官之名號亦異既爲分別立志期其信而有徵
于治績之紀誠無之或私于職官之紀亦無之或漏學
稽博採經涉歲年始成編帙質之寘寘可無愧矣
唐安撫使祖雍高宗時任歷官刑部侍郎以倡飲省中貶後流嶺南
觀察使韓臯順宗時爲尚書左丞王叔文嫉之出爲鄂岳沔蘄團練觀察使詳見宦蹟志李
道古憲宗時爲御史中丞出爲觀察使
錄事參軍韓思彥祀名宦詳見宦蹟志蔡少霞伊慎詳見宦蹟志
刺史裴行立後遷安南經畧使李實以蔭辟江西府判官再遷高宗時任李播順宗
時任以郎中典刺史劉禹錫白居易皆有詩寄員半千祀名宦詳見宦蹟志呂元膺祀名宦詳

見宦蹟志
太守李象詳見宦蹟志
主簿張舟祀名宦見宦蹟志
宋安撫使王益祀名宦詳見宦蹟志
鎭撫使孔彥周紹興元年任次年叛降劉豫殺王玠王玠祀名宦詳見宦蹟志
防禦使劉光世祀名宦詳見宦蹟志乃猷
防禦推官明鎬詳見宦蹟志
舒蘄制置使岳飛祀名宦詳見宦蹟志
主管侍衛馬軍司公事兼知黃州節制蘄黃四郡孟珙

詳見宦蹟志
錄事參軍杜誘祀名宦詳見宦蹟志楊偉字子奇天禧間補蘄錄事參軍詳見宦蹟志
司法龐籍醇之謚莊敏詳見宦蹟志
通判何閎　程戡陽翟人進士虞策字經臣祀名宦詳見宦蹟志錢易
真宗時任有傳劉拯神宗時任有傳羅頎徽州人祀名宦詳見宦蹟志孫通齡詳見宦蹟
志胡宗回元符間爲熙河經畧使夏人以青唐叛貶夏竦字子喬謚文莊詳見宦蹟志李
材太平人宣和中以布衣參戎幕有功累遷至任所在有聲范應鈴豐城人開禧間通判蘄州詳見
宦蹟志祖士衡字平叔上蔡人舉進士擢大理評事事通判蘄州再遷殿中丞直集賢院聶冠
卿詳見宦蹟志秦鉅祀名宦詳見宦蹟志王彥明祀名宦詳見宦蹟志管景模景定

間任宋之叛臣也因陳奕之狗城而遂降元萬世之罪何逭哉桂璧詳見宦蹟志
防禦判官趙汝標祀名宦詳見宦蹟志
推官丘岳字山甫設判黃州詳見宦蹟志
知州呂誨祀名宦詳見宦蹟志劉沆字中之天聖八年進士授大理評事直集賢院出知蘄州
范純仁祀名宦詳見宦蹟志王禹偁初知黃州移知州事咸淳間任祀名宦詳見宦蹟志劉
摯東光人紹興初貶蘄州安置詳見宦蹟志朱服字中行烏程人熙寧中進士元豐中爲監察御史坐
與蘇軾游蘄州安置林大年祀名宦詳見宦跡志張商英字天覺元符間任祀名宦詳見宦蹟
志梅執禮祀名宦詳見宦蹟志李宥祀名宦詳見宦蹟志蕭服祀名宦詳見宦蹟志韓
世清祀名宦詳見宦蹟志施溫舒祀名宦詳見宦蹟志陳璐詳見宦蹟志章燾詳見

官蹟志 李濬詳見官蹟志 秦希甫祀名宦詳見官蹟志 夏倪字均父之族孫著
有遠遊集二卷 馬防政和五年以集賢殿修撰知州事後從蘇州歷官刑部侍郎 喻樗建德人進
士受業于楊時累官工部員外郎知州事擢為浙東提舉常平 陳過廷徽宗時任 李誠之
祀名宦詳見官蹟志 沈起蘄縣人進士字興宗遷湖南轉運使 樊遵祀名宦詳見官蹟志 余童
祀名宦詳見官蹟志
知縣林榮祀名宦詳見官蹟志
主簿程渭老黟縣人以廕任知復州并以績稱 龔時鳳祀名宦詳見官蹟志
都太監嚴剛中祀名宦詳見官蹟志
統領孫中詳見官蹟志 江士旺詳見官蹟志

教授李宗思祀名宦詳見官蹟志 汪安行詳見官蹟志 阮希甫詳見官蹟志
（元）總管趙贇翁祀名宦詳見官蹟志 狄思聖祀名宦詳見官蹟志 趙昭武祀名
宦詳見官蹟志 志榮祖雲中人有惠政創四見亭祀名宦詳見官蹟志
錄事參軍解觀詳見官蹟志
通判鄭鏞真定人政多平恕人多德之 馬倪
行軍千戶張好古詳見官蹟志
（明）採訪使夏元吉洪武三十二年以戶部右侍郎京採訪使出鎮蘄州尋名還祀名宦詳見
官蹟志
蘄春縣知縣王德明吳元任

知府左安善洪武年任祀名宦詳見官蹟志 徐麟廣濟人洪武年任祀名宦詳見官蹟志
知州孔思森洪武年任先聖五十四代孫祀名宦詳見官蹟志 楊琪永樂年任祀名宦詳
見官蹟志 李士安宣德年任祀名宦詳見官蹟志 王坦鄆城人正統年任祀名宦詳見官蹟志
錢敏正統年任後知本府 姜浩正統年任 金銑山陽人天順年任祀名宦詳見官蹟志
陳範天順年任 趙應隆合州舉人天順年任 何堯中合州舉人天順年任 莊轍
上元人進士成化年任祀名宦詳見官蹟志 錢承德常熟人進士成化年任詳見官蹟志 王宣
進士成化年任 白福祥進士祥符人成化年任 周廣榮上高人成化年任 楊淮山陽
人進士弘治年任 侯直華亭人進士弘治年任詳見官蹟志 陳霽秀水人舉人弘治年任 佘
忠無錫人舉人正德二年任 李紳內鄉人舉人正德五年任 葉士美閩縣人舉人正德七年任

祀名宦詳見官蹟志 黃嵩浮梁人舉人正德九年任 李純莆田人進士正德廿一年任祀名宦詳見
官蹟志 楊清山陰人舉人正德十三年任 魏修興化人舉人嘉靖元年任 李孚先莆田
人舉人嘉靖年任 季林進賢人舉人嘉靖年任 周南南羽林衛人舉人嘉靖八年任詳見官蹟
志 周訓寧州人舉人嘉靖年任陞廣西平樂府知府 馬淮秀水人舉人嘉靖十五年任能詩工
書後改廣西賓州知州 高惟孝偃師人舉人嘉靖十七年任陞鳳陽府同知慶遠府知府 張洸
鄱陽人舉人嘉靖二十年任 陳震弼閩縣人舉人嘉靖二十一年任庭無留獄善于救荒以憂去任
吳鳳貴溪人舉人嘉靖二十七年任調四川邛州知州 萬鏓南昌人進士嘉靖二十九年任陞襄
陽府同知貴州僉事 崔一濂南海人進士嘉靖三十年任多善政舊州志公所督修 谷鍾秀
人嘉靖三十年任詳見官蹟志 范信金華人舉人嘉靖三十年任 石璽滁州人舉人嘉

靖三十[illegible]年任向天眞卲州人舉人嘉靖三十[illegible]年任袁伯嵩豐城人舉人嘉靖四十年任

蕭奇勳莆田人進士隆慶年任聶瀛保定人進士隆慶年任楊魁江山人歲貢隆慶六年任

裴應時河間人舉人萬曆二年任劉點臨川人舉人萬曆四年任

以上皆黄州志蘄州舊志所載庶爲詳備自萬曆初年至四十年止知州遂多失紀州佐貳及儒學教職至今題名弁無考姑間存所聞留後續補

路雲龍宜興人進士萬曆六年任詳見宦蹟志徐希明浙江上虞人舉人萬曆十六年任詳見宦蹟志潘琟婺源人進士萬曆二十年任詳見宦蹟志鄭夢禎莆田人舉人萬曆二十五年任詳見宦蹟志譚經萬曆[illegible]年任龔如蘭廣西全州人萬曆[illegible]年任何之圖婺源人舉人萬曆三十三年任見宦蹟志侯大節汲縣人進士由部屬外轉萬曆三十五年任朱圻商城人舉人萬曆三十七年任趙善紀南海人舉人萬曆四十一年任倫應祥東莞人舉人萬曆四十四年任陞審理詳見宦蹟志湯應選臨川人舉人萬曆四十七年任錢兆元仁和人舉人天啓三年任陞常德同知詳見宦蹟志胡承烈山東人歲貢天啓六年任致仕唐世照灌陽人舉人崇禎五年任以勞成疾卒于官詳見宦蹟志張叔鑑新淦人舉人崇禎十一年任孫光祚山東人舉人崇禎十三年任陳邦奎南海人崇禎十四年任致仕去黃金榜上元人舉人崇禎十五年任次年寇破蘄城被參去任張登衢臨桂人因亂去

國朝蘇中和襄陽人順治二年初開湖廣奉○英王委任

張定邦滿洲籍旗下生員順治三年任陞德安府知府詳見宦蹟志

梛愈寧晉人舉人順治四年任

方于光大興人進士順治七年任詳見宦蹟志

包隆道浙江[illegible]人順治八年任

龎堯年[illegible]人順治九年任

金貴滿洲籍[illegible]旗下貢士順治十年任以老告致詳見宦蹟志

王宗堯遼東廣寧人蔭生順治十六年補授今現任見宦蹟志

高于翼福建閩縣人進士康熙

明同知萬惟民洪武年任王倫淮安府人宣德年任王韶應天人陳琳浙江人周仁廣廬陵人以上俱正統年任劉燮江津人何謙東莞人馮良江夾人以上俱天順年任劉瑄浮梁人林宗重莆田人舉人丘蘭光山人以上俱成化年任魏雲興化人弘治年任方溥祁門人俞敬永康人進士祀名宦詳見宦蹟志劉[illegible]江都人監生以上俱正德年任沈淡吳江人進士南鴻臚寺少卿吳中立字孔卓舉人以直而惠以毀罷官人憐之彭紳平樂人監生趙廷松樂清人進士詳見宦蹟志吳楦固安人吏員馬璽無爲州人監李方宿遷人監生陞建昌府通判守岳州知州馬承學吳縣人進士兵部職方司主事左遷陞紹興府通判晉府右長史李智程番人監生王誧興國縣人選貢

燕翼遂寧人監生 吳儲新建人選貢 梁膚三水人選貢以上俱嘉靖年任 周詵三水人吏員 顧夢羽崑山人恩生以上俱隆慶年任 尹復仁祥符人 何良佐廣昌人 陳汶分水 王承光涪州人歲貢以上萬曆年任此後無考至天啓年間奉裁

明判官李德玄宣德年任 張[illegible] 武信俱正統年任 鄭琚福建人 鄭昕吳江人 李能南溪人以上俱天順年任 李謙成化年任 張弘宜華亭人進士由監察御史謫判官有政聲祀名宦詳見宦蹟志 劉佐進賢人以上俱弘治年任 單彰慶符人 周松年南溪人監生 李昭廣德人監生以上俱正德年任 譚崇巫山人監生 孫甫提爲人進士由大理寺正左遷陞巴陵縣知縣 孫琚豐城人監生 陳琨武進人官生 六燗會昌人吏員有幹才 何進隆雲都人選貢 徐光當塗人監生 賀望永新人監生以

上俱嘉靖年任 金翔金華人 李桃歙縣人 徐貞臨川人吏員 王用禎南充人進士 劉介齡南海人進士以上俱隆慶年任 金標宜城人 張應時吉水人俱萬曆年任以後多失考 陳策江西人萬曆十五年任死寃難詳見宦蹟志 管一鳴南陵人監生萬曆[illegible]十九年 錢元宰紹興人吏員崇禎年任 沈[illegible]浙江人貢生崇禎年任

國朝田信安肅人貢士順治三年任 史可成旗下貢士順治六年任 邵殿邦浙江人順治八年任委管丈量未能實意奉公一任奸[illegible]日冊籍恣意增減以致田根混淆小民未免受[illegible]弊 余[illegible]人[illegible]順治十三年任以子貴致仕 于連泓獲鹿人貢士順治十五年任 龔標號赤城山東單縣人壬辰科進士康熙四年任

明吏目王伯成宜德年任 楊春正德年任 鍾洪嘉定人 鄒經陝西人天順年任 縱緘沛縣人 丁郁溧水人以上俱成化年任 胡璡華州人弘治年任 謝寶墊江人舉人正德年任 劉濟霸州人承差 冀銘新建人監生 黃佃大興人監生 胡在德陽人監生 鄭杰常山人監生 李煜邵武人監生以上俱嘉靖年任後多失考 吳繼宗光山人監生萬曆四十三年任 胡自虞桐城人吏員萬曆四十五年任 杜[illegible]江西人吏員天啓元年任 諸之俊浙江人崇禎十四年任

國朝吏目靳弘謨[illegible]人[illegible]順治二年任 高明則膚施人吏員順治五年任 范明奇寧波人[illegible]順于治十二年任 沈毓林浙江人監生順治十八年任

明儒學學正傅舟見名宦永樂年任 汪景福宣德年任 萬鈞黃陂人 陳豐俱正統年任 王詵蘇州人 董佐祀名宦 林宗見名宦 朱成重慶人俱天順年任 陳瑄閩縣人舉人 裘淑登天台人舉人 倪憲仁和人舉人俱天順年任 袁廷珽東莞人舉人 李時達博羅人舉人以上俱弘治年任 劉瓚宜城人舉人 黃玉安陸

人舉人　周綱晉寧人歲貢以上俱正德年任　倪鎧上虞人舉人　王舜卿舉人名宦官廣東按察司僉事　周于德華亭人歲貢　華榮金華人歲貢　孔昭清遠人歲貢　鄒士元南安人舉人　陳鍠龍溪人舉人　楊賓武義人歲貢　劉鵬翔閩縣人舉人　學性郴州人歲貢　龍如琲萬載人歲貢以上嘉靖年任　羅教四川人歲貢　劉經恩桂林人舉人以上俱隆慶年任　匡直溧陽人歲貢　沈華昌化人歲貢俱萬曆初以後多失考　李炳奎江西人舉人萬曆三十八年任　江有光沔陽人舉人萬曆四十年任　裴晉卿枝江人舉人天啓二年任　余盛宜城人舉人陞刑部主事崇禎五年任　龐憲常德人舉人崇禎七年任　馬□□歲貢崇禎十四年任死難

國朝學正　熊仲龍漢陽人選貢順治三年學道委署　錢民瞻襄陽人選貢順治五年任　李崗寧武陵人進士順治十二年任　任崇嘉魚人舉人順治十五年任　尚登岸京山人□□□□康熙五年任

明訓導　陳堯章洪武年任　趙霖永樂年任　陳隲歲貢　李素俱宣德年任　李太鉛山人歲貢　陳完仁莆田人舉人　羅鍾忠州人歲貢以上俱正統年任　柯茂池州人歲貢　徐仁建漢人歲貢　黃和安慶衛人歲貢以上俱天順年任　楊浩嵊縣人歲貢　李務本舉人　蕭璣新淦人歲貢　衛永昌南豐人歲貢　劉聰江都人歲貢　王一鄂巴縣人歲貢以上俱成化年任　林鍾晉江人歲貢　吳伯鈞浦江人歲貢

張灝德興人歲貢以上俱弘治年任　羅昕儀隴人歲貢　李明名山人歲貢　蘇龍都□人歲貢　封淵內鄉人歲貢以上俱正德年任　王啓寶州人歲貢　章鑰富川人歲貢　裴文朱真陽人歲貢　趙士讓閩縣人舉人　李茂崇化衛人歲貢　胡聰雩都人歲貢　石渠漳浦人歲貢　郝珉建水人歲貢　鄭器寶應人歲貢　陳寵內江人歲貢　宋綱留守衛人歲貢　聶少夔漢州人歲貢　余士皐星子人歲貢　喻太升富順人歲貢　羅天爵德化人歲貢　范德先巴縣人歲貢　王猷江津人歲貢　毛尚志河南人歲貢　陶瑚四川人歲貢　謝恩直隸人歲貢　程序休寧人歲貢　王資合肥人歲貢　何燭彭澤人歲貢　先知當塗人歲貢　王時鳳合肥人歲貢以上俱嘉靖年任　王聘河南人歲貢　吳道宜福建人歲貢　王春醴泉人歲貢　李綸興平人歲貢以

上俱隆慶年任　葉仲仁和人歲貢　高校彭澤人歲貢　陳燭南昌人歲貢以上俱萬曆初任以後多失考州舊制學正一員訓導三員至天啓年間裁一員　米濟世蒲圻人歲貢　熊□江西人歲貢萬曆四十六年任　辜大方江西人天啓年任　吳伯裔漢陽人歲貢天啓年任　魏應龍漢陽人歲貢天啓年任　傅□孝感人歲貢

國朝訓導　彭祖商監利人歲貢　毛徙巴陵人歲貢　龔學洵□人歲貢

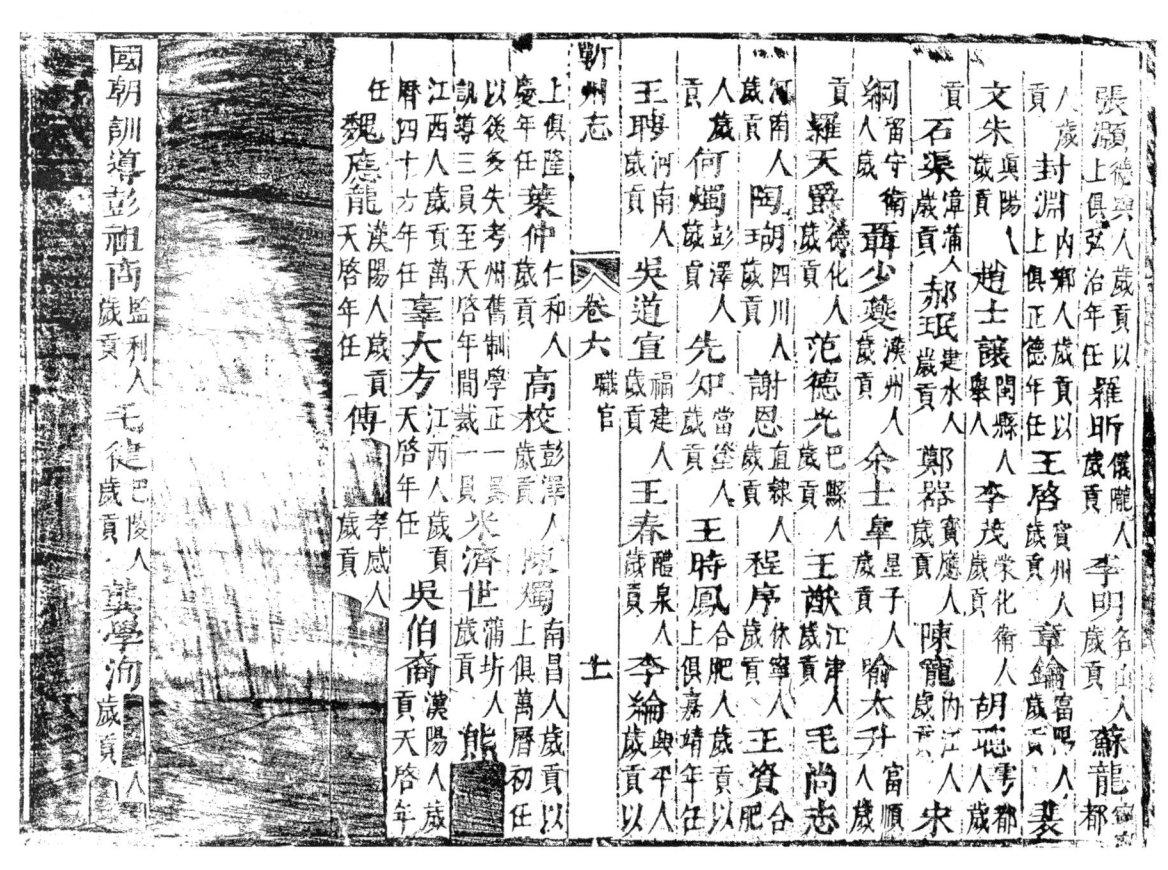

其雜職倉巡典術驛丞河泊及衛經歷等官舊志亦間有載闕畧者多難以紀叙

道憲

按道憲之尊原在州郡有司之上因其建設在明嘉靖年間故敘次列於其後兹以年紀非以爵紀也至其政績顯著者另叙宦蹟志中又非以爵紀以賢紀也至興廢始末權度時宜附以隅論則尤區區之心冀鑑於來兹耳 紘附記

明劉光文 號繼純四川閬中人進士嘉靖二十三年八月任陞陝西右參

卜大同 號吉夫浙江秀水人由進士嘉靖二十五年五月任陞本省右參

翁學淵 字原道浙江遂昌人嘉靖二十九年二月任前貴州左參

沈　寵 字思畏直隸宣城人由舉人嘉靖二十二年六月任陞廣西右參議

周　英 字濟叔直隸崑山人進士嘉靖十二年二月任陞四川右參議

麻　瀛 字登之直隸宣城人進士嘉靖四十年四月任丁憂

孫　裒 字益之貴州清平衛籍直隸如皐人進士嘉靖四十一年任

包　汴 字元康浙江嘉興人進士嘉靖四十三年任陞四川參政

袁世榮 字子仁直隸華亭人進士原任兵科給事諫言廷杖回籍隆慶元年起復本科八月陞授二年二月任本年十二月乞病歸里

盛當時 號明輔華亭人進士吏部主事隆慶三年任

戢汝止 字敬之四川簡州人進士原禮科給事隆慶五年四月任陞福建參政

楊　松 字惟喬河南人進士以御史諫言謫陞任萬曆二年任陞山西右參

侯堯封 字欽之直隸加定人進士萬曆五年六月任陞本省參議

王廷稷 字思民福建晉江人進士萬曆八年十一月任

劉弘道 字志甫直隸常熟人進士萬曆九年任

洪一謨 號□山東歷城人舉人萬曆十一年四月任

李復聘 字淑徵陝西人進士萬曆十三年九月任十五年八月謫開元兵備

李　琦 字伯玉江陰人進士萬曆十五年八月任丁憂

陳　朴 字一初河南人萬曆十六年十一月任

李文郁 字先貢河南禹州人進士刑科給事中萬曆二十年十月任

丁繼嗣 字國雲浙江人進士兵部武庫司二十一年十二月任陞本省參議

韓　紹 字□浙江歸安人進士二十四年四月任陞太僕寺少卿

沈孟化 字□福建永定衛人進士萬曆二十七年四月任

黃仁榮 字勉仁江西南昌人舉人萬曆二十九年十月任陞本省參議

張應鳳 字于梧直隸元城人進士萬曆三十一年任陞察院副使

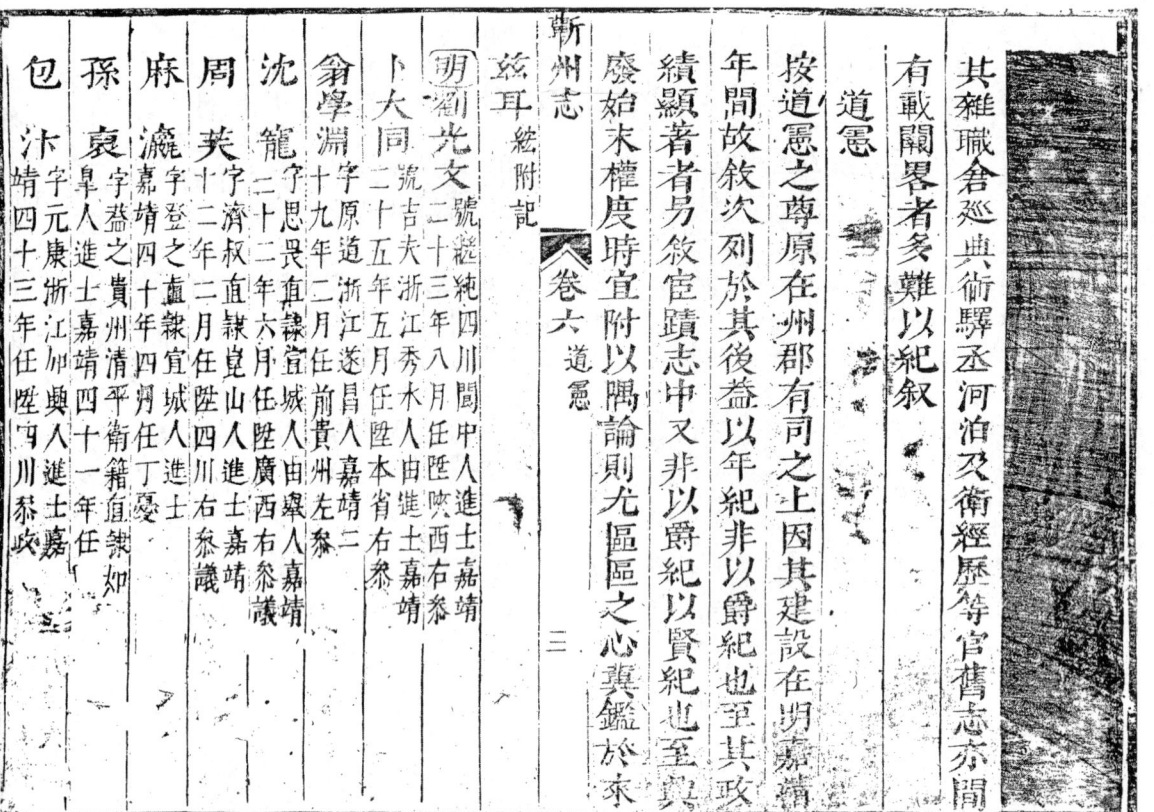

韓孫愛　字君博浙江慈谿人進士翰林院檢討萬曆三十六年任

胡世賞　字爾忠四川合州人進士萬曆三十九年任陞浙江右叅政

吳國仕　號長谷南直隸歙縣人進士萬曆四十三年三月任陞辰沅叅政

王世德　字長明浙江永康人進士萬曆四十五年二月任

李如檜　號培原山東人進士萬曆四十八年八月任陞山西按察使

李若訥　號渤海山東臨邑人進士天啓二年任陞四川叅政

陳應元　字幼白南隸籍福建人進士天啓五年任

范中彥　號濂儒山東范縣人進士天啓七年十月任陞本省叅政

儲顯祚　字文暑宜興人進士崇禎二年六月任陞本省叅政

王相悅　號鞠劬泰州人進士崇禎四年一月任以御史建言外轉歸致任

施元徵　號曠如無錫人進士副使崇禎五年任

唐登儁　號灼洲四川人進士副使崇禎六年任

唐顯悅　號梅臣福建人進士副使崇禎八年任

張秉貞　號坤安南直桐城人進士崇禎十年四月任陞北直隸廣平道

張定志　號石叟蘇州人進士崇禎十二年八月任

許文岐　字我西錢塘人進士崇禎十三年四月任

洪天擢　號西岩歙縣人進士崇禎十六年八月任

國朝

范鳴珂　號鴻磐山西威遠衛人由恩貢前朝[illegible]利道今順治二年十二月任陞陝西西寧[illegible]

周漢傑　字房仲江西安福縣人庚辰特用順治七年任

吳之徹　字象賢北直人舉人順治八年任

王　顯　字純白北直曲周縣人進士順治九年任

呂　陽　字全五江南無錫人進士順治十一年任

趙映乘　字涵章河南祥符人進士順治十三年任

汪繼昌　字梅岸浙江錢塘人進士順治十四年任

劉緝堯　號無糜山西曲沃人進士順治十六年任丁憂去任

楊志遠　號西邱江南鎮江府丹陽縣人進士順治十八年任陞廣西慶遠道

李登第　號虞門遼東廣寧人貢士康熙元年任

以後衙門奉裁

按嘉靖間允撫臣議設江防兵備兼制汝寧安慶九江諸郡專奉璽書任綦重矣

國朝肇基之初相沿不改後之議者或云江防之設向因立藩封易恣驕横故須重臣彈壓今藩封既廢則是官可以議裁或又云兵備之設向因領有標兵分汛防守今兵權盡歸督鎮則是官又可以議裁以愚論之蘄居三省之間若無所轄制則逋逃竄匿抗拒爲奸莫可詰問且隔江即柯陳盜藪患倚劍膚不時竊發非借監司

重任督以捕緝莫之奉行則此一官存之未見其益而去之則不無所損非身履其地者不知所關有如此之重也斯乃大體攸關固不問藩封之興廢與兵權之有無愚已于沿革論中畧引其端而茲更暢爲若説以備斟酌時宜者之蒭採也

宦蹟

吏于蘄而能不爲蔦呂臣懷州刺史者則其良法美意懿德卓行皆能使人思慕之愈久而不忘其寵者則祀之祠以當有司之尸祝而其名因籍以不泯夫尊名之教所以勵世劘鈍而風來者志宦蹟舊志

宦蹟論

盧紘曰甚矣人心公道之難沒也凡吏于其土者威無所不行勢無所不詘獨小民愛慕之良則誠結于中心而爲威勢所不能及故漢史之稱何武者曰所居無赫名去後常見思方其未去民雖莫之愛而終不勝其所畏以故貌可而心否者多有之及其去則可愛者始眞見其可愛而可畏者已失其可畏凡吏之爲賢能爲清白歷歷具陳于小民之口曾何所脅而然耶然吏之于民愛若家人而視同一體亦必本乎天性而無所勉強教必須乎歲月而不爭急功事必取其大公而不市小惠與其爲神君不如爲慈母詩曰豈弟君子民之父母此陽城之所以寧任撫字心勞而不諱催科政拙也夫官之有蹟必求其可見者也若天地之生物日暄雷動雨潤風嘘過而化矣抑何可見之有此小善之足錄終不若大德之難名茲蘄自唐宋以來爲江黃重地易起戰爭數經喪亂則吏茲土者文不止以慈惠見仁又多節烈表義春秋俎豆不輟謳思懿好之存終爲難泯故修志與修史同不可以私喜而匿其瑕不可以私怨而

沒其媺凡所稱述務存體要而畧其細煩斯垂諸後世乃爲可信之書也茲志于職官則全紀其姓名而宦蹟止及于賢者然治雖不逮分誼則同即必有所否但付之不言而是非之公凜然自在斯亦居是邦不非其大夫爲尊者諱義宜然爾

〔唐〕韓思彥 州錄事參軍嘗過汴州有張僧徹者廬墓三年部表其閭請思彥爲頌餽縑二百匹不受固請爲受一匹謂其家曰此孝子之縑也不可輕用

員半千 字榮期齊州全節人擢高第歷華原武功尉遷水部郎中爲弘文館學士武三思用事以賢見忌出

爲州刺史文雅有儀禮化大行睿宗朝召爲太子右
諭德累封平原郡公歷事五君有清白節卒年九十四
蘄名宦至今
從祀勿絕

呂元膺字景夫東平人始遊京師策賢良高第歷殿中
侍御出爲蘄州刺史嘗錄囚囚困歲旦不得省爲
恨因泣元膺惻然悉釋械歸之而戒以期吏白不
可元膺曰吾以信待人人豈我違因果依期至自是群盜
減德相率避境而去累官皇太子侍讀御史中丞鄂岳
觀察使嘗夜登城守者不納左右曰中丞至對曰夜不
可辨乃還明日擢守者爲大將軍入拜尚書左丞
吏部侍郎太子賓客卒年七十二贈吏部尚書

張舟仕蘄州蘄春主簿勻
會敏給厥聲顯揚

李象仕蘄春郡太守
贈郁國公

韓皐順宗時任尚書左丞王叔文嫉之出
爲鄂岳沔蘄團練觀察使

伊慎慶立戰功拜蘄州刺
後至封南兖郡王

宋

呂誨字獻可開封府鄭城縣人治平中爲御史時議
尊濮王典禮誨力陳不可彈歐陽修首建邪議
併劾韓琦曾亮公附會出知蘄州事
徙晉州加集賢殿修撰知河中府

楊偉字子奇幼學于兄億大禧元年獻頌召試學士院
賜進士及第試秘書省校書郎補蘄州錄事參軍
入爲國子
監直講

范純仁字堯夫蘇州人仲淹子也從胡瑗孫復遊父歿
始出仕知襄城縣治平中爲侍御史多所彈劾
累無歸避時方議濮王典禮與御史呂誨等更論奏不
聽家居待罪既而尊號南定復以應詔就職通判安州
改知蘄州事

李潛贛州興國縣人治平中進士洪州參
軍歷知蘄州志職監務事左以忠

王禹偁字元之咸淳間知黃州幾年政通人和百廢具
興士君子慕其高風大節移知州事謝表云宣
室鬼神之問敢望生還茂陵封禪之書
止期身後帝曰禹偁其亡乎踰年果卒

孫昌齡熙寧二年任殿中侍御史論
新法忤王安石貶蘄州通判

劉摯字莘老東光人嘉祐中甲科歷南宮令疏斥安石
欲竄嶺外神宗不聽謫監衡州鹽倉元豐初改集
賢校理神宗開天章閣議新官制除禮部郎紹聖初來之
邵周秩論摯變法棄地罪奪職知黃州已貶蘄州居住

虞策字經臣杭州錢塘人舉進士爲州通判時蔣之奇
以江淮發運上計神宗訪東南人才之奇以策對
擢舉利州路常平湖南轉運判官召爲
監察御史進右正言仕至龍圖閣學士

范應鈴字旂叟豐城人開元元年進士調衡州錄事改
知崇仁治有善狀眞德秀扁其堂曰對越通判
蘄州

聶冠卿字長孺新安人舉進士授連州推官楊億愛其
文試學士院校勘館閣書籍遷大理寺丞左遷
州判官冠卿嗜學好古手未嘗
釋卷尤工詩有蘄春集十卷

秦希甫字辨之元豐進士元符中爲陝西
轉運判官以言罷去事白還蘄州

林大年錢塘人和靖先生之侄孫也父宥受業於之
門登進士生大年介然自喜爲英宗朝侍御史
連被臺移出治獄不肯行于是
中丞唐介論奏之降知州事

劉拯字彥修宣陵人登進士第元豐中爲監察御史蔡
京編元祐黨籍拯歷陳唐漢朋黨禍京怒出拯知蘄州
張商英入相召
爲吏部尚書

張商英字天覺新津人嘗與知蘄州後事名宦或議其
剛此蔡京考大觀四年蔡京罷相乃拜右僕射
盡反京政召用元祐舊臣天下翕然望其拜者往往
京初遂與同朝邏及范文正公同日降制贈少保謚文

忠則商英非盡附京
者祀名宦宜矣
梅執禮字和勝浦江人舉進士仕爲給事中與宰相王
黼善以詩規之黼怒罷顯謨閣待制出知蘄州事
李宥字仲嚴唐宗室也舉進士知州事歲凶民散委棄
兒而去者相屬于道宥令吏收聚計口給穀俾民
婦養之每旬閱視所活甚衆有殺人者賂
吏匿奸宥得其情論如法擢湖廣提刑
明鎬字化基安丘人舉進士補州防禦推官改大理寺
丞薛奎稱其沉鷙有謀能斷大事除開封推官進
禮部員
外郎
陳過庭山陰人徽宗朝爲御史中丞論事忤權貴罷
知州事未至謫海州團練副史黃州安置
蕭服廬陵人舉進士以奉使得入對徽宗謂有
諍臣風擢御史爲吏部員外郎出知州事
岳飛字鵬舉湯陰人紹興
間曾爲舒蘄制置使

汪安行績溪人紹興間登第教授蘄州有政聲孝宗擢
爲朴直做家老子遷朝奉大夫知澧州卒
章燾字彥博宣城人以父元佐蔭補廷尉坐免起知復
州召還再免尋知蘄州寬平不擾蘄產竹簟例充
苞苴燾斥罷之遷刑部侍郎以
經術飾政治孝宗嘉其不覬望
丘岳字山甫嘉定十年進士授太湖尉辟爲州推官歷
黃州通判兩召爲工部尚書累贈特進正議大夫
東海郡侯
陳晦字大者知州時魏了翁作詩送之後有
惠民之政果如其言焉詩見鶴山文集
韓世清知州時州人請爲兵馬鈐轄
有賊劉忠犯境世清戰破之
施溫舒淳熙間知州事淳祐
間刻震澤語錄于郡
李宗思建安人與朱文公相友善乾道八年
爲州學教授文公爲作教授廳記

羅頎徽州人吏部尚書汝楫之子鄂郡二
州太守之弟紹興間爲州通判賜
王玠字介玉長洲人倜儻負氣能文從居鄂州黃陂尉
諸官來號玠以文武見推爲陂堅將賞紹興初孔
彥舟爲舒蘄鎮撫使兼知荊湖北路鄂州鈐聘玠爲幕屬遂
佐彥舟捍蔽衛要撫循鄉井祿權邦彥知東平府彥舟
隸麾下因事叛去及聞邦彥參書樞密心不自安不福
建宣撫副使韓世忠自湖外破劉忠倂馬來順流東下
彥舟疑其圖己遂有異志問計于玠玠烈士也正色答
曰總管被命鎮撫二州任優祿厚豈可負朝廷自陷
不義諭以順逆凡數百言彥舟怒因之每數日復問之
玠曰君不能與韓公等先立功以報君父顧乃甘心與
逆賊爲此不慮其見剿何欲富貴能建大勳于國家可
也何罰此強能富貴人哉君誠欲反幸先殺我孰謂王
玠而從賊耶彥舟怒竟沉玠于龍眼磯其妻子偕時紹
興二年六月十三日也彥舟遂引兵北降劉豫初玠赴
彥舟之辟或請止之玠曰吾慮之熟矣彼方擁兵于此
姑爲鄉井計儻能息其暴戾固非爲玠一身計也玠嘗

有讀楚詞詩意以原自況及被害郡人悲其志爲立廟
磯上肖塑賦東詞刻于石本朝王彥用祀十烈之一知
府王儼
詩之
李誠之字茂欽東陽縣人廟祀于蘄賜額褒忠仍贈其
妻孥之死难者歲久廟圮嘉靖壬子兵憲翁公
孝淵闢隙遺址重建其
祠于儒學之左有記
趙汝標爲蘄州防禦判官金人犯
境從李誠之死贈承務郎
寗時鳳字翔夫浮梁人舉進士補州判官金人犯境郡
守李誠之檄時鳳共守卒死于难贈承務郎
嚴剛中蘄州都大監轄蘄州鎮倉庫金
人犯境從李誠之死贈承事郎
杜諤錄事參軍兼司戶金人犯
境從李誠之死贈承務郎
林騤蘄春知縣與統領孫中
江士旺俱從李誠之

劉光世字平叔保安人初爲兵馬監蘄州防禦使駐隆佑太后在南昌議者謂金人自蘄渡江命光世移屯江州爲屏蔽光世既至日置酒高會金人自黃州渡江凡三日無知之者○按光世玩寇蹤防舊志直書其事而文廟仍從祀至今何也附記於此以俟後之考定者

葉適字正則括蒼人淳熙廷對第二人除太學博士朱晦菴爲林栗所論適上疏言非是知蘄州一以靜治經濟自負入爲吏部郎歷侍郎今稱水心先生有水心文集行于世

余童卬知蘄州賑濟有法盡括戶內之數第爲三等量戶口以賑貸之又令五邑度地均藂置場立人以主祭之去後人思之不忘

孟珙字璞玉宗政之子也嘉定十年金兵犯襄陽與父累立奇功端平二年以主管侍衛馬軍司公事兼知黃州節制蘄黃四郡蘄守張可大委郡去珙指畫戰守屹然爲一方保障特賜金椀以旌其功

王鎰蘄州安撫使景定四年元兵據白雲山設砲臨城趙保鴻宿洲望見麒麟山可據因遷今治得古墓中有刻云本有千年地姑借五百年感謝王刺史移我過西園觀此則去雖圖存怙恃赤子雖出于一時而實由前定矣

夏竦字子喬江州人謚文莊知州時龐莊敏公爲司法常以疾在告忽吏報莊敏死文莊大駭曰此人當爲宰相安得便死吏言其家已發喪文莊曰不然即自往見取燈視其面曰未合死語醫曰此陽證傷寒汝孝不善治誤耳亟以承氣湯灌之有頃蘇世謂莊公知人多術信然夏公竦龐籍繼益入相○按竦爲相與正人不相容聲名頗玷然文譽甚著其治蘄無他蹟可紀而志僅載活龐公一事縱可知矣

王彥明守蘄州元兵壓境力戰粮乏不屈率家屬衆大船于城西中流慷慨鑿船沉水死州人以爲烈士立廟于死之北岸而祀之天順間知州金公銑爲之建廟作記歲久廟圯地爲居民所侵嘉靖辛亥兵憲舒公學淵闢地建廟郡人知府王儼記

元趙貫翁至正間仕州總管稱曰廉能

解觀江西吉水人以易經中進士任州錄事執法不撓

張好古字信甫讀書屬文器識宏遠勇而有謀授行軍千戶戍宿州中統間移戍蘄州李壇叛據濟南宋人攻蘄好古率兵迎擊力不支死之其父普亨聞而哭之曰吾兒死得其所矣

明夏元吉字維哲其先會稽人徙饒之德興祖希政仕元湖廣行省都事父時敏國初爲湘陰教諭遂家焉母廖氏夢屈原入其室而生幼孤領鄉薦卒業太學選入內庭書制誥擢戶部主事洪武三十一年以本部左侍郎充採訪使巡撫福建尋出鎮蘄州永樂初召還陞本部尚書奉　命治蘇松諸郡水發浙西兵民數十萬疏決壅滯奏發倉廩二十餘萬石賑饑民十九年冬十一月上欲北征命原吉與尚書方賓呂震吳中

等議原吉言粮儲恐不足供大將軍上怒繫原吉內官監籍其家惟賜鈔千餘貫布衣瓦器而已明年正月車駕出征果以軍餉不足還又明年上崩于榆木川仁宗親解其縛復其官仁宗崩宣宗嗣位奉遺命輔政後卒特進光祿大夫太師謚忠靖蘄人祀之

左安善吳元年丁未來守蘄州路未幾改路爲府擢知府事介于守已而才猷過人故當戡定之初而民賴以安三年擢刑部侍郎

徐麟本府廣濟人自河南知府自陳便養親調知蘄州府以政績聞雖有創建而民不告勞歷官永道房三州而所至有聲

孔思森先聖五十四代孫由鄉舉知州事洪武十年時改府爲州設科條振綱紀節用而愛人政治爲之一新焉

楊琪由鄉舉知州事惠以爲政才濟其智奉民
部榜移建預備四倉而請度不擾于民
李士安知州事留心風化頗識爲政先務伐石爲鄉
舉題名碑風前而勸後人由是益知學爲
王坦字子平鄆城縣人由鄉舉知州事
政尚寬平勸士子民久而不變
金銑字宗潤淮安山陽人由鄉舉知州事入修國史進
秩禮部祠祭司員外郎陞廣信知府文學該博政
事通敏興學校均徭役舉廢墜而
民無怨言所著有節菴集行于世
莊轍字中輿上元人由進士爲秀水令擢知州事廉介
自守仁惠及人儲養諸生稱事能給建明倫堂樂
育堂貯書樓果有興作不妨于農時劇盜逼境民兵
有被殲者撫爲優恤其後度支官軍俸粮無過期焉
錢承德字世恒常熟人由進士知
州事有善政後擢副使
何綸廣西順德縣人由鄉舉知州事廉介剛毅尤致意
于倉儲出納明愼防患周悉故一時攬納懷歎之

蘄州志　卷六　官蹟　廿四

弊肅然無聞踰年
以憂去士民思之
葉仕美閩縣人由鄉舉知州事耿介剛明不爲勢變所
撓以直見忤于公室一日過諸塗公室將辱之
公正色曰朝廷衣冠不可毀也公室爲之斂衽正德八
年霸州賊劉六劉七迴流來寇公單騎招民入守郡人
至今猶
能言之
侯直字公繩華亭縣人由進士任舉事調通判擢知州
事廉介有爲愛民如子令行禁止不容私謁陞太
平府同知山
東副使卒
李純字在誠福建莆田人由進士尹襄寧擢知州事潔
己愛民遇事果斷能不怵于勢猾吏畏而民懷之
改欽州尋陞宗
人府經歷卒
周南字文化號宜齋南京羽林衛人由鄉舉尹福清陞
知州事崇居太同二鄉遠在窮谷編民賦稅不以

時至公仁明廉愛開誠而人信之無敢有後時者陞濟
府右長史去後因事過蘄郡人禮敬有加及歸老林下
而郡人過其廬
者無不欣訪焉
谷鍾秀餘姚人進士嘉靖任易直
子諒保愛百姓若赤子然
俞敬字一中別號沙泉永康人由進士歷刑部員外郎
左遷州同知廉介愛民興學勸士尤惓惓焉公暇
不廢書史長于文學尤善吟
咏累官後府經歷思州知府
張弘宜字時措華亭人東海谿之長子也由進士監察
御史謫州判官剸繁剔劇才斷過人民間之事
罔不精究轉沔陽知州陞
湖廣僉事雲南副使卒
趙廷松字子後號俟齋浙江樂清縣人由進士任刑部
主事以不附權貴左遷添註州同知端嚴律已
豈弟作人工詩文善書又長于聽斷無敢貪緣爲奸者
故士樂其業吏畏其威累官陝西左方伯功業未艾云

蘄州志　卷六　官蹟　廿五

傅舟永樂間任州學正文學
該博召修性理大全
董佐江西撫州府臨川縣人號勿菴由鄉舉授州學正
博聞強識留心性理不事口耳之談師道大振成
就頗
多
林宗字存敬號敬齋莆田人天順間爲州學正教人以
體用之學既去學者追慕建祠學宮以祀之扁曰
崇賢副使邵公寶有記孫俊按察湖廣歷江西四川都
御史經過必祭告祠下文見碑刻以俊貴贈工部尚書
王舜卿字師禹號愼菴福建閩縣人由鄉舉任州學正
才性通敏好問勤學文習爲之一變士有婚喪
不舉者捐俸以給之長于知人而善于長育陞
桂東知縣召爲錦衣衛經歷陞廣東僉憲卒
裴文采字尚質河南眞陽縣人由貢任州學訓導古貌
古心待諸生以義處僚友以和陞獲鹿教諭去
任有泣
下者

石璽嘉靖末知蘄州事荊廣人常令嗣王淫暴惡石璽因祈雨誘令知州接雨跪烈日中須臾雨驟至平沒尺許不令起石憤甚竟客疏陳狀詔奪王爵廢爲庶人

路雲龍萬曆初以進士知蘄州事剛介明於獄訟築隄防修津渡造掛口浮橋小民賴以安至今頌之

潘珏字玉宇婺源縣人進士知蘄州事重積貯作阜民倉踰年大旱發倉賑民多所全濟益廣厫庾積粟至八萬餘石在任十年不奉上官久不得調作歲寒亭記見志及代去民思之轉金華同知陞福建按察僉事

徐希明十堰人由鄉舉任蘄州事時值荒旱梅盜連州境不聞判官程某協力防禦民賴以安又蘄江中石磯每爲商船患公爲築磯建亭于上名曰浮玉望者知所趨避爲今文昌閣始基公之有功于蘄非小矣

鄭夢禎福建人萬曆中由鄉舉知蘄州事不畏強禦時太監陳奉奉命開採銀礦檄夢禎監稅夢禎極言不便一切反奉絀奉劾夢禎及江防參政沈孟化降調後武昌民變盜大起侵擾蘄境人思其剛正不阿云

蘄州志　卷六　宦蹟　廿六

何之圖字見義婺源人由鄉舉知蘄州事素有文名吏才精敏以爲孝廉時曾爲巨璫王文坐是辭任未竟所施蘄人惜之

倫應祥字□東莞人由鄉舉知蘄州事約已惠民發奸剔蠹精于計筭時東南二城樓火燬公重建之竹頭木屑亦不浪用計日告成費約功倍節省金錢三分之一後陞審理輿論惜之

錢兆元字長人仁和人由鄉舉知蘄州事深明理學行事多法古人聽斷無枉每日焚香告天方坐廳事服則進諸生講習文藝無遠近爭師事之時三王之國供用浩煩民多驚懼公以身任之卒得無擾覆舟溺幾死人爭赴救得無恙後陞辰州府同知隱以投核去小民泣送者萬計至今江干立詠德祠以祀之

唐世照字伯闇灌陽人由鄉舉知蘄州事吏事明敏不憚勤勞時流寇往來侵擾隔里烟賊衆竄處青山鄉一帶民多流離公于附城通衢掘濠築險分任流民日夜身親巡緝寇不敢窺民以安堵尋公以勞瘁致沒不數年而催科煩起災疫頻生寇遂屠城而民命委之鋒鏑民于公功益深思念云

州判陳策字□江西人由貢士于明萬曆戊子年因黃梅賊首梅堂詹三澳劉汝國余孟新倡首亂踞蘄之柴家山楚撫約南操江會兵征勦蘄州知州徐希明令策居中調度指授方畧策奮勇突入賊巢與賊相擊被賊以鉤中之莫能脫不屈遂死之後賊黨悉平獲策尸面色如生

國朝

張定邦號□遼陽人時蘄當殘破之後生理未復公惟務簡易爲政催科不擾民甚愛之陞德安府知府尋以前任事議奪職蘄人爲抱屈也

方于光號澄嵐大興人由進士知蘄州事器識通朗時州田粮隱漏里役不均公爲一清積獘均其勞逸而貧民得以息肩此其政之最善者尋以丁憂去治績不終惜也

金貴號小泉遼東人爲治惟務實心任事不尚虛夸蘄處江干最苦往來供役公預策酧應悉以身任之尋以告老解任民尚稱頌不輟也

蘄州志　卷六　宦蹟　廿七

王宗堯號銘一遼東人今現任勵精圖治勞瘁身先蒞治以來善政不可枚舉惟是蘄當寇燬州治儀居民蕩公循舊基重建廳事規模煥然又蘄民最苦門差往來供送無所休息公爲省革查給催役官錢民大稱便至徵輸有法政簡獄清咸稱無擾猶留心文教興建學宮巍煥之觀仍如舊制又建倉廒修佛剎學校弛廢次第聿興非長材遠馭曷克臻此豈弟之聲洵有歸矣

道憲宦蹟

【明】劉光文字繼純號亦齋四川閬中人壬辰進士任
事嘉靖二十三年至公鉏擊豪横不避彊禦
一時狐鼠屏跡甲辰乙巳仍歲大祲民無敢嘯聚剽劫
四境晏如者公之力也無何以外艱去今陞陝西右參
議

卜大同字吉夫號監泉浙江秀水人戊戌進士嘉靖二
十五年以僉事代至公政尚簡靜民賴以不擾
議者比之謹悉寬和有文相
濟焉者尋遷本省右參議

翁學淵字原道號冊山浙江遂昌人壬辰進士嘉靖二
十九年以僉事至先任貴州左參議癸卯提調
科場坐試錄違式遠議落秩量移今職典
廢舉墜尤多善政舊志之修公爲之序

周美字濟叔崑山人嘉靖甲辰進士授江西進賢知縣
入爲刑部郎擢湖廣下江防兵備僉事爲人沉毅

鎮密平居不妄言笑尤精于法比所駐蘄州爲洞庭彭
蠡之交盜藪也白晝艇而東西以剽掠商民財提于簡
激莫敢誰何美至立團操之法作戰艘令材官日遊巡
江上所獲眞盜獄成即日斃之不少稽留盜由是相戒
不敢闖境江洋晏然御下嚴峻雖親故爲屬僚不少假
顏色尤精舉子業政暇則以教授蘄諸生後多成就其
取與有辨嚼然不可滓去任之日即蘄產梧簟蛇龜之
類一無所攜後陞四川參議副使以事忤御史因誣論
其受贓狀吏部尚書某者爲美鄉人又同年也雅知美
廉吏而難御史言竟以遠嫌故覆致仕去比歸自以平
生堅忍一旦爲人玷缺憤恚不勝遂發狂疾卒卒之後
僅及數年其子不能存活飄泊至蘄蘄人憐之以告僉
事耿汝止戢歎曰此豈清白吏之左驗乎爲婚于蘄家
焉後補州博士弟子員楚人比之朱邑桐鄉故事云

侯堯封字欽之嘉定人由進士深明理學潔己愛民初
任于浮玉磯議築石建文昌閣工始緒而公以遷
任去至今蘄人肖像於關聖祠後
堂奉祀抑不忘始事之功云

丁繼嗣字國雲蘄縣人由進士建節之初留心造士後
多顯達設義民兵選士著務使兵民相安防捍
周密後遷閩撫海寇聞
風遠遁著有海防一書

韓紹字[illegible]歸安人由進士賦性簡潔事近民情法行
強禦于宗藩不道嚴懲府役并治王親一時驕貴
斂迹

韓孫愛字君溥慈谿人由進士初任翰林院檢討充福
藩講官外遷參議課士興學修築浮玉磯及砌
壘江岸善政不可勝紀而執法嚴明貴戚斂手
蘄人肖像與侯公並祀關聖祠後須祝未衰也

吳國仕號長谷歙縣人由進士銳意興除推誠愛物捐
俸數百金建文昌閣於浮玉磯置公田二百石
祀神膳僧兼賑士之貧者歲爲例刊載紀書自是
人文丰與頌揚公德建報功祠於江滸以奉祀焉

王世德號迴溪永康人由進士虛心仁恕練達機宜尤
留心課士親自披閱簡拔其尤刻有麟鳳會業

增築文昌閣幇磯李公如檜因建亭於上
並祀報功祠其他仁聲惠政未可殫述也

李若訥字季重臨邑人由進士天性仁孝治尚廉平尤
善文章公暇惟讀書課子後以進表行敝袍衽
褐圖書數簏而已行之日官庖無宿儲
纔市米數升僅供晨炊清節可知矣

陳應元字幼白福建人由進士寬仁愛士周悉民情寡
以詿誤去士民追念之後復陞任登萊巡撫

范中彥字濂儒范縣人寬嚴兼盡扶善抑強
繼遷守憲去後於蘄人猶有餘愛焉

王相悅字鞠劬泰州人由進士以御史建言例轉外任
留心申辨究抑鋤治豪強問斷必以躬親片言
而折一時歛服境內肅清暇則進諸生講課然性情落
落寡合尋解任去民謡有云昔有個羊叔子項仲宜如
何怎比我公廉我公只飲
江中水不取錙銖作孽錢

施元徵字曠如無錫人由進士才優應務如督兵擒麻
城虎頭關寇親履行間宗藩不法者動色相戒

攝學道篆考貢考後一清宿弊以遠
道來者不留時刻貧士尤感德也
唐登儁號灼洲富順人簡約坦易出體人情整肅戎行
不見威厲其聽斷明决多所保全人稱爲佛子
云
張秉貞字坤安桐城人由進士器宇宏深才猷敏練時
流寇隔里烟盤踞蘄鄉往來擄掠公親至渴口
督勦賊遂遁去其居恒設防毋多先事是以寇氛雖熾
終不敢窺伺近郊民賴安堵陞任之日民頂盆香遮道
扳臥從
未有也
許文岐字我西仁和人溫文儒雅和氣親人時蘄當荒
疫之後兵寇逼境事不可爲癸未城破公遂以
身殉
難矣
國朝范鳴珂字鴻盤威遠衛人由恩貢〇國朝初定公始
任蘄當流寇殘燬之後人民凋喪廬室蕩然

公多方撫綏稍復生理丁亥九江之變公督禦躬親持
以鎮靜民不驚擾尤所難也後陞西寧聞入里門甫三
日爲姜逆所脅不能自裁旣爲法
受惡而功之在蘄者自不容泯耳
周漢傑字房仲安福人由舉人甫及一年累杜門
請告卒辭任去然清標惠愛足嘉尚焉
呂暘號全五無錫人文望夙著器識淵通　國朝順治
初以薦舉辟用因母老固辭不獲命補駐蘄防赴
任之日敝衣羸馬僮僕相隨居官氷蘗自茹且時時運
吴粟山泉官廚自給嚴杜苞苴干謁視事神明獨斷吏
胥拱手退立而已爲政尤力行保甲以絕盜源著有鄉
約全書刊示里老又因巴河盜警捐造巡船分給三江
口十二隻道士洑五隻本標八隻增修瞭臺勤點塘兵
自潯陽以上至于漢川民咸安枕商艘通行麻黃之東
山故多盜公撫其渠帥李有實等三百餘人獻諸經畧
洪公特疏〇題敘又蘄學宮頹廢名宦鄉賢二祠鞠爲
茂草倡捐修建聿復舊觀課士衡文尤多藻鑒時奉遵
諭陳言之行公盱衡時務亟以奏[illegible]覆擊民船商舫及

巡檢弓兵奉裁巡緝無人深爲未便力疏　上請奉有
議奏之　旨雖部議卒寢不行識者韙之矣入　覲單
車就道行橐蕭然乃以細故牽引解任
蘄人思慕至今詳載碑記未能備錄
趙映乘字涵章祥符人由進士公溫醇沉
靜有古人風尋卒蘄人哀念之
汪繼昌號梅岸錢塘籍休寧人由進士公歷任粵西才
多練達經畧洪公特疏題補甫任一新道署時
蘄民重困在丈量混淆王庄賠累及門差船戸諸役
公銳意釐剔卒以蒞任未幾未竟其志論者惜之
劉緝堯號無縻曲沃人由進士公潔已愛民留心
政治蒞任未幾以丁憂解任人多頌焉
楊志遠號西印丹陽人公沖襟雅量燠日和風爲治務
存大體簡畧細煩蘄當大江之衝往來供役頗
公無擾時隣境盜竊發公多方擒緝漸以消弭自奉簡
約于民絲粒無取刑獄聽斷務得民情曲爲曉譬多感
泣而去者數年之間人咸樂其鎮靜陞廣西賓州道
復爲他事累不久得白復官論者謂公道之難泯也

李登第號虞門廣寧人時法令新定體統變更公篤慈
惠蘄民愛戴方深而惜已奉議裁之行矣

蘄州志卷之七

選舉表

地之重以人才才之用以選舉吾蘄雖號多才而漢唐迄今頗失所考姑存其所可知者至明取士三年一舉中式者謂之鄉貢會試中式御策者謂之進士餘則有歲貢四年而三行之以援例入太學者無定數焉爲志選舉舊志

選舉論

盧綋曰一代人才必見於文章事業然文章事業未有

不從選舉而出者也士君子修行砥名敦古自好或限于義命而不列于選舉之科者亦多有矣第求其卓然表立顯名當世者欲外選舉而求之終不能得也是以謀國者亟亟乎人才是進必多爲開從入之途其遠者不及考論近代則三年有鄉貢士科有進士科州制弟子員食餼久者例四年之中三貢于廷曰歲貢或間以恩例拔其尤者進之用以異等曰選貢亦有具異敏廉幹材而不能以制舉顯則或援例入國學曰太學生或以文無害出身爲藩臬椽年滿亦得給告身咨部選凡州縣佐及衛幕倉巡雜員皆出於此所謂三途並進者大類若此又有武科三年與文並舉技勇權略胥出其中承平既久其選稍輕然卒不能廢者蓋治亂無常則文武亦隨時輕重至恩封任子尤屬殊榮其在吾蘄唐宋以來書缺有間至明則人才之盛歷有可稽

上應

國朝之興科目肇舉貢例迭行雖乘凋落之餘猶不乏人

聖天子求賢詔人之傑也地之靈也兼有賴焉作志者先職官次選舉明乎作興之權端操自上是其責望不爲

不深矣

前代科目辟薦

南唐　陳起　進士詳見人物志

宋　井霖　進士字起崖登陳子龍榜復州教授漢陽主簿

井澤　鄉舉字叔濟兩領鄉舉免解就省榜

余玠　辟薦詳見人物志

近代鄉貢科目

明　洪武十七年甲子科

張仕安　己丑科進士

王獻　己丑科進士

二十三年庚午科

栗銓 仕漢中府知府　栁隆 四川成都府井研縣教諭

二十九年丙子科

汪祐 教諭 [illegible]　朱彤 字彥功初任山東金鄉縣教諭陞句容縣知縣兵部主事轉紹興府通判

建文四年壬午科

程式 四川成都府郫縣學訓導　王廷中 四川彰明縣學訓導

永樂三年乙酉科

胡琪 丙戌科進士　明晉 河南光州學學正　周和 四川順慶府廣安州學訓導

張彤 工部主事左遷大興縣縣丞

六年戊子科

張价 福建泉州府晉江縣學教諭　陳情 [illegible]　張恒 [illegible]

九年辛卯科

潘虔 四川嘉府威遠縣學教諭　劉蘊 訓導

十二年甲午科

徐顒 四川成都府綿竹縣教諭　胡僖

十五年丁酉科

程燧 解元江西雩縣學訓導　鄭杜 廣東潮州府同知　張惠 江西贛州府通判　曾榮 知縣　余悅 [illegible]

十八年庚子科

張璉 [illegible]　徐鐸 [illegible]

二十一年癸卯科

何清 [illegible]　熊翼 甲辰科進士

正統三年戊午科

宋誠 字彥實任四川劍州知州改徐州陞叙州府知府

[illegible]子科

劉瑄 見孝行　陳滌 見人物

十二年丁卯科

劉澄 丁丑科進士　毛晟 訓導

景泰元年庚午科

張僖 見人物　江琳 知縣

四年癸酉科

黎晃 [illegible]　王翰 丁丑科進士

七年丙子科

胡旂 字應科雲南昆陽州州同

天順三年己卯科

華仲賢 乙未科進士見人物 [illegible]

成化元年乙酉科
金蘭 字廷秀，江西南昌府訓導
易濂 字原潔，四川武隆縣知縣
四年戊子科
井堂 見人物，澤之父
何珍 字廷獻，廣東提舉
十年甲午科
田鵬 字萬里，鄉試第二名，廣東乳源縣知縣
十九年癸卯科
壽儒 丁未科進士
華壽 字景明，雲南鶴勒州知州，陞武定府同知，改永寧府同知
二十二年丙午科

華鑾 解元，丁未科進士，見人物
劉臣 字良弼，雲南羅雄州知州
井澤 堂之子，見人物文苑
弘治壬子科
陳僖 字君樂，徐州豐縣知縣
八年乙卯科
黃廷玉 字德夫，溫江縣教諭，陞福建晉江縣知縣
陳大什 戊辰科進士
張思齊 乙丑科進士
十四年辛酉科
楊榮 字本仁，見人物文苑
十七年甲子科

宋良臣 字希夔，河南確山縣知縣
正德二年丁卯科
余志 戊辰科進士，舊志失紀
五年庚午科
王儼 見人物文苑
劉樽 甲戌科進士，見人物文苑
八年癸酉科
井棠 見人物
十一年丙子科
高鵬 丁酉科進士，見人物文苑
李材 字淳夫，陝西隴州知州，以直見忤，調任不赴
劉傑

字楚望，浙江湖州府通判，調饒州，陞四川忠州知州
張表 字德乎，思齊姪，直隸定州知州
嘉靖元年壬午科
郝守正 癸未科進士，見人物
四年乙酉科
陳吉言 [illegible]
七年戊子科
李時言 字宜甫，四川巴州知州
馮天馭 乙未科進士
翁景昕
張仁 字長善，思齊之子，直隸豐縣知縣，調新城，陞河南衛輝府通判
十年辛卯科

邵思學字志道直隸平鄉縣知縣　姜𠈁賢字汝爵開封府通判　井澧字鍾衞直隸[illegible]
德縣知縣行取趙州太原府同知河間府平涼府知府鑰之子
十三年甲午科
郭欽字舜遴四川成都府資縣知縣　陳素養　劉捷字思獻
經綸之子極之兄
十六年丁酉科
高暘字賓之鵬之子曙之兄江西安義縣知縣蘇州府同知　張大顯字子暘浙江處州府
顧問戊戌科進士推官
十九年庚子科

蘄州志　卷七　選舉　七

楊芳字子春榮之姪傑之子見人物　陳仁近字元復見人物　張建字汝賓
二十二年癸卯科
姜梅字實之見人物　盧奎字聚東璟之姪四川重慶府巴縣教諭陞陝西臨潼縣知縣　胡
煥字堯章
二十五年丙午科
田成法字子憲璽之子壬戌科進士　楊旦字時行　易鴻磐字子安　吳之
翰字維憲　陳其愚字汝見大中之孫古言之子
二十八年己酉科以上俱舊志
湯一賢字方之　化之行字子雨之子推　董世仁字子重　洪大賓　李

泗
易龍見字子明　顧國進士庚戌科　陳文章字廷章　劉丞字仁經
綸之子捷之弟
三十一年壬子科
周祈字子永禧之兄　周禧字子吉祈之弟直隸督學御史　井繼忠字子顯
三十四年乙卯科
馮天騤　韓表來　李啓昭丙辰科進士　吳鳳
瑞　曹承詰刑部郎中
三十七年戊午科
周祚號台峯郎中　徐之徠號紹華梁山知縣　王省吾　高

蘄州志　卷七　選舉　八

世相子暘之　戰符號孟竹
四十年辛酉科
史修　張步雲廣濟人州學　余時禮　王之佐
高儒知府
四十三年甲子科
壽表　李建中號龍源府同　易可訓號幇卓知州　余時中
字軫南陝西鳳翔府岐山縣知縣　劉如皋戊辰科進士　李盛春辛未科進士
隆慶元年丁卯科
陳正誼　吳之問　李孟春號愛池主事

四年庚午科
張巽 思齊之孫仁之子 葉正奇 號鳳昇 張日新 號明所知縣 馬希遷
號鴻洲復姓田黃州府學
萬曆元年癸酉科
李際春 鄉魁丁丑科進士 張邦彥 號鳳梧知州 燕祖召 外學副使
四年丙子科
李載陽 丁丑科進士
七年己卯科
劉如寵 庚辰科進士 劉廷策 號愛宇 唐一鵬 平溪衛學癸未科進士

十年壬午科
袁世振 戊戌科進士 張星 號聚薇府同知思齊之孫
十三年乙酉科
陳其叜 號水南 蕭明哲 宋道亨 外學
十六年戊子科
張叔堪 字學海未仕 王之臣 號午洲朝縣知縣 李瓊 號龍石知府 史朝
貞 號介臺京闈府同知修之子 顧懋宏 崑山人以族黨寄籍州學南闈中式
十九年辛卯科
夏忠 字子尚府同知 汪廷玉 外學僉事 陳王道 [illegible] 貢鳳翔 外學

二十二年甲午科
張邦亨 號嘉宇知州 龔漢臣 外學知縣
二十五年丁酉科
張邦翼 鄉魁戊戌科進士 蕭世聘 號知白明哲之子 陳時宜 號綸城府同知
汪宗文 號泗濱副使
二十八年庚子科
王之栩 字蘧伯號天目府同知 劉世寧 字濟之知州 劉銳 字壽之知州 [illegible]
攄忠 號玄灝副使 嚴恭 字士安京闈
三十四年丙午科

王臣紀 字爾瞻酒州知州
四十年壬子科
李梃 號赤存壬戌科進士 蕭霖 號倦山己未科進士 田乃穰 字□鄰己丑科進士 [illegible]
道偉 字文叔未仕 邵于行 字仲斂廣西臨桂縣知縣 劉琛 字□與北闈中式錄物議
[illegible] 曾鳳采 外學知縣
四十三年乙卯科
王珙 號長石己未科進士 田雨公 字臣叔己丑科進士 蔡世德 號三山外學
四十六年戊午科
李樹初 號吝天己未科進士 饒京 號賁山戊科進士 李新 字庚伯昌道僉事 [illegible]

名鼎 外學

天啟元年辛酉科

袁雲龍 外學

四年甲子科

田榲 字大予浙江孝豐縣知縣 張効葵 字叔向邢冀之子四川鹽亭縣知縣陝西延安府同知 貢其志 字以達江夏學 劉廷教 外學

七年丁卯科

李雲慶 字紀卿福建將樂縣知縣 康思孝 字宗閔外學

崇禎三年庚午科

蘄州志 卷七 選舉 十一

金天宿 字象先山東寧海州知州 朱永昭 字子布宗學生來仕城陷遇害

六年癸酉科

陳奇思 字仲啓未仕卒

九年丙子科

李炳然 字人虎丁丑副榜歷聘暫釋吏部司務陞江西萬安縣知縣 盧鉉 字元度己丑科進士

王臣縉 字縉雲庚辰科進士

十二年己卯科

梁之垣 字紫房未仕卒 徐駿 原籍由籍字茂弘宗學生丙子中式潛籍奉裁是科得

中式龐 珍舜 二

進士科目

明洪武年乙丑科丁顯榜

張仕安 廣西縣丞 王獻 廣西縣丞

建文二年庚辰科胡靖榜

王政 舊志失紀莫考其詳

永樂四年丙戌科林環榜

胡琪 北直真定府無極知縣

二十二年甲辰科邢寬榜

熊翼 見人物副都御史後歸老回籍光山子恂仕至尚書

蘄州志 卷七 選舉 十二

天順元年丁丑科黎淳榜

劉澄 字巨淵戶部主事 王翰 知府見人物恭之子儼之父

成化十一年乙未科謝遷榜

華仲賢 浙江布政見人物鑾之父

二十三年丁未科費宏榜

華鑾 字伯鳴翰林院編修見文苑仲賢之子 壽儒 工部主事見人物濂之父

弘治十八年乙丑科顧鼎臣榜

張思齊 號竹岡廣東左布政見人物政蹟文之子仁之父

正德三年戊辰科呂柟榜

陳大中 見人物學行吉言之父其恩祖 余志 雒學主事歷郎中知府

九年甲戌科唐臯榜

劉樽 見文苑

十二年丁丑科舒芬榜

高鵬 字汝南暘之父見人物

嘉靖二年癸未科姚淶榜

郝守正 字中夫南皮縣知縣行取揚州府同知南兵部職方司員外工部虞衡司員外郎中溫州府知府調懷慶府致仕

十四年乙未科韓應龍榜

馮天馭 字應房號午山初授大理寺評事改南畿提學御史歷大理寺寺丞本寺少卿後陞吏部侍郎刑部尚書

十七年戊戌科茅瓚榜

顧問 字子承闕之兄浙江壽昌縣知縣行取御史謫來安縣知縣陝西邠州知州南京戶部郎中福建布政司參政

二十九年庚戌科唐汝楫榜 以上舊志

顧闕 字子良問之弟副使

二十五年丙辰科朱大紱榜

李啓昭 號耶山任知府

四十一年壬戌科申時行榜

田成法 號鑑塘御史 周禧 號乾明南贛提學御史

隆慶二年戊辰科羅萬化榜

劉如臯 號允吾知縣助教

五年辛未科張元忭榜

李盛春 號夔池翰林院庶吉士歷兵科給事歷真定巡撫南京兵部侍郎

萬曆五年丁丑科沈懋學榜

李際春 號鑑池廣西提學副使 李戴陽 號旭峯御史太僕寺少卿

八年庚辰科張懋修榜

劉如龍 號應沙按察司副使

十一年癸未科朱國祚榜

唐一鵬 號獅宇御史

二十三年戊戌趙秉忠榜

張邦翼 號軫伯第十名會魁戶部主事廣東提學僉事歷陞江西右布政死寇難 袁世振 號滄孺按察司副使淮揚鹽法道

四十七年己未科莊際昌榜

王珙 號長石御史巡歷蘇松常鎮陞太常寺少卿 李樹初 號客天戶部主事陞副使山西赤城道死寇難

田乃穉 字茂卿未仕卒 蕭震 號瞻山行人歷浙江紹興府知府

天啓二年壬戌科文震孟榜

饒京號黄山御史死宦難　李梃號赤存際春之子本晟之父兵部職方司主司陞遵化道死宦難

五年乙丑科余煌榜

田雨公字田叔未仕卒

崇禎十三年庚辰科魏藻德榜

王臣縉號意菴第十名會魁浙江錢塘縣知縣

國朝順治六年己丑科劉子壯榜

盧紘號澹巖第廿五名會魁山東新泰縣知縣陞廣西桂林府同知山東東昌府知府長蘆鹽運使司鹽法道現任江南蘇松常鎮督糧道布政司左參政　汪衡號仍懷福建延平府南平縣知縣

李本晟號嵩岑際春之孫梃之子工部員外陞廣西蒼梧道僉事陞雲南按察司按察使現任河南右布政　謝觀號鶴坪蘄州人上元籍江南中式現任戶部主事

九年壬辰科鄒忠倚榜

張正志字爾恩第十九名會魁河南衛輝府推官謫山西平定州州判卒

十二年乙未科史大成榜

熊光裕號雪巖黄岡入蘄州學兵部主事現任浙江杭嚴道

歷代歲貢

(明)洪武年

呂仲和廣德州吏目　朱仕進字時卉見人物　楊遜河間府通判　馮思[illegible]御史見人物　張允誠四川江安縣學　李思善福建福清縣主簿　曹正義工部主事

建文年

余觀廣東化州判通　李瑄四川大足縣知縣

永樂年

昌祚松江府華亭縣知縣　李端知縣　毛義縣丞　潘浩御史　葉龢知縣　李慶知府

葉蓁知府　顧濂見孝行　陳惇四川重慶府推官　熊兆縣丞　馮銘經歷　李俊主簿　江永江西餘干縣縣丞　潘讜四川儀隴縣知縣　曹善縣丞　張通廣東增城縣知縣　陳暹浙江西安縣知縣　翁裕縣丞　盛源縣丞　朱謚字懋寧初任開封原武縣知縣陞趙州知州未任卒　張清江西永豐縣縣丞　張永清雲南路南州吏目　馮志新門縣縣丞　張禮經歷　李茂蕭山縣縣丞

正統年

王志經歷　朱訥字懋慎寧波府海寧衛經歷　陳惠澤民丹陽主簿　陳昇無錫縣主簿　寇昱典寶　周紹主簿　周傑訓導　王眞教諭　徐卿　■　趙昌主簿

天順年

謝忠昭磨 李英縣丞 戴珍[illegible] 張福泉州府學訓導陞教諭 陳恕本忠四川

漢州吏目 楊英字邦傑

成化年

何瓚四川高縣縣丞 陳玘字文玉貴州都事陞知州 張翼字敬之徐州府經歷 傅敬

寅之山東費縣縣丞 昌玉華亭縣丞 張綱訓導 鄒誠訓導 朱環伯玉四川蒙江

縣主簿 曹瑺字尚寬 封玉太用典簿 陳瑺字府治 熊琳廷章射洪縣教諭

李淮深源江西贛州府學訓導 顧昊元伯 朱昂宗羲山東都司斷事貴州普安州知州

朱暉用昭福建永寧衛知事

弘治年

劉琛本章訓導 馬驄廷南 劉廸吉宗 王麟應祥廣東南雄府經歷 齊賢良弼

廣東惠州府照磨 游仲瑀正儀廣東雷州府推官 宋埜伯山河南陝州同知誠之子

馮翱見人物 曹珙廷獻 曾昇君用江西德興縣縣丞 甘銘警中廣東布政司都

事澧之父 吳山景澄 張瑩本明訓導

正德年

王鑾應期餘干縣學訓導陞鄱陽教諭著於教士至今稱之載在縣志名宦 昌允升元吉

授散官 李樂大部兗州府訓導世賢之父 甘身濂夫堂第二子 張清濂夫南昌學

正州學 馬謙益之文之父 王鳳雍時四川郫縣主簿 李顯四川廣安州判官 陳

裕夫相 彭珠時重河南華縣縣丞能許 丘隆放目河南華縣學訓導 陳斐文書 胡

思明祖遠 程仲甫文英江西廣信府通判 陳詠見人物 壽鳳宗岐江西清江

縣縣丞

嘉靖年以上舊志

張思學復初授散官 徐金聲之 陳僚君佐河南狀溝縣學訓導儒之弟 馮鵬

見人物 嚴泉本深 劉經濟汝材四川叙州府通判 梁珠瑩卿浙江淳安縣主簿

王仲儒宗孔陞四川眉州學正 傅京以中 劉經綸亨屯四川忠州

判官提拯之父 張翰朝宗直隸齊河縣教諭 化雨之行父見人物 李世賢尚甫江西

弋陽縣學訓導大樂之子 姚仲生先士 王廷艮盡卿四川雅州吏目棄官不赴鸞之子

韓世奇楚傑生以廩就例 楊仲金時用江西九江府學訓導安福縣學教諭 壽濂

希用江西南昌縣學訓導守儒之子 李仲儒仕學 盧琮大器之伯 李 鄭達成章江西

靖安縣學訓導 宋艮相希說四川來安縣學訓導環二子艮臣之弟 田璽信卿直隸池州

府學訓導成法之子 彭綬章廷 馬文龍時見四川廣安州學訓導謙之子 桂璉汝器

勸薦芳時 高鵬汝化鵬之弟 張湘知縣 陳資教諭 劉作教諭 韓薦[illegible]

見鄉賢 李元貞訓導 湯金訓導 黃恩訓導 田于藍訓導 李頌訓導

沂訓導 顧闊鳳岩未任

隆慶年

余大中訓導 舒晴訓導 高耀訓導

萬曆年

王𧆞訓導李鍾濂訓導張文華訓導吳仲卿　張積
田行撤　韓踪來　易之豫
陳伊　劉寓拯字水南　田澤　王顯仁字夢岩
王之信字號立　易可賢字鳳川武陵訓　郭承恩字心環教諭　余芳字沖
字通判　徐有成字景峯教諭　湯孫說字肖岩　張兌字緯谷教諭　馮
士冠字湘南知縣　張維字養初　侯來朝字賓臺教諭　楊一新字夢
麟教諭　何其忠字葵南教諭　華時行字樂吾　董一化字南鯤知縣艮
宣父　顧大訓字必桂通判未任　化大訓字安宇常熟縣教諭

天啓年

張邦立　張翼字太乙仁和縣丞　楊善　李樹宗號震函
袁未仕　袁熙振字慈明　李扶字木夫同知　李猶龍字又坤知州

崇禎年

張效方字正甫荊門正　馮一麟字仁趾楊州訓　徐有望字　蘄
梁字具瞻建寧縣丞　王有爲字小酉鄞縣訓　張效侗字原之　李廷模字獻
卿未仕　聶思字子膚　馮櫆字星長推官　張效忱字敦之　陳宰
字孺子未廷試　駱思駉字沖逵未廷試　陳正號宛丘仁近之侄孫未廷試

國朝順治年

陳之京字覲伯未領單廷試　李本祉　張士淑字爾聖未廷試　劉

翁景曠　孫廷極　李夢

萬曆年

楊芬字芳臺通判　王鏗號秉吾　劉如會字斂夫縣丞　李樸字質夫大監
提舉　顧伺　袁光綬字秉伯光祿寺丞　周道亨字陽孺未仕

天啓年

王之冑字定仲未仕　王之賡字明叔平涼府通判　周道充字貴孺縣丞　易
道燦字伯宣未仕　楊植字亭伯縣丞　王可象字奔儀縣丞　周建德字伯
啓鴻臚寺序班　張效蓋字念爾未仕　李梓字觀甫未仕　顧天錫字聖光未仕
袁素亮字公廖未仕　劉璣字象若　張效鍾字期伯未仕　史秉字崇

之　汪襟如字蟠叔宗文之子衛之姪　王徹隆字爾錫未仕

崇禎年

蕭冑字胄耳未仕　嚴式玉字伯度未仕　李模字宏甫兵馬　李樌字甫本
周之父　韓之鼎字調元未仕　蕭爽字朗伯未仕　王琡字二美未仕　李廷
康字長白死寇難　沈士望字公輔書錄用上　黃立釆字襄中陝西慶陽衛經歷

國朝順治六年

嚴字大生　李貞陽字元開　馮字用涉選通判

康熙拾伍年

陳士胄字胥白　葉有翻字天右　劉廣儒字孔安歸籍之元齊也

近代吏仕

洪武年

童志四川井研縣典史　梅晟直隸廣平府曲周縣縣丞　黄文四川吏目　黄裔福建

巡檢　劉璀廣西典史　楊洪山東維縣遞運所大使　張玉雲南巡檢　朱鑾江西贛縣

主簿　劉憲留守衛經歷　項基四川仁壽縣典史　馮信清平巡檢　蔡鵬大使　張

珍四川驛丞　劉源江西驛丞　王文倉大使　哈儀四川驛丞

成化年

蔡綸贛州倉大使　聶鎮四川宜賓縣典史　陳福通州衛倉大使　許仲信新野

典史　許希良遼東倉官　施濟四川長官吏目　趙仲仁海盈倉守支　曾訓

霸州同知　劉英　[illegible]

弘治年　、

金相吏目　陶大本巡檢　張景　侯佐　何三

程彩鳳子部工部營善所所正　孔宗易

正德年

劉廷輔　郁文俊　吳鑑　吳廷佐

劉伋　戚世賢

嘉靖年

刁能　盧甚　[illegible]　鄺侯

曾行[illegible]　[illegible]　周廷瑚

萬曆年

田東號自湖州判　李培號茂雲照磨　馮廷詔號辛野經歷　劉崙號京山

朱仲文號厚池典史　馬廷馳號肖麟吏目　汪則孝號淳所主簿　劉如

鎰號雉江縣丞　毛瀚號文宇州吏目　張士選號楚愚經歷　吳復佑號心源州

吏目　馮楚才號自泉巡檢　何光岳號乾所經歷　孫應奎號聚甫典史

蔡春茂號巽泉典史　張效藝號映海文思院副使　何時德號肖岩縣丞　周

瀚號海宇典史　王璧號楚璧典史　吳致和號肖愚縣丞　張其彥號栗岩知

縣　吳廷卿號厚山照磨　李如森號養岳大使　田芳號肖莊庫大使　朱正

學號龍江州吏目　文孝號少松州吏目　劉如璧號冲玄司獄　趙廷鵲號蕲所

熊之翰號鳳衢驛丞　易可求號楚衢驛丞　陳世甲號掾宇　周澤

號沛寰巡檢　王士元號三石主簿　周載鼎號象九典史　朱廷祚號貫龍典

史　刁時化號少泉典史　趙廷蓀號祿所　朱良相號葵所驛丞　周

宏先號浮玉　劉新民號愛甫典史　韓可承號君烈　王琦號行

甫驛丞　鄭佐號肖岩驛丞　於應祥號懷堂驛丞　孫尚和號繼塘典膳

天啟年

易道光號華宇州吏目　陳文煥號仁卿典史　孫應斗號光甫典史　湯歷

年號德甫驛丞　李本大號容之主簿　沈士彥號元漢驛丞　王珍號[illegible]石碑

膽陳芳璧號稱樓經歷 葉長春號培之典史 韓文號章美驛丞 陳其
訓號鳳南所吏目 佘良相[redacted]號正麟 汪弘濟號本卿州吏目 李燾號進卿驛丞
大使 李國瑞號獻禎巡簡 黃鳳喈[redacted]號來虞

崇禎年

劉煒號晦甫典史 董威號獻可州吏目 陳逵[redacted]號顯之 李本培號毓之
韋宗周號敬陽副使 韋宗儒號紹莪司獄 李一本[redacted]號元之 龔朝
相號小亭典史 方承繁[redacted]號德衍 李棅[redacted]號任宇 王承節[redacted]號小
濬一聘號文宇巡檢 王試號樊衢未任 張盛時[redacted]號瀛沙 江萬里
揆號執 毛一彥號士美 程應科[redacted]號懷泉 劉東志[redacted]號敬宇

蕭明學號雲峯[redacted] 胡正章號章宇驛丞 黃鳳鳴[redacted]號來岡 侯一
位號如砥[redacted] 潘雲鵬[redacted]號子昂 程文光字斗野 梅當春衛公

國朝康熙年

王楨字標甫山東汶上縣典史

武科

明萬曆年　前後多失紀 間存所知者

田有龍　生員三科武舉解元廣西永寧守備死 安酋之難子以國陰襲蘄州衛百戶

天啓年

李標字峻甫 楊稜字蘇子 劉克字元功三科 朱家棟
號翼明生員本姓井 張膽字含赤未任 王屋字山公王可象郎 李武甫字莪

崇禎年

葉楨字容伯京衛千總 毛一桂字士貴壬午科

國朝順治年

管廷王字仲康進士福建守備[redacted]科武 管一舉字日賓科武舉 熊光
字景望甲午科武舉京城安定門千總 張承斌字文子丁酉科武舉開平衛千總 陳國
聘字叔望丁酉科武舉九江衛千總 袁昇字伯昭丁酉科武舉陝西衛千總 嚴

鈞字[redacted]戊戌武科進士 丁彭字子修辛丑科武進士

康熙年

王長年字永懷 葉有德 張世斌

封贈

明洪武年

康文廣以曾孫茂材貴贈中奉大夫中書省參知政事護國追封京兆郡公 康德懋以孫茂材貴贈資善大夫中書左丞上護軍追封京兆郡公 康壽以子茂材貴贈榮祿大夫同知大都督府事柱國追封蘄國公 馮寶以子思齊貴贈監察御史

正德年

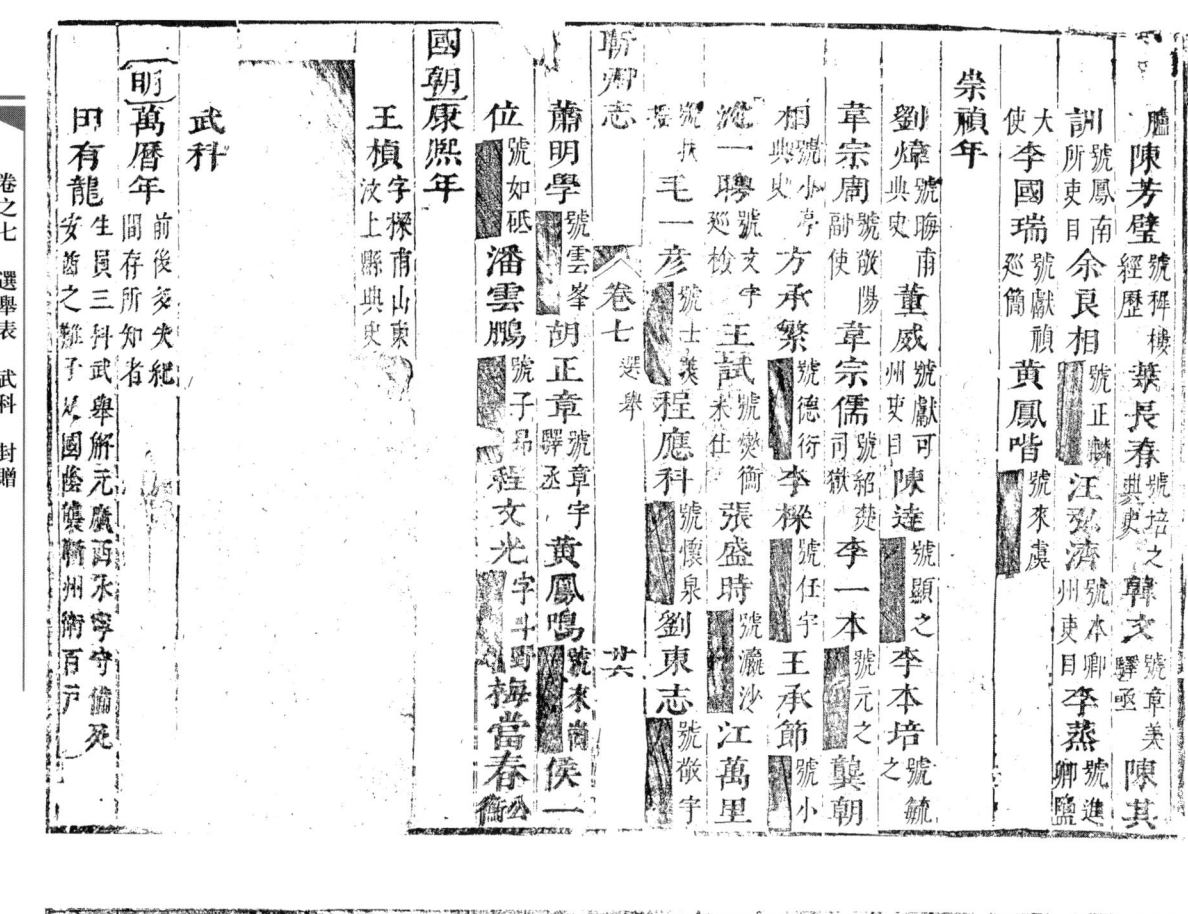

張允誠教諭以子主事彤左遷大興縣縣丞封如其官

天順年

王恭德温翰之父儀之祖以子翰貴封南京戶部主事見人物　華珏以子仲賢貴贈刑部主事加贈常州府知府

成化年

張

正德年

陳理以子太中貴贈戶部主事　劉仲誠以子楠貴贈太僕寺丞

嘉靖年以上舊志

高政字扶辰號細磯素負剛毅教子有方以鵬貴進階贈武德將軍　郝源字本清慈端愨長於訓誨書繪醫數無不精荊王景雅重之保宮傑不就以子守正貴贈工部員外郎　馮翱以孫天馭貴贈吏部侍郎　馮鵬見人物以子天馭貴贈監察御史　華銘原任都事以子澧貴贈旌德縣知縣　曾璉以子訓貴贈彭城衛經歷　周大霖以子禧貴贈御史加贈戶部郎中　傾敦以子問貴誥封浙江布政參議

萬曆年

李儒以子盛春貴贈　李時珍以子建中貴封文林郎見人物　李時言以孫載陽貴誥封中憲大夫　李英　劉我以子如寵貴封河南懷慶府推官　袁　張乾以子邦翼貴贈中憲大夫浙江按察司副使

天啓年

李建中見人物李行以子樹初貴贈中憲大夫　李建木見人物隱逸以嗣子樹初貴贈中憲大夫山西按察司副使　蘄

王之鄰以子珙貴封文林郎廣西道監察御史

崇禎年

饒　李升卿以子新貴初封文林郎潛山縣知縣

加封戶部四川司郎中

國朝順治年

李際春號鑑池

李標號峻甫

李梴號赤存

盧楷號南儼省祭官以孫紘貴十八年贈中大夫長蘆都轉運鹽使司運使

盧如鼎字呂侯庠廩生以子紘貴九年贈文林郎山東新泰縣知縣十五年贈奉政大夫廣西推林府同知十八年贈中大夫長蘆都轉運鹽使司運使

汪襟如號嶠叔以子蔚貴

張邦綦號君蔵以子正志貴

高自見字在公以子培貴贈中憲大夫江西臨江府知府

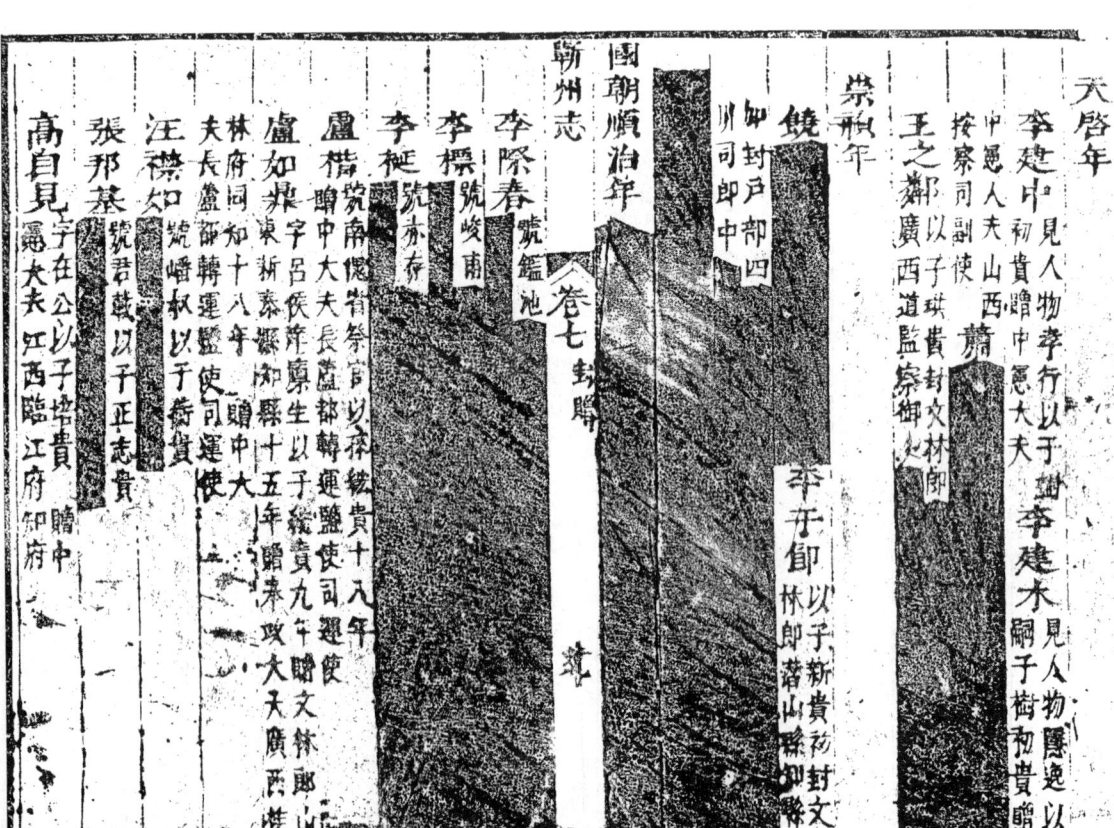

王道隆 號爾一以子協貴大年 贈文林郎江南松江府華亭縣知縣

張烮論 字裒一以子永端貴順治拾捌年 贈文林郎福建福寧州寧德縣知縣

錄蔭

宋 吴瑛 字德仁以父遵路廕補太廟齋郎詳見人物

明 洪武年

康鐸 見武勳 康鑑 見武勳 康淵 年二歲授蘄國公食祿二千五百石

成化年

康永 鐸之玄孫以兵科給事蔵銑奏蔭南京錦衣衛上前千戸所千戸

萬曆年

馮汝承 字繼山以吏部右侍郎天馭蔭雲南思恩府知府 李栁 字光甫延撫盛春蔭廣西太平府知府

國朝順治十八年

盧昭初 字又昭以父長蔭都轉運鹽使司運使銜三品恩蔭入監讀書二年咨吏部考選

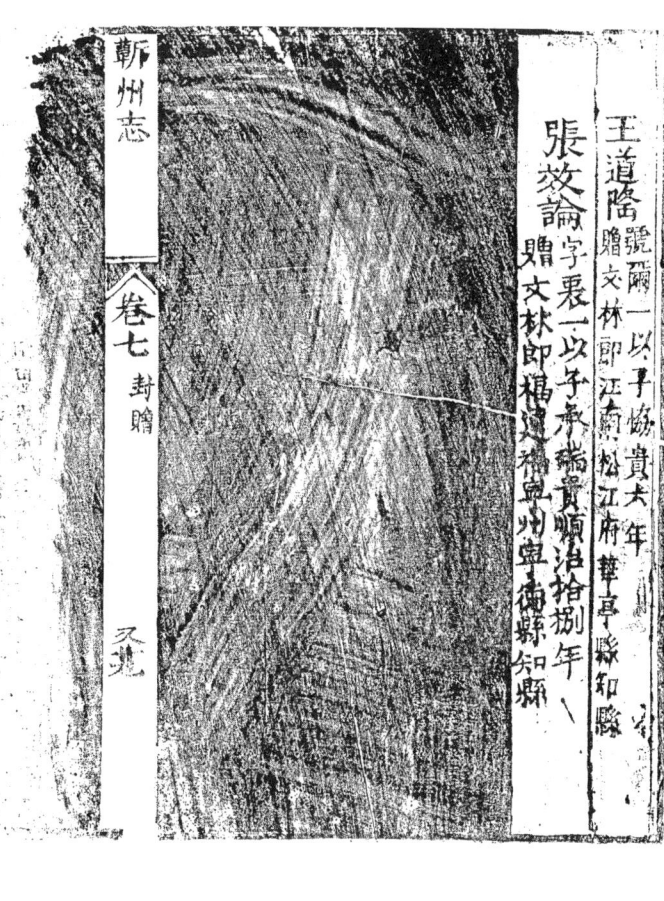

蘄州志卷之八

人物

三代以還士多瑕釁故觀人者不忍以一眚掩大德二卵棄干城也或者謂用人欲恕論人欲嚴故山濤之拔賢進善王通以爲審不予以仁賢如諸葛孔明秦太虛復有不逮管樂之議如是則刻核已甚而自貌者沮矣蘄之人品爲學行爲忠義爲政績爲文苑爲廉介爲恬靜爲游寓爲隱逸爲武勲爲孝行爲尚義諸不一而足其于婦人女子也爲貞節凡若干人皆畧短取長類族別而總冠以人物焉志人物 舊志

人物總論

盧紘曰按蘄人物前代無可考或嫌于部志倚[illegible]不鍾故挺生而間出者亦甚落落然而江漢汝潁薰沐王化詩歌所載已自有然孔子自蔡適楚所遇沮溺丈人之徒多在江黄間或者習俗疎曠隱逸爲高其風可得而聞其人終不可得而紀歟觀漢濱江上義氣慷慨自非偶因事顯後世亦無從稱述矣如吾蘄志之所紀吳淋諸君子文章行誼亦自卓然而無志用世閒放[illegible]壯則古昔遺風疑終未殄爰及明初則康蘄國奮迹屠揚柳吉安騰聲虎變武功赫奕爭煥旂常自是應科目而起者或正色立朝侃然著節或分符出宰譪吉流聲則代不缺書矣至若王孫貴族無論中山河間之賢學士文人克副竹箭南金之譽以及婦人女子節義自持里巷編氓修行罔玷習多彬雅俗尚醇隆志稱有鄒魯之遺洵有由矣其或隱仙釋以求全或假藝術以自適迹有不同而用俱莫測或抑賢人君子偶托而然志不闕書尤非無見

聖朝之興宜多應運繼起諸彥奚遜前徽愚修斯志其于前代既不憚川珠山玉之搜其于方來尤不無龍擧鳳[illegible]聯之望矣

學行

傳

宋 吳遵路 蘄春人官至[illegible]龍圖閣直學士[illegible]學彊記决疑辨難議論[illegible]爲流輩推重[illegible]子瑛别有[illegible]

明 張禧 字吉夫州人精通禮經中景泰元年庚午鄉試第厄于時命授湖州府推官高雅自持人不敢干以私于獄多所平反號爲無冤以可否忤長貳嘆曰吾以清白傳家今不翅足矣遂乞歸敝屋數椽[illegible]如懸磬食或併日人多不堪而不少介念州大夫聞之咸肅之粟[illegible]

不嘗有錙銖請求清苦之節士林推重爲
文清新融暢化腐爲奇所著有子書論無傳

王翰 字廷舉中景泰四年癸酉鄉試丁丑登進士第授
戶部主事陞員外郎轉郎中陞廣信知府方正廉
勤愛民如子陳便民七事刊落時弊務行其所志性直
鯁勁挺持不撓于時時朝廷下沙汰庶官之令將命者
至莫不振懾公獨不一屈膝因與之忤遂解印綬歸得
山曰細石規畝數楹植松萬章以爲環堵因扁萬松窩
日坐其中校讐古書如不及絶口不理當世事澹如也
都御史沈暉高其行有詩以贈之年至八十三子儼
捷庚午魁得報喜曰吾衣鉢有託矣又二年卒
揮手長逝略無顧慮云所著有松窩集藏于家

舉 仲賢 字廷佐中天順六年己卯鄉試登成化乙未進
士授刑部主事時山西潞城縣王濬以貪酷聞
上命公按其事竟得實上其狀罪各有差自是名益著
轉本部員外郎時常州缺守臣常人起宰徐公溥寵何
公以公白于天官稔其賢遂擢守之循良之政至今德
之不衰擢廣東參政朝廷命下緣誅盜錄畫臣傑選譽
輿騰能者董其事僉稱公是歸公往鎮撫解飭戢盜事
集而民不告勞擢四川右布政使乘艘擢福建左布政以
廉靜寡欲告老成疏陳事考上最欲留諸爲御史大夫
未報弘治甲寅以疾免越九年卒子家子繼克嗣

甘瑩 字德輝別號玉峯中成化戊子鄉試丁未授福
建福寧州知州視事未決剖而卒愛民導物之心
竟賫志以没平生涉獵經史百氏工詩章樂府善於雪
竽盡允尚氣節操履秀不尚所著有蕢齋稿學之餘風
月間情能
稿藏于家

陳太中 字時甫號細齋以官籍隸蘄州爲人剛正廉介
戊辰進士授南京戶部主事始掌銀庫出納及代積
獎余于餘兩司徒胡公曰此足以愧貪倖風將來矣
未流賊劉六等猖獗江淮勢甚猖獗出師防禦太監出理
軍餉目險應變敢言有持身謹飭莅政通明主稱藏
則出納惟慎而獨上敷金理軍餉則倉平耕糶而不擾
餘力未幾升西泰理書查催蘇松等處根儲賦法刻弊人

不敢干以私丁丑擢廣西慶遠知府所屬南丹那地等
三州皆土官舊各貢金銀器物數百兩拒之則往
往啟疑生變公至卒拒之亦竟無他有鄉田逃崑崙獐
猺藍錢廒等所據爲商旅非聚衆持刀弩莫敢往來公率
民兵直擣其穴擒其魁戮其黨與數百人事聞巡撫楊
公旦則曰知府陳某不避險蕩除百年蟠據之獐其
功偉矣巡按曹公珪獎譽有加屬分巡姚公鵬勘報間
姚以事罷去公亦有轉運使之擢事遂寢人多惜之至
閑未久致仕歸里間雖爲宵人陰毀而益爲公論所重
結屋鳳凰山麓曰鳳麓書院因別號鳳麓居士課子吉
言發解家學有傳僉憲方公豪
參議王公淮皆有詩稱道之

顧問 字子承生感異夢以嘉靖十七年進士初任壽昌
縣知縣擢御史疏劾中官謫來安知縣陞郴州知
州轉南戶部郎中陞浙江按察司僉事貴州布政司左
參政丁母艱服闋補福建布政司左參政歷官多善政
天性孝友居父母喪致哀毀恬于榮進兄弟同致仕淡
素自甘築崇正書院與四方賢士往來講學號日巖先
生卒從祀鄉賢詳
見藝文二先生傳

顧闕 字子良問之弟幼志高遠舉鄉試不忍遠親上公
車父强之成進士鬱鬱不樂初除刑部主事遷南
刑部員外郎轉郎中陞福建按察司副使會與兄同官
並致仕歸鄉囊橐蕭然居喪哀毀踰度深究理學與游
皆四方賢者居平好瞑目端坐尤精易數年八十六預
定死期正衣冠端坐而逝號桂巖先生詳載二先生傳

姜梅 字實之世爲荆府草牧百戶蚤孤寠甚人皆勸令
承襲弗聽饘粥不給銳意于學爲郡名諸生弟死
恤其孤如己子嘉靖
二十二年舉鄉試卒

韓萬鍾 字天爵歲貢少貧寠所嗜惟書史持守方正步
趨循軌轍分教休寧擢潁州學正皆以身範物
先不失尺寸有暇于天人之理靡不究竟著有象緯彙
編三書圖解皇極註解四書集要等書士人無不尊禮
之

李時珍號瀕湖由庠生精岐黃術楚王聘為奉祠管醫事王特薦之於朝陞太醫院判以子建中任知縣封文林郎所撡羅羣書罔不博洽著述甚多有蘄艾傳白花蛇傳命門攷三焦客難脉訣傳書行世惟本草一書遡自神農李當之陶弘景李勣蘇恭劉翰宋仁宗唐慎微歷來全書中多舛謬差譌遺漏歲歷三十書攷九百家稿凡三易舊本一千五百一十八種增藥三百七十四種分為十六部著成五十二卷名曰本草綱目明世宗購天下遺書其子上之命禮部謄寫一十五部發行京省刊行王弇洲董玄宰為之序並載藝文志中孫樹初曾孫雲慶世澤未替也

郭承恩號惺寰原籍常熟洪武三年始祖為蘄令遂籍蘄至七世生公性靜無所嗜務精經史及先天理數之學數奇未第以歲貢任武昌府學訓陞四川崇慶州學正州庠從未有發者公賑其貧困捐俸改泮水尤精焦氏易林筮之得賁詞束帛戔戔賁于丘園公曰是科士業之楨應其兆焉後果驗嗣是奮興不絕咸

明奉之州守楊公諱伯高奇其事以上聞兩臺疏題四川漢州什邡知縣冰蘗自矢寬猛惟時什邡以治與諸生肄業鄰封皆負笈至歲旱自暴以雩果致霖厭棄人事遂告歸惟講學理性是務著作甚富蘄遭亂悉燬享年八十九一夕得純陽祖師而言曰些少殘陽煉玉壺火融水液接玄珠先生一粒療千朽相引凡胎入帝都遂長嘯而逝迄今蘄人士尚交口誦云

傅作相號舉巖萬曆丁酉恩選天性端嚴學問淵博出其門下者皆知名士顯貴者尤纍纍也初任安居令陞州守宦成歸里閒居家庭雍穆有古人風子五人皆有文行長若龍嗣職衛揮使孫十餘人多列膠庠者以壽卒於家

張維止號養初萬曆間歲貢生仕學訓居平危冠博帶舉端方言動不苟誠懿有古君子風荊定王為世子時尊禮為師及立為王又敎懿昭世子州人士之稱達者多出其門胥述其遺言遺事以為人風勸卒

論者為天道致疑也

孔庭訓字開卿蘄諸生少負雋才李少司馬及副憲公門也生平篤氣誼惡惡甚嚴落落寡所與萬曆丙辰首倡議築浮玉磯建文昌閣大司農吳公長谷雅重其才至今蘄之文風蔚興而士之貧者尤賴祀田以膳育庸實不可忘也卒無嗣

忠義

余玠字義夫家貧落魄喜功名好大言少為白鹿洞諸生遊襄淮時趙葵為淮帥玠作長短句謁葵葵壯之留幕下[illegible]三年與元兵戰汴河有功淳祐元年授安豐累官四川安撫制置兼路轉運使玠遴選守宰築招賢之館下令曰集衆思廣忠益孔明所以治蜀也有告我者覔詣公府因得播州冉璡冉璞兄弟詣告之曰今日之計其在徙合州城乎玠不覺躍起執其手曰此玠志也因曰蜀形勝之地莫若釣魚山徙城於此

而守得其人貲于十萬師遠矣玠因築青居大獲釣魚雲頂天生十餘城棊布星分氣勢聯絡又屬嘉定俞興開屯田于成都蜀以富稍利司都統王夔素殘悍玠欲誅之謀于親將楊成夜召夔計事潛以成領其衆夔至斬之乃薦成為文州刺史戎帥欲舉統制姚世安為代玠素欲革軍中代舉之弊遣金都統代世安世安閉關不出觸丞相謝方叔家子弟避地雲頂世安因厚結之求方叔為援方叔倡言玠失短于帝前于是世安與玠抗鬱鬱不樂寶祐元年聞召愈不自安一夕暴卒玠之治蜀也任都統張實治軍旅安撫王惟忠理財賦監薄朱文炳接賓客皆有常度至于修學養士輕徭薄征自寶慶以來蜀閫未見有及之者蜀人至今悲慕之

李宗可有勇略善槊余闕以兄女妻之以州判權義兵萬戶統蘄軍守水砦前後多戰功陳友諒攻安慶城破宗可橫槊入賊中擊殺甚多聞闕死馳還或勸之降怒曰元帥平日遇我厚死即背之他日何以相見于地下乃驅其家屬盡殺之據胡牀飲至醉因自刎

明黄安泰　洪武元年知彭澤縣時兵燹後民物彫[illegible]路艱阻公勤廉勞國不遑啓處民至今思之

正直

明陳溱　字濟寬中正統九年甲子鄉試授虞部主事右澤梁之任分督濟寧河閘時值中貴樓船犯禁郎繩以法不少假借中貴銜之而去因而媒蘗其短竟下之獄讁戍貴州清平衛人咸冤之溱慷慨就道至則日持戟以從事至于憤集憂深則發諸詩歌以寓懷怨而不怒猶不失忠厚之意溱素工于詩若不加意而清麗流動有陶謝之風所著有獨醉稿散逸無傳

吳鳳瑞　字翼雲舉人寇後始習舉子業以理學爲鄉閭倡教諭太和有師範督學檄主正學書院[illegible]承豐令以遺戍觸權貴竟莫能擠轉判開封有浚河工擢兗州同知以直忤當道當道廉知其端方愈優禮之每書寄子必勉以耕讀卒于任

史朝貞　號介臺中萬曆戊子京闈鄉試負性剛直宦成歸里與人言色不苟時事有不便者輒持正議爭之無所避諱鄉里多倚賴而執政亦增敬畏焉

政蹟

南唐陳起　舉進士爲黄梅令時有妖戕藉祐者自言能使貧者富富者貧俚民效之積衆數百夜行晝息取資如盜起到官數日藉祐爲里長不服且嫚言曰吾取令頭如取監子耳起聞執祐斬之由是知名遷監察御史

丁必稱　字季言知臨江軍時江西私置例以稅產均敷無稅者以物力稱因積弊帑之應代輸之後改提刑于潼川

明陳堯章　傳極經史嘗校讎洪武二年任本府儒學訓導陞浙江杭州府臨安縣知縣興利除[illegible]惠愛及人以勤勞致疾卒于官民思之比之羊叔子焉

趙霖　洪武二年任本府儒學訓導陞鳳陽府通判學道愛人根于天性故其贊畫府政卒多裨益長二無腆誹之者

朱仕俊　字時英其先姑蘇人高祖都監公始居于蘄元至正壬辰公以上舍生授樞密院經歷轉户部郎中俄遷本部侍郎時方重守令之選出守江西饒州公至興學勸農禁除淫祀俗尚爲變尋改潮州土豪金元佑僞立名號大四剽掠公畫策自之當道遂擒元佑承幾調判延平稍遷建寧同知致仕歸自號白雲道人更號東村叟公性廉介好讀書喜接賓容涉事不爲詭譎浮薄卒年五十一

熊翼　由太學生中永樂二十一年癸卯鄉試甲辰第進士擢御史陞右副都御史巡撫井蘭總督務凡師出動循紀律懋著功伐西人懾伏邊陲以寧家食時立志不群嘗以經濟自負有詩云嘗憶當年呂蒙正如[illegible]落魄尚封侯其後位躋榮顯果符其讖及歸老移籍于河南之光州子恂仕至尚書

張思齊　字希賢號竹岡中弘治乙卯鄉試乙丑第進士初授四會縣知縣境内白沙圍連浸于水民無居食眷相聚爲盜公增圍爲堤別爲渠以導水遂成腴產令民種植賊盜頓息尋被徵生戚里故遷亳州知州除異教惑衆爲患者遷鳳陽府同知擢四川僉事司本利有河曰麻衣灘水衝激壞舟公治之人用稱便尋以副使兵備建昌勦雅州邊夷爲民患者鎮守中官之誣奏以泥殺良民赴詔獄事白改覇州有民奏中官[illegible]產者屬公治公讞[illegible]民没中官家白巡按不報公毅然以病乞歸養無何復徵任瓊州兵備月餘爲廣東按察使尋擢廣西右布政轉廣東左布政斥珠池循例斗珠呈樣者所至清操類若是尋以疾歸子孫並登賢書卒年六十七

從祀鄉賢

李啓昭　號印山嘉靖丙辰科進士仕至[illegible]雲南勸慶府知府尋卒公雅負才爲大用未竟論者惜之[illegible]

張星字聚薇六歲失怙有志氣能讀太父方伯公書十二歲入庠二十三歲登賢書事嫡母至孝候寢問安三十年如一日上公車數不第或勸其仕公曰母在此身何敢許人後終喪方就仕初授如皐知縣甫下車即奏丈沙田是時中官騷擾爲害公正色不避闔邑晏如邑有鹽場十座每一撤丈費商人數千金公單騎自勝不費一文焚香頂禮者三十餘里邑有沙田以沙爲圍水漲壓没民苦無收官苦徵粮爲害最鉅公捐俸從海灣濬河導水入海民遂有秋通州有巨蠹通家八府官民皆畏公毅然請撫按鋤治之兩邑名宦尸祝不衰遷歸德府同知以致仕歸里外事不預聞六登鄉賓享年七十有七從祀鄉賢

汪宗文字泗濵家世積德公昆季俱列膠庠皆擅名譽以孝友聞爲士林矜式中萬曆丁酉科鄉試素有大志未遂勉從祿養令江西上高民瘠而玩公治之惟務惠綏不專倚法民以感動逋賦應期告竣績聞于朝擢戸部主事管河西務鈔關通商裕國自奉淡如復差淮安板閘不易初心轉南康守多善政晋雲南副憲

進階中憲大夫請告歸恭謹處鄉卒年八十有二孫蘅順治已丑科進士世澤未艾也

袁世振號滄孺萬曆戊戌科進士授江西臨川縣知縣陞戸部郎中時邊餉仰給鹽課值鹽法方壞商引不行相率泣控部堂公爲十議上之羣議多撓阻上覽奏嘉其能特命兩淮疏理鹽法副使賜璽書疏理之官自此始公素著文望鹽法之議確然石畫其見諸經濟者此其一端也子素亮國子生亦負才名耽詩酒早卒士林惜之

夏忠號孺和萬曆辛卯舉人筮仕桃源海濵苦盜公修葺城堡申嚴保甲萑苻無警陞任宛鄧陋羨甚重公痛革不取鄧有大辟繫獄者百餘人公惻然心隱出脫九十二人梓有鳴寃錄陞思明府同知致仕家居築清白堂先墓側著有文禁十卷蘄州誌書八卷未刻從祀鄉賢

晏擴忠字玄灝其先含山人遷蘄家世積德公生而穎慧試輒冠諸生弟兄相爲師友號博學擅[illegible]

萬曆庚子鄉試庚戌闈牘弗錄擯就揀選主爵惜之授廣州海防丞額[illegible]羨耗具文盡捐臺使者奇之親歷海島禁濫殺嚴防禦夷商德之海上八載無倭警撰有粵政條議地方嘉賴遷韶州太守蠲額稅禁開採飭江防培江岸民勒石紀德陞廣西憲副以貲賀告終養家居歲祲賑饑讓先業與諸弟尤爲鄉里倚陳利害郡長莫不式廬延訪先進階奉政大夫封其父如其官繼以覃恩進中憲從祀鄉賢

殉難

明**張邦翼**字君弼號軫南鄉試第五戊戌會試第十盛著文名授浙江臨海知縣以廉能稱遷南戸部潔已奉公遷廣東督學最得士刻有嶺南文獻錄并漢魏叢書行海內移浙江驛傳請免里解累民者三衢誌備載其文三年有四川監軍之命平安世咱諸蠻遷廣東廉憲轉江西右方伯惟貯正供規額俱捐以耄乞歸蕭然澹靜子效蔡中天啓甲子鄉試孫承位中順治丁酉鄉試癸未春獻賊襲蘄不屈死年七十有三撫按

以殉難節奏議崇祀後値兵毀未行口碑尚存也

董一化號南鯤幼嗜學以明經補仁化令釐剔積蠹禁止嚚風鄰民有寃當事弗能決以委之立爲剖釋攺任邛江縣興學課士人文蔚起以地逼近苗穴捐俸高固城垣以資守圉致政之日囊槖蕭然閉戸著述刻有錦石巖不窺園諸集篤親厚故排難解紛天性然也癸未城破之日不屈而死從祀鄉賢生男五四子艮宣登順治丙戌賢書任武昌學博

李梃字長甫號赤存天啓壬戌科進士初授北直博野縣令調眞定縣考兵部武庫司主事轉職方司員外車駕司郎中陞直隸遵化兵備道任博野即釐弊剔奸申堡制嚴保甲以待賊盜夜則設械伏火多用奇擊治眞定如初錢粮首櫃令民自投納錢散餉兵民便之又魏璫莊佃爲民害經繩以法有童子四人讀書僧寺夜盜殺之以疑東鄰公趨赴寺見寺扁有望月字心驚曰二字似一僧名此必奸僧外來[illegible]授捕者果至一橋

食公亦涕泣廢食疾乃食亦復發鄉薦後歸浙展墓撫廵諸公贈以坊牌工費數百金去之不得盡以周族屬親戚之貧老僅餘什一爲路費計公入仕未久宦蹟無所多採而其可書者如此亦庶幾乎孝且仁矣

華鑾字伯瞻布政仲賢子也蚤負雋才弱冠發解成化丁未進士選翰林庶吉士性資凝重文詞清麗館局多重之銓注本院編修爲太史陛鼎彛器重有問及館下史材者必以鑾對尋卒庶吉士鄒智詩哭之有曰空聞仙珮遠不見相星臨李文正公志其墓曰吾黨得之吾曹得之而遽失之噫天誰詰之蓋哀其抱藝遄逝也已所著有日新稿失傳

井澤字仁夫別號貞菴中成化丙午鄉試授蘇州吳縣學訓導遷太倉學正既又教授鎮江府學皆能正己立教士習丕變陞四川渠縣令時值蜀盜出沒公百方捍禦民恃以無恐當道重之秩滿懇乞歸老公質直不爲崖異晚尤嗜學謂郡不可無志乃蒐集成帙爲九卷當道給以公帑爲刊摹費于是郡始有志公既卒版藏丁家尋燬于火

劉樽字宗器勤苦嗜學無間寒暑累蹶場屋年四十六始中鄉舉五十登進士授海豐令民俗多詐樽將以道變之適罹外艱去服闋改令遂寧著有能聲擢南京太僕寺丞馮政修舉陞知鶴慶軍民府取道還省墓以疾卒于書精詣多所發明

高鵬字汝南號南崕博洽慷慨有大志正德丙子鄉薦明年第進士任淳安知縣調繁蕭山爲當道忌左遷亳州判官尋復四川西充知縣陞重慶知州遷蜀府左長史進三品服公學未究其用而仕又不稱士林惜之所著有四體發蒙秉忠定論風木雙思省心全要數書

王儼字望之父翰天順丁丑進士雋學訓子儼舉正德五年鄉試魁一經選入中書中府都事南京大理寺評事寺正廣西思恩府知府能文章同郝守正著蘄志十二卷有詩文八卷

陳吉言字夏卿大中子嘉靖乙酉鄉試第一有文名同王儼修輯蘄志

郝守正字中夫嘉靖三年進士南皮縣知縣行取揚州府同知南京兵部職方司員外工部虞衡司郎中溫州府知府調懷慶府致仕嘉靖三十一年同王儼修蘄州志

朱朝鉞字昇甫號震岳荆藩樊山郡王仁宗七世孫少穎異目十行下博學工詩文不喜富貴慕淮南八公之徒折節名士一時士大夫皆與遊年七十纍著廣譴堂集八十卷震岳詩話二十卷行世

朱朝墍字仲良荆藩樊山王仲子博學能文尤工書翰與兄震岳相倡和海內傳誦之爲楚藩宗正歸第教三子皆爲名諸生于宗室中號稱賢者云

田乃[illegible]字茂卿萬曆己未科進士考選推官未仕夜[illegible]才名未竟用惜也

田[illegible]字四叔萬曆乙丑科進士未仕卒其闈牘制義公爲時[illegible]物文章之雋也刻有無[illegible]行世

蕭震字上[illegible]號[illegible]山少負文名萬曆己未科進士初仕[illegible]浙江紹興府知府以病告歸[illegible]日須僧[illegible]其[illegible]文者

朱常[illegible]字[illegible]號[illegible]荆藩[illegible]王通文史工翰墨尤[illegible]與梅[illegible]長[illegible]諸[illegible]幅各有標[illegible]開靜源居自文墨外他無所與蓋宗室之賢者也

廉介

明

馮鵾字時[illegible]別號雷崖幼穎敏旅記年十四以易經補州庠弟子員屢蹶場屋卒業太學就選吏部授山東[illegible]州推官治獄寬恕多所平反民有以病死而誣爲怨家所殺者獄久不決公廉得其情召諭之曰汝父實病死汝人子也不速殯殮[illegible]欲緣是以陷人于罪耶部獄成亦必[illegible]驗[illegible]汝其忍之乎兄弟相向號泣叩首伏罪[illegible]部[illegible]所屬逋賦故有賍遺或以微告公驚曰此何[illegible]耶[illegible]督[illegible]

者亟還之民否且抵罪于是諸屬邑惴惴奉法而公廨
督常先列郡而集踰年告老歸當道留之不得郡守童
公旭爲勇退圖贈之事親孝爲諸生時旁舍火起勢且
及公自外望見馳歸負其母及先世誥身以出餘無所
問已而火滅鄉人異之二弟早卒爲卜地營葬撫其孤
如己子出往往周其宗族故舊婚喪之不能舉者晚建
多景樓日與賓客觴詠于其中或閉戶焚香燕
坐怡如也卒年七十有七後贈吏部右侍郎

陳詠字叔雅號澗松最後號晚全翁以貢任四川萬縣
學訓導工文善書言動率遵矩度一介不以取人
一切玩好目爲尤物丐歸後始有子息年及八十而卒
貧無以塟門人李㮚將緒捐貲賻塟如禮蘄士大夫爲
詩歌以紀其事曰義敦師殯蓋
以見先生之取友得人如此

化雨字時雨歲貢性沉靜不好嬉弄家貧依外氏居授
江西玉山縣訓導遷深州學正卒之日口占詩以
遺諸子有豪雄無勢
利富貴有危機之句

恬靜

〔宋〕吳瑛字德仁以父遵路蔭任補太廟齋郎監西京竹
木務簽書淮南判官通判池州黄州知郴州至
虞部員外郎治平三年官滿如京師年四十六即請休
公卿大夫知之者挽留不聽相率賦詩飲餞於都門遂
歸臨溪築室種花釀酒家事一付子弟賓至必飲飲必
醉有臧否人物者不酬一語俱促行酒妹夫某嘗取家
財數十萬貸人不能償瑛哀告之曰是人有母得無重
憂召而焚其券門生爲治田事歷歲忽謝去日聞有言
其簿書爲欺者詛不可留瑛命取前後文書示之蓋未
嘗發封也盜入室覺而不言且取被乃曰他物唯所欲
夜正寒幸舍吾被其真率曠達類如此有薦之者召爲
吏部郎中就知蘄州皆不起崇寧三年感疾閉閤謝醫
藥至再
絕不亂

〔明〕王恭字德溫鯁直慎言處心夷曠人有假貸不償者
盡焚其券子翰仕歷部署知府所在稱骨鯁人
以爲有德溫之風焉配程氏眉壽偕老翰顏其堂曰齊
壽布政㮚議韓公陽知州金公銑有記孫儼中鄉試經
魁歷任知府人
謂其有後云

陳光遠勤敏狷介涉獵經史以詩文自娛雖執役戍伍
歷難經險亦手不釋卷以老疾還鄉士君子樂
從其遊有轅
門歸隱集

丼棠字茂夫爲諸生刻勵專靜能不以貧乏廢學嘗讀
書城南石鼓寺鄉人多遣子弟從之游者因取脯
脡以自給正德八年癸酉領鄉薦授雲南師宗州所治
皆夷能于羈縻之中不失控制之法低昂伸縮有足稱
焉者遷河南
嵩府長史卒

馮鵬字翀霄少而能文首行修整學者稱獨齋先生十
試于鄉不遇晚貢入太學祭酒湛公若水廉知其
文行極雅重之父病日侍湯藥夜露處戶外得濕疾治
殁哀毀增劇而卒後五年乙未子天馭舉進士爲御史
贈如其官少保大學士徐公
少湖銘其墓詳載藝文志

顧敦字化之性警敏有卓識敦睦婣族愛異母弟且素
喜陽明則言宋儒孝順詩每令人歌誦以自適以
子問貴封年
六十七卒

隱逸

〔宋〕林敏功字子仁號松坡十六歲以春秋舉進士不第
杜門不出者二十年博通五經尤長于詩政
和中徵詔不起賜號高隱處士治平中曾爲知州
范純仁作四見亭記有高隱集七卷蒙山集百卷

林敏修字子來敏功弟也居與兄鄰終老以文字相
友亦不舉進士有無思集四卷世號二林

〔明〕袁信讀書敦禮聞義勇爲嘗以便民事陳言于朝特
賜俞允錫以爲善陰騭孝順事實二書年九十
八無疾而終子膚廣性孝
謹居喪盡禮時人樂道之

朱紳字懋爭號竹坡居田野自食其力牛背夕陽卷冊相隨悲今弔古慷慨激烈人莫能窺其際易簀時賦詩云文公先生六篇書世上□□不可無多少好人行好事盡從這裏下工夫

翟文英號三楚山人蘄諸生萬曆間人風流誥誕放浪不羈以詩名尤工畫人物筆墨瀟灑輒有生氣標句新雅時爭膾炙□八十餘卒殆高隱者流不徒以繪事擅長者也

余庭蘄諸生於明萬曆初負盛名與時落落不合人目爲狂督學使者試第一譏其狂庭徐進曰願受撻督學問故庭曰不願制舉耳督學怒撻之徐徐起出竟棄諸生耕耨自食每長歌田野間以詩名有稚兒莫作啼飢狀貽爾清貧樂更多之句自號三槐山人

盧楷字汝端號南槐才識過人少應童子試輒不利改就臯掾應謁選公耻不獲大用年四十以親老力辭終養給告身爲州祭酒隱居于鄉築亭園濠上訓子若孫治家甚嚴進退之間肅如也生平多格言閭里奉

爲著蔡數請賓筵固辭不赴大司農吳公採輿議文閣之建悉以委之規模宏壯皆出公指畫也卒年七十有七以孫紘貴　贈中大夫或云盛德之報也

武勳

明康茂材字壽卿通經史大義事以孝聞仕元爲參政壽事徐壽輝過寧國有茫茫江滸皆魚鱉何處堪容魯仲連之語丙申春常遇春取寧國茂材殺門者來降授秦淮翼水軍元帥守禦龍灣取江陰之馬馱沙己亥八月僞吳張士誠犯境茂材驅之獲其樓船有名馬黃金之賜庚子六月僞漢陳友諒領國入寇俞廷玉請降漢趙德勝請幸鍾山上以問劉伯溫伯溫曰請先斬主降議及幸鍾山者然後乃可破賊耳太祖曰何如伯溫顧茂材曰昨夜授□□□茂材取一簡書私引暗攻四字上未解伯溫曰茂材□□□□徐壽輝與友諒善令茂材具書引友諒今夜攻城臣謀□□攻之破之必矣是日茂材遣養子玉持書與友諒約友諒引對帳下玉不語友諒呼退諸將玉取書上云請大兵攻城臣願獻清德門友諒喜問曰江東橋是木橋是石橋玉曰木橋也即遣玉報茂材且曰吾至呼老康爲號玉還具道之上聞之喜曰虜在吾彀中矣是易橋爲石以疑其心諒至果疑廻兵北走隊伍大亂茂材率所伏兵奮擊大破之降其將張志雄等縛其士卒二萬人賜以金幣辛丑八月上率將士親征諒茂材領舟師贓安慶破江州僞都諒西遁遂下蘄州興國漢陽茂材克黃梅取瑞昌諒勢益衰壬寅七月與諒大戰于彭蠡湖軍聲嘯呼湖水爲立諒敗死子理奔武昌茂材從上親征理仰壁出降甲辰四月從大將徐達下廬州拔安豐江陵及湖南諸州加賜幣帛壽進大都督府副使丙午正月從上追張士誠敗于巫子門又拔淮安馬邏港水寨獲士卒艨艟無算淮安平遂破湖州進逼姑蘇士誠遣銳卒迎戰于尹山橋茂材持戟督戰益力銳卒盡覆吳元年九月城破執縛師還論功賞彩叚表裏陞同知大都督府事兼太子右率府使進階榮祿大夫洪武元年命總率步騎大軍往濟南參同徐達常遇春併取中原茂材從

齊魯由黃河克汴洛又分兵西取陝州元將脫脫帖木兒棄城去茂材守之規運饋餉造浮橋以度大軍鎮河中善撫綏遺民爲之立石頌德招徠絳解屏蔽潼關秦人不敢東向上賞定中原諸將功茂材白金二百五十兩文幣十七表裏二年攻應昌時元太子據駱駝山茂材以計擊走之獲玉璽金寶圖書諸物封蘄春侯四年辛亥同湯和廖永忠取蜀出南路攻瞿塘至歸州蜀將龔興來逆戰茂材擊敗之遂定歸州與走瞿塘關茂材直至關下蜀丞相戴壽元帥吳友仁命部將飛天張來逆戰茂材刺殺飛天張追至鐵索橋礮石如雨茂材爲所中死之年五十七贈推忠翊運宣德懷遠功臣光祿大夫湖廣行中書省平章政事柱國追封蘄國公謚武義康鐸茂材子襲封蘄春侯寵賚有加八年詔墾鳳陽荒田十年統兵征辰州洞猺十一年平松疊諸州十三年巡沿海諸城十四年從大將軍達征還從征南將軍傅友德征雲南克普定破華山□□十五年卒年二十三贈宣力武臣蘄國公謚忠愍孫□淵澄淵二歲侯十六歲襲爵比龍驟升遐停襲實授蘄國公食祿二千五百

石康鑑茂材仲子遷廣西護衛指揮使司𤣥孫康永正德中以兵科給事中戴銑奏凡開國元勳配享太廟及列祀功臣廟通行求訪永蔭有京錦衣上前千戶所正千戶

康鐸 康鐸茂材子字[illegible]幼學於金華宋濂茂材以蘄春侯冕鐸襲侯[illegible]十歲侍太子大本堂讀書洪武六年六月上幸大本堂諸王隨太子咸在諸功臣子執經侍側上召開平忠武王之子鄭國公常茂蘄國武義公之子蘄春侯康鐸立階下慰勉再三上親灑宸翰賜茂鐸各八字賜鐸者云謹承祖業愛爾勤功鐸少有父風八年詔鐸往鳳陽荒田統兵征辰州洞猺十一年遂平松疊諸州十三年巡沿海諸城十四年從大將軍徐達還師復從征南將軍傅友德征雲南克普定破華山諸砦十五年卒年二十三贈宜力武臣蘄國公謚忠愍子淵授祿未襲封

椰艮正 崇居鄉人洪武初以武功封吉安侯嘗於子孫打鼓臺墩集蘄州三戶軍戶其墓尚存　尚存

蘄州志　〈卷八　人物〉　廿一

陳福清 從高帝征僞漢陳友諒戰於鄱陽湖矢及御舟福清拿卒負帝過舟帝取一珠耳璫賜之福清以箭貫左耳懸璫帝曰眞壯士也封千戶後敘功臣福清不與焉

李楷 字端甫同春之子貌如冠玉風流英武萬曆間襲千戶職初授靖州守備隨大將軍劉鋌征苗播擧

滕越樓 關天塹建立奇功加封世襲指揮陞福建叅將會海賊入犯設奇大破之擢吳淞副總官至貴州總兵歸里居喪廬墓孝友同居可謂將門之賢矣

李棟 字郢隆天啓間世襲蘄州衛指揮同春次子少爲郡名諸生負雋才兄楷無嗣承兄蔭陞武岡州守備廣西永寧州遊擊再陞四川松藩叅將盡瘁王事卒于官生五子皆庠生蘄城之燬皆被擄死惟四子本繪存而尋卒竟無後論者謂如仰池公之天性孝友世積忠厚蘄然遂絕於天道不無致疑也

孝友

明**劉瑄** 字本玉學業精勤事親至孝中正統辛酉鄉試父喪盡禮仕河南教職迎母就養扁其室曰祿養士夫詩有忠孝先生兩得之之句恭實錄也

顧濂 字繼周性至孝任衛輝府經歷時二親已棄養濂額其居之堂曰永懷以著羹牆之思國子學正林㟽爲作記郡人宋知府誠有詩曰永懷留翰墨足繼白華詩𤣥孫敦雖處丘園篤好文雅教其二孫問闕俱舉進士人以爲慶之餘焉問嘗爲御史未及封以儒官冠帶

陳昇 字九霄蚤喪父事母劉至孝每于旁舍得異味必懷以奉母以貢任無極縣簿迎母就養母年已八十餘矣昇奉養備至九年秩滿而母尚無恙然母老不可離左右遂致仕

宋璧 字[illegible]任綦江縣簿以二親年耄謝事歸朝夕侍養惟謹親歿哀毀踰禮廬墓三年

羅天立 蘄人傭工奉母母病割股救之人稱其地曰孝子里

蘄州志　〈卷八　人物〉　廿二

李儒 字東池世襲蘄州衛千戶恤軍卒好施與歲凶公盡家貲散賑全活甚衆家貧志不少變年四十二卒有子同春孟春盛春際春後一時文武貴顯咸以爲公德所致也以子盛春誥贈副都御史

李同春 號仰池誥封都憲公長子武而能文父早喪體遺意教諸弟成名諸弟官箴無玷孝友傳家皆公所成就襲職領漕運運軍折米五百餘石先自解囊完納聽從容相償衆免破產追賠累歸至途聞親病篤號泣思歸水漿不入者五晝夜忽夢河神曰吾念汝孝特許隻艘先歸汝可速行明午渡河矣如是者三公曰神不我欺也遂解維達旦行二百里抵淮淮撫怒公超次亂漕欲置之法公以神語泣對撫囚以觀驗否至午狂飈驟起須臾河冰凍合撫奇而釋公慰之曰爾誠孝感神矣異日福未可量公念先世籍河南息縣未克揚顯擇族人名李若星者至家撫而教之十年令回籍旋登第後爲兵部尚書總督川貴五省公親親之誼知人之明殆兼之矣陞贑西都司與苗戰屢建奇功擢誥恩叅將尋乞休養至家樹碑于堂曰世世同居敘友于課子

任數年而卒子楷楝嗣職
宗伯李維禎爲撰墓志

李樸字貫甫事親孝善屬文憲副李公際春長子執憲副公丧哀毁過甚及生有術士私公曰是日利某不利公公叱曰某吾弟也利某即同利我汝欲不利于某耶公姊適黃海瞿氏年十八即孀居誓矢栢舟公爲維持資掖者四十八年克成其志得建坊表捐資造馬口橋梁瘞暴骸濟貧乏爲德甚廣歷試不第以監貢授廣西鹽運司提舉未幾卒

尚義

宋 祝文蔚寧宗時蘄州士人嘉定十四年三月金人绝詔趙方往救方遂命許國扈再興解唐城之圍國還鄂州保江再興引軍至蘄州之盡山伺金人歸而擊之文蔚橫突人陣大敗金人再興追逐六十里擒其監軍合答等

張德輿蘄州民當幼主稱制海中舒黃蘄義兵相繼起德輿與安慶野人原寨主劉源起兵司空山屬縣人慱高亦起兵應元宣撫使賈居貞移檄諭以禍福兵稍稍渙散高知不可爲變姓名逃元兵獲而殺之

明 顧禧蘄州民正統中蘄大饑捐穀一千一百石以賑禧有勑旌爲義民勑曰咨湖廣黃州府蘄州民顧禧國家施仁養民爲首爾能出穀一千一百石用助賑濟有司以聞朕用嘉之特賜勑奬諭榮以羊酒旌爲義民仍賜本戶雜役三年尚允蹈忠厚表礪鄉俗用副朝廷褒嘉至意欽哉故勑正統六年四月十八日仍命有司立旌善坊

貞烈論

盧紘曰貞烈者天地之正氣嘗之瑞鳳祥麐曠世而一見殆植於天成於性而非勉強能然也大端五倫之中俱所不廢蓋臣非此無以爲忠子非此無以爲孝婦非此無以爲貞友非此無以爲信其事誠非易盡而爲婦人女子所尤難以其未嘗學問止任其專一之性而成其無反顧之行榮辱利害俱無所亂其胷中捐軀以殉蹈義履仁有恊乎其所宜然而實不知其所由然者夫貞固婦道之常也然夫存祗見其順而夫亡始見其貞然夫亡非婦之幸而百人或一見焉事則百人之一而求其以貞著者又未必非千人之一萬人之一也烈亦婦道之正也然時平祗見其貞而事危方見其烈然事一危亦一時之偶而百年或一値焉時則百年之一而求其以烈著者又未必非千年之一萬年之一也以方諸鳳之瑞麟之祥詎偶然耶愚修蘄志見前茲之以節烈見者纍纍攬其遺徽深爲浩歎以斯知作志者紀人物而於節烈之事分別類見厥意良深當明季癸未之變全城受戮男子之殉義而死者固不勝書而婦人尤未可殫述如紘家楊袁二婦一死火一死井其爲激烈又曷以加曩曾具聞當事蒙錫褒旌又述其狀以告吳中賢士大夫莫不爭爲立傳賦詩以表其烈嗟乎昔蘄嘗

[illegible]時命以數萬計若楊袁二婦類而泯泯以沒者不
知凡幾故作爲斯論以告州人士或有同心當博爲搜
採而亟表之以俟遺編之續抑最盛之舉也

貞烈

元 張總管士烈女 長女二十一次年二十九俱未適人元至正壬辰寇兵逼蘄二女與父隔散姊妹相與言曰我是官家可爲賊所辱耶相手攜赴於州北蓮花池投水而死

明 節婦陳氏 州民羅寇妻也年二十歸寇越四年生三子而寇亡姑吳氏老疾陳勤紡織奉姑無怠或諷以再適誓不可長子早亡姑八十四而終盡棄家資以葬居孀比三十餘年而貞潔無玷永樂十一年本州具實奏聞未報而卒

節婦夏氏 州民張恩清妻年十八歲而清歿立姪文明爲後家貧雖締而一切文綺不加於體

節婦呂氏 清平衛呂仲貞之女州民陳溥之妻溥自幼隨父從戎於清平溥困娶爲妻年甫一十八歲僅三載生一子而溥亡舅姑以老疾告還父母親戚欲改嫁之呂執孩曰夫既不幸當與此子同生死豈以程途離親爲念而起二心哉願其往及歸蘄紡織爲生事舅姑生盡禮死盡哀人以爲難年八十三而終成化十二年本州勘實具奏未報

節婦張氏 武昌江夏人年二十寸適郡庠生壽儒甫八年儒卒時儒　取科第爲工部都水主事而未獲與馳恩之典張性溫雅操不苟撫其遺孤及長訓戒諄復不少假借伯子濂〃貢仕仲芸亦克成立咸致孝養毋以壽終人共稱難也

節婦張氏 生員張文秀女也正德六年州賊劉六等出秦淮漸逼蘄州文秀載女避之江南木山磯崖中城堡賊獲女欲污之女罵不從并其母丘氏被殺文亦被擄

節婦李阿朱 安平上鄉人州庠生李震之女而夫亡朱氏甫三十歲矢少變撫三子俱成立年八十五而終

節婦黃氏 州學生員田祿妻年十六歸於田祿死家貧不能具體附勞瘁萬狀渝謝絕膏沐勤女紅以自給撫訓遺孤鑛鑰以至成立卒年七十三嘉靖初州守季才上得其實奏下覆勘未報代去

節婦吳氏 州民陳元妻元卒時吳年二十二子僅甫四歲人或以貧乏勸使改適者皆謝不聽惟以紡績自給負操之節人無異議享四十五年而卒

節婦潘氏 蚤適州民易宗元九年而寡潘泣至嘔血以死自誓卒能不易所守絕無玷缺子東初甫

一歲今且老潘之孀居者五十三年壽八十一矣

節婦劉氏 興國人刑部員外郎守愚之姊適州學生楊杲杲年二十八杲卒無子劉誓死不更適足不履壺外者數十年雖家人累月不見其面撫猶子芳爲子雖極鍾愛而有義方之教卒能有成嘉靖十九年郡學保申巡按御史朱公簾奏表其閭未報今年七十餘矣已上節婦俱嘉靖初知州季材具實上聞命下覆勘轉申未報

節婦劉氏 生員馬廷實妻劉氏萬曆二年旌表建石坊于州東門外鄧家坡

節婦李氏 州民張願妻妻萬曆二十九年旌表建石坊于苹提塒

節婦李氏 憲副李公鑑池女適生員瞿平平年十六甫二年而平卒苦節四十二年壽六十而終從御史請建坊旌表詳載藝文志本傳

節婦傅氏庠生晏文明之妻誥封郡丞晏公印台伯
母也文明年二十有三卒氏少一歲無嗣依
郡台公觀錯已子郎憲副玄灝公及諸孫輩皆所撫摩
成立卒年七十有五州人士具狀陳州矣終寢未得達
亦恨
事也

節婦黃氏蘄庠生朱用謙妻庠生朱垓母也年二十二
而用謙卒撫孤子成立垂四十餘年以完節
終巡按宋公賢廉得其狀爲請于朝事久不行子垓徒
步赴都叩閽以請始奉俞旨建坊旌表母節子孝兼難
及也詳見藝
文志本傳

節婦龎氏登仕郎王懋仁妻廣西道監察御史王珙祖
母氏以完節終珙陳其狀於朝下部議部覆
看得節婦龎氏守節節完撫孤孤立自靑春而白首冰
蘗躬嘗以慈母而嚴師熊丸手和妻風苦雨歷盡平生
令子聞孫課成兩世至全孝全忠之遥祝尤成仁取義
之格言　恩詔旌典政爲允宜既經具奏前來伏祈

皇上植綱礪俗勑下旌曰節婦氏之坊庶華袞有光而
頹風知勸矣奉旨是建坊鳳山之麓孫珙爲名御史至
今三吳間
猶有頌焉

節婦顧氏貢生顧天錫同母姊年十八適同里孝[illegible]
劉廷桂子鉞甫十八日鉞赴童子試至黃陂[illegible]
縣園土河溺死苦節四十一年巡按宋公景雲爲請於
朝奉旨優卹癸未寇難氏年七十四矣獻逆破蘄氏鐍
石血汚面賊爲歛刃不敢殺遂得從弟天錫暫往原籍
崑山至江寧上清河病作卒於旅舍寄殯崑山姪景呈
謀歸合葬劉鉞墓成姑
志也詳載藝文志本傳

孝婦瞿氏生員楊權母夫蚤卒事姑至孝姑病革婦刲
股以進嫠居三十餘年教權爲名諸生崇禎
中知州唐世照具狀申
報來旌表年六十餘卒

節婦廖氏崇居鄉人年十七適典史張忠祿四年生二
子克懋克恕萬曆來忠祿與討叓偕如皋任
病歸廖服事非澣濯不解帶忠祿病革曰恨汝年少
若不得活老姑二稚汝奈何廖齧斷食指曰即以此
忠祿卒家貧廖紡績養姑甚謹姑老病廖當酷熱煑藥
竭而盲一目姑曰孝婦汝定食報及卒祭葬不異六親
而皆能成禮數年二子當入塾廖曰寡婦不宜延師可
就塾以紡佐供束脩二子激礪成名諸生崇禎末流寇
薄境廖爲二子棄家去城陷合門得全人以爲其報云
年六十四以疾卒克懋克恕皆諸生廖氏已經報部

烈婦楊氏永諸生盧綖之妻年三十五崇禎癸未獻逆
燬城氏被擄寇逼至城北赴州關寇欲負之
行氏詐之曰我自能行携母朱氏至火起處奔投烈
焰中俱焚死有司廉得其狀陳之撫按兩臺及學使者
堵公錫之褒美允與彙題未
果行詳載藝文志二烈婦傳

烈婦袁氏永諸生盧震初妻年二十七癸未獻逆之難
氏度不能脫拜辭祖舅姑及舅姑抱適歲子
投井死寇退獲其屍殮葬所居室後山麓逾年[illegible]
毁啓視面如生移葬迎山盧氏先人墓左撫按兩臺允
有司請擬彙題未果督學堵公有一門節義
之褒謂氏與楊也詳載藝文志二烈婦傳

烈婦陳氏庠生陳治策女年十五適庠生王明善
之子從禮從禮幼有痼疾氏解奩以佐藥餌
毫無愠色凡八年生子三應龍夢龍御龍御龍生甫三
月而從禮卒誓以死殉幾不欲生姑强之食少暇潛泣
他所浹旬殆絕姑覺曰孝婦何乃爾舅姑老夫未歸家
三孤煢煢未成立胡遽求死耶氏始啜粥稍延喘息舅
姑生養死葬皆氏任之苦節四十年崇禎十五年自蘄還
鄂十六年獻逆襲鄂聞變氏謂兩子婦曰未亡人已得
死所指庭前井曰若輩有意乎二婦再拜先投井氏取
二婦帨履擲之井乾亦隨投井死有司廉得其狀陳諸
督學王公代巡顧公錫之旌表子應龍早卒夢龍御
龍克承先業孫大猷嘉猷並諸生詳載王氏家譜

國朝節婦石氏氏年十七適處士高君二十三而夫卒生
子培甫二齡矢志冰霜事舅姑孝事繼姑
如之居家節儉教子及成立培以功貢初授衛州府同
知改調府丞陞臨江府知府荐　覃恩封恭人壽卒

蘄人士以苦節狀陳督學李公爲錫旌表焉

明節婦黄氏 氏及笄適諸生陳九德德善屬文學於著述竟致疾早世氏爲未亡人甫三十齡爾撫因圓兩藐孤貧居力作以供束脯後皆籍籍領袖膠庠而氏身影日夕猶在井舂機杼之間年近六十邑人并其姊適朱生用謙者舉於當事時有黄女雙節之稱乃朱得仕者助遂尚旌顯氏卓然孀範尚湮蔓草是用昭茲完貞風於無窮仁賢之同志也所有節狀誌傳詳載氏孫諸生名馥家乘

方術

蘄俗耕讀之外無他藝能然古者工執事藝諫後世如斲輪之說卜晝未卜夜之說則賤工末技亦聞有取焉者況大且要于此者乎不有以志之則華陀秦越人王承福楊潜輩今曷由而知之也志藝術 舊志

明張慕愷 蘄州人世族繁衍皆以醫爲業成化初年惟慕愷醫道大行不論貧富一體施劑延活者甚衆建一堂扁曰仁壽以寓存仁之意知州金銑重其人爲作記表之至今稱醫有源流云

韓泰 字道誠常州府武進縣人高祖瑩元時爲蘄州路提舉子顯卿爲蘄春府醫官孫璽繼業三世遂占籍于蘄泰醫學精熟能甘淡泊憐貧施劑成化中禮部訪求明醫半名行取赴太醫院三年稱病歸里遂不起年七十九卒

陳泰 號自然蘄州衛人廣積方書精明醫道診脈斷其隱微用藥咸有裁度曾拾金環于道訪其人歸與之教子僖中壬子鄉舉訓徒束修惟供日用晚歲清操愈健不履公庭年幾八十餘無疾而終

嚴政 荊府醫士精通方書藥物家貧甚好學能詩而無苟且出入府禁足履不失尺寸荊國主重其爲人以田給之年近九十而卒

李言聞 字子郁穎敏向學精通醫業每治人疾以調元保和爲主尤涉獵經史所著有醫學發明脈學發明兵憲劉公題有恆堂扁贈之詩有云折肱君以稔振物我何能時聞春有脚欲向李仙求之句號藏六野人云

郝守道 字立夫以醫名燕齊江淮間論病治方每出常見多獲奇功爲梅國劉公陞田周公弁諸聞人所重皆有贈言大抵巧不爲醫工不爲拘者也

龎憲 號鹿門生萬曆間能通五經通鑑大義熟素問靈樞明運氣理數用藥多奇中袁中郎題醫隱二字榜其門初以善病而學醫年七十餘卒

仙釋

天地之氣磅礴布濩其鍾于物也有常不常是故均毛有麟均羽有鳳均介有龍然則均人有仙宜無足怪者君子不疑于麟鳳龍矣何獨至于仙而疑之葢恐人之溺于幻妄如溺于釋而遂廢大倫也至於長老所傳往牒所載有足徵焉者存之可也志仙釋 舊志

仙類

晉羅翼真人 在州西南乾明磯上石臺飛昇石上履跡見存今建有飛仙閣乃其遺蹟

劉六真人 在州東一百六十里大浮山飛昇

唐貴埋龍君　名光輝世居蘄之大明山父元昇嘗出耕母劉氏餉之道遇雷雨晦冥昏暁既而有
娠三年乃産神生而穎悟四歲乾舉間與諸兒浴于淵
淵水湧出溢流諸子告于師師知其異句夜聽覘之見
黃龍盤伏十餘未幾雲霧四合化為黃
龍而去時貞觀一年十月十七日也

王全真人　在州東北天長觀修鍊飛昇

劉宋麻衣道者　姓李名和生而紺髮美姿稍長厭世廚穢遂入終南山忽遇一道者授以道秘
戒之曰南陽之間而水之陽有山靈堂岩洞其旁神開
汝鄉汝則往之可以禽神於君茫麻太往來之遇樵者
尊其處居洞中十有九年義熙中大旱居民張萸卒衆
請雨麻衣以無術眷二請者不輟是夕有少年十二人
謂麻衣曰若再請但許之麻衣旋而請之翌日果大雨
十二人復來拜曰予屬龍也今當以師道業成令輔師
行化耳劉宋大明初年
百有一歲儼坐而尸解

明楚子李　正德麻太和山得道者以其辟穀但歠麥麩故名荆永定王慕之遣千校尉移文恭請薦
是山者禮聘以至萬蘄州武當宮衣破衲不食王屢迎
入宮祈長生訣不對但云修身齊家長生訣也賜金帛
委奔不顧已辭歸王仍遣十校送之令索書報命至漢
口卧舟中忽不見校懼踪尋至太和山見坐捨身岩險
絶處遙泣拜索書又忽不見後復遣校至山則云尸解
矣歸途又見持鉢行如飛後王以于宗正條幾慶國始
悟李語非
漫然也

釋類

唐宋道信司馬氏　其先世居河內後徙蘄之廣濟隋大業間領徒衆抵吉州唐武德中之蘄
住破額山永徽初卒廣德間贈號
太醫禪師即宗派所謂四祖也

神秀　河南尉氏人住蘄州禮五祖為師問題偈曰身是
菩提樹心如明鏡臺時時勤拂拭莫遣有塵埃

武后召至京師命舊山置度門寺以旌異之張說問法
秀曰一切佛法身心本有將心外求捨父逃走神龍初
入滅謚大
通禪師

張祖師　舊傳唐貞觀間有游地神人曾居之師欲謀居乃與神人顯異術共沐于谿師以手巾盖石
令神揭取莫能起師即占其地神怒登山以石擊之二
石分列左右一石落于師頂以手托之遂結為石龕掌
迹手巾迹見存在崇岳鄉
高谿寺生今名手巾菴

無藥禪師　唐人蘄州磬龍山石鼓院
有師與麻衣道者真身

伏虎禪師　青原下五世清平遵禪師法嗣也惟師一人
姓韓氏名令珪涿州人毋夢一星墜懷而生
出家遊三角山居之乾化間始建寺宋仁宗賜額龍門
謚慈應禪師高宗加賜龍門資教慈應妙濟禪師大旱
祈雨
多應

高谿寺僧白崖禪師　舊有一人願從其教許之後與盟曰汝凡俗焉能有得必剖腹滌其
五臟其人亦無難色引入山澗剖之血隨水出途人驚
往伺察遇一僧告其故語畢忽不知去向尋後追覓弗
獲惟見一石齒剌山麓儼然白巖形視其下石刻有詩
云金殿重重鈴動風六龍飛入碧雲中晚來落盡前山
雨人借僧
房鶴借松

詹祖師　即弘脩大德禪師廣濟人於馬口寺坐化留詩
曰飛錫江邊六六春修行辦道任天真塵緣了
却更何事萬里
乾坤自在身

馬祖師　不知何許人唐貞觀
時於蘄州建瞿金寺

西竺二梵祖師　師西竺人隋唐間有三僧同入中國一
住與國東方山一住蘄州三角山二梵
祖師初住蘄州永福鄉長流寺後移圓峯山頂建刹曰
圓峯寺涅槃後即建塔寺傍屢著靈異山半有泉大旱

取之詩雨悚應師
生前願力所在也
行朗禪師青原下七世烏牙寶禪師法嗣第二居烏牙山
清皎禪師福州王氏子青原下七世白兆圓禪師法嗣第四居蘄州四祖山年八十八作偈入滅
志蘊禪師青原下七世白兆圓法嗣第五居蘄州三角山
眞鑑禪師青原下七世白兆圓法嗣第七居三角山
端禪師青原下九世拔禪師法嗣第四居四祖山
理公禪師唐貞觀時人建龍潭寺於蘄州有塔
法遇菴主居蘄州三角山嗣潙山祐禪師法祐禪師法嗣十二人而法遇居其末後因荒亂爲魁師所殺

志謙禪師南嶽下八世報慈韶禪師法嗣也韶禪師法嗣二人而志謙其一居三角山道場
曉愚禪師南嶽下十世汾陽昭禪師法嗣也居蘄州黃梅龍華寺昭禪師法嗣十一人而曉愚第七
悟還禪師青原下七世保福禪師法嗣共七十五人師第二十四號蘄州北禪悟還寂禪師
師戒禪師青原下八世雙泉寬法嗣第一住蘄州五祖山春渚錄云東坡與山谷同見清老清語坡前身爲五祖戒和尚故坡嶺外詩云莫老爭看烏角巾應緣曾現宰官身溪邊古路三叉口獨立斜陽數過人東坡外集云子由謫高安日雲安夢同子由及聰迓五祖戒既覺語子由而聰亦至子由曰方與洞山說夢子今亦來說夢乎聰曰夜來夢吾三人迎戒和尚子由曰世間果有同夢者坡書至曰已至奉新旦夕相見三人喜出城迎坡及謫英州雲安遺書至坡引紙大書曰戒和尚又錯脫也後監玉局觀作偈答南華老常行八棒十三禪與業相纏四十年著却衲衣歸玉局自疑身是五通仙

他指箇甚麼忽然風吹倒時好一堆柴
靜聖禪師蘄州人僧問亡僧遷化向甚麼處去師曰靈峯水急曰恁麼則不生也師曰蒼天蒼天
道初禪師蘄州龍華僧也爲五祖侍者有年住龍華日上堂曰雞見便鬬犬見便咬殿上鴟吻終日相對爲甚麼却不嗔便下座師機辨峻捷門人罔知造詣一日謂衆曰昨日離城市白雲空往還松風清耳目端的勝人間召衆曰此是先師末後句有頃脫然而逝
清楚禪師南嶽下十三世五祖常禪師法嗣也常禪師法惟付法于師一人號蘄州南烏牙聖壽禪師
付宣禪師南嶽十四世智海青禪師法嗣惟師與泉州乾峯圓慧禪師二人師居蘄州四祖山
大演禪師綿州鄧氏子嗣南嶽十三世白雲端禪師法爲首座居蘄州五祖馮茂山宋徽宗崇寧三年入滅山摧石隕四十里內巖谷震吼闍維舍利如雨塔于東山之南

表自禪師懷安人嗣五祖演禪師法居五祖山法嗣十二人而師居第七
曇華禪師蘄州江氏子南嶽下十六世虎丘隆禪師法嗣惟師一人居明州天童山世稱大慧與師居處爲二甘露門宋孝宗隆興元年入寂塔全身於天童山
彥寶禪師青原下六世洛浦安禪師法嗣也共六禪師而師其首居蘄州烏牙山
廣濟禪師青原下六世雲居膺禪師法嗣也共十九禪師而師居第九號蘄州廣濟禪師
明
雪菴和尚師姓葉氏揚州人建文朝進士因靖難逃居于蘄之崇居鄉陳氏家托堪輿以自晦其所扦葬往往多奇中後不知所終
歸宗禪師師大有了悟言不亂發雖尋常談論必透宗旨與憨山師相友善往來無間萬曆間縉紳袁公滄孺迎住宗遠菴結十齋社年八十餘方示寂後因寇燬其徒圓理圓慈等移居西鄉福勝寺石山舊庵乃

僧海遵重新循歸宗遺蹟也

靈鑑禪師 師江右人兄弟七人俱爲劉大將軍傳禪從征皆死王事師遂棄家從三昧師披剃天啓年間蘄之石鼓寺建於唐初歲久而圮師跣足不避烈日雨雪募化一年重新其宇迎三昧師至蘄開堂說戒閱年鑑師示寂建塔寺後蘄之宗風自此振焉

雲外禪師 師徽州歙縣汪氏子以諸生披剃爲僧付陽山法了悟宗旨一時學人罕有知者隱居匡山八九年順治丁亥杖錫遊蘄住大泉山時寺爲寇燬師勸募重新之宗依者頗衆人或忌之移居菩提寺亡何移住南嶽祿鼎示寂預定期手書法語數千言付蘄僧之從游者又所著語錄有宗鏡普說法語諸祖贊諸書傳世

四弘禪師 師安慶人法諱照願從昧和尚受具足戒又從三峯漢大師參究宗旨天啓年間同昧和尚住蘄之石鼓寺開堂說戒昧和尚行而四弘師遂隱居黃梅老寺者二十餘年癸未寇燬後元初師適遊老寺因迎師來住蘄之白龍潭重整戒壇人爭飯仰師自是往來江寧之華山儀真之五臺菴順治八年仍歸蘄之白龍潭示寂其戒弟子爲建塔焉師工書法稜稜骨氣得顏魯公體曾爲樊山王所重其墨蹟有存者

儃禪師 師三峯漢月和尚二代法嗣蘄之東山寺自大淵禪師遺有三千香火無千人供饌之語自唐至今剎址尚存中間歷祖濱禪師先後振起而人猶謂是大淵之遺不替歸宗寺歲久漸圮蘄諸僧海遵等重募修之迎儃師來開堂說法蘄當寇亂之後人心頗多觸善儃師開導力尤多矣

元初禪師 師黃安人初從新宇師披剃新宇乃鄂城修淨寺天如禪師高第元初[illegible]新宇參蓮池大師專修西方唸佛[illegible]教歸而住[illegible]提場癸未寇亂後偕其徒四冶發住雨湖之三[illegible]遂[illegible]蘄之士大夫及諸僧有行者結廣蓮社六時唸佛又同四弘師重整戒壇[illegible]遺繪[illegible]普賓從師倡

三公土主 不詳緣起廟在蘄城内明洪武三年知府徐麟建祠中神主題云本郡土主中神主題提刑按察司何公左云安撫使吳公右云安撫使張公蓋古之有惠澤及民者而民德之故立祠祀鄉人傳爲土地之神非也

白馬神 不詳緣起蘄舊志云白馬廟在州城中大街石碑見存按蘄有白馬渡父老言有大賈乘白馬至此爲人謀死遂爲神天下名白馬祠頗多各有說南楚新聞云唐懿宗咸通中有姓朱者家於巫峽每歲賈於荆益瞿塘之壖有白馬神祠禱焉忽聞神語愧子相知吾將去茲境爲湖南城隍神天下將亂非見天符但有雙日是歲懿宗果升遐僖宗以晉王即位一統志又以黄州白馬廟爲蜀將張飛未知孰是

鄉儺神 大儺舊云高陽氏第三子歿而爲神蘄事儺甲于他方有七十二家俗云唐天寶時兄弟三人尚游俠醉臥天津橋玄宗微行見之戲令從侍粉墨其面覺而相視大笑遂死見夢于帝曰臣兄弟蒙帝賜粉

墨魂魄不歸無所凴依乞臣何職帝曰令汝爲儺每至春陽巡行花椰可乎因令縣邑塑三人狀賜號太尉自是帝屢夢挾三人遊故今儺像左右三太尉中爲唐明皇帝也下神唱祝歌辭鄙俚自宋元而然詳見明風考歲時蘄有鄉儺廟在州南二里又有廟名郎家坂在州南一里明初建

黑神 水神也俗每于五月五日競渡龍舟迎神舟上云黑神是屈原之子父投汨羅江死其子行烈日中號于江濱髮赤面黑没爲水神至今龍舟競渡畢投角黍于江心舟人鳴鼓唱歌口稱尋爺郎至暮而罷迎入三閭祠中里人輪次爲首祀于家雖俗近俚抑不忘忠孝之遺也又芭茅山黑神總管榮祿大夫巫祝往往稱之亦莫知其由考總管乃元時官名廟額刻總管府因元總管吉星戰死李耕爲葬之鳳凰山土人因爲立廟其[illegible]謚今尚存後人祀黑神于廟中遂並稱黑神總管莫辨其爲兩人也又水神有金甲斬龍楊四將軍張七張八相公聶三聶四聶九官人巫祝家例口陳神號其詳俱莫可考

七郎神蘄有二廟一在道署後一在赤東湖彈子山其
神莫考其詳州人祀之甚謹湖濱人每秋祀以
羊豕則魚多否則魚少又牙儈每于朔望後一日祭之
云祭則財利興旺或傳是泰山第七子明隆萬間有
要婦之事婦人入其廟往往爲其馮有侮之者則拋磚
擲瓦故里俗甚敬畏不敢褻又神每降持捧對舞自唱
麻城張七郎按一統志宋時麻城人張行七毀沿江諸
廟繫獄適有火災釋行七救之立止至城北五腦山人
馬俱化邑人建名張相公廟今巫祝家亦稱麻城土主
張七相公或即此也夫聰明正直之謂神豈有淫人婦
女較量祀禮豐嗇以爲人禍福者乎此必鬼祟假托神
名愚俗習而不察余備載其說以俟智者之考定也
魯王蘄州崇居鄉高谿寺左舊傳貞觀中有勝地神人
魯原居之爲張祖師所奪神推石擊師今手跡猶
存今廟祀廢
王或即此
張王不詳緣起蘄黃皆祀之揚州志云張士誠父非也
廣州報國寺旁有唐封延祐真君廟云即張王廟

明正德時太守盧姓者大毀淫祠神降于輿夫搖筆成
詞其畧曰上天生我兮男兒偭國運兮中衰
兮張颿日未出兮列兵横陣月未落兮駭鼓揚旗捕鳥
鼠兮易盡殺妻妾兮心悲亦莫指我爲張儀亦莫指我
爲張飛是張巡兮在世與許遠兮同時在上天兮押案
在酆都兮獄司漫濡毫而染翰俾世人兮皆知太守驗
實祠得不毀俗于五月迎其神導衛甚盛鄉村各爲社
相值爭道毆鬬至死罔之撞張王又作紙船揚旙其
上送之江濱謂之送瘟蓋因公死爲厲鬼一語千載煩
冤亦可畏也張王延祐真君之號皆俗誤不足道蘄無
專
祀
吳王三國吳時甘寧字興霸巴郡臨江人官折衝將軍
宋錫王爵廟名昭烈明改號吳將軍甘公之神廟
名昭勇在興國州東六十里富池口蘄舊有行宮在羊
子壞今廢商賈宦者舟過富池必虔祭以肉飯拋空中
有鴉飛翔鑽端接食之自唐巳
然王元美戲言三楚老鴉世家

蘄州志卷之九

藝文

聖人之觀人文也與日月星辰山川草木並焉是其與
天地並立者雖不專于此而風俗盛衰政治得失寔于
是乎徵焉茲特取其有涉于蘄者志之首
御制示尊也舊志

藝文論

盧紘曰文章所以飾治尊尚今古攸同自龜龍開先圖
畫雲日煥彩光華此天苞地符莫之擅也

命臣都炳昭史册列國風詩行吟籍歎音
有才文壇夙擅玉簡發祝融之秘蘭英擷湘澤之芳上
墳淹良史之材博雅遜昭明之選自茲以降代衍風流
接踵而興家陳絃筦如吾蘄雖據偏壤蘊鳳麟之秀氣
吐江漢之雄風不獨生茲土者筆燦心花詞稱作者或
鴻功偉業頻膺綸綍之王言或勝水名山毎記登臨之
絕唱或懷人思友魚函並千里以交馳或表烈褒貞彤
管起九淵而錫美或蹟雄五嶽碑尚載記於岣嶁或賦
就三都序必藉傳于玄晏廣搜博攬采溢縹緗採玉探

珠富兼山藪愚于茲志之修因仍舊文者十之三益以新編者十之七雖盛美未備全錦之觀而補緝亦幾費良工之苦或曰文運之隆替每乘風氣爲盛衰今子所收主事意多主文意少庸無病其龐雜不知修志與修史同寧存典核無貴浮夸詞不逮事尚未離眞事不稱詞漸譏失實此愚人由編列藝文各以類叙簡閱詳慎庶幾可以告無罪乎先後諸賢矣

聖製

宋贈正節侯李誠之勅誥各一道

蘄春介在疆場然所恃以爲險者六關十專守禦之責而措置疎畧負我使令爾誠之儒紳之望屬分符守蘄以孤城而攖敵鋒葢亦難矣慷慨激烈盡其命義合門死難朕甚痛之迺加論撰仍躐崇階爵之通侯謚曰正節廟食茲土賞延于後夫忠臣之心非慕名祿國家之澤當峻尋章今寄印纍纍未足爲爾寵將滅此讐敵始足以慰爾九泉也可贈誠之朝散大夫秘閣修撰加正節侯賜紫章服立廟崇祀額曰褒忠誥曰盡忠者臣子之大分全節者古今之難能河北二十四州眞卿而已睢陽數百餘戰張巡以之卓卓可稱寥寥不數我國家之養士氣獨盛前朝故守臣之守邊疆相望芳史蠢茲殘羯盜我邊州忽聞二士之殲莫起萬夫之贖爾誠之早傳正學夙負雋聲屬分蘄水之符適有邊戎之寇獨能以大義而作三軍之氣以嚴令而安萬室之心州邑官聯咸仰天更誓閭閻童稚亦擊鼓以揚聲故能以七百餘衆之兵固堅爲二十五日之守奈之何赴援之將頓遲而不進叻戍之卒旣入而復逃誰勢盡而力窮猶呼號而巷戰痛矣豫州之卞

哀哉卞壼之一門千載無及興懷至此ㄊ命于列侯俾蒸嘗于茲土誰能免一死足以愧彼偷生殆將滅此仇讐庶少恤其噺憤

明洪武元年夏四月辛丑

太祖高皇帝諭蘄州進簟諭

上曰古者方物之貢惟服食器用故無耳目之娛玩時之失今所進竹簟固爲用物但無命來獻恐下聞風爭進奇巧勞民傷財自茲始矣卻之仍命四方朝廷所需者毋妄獻舊志

封威靈公蘄州府城隍誥命

奉

天承運

皇帝制曰帝王受

天命行政教於天下必有生聖之瑞受命之符此天示不言之妙而人見聞可及者也神司淑慝為天降祥亦必受天之命所謂明有禮樂幽有鬼神天理人心其致一也朕君四方雖明智弗類代天理物之道實罍于衷思應天命此神所鑒而簡在

帝心者君道之大惟典神天有其舉之承

城隍聰明正直聖不可知固有超於高城深池之表者世之崇於神者則然神受於天者蓋不可知也茲以臨御之初與天下更始凡城隍之神皆新其命睠此郡城明祗所司宜封曰鑒察司民城隍威靈公威則照臨有赫靈則感通無方此固神之德而亦天之命也司於我民鑒於郡政享茲典祀悠久無疆主者施行

洪武二年正月日 舊志

追封功臣蘄州康茂才蘄國公謚武義誥命

奉

天承運

皇帝聖旨朕惟帝王之待功臣生則顯官厚秩以榮之歿則加封錫爵以報之此國家之常典也榮祿大夫同知大都督府事兼太子右率府使康茂才初自京口率衆來歸爾即以水軍勝張氏獲其海舟繼取樅陽攻安慶守龍灣及陳氏犯境爾能擊退其兵及後從朕以舟師攻舒城江蘄與國漢陽郡繼克廬州大戰彭蠡遂平武昌以至隨大將援江陵湖南四川取蔡州

山之巫子門擣淮安之馬邏港破吳興二洛守陝蒲二州招徠絳解之衆其功可謂偉矣豈期隕征與元旋軍中道因疾以歿朕聞訃音不勝感悼念今天下混一方欲論功行賞以報汝功爾乃遽然長逝其於朕心何可忘哉茲特勅爾官勳貴爾靈爽尚其不昧承茲新命於冥冥之中也可贈推忠翊運宣力懷遠功臣光祿大夫湖廣等處行中書省平章政事柱國追封蘄國公謚武義主者施行 舊志

洪武三年蘄國武義公子康鐸襲蘄春侯時年十歲

欽蒙入侍
青宮大本堂讀書洪武六年六月十三日
太祖高皇帝幸大本堂召康鐸于階下慰勉再三
御筆親書八字併康二子三字賜之又賜以金牌鐫蘄國
武義公五字置帽上別其幼小便趨朝叅

謹承祖業愛爾勤功
洪武六年夏六月十三日
皇帝幸大本堂乃
儲君講道之所而諸

親王肄業於左右當是時勛業之子亦聆
上旣至召開平忠武王之子鄭國公常茂蘄國武義公之
子蘄春侯康鐸列於階下慰勉再三復勑奉御具觚翰
親書二帖一賜茂一賜鐸帖皆八字其賜鐸者云謹承
祖業愛爾勤功鐸稽首再拜而受乃命良工用黃綾玉
軸裝潢成卷珍襲以示子孫鐸嘗受經於臣濂來請識
之臣伏覩國家之遇勲舊義雖君臣情踰父子上下相
孚脗合無間蘄國公值四海群爭之初多樹奇功不幸
蚤逝不得見今隆平之盛
宸衷憫悼朝夕弗忘既勑近臣經紀家事復令其子習學
禁中且以承祖業爲易其恩數至優渥也夫祖業未易
承必勤功之人乃克能之
聖謨所及正合書中業廣惟勤之意鐸宜拳拳服膺而弗
失庶幾上不負
君師之訓下可以保前人之功業矣鐸尚勗之哉鐸尚勗
之哉帖傍書康二子者以別與茂也二子鐸與其兄鑑
鑑今僉廣西護衛指揮使司事云九年秋月二十二日
翰林學士承旨嘉議大夫知

制誥兼修
國史兼太子贊善大夫臣金華宋濂恭跋　舊志

整飭兵備蘄州下江防道勑書一道

勑湖廣按察司僉事某先該湖廣廵撫官題稱湖廣江道
漢陽一帶波濤浩渺村落荒疎其本土及流寓軍民卒
多嘯聚爲盜必須專官督理事可責成今特命爾整飭
彼處兵備在於蘄州住劄照依該部題准事例往來廵
歷專一提督漢陽而下至黃州蘄州并德安等一帶江
防湖禁廵司修理城堡操練軍兵民快清查錢糧軍衛

有司悉聽調度其江西河南直隸隣界地方遇有盜賊
生發會同各該兵備相機勦捕九江南昌汝寧安慶等
各府衛等衙門事干盜賊及會勘詞訟不分軍民職官
俱聽調用爾仍聽巡撫官節制爾爲憲臣受茲委任尤
須持廉秉公正已率下務在盜賊寧息地方安妥斯爲
爾能毋得自違憲度及縱容管軍人員科需尅害臨賊
退縮誤事如違一體治罪不宥爾其勉之愼之故勑
嘉靖某年月日 舊志

誥贈文林郎山東濟南府新泰縣知縣盧

氏誥命

奉
天承運
皇帝制曰資父事君臣子篤匪躬之誼作忠以孝國家弘
錫類之恩爾盧如鼎乃山東濟南府新泰縣知縣盧鋐
之父善積於身祥開厥後教子著義方之訓傳家裕堂
搆之遺茲以覃恩贈爾爲文林郎山東濟南府新泰縣
知縣錫之勑命於戲殊榮必逮於所親寵命用光夫有
子承茲優渥永芘忠勤

制曰奉職在公嘉教勞之有自推恩將母宜錫典之攸隆
爾山東濟南府新泰縣知縣盧鋐母羅氏壼範宜家夙
協承筐之徽母儀詒穀載昭晝荻之芳茲以覃恩贈爾
爲孺人於戲彰淑德於不瑕式榮象服膺寵命之有赫
永賁泉壚
順治八年八月二十一日

誥封文林郎山東濟南府新泰縣知縣盧鋐妻孺人張
氏誥命

奉

天承運
皇帝制曰錫類推恩朝廷之大典分猷亮采臣子之常經
爾山東濟南府新泰縣知縣盧鋐職任花封才堪良吏
清廉克彰乎庶事慈惠允著於當官慶典式逢新綸宜
沛茲以覃恩授爾爲文林郎錫之勑命於戲弘敷章服
之榮用勵靖共之誼欽茲寵命懋乃嘉猷
制曰恪共奉職良臣既殫厥心貞順宜家淑女爰從其貴
爾山東濟南府新泰縣知縣盧鋐妻張氏含章協德令
儀夙著於閨闈黽勉同心內治相成於夙夜茲以覃恩

封爾爲孺人於戲龍章載渙用褒敬戒之勤翟茀欽承
益勵柔嘉之則
順治八年八月二十一日
誥贈奉政大夫廣西桂林府同知盧如鼎宜人羅氏誥
命
奉
天承運
皇帝制曰興孝維君錫類弘昭報本教忠自父服官敦丮
承家爾贈文林郎山東新泰縣知縣盧中

林府同知盧紘之父道在禔躬爰被綸綍
室式弘堂搆之遺茲以覃恩贈爾爲奉政大夫廣西桂
林府同知錫之誥命於戲恩逮所生彌表象賢之美榮
施下壤益彰燕翼之庥
制曰疏恩將母弘推錫類之仁移孝作忠均切顯揚之念
爾廣西桂林府同知盧紘母贈孺人羅氏愛子能勞篤
義方於杼柚相夫克順端令範於閨闈茲以覃恩贈爾
爲宜人於戲象服昭榮聿荷廷綸之寵熊丸遺教永爲
泉壤之輝

順治十四年三月初十日
誥封奉政大夫廣西桂林府同知盧紘妻宜人張氏誥
命
奉
承運
皇帝制曰國家推恩而錫類臣子懋德以圖功猷典攸存
恍恂宜勗爾廣西桂林府同知盧紘慎以持躬敏以涖
事俾司郡佐奉職無愆官常彰廉謹之聲吏治著循
之績欣逢慶典用沛新綸茲以覃恩特授

夫錫之誥命於戲式弘卑服之庸用勵
榮命益矢嘉猷
制曰靖共爾位良臣既効其勤黽勉同心淑女宜從其貴
爾廣西桂林府同知盧紘妻封孺人張氏克嫺內則能
貞順以宜家載考國常應褒嘉以錫寵茲以覃恩封爾
爲宜人於戲敬爲德聚貫加儆戒以相成柔合女箴愈
著匡襄以永賚
順治十四年三月初十日
誥贈中大夫河間長蘆都轉運鹽使司運使盧偕淑人

宋□李氏誥命

奉天

承運

皇帝制曰恩彰下逮勉篤裴於羣寮永有竭誠本恩勤於

大父用溯源流之自爰推綸綍之榮爾盧楷乃河間長

蘆都轉運鹽使司運使盧紘之祖父植德不替佑啓後

人綿及乃孫丕彰鴻緒休貽大父聿觀世澤茲以覃恩

贈爾爲中大夫河間都轉運鹽使司運使錫之誥命於

戲垂裕孫謀已沐優渥之典崇褒祖德可

貽厥奕祚佩此新綸

制曰一代襃功勸酬示後再世承恩崇獎及先績負君於

公家寵宜追於王母爾河間都轉運鹽使司運使盧紘

祖母宋氏爾有慈謀裕及後昆念茲爾職端由壺教爰

錫襃儀之貴用昭種德之勤茲以覃恩贈爾爲淑人於

戲邀其家法愛勞既殫先圖貴乃國章昌融益開來緒

永期丕贊用膺隆麻

制曰名世造開率儲祥於內助國恩遠逮必兼沛於重門

報稱匪私彝章具在爾河間長蘆都轉運鹽使司運使

制曰國體勞臣必遡源而沛澤家從喆衍爰歸善於厥生

盛典維新壼儀愈著爾河間長蘆都轉運鹽使司運使

盧紘母贈孺人又贈宜人羅氏幃範克端胎教居身教

之先慈訓惟勤能愛在能勞之後宜沛貤封用昭母德

茲以覃恩贈爾爲淑人於戲子情罔極感顧復而敦孝

國綸並被念劬勞以疏榮嘉乃恩勤襃其遺範

順治十八年正月初九日

誥封中大夫河間長蘆都轉運鹽使司運使盧紘妻淑

人張氏誥命

奉

天承運

皇帝制曰襃忠表義昭代之良規崇德報功聖王之令典

特頒恩命以獎勤勞爾河間都轉運鹽使司運使盧紘

幹濟長才廉能卓品學本緦庭之正名魁多士之班緝

逃有功久著賢聲於東魯榷鹺多法恒清積課於天儲

茲以覃恩特授爾階中大夫錫之誥命於戲恩推自近

乃弘獎夫崇階業廣惟勤尚克承夫寵錫欽予時命勵

爾嘉猷

初任山東新泰縣知縣二任廣西桂林府同知三任
山東東昌府知府四任今職
制曰夙夜惟勤人臣寧遑內顧伉儷無忝國常叢靳隆施
錫章服以酬勳念壼儀之媲美爾河間長蘆都轉運鹽
使司運使盧紘妻封孺人又封宜人張氏克勤內德宜
爾室家眷良臣靖共之猷賴淑女匡勷之助爰褒令範
式沛新綸茲以覃恩封爾爲淑人於戲敬爾有官肅閨
門而合好職思其內尚黽勉以同心祇服殊恩用昭壼
德
順治十八年正月初九日

文類

州學教授廳記　宋新安朱熹元晦

乾道八年秋予友建安李君宗思爲蘄州學官始至入
學釋菜召諸生坐堂上而告之曰朝廷立學建官所以
養人材而待其用德意甚美宗思不佞得備選焉深爲
悼懼不能稱今將何以教二三子者而相與朝夕乎
古人爲己之學庶以無負朝廷教養之意二三子其亦
有志於斯乎諸生起而對曰諸生不敏惟先生有以文
之則幸甚於是宗思退即其居則卑學

而歎曰學官宜朝夕于學與諸生相切磨
遠可若是邪翌日相學之東偏有廢地焉請于州廓者
爲屋以居而日往月來于學以供厥事於是通守北海
王侯某領州符嘉宗思之意而悉其力以相役之不逾
時遂以備告然後宗思得以日至於學進諸生而教誨
之益使之潛思乎論語孟子之書以求義理之要及考
編年資治之史以議夫事變之得失焉月有程不躐
不隋操策而問勸督以時凡使之所以明善修身之
方齊家治國之本而於詞藝之習則後焉而不忽蓋視

又禮其士之賢而有德者而與共居凡學之教悉使之聽焉由是蘄之爲士者始知所以爲士之事而用其力宗思亦喜其教之行而將有成也礱石於堂考前爲是官者得自某人以下若干名氏歲月刻之而書屬予使因記其所以然者予惟宗思之教可能也而其所教則非世儒之可及王侯之畱意於學可及也而不以宗思之說爲迂闊於事者則非俗吏之可及是皆宜書以詔於後益非獨能繼宗思而居此者有所考法抑亦叙他千里而帥其民者所宜知也於是悉書之

刻寘題名之首云九年七月壬子新安

蘄州惠民倉記　宋真德秀

嘉定其年某月金華李公守蘄始至曰城郭完乎有司以圮告則命繕而新之凡若干丈尺又曰城完矣兵械具乎有司以乏告則命爲某器若干某器若干既又曰吾城堅而械良於守易矣無其人可乎則舉凡兵之在籍若寓于埜者教之率以法期年士咸就紀律公曰可矣猶未也夫守恃兵兵恃民民恃食故食民之大命也淮之首攻也蘄故號沃壤中興以來流痡未盡復荒疇未盡治歲所出不能當中州一大縣而輸于公家者財萬斛焉以廩吾兵且不給設不幸有旱溢之菑螽螟之孽其奚以相恤哉余爲二千石于此而奉養裔於斗食吏非矯也重民之脂膏不忍費而用也覬圭勺之羨還以遺吾甿也時會而月計之泉之在官者歷有餘歲幸比登粟之在民者亦歷有餘以其餘于官者易其餘于民者不幸告儉則以減之官者復散之民此備豫之善畫也迺簡僚吏之材者蒞厥事凡糴售者優其直凡之未幾得粟爲萬石者二糜錢緡若干萬

若干楹以謹其出納命之曰惠民倉著公足然後有固心人心固然後可冀以死守昔者孟子論王道於戰國皆是物也彼爭地爭城之將從橫馳說之士未有不陋其迂卒之莫或能易者蓋民弗自安而欲與俱安危不卹其生而欲責之死無是道也公之學醇以深其氣剛以大蓋淵源乎孟氏者故其治邊之政大抵以保民爲本是倉特其一爾始倉之成公既以告于朝下部使者核其實又責來命某識之其欲以諭後人俾勿廢乎余謂使繼至者有公之心雖毋識焉可也不

判車兼程鹽課很虞曠廢妄致勤勞竊惠承風不無過當小民競利豈免怨尤雖不待于人言即行改正儻追論其事迹殆可誅夷敢祈造物之恩猶竊長人之任矧蘄春之僻郡實淮右之名區風氣和平獄訟稀少平時來者尚樂寬閒謫官居之眞爲僥倖此蓋伏遇太皇太后陛下推天地之賜回日月之光黜陟不失其所宜輕重各當其所適察臣過舉止于四月之間許臣自新付以一州之寄念捐軀而莫報徒撫己以增慚[illegible]顧迷途其未遠輸肝剖膽庶報效之[illegible]

代蘄州守謝上表　[illegible]

愚罪者明當以萬死聖恩寬大尚假一麾頤惜驕臣之深第積戰競之至伏念臣不學無術寡偶少徒荷先帝之誤知躐常員而擢用始欲悉力而舉職莫知長慮以佐時自取悔尤至煩揮黜責其妄作便可屛之遠方憫其知非猶當投於散地敢圖生死而骨肉尚容宣化以承流況臣粤自去冬嘗陳愚懇願歸使節求縮郡章雖此左遷正符宿願恩既深而逾望感亦極而難言此蓋伏遇皇帝陛下大德海涵至仁天覆謂[illegible]之可赦以過失爲當憐寬其未棄之誅開其自新之路辨之不早嗟已迫于桑榆來者可追幸未塡于溝壑誓捐軀幹上報恩私

李誠之傳　眞西山爲表其墓見西山文集　元脫脫修

李誠之字茂欽婺州東陽人受學呂祖謙鄉舉第一後入太學舍選亦第一慶元初釋褐爲饒州教授丁父母憂廬墓終喪幹辦福建安撫司公事遷刑工部架閣擢國子學錄以言罷起爲江西轉運司幹辦使再翟會[illegible]第其物力高下輸錢以歛之誠之以爲[illegible]

商君之令猶能必行今乃齟齬如此誠[illegible]儒者而欲效商君之所爲乎遂辭去使者遂劾罷[illegible]後止改通判常州知郢州知金人必敗盟大修邊防戰攻守禦之具移知蘄州蘄自南渡以來未嘗被兵誠之曰備禦無素長驅而來將若之何相視城壁而增益之備樓櫓築軍馬牆教閱廂禁民兵激之以賞積粟四萬先是酒庫月解錢四百五十千以獻守誠之一無所受寄諸公帑以助兵食嘉定十四年二月金人犯淮南時誠之已逾滿代者不至欲先遣其孥歸聞難作而止明

然謂其僚曰吾以書生在邊壘行年七十抑又何求獨欠一死爾當與同僚戮力以守不濟則以死繼之乃選丁壯分布城守募死士迎擊遇于橫槎橋大破之后數日金人擁衆臨沙河欲渡又破之明日金兵大至決湟水焚戰樓又拒退之明日金移兵要衝爲必渡計蘄兵直前奮擊殺其酋帥金人雖屢挫然謀益巧攻益力未幾薄城下圍之數重遂燔木柵誠之出兵禦之又殺其將卒數十人奪所佩印三月朔金人攻西門射郡之[illegible]造望樓以窺城誠之爲疑兵以示之又[illegible]

誠之戮之而還其書越二日金人以攻[illegible]禦之夜出擣其營料敵應變若熟知兵者金人卒不得志會黃州太守併兵爲一凡十餘萬池陽合肥援兵敗走朝命馮榯援二郡榯至竟遷延不進誠之激厲將士勉以忠義城陷卒兵巷戰殺傷相當于士允力戰死誠之引劍將自刎呼其子曰城已破汝等宜速死無辱妻許及婦若孫皆赴水死事聞贈朝散大夫秘閣修撰封正節侯立廟于蘄賜名褒忠賻銀絹二百仍賜爵廸功郎者三誥贈其妻令人士允通直郎子婦孫女之沒于難者皆贈安人從誠之之死者通判州事秦鉅

秦鉅傳　　元脫脫修

秦鉅字子野丞相檜曾孫通判蘄州金人犯境與郡守李誠之協力捍禦求援于武昌安慶月餘兵不至策應兵徐揮常用等棄城遁城破鉅與誠之各以自隨之兵巷戰死傷畧盡鉅歸署疾呼吏人劉廸令火諸倉庫乃赴一室自焚有老卒見烟焰中着白戰袍者識其鉅也冒火挽出之鉅叱曰我爲國死汝輩可自求生望之[illegible]焚而死次子浚先往四祖山兵至亟還[illegible]

死特贈鉅五官秘閣修撰封義烈侯與[illegible]州賜額褒忠贈浚瀶通直郎賻以銀絹各二百州學教授阮希甫贈通直郎防禦判官趙汝標蘄主簿甯時鳳錄事參軍兼司戶杜諤俱贈承務郎監蘄州都太監轄蘄山鎮倉庫嚴剛中贈承事時統制官孫中小將江士旺陳興曹全丘卞軍士李斌等皆鬬死司理參軍趙與裕先率民兵百餘人奪關出外求援僅以自免而全家十六人皆沒淳祐十二年特封鉅義烈顯節侯黃州城陷守臣何大節亦投江死焉

大明勑賜榮祿大夫同知大都督府事兼太子右率府事
贈推忠翊運宣力懷遠功臣光祿大夫湖廣等處行中
書省平章政事柱國追封蘄國公謚武義康公神道碑
銘有序　明金華宋濂翰林學士
皇帝即位之三年混一華裔聲教所被罔間遐邇梯山航
海奉贄獻琛上念熊羆之士不貳心之臣東征西伐宣
勞有年方將胙土分茅以定功賞而都督康公薨于陝
州　上聞之嗟悼不已既勑有司穿土作室以卑豊兆
復欲昭其功勳于悠久詔翰林學士臣

所書文于堅石以垂示于億萬載臣濂
字壽卿康其姓也世爲蘄州人曾祖文廣
皇贈中奉大夫中書叅知政事護國追封京兆郡公祖德
懋
皇贈資善大夫中書右丞上護軍追封京兆郡公父壽
皇贈榮祿大夫同知大都督府事柱國追封蘄國公母蕭
氏追封蘄國夫人公當元之季四方雲擾未幾蘄州陷
公結義旅以捍蔽爲務受以長官俄遷爲鎮撫同諸將
復九江隸蘄水黃連寨轉蘄州路同知總管府事屯咸

和之豁溪太平之采石使者考其功狀陞淮西宣慰副
使同知元帥事又陞宣慰使都元帥乙未六月上帥師
渡江將士家屬尚留于臨濠庳人多效死于是數戰不
克後數月常忠武王遇春遣遊兵虛撓之公違日發軍
以應王度其力疲夜設伏兵質明殲其精銳殆盡然猶
收合潰散壁寨于天寧洲明年二月上命諸將以襄陽
大砲破其寨公奔行臺便宜陞淮南行省叅知政事甫
踰月上亦克金陵又奔京口舟師追及之公度天命有
歸乃率所部餘兵三千解甲來附免冠

戰各爲其主今日屢敗天數也事至於
得生全尚竭犬馬之力以圖報效上笑而釋之仍詔統
所部兵從征又明年授秦淮翼水軍元帥守禦龍灣取
江陰之馬馱沙八月僞吳張士誠犯我疆境公驅兵逐
之獲其樓船上賜名馬一匹黃金一錠歲戊戌從廖楚
公永安攻池州取趙雙刀之樅陽還都水營田使兼帳
前總制親兵左副指揮使明年八月攻皖城僞將率樓
船出戰公復獲之又明年六月僞漢陳友諒傾國入寇
攻陷我姑孰殺戮我吏民意將窺我南京上召公謂曰

爾不疑我乎公復頓首謝上曰汝既不相疑宜作書遣
使僞降友諒爲内應招之速來仍紹告以虛實使分兵
三道以弱其勢友諒果如所言既至諸將祠公奮擊大
破之縛其士卒二有幣帛金之賜歲辛丑八月上怒友
諒來寇率將士親征公領舟師行擊安慶破江州僞都
友諒西遁遂下蘄州與國漢陽公沿流而下克黃横某
家寨十一月取江之瑞昌敗友諒八陣指揮友諒之勢
遂衰遷帳前親兵副都指揮使明年九月復龍興[illegible]
年攻左君弼于廬州六月友諒圍龍興

諸將皆從友諒聞上至亟解圍還七月
軍聲嘯呼湖水爲之起立浮屍蠢蠢動至數十里友諒
遂至敗又有幣帛之賜十月上親征武昌公從之歲甲
辰二月下之友諒之子理啣壁出降三月進金吾侍衛
親軍都護府副都護四月從大將軍徐公達進攻廬州
七月下之八月拔安豐繼取江陵及湖南諸州加賜幣
帛明年二月改神武衛指揮使五月進大都督府副使
閏十月士誠兵犯江陰京口上帥大軍水陸並進公在
行中又至鎮江士誠兵已遁又明年正月追至巫子門

擊敗其衆獲士卒二千公功爲多四月擣淮安之馬邏
港拔其水寨復獲士卒與艨艟無筭淮安平七月遂攻
湖州十一月破之進逼姑蘇姑蘇士誠僞都即遣銳卒
來迎鬭大戰尹山橋公持戟督戰益力銳卒盡覆乃進
圍齊門刀劍林立飛鳥不敢下大將軍命諸將合攻之
吳元年九月姑蘇平公取無錫州十月陞同知大都督
府事兼太子右率府事進階榮祿大夫洪武元年上以
江南之地既入版圖乃遣大將軍經畧中原公[illegible]
之地復由黃河取汴梁下洛陽駐師陝[illegible]

浮橋以渡大軍鎮河中善撫綏遺民[illegible]
解二州則公所招徠蔽遮潼關秦人不敢東[illegible]
從大將軍征漢中奉詔還軍中道因疾而薨實八月之
三日也年五十有七上下群臣議贈公推忠翼運宜力
懷遠功臣光祿大夫湖廣等處行中書省平章政事柱
國追封蘄國公謚曰武義上以九月二十一日葬于應
天府上元縣鍾山鄉之幕府山上親臨奠而百司繼之
祭幄相望聯絡原野時人以爲榮公娶方氏追封蘄國
夫人繼室田氏封蘄國夫人側室朱氏余氏子男三人

錄田氏出鑑朱氏出鎮余氏出公通經史大義事太夫
人以孝聞經財仗義意氣磊落而尤有志於事功值元
季紛紜其才弗克盡施然而眞主龍飛于群雄之中公
能識之卷甲韜戈率衆臣附坦然而不惑可謂上知
天命下察人心者矣由是昭被寵眷倚之以心膂用之
爲爪牙十餘年間屢從征討茂績奇勳著稱當世存則
安富尊榮加以爵位薨則疏封賜謚賁及九泉令名稱
于竹帛垂祿延于子孫公其可以不朽矣臣……
稽首述辭于碑系之以銘深懼不足……

銘曰於赫大明受命于天如日之升……
康公江滸之崎大軍西來視如平地（其二）巨礮……
敢攖何戰弗潰何守弗復（其三）天人攸歸勢何敢抗知幾
先來率衆內嚮（其四）皇帝曰嘻有疏附兮予開誠心遇爾
不疑（其五）爾礪予鋋爾部士卒助予四征以寧萬國（其六）公
拜稽首賜死爲生誓殫報效如無餘齡（其七）孰爲不庭率
師往討矯如翼如風馳電掃（其八）東吳西楚蹴陳篤張身
經百戰克臣始亡（其九）大將北伐同取汴洛出鎮于蒲恤
其孤弱（其十）蔽遮河潼以鐵爲關誰敢操戈睥睨其間（其十）

重建也然規制卑隘且歲久頹敝戊寅春趙侯來爲州
欽大之願勢有未能迄再期民懷其惠士服其教遂謀
及僚屬曰廟學不飭曷足以安神明崇教化吾輩奉
朝命來官於州茲事尚忽何以塞職盍撤而新之僉曰職
分事也敢不祗承於是相與合謀市財鳩工始建大成
殿東西兩廡戟門欞星門雕塑聖賢遺像次建明倫堂
進德修業時習三齋及賓客之位會饌之舍至于庖湢
咸以次備輪奐甚美規模適加始成祀聖育……
湖南北廟學莫有踰此者矣是役也以……

工僅十越月而成題二月丁丑侯率僚
菜禮退即丁寧諸生砥礪行業期其有成又……
鎮錮徭役凡可崇教道而敦俗化者侯罔不究心也然
蘄介舒黃之間其形勝阻山帶河其民務稼穡士習詩
書有鄒魯之風比來擢科第躋要津以及持麾外郡顯
顯繼出今又得侯剛明仁恕勤于撫字汲汲惟學校是
興政教是舉則當坐收治化成效也可期矣所可書詎
止工役之勤而已哉故併言之使刻諸琠石用以志蘄
之學則自趙侯始侯名應隆字文盛早以明經領鄉薦

拜知郴州尋以憂去任服闋再調于蘄於時佐其事者同知淮安王倫判官單懷武信也若耆老助貲匠氏効力者其名氏悉列碑陰云

修廣廟學記　　　明浮梁戴珊 刑部侍郎

蘄州之儒學在州治東背麒麟山面漢而菑通衢肇于宋毀于元復于　國朝孔子廟規制咸備餘百二十年于茲守左安善錢斂王坦趙應隆莊轍其創以修者久之入于敝廟爲甚且左逼于官民家黍以非[illegible]不可以尺寸展諸弟子升堂齋服師訓

息無與居在宋守李誠之王彥明通判[illegible]元兵力不支死之王玠有事蘄黃鎮撫司會[illegible]逆以罵遇害四侯之忠節學政所關欲祀之以表以式而未能者州當藩府末流監臨大吏曠歲無足跡雖有之亦不能以累日加之才不裕與力不足惡乎賴哉弘治五年夏秋之交司禮監太監蕭公敬錦衣衛指揮同知孫公瓚偕珊奉使蒞州既事待報謁庥廟學胥曰是誠修廣之不可緩者也而鎮守太監劉公雅巡按湖廣監察御史汪君宗器右布政使王君範知府劉君肅具

在以爲然巡撫右副都御史樂安謝公綬分巡按察僉事蕭山富君玹及知州山陽楊君淮而言曰修廣有明詔矧得之爲有財緩當主之君葦其相以成玹曰敢如命時祠已據法撤去聯屬數家商議他徙址悉來售酬其直以丈計横盈十而加二縱倍横之數而加三併之以秩隆殺繚之以堵高堅中搆講堂五南向扁曰麗澤前棲息房四十八間東西相向門三間西向扁曰道義房絶處仍限以堵外搆祠三間扁四節其廟[illegible]之齋廡之門庖倉庫凡棟梁榱桷板[illegible]

級甎之破損者以至繪事解駁不鮮[illegible]仍舊增新規制益備且弘矣其費白金五百[illegible]米二百餘石酌官民之當取者而非正供非横斂力亦擇其班役于官用之始于秋七月至冬十一月訖工淮率同知鄭昕學正袁珽訓導楊浩衛永昌諸弟子吳山游仲瑀輩請爲記珊嘗爲御史爲按察司副使董學西南每思誦法孔孟而怠荃躋者切恨之所請能已于樂道耶洪惟我朝　聖聖相承稽古右文置學立師徧郡縣簡俊秀充弟子員聚而教之所以瞻仰聖賢申申夭

天佩佩巖巖之氣象所講讀易詩書禮記春秋文字所
明所率仁義禮智之性君臣父子夫婦長幼朋友之倫
驗諸身心而有得形諸詞說而不悖推諸家國天下而
可行從厚廩餼以養之公貢舉以登之班爵祿以用之
是則居之無異術取之無異途矣於戲孟子三遷其業
隨之程子見獵猶動俗好人非大賢異處顧可居之乎
廟學之所以修廣要非美觀聽而已幸相與深鑒而勉
進之師知所以教弟子知所以學毋壞心於[illegible]
身於異途處爲正士以善其俗出爲[illegible]

遇變臨危成仁取義亦無所難矣夫然[illegible]
聖祖文明之化而于教養之恩作新之圖均不負[illegible]
春秋以民力爲重築臺囿作門觀新延廄法無善書今
茲之役時且義者其謂異乎彼之書歟若謝與玹非裕
於才而有定力定見舉動罔不獲能若是哉敘成績揚
休風以爲來勸固不可少也庸書以復

崇賢祠記附祭文　明無錫邵寶江西副使

蘄州儒學有祠祀其故學正莆田敬齋林先生先生去
蘄州若干年矣其生也故祠之其歿也春秋饗焉至于
今不衰仕蘄之君子謂是舉也義不可弗繼乃葺其祠
之敝益加崇奉而使來請記其事也寶作而歎曰於戲
盛矣此古之遺教也夫古之教者蓋敷之以學率之以
衎格之以規浹之以恩裁之以義而分不與焉非惡夫
分也徒分不足以爲教教之本立矣則是分也乃吾教
之所以行也而益以遠故有林先生之教則有蘄諸生
之思觀其所思而教于是乎可知矣非古之遺而今乃
有是哉今學校之師例出銓注其于弟子甚[illegible]
始先生至蘄諸生事之亦以分而已

懷其恩焉長其義焉曰先生吾師也[illegible]
輕千里而從況以
朝命而來哉於是凡蘄諸生無長幼後先翕然以歸論者
蘇湖之風復見于蘄而先生擢揚州教授去矣此祠之
所以作也寶不及見先生見其孫中丞公出故太常少
卿贈禮部侍郎公文所爲先生墓碑謂先生始爲諸生
學成未出提學高公強而後桒太學試得一榜例授學
職或勸之辭不聽卒以教顯其校文格以義理無少遷
就時稱得人至以養歸自揚尚未老也郡守岳公蒙泉

咨之訪之則咨餽之財辭之臣辭益其少也斂而重其壯也順而壯其老也靜而廉迹其學行有古之遺焉以是爲蘄之師其規也非抗其恩也非狥其義也非激吾所謂古之遺教固在是矣蘄之諸生曰先生吾師豈過也夫鄉先生歿則祭于社古之道也今蘄之爲祠實取諸此而義起焉者覩彝常名宦之舉相去遠矣且學校達天下而祠其師如蘄者乃不多見蘄之師在先生後先無慮百人而惟先生是祠益功深思遠自[illegible]者而豈徒分所能致哉記禮者爲學[illegible]

其効至于民之敬學其于師去而祠[illegible]矣推是心焉爲子必嚴其父爲臣必嚴其君[illegible]斯豈直知學之敬而已哉然則是舉也其亦古之遺也先生諱宗字存敬敬齋所自號系出唐九敍若干傳而至先生中丞公文章德行望在海内蓋古遺才君子[illegible]其所自亦必歸諸先生云

又記　明南城黄壽本府通判

祠以崇賢名蘄庠士祀學正莆田林先生建也先生諱宗字存敬別號敬齋任膠庠時文行顯出士伍八閩士肄書者聞風受業凡經承指授者輒有成效正統甲子領鄉薦越明年中乙榜進士或勸之辭弗辭掌海寧州教丁外艱諸士德之咸不忍其去景泰庚子服闋教蘄倡以踐履日訓以文藝祁寒暑雨無間戾教者刑不少貸貧不自給者周之一時士行良業精者居多迨于今冠倫魁者亦不乏人率歸功于私淑之教天順戊寅得代諸士思之立生祠于明倫堂之右己卯最績銓曹辭令不拜擢教揚州天順壬午柄山東文衡威[illegible]取多名士以毋高年懇求謝仕當道[illegible]

朝得允兼程趨庭日臻色養郡守岳[illegible]遺地可數百金峻郤之遺以棺具固償其直[illegible]始終一律成化戊子俄以疾終計聞蘄庠士相率請祠哀慟祠多歷年而圮矣壽判黄　欽勑提督江西學校副使邵公檄修之顧時多艱而敝陋日滋勢莫容已財雖出于俸餘力惟出于傭屬民之良善吏事者羅禎董役事竣學正李時達訓導吳伯均張灝諸生陳詠韋具顛末速壽記夫太上立德而德本乎誠誠則有以服人志有以格天心不假勢位不事智術而然也先生以一

命而既去乃致祀之以祠亦惟以實德孚于當時之人心而然耳迨于今頌之不衰祀之不已又有以服後世之人心矣先生子若孫繁且賢中丞公尤賢而顯其奏疏在

朝廷功業在天下海內之士仰之如泰山北斗雖四夷亦知名天之昌先生者于是乎在是皆人之所至願而不可必得者昔之有位至宰相者而子姓且遠之勢位足以服人乎有謙恭下士者而人洞屬其隱微[illegible]服人乎之二人者其後無傳庸非天

驗先生之實德也修祠以永其祀也[illegible]心而昜典教于將來者中丞公名俊字待用別号[illegible]起家成化戊戌進士云

祭文　　孫林俊 刑部尚書 前都御史

於赫吾祖祠儆前聞金精玉潔石介蘭馨繪句摛詞畯騰海立論鄉進秀青紫芥拾命與時佹僅弟子師構櫨杗桷成室興施爍爍文光星流電激紀德祀賢靈祠孔餕俊襲庥庇廉訪充貝矢心敢負白日青天眞風聿懷浮榮伊謝過奠一觴以告地下嗚呼謂孫猶逸林奔犯風濤而抵于是耶自天申命黃紙臨門不敢有抗也歷彭蠡泝湓城睇望柴桑白蓮之遺址不得不內愧也蘄不數舍我祖之生祠在焉一尊祠下斯生一僅斯日無已倦勤不可往也熱淚汪汪西顧欲絕臨風齎情伏與祖訣吾家家範惟孝與忠亦有出處道在中庸孫其敢越乎嗚呼尚饗　嗚呼孫與祖相屬也俗韻寡諧無關久謝蕭去蘄三千餘里一尊祠下徒有其夢又何有以親致于今耶方青丘以縱浪忽黃紙而到門[illegible]華之事不敢不起也西川吾邵州祖[illegible]

事任又甚不同者孫其敢不盡耶分[illegible]歸我林樊祖其相之謹告嗚呼孫歸也擒廖[illegible]擒王及撫其黨第其梗而戮之進孫一官錫以金幣孫疏辭不允以病告允焉即日東邁下瀘及夔出三峽及荆及岳過黃至蘄瞻望祠下有餘慨焉後孫子而仕而至未可知孫則僅于是也言祭告別嗚呼其何情

蘄州江防分司題名記　　明蔣信 武陵人 提學副使

湖省古荆楚地昔之稱荆楚者曰江漢爲池益江自夷陵荆州會洞庭湘漢歷九江會鄱陽而東盤帶上下凡

數千里楚實借其形勝昔人謂之天塹以其地當留都之右臂然上而鄂岳下而蘄黃據圖以觀則固均東南喉襟也自入　皇明以來凡其要害所在設置兵備久矣而江防獨闕焉豈其慮偶未悉邪嘉靖戊子　朝廷用中外議始設兵備僉事整飭上下江防然止一員分司岳州府越丙申乃復用中外添設下江防僉事分司蘄州其轄則由蘄黃西盡漢陽北盡德安其兼制北則汝寧東南則九江南昌安慶悉在焉其職務
戎備督察寇竊外凡糾貪殘勵廉能

得以憲規從事焉蓋自是下江防始
居藩府州治之間其大門儀門廳事退居燕
右射圃之制創于初任劉公亦齊光文成于繼任卜公監泉大同越庚戌翁公丹山學淵以代卜至乃於儀門外左爲土地祠右爲抄案房而又於分司之前豎一石坊者二扁其左曰蘄黃重握其右曰江漢巨防于是分司之制視昔益備大江抱而後羣山瞰而前體勢尊嚴隱然爲江雄鎮矣公曰官司立石題名古也其容遺諸遂亟屬焉而請記其事于道林子道林子曰蘄黃雖楚之東門然以觀天下之大勢則雖秦之函谷不能過也行道之人過深山崇林而悚焉畏者以其有虎豹居之也不然則從容掉臂往矣夫江防設矣嗣今秉節而來者未有已也得不爲茲鎮深思長計之乎夫古未有文武之分戡定掃除之績毋出于講習詩書之士也非古之才異于今也以古之講習詩書者平時則以天下事爲已任當其職則孳孳汲汲知有國事靡卹其他是故心盡力殫則文武之才並裕蓋不外此心而得
往者亦齋以嚴治監泉以寬治忠赤

也丹山公以其純潔夷粹之望顧方
重以去宜無待朞月而固皇皇焉爲鎮計其
此非思協心以同底于道者乎夫天下至變者時也運之者人也發揮文武以爲經綸者心也嗣茲任者顧不在盡厥心焉已哉丹山公曰名言哉不徒記也已宜鑱諸石以爲永訓

建復四節祠記　明翁學淵 梧蒼人江防道僉事

蘄州舊無四節祠弘治五年壬子知州楊淮始建時戶部侍郎浮梁戴公珊奉使來蘄修廣廟學考宋守李誠

之王彦明通判秦鉅後先拒金元兵力不支死之王玠
有事蘄黃鎮撫司會孔彦舟謀逆以罵遇害四侯忠節
學政有關故於學東隙地構祠三間另門道出入用以
妥神額曰四節祠後十七年知州陳霽移置泮宮坊隨
令廢撤主入敬一箴亭後春秋舉祭如儀此四節祠之
顛末大畧也按宋史李誠之傳公婺州東陽人知蘄州
宋寧宗嘉定十四年辛巳金人犯境極力捍禦城破子
士允鏖戰死引劍將自刎呼其孥曰城已
死毋辱妻及婦孫皆赴水死事聞贈

撰封正節侯廟祀于蘄賜額褒忠
令人婦孫皆安人秦鉅江寧人通判蘄州與
捍禦不支乃赴一室自焚有老卒冒火挽出叱曰我爲
國死汝輩可自求生掣衣赴火而死子浚與瀣皆從父
死鉅贈五官秘閣修撰封義烈侯浚瀣贈通直郎淳祐
十二年仍封鉅義烈節顯節侯合祀李誠之廟若同時
死節之士防禦判官趙汝標蘄春縣簿寗時鳳州學教
授阮希甫都大監鎮嚴剛中錄事參軍杜鄂蘄春縣令
林棨統領孫中江士旺皆蒙褒贈有可考者志載王彦

明守蘄州元兵壓境力戰糧乏忠義不屈挈其妻乘大
艦于城西龍眼磯鑿艦沉水而死州人以爲烈士立廟
于磯之北岸祀之景泰間知州金銑展地重建王玠蘄
黃鎮撫司司幹辦公事會孔彦舟謀叛玠開陳百端不
聽大罵曰逆賊萬段彦舟併玠家屬沉之龍眼磯而死
此四侯之忠節行實也夫誠之與鉅之死同事同時褒
忠之廟同祀已久定矣二王之死雖時不同而地同事
同烈士之祠同祀亦無愧焉客歲予以事
像露坐江干詢之曰此烈士祠也

郡守賓雲王公語以居民僉議建
毅然成之于以慰邦人專祀之思若褒忠廟
節祠固宜昭揭于人與日月爭光使百世之下咸知感
慕興起庶幾天理民彝之心可以不泯迺今重以褒勉
而附諸學宮之後地不容旋宮僚諸生時祀展拜無所
庶民子弟至有罔知其典故者褻神簡禮甚矣不亦大
可憾耶予生忝與李誠之公同鄉舟歸眞西山爲公傳
記輒歎欲不已州人少參顧公日岩憲廵東浙爰念桑
梓被公餘澤既訪其家親與之復刻褒忠集徧遺鄉人

且諄諄語及欲予復建茲祠乃檄知州崔君一濂亦忻然從之逆命州判官徐光衡指揮王天相董其事其費則取諸鍰贖與民之好義者倡率捐之度地得學東故址延袤約三十丈有奇繚以周垣樹以門扁中祠三間置木主四座而以同時死節者配食于左右後寢室二間塑公與妻李同死難者肖像使侑食一堂儼如其生或者忠義之魂炳炳有靈未必其不叙家人嘻嘻之樂也意物之在天壤間久則必敝惟忠義之氣……不磨方公之初守蘄也完城備械……

凡以保障斯民者靡不汲汲圖之以……援兵既絕智力俱困躬自蹈之獨其忠義矢……曰吾以書生再任邊壘行年七十抑又何求所欠一死慷慨殺身其視巡遠真卿武穆數君子相伯仲焉推李侯可以知三侯之心矣三四百年來凡蘄人士緬懷四侯往事未有不悲焉出涕瞻侯遺像亦莫不肅然起敬非由衷情之所發有如是耶　義之有關于世教大矣抑予重有感焉四節有　而始之者前壬子也倚于隘陋後而復之者今壬子也六十年而興廢之迹若合符節豈非默然之數耶祠成咸謂不可無記而以屬草于予第愧荒陋不文勉強執筆識其歲月終始得以附諸戴公廟記之末竊有光焉異時采入載志當有博雅君子其藻潤之是爲記

重建王公烈士廟記

明淮安金銑本州知州

天地剛直之氣禀之以生人與物皆然也而人得其全能全剛直之氣奮百世而特立者惟豪傑其人也是氣處乎百世之常泯無形迹可見聞及其遭……而發焉則死生榮辱之說以定于……

而榮則何外物之足以動其心而李……而發也爲龍逢于殷而發也爲比干于楚而……原于唐而發也爲張巡爲許遠顔魯公于宋而發也爲文天祥爲王彦明之數君子安于臣節以死爲亨所謂能全剛直之氣奮百世而特立者也自龍逢以及天祥史書之廟祀之名公鉅儒爲之詩歌爲傳記以稱美之刻于石登于方策後世得以景仰者有以也惟彦明死節史失其傳廟燬于火未聞名公鉅儒爲之詩歌以刻于石登于方策剛直之氣不得白于天下後世其眉諸

人心塞乎天地之間固自若也是盖不以暫而存久而没也鈜承　命來蘄索蘄圖經考古名宦將師法之首得公焉公未詳何處人守蘄有德惠在人當元兵壓境忠義不屈拒戰日久民不忍叛未幾城陷公挈其妻子登大艦于西龍眼磯慷慨而没之蘄民哀而思之尊爲烈士立廟于磯傍曰烈士王公之廟歲時祀之遂詢之父老僉曰故廟卑隘弗稱逼于民居數罹于火遺址鞠爲草莽亦已久矣予聞而感其心謀于僚友司
王倫滇南趙和判官西蜀王錦吏目

俸市其民居以益其地東抵周行西
餘尺廣六十餘尺新其廟貌路有門闉以牆
癸酉秋越明年冬十一月甲子落成予與僚寀率父老拜瞻廟下咸喜公剛直之氣肅然如生因請書其事以刻于石噫公剛直之氣塞乎天地固不藉此而存而公之神靈不無藉是廟以棲以妥而凡蘄人水旱盂疫之禱于公者舍之將焉適乎他日名公鉅儒爲之詩歌傳記以鳴剛直之氣白于千載之下奮乎百世之上媲美夏殷唐宋諸君子又焉可謂其不藉于是乎銑慕公生

有以德于民死有以關于名教而水旱盂疫之禱又足以福乎人祀典所載不可誣也遂晉之弁系以詩俾蘄之人歌以祀公其辭曰彼都兮烈士全天地兮正氣視殺身兮如歸兮秋霜兮忠義龍磯兮蘄巖壽宫兮新制在祀典兮有徵別綱常兮攸繫洋洋兮格思驂騑兮孔戚載雲旗兮委蛇繪靈衣兮組麗奠桂酒兮椒漿神樂康兮少憇願歆福兮錫民永廟祀兮百世

重修二王烈士廟記　明

忠義之在人心古今一而已人同

理則同此忠義惟其同雖千世
敗而吾身之生死殆有所不暇計者亦惟
巳爾嗚呼孰有如二王烈士之舍生就死以全此忠義者乎考之實錄云王玠吳郡長洲人南宋爲蘄黄鎮撫使王彦明未詳何許人宋季爲蘄春守當王玠逢總管孔彦舟有異志謀叛問計于玠開陳百端不聽入罵曰逆賊萬艮誠欲反幸先殺我彦舟遂囚之併家屬沉于龍眼磯下乃宋高宗紹興二年也王彦明守蘄春惠德在民當元兵壓境力戰日久糧乏不屈民不忍叛未幾

城陷遂挈妻子乘大艦於城西中流慷慨鑿舟沉之於
宋理宗嘉定四年也夫二公仕於蘄而時雖不同其生
而然偶同死而地偶同況亦忠義之在於心自有不能
同者乎甞觀高宗既南渡而　下盛衰之勢可知元
主璐江南而彼此成敗之迹已著世變輪雲渙萃不常
大端已不可收拾而況蕞爾一州一郡乎使二公中無
所主而從處以趨成亦隨時以就功名而可圖者乃能
奮不顧身不畏死而罵賊寧舍生以自靖者
上薄雲霄下臨江漢此心有如此
坤志益棺其得死所之地也信哉

蘄州志　卷九　藝文

各相安于忠義者乎先是褒忠另古者哀于
于龍磯之涯屢經兵燹隨修隨廢維茲辛亥秋楚兵憲
丹山翁公臨江按迹慨發金貲亟圖修復而蘄守崔君
遂鳩工揄材暨僚宷儒紳屬議相視越三月而剏成之
于是二公生像凛然上無風雨凌之患下俯洪濤激
浪之[illegible]但見其崩騰澒湃閒旋若昔年之憤声怒氣未
終息也何其壯哉何其壯哉廟成不可無紀予林下問
官也承丹山公命據楚通志舊蘄黃志及二公傳記而
參攷無疑若蘄續志誤以王彥明爲土著因仕晉不受
劉詔而遂沉于水則不審軒輊而死傷於勇矣其何以
信後哉雖然二公忠義言之芬齒頰書之輝簡篇地下
有靈亦自得其心事之眞而俎豆于斯廟宜矣又奚所
容予喙耶是故不可不辯

四見亭記

明安城劉廷闓 沔陽學官

蘄陽郡治負麒麟山自山之麓壘石十級委折以升至
于山之巔有亭曰四見今郡守雲中李棨且
亭之高仰瞰城郭屋居鱗次若在
洞庭雲夢之滙合集奔于滔滔洶

蘄州志　卷九　藝文

帶洲渚横流于亭之前而後紆徐以東去
山高者插霄漢遠者隱烟霧昂者龍驤伏者虎踞莫不
出奇獻秀畢赴乎軒楯之側至于林廬之隱見溝塍之
分畫原隰之衺衍衢里之衝從凭几而觀近在目睫于
是一郡之勝槩畢萃于斯亭矣按圖志郡有舊址在廣
教山 亦名白雲山 去州西北五十里蘄水界其陰水北白雲
山有四見亭則故范忠宣公純仁所名也宋治平中忠
宣以御史言事出守是邦暇日升白雲高處彷徨顧瞻

而樂之山僧爲之作亭忠宣喜而名之屬士林欽功爲之記其後郡治荐罹兵燹轉徙不常再易所而至于今治凡城之廨宇里閭臺榭之觀釋老氏之居悉遷于治而不易其故名故麒麟山之亭非復白雲山之北而四見有扁猶仍其舊焉然其爲室卑陋弗稱歲久且圮李侯承天子命來爲郡牧思所以稱朝廷遴選任賢之意廉以持身仁以率人恤民隱祛吏蠹期年之間弊無不除廢無不舉令行禁止闔郡大治廼乘其餘而新之重簷穹楹燄舉霞映雄峙

嘗有一毫賦于民父老聚觀而美之未有也仁哉太守其使吾民安于田里以居[illegible]時僕自江右校藝還沔李侯邀余舟宿江之滸設觴豆于亭上曰亭成子適至宜文以記之辭不獲則叙其因革始末之故以示來者舉酒而復于侯曰吾聞樂民之樂者民亦樂其樂侯之爲政其庶幾古人乎侯爵觴而謝曰吾不足以知之然吾聞之百年之先長淮大江南北烟塵桴鼓之警交乎遠邇蘄于斯時號爲邊郡其人狠顧倉皇莫之攸底方是時士君子之遊于斯欲頃刻遊觀若今日暇豫其可得乎吾今升高以望四境桑麻連陰禾稷蔽野黄童白叟熙熙然遊于雞豚之社商馳宦舸東西上下于江波烟靄之中者朝暮而不休太平之盛世久矣吾黨之于斯也得以燕居祿食幸其風淳俗簡時和歲豐而與斯民相安于無事委蛇自公時從僚寀賓友嘯咏斯亭無瘝官之譏有登眺之暇　聖天子之深仁厚德所以光被寰區涵照庶類蓋無一民一物之不得其所又不特一郡之幸一時之美[illegible]盛哉侯之言其將致吾君于唐虞[illegible]

樂歟遂書其言以爲記

江山清趣亭

明浮溪[illegible]

弘治五年壬子五月戊寅珊偕司禮監太監劍潭蕭公錦衣衛指揮同知鄭平孫公奉　使黄之蘄州命下甫七日即就道衝冒暑雨跋涉山川如是者月餘比會鎮守太監劉公巡撫右副都御史謝公巡按監察御史汪君暨都指揮同知高君布政使王君按察司僉事富君往理乃事月又二日事始竣以聞孫公北產也南褱伏暑疹不堪假館鳳凰山之四祖寺殿堂門廡簷礎聯屬又

無從而風之爰率官奴剗峻坂小徑蚓曲魚貫而上之
得隙地孔昆凹凸者平之欹斜者正之蕪冗者芟之構
亭一間雕餝不施門戶不設後抱平岡而左右翼猶就
刹前駕殿廡城堞而出之無所障蔽長江大湖一碧千
頃遠近山岫起如劍截伏如波濤柳陰荷香鳥飛魚躍
相率爭獻奇秀天風時來肌髮颯爽恍若身世之在廣
寒九成也蕭公爲書江山清趣扁之作詩若干首孫公
方適趣于柱笏凭欄之頃而有感于候鴈
漢朝宗之勢惓然思以憂曰瓚哉

顏不違咫尺外處及今夏向秋矣
德日新歟文教興行而武衛不弛與求賢
流歟一切無復瓚所與聞者能恝然不介之懷徒戀清
趣于一山一水之曲邪常舉以語珊竊惟人所以參三
才而靈萬物謹諸天人之際而已故月令有曰仲夏可
以居高明遠眺望升山陵處臺榭范文正公曰處江湖
之遠則憂其君孫公出積善餘慶之裔好讀書明理道
通古今謂父兄門地不足恃膏粱紈綺不可溺不避艱
險左右大將軍克捷貫陽之不庭者以奇勳擢顯秩屢

御使命之沐之陝之南京綽著聲績今茲一[illegible]
間而順天時修人道符合古先聖賢之語良可書也雖
然地因人而勝人以賢而名韓昌黎之詠谿堂蘇東坡
之賦赤壁歐六一之記醉翁亭後之人誦其詩文猶想
其盛美蕭公名重海內而詞翰得之者不啻若隋珠荆
玉然重孫公之賢大書長扁無所吝而謝公華紀之皆
傑作千古江山一時光重亭之名未必不與谿堂赤壁
醉翁同其傳也而珊得以託名于諸公之
幸歟知府前監察御史劉君肅偕

書以歸之

華編修伯瞻墓誌銘　　茶陵李

嗚呼伯瞻乃止是耶伯瞻質偉氣充才勃勃不可遏其
志所期甚遠且大舉進士財三年官一命年二十有四
而止悲夫初伯瞻從其父廷佐君居京師時未冠學于
楊邃菴應寧與太原喬宇希大並價予見伯瞻書勢已
逼人私喜吾湖南後來之傑蓋其在此及伯瞻舉鄉試
第一連得進士入翰林爲庶吉士汪寅軒傳體齋二公
奉　詔授業大見甄賞每閣試與藁城石瑤邦彥相用

乙授官爲編修予又喜曰此天所以玉其成也予與
佐君同鄉又邃菴知己友故伯瞻視我厚至是又同署
日益密每有作未始不出見見輒加進一二載間遂脫
舉子習得古人蹊徑詞簡意遠粲然成章予嘗以聞諸
劉文安公者告之謂爲文必先博而后約收斂太早則
其地無所容伯瞻以爲然然執不變意者天將速其成
故使至是哉使天果有意焉則斯人者胡不姑涵育長
養俾大有所就之爲愈也予益以慨人之十
不易成也悲夫今年春廷佐君以

伯瞻已病秋益劇臥不見客予數往
然此得告猶函一卷具書致予曰巒且別願
通以歸青未成而計及予既往哭之念無以慰其志者
乃據邦彥所著狀爲銘屬希大書而刻之又自書于卷
中以畀其家俾藏焉償舊諾也伯瞻姓華氏巒其名世
居蘄州以州學生舉生成化丁亥十月八日卒于弘治
庚戌七月二十八日某月某日葬于州之某原少喪母
安人陳氏繼母安人潘氏娶王氏子女各一人皆幼銘
曰吾黨得之吾曹得之而遽失之吁天誰詰之

贈監察御史南濵馮先生墓誌銘　華亭徐階大學士

馮先生諱某字某學者稱爲獨齋先生後又稱南濵先
生黄之蘄州人也蘄故多巨族而馮氏尤以文學世相
傳有名聲先生曾祖銘父翙皆嘗貢於有司然其仕不
卒不至通顯銘爲京衛經歷翙終兖州推官推官父漢
以經歷之不遇過自懲不仕以卒然馮氏雖不仕乃蘄
之人言高衙德門必以馮爲首稱意其後必大先生少
而能文章督學使者前後十數輩至輒取所
還而先生行又甚修數曰君子之

施於人事依於厚至其自守凛如
與有至其平居未嘗有疾言遽色也于是
庠序其賢聞四方人則謂馮氏當遂振矣而先生十試
於鄉竟不遇復繼其父以貢入太學祭酒甘泉湛公司
業琴溪陳公得其文奇之已又廉知其人益奇之陳公
館先生於家使教子若孫而先生賢亦益聞六館之士
踵先生門思得聞緒論接容色幸有所警發者屢相接
也未幾定選歸踰年丧其父方父病時先生終夕侍湯
藥而天甚暑其室又迫隘父且遣之先生即戶外露處

閱月由是得濕疾比父殁先生哭又甚哀疾增劇嘉靖辛卯六月十六日父喪甫小祥而卒遺言以素服斂距生成化丁酉九月二十三日得壽五十五蘄之人相與評曰天之道固不可信乎後五年乙未子天馭舉進士授大理評事改御史贈先生如其官再奉　命董南畿學政遷大理丞諸所與友盡海內名士而士之出其門者亦咸知重行檢薄利祿自別爲午山弟子午山者大理號也於是人爭言曰馮氏之厚積而遲

與大理遊聞而歎焉今年大理以

墓予既得論次其事則又歎曰嗟

性然哉有不善人於此其於彼非有損也然而

則以爲憂聞其敗則以爲喜有善人於此其於彼未必有益也然而咨嗟於其不遇而幸其後之昌者至於久而猶然蓋予所見聞若是者多也而先生尤著自修者其殆可以勸夫爲再拜而銘之先生子二人長即大理次國子生天駿女三其二蚤喪存者適生員張儒葬以卒之歲十二月一日墓在安陽山之隅銘曰

茲維先生之寓耶其詘於躬者既賴子以顯融其畜於

[illegible]見焉獲犯者百餘人各寘之法收贖金三十餘斤以付公帑一時政禁孔嚴人矢弗貳侯曰清額而時給之弊源剗矣吾其新若廩舍以廣儲峙遂聞于兩臺諸司可之而巡撫石涇陸公杰先是拒請議貲亟嘉予曰沿襲殆深釐正非易允惟予之賢之須侯既底定舊址移屬州守張君洗同知李君智判官文君烱董其事胥飭奮庸冀荅委遇以所藏贖金鳩工購木建倉凡四每倉凡五楹左右對峙藩衛州司各扁識以

是蒞出納其前爲憲史行臺堂一

舊臺僻在城隅之下區數議遷未

四十五丈限以高垣井井煥煥惟十月戊子

月乙酉工告成民多未知若役者聚而來觀皆相顧嘖嘖謂是奚從有邪奚不藉吾力也侯再戾蘄過予問記曰此惟兩臺諸司威德之致吾懼莫贊其美于今而或泯其績于後也將礱石以侯馭曰唯唯愚無以遠喻也侯其觀于廩之未穴棟之未蠹乎而何有于敝也久也隙爲蛋扉乘之矣乘之則廩棟且敗補塞鑄漏勞斛於盜固不若易之而絕其穴蠹之所由生斯善治已不然

安能使不斯夕齧食而大壞因之故泥常守迹未有不爲虽鼠樂趨之地也今茲之舉察弊惟悉而變以救之周務之智也將命惟愼而勇以成之敷德之忠也取足于贖以存戒而民用無擾操術之仁也俾遡于憲以廣威而人用有儆秉法之正也維官若卒歲得藉以均食永永有餘惠也維豪若吏時得賴以遠咎永永有餘畏也一事而數善備焉是可以無紀也哉愚何謝于不文不執楮墨之役

本草綱目序

紀稱望龍光知古劍覘寶氣辯明

明莫洞厥後博物稱華辯字稱康析寶玉稱

僅晨星耳楚蘄陽李君東璧一日過予弇山園謁予留飲數日予窺其人晬然貌也癯然身也津津然譚議也眞北斗以南一人解其裝無長物有本草綱目數十卷謂予曰時珍荊楚鄙人也幼多羸疾質成鈍椎長耽典籍若啖蔗飴遂漁獵羣書搜羅百氏凡子史經傳聲韻農圃醫卜星相樂府諸家稍有得處輒著數言古有本草一書自炎皇及漢梁唐宋下迨　國朝註解羣氏舊矣第其中舛繆差譌遺漏不可枚數乃敢奮編摩之志僭纂述之權歲歷三十稔書攷八百餘家稿凡三易複者芟之闕者緝之譌者繩之舊本一千五百一十八種今增藥三百七十四種分爲一十六部著成五十二卷雖非集成亦粗大備僭名曰本草綱目願乞一言以託不朽予開卷細玩每藥標正名爲綱附釋名爲目正始也次以集解辯疑正誤詳其土產形狀也次以氣味主治附方著其體用也上自墳典下及傳奇

不備采如入金谷之園種色奪目

悉陳如對冰壺玉鑑毛髮可指數

要綜核究竟直窺淵海茲豈禁以醫書覯

精微格物之通典帝王之秘籙臣民之重寶也李君用心加惠何勤哉噫碔玉莫剖朱紫相傾弊也久矣故辯專車之骨必竢魯儒博支機之石必訪賣卜予方著弇州卮言恚博古如丹鉛卮言後乏人也何幸覩茲集哉茲集也藏之深山石室無當盍鍥之以共天下後世味太玄如子雲者

重刊本草綱目叙

長洲張鼎思按察司

余自辛丑承乏江臯臯署務簡多暇日則取署中舊刻
繙閱之庶幾乎運甓之思焉一日謁中丞桐汭夏公云
本草綱目一書大有裨于生人非特多識資也而初刻
未工行之不廣盍圖廣其傳乎余受而觀之乃楚名醫
李時珍所輯蓋嘗經
御覽而備上方者也夫本草之名尚已古聖人愛民深憂
民切故羲皇有八卦之畫炎帝爲百草之嘗畫卦以示
趨吉避凶嘗艸以使繕生救死蓋自有易人
書誠謂民行民生均重于世而

而藐焉一艸一木之是求也不
肯一日之間遇毒七十并以區區腑臟嘗
伏百千萬變之中哉何收弗暇農求未出萬言雖諷于
君卿三卷弗登于册府漢末存者三百六十餘種耳陶
蘇李韓諸賢相繼增益唐慎微于圖經外旁摭遠引而
再益其品蓋至于五百餘種蔚乎富矣然品類旣煩名
稱或雜宋人表章尤多舛者李君憂之爲是芟複補遺
又益三百七十四種分爲十有六部總據正名附釋別
號而次之集解辨疑以正誤詳其生產肖貌氣味以明
實附以主治諸方以著用命之曰本艸綱目蓋集諸家
之大成哉或者謂人惟五藏病止七情古之聖儒處齊
不過數種而何取紛紛之爲愚則謂藥者醫用也良醫
之用藥也簡而其儲藥也備故芫華一撮半夏數丸巳
足取效而撦其囊則牛溲馬勃鼠肝蟲臂無不有也何
也儲與用異也此書之作固儲道也天之愛人甚矣人
之生齒日煩物之化育亦盛人之情識日廣病之變態
亦多物之生也若有待人之用也若有期人
不博乎者不可爲毒溫者不可爲

乎毒溫寒辛苦之中徵者不可不
一物而根株異宜一形而補泄殊性而至
如荀書之誤讀呂覽之誤注躑躅誤稱苦獮誤索者不
可勝數也則辨之又惡得不詳乎故物雖有名用實未
著若藤菽蛄螢不錄可也其它艸根樹皮跂行喙息以
至土苴芻狗之類秉命雖微效用則大旣有明驗可厭
其多哉况漆葉青黏會益樊阿之壽柔湯火齊並愈齊
臣之疾昔之名者今巳非今之實者可終棄耶嘗讀東
陽記有虎尢療心疾之徵叔微書有獺爪治肺蟲之日

道元述解毒之艸名曰牧靡鄧公著救饑之糧稱爲石
穀諸如此類吾猶恨其弗該而悉可以米鹽槩之哉故
得其精者可以保身可以全生可以養親可以濟世庶
幾於農氏之風乎而達者觀之則可以窮萬物之賾可
以識造化之妙而見天地之則多識固其餘矣中丞公
撫江右四年于茲嘗節冗食衍鍰置義倉一區貯穀二
萬有奇爲賑恤計買田二百于城東儲錢三千于郡爲
爲似續計既錙銖啇宅費矣而獨有所用
足則民不以非歲死醫藥具則民

于民生豈有二哉昔人集古方章
丞公倡之在事諸賓長佐之南新二縣尹
董剞劂之事而已刻始于今歲正月竣于六月既竣寘
而爲之序

本草綱目序　華亭董其昌大宗伯

郡國立醫學祀三皇神農黃帝是皆有當於醫庖羲氏
則未有知其繇來者也吾聞五帝之書謂之三墳三墳
言大道也道莫大於易近取諸身則爲素問遠取諸物
則爲本草蓋說卦所謂於木爲堅多心科上槁者即本
草之鼻祖也且夫藥不過五行五行之變爲五色爲五
味爲五氣爲五性爲五用而五者之變不可勝窮聖人
以卦氣得五行之情故曰一日嘗七十毒者此物此志
也神膏傳瘡靈丸療疾非常之事聖人不貴一毒妄攻
五兵莫慘傷生之事聖人愼之愼之必自身始聖人亦
人耳如以其腹爲嘗蹈必死之域以求世名之爲神愚
莫甚焉豈足信哉知禹之言神也以九疇治水則知庖
之言神也以八象嘗藥審矣陶隱居深於醫言
聖人方藥主治以識識相因夫下

去幾何哉亦未爲篤論也秦燔
不廢故曰執之皆術不執之皆道謂本草
易可也厥初藥分三品以三百六十五種應周天之數
自漢以後代有增益爲圖爲註爲音義事類者凡數十
家至近世蘄州李時珍悉加結集又以經史稗官之書
廣引曲証凡四十卷可謂勤且博矣會西蜀陳文獻公
請修一代正史有　詔求天下遺書厥子文學其進之
闕下　天子爲報聞書藏史館同時方擬撰方伎傳丁
酉三殿災史事中輟其副本一鍥於江右楚方伯西明

薛公曰此楚人之有也不當楚人得之乎遂校讐緝爲
以鋟金剞劂薛公以内艱去三山楊公繼爲左轄寔終
其事書成屬余序之余嘗驅車楚之隋州過厲山見有
神農祠則又大醫王之自出又讀張文潛明道雜志云
蘄州龐安時隨症絜方輒有神驗乃知醫統故在楚楚
又著于蘄矣然神農之佐有桐君雷公所著書已湮滅
不傳而龐安時惟傷寒一論傳於世又未常進御爲君
父之効今讀李君綱目而古今之醫有所…
之天府行之四方而薛楊二公…

海内不可謂不遇矣李君有子…
故衍三墳之旨而推本於易敢曰能爲神…

進本草綱目疏　明蘄州李建元

湖廣黄州府儒學增廣生員李建元謹
奏爲遵奉　明例訪書進獻本草以備采擇事臣伏讀
禮部儀制司勘合一欵恭請
聖明勑儒臣開書局纂修正史移文中外凡名家著述有
關
國家典章及紀君臣事跡他如天文樂律醫術方技諸書
但成一家名言可以垂於方來者即訪求解送以備采
入藝文志如已刻行者即刷印一部送部或其家自欲
進獻者聽奉此臣故父李時珍原任楚府奉祠奉
勑進封文林郎四川蓬溪知縣生平篤學刻意纂修曾著
本草一部甫及刻成忽值數盡撰有遺表令臣代獻臣
切思之父有遺命而子不遵何以承先志父有遺書而
子不獻何以應
朝命矧今修史之時又值取書之會臣不揣…
敬謹述故父遺表臣父時珍幼…

典籍若啖蔗飴考古證今奮發…
心纂述諸書伏念本草一書關係頗重謬誤…
亦多行年三十力肆校讐歷歲七旬功始成就野人炙
背食芹尚欲獻之
人子微臣採珠聚玉敢不上之　明君昔炎皇辨百穀嘗
百草而分别氣味之良毒軒轅師岐伯尊伯高而剖析
經絡之本標遂有神農本草三卷藝文録爲醫家一經
及漢末而李當之始加校修至梁末而陶弘景益以註
釋古藥三百六十五種以應重卦唐高宗命司空李勣

重修長史蘇恭表請伏定增藥一百一十四種宋太祖
命醫官劉翰詳校宋仁宗再詔補註增藥一百種召醫
唐愼微合爲証類修補衆本草五百種自是人皆指爲
全書醫則目爲與典𦹀考其間玼瑕不少有當析而混
者如葳蕤女萎二物而併入一條有當併而析者如南
星虎掌一物而分爲二種生薑薯蕷菜也而列草品檳
榔龍眼菓也而列木部八穀生民之天也不能明辨其
種類三菘日用之蔬也罔克的別其名稱
小同條硝石芒硝水火混注以

合此寇氏衍義之舛謬謂黃精
陶氏別錄之差譌歐漿苦膽草菜重出掌
花栝樓兩處圖形蘇氏之欠明五倍子構虫窠也而認
爲木實大蘋草田字草也而指爲浮萍似茲之類不可
枚陳畧摘一二以見錯誤若不類分品列何以印定羣
疑臣不揣猥愚僭肆刪述重復者芟之遺缺者補之如
磨刀水潦水桑柴火艾火鎖陽山柰土茯苓番木鱉金
枯樟腦蝎虎狗蠅白蠟水蛇狗寶秋虫之類並今方所
用而古本則無三七地羅九仙子蜘蛛香猪腰子勾金
皮之類皆方物土苴而稗官不載今增新藥凡三百四
十七種類析舊本分爲一十六部雖非集成實亦粗備
有數名或散見各部總標正名爲綱餘各附釋爲目正
始也次以集解辨疑正誤詳其出產形狀也次以氣味
主治附方著其體用也上自墳典下至傳奇凡有相關
靡不攸采雖命醫書實該物理我
太祖高皇帝首設醫院重設醫學沛仁心仁術于九有之
中　世宗肅皇帝既刻醫方選要又刻衛生
政仁聲于率土之遠伏願

皇帝陛下體道守成遵祖繼志當
大權留情民瘼再修司命之書　特詔良
代之典治身以治天下書當以日月爭光壽國以壽萬
民臣不與草木同朽臣不勝冀望屏營之至臣建元爲
此一得之愚上干　九重之覽或准行禮部轉發史館
采擇或行醫院重修父子斷　恩存歿均戴臣無任瞻
天仰聖之至

答樊山王書　明太倉王世貞大司馬

今寰宇豐洽文軌大同即朱邸諸賢王不獲詩遠遊戴

賜弁以樹干城之績而[illegible]以清閒之讌寄悰毫翰流譽
竹素抑何盛也迺者豫章三子侯大梁灌甫南陽子厚
桂林雲仙皆與不佞雅相聞固自琅琅一時然皆爵僅
公乘祿等銅墨未有擁南面之尊佩綠盭之華而修三
不朽之業如大王者也伏讀訓辭謙光藹然循覽諸什
賁交以止今人歛衽嘉服世貞老矣少不如人今精已
銷卞矣大王過聽而奬飾之不知其心之與髮俱短也
魚鳥之蹤轉入深僻方塞兌杜機收聽反見
不暇矣能復作長卿敬禮游自

哉以此負大王大王勿怪也不
所刻者山園記一帙是貞所撰者大王試一
幾若不肖之獲奉清塵也冬寒爲宗社爲道珍愛

又　　太倉王世貞弇洲

前者草草一書稍露傾挹而足下過爲飾奬辱以名世
之文見示俾效琢劘且荐穣秕之導足下借視聽於聾
瞽固自盛心第使空空鄙夫偃然而當敬禮之托則大
不類矣陳生言足下告之先王之廟而後遺信其篤誠
足感也拔鏇而受彈射所不卹其虛受足欽也至讀書

辭慨及千載慷慨用壯一唱三歎也以我忘聾聵而躍然
起矣足下能勿露其醜否陳生又言足下禮士若折愛
賢若渴雖處朱門而等若蓬戶毋以人且字我毋以南
面目我此藩國之盛節小山之高致也僕用是忘其賤
愚而修布衣之禮以進足下亮之

題荊王贈張太史艾後　　王世貞

右荊王贈左相袁齋先生致仕叙及諸名士大夫之作
附馬今百年矣宛然㷀朝盛事可相見也七
蒼好善其駿騎司馬中郎感之

乍吏天子兩賢其道加旌賞流
實以方直侍王後相之七十而始歸王之
興一時豔羨故不多譲也至於出處大節超洒寡累又
有非荊公校曳所敢望者先生誠賢哉余故書其後以
遺張氏子孫使寶之知其久于䟽傳之金也

上嗎少宰書　　明太倉王世貞弇洲

伏惟相公秉[illegible]三吳豪俊蝟起咸喜自門下而獨世貞
以間出無所比數如牛溲馬勃欲一附於藥籠之惓而
不果然世貞初從選人隸棘寺相公固儼然辱臨之且

復以家大人游從之故數惠顔色至接巵酒奉盈言之
歡而相公則益日顯重握風紀世貞待罪西曹之屬閒
繇公事一再見外不敢蹈進其屨於相公門庭唯數從
一二友人如吳給事宗考功得相公一言相與擊節推
伏大雅宏度不幸而不得奉凡席稱受經諸生幸得爲
私淑足矣是一二友人皆少年銳情瑣屑末藝又不善
掩避相次謫補而獨世貞既前自疏外無纖末可覬於
相公衆口讙詠至視爲大澤之麋求以飽者
公力明其無他而湔拔之得無

棄於相公而相公終始收之也
已則未夫恩之大者及於出萬死揮千金
輕加於知己乃相公知世貞矣所以援骨嘘枯之恩深
矣何以爲報也不佞素有膏肓之疾自今而往竊自誓
不欲療即一日不罷而以汚民社者不敢毫髮有所負
於幽明即罷不死而願以生平之力下上千古著述一
家之言更不諱而遇封疆干矛之變必不委瑣苟免以
負門下知人之明如其僕僕亟叩䟫䟫縷謝爲兒女之
戀相公將遂弁髦而厭之哉不佞期相公旦日坐廟堂
進退百官於不肖姓名如素不識人足矣他非所敢望
也

顧氏祠堂記　　王世貞元美

昔者山川之民被髮而祭于野夫子蓋譏之云先王之
世亡論貴賤人人得緣等盡其孝而養好尊大制黔首
毋特祠即卿大夫過抑殺嫌其比於上家不復廟矣而
熟於禁者以爲固然而忘其自甚或執政大臣坐祠寢
見組有司至勞人主斥縣官費爲廟者
俗號稱村裔其民淫於外鬼

生時則已中非之歎曰蘄之
山飾而藻棁所以自居亦足矣即藉先人
息亡所施施之叢林之祉而奈何蘄一椽先人也此何
以教民孝且合族哉於是謀祠祠其高大父以下而屬
爲諸生力未遂久之公二子按察問比部闕先後成進
士各以祿之餘至公乃合耕之餘庀材鳩工爲屋若干
楹卜宅之陰厥梲維岡堰陂爲塘劃燥臨濕檜栢蒼蔚
深靚洞幽神所憑依春秋牲牢相協厥資益置腴脂凡
數十租族之貧者遴使奉祠取其秫以醴芮彼羊豕左

右殯粥以給事育祠既告成乃合昆季乃率子姓卜日
之吉奉高大父以下入祠左右昭穆咸秩於禮肅若肹
蠁儼若有體雍容祼將始卒不愆尸警位嚴靈風蕭然
既畢事公乃餕神之吐揚觶而戒曰嗚呼凡我後人毋
墜忘先德歲以其日必躬必慤孑思日孜孜砥節厲心
毋辱其遺衆穆如也又翼如也以聽君子曰楚自是愧
祭寢矣不忘其親孝也合族而以惠遺貧仁也詩曰孝
子不匱永錫爾類楚之大夫家有廟也頁公
二令子宜哉

復李夢池巡撫書

追從館下已識門下文章之美既而舉止
金矢餘輝照人自玉尺應門之外庭除若無跡竄突若
無烟乃知世真有晏平仲也盛撰領教會史事促成急
如星火過此月即當效顰附呈納謹復

復周乾明學院書　明太倉王錫爵大學士

敝鄉士風乃門下所習知程試之暇所求崇節行厲廉
恥以儆其不然至於閱卷一節悉屏前案不托一人縱
有異同人自不得而議弟亦嘗與翟公祖言之頗見許
可已而復慮漏失卷面稍着圖書識認自謂神奇不知
有心之士已竊竊指誚其後似不如愚見之萬全耳縷
縷效忠媿無以復下問皇悚

奉樊山王書　興國吳國倫川樓

偶爾涉江載塵賓序遂辱觴之名園視以宏藻幸厚矣
一醉以往渺焉川陵欲附南皮之遊而續西園之歃可
更易乎歸未數日徐可源携翰札來細玩諸篇益近風
雅王公之好學不倦廿士如飴者求之古
至欲品題新社之作而綴言其

謝可源行造次布復

廣西思恩參將李公墓誌銘　京山

余偕李淑元舉於鄉講兄弟之好在史館時淑元晋讀
中秘書而伯兄千夫長一元公部賦入京師得見之膚
革充盈才可急使也公名同春一元其字父為東池公
兄弟悉以池為號公則仰池云先世息縣人隸鳳陽府
後以崇王就國隸汝寧府始祖慶公從　高皇帝起義
累功授正百戶隸山西朔州衛再傳至斌公征香爐山
有功晋副千戶改隸蘄州衛左所數傳至震公無子東

池公當以弟繼掾史持之若多與我金不則削一等貧無以應因降授百戸歸而司屯政有郡理奉檄覈蘄州衛所事而身坐岳陽徵諸案牘東池公亟奔命遺其籍郡理疑父乾没幽圄之公時從行匐匍入愬請以六日爲期取還報無令父受誣涕泗雨下司理憐而許之冬大雪舟楫不通跣而行足爲重繭如期至事遂解而語諸弟吾乃今而知文吏之貴也自今以始諸弟任學予任費學無婧嫚督學使試蘄士與國步士人
以乘幼弱弟而身杖策隨之六

裂矣父病泥首呼天乞以身代
少弟手付公若代我爲父公泣受命與諸
自壹今不能成禮諸弟他日即當貴何益某可貧某可貧也父聞而呼之曰孝哉天鑑斯言必有佳兒報若吾後何憂弟憂兒過飲耳與而伏牀下頓首曰敢不服膺而父遂瞑終其身不內勺飲服闋謁京師言祖爵爲舞文者所奪詞辨如雲司馬奇其貌仍以千戸嗣奉職恪勤而淑元與仲弟少弟先後舉進士公笑曰猶記策驢時事耶獨恨吾以介冑歸諸弟士離然吾亦有以自見

以武功爵進指揮僉事有巡江之役建管房使士不農處而增列戍數百區所捕盜數十百人桴鼓不聞部賦半道假寐若有語者河且厥淤怪之起勑舟人速進迴視他舟滯者累十漕帥罪公亂次督府不可是宜論功何罪之有後一歲復領運遭石尤風覆舟稱貸以償粟責漕卒不問已視象布其德而兆其謀理條屬貧廢嗣者十餘曹同列因汗蔑以他事當道悉公賢讓不行稍遷楚運糧都護都護無公署所領諸衛各
舍公歎曰是誨貪也損橐中

實篋歛矣怨家夫婦反自婦
取焚之勝敗若化吾不介之胸中久矣
初與叔弟俱艱於子謁歎黎山出資爲仲署側室而公有二子仲有四子已冒分閫于浙爲副于粵爲長單騎之官刻厲如昔而戒其婦舉毋無違過金州大佛寺佛燬于火取沉水香造之爲母祈年已晉思恩參將居無何念母心動遽解組歸次武昌承母凶耗嘔血數斗自投於牀病力矣入門號咷擗踊食不溢米毀甚不及葬母而卒公宦三十年一錢不入私室視兄弟子姓如一

府縣張公藝同居立家訓兄弟致美無分異無蘊利生
孳文爲義屋義田贍宗之貧者所全濟鰥寡孤獨顛連
無告戚疏遠邇不可勝計病日自爲祭文理凶事卜塋
域遺令葬無過七日無惑形家言無受奠吾飲水數日
即祭當以水語畢舉手别諸弟而逝公生嘉靖庚寅十
有一月十有九日卒萬曆戊子七月十有三日年五十
有九以是月二十有二日葬方家山之陽元配周繼室
王俱宜人子二長楷以征皮林苗功晉二
事累官左軍都督府僉事出繼

生娶周氏女二長適蔡精岳鎮
六人本榮楷出本純本繹本綸本綿本綎
酉二十年叔弟春秋七十餘矣而始爲狀又再十年仲
子棟與季弟子太學生樸屬余志銘銘曰急父難兮厥
胝慟母亡兮身隨友諸弟兮咸宜廪有累兮同炊譬纆
綿兮甚緊死寧恐兮離披祖溢我兮繹思後世官兮靡
虧屬橐鞬兮四馳既能撫兮能慈部曲驩兮誦之不二
心兮能繇古之人兮兼貲今之人兮誰其赳武夫兮恢
奇爲邦家兮羽儀五萊儕兮蘧鏕如一日兮怡怡江有
沱兮名蘄卜兆吉兮在斯瞑則藏兮何遲考終命兮宴
嬉格上下兮神祇顯百世兮本支美不虛兮銘辭

大隱山人藁序

李維楨

樊山王昇貴輯其所著賦頌樂府五七言詩體諸志銘
表狀序記尺牘凡十有七卷名之曰大隱山人藁而使
使者以書抵不佞請爲之序其言曰軒冕塵迹耳操觚
之客多推貴鄙人不以學士見稱鄙人中心竊恥之惟
足下高明可以此相告不佞讀其書已竟乃
有感於古今人事之變也古聖人

世祀由黄帝至舜禹同姓而異
子賜姓諸侯命族姓相生而族相屬蓋自
侯與公子公孫爲卿大夫世濟其美第以族論族出顓
項高陽而苗裔曰鬻熊爲文王師諸子實自此始至繹
而封至達而强其子孫以邑以官以字以氏爲氏若鬬
若薳若屈若昭若景若詹若伍若蔿若申若莊若左史
工尹連尹沈尹箴尹芊尹之屬皆聖賢帝王之後其人
建邦能命龜田能施命作器能銘使能造命升高能賦
師旅能誓山川能說喪紀能誄祭祀能語揺筆泉湧動

誤獎紛故道德政事文學言語四科未有出於聖賢帝王之後之爲分卿大夫者錫姓族發譜牒散亡而聖賢帝王之後與庶人無別士以四科名自號崛起遐陬而不知其世系所自□封一□法廉而分茅胙土者類使吏代其冶食租衣稅豢養之而無所事事人視之若芻龍上梗貌尊而心輕之周之宗盟同姓爲長司馬遷表漢興以來諸侯同姓異姓相雜而不以劉氏先表建元以來王子侯而次於高祖功臣及惠景建元以來者曰親不敵功也楚趙荆燕齊九

是猶外戚之恩澤侯也梁孝王子侯若曰是不若絳侯之有勞侯也其事與之稱其手筆所最慷慨頌說發豪乃在列傳而諸王侯不與焉班固表因史記而哀世果爲傳自是以後寒畯單微儒林文苑輒踞乎傳王襲組之上而南面稱孤者如淮南苑苑依倚賓客以飾其聲價如陳思表求自試甚者如隋越廢不復生帝王家古今人事之変其多寡輕重相返一至此哉昇甫列爵爲王高皇帝之雲孫令天子之叔父而荆王之其孫也於天下不賤矣趾夫以國屬推貴而欲與學士同類而共稱則世祿之末勢極而不返俗漸摩之使然也晉范宣子述其祖保姓受氏世不絶祀以爲不朽而叔孫豹辨之此謂世祿何國蔑有魯臧文仲既沒其言立其是之謂乎言之不可以已也如是昇甫鉥規陶旋自成體勢不共他人生活可方何遜排沙簡金往往見寶可方陸機在有意無意之間可方庾敳其可以立於後而不朽矣不佞將舉龍門蘭臺例特爲三閭大夫作傳而不附於楚世家其所重實在中壘校尉使後人再

古公卿大夫比肩不以世祿伸乃自矜奮乎雖然昇甫弁髦王爵而竊比於避世金馬之義此未易言也大隱隱朝市豈惟諸王侯天子亦有之仲尼言堯舜有天下而不與深於隱者也昇甫所爲隱抑有出於是囊之外者乎介之推身既隱矣焉用文之楊子雲薄雕蟲小技壯夫不爲梁武帝謂曹景宗技能甚多人才英拔何必止在一詩其說各有當不佞不善隱而又不媚於文無可爲昇甫玄晏是序也聊比於他山之石可也

玉光齋詩草序　李維楨

荆樊山王自署大隱山人人稱之山人則隱稱之王則否閎覽載籍修辭甚富元子孟嘗嗣王仲仲艮叔叔衛兩鎮國于將軍秩最尊皆壓視軒冕志在立言以垂不朽玉光齋詩草者叔衛作也不遠千里使使覛余余誦之貴之猶贈茗華獻龍輔然請以玉喻夫玉爲圭爲璧爲冒爲瑑爲璋爲琮爲案爲肉爲好爲羨爲射爲邸爲椎爲杼爲大爲中爲邊長短廣狹有法存焉

在方策而信心者往往離之又

府所藏典瑞職之以禮天地以

以祀日月星辰山川以享天子以勞諸侯以

軍旅以治兵守以致稍餘以卹凶荒有體存焉詩用于朝廟閨門邦國塞鄙燕饗登覽慶賀傷弔因地因時因人因事體裁各異而脉者一之情景恒不相副叔衛詩于體無不宜矣治玉謂之琢謂之雕他山之石泥沙礛𥐻礱錯之用所資非一物所習非一日詩學必專攻也亦如是而苟就者曾不研精冗濫苦惡不中覆瓿叔衛詩句雕字琢思深而力勤矣玉之琢有鎮有命有桓有信有躬有穀有蒲璧有著琮有黄珪有青琥有白璜有玄其薦之也有璪五采有黄金勺青金外朱中其佩之也有組綬必致文焉詩三百篇出市井草野豈娖婦孺之口而采者修飾潤色之以成文章猥云自然便於聽解俚俗之語令人嘔噦叔衛則緣情綺靡矣惟按法而後體正惟積學而後文著故其詩神明融朗氣象高華若魯璠璵遠而望之煥若近而視之瑟若理勝孚勝也若峚山丹水之膏五色是清若鍾山之玉炊

三夜而色澤不變也若魏田父

室也若白頭公之柱杖光輝屬

之雞冠猪肪純漆蒸粟也若瑳之鮮若璪之

之藍長洲之英也名曰玉光信聲中其實者哉余又稽楚故卞和荆玉之璞玉人不識雙足受刖而作怨歌三閭大夫懷瑾握瑜窮不得所示而作離騷叔衛養尊處優賦詩言志秇林所珍國不以白珩爲寶而寶叔衛詩可方觀射父之訓辭左史倚相之訓典楚父子兄弟問有以先王命圭剡爲鍼秘者埋璧太室之庭遠者跨者肘加者壓紐者夷爲寇讎叔衛誦法先王貽以藍田生

玉之令名兄弟相師友塤吹篪和覩辛攣三龍一門金
友玉昆過之天所以奉叔衛抑何豊也詩含神霧述孔
子之言曰詩者天地之心刻之玉版國家積功累德垂
三百年泰和在宇宙間地不愛寶所謂不藏金玉則紫
玉見服飾不逾飲食有節則玉英玉甕出者奚必他求
是玉光草也非協氣嘉生圖錄上瑞而何彼謂珠玉非
寶談者爲慣第目論耳

荆國主重修石鼓寺記　荆藩

梵宮古刹稱名境者多借靈工
實賓人力成之圻郡濱江麟綺
石踞中流名曰龍磯逶折城南石又鄰鄰
玉磯泊岸數武厥有遺址曰石鼓寺志稱建自宋咸寧
間至所名石鼓殊未悉何解俗傳寺有石形如岐陽石
鼓宜王獵碣之類說亦杳無所據考諸紀載雖白鶴鼓
槌棗陂鳴石河鼓星搖蜀桐扣响種種奇蹟多有之亦
何取義而名厥寺嘗搜覽名山凡剎闢精舍恒覩一方
風景所聚昔惠藏道通二禪師緝茅紫玉竺道生鹽石
爲徒禪乘宗風聞性空寂無聲有聲棒喝癡聾以臆釋
之或亦靜峙兀巖神鉦遠覺將寓有微指非僅如里俗
傳云者乎藩先世自建昌遷國于圻覽茲形勝爰議修
舉乃不靳重貲命承奉阮古督其役冉新殿廡莊嚴佛
像一切鍾磬爐瓶之屬咸爲鑄造寺側園囿給僧蔬供
以司香火爾時紺宇巍然頗多幽致爰稱境内名剎數
百年來江山臻勝浮玉磯壘成高閣遊覽名勝者駢集
江濱而茲寺日漸頹朽郡中賢士大夫慨然有修葺之
議予遂嘉與維新捐貲助役共襄盛舉殿
稍更繚以周垣可禦風雨而
來有僧載赴海上阻留茲地者
之缺而未完者今固犁然備之矣兕䎧江
叩寂聞聲寶花香散將無枹舉響應種性菩提鼓甲而
出者乎殿宇落成命鐫諸石俾後之覽茲剎者與江山
形勝共垂不朽云

石鼓寺記　濟北李若訥　兵憲

圻之諸生中有孔生者向余稱說云石鼓寺在羊子璘
前江后湖延袤唐帽諸山又與鳳凰山右據紫翠相映
非一狀浮玉磯文昌閣點綴江心與寺低昂現若然勝

境寺基坐丑向未形家以爲据圻之巽方鍾梵中便有
鬱葱氣名以石鼓者父老傳以中有石鼓暗記模索不
可得自宋咸寧即建至明天順僧永啓募繕已而久頹
今莊嚴之者則圻之縉紳李岳二翁爲檀施勸緣首也
李先生向余稱説云前人建寺有深意圻之向在丑未
方寺之向亦在丑未方其星爲貪狼貪狼屬木志言衆
木成林於茲肖之先是吳兵使建文昌閣於磯上而閣
之向又爲丙壬圻爲艮以納丙其應屬文明
方德福第一義也先生之旨

石鼓寺之狀石鼓暗記其義
生及孔氏諸生以暗記茲寺焉自古逼今時
地爲新暗記其施以佛域關福力尤暗記其應蓋佛之
莊嚴像法耳石鼓寺不取玄漠之號第以石鼓爲名又
像法耳道之朗而無不存顯而無存則石鼓原有暗記
之妙妙法即像法寓焉余以仲夏六日瀕大江而設祭
時方多雨江流漲天乘一幕登磯閣顧眺寺宇掩映茂
林若隱若見涉流而上岸一瞻其門殿僧寮望洋而止
目極縹緲之觀心識文明之瑞冥契默思疇非暗記者

耶孔生謂余可賦磯李岳二先生謂余可記寺余不能
文而若以文屬余暗而疏之安用文之因思韓昌黎之
在潮日與大顛談佛柳子厚在柳州絶想仕進日探浯
溪之勝蘇長公之在儋日與黎生來往商確文章今余
觀察於圻幸非三公謫居即其文萬不及一而況跡頗
相似李岳二先生乃大顛不敢望江流潸沸乃浯溪不
足觀即孔生與黎生又過之然則余不及三公遠甚而
所遇者三公實不及也觸心目以暗記之
銘耶爲鈷鉧潭記耶爲雪

公文而暗有所會固不在多
一片頓爲清涼與所云口頭禪門外漢者
由旬矣即諄諄命余記寺之諸勝跡竟不與石鼓暗記
之義而相解於無可解也是爲記而賦亦別就

石鼓寺碑文　仁和錢兆元知州

舟至湖口度石鍾更二百餘里爲蘄州蘄有二招提皆
名石鼓一在羊子獠屬圻之東偏一在蟠龍山爲麻衣
道者無藥禪師道場以疆域考之在州治之北偏西今
州志已不載訪之土人亦不甚悉或云在安平鄉今所

記者在羊子塽之石鼓寺也寺臨大江宋咸寧間緜至
天順間沙門永啓行化始得一新歲久傾圮鄉先生李
公龍石岳公盤石復身爲勸緣而一新如故是時觀察
使臨邑李公實鎮斯地李岳二公從觀察公乞文以記
之觀察公業以文記之矣二翁又從余索記夫觀察文
名甲海內讀其記不啻鬧宣石鼓而又欲我持布鼓過
雷門則敬謝不敏不得國詢二翁寺何以得名石鼓不
佞家仁和出郭門東行五十里爲臨平山
鼓用張華言扣以桐木魚聲聞

有崆峒嵒嵒有石鼓其圓若
鼕鼕然少不及桐扣者遠耳今寺以石鼓
鼓在焉余聞且見益三之矣而二翁則謂寺無石鼓相
傳石鼓爲隱記也而石鼓其名哉鍾鼓埒也彭蠡二石
鍾李渤以考擊求之覺是南音涵胡北聲清越而坡公
獨歸之風水石穴互相吞吐之聲千古隻見未有及焉
而周羅諸君子猶拘拘焉形象是問吾未常不笑其多
事也今欲據平生見聞必以石鼓之形求石鼓又不免
爲周羅諸君子竊笑即不然而以寺臨大江亦附會于
風水石穴互相吞吐之故則坡公仍將以哂餘傲人然
則以石鼓名寺夫豈無說蓋徵之瞿曇家言凡木石金
革鐘磬鼓板聲可號衆者悉名揵椎故如來升講阿難
臂吒信鼓鳴而大衆集然後如來以廣長舌衍微妙音
靈山會上諸菩薩摩訶薩從此聲中證真如果即如來
滅度希有聞聲必待揵椎何時證入故義取其專則石
音常止心能止觀何假石聲義取其警則嚴鼓爲先心
無生滅何須嚴鼓揵椎在心不涉外假則
人我山頭鑿出空中賦像虛

證意隱記者如是乎然何以
清越言相應也麻衣無藥俱現肉身早已
椎宣微妙而倡而不和證果未聞並建招提各顏斯字
有大願舡安知不以西者爲倡而以應者屬東也傳有
之懸鼓在西應鼓在東受記者黙臻斯境則妙音不斷
法器無窮東鼓倡始西鼓和終而東西迭響和亦成倡
如此鼓聲便徹三千大千世界即靈鷲之鼓聲聞五百
里尚不足言又何況區區耳目之前哉
天啓四年歲甲子中元日

蘄州志卷之十　藝文

文昌閣記　　　明新安吳國仕[illegible]

蘄陽春吐吳楚志所稱淮壖之上腴而帝轂之衝[illegible]其脈自潛霍湖流蜿蜒數百里至[illegible]中突而爲磯泛泛焉與波光上下[illegible]如牛如犀如象如馬隱隱現現鳳[illegible]流鼂爲奇勝非若零陵之燕徒作怪石[illegible]侯公築基構亭剏無前之蹟[illegible]浸就圮蓋無人不廑修舉之思焉不[illegible]

江波見此磯映帶山川前賓圖峯後[illegible]馬口右擁麒麟鳳凰之王氣左挹唐帽玉屏之[illegible]洋洋乎大觀也哉此固蘄之地軸也而史爲孤峨耶[illegible]而謀鳩工採石基增丈許建飛閣以崎之祀[illegible]帝子其上按天官書文昌星在北斗魁[illegible]此閣正位于巽巽又爲太乙文昌之宮指[illegible]氣之所鍾上感下應化機周流誠有如玄樂經之語[illegible]彝睹黃潤之氣歷紫微經陰德爛然文昌之次必郡文學應之矣閣成之日進諸文學而校藝其中語之曰[illegible]

青蓮登落鴈峯謂呼吸通于帝座恨不携謝朓驚人詩來今登此閣非惟心情開滌亦覺日月清明諸生能作是觀乎試與子摹境會心縱目遐睇彼夫層巒絕巘[illegible]漢排霄長江巨濤一瀉千里非即文之雄[illegible]而[illegible]乎花洲獻妍雲樹騰蔚朝霞夕暉[illegible]映非即文之菁華而濃郁者乎風靜月輪霜空雪皦澄江如練絕無纖凝非即文之清虛而瑩潔者乎梵磬雨聲漁歌江韻沙鷗與皐鶴爭鳴簫鼓共松濤競響非即文之縱金戛玉鏗然鏘然而餘音者乎乃若空嵌谺𡸣嶙峋硉矹

廽狂瀾于既倒障百川而東之則文之挺榦標貞其屹立有如此矣又若黿鼉鯨舞雷响電激川岳倏然色改育賁愕而魂摇豈非文家之神奇變幻驚風雨而泣鬼神者哉況憑欄拄頰望大醫之蘭若撫興霸之雄圖思禹功之平成拜壯侯之義烈捐柴桑之[illegible]里問白甫之遺踪弔古長吟但可收爲毫端揮灑之用諸生際[illegible]景賦雄風歌白雪揚葩振藻能無解筌於境物之中[illegible]採珠於文字之外者乎江山助人良非虛語異日驤[illegible]龍津翺翔皇路沛然若羣流之赴海而歸繇若一[illegible]

支天長發其祥則地之靈以人傑重斯閣且載以不朽寧獨與黃鶴岳陽諸名勝徒聳澤國之觀已哉閣高三丈許地直六丈餘橫半之甃以累石繚以周垣翼以長廊繪以丹青閣下三楹中為游燕兩隅一為僧舍一為庖湢所是役也經始于孟夏落成於仲秋約費金錢肆百餘緡捐助者有荊王劉憲伯劉少參及郡守佐紳衿商賈若而人其餘金置田若干畝以供祭祀香火僧饒弃賑貧生之費另悉別紀董是役者州守倫應祥州幕吳繼宗河泊張桂省祭盧楷諸生孔庭訓盧如冉劍得

並書是為記

文昌閣記

明濟北李若訥季重

明萬曆間新安吳長谷先生以觀察之節治兵于蘄其為政也開誠布公肅而且朗剔蠹振靡紀綱犁然蓋自設下江防以來先生寬之尤注心於人文之勃發探形家言以佐其盛郡西南大江縈洄浮玉磯突出其方向為巽形家謂之文峯先是僅僅拳石未足以屹大觀風濤且虞其泐即小築亭榭未足以侈宏美歲月且虞其圮先生相形勝之萃鍾殫心思之勤攀捐祿以倡郡中賢薦紳繼以咸有所捐商民晉勸金錢輻輳鳩傭厲工歷夏及秋拓石基而升加攢木材而冉建飛閣迺上命曰文昌下為堂楹旁為僧舍伏臘俎豆為士人祈文事士人亦州處課藝其中兼造餘緡以買田其田租供祀飯僧且以周士之貧自是登雋者相續如綴玉先生洵大有功于人士矣先生之自記曰蘄乃吳楚之滙脈浮玉磯乃蘄之地軸前賓圓峰後枕馬口右擁麒麟鳳凰左挹唐帽玉屏建閣以祀文昌文昌為太乙文章之府壽睹黃氣歷紫薇必為人文之瑞於此見先生此舉

期不朽焉不朽以文也蘄人之記先生者曰先生膺江防之寄簡卒治艦修戍警夜隱然敵國又較士而賞賞而訐其操器不售以為山川環聚而當其門戶一往莫收遂建閣於石磯也吾郡斯文更不落莫而造吾黨基厚於此見人服先生此舉能不朽焉不朽以文也余不揣續記之曰先生任重揮艱其鐄鏞者兵乎武乎諸所畫于江上及城中得未曾有其宗社之長策鼎鍾之偉伐乎御穀詩書希文甲兵矣人人為之加額而傾心矣於此見先生之期不朽人之服先生不朽焉不朽以武

有其文也余附先生籍而名位蹉跎方自慚雌甲乃猥
爲同寅鍾先生舊履於數年之後得聞其閒識布公剔
蠹振靡者故爲諸重記之而先生文武之略與浮玉磯
共撒天壤倘亦許附一字否耶系之以詩詩曰
傑閣嵯峨矗雲起檻前吞吐長江水文昌夜耿使星耆
巍法蘖生天宇象似有虹橋縹緲通盈盈拍挹碧秋中
總思到日歡迎竹都向層波化作龍

文昌閣銘　并序　　明雲社李維楨　大宗伯

蘄春南郭里許江有石磯突起踏呀桃花水盛暴集

浚頂舟行遇之輒敗或盤礴不得轉移旅客凜凜不
免是懼徐州守倣挈響令合之意構亭其上旁容數
人耳方伯吳公治兵於蘄廣盱營表識冤變而築宮
乘水勢殺將周遭捷舊爲隄激層累成基平正如砥
建傑閣鎮之長年三老識其處晝瞑而過焉復患苦
初辨方正位厥位當巽巽風上坎水下於卦爲渙雖
渙之水五乘成文號之曰積在天成象在地成形非
文昌孰能當此者乎閣祀文昌禮以義起也形家又
謂控扼下流山聚土澤鍾水水土演而民生蕃殖更

坤益學宮之勝自是入省試上春官得雋盛倍曩昔
登閣四望左有南山右有麒鳳二山後則匡廬秀色
逶可攬結前則龍津蘭若洲渚連亘縈帶大江而下
城郭廛市人烟氤氳林薄蓊薆魚鳥飛躍比屋絃歌
樓船簫鼓榜謳漁唱鐘梵之音輻輳並至目不暇
應接居者行者得未曾有侈譚其事而州人陳茂才
孺子索余爲之銘竊比張孟陽之劔閣云其辭曰
兩戒四瀆江河爲尊自北而南滄湣長奔江有灩澦河
有龍門以遏狂瀾以奠厚坤峩峩橫石蘄江中央乃召

匠氏削成四方象彼北斗載魁六匡聿考新宮用祀文
昌如翬雉環如霞標揭上正徠來巨艦細筏足不虞傾
趾不虞蹶氣無沉滯亦無散越載占諸易惟渙則然彔
順從剛在中罔偏血去惕出杌得願焉爰假有廟利涉
大川鱗介游泳恬風澄波天時地利協於人和登高能
賦於茲婆娑仰觀俯察釃酒賡歌四民樂業既富方穀
思皇多士詩書起家貴相理文司命司祿江神佐之成
蒙禔祝作者伊誰新都吳公尸祝俎豆與鬴融融離堆
砥柱奇蹟攸同史記令名河渠書中

吳公生祠記

明雲杜李維楨大宗伯

新安方伯吳公以憲使部武漢黃三郡治蘄樹風聲著語言引表儀制事典正法罪辟刑獄教防利委常秩碁年吏恪於位兵輯于伍農狎于野商旅出於途時無逆數物害無生允以建國長民教學爲先羣所部博士弟子員而董振擇之游有鄉處有所使惇惠者教之使文斂者道之使果敢者諗之使鎮靖者修之體貌以左右之明法以宣翼之恭敬以□□之勤勉以勸之德音以揚之爲新學宮使羣萃而州處其心安焉不見異物而

遷又爲置田廩于籍東南鍾而藏之而匪頒之貧士無失職者又以山土之聚藪物之歸川氣之導澤水之鍾也當江下流中疊石爲山建文昌閣其上聚不弛崩而物有所歸氣不沈滯亦不散越於形法家言最勝州人士爭自濯磨求無愧爲公弟子春秋獻賢能書升司徒曰選士升司馬曰進士辨論官材布在中外倍于曩州以文獻大國名國人與四方縉紳學士歸功于公而公已晉秩行其門人歲時伏臘有事於文昌閣者相與歎曰吾黨小子仰公若黍苗之仰陰雨公實芘陰膏澤之使成嘉穀薦在宗廟夫文昌血食于茲非公何有吾黨擇采嘉選馨香奉犧象陳咼俎靜巾幕考鍾鼓駿奔走于文昌而曾不以簞食壺漿知鄉者迎送公惡惡可庚桑楚匹夫耳居畏壘大穰畏壘之民尸而祝之祀而稷之不腆蘄稱方州公之爲德也深矣植本也固矣生而尸祝公不亦可乎夫公盛德大業學校則祀瞽宗廟廟則從大享他日誠未可量然而俟河之清人壽幾何及今日而祠公觴酒豆肉粢饎公不吐矣亦感恩知已至情不容已也諸與余習者走使質余於禮可否余報

之曰禮非由天降非由地出人情而已諸生情之所至禮亦至焉是爲禮以義起夫誰曰不然余按舊史生祠自漢欒布石慶于公鄭重張奐任延以來代不乏人人無異議秉彝好德民所歌舞夾必從之禮從宜因時惟至當之爲貴復何所疑諸生曰宗伯典禮稽諸古而不謬紀言以敘之述意以導之明耀以照之其在斯乎祠成錄其說勒諸麗牲之石

蘄州二顧理學先生傳

督學高□公世泰緝全楚總志　黃岡龍瑣諸生

自嘉隆距萬曆中天下咸重二顧夫子云二顧夫子蓋

所稱日巖桂巖先生者也日巖先生戊進士官止參知
桂巖先生戊進士官止憲副然天下誦慕乃在公卿弼
輔之上人因不因祿位重也作二巖先生傳
日巖先生者諱問字子承蘄州人也太母娠娩時夢巖
端日升大如車輪驚寤而目中猶睹光耀流燭上下以
故後竟號日巖云幼與羣兒嬉羣兒皆如弈嘗馳逐獨
先生積瓦礫陳盤盂雍容揖拜作籲帝禜祈之語比入
小學先以請于父母而泣父母曰兒飢耶對曰兒不飢
欲讀書耳使就師師异爲句讀竟十行十行告覆無舛

年十七有疾父母以爲憂先生曰病易與耳政恐以此
廢學不至聖賢爲大懼大罪也遂閉戶危坐時以性理
遵養未幾補郡諸生第一登嘉靖戊戌進士已亥除浙
西壽昌令昌之俗不畜女類溺死先生慨然曰二氣互
用男女等也今固親民奈何任其穢俗寧聽其蚩蚩者
枉夭萬萬嬰兒不比于刳胎殘卵哉遂懸書禁民無溺
女溺女者坐凡生女彌月旌其父壽昌各以顧名女歲
所全活數萬壬寅徵爲侍御史雖居官而講業不輟遂
有陰忌之者中以他事出爲來安令甫下車邑以祲告

先生多方區畫民忘其凶乙巳遷邠州守又明年陞浙
中按察僉事蔬食清謹越人呼爲茹菜顧公庚戌陞參
議留越是歲弟桂巖公登春官榜先生滿三年考階朝
議大夫　恩遠所生久之以内艱歸與弟桂巖同廬墓
側三載服闋先生稱疾同弟侍封公于山水木石之間
曰寘擠眞遇生理所在安能長逐塵囂不爲色養計耶
暇與王龍溪錢緒山弟桂巖講學于崇正書院已未封
公謝世哀毀如内艱兄弟復廬墓于銘鋤水上家食者
十年隆慶己巳起徐州兵備帳前組練帳内咨論由是

人人皆嘆理學包括之無遺也庚午擢入閩參政天下
向學之士赴閩者項背相望時弟桂巖公亦以南銓郎
出爲閩海鹽軍副憲同地同官同時海内嘖嘖而桂巖
公竟拂衣然檄以隱先生曰吾弟年三十九未強乃勇
退如此吾奈何以䫉頟之身共瘴烟海氛乎弟固招吾
隱也于是九疏乞骸得報歸歸則講學養道于時若念
菴荊川剛峯甘泉見羅近溪東郭二耿諸先生以及本
州李平湖先後竿牘相應晤言相證針芥所投會心政
遠先生一言一行必本于道衣冠與妻子語如對外賓

日長晝靜無一雜念自編日程以疏功過羅洪先曰子承眞聖人之徒也耿定向曰豈其忠信可行蠻貊諭行誼鬼神無疑矣唐順之曰不賞民勸不怒民威子承其近之三先生定不阿私其所好也卒于萬曆辛卯行年八十有一自拂衣以與海內尊宿暨弟子良切劘于山野林露之間者垂二十年屬纊時迎武昌故人劉應元爲別先生曰他事俱非在我惟去來明白不負此生爾乃瞑學者私諡爲中和夫子別爲木主以祀聯其柱曰志行無忝程朱從事與追王薛所手編語錄詩文三十

卷又理學名家往來書劄詩文外集十卷萬曆癸丑桂巖先生亦即世

桂巖先生者日巖先生之胞弟也諱闕字子艮少日巖先生十七年太恭人夢遊海上聞喧傳巨魚來須臾巨魚鼓鬐鬣洪濤中太恭人問曰魚從何來中有鱗身人首者答曰從濂溪來疑先生即濂溪後身也六歲頴焚祝天願爲道德性命之學以報劬勞匜十七補郡諸生志希聖賢甚厭薄舉子業封公曰汝不理舉子業欲何居對曰欲不臣不仕耳後叩之又曰欲駕風鞭霆耳封公憮然不樂曰聞之志與天齊者不祥公瞿然屈首帖括輒試高等年二十二舉孝廉先生欲侍親無意計偕封公隱爲之治裝趣行先生泣不勝及至都尚孺泣如別狀試事竣即歸省道中聞捷報已成進士矣比歸敝褐寂如封公意且落第及詢之曰兒已登禮官榜封公喜曰吾不喜兒功名喜兒襟度耳癸丑當　廷對先生不欲往封公不聽業緩劍待之先生涕泗交頤而別廷試二甲除彝陽得與海內聞人相倡和歷下弇州嘗招之入社乙卯聞太恭人訃匍匐歸歸與日巖先生同廬

墓所服闋與兄先生証悟道德性命宗旨不忍離誓不復仕已未封公即世復墓廬于鈷鉧之濱明聖學友如日巖先生友蘄有一鄉距城百里而遥舊俗獷悍格捕逋賦敷扞有司文綱中丞直指公建議屠滅之先生哀其愚力言于戶部使者與其州大夫願以禮化自請往偕門下數輩申以孝弟一鄉聽之不踰時而咸若于訓至今德先生封公服除隨牒補儀部郎旋移南銓部勳司郎于時有蔡百貫者倡教白蓮賓聚有徒所司捕得餘黨數十百人一切寘諸理先生徐爲之解曰若輩豈

盡左道誣民哉或苦饑寒抑迫脅而從之亟無罪之民槩從白刃恐乎因得及于寬宥當是時公年僅三十有九决策不仕稍還至閭中憲副子告歸里前後推轂者凡二十餘疏先生竟不爲意　召陟銀臺不起朝夕從日巖兄抵掌討論思修身體道無負劬勞恩而已布袍草屩者四十伍年偶過梅川流水坪之巔恍然有會機鋒透頂前後宦遊僅四載而笥橐蕭然萬曆辛卯日巖先生捐館舍先生悲不自勝至有隱几曲肱成一夢與兄相見語婁其之句先生自少壯而老非宦遊則時侍

左右日巖公巳則促席夜則同被每出必揖必告所往歸則告歸日巖公出入亦如之其孝友雍吉蓋如此自賦詩云世上無如兄弟好草堂風雨夜牀聯里人傳誦萬曆癸丑先生年八十有六春暮忽召子太儀孫天錫語曰昨夜夢聯云津吏報增三尺水山人歸臥幾重雲是歲當大水吾將去矣已而果然危坐垂目私諡爲宣靖先生先生治六經尤精詩易所著有諸議諸說而其要以社學社倉爲王道首務云

論曰如蘄春二顧先生者孝弟和藹之氣其浹于家洽于邦哉令人神遊其中恍然置身于羲皇以上也至于造詣登峯透脫徹底却已分程朱王薛之座七八十年同寢大被有如始孩較之古姜氏又不侔矣朗日耀林麓巨鱗從濂溪夢感太恭人者徵矣哉必如是而父母劬勞之恩乃可云報不然恐大懼大罪之未有已時矣

憲副李鑑池傳

督學高公彙旃緝入全楚總志　黄岡龍塤夢先

公諱際春字和元別號鑑池蘄州人也粤稽先世蓋中州之息縣人洪武間始祖慶以軍功授蘄州衛百戶傳信至斌改滁州已又改蘄州俱世其官斌生俊從　景

皇帝征香爐山擒僞主帝同烈累功世副千戶俊兩傳至儒爲東池公始矢文德以季子贈都御史東池公生男五公其第五子也生而蚤慧九齡贈公歿撫公曰不及覩爾成愛日以學及時以行務立身慎擇交敬受教乃與伯兄參戎仰池仲兄諸生恩池叔兄比部愛池季兄少司馬夢池相誓立石世世無析箸迄今六十年男女千指怡然同爨飲食以齒執觴觚杯豆秩秩也事受成于家督橐無私財衣無嘗主身無私力母太恭人黄憐愛少子不輕令就外傳十三始授章句自講詁追行

文僅百餘日比部公方孝廉家居公執經焉終身不敢序雁行隆慶庚午以第一補郡諸生萬曆癸酉中鄉試第三名時御史爲舒公念廷方伯爲王公鳳洲皆國士遇之丁丑成進士館試時江陵欲以才望見收公不稍動遂不果試出宰浙之歸安有富監者淫人妻而焚其夫姻連要津殆不可問而公卒窮治之抵于理時　神廟詔量郡邑田豪右隱占獨累貧民公按籍履畝未嘗少徇分試浙闈當路以愛子越籍見託許酬美官公峻拒其請民謠有歸李中秋月之句癸未量移戶曹丁亥

督餉蘭州一幕官解數千緡中爲盜刼公廉其寔以他羨補之幕得不死戊子丁內艱服闋復督餉于蘭壬辰遷凉州叅議地方苦俵馬公力陳不便忤大中丞勿恤甲午遷廣西學憲是科得人爲盛前所忤大中丞銜之以去任風影事見中部罷歸公竟拂袖歸絕跡郡邑別營郊墅以詩文自娛無何比部公亦致政歸而中丞公又復扼礦璫解郎鈇三兄弟歸隊林泉塤篪應和又亡何中丞公捐館舍比部公春秋高漸謝賓客公乃獨操家秉奉伯仲兄如父起先家起食後家食如是者十

九年婚嫁子姪凡數十一出公手復增置義居義田以膳族姓古人重宗法車馬不入里門節嗇寡約絜于其官可告祖先里中呼爲東門李家葢以眞孝眞友眞介童僕無擾不似他李也公又募數千金築堤長二十餘里障郡之赤東湖水患人又方之爲雒橋蘇堤也癸丑以兩臺荐擢四川叅議回賊亂公壯方畧殲厥渠魁焉以定乙卯陞河南汝南道副使過里門值比部公衰戚易備至徒跣號送汝南礦盜各沒心秤者聚黨千餘拒殺捕兵公討縛之數歲不登拮据荒政全活數十萬竟

用是瘁而公病不起矣易簀時猶訣云吾登高科歷方面未嘗兊一民持一錢死復何憾獨吾老出山建豎止此報　國恩未盡耳公偉身長髯英異天植內嚴外寬辨而不察坦而不阿非禮樂而有所紛華則稱不習太恭人病籲天乞代衣不弛帶者兩月自　皇祖朝筮仕至卒官歷中外所至恪共不畏強禦不侮鰥寡不懾兵荒歿之日橐無一錢僅以四竹篦歸莊事諸兄如父視兄弟之子踰已子訓其子樸標梃枎模曰吾居鄉居官惟以鬼神二字時時在念汝輩宜用此心膓作人遜恭

長女成其節公即不後文藻而已所攄詞皆成珠玉內
行醇備博依而端于師友爻信而寡貌嗚呼眞古之篤
行君子哉
論曰東門李三字益合于古芳冽焉東池公五丈夫子
有逵者有未逵者有壽者又有夭者五君子伐石立誓
終其身不析箸固也五君子子凡十有四人十有四人
子又不下三四拾人抑何其克遵前訓雍雍淵睦歟張
公九世同居謂能守一忍字夫忍者必有不忍者而後
忍之也乃李之三世孝友性成無所事忍則視張公益

不啻過之矣其表爲東門李有以也夫

李氏苦節傳　督學高公彙旃緝入全楚總志　黃岡龍璜

苦節李氏者蘄州生員瞿平之妻也年十六歸平甫兩
稔而平死無所出而如尋常夫死求死求死不得毀容
瘠立不具論氏年僅十八前途甚遥又無一藐孤遺腹
欲存乎後之心萬一游移不爲越禮然而氏不然也曰
吾夫無子是我尊章無子也我其爲尊章子尊章無子
且無孫我以一身奉事尊章待百年後即尊章見我如
子我未亡人不即死猶可汞死後之事也我其爲尊章
孫百凡忍苦奉事尊章洗腆茸饈四時伏臘不輟瞿平
之父母安之若似有子者深閨中且無晝哭聲家庭雍
肅壽考百年附身附棺必誠必信亦不知尊章之無孫
者及尊章葬畢三年喪滿乃歸寧于李前後共苦節四
十二年至六十乃終

朱母貞節傳　督學高公彙旃緝入全楚總志　黃岡龍璜　夢先

朱母黃孺人者蘄州庠生朱孩之母也姓黃十六歸朱
益所公用謙益所公本楊姓是爲楊小池公季子出繼
于姑之夫曰朱信菴遂姓朱母遂呼朱家婦益所游于

黌序厥志未酬而竟蚤夭母哭輒絕爲遺孤孩而忍死
時年但二十有二耳維時擁兩孤女一孤男左提右襁
霜冷冰寒譬彼慈烏獨峙羣雛啞啞環而聲不歇已血
枯心血亦與之俱枯信菴立繼後復生二子頗不利于
嫂之孀母曰異姓而嗣故宜退處不爭之地安有憾之
天吾何求哉獨晝荻課兒是吾事也後有與者吾其爲
朱之家婦楊之支裔乎於是一切節嗇而奉尊章則必
腆嗟乎兩姓骨肉之間柴池萬狀即善調者誰與合異
爲同而母能使之和協賢哉夫爲朱也子者而薄子之

產外之也義可歸矣而母弗忍曰姑徐之卽復姓不宜在吾見身其俟之後人乎及舉孫道衡然後乃尋楊之派道衡年十五卽補諸生有聲夫母一身耳佐夫長子孫詩書之效畧見端矣乃母以四十餘年茹荼餐蓼神瘁血枯疾乃大劇垓醫禱百方候息寢側者六十晝夜而母卒時爲壬戌七月也乃母卒僅七日而諸文學縉紳咸以節舉州郡上其事於學憲公允以題旌未卽俞垓乃走　京師上疏得所請夫世之孀者率奉金仙禮僧尼以爲盛節而母弗是也若以塵案蹙眉有影子

然寔機曳肘厥緒焚如日以筋力籌前志而衍貽謀之不暇而暇作二六功課未之前聞也斯其爲儒門之女儒門之婦儒門之母也哉

先是孺人已有傳因寇燬而失故其孫道衡囑紘補作嗣後紘以修蘄志復得斯傳於高公彙旃藏笥中爰並存之

恩姊　旌表劉貞節　　弟顧天錫述

旌表劉貞節字永貞天錫同母姊也至孝剛正聰明邑稱女聖讀書旁覽百氏善爲詩法漢魏不肯作近體府君難其適聞同里孝廉劉廷桂子鉞者有至性許之吾母先後十六娠子最後娠五六月胎動母撫腹語姊曰此胎疑是男自來生男殤哭成疾得毋復累我耶誓不飲藥姊潛與婢挪愛計採麝媪至母覺額曰是汝勾當媪取鼻穴土入無根井泉順匙攪飲母胎定姊提錦褶贈媪故姊嘗教天錫偶不聽輒詈曰惜我紅錦褶換汝命來錫卽泣以此錫生萬曆戊子季冬二十九日日照牕睜視不畏體有黃毛寸許母抱而憎之姊笑曰昔周彥祖生而醜狀駭人其母欲棄之其姊不可曰吾聞賢智多異貌與我宗者必此兒今弟安知不興吾宗者不

肖老矣痛無以報矣姊于歸之翼日旣贄見舅姑命鉞曰鄰有賢人可拜見賢人者貞節馬氏也公鉞重禮舉俗如此歸始十八日公鉞試童子州次黃陂團頭河墮水物故屍歸盛夏姊伏屍哭糜爛沾面求死殉外祖母馮夫人年九十臥病以手捉婢數輩曰嚶疾去女死汝死於是羅而守之竟不得死不飲水漿五日不櫛沐者數月鬢脫背瘡家人久不相見者見幾不識時年十九耳無何舅姑卒先妣迎歸居斗室溽暑嚴寒不出戶每哭輒嘔血盈盈先王父聞之曰歡過矣禮歸有節哭[illegible]

時如曰弗恐行道之人皆弗恐也姊括其髮而拜遂絕
哭後數年子長兄嫂逝次兄逝吾母又逝焉水漿不入
口又五日府君病革令婢扶而踞曰我祖宗九世名儒
汝第九世大宗一綫耳汝守劉氏節撫顧氏孤兩盡孝
今託汝勿復辭姊叩頭哭天錫以首觸地涕塗滿面左
右皆哭於是姊始飲食明年府君卒又水漿不入口五
六日州守朱公圻聞之拜于堂楣之曰禮宗祀必致膰
冬必致帛炭後州守以爲常崇禎二年巡按御史宋公
景雲上其事　上命禮部覈實以聞尚書李公騰芳覆

疏云顧氏幼稱女聖邑號禮宗僅十八日之倡隨茹四
十年之冰蘗誓一死以殉夫不減桓嫠之至性歷千辛
而撫弟聿追張羽之孤踪貞節宜鐫之赤壁文心當鑄
於黃陂　聖旨是命有司建坊旌表已故童生劉鉞妻
顧氏貞節十六年春張獻忠陷蘄州子與景星掖姊行
雪中憩一空廟賊至叱曰何物老媼討死早姊曰吾未
亡人荷　上恩旌表恐混死辱　朝廷來討一明白死
以首觸石血濺面天錫及妾明氏兒景星幼女阿二爭
代死賊歛刃曰噫汝一門慈孝吾不害汝姊又曰少年
汝勇力如此不報君親立功位反爲賊賊熟視曰坐吾
嘗來須臾果來持糒與棗曰孰爲節婦家者善飼之汝
曹毋殘賊稱人爲虎也曰十三日夜見火起可東歸
去予南陽人姓王爲賊脅非賊也夜北城樓火起如其
言得免避亂九江八月抵南京寓上清河疾作以聖書
壁曰崑山產良璧瑶池集瓊璣鄗德比貞玉形神同所
歸姊自孀居不復作文字臨終始書此嗚呼痛哉壽七
十四生平不衣帛不晝寢不夜哭不聽音樂不處暗室
所居香燈奉佛書史縱橫父母舅姑忌日未嘗食遇禽

蟲有溺死者輒悲惋不自勝歲有孤鸞巢于楣上弔二
十年畜一白牝雞不雛不伏亦十餘年其感物如此家
人謂其聖也皆以夫子稱之甲申十二月載櫬如崑山
將塋栢家瀼遺命合塋與公鉞合墓今尚未能天錫服
斬衰三年景星比不杖朞禮以義起也

朱母黃孺人貞節傳　國朝文 以後　郡人盧紘 江南大參

傳曰忠臣殉國節婦殉夫於義則同而顯晦存乎其間
抑所遇之有幸不幸耳誰忠臣不自言其忠是謂真忠
節婦不自言其節是謂真節雖不自言其忠不自言其

宅里國與也區明公烈毖再頌圖史職也國與不可作矣夫子舊史官也不可使二婦遺烈泯沒于土中敢固以請謙益老不能文有使君之惇史在請攟而錄之不敢溢一言舊史氏曰兵興以來干戈蹂躪閨門婦孺捐軀暴骨死而無聞者多矣甲午夏五月楚女子被擄投潰江死其屍逆流而上湘南人援得如生有詩十首以素帕縛左臂傳至自下乳山道士林古度拜而錄之然卒不知此女何姓氏也今楊袁二烈藉使君以有聞於世其視漢女亦有幸不幸哉徒余承之外制烈婦孝女

與被恩綸者必鄭重其辭以光昭盛世旌門之典今史局失官裒毫載筆於蘄漢鄖烈之事牽連書之猶前志也後有傳烈女者恐余之志無使其無傳焉或曰楊之母失借以火死稱宗女矣稱三烈可也

贈中大夫盧公傳　　平陰朱鼎延

盧公者吾東郡守盧公紘之父也上世自吳徙楚居蘄州世醇謹至贈中大夫南槐公始厲學有遠志公其次子也諱如鼎字呂侯母宋淑人生公五歲而葬世母李淑人撫如己子公穎異幼不好弄受書日記萬年牢吸吸不絕口如是者數日父母驚錯不知所自後數日漸甦問公公亦不復記憶及為諸生有文譽少司寇李公夢池副憲李公鑑池皆器重之諸子姪松蕃副戎郢隆太學生質甫諸生清侯皆能文士一時稱賢者敬公為執友遵化副憲亦存淮安郡丞本夫皆從游在弟子列公之見重於李氏者如此生平論文甚刻不輕許與人其為文亦甚刻終日構思不輕就草亦不輕示人一字求合繩墨而後止屢試于闈不售性方執居恒或靜坐一室或獨步於庭若有思者終不發一語疾

惡若讎雖一時聞人與公居同里而非意所許終絕之弗與交獨於李氏世締交李罔聞李之前輩既從事宦游其繼起諸子弟咸為公是托公悉與成就蕩逸則規正之禍患則周旋之以故其後隆隆多振拔罕墜厥聲繫公力也萬曆之丙辰將公年四十四年矣忽憶童時謠語與紘先大父暨先人謀曰江中石磯於吾里最近雖建有亭而基甚卑臨水盛時輒泯沒矣舟往來多犯患形家言若增築而建傑閣鎮之祀文昌其上不特舟行獲利濟辨方厥位當巽巽居坎上於卦為渙渙而成

文於學宮之盛最稱盍吾與若其請諸當事圖肇茲盛舉也時新安吳公治兵於蘄多善政躬詣相度慨然捐貲築礎建閣董是役悉委公暨紘先人不數月而底成巋然巨觀矣於閣之外仍翼以亭存吳明卿先生浮玉故蹟又置田以餼士之貧者吳公既遷秩行而豪者肆侵毒公以力爭至今守勿替公雖從貴介游生平取予無所苟其貲產固不豐而於閣之建及紘先人不惜爲傾儲助公又獨倡建報功祠以專祀吳公而請大宗伯李公本寧爲記蘄之得雋者至今猶盛悉歸德公暨紘

先人兼信公見時諸語爲不偶也公卒於崇禎之乙亥八月時年六十有三喪具悉紘先人及紘爲之理葬諸雨湖之濱其先墓旁越數年而其配王氏亦卒其撫子嫡亦不能守產蕩盡遠癸未之春蘄城隳且蘄然並絕矣紘既悉公生平而懼其久而遂湮也爲之傳俾後人知文閣之建所自始

贊曰迹公生平然諾不侵擇地而蹈不過獨行君子耳嚮使獲大用於時其佩慨執正所守無不立所爲無不成雖古大臣風烈何以加茲而設施僅試諸鄉邑之近惜也聞之君子務其遠且大者庸一時建締利及後人固不詎遠且大耶

原任口北道李公客天嫡配朱宜人墓誌銘

郡人盧紘江南大參

宜人姓朱氏明萬曆己未進士分巡口北副憲李公諱樹初之嫡配荆藩都梁王孫朱公諱翊鍬之冢女宜人生而穎慧通文字朱公篤愛焉公雖性尚豪華然雅重文士頗負知人鑑無貴賤作等夷觀以故李公本故家子幼失資生而甚有文譽朱公深器之遂以宜人許贅

搆宇名坦腹館諸室盡心識李公與月之必達矣宜人性淡朴時諸親里爭以靡相耀視之泊如耳兼勤女紅仲夫子讀每至夜分不倦李公亦甚重宜人誼益加歛朱公每從夜飲歸聞讀書聲兼窺其女之篝燈刺繡不輟手愈嘉歎援制得請□名資歲餼以佐弗給自是家計亦稍稍裕生子二李公始携宜人歸奉繼姑侯恭人罔間定省禮倍坩清苦躬治紡績無異初終也李公二弟性悍悖遇見無禮李公能以和順消其逆封公遺產悉讓弟無所取宜人調和力居多焉宜人以貴胄女性

純孝柔順勤朴曾無異單寒即求之公族亦不數數見也行年二十有九以疾卒葬于竹林湖祖坐後山宜人卒後之四年李公方舉進士第先是李公以農部員外郎贈宜人及任副憲例應贈恭人李公以身若妻荷錫三章而生父母未榮一命中闕如爲疏請移贈生父母報曰可抑成宜人志也宜人生某年月日卒某年月日生子長某次某並附諸誌而繫以銘

銘曰唯彼貞良幽宅是安雨湖之濱秀聚而完封植從約非美厥觀本爲斯培支也云繁

蘄州盧府君家傳

虞山錢謙益宗伯學士

府君諱如鼎字呂侯楚之蘄州人也家世自吳徙楚父南槐公諱楷以篤學厲行起家府君少穎異讀書倍文落筆驚動長老南槐公築館於濠上穿池植竹養魚籠鳥疏窓綈几叢書其間招邀郡國儁異偕府君橫經鼓篋弱冠入黌宮每試輒冠曹偶濱遊闈肆大放厥辭多不利於省闈閒一得嘗復報罷二子総紱稍長熊熊然角發憤下帷笏經課子四書尚書皆手註箋解文義如不刊斷如斗四方學者爭來問業解匡頤而折鹿角無不厭志而去貧不具束脩來者假館授餐所造成甫勤黃之間推爲大師崇禎丙子歲総鵠起舉於鄉府君歎曰吾老矣安能塗青鉛墨與小子輩角逐硎錯間自此息機擢捶絕意進取矣府君生平篤孝南槐公性嚴重多所譴訶府君白髮垂領扶服呼暑如兒子狀居二母喪哀慟見骨一如喪父時分財產悉推長兄撫兄子如已子同仁均愛言家風者歸焉府君爲人忠厚正直規言矩行不苟訾笑不好徵逐裒衣大帶出入邑屋有感肅然如出衣袂中鄉人有爭訟者不之官而之盧氏庶

言觿解若奉神符寶印其爲鄉里傾信如此癸未春寇自廣濟乘夜襲蘄府君被執賊中有識者曰彼善人也縱之去寇退集里中人分布關隘爲死守計府君守南城督守陴人殊死戰寇少却竄他城樓肉薄而入從後剸刃遂及於難府君之卒也子姪從孫及諸婦死難者八九人閱數日淑人羅氏獲府君屍於江崖焚而殮之越五月総自公車歸陳闔門殉節狀泣血控訴所司具疏請旌表未及上而有甲申之難丙戌冬総上春於土門珠樹林已丑中進士第由邑令屢擢藩臬兼辦肅給

蔚有公望凡三報最覃恩贈府君自文林郎三命至中大夫壬寅歲奉　命督糧蘇松建節海虞具府君行狀謁舊史氏謙益俾爲立傳狀稱府君晚年燕居里民詹某暴卒而蘇踵門搏顙稱謝恠而問之曰某疾亟見鬼卒勾攝追至閻羅王所王命曰汝文籍惡業少第未盡里中有正直人盧某得渠保任方釋汝鬼卒押赴公門聲喏於庭執公帖子還報乃得蘇公知之乎府君笑曰有是哉汝自當活耳於我何有里人傳語曰勿慢盧公渠能於閻羅王所作保人也舊史氏曰盧府君恂恂

儒者白首一經歛容摳衣吒聲不及犬馬一旦身擐甲冑嬰城抗賊身無一命之寄而受横死原野之慘非其平居讀書通曉經術講求忠孝大節而能致命遂志之若是乎里人入冥之事或以爲荒誕不可信明有禮樂幽有鬼神先儒有言昭布森列焉可誣也閻羅王爲地下主者入世正人君子聰明正直精靈不泯死後多膺此任彼稱盧公正直人也神者先告之矣丹心耿耿血化爲碧没爲神明又何疑乎公有令子珪璋特達先河後海歸本前修昭晳琬琰夫何待於余言余特舉其誠心質行感格幽冥者附著於家傳聳善抑惡著之春秋亦楚史之所有事也史臣失官越在草莽史失求野聊比於負竿採樵之言後之君子或有取于斯也夫

盧氏二烈婦傳

虞山錢謙益牧齋

蘄州盧使君叙其先公禦寇殉難之事曰公之殁也次子諸生紱紱子晨初從子紳從孫震初皆被虜死而紱妻楊氏震初妻袁氏死尤烈楊氏諸生栛女母朱都梁宗室女也癸未正月廿六日蘄城陷楊偕其母及老婢許氏陷賊擄至北門逍州闕楊有娠賊欲負之走楊曰

姑待我不能行乃負我賊沿途縱火趣行及火陷處攜母手躍入火中賊歎息去老婢守之移日楊頭目猶未焚巳免身矣男也越數日語家人往跡之不復頭目所在矣袁氏諸生嶼第三女也城陷震初與其父紳俱被執袁氏拜辭祖舅姑姑夏氏抱周歲兒天喜投井死明日賊退家人具衣棺瘞之甲申秋棺毀於狐掯敝衣幨如面奕奕有生氣葬於迎山先人之墓而震初卒未知死所紱自公車歸叙次先公死事并列二婦慘死狀所司將以旌典上請會國難閣不上紘聞之烏頭漆書表厥

言總角入黌宫名噪諸生間南槐公爲築館于濠上雜
花竹木石池魚籠鳥以助文思復延郡國英雋切劘砥
礪每試輒冠軍屈其儕數就棘圍幾售者一竟不售課
二子綋綎窮經下帷日夜不輟經書皆手註詮解繕寫
成帙多發宋儒所未發四方學者負笈而從執經問字
者鱗集戶外之屨滿焉貧不能具束脩者假館授餐指
畫文詞皆有法度蘄黄之間推爲大師綋以丙子舉於
鄉公喜曰吾以身貴何如以子貴我願毛種種安能僕
僕與汗血爭馳耶遂絶意進取治古文詞及四聲咏好

讀莊蘇諸詩文月夕花晨探疏烹茗延二三知巳談説
平生爲樂公至性孝友不問生産南槐公性嚴重多所
譙訶公怡色下氣輒爲霽顔執繼母喪如喪南槐公分
財産推讓長兄取其磽薄撫兄子如巳子正直端方不
苟訾笑喜振人之急里中年少使氣爭角公片言心折
各冰釋去歲祲疫病者藥之死者瘞之飢餓者賑之所
全活甚衆有治形家術者云江中有石磯若增壘式廓
建閣祀文昌於蘄文風大盛公首爲倡力請當事如其
請蘄人士鵲起魏科蟬聯絡繹公之明德遠矣里中僧

某久病忽起踵門謝公曰某被鬼卒勾攝見閻羅王王
命以汝籍惡少算未盡詣正直盧某所取保即釋汝鬼
卒攝至公門蒙公發簡即蘇公謝不知其自癸未春寇
自廣濟乘夜襲蘄公被執寇有識公者曰彼善人也釋
去時公之子姪從孫及諸婦死難者八九人寇退公集
里中人分布關險爲死守計公守南城寇分道突至督
守陴人殊死戰寇少却他關險爲賊破從後剸刄遂及
于難閱數日淑人羅氏獲公屍於江崖焚而殮之越五
月綋以公車歸陳闔門死節狀泣控所司具疏請旌表

未及上而有甲申之難丙戌冬綋卜葬于土門珠樹林
巳丑綋舉進士初筮吾東新泰令廉幹内擢以忤時出
爲桂林丞至巳亥而來守東昌建文場修學宫嚴一介
之操清積年之弊良法美政不可枚舉余附同籍而庇
宇下歎服不容口以爲漢之潁川渤海庶几方之政暇
過從退然如不勝衣談及先世泫然流涕今奉
命督糧蘇松膺三命恩寵三世　贈公中大夫具行狀俾
爲公立傳讀之而始知太守之清勤服官水木本源其
來有自余雖不文而喜談忠孝節義謹撮其大要而貫

言之

論曰余觀盧公醇謹方直履規蹈矩白首一經誦讀不厭一恂恂儒生耳遇國家大難嬰城爲守執干戈以衛社稷暴骨原野不避焉即馬革裹屍何以過茲假令致身通顯爲國家守疆埸出幼學之藴其彝勳竹帛勒銘鼎石豈足道哉惜也不得志而抑鬱齎志以歿然片言取裁鄉里仰重爲德于鄉即鬼神猶欽之傳曰不於其身在其子孫公教子以成名而廉絜不滓世忠孝節義之傳而張大之爲當世名人嗚呼足以不朽矣

盧氏二烈婦傳

平陰朱冉延 少宰 司空

蘄州盧公紘敘其先大夫呂侯公禦寇殉難之狀曰是没也盧氏男婦死者凡九人紘弟諸生紱妻楊氏從姪諸生震初婦袁氏二婦死尤烈請並爲傳按狀楊氏諸生椷女母朱都梁宗室女也紱恂謹讀書外一無所營楊以紡織佐膏楮費事舅姑惟謹癸未賊破蘄城楊同毋及老婢許氏被擄至北門趙州關楊有娠不能行賊欲負之走賊沿途縱火趣行楊義不受辱紿之曰且行不能行乃負我遂携毋子同投火中賊歎息去老婢爲賊所棄守之移日楊頭目猶未焚娠爲墮男也越數日始歸語家人往跡之不復頭目所在矣袁氏諸生岫第三女適震初生女二子一甫週歲震初姿韶儁善屬文袁相敬如賓癸未城破震初與其父紳俱被執袁度不能免先拜辭祖舅姑曁其姑夏氏遂抱其週歲子天喜投井内賊退家人具衣棺殮之弁子置屍傍掩諸宅後山阜甲申秋棺毁於狐搰敝衣猶在袁與子面如生葬於迎山先人墓次而震初卒未知死所紘自公車歸具先公幷二烈婦死狀泣控所司將以旌典上請值國難

閣未行紘奉
命督糧蘇松乃緝其狀以質于曾生不敢溢一詞而撮其要爲傳

論曰昔文王化行南國江漢遊女以禮自守形於咏歌此平居時耳若遇患難而義不受汚一死鴻毛亦足多矣乃若楊已不能脱而生慧智以紿賊焚身自全袁已分必死而猶盡禮拜謁投井見志從容就義視死如歸即烈丈夫不少槩見何乃出于閨閣一門而若是烈也此其志可以貫金石而與日月爭光余故表之以備修

國乘者採焉

贈　中大夫呂侯盧公傳　　梁谿高世泰楚督學

康熙癸卯之臘余以辱廢遭時僇辱抱嘆剝盧乃督運使君盧大夫干旄責止為捘訪蘄春舊誌因督責余昔年三楚文獻錄何以無成也越翼日大夫復手書來示余以太公殉難之狀屬立之傳嗟乎昔在壬午楚闖將竣余廣延茂士為濂溪書院悉發楚書摘纂楚錄與楚人論楚事余不敢忝焉竊具於壬午季冬余隨以三劇乞骸攜之歸豈知余行之後楚既日棘慘變日異

孝義烈奇駭之事日積余聽焉西望愧恨不以身從而欲泚筆眘稿艸艸拾太平遺事以受成茲錄也心痛如刺其能恝乎茲鄭重以大夫之命迫以仁人孝子之思為稱作呂侯盧公傳

公初諱時傑字與之後改諱如鼎字呂侯先世自吳遷楚之梅川後以占衛籍遷蘄傳五世而及公父南槐公諱楷以力學聞于鄉子弟師事之齊其矜者滿堂矣公承家學蚤隸庠試多冠軍益攻苦成疾南槐公乃營菟上館如輞川之椒浪竹里以居公公讀書靜觀悠然自得與名儁晤對終日無一妄語亦不親杯鐺不習雜技匠心著述菁藻蔚然歷受知于華亭董公玄宰太倉王公䕶雲常熟瞿公達觀而省試幾儁復蹶公付之數奇視轟隱交路淡如也南槐公歿公以家人生產付賢內助仍居濠上館問業者日進聞風望塵莫不歎仰後移館于宅後之儁石居兼訓子姪編纂彌新詩文曠逸得之莊叅大蘇為多丙子長公發賢書家聲且振無意復着麻鞋待至公而游戲風簷驚人五色則余猶幸遇公於一日者也辛巳楚地大蓄民饑公傾囷勉賑病者

甦之亡者櫬之瘞之鄉里多仰空加額曰降之百祥匪公而誰乃不意即有癸未二月殉難之事先是正月中左鎮兵沿江焚掠各路防禦盡潰獻賊從廣濟襲蘄蘄城陷公次子諸生綖及姪諸生紳姪孫諸生震初幼孫晨初俱被擄死綖妻楊氏從母死于火震初妻袁氏抱子死于井公亦被執賊且釋之賊退公集里人倡義登陴守烟光樓二月賊分道攻蘄甚急公率里人殊死戰賊亦少卻復捨此它攻從後突殺公遂死于難越數日羅淑人率僕號呼江畔而得公屍時長公以公車北上

阻兵越五月始從間道歸歸而痛不欲生可知已稍暇
以闔門殉難狀控諸郡守兩院暨代余爲學使者堵公
牧遊皆許彙題以表義烈值甲申之變遂寢不行天佑
生靈鍾祥喆嗣廉明仁敏到處流膏公以使君報最已
絫命至　中大夫楚之士大夫亦以論定請祀公於鄉
嚮之仰空加頌者庶可快然乎公生平事嚴重之父曲
至承歡居二毋喪哀毀若一克恭讓產撫姪如子忠信
孚於遠邇不啻季路一諾彥方居里其敦倫植節有素
至于舍生取義慷慨從容益以見公之遂志矣蘄人嘗

有久病忽起者叩謝公謂冥府中觀公保而其復延算
君子懍懍敬聽黙而存之思其所以然而可也
舊楚學臣曰蘄黃間奸宄纓縈縱横荼毒不下數載癸
未正月蘄州之破實繇本城内奸其某者與叛將楊文
富逞逆謀逼算兵勾賊夜襲城燔舊宮而去爾時汝寧
方破惠襄唐三藩播越賊猶乘倏忽去來之勢故盧門
家户雖被屠戮而盧公義不反顧猶得持寸操鬮戟同
佻賀首至于二月則襄荆承德相繼陷没封疆大吏皆
以身殉長江以北無地非賊蘄誰與守此爲公授命之

辰緩則賊示安民賊嘗張布賊令開考公寧能與共之
日也哉始捍大患終死勤事祀典並崇公乃兼有至于
今烟光百丈上有神人端拱雲頭者非公也耶侍衛環
列者非同公死難之家人也耶忠孝節義出于一門顯
於一時與一事生雖痛玉石之焚没並返星辰之位俎
豆斯榮千秋是仰於戲大夫顯親揚名之孝畢且爍矣
第不知我公而外以艸壄殉國臨難毋苟免而湮没無
聞者不尚有人乎與城俱亡者身也不與身俱亡者義
也語有之城亡矣身亡矣國亡矣而義斯存大夫推錫

類而遍彰之所以表義也非徒曰幽明之慰而已也

敕贈中大夫盧公神道碑銘　婁東吳偉業 大司成

丙子歲偉業被命偕給諫萊陽宋公九青典校湖廣鄉
試將中原已憂寇盛彌漫豫楚之交流氛四出羽檄交
道謬以一介虔奉簡書揚於馳驛巖疆轉徙金革幸得
畢使以錯黃甲乙多士鎖院三試所弋獲皆爲俊民而
蘄州盧大夫紘在選徹棘捧雉來謁翩翩然君子人也
既而詢知其家世以儒業發聞尊人呂侯公經行舉舉
爲儒林長德余嘉其學有淵源稱歎者久之迄今兩門

星終而大夫來爲叅籓董儲偫於玆土一再過存其邑
侯公素履及奉諱始末以䖍泣而請曰先生生平好古
篤行阨於時數潛德弗耀重以寇禍滔天毒流方嶽闔
門抗節竟殞非命孤毋念此日夜悼心今幸蒙恩
聖朝榮施泉壤告第納書秩登三品於令得樹碣隧道以
紀休昭烈而徵辭摩勒尚竢載筆惟夫子辱知最深又
前職記注若不鄙而賜之光闡孤實假寵以報所天微
直成我而已敢固以請余衰薾不仕脂澤之言何足爲
公增重顧念公積學純行法宜備書其死事一節尤奇

且處大夫父子間契分特厚來錄懿媺傳信𠅘史固其
所也容敢以不文辭謹掇大夫自狀與虞山錢先生所
爲傳而繫之左方公姓盧氏諱如鼎呂侯其字其先吳
人遷延之梅川勝國永樂間始占籍於蘄四世而爲南
槐公諱楷郎公之考也用孫貴以贈中大夫妣宋氏繼
李氏皆贈淑人公生而奇穎承傳家學丱歲屬文有聲
南槐公義方甚嚴營丙舍於濠上引泉植竹疎窗開靚
以爲公肄業之所延里中少俊讀書談藝其中公挾册
唫諷𥆧矓究明不問家人生產淵涵停滀霈爲文辭弱

合脊粮蘇松而俾余書其隧道之石公可謂有子矣雖不
獲光顯其身而游愛哀榮於後天之報忠義不爲無意
也在禮死寇之士旌之曰兵戰於郎童汪踦死魯人欲
勿殤子曰能執干戈以衛社稷雖欲勿殤也不亦可乎
如公精忠大節有光册書無疑也昔魯共姬待火而殞
春秋賢之書曰宋災伯姬卒盧氏貞姬競烈玉碎不汚
會何愧焉余不揣固陋採擷遺芳牵聯書之比於春秋
祀傳之義以詔來者狀又稱公邑子暴卒攝至冥途冥
王命屬盧其保任而後釋歸正直之人鬼神所欽有是
哉事涉恍惚故從附見然世所喜傳者在此列亦莫得

而略也銘曰
卓哉盧公儒宗文師幼閑庭訓悅禮𠅘詩法律繩已名
教夙資嚅嚌道真克昌厥嗣進思經世有物隘之退淑
諸徒南面皐比敷陳聖謨牛毛繭絲疏理滯礙如結得
觽蹮蹮媢學晌鑄靡遺方領矩步好仁樂施閭里賓成
彥方愧知運鍾百六天狼失雞巨寇狂猘咆首未省擧
飛海水潰隄莫楷若火燎原撲滅詎期祝融熱何龜憫
則悲我公辱者武奮熊羆部勒壯士率用姑鉦下寧

鋒擐甲登陴弋衡賊喉日含欲稜環城百礮三板突煕
戰鼓不鼘渠門火旗身膏兆野刳腹折顧志均馬革義
逐死綴冕娩彼姝頫爾自持沼呆耆婧魂井如飴號無
茅經哀勤出詣一門忠烈前行後隨似川叩浦啓佑本
支巍科滸陟
熙朝羽儀位崇岳牧絳節金龜禮備哀榮鸞音紫綬旌
幢祭戟邦委來尸停驂訪舊南史是咨徵之篆刻崴懿
昭垂隹城鬱慾吳鳳豐碑松楸馬鬣傳信在斯於千萬
世式瞻慕思

盧氏二烈贊并序　婁東吳偉業大司成

蘄州盧大夫以其先公殉難始末來告命余文其隧道
之石而及弟姪諸婦之從死者因得牽聯書之亦既間
見於余文矣顧惟楊袁二婦死狀尤烈不可以莫之詳
也今按大夫之言楊氏爲諸生盧綖妻袁氏則諸生盧
震初室綖即大夫之母弟震初其從昆弟之子也楊氏
父曰諸生楊榜母朱都梁宗室女癸未正月廿六日蘄
城陷賊執綖脅其子晨初令負擔綖度不得脫涕泣拜
辭母羅淑人去竟絕莫知所終楊與母并老婢許氏偕
陷賊略至北門趙州關楊方在脈賊欲負之走楊紿曰
願少舒比我不能行而後負我賊緣道爇火驅脅行值
焰熾處楊牽母腕躍入火中自燒死賊嘆息去老婢守
之移日楊頭目猶未盡已墮重矣審視男也後數日語
家人往跡之不復得頭目所在矣袁氏諸生袁嶼第三
女城陷震初父紳與子俱被執袁度不免拜辭祖舅姑
及姑夏氏抱周歲兒曰天喜赴井死明日賊退家人具
棺木瘞之甲申秋棺爲貍貉所搰和門見袁母子面如
生敝襦飾身訖不甚毀改窆於迎山先墓而震初卒未

知死所世稱賢孝而易辱者莫婦女若也一旦遇變倉
卒犯白刃蹈爐炭斷死於前而不反顧有烈丈夫之所
不克爲者何歟古者男有教女亦有教功事則閑嫕傳
之訓行步則協珮環之節所以豫遠燕私而養成其貞
一盧氏二婦內外宗雖皆名家見聞薰習通知禮義然
生於閭閻非夙有師氏詔之女史書之也非其芳潔得
之天性能引決自奮如此歟昔人題清風嶺詩褒譏至
召禍譴五代時王凝妻李氏逆旅斷臂歐陽史表而出
之以厲世愧俗矧如楊袁駢首捐糜一門爭烈嗚呼可

青也巳業也不文曹塵詞館以謚注爲職敎四大夫之傳信而僭爲載筆若此俾司彤管者尙有考焉且爲贊詞六章以旌之其文曰

厥初生人取則二儀坤貞應健作配無虧曰惟婦德直信是基豈繫婉戀迺果寔宜孰云纆并不敵須眚 一章

有美楊族並出華宗來嬪盧室盥饋克從芳擬蘭秘鳳鳴和雝宗周俄隕遘此鞠凶滔天作孽張燕獎崇 二章

蕙帳珠簾一朝委地薺姜宋子化爲顛頓皎哉季芊不汙賊臂投軀鬱攸燎原罔悸祝融回祿扶輪擁轂壇殯

得雄爐餘猶視 三章

贓沸寒泉甓甃圜闠褰裳距躍子毋同歸清冷濯身彭咸爰依泥而不滓珠沈澤輝喜遲英皇恥從宓妃 四章

宋有共姬待火灼爛今也則楊神耀司爟楚有貞姜漸臺流浼袁踵其武畢命井幹豈無那媛偷生衎衎局不顧懷爾顏泚汗 五章

凡此義烈壯夫弗如人綱人紀永賴儲胥彤管朱煒逝登載書外史作頌徵信匪譽綽楔榮旌佇光素閣 六章

蘄州盧氏祠堂記

婁東胡周鼐 給諫

祠廟之設所以表忠彰媺也其採自輶軒請自禮官載生年靈福及鬼又何奇異也聰明正直者神其初或感自雷氣生精或名在斗中日下宿直旣殊而又有淸修隱行爲天神欽重者故能取義成仁血碧杲霜而氣還箕尾然其精意所屬期于利人而巳詩曰神之聽之好是正直班固迺謂楚風重祀謬矣

二烈贊

婁東胡周鼐 給諫

二烈者蘄州諸生盧紘妻楊氏盧震初妻袁氏也紘自儒門作配才彥若榮蕙穆讀罔不咒桃花椒閉蘭蒸含胎恰齋荳蔻解衣裝以供隩洗車機杼而佐燈

膏足跡未出廳屏春闈何知霜雪亡何逆寇豨突蘄旅茅靡嶽坼天晄神焦鬼爛楊也被脅紿賊前行躍赴飛火身燔娠墮袁也度不免泣拜舅姑抱周歲兒同投古井嗟乎執爨提甕婦職也今乃蹈水火以蹈仁哉淹芳芷于腐井燼眞玉于炎岡其從也有情烈焰招魂僅剪紙幡無恙靈泉纖垢未沾鴉襪劉覽女史能得幾人贊曰

玉臺金沙靈氣縹緲揃芊發精淸資雙嬌妖氛橫于黃稚魚擾僵尸露骸蟲出不少死則死耳死法未了誰化

紫烟騰衝秋杳誰鑿止水瀕鴻深竅風烈雲歸泉香月皎乃如之人彤管師表

楚蘄盧呂侯先生哀辭 有引

毘陵薛寀

豫楚間流氛縱横不肖貫月覷而心傷之時猶今澹巖使君初升嘗日也未幾督撫互諉浸淫熾盛至盛德格鬼神言行爲師表若使君尊人呂侯先生者初以善人被賊醉後覓以登陴及難異日之膺旌膺贈下先生何加而海内聞其事而咨嗟者亦可謂生榮而死哀矣敢繼石渠舊史後而是以哀辭

何開中之奥窕兮紛來集吾楚國刈芳蘭而戕予東兮殞蘄黄之懿德猗呂侯之好脩兮分珮瑶瑠而奇服爲閭里之楷模兮稟孔曾之正則課二子以成名兮孝友根乎庭塏業有聲于膠庠兮澹不慕夫紛華并閉門而著書兮做一編乎六珈何丘壑之莫保兮猰㺄猜猜其磨牙誓勿驚我彦方兮旋白刃之横加幸長公之騰翥兮能疾呼而鳴公之節義泚吾吳以徵詞兮有石渠舊史之纚纚予雖豫楚之罪吏兮未敢斁乎彝常聊以楫桶之瑣栿兮妄自附于虹梁

太微歸諸立造若天吳罔象馘汨淚沛於筆端也若罔車威弧拔刺硫嗑於紙上也徐而按之辭有條理有幹州次部居披文相質或赴節以投袂或應弦而遺聲肅肅乎長離拂羽而箕伯逐風也整整乎青璃捷芝而素威司鉦也士衡之賦所謂程才效伎司契爲匠者千秋而下實獲我心豈不快哉昔者帝顓頊命火正黎爲司地命曰祝融淳耀光明以啓南邦而楚人能讀墳典丘索者有左史倚相申明春秋詩禮以傳太子者有申叔時推本重黎受氏之初式昭火德有觀射父益祝融之

以光明啓南方者實以文章爲主而諸君子首先被焉元度楚人也實鍾祝融之餘光以殿我南服而其爲學則左史叔時射父之遺書與吾東魯之易象春秋照耀於孔壁汲冢之餘者也傳有之先河而後海瀆元度之文者歸本於墳典詩書知楚學之所自始無忘先王所以昭明南服之意斯世之學將奉以爲斗杓而趣歸於東魯也其將自楚人始余竊有厚望焉然吾聞諸班氏楚自屈原師弟子以騷賦顯名而漢初吳有嚴助朱買臣貴顯中朝文辭竝發故世傳楚辭則楚人之辭至漢

而以吳人傳也今元度以使節蒞吳三吳清嘉鮮華之氣元度以其胸中雲夢吞而有之吳人輕心無有能當其前行者而余以黃髮遺叟歸老空門負苓采薪重屐下問猥以樸學枯毫誦述盛美吳人之不能有裨於楚視漢人有厚顏焉并書之於末簡以志余愧

修蘄州儒學廟序　顧景星

順治十一年　詔天下郡縣學廟兵火廢者有司能捐祿鳩修建皆得疏聞命吏部紀錄十五年乙亥刑部丹陽楊公奉　璽書以按察司駐蘄右文轄武爲　天子

使越明年軍府城郭徑賦利病罔弗釐舉德導禮齊率先有司討所部郡縣之有學廟者凡四十有四而蘄則所駐邑故首修之州守遼陽王公仔厥任官茲土者咸出廩祿卿大夫士遊於是庠者醵貨力勷事而楊公以文屬景星按學與廟本二古有學無廟釋菜奠幣即於學漢太學闕里始立廟六朝仍之北齊令郡學立孔顏廟此郡有學廟之始唐武德初郡皆有廟未及縣貞觀中許敬宗奏天下州縣置三獻官他如立社開元三十七年詔諸州廟立十哲七十三賢位爵公侯伯有差宋大中祥符二年設闕里學其後州縣莫不有學學皆有廟然邊徼下邑多無之晚代衰亂庠序頹圮或學廢而廟存而長吏之賢者因學序費鉅姑葺廟不去餼羊云爾以故唐宋文士之碑記多言廟不言學明興學廟並立嘉靖十年詔改大成殿曰孔子廟有殿有廡有堂有齋有庫有閣有亭殿廡以祀聖賢閣以尊經庫以藏鋪筵琴瑟亭習升降麗牲體堂以講論齋以居教官及生徒之來學者歷代禮儀至是釐正猗歟盛哉然而郡縣學仍空名士鮮游習教官之橅不著九品中正禮教不

行而士風大壞可足悲矣兵火以來鞠爲茂草所謂空名者又十不存五蘄之學舊有朱元晦乾道中教授廳記洪武初知府左安善摸朱手書刻於壁錢斂王坦趙應隆莊轍數公先後修之崇禎十六年正月庚辰賊燬順治五年按察副使山西范公鳴珂始建殿九年曲周王公顯篆垣芟薙草萊物力艱窘材甃不固隨就摧欹無廊廡堂齋今始議建之噫不其難哉雖然使邦邑無賢鸞鴟之鄉非廢廟而鴻都之門亦有學如其多賢則杏壇之上不必宮牆綿蕞之閒可當庭陛踩是言之德

激盛衰豈係是哉　天子右文楊公用答　天子鄉衣
夫士宜用答公景星敬弁冊端以復

題吳道子先聖像贊得自粵西桂林府庠重爲鐫石　郡人盧綋元度

恭如循牆端如執圭衣冠儼然劍佩委蛇溫玉之度峙鳳之儀望焉起敬就罔弗宜備元運太和之氣想燕居獨立之時匠意已奪乎化工傳神逼肖乎鬚眉斯所爲可法而可傳庶幾乎欲贊而無辭

貞譽顧先生傳　郡人盧綋元度

先生諱天錫字重光蘄理學世家而遠祖士徵者元平江路崑山州人元統間進士宦蘄州路總管遂家于蘄然譜序至今猶及崑族者不忘所始也高祖濂曾祖敦累世簪纓至祖闕號桂岩暨伯祖問號日岩俱于明世廟時先後成進士宦游年甫逾強仕遂決意勇退濟風泊如家居惟務崇孝讓修明古訓獎進人群遠近爭師服之咸稱理學二顧云先生爲桂岩冢孫年十四考別駕少桂即見背其姊貞節嬪劉而早孀撫煢煢小弱弟愛加篤以故先生雖幼失怙幸不患孤且逮侍大父桂岩公膝下朝夕薰磨純于理義周規折矩尺度罔愆自

十五治尚書十六治戴記十九治春秋涉獵文史學幾有成歲丙午華亭董文敏公督楚學先生以童子受知遂名譟一時楚吳間莫不識有顧子重光而兼羨桂岩公之有後者一時知名士俱托聲氣交不遠千里以古學相倡和文壇選政必得先生片語爲折衷先生于制舉業雖深肆力所著纍至千篇海內多傳誦然立意刮磨時詁以暢解爲奇緣是見忤有司落落不得志頗寄情詩酒放浪林泊間或拍挽伶歌悲來竟日又嘗載書孤舫彌月不歸病下血輒半許以故恒結方外遊癸亥攻國子生與曹公勳沈公常劉公同升數十名家結社燕臺曰國門曰定因曰廣因學者傳誦所爲文輒見售其門人貴顯陟館局臺省者不乏人而先生終以數奇不第祭酒朱公之俊寡許與惟張公公亮以真才先生以真學見推熹廟時奄黨方熾先生負重名都人士走一如鶩乃爲杜戶謝者歲餘甲子鄉闈對策涉論奄寺主司恐落其名先生坦然自得勿悔也癸酉幾售復置甲戌客天津張氏丙子講禮河間保定兩郡弟子從遊者數百人稱顧夫子著述凡四卷盛傳于時以積分韻部

選應得令不就上詔行徵辟時有以先生名聞者復固辭丁丑決意歸里屏絕交遊時長君景星甫髫齔負異姿悉陳先世遺書相與蒐探辨究無寒暑每至夜分繫室于松園曰中心願取易中孚九二辭也先是甲戌乙亥間流寇初渡河先生深切隱憂辛巳蘄大旱疫壬午謀避姑蘇不果癸未正月寇屠蘄先生姊劉貞節以正義感賊闔門得不死四月偕長君避亂九江荆世子迎爲師先生代世子遺左帥書辭甚剴摯左帥得書感泣遂還駐武昌八月辭赴崑山依族氏居焉甲申後益謝

人間事假方外勵志潛修惟立言是務所著有戒史三百卷自神農至漢景帝紀元無號三千七十四年自漢武建元元年辛丑至明崇禎十三年庚辰紀元有號一千七百八十年自唐堯即位二十一年始立甲子至明崇禎十三年凡六十七甲子零一十六年用劉向洪範五行邵子皇極經世王奕中與天文推筭災祥以垂鑒誠故名曰戒史書成于庚辰故止庚辰卷帙繁重弃生平著作雜文四十卷北京事物紀十卷皆燬于寇在津門時取古人品次倣人物表聖賢用硃次則藍下則墨

如湘東三品筆燦然可觀以便學者曰津門三書及避亂崑山念蘄黄江防重地著蘄州志起春秋襄公二十四年壬子是爲周靈王二十三年止明崇禎十六年癸未計二千一百七十餘年其間兵戎沿革諸類凡二十六以顧氏家傳終計一百卷其言該博義主旁通以其書成一家故名曰顧氏蘄州志又二十一史平論二十五卷五經說七卷牆壁皆置鉛槧其洗酣道義垂老不衰大致若此歲辛巳謂長君景星曰盍歸乎歸蘄值年大凶即托神仙辟穀術茹柏飲水數月神愈王遂取養

生家言手自撰錄百卷曰玉京括錄所居編茨爲門支石成几嚴寒片氊裹腕手不輟書足履所至不越榻几尺地經年外戶罕闢瓦器山蔬懸鶉帶索鹿裘羽冠尺絺裳面焦顴纓足麤糲皆人所不堪怡然自樂也畜雄雞五六各有名識雞亦不離至八九年聲如老人欬候鳴即起正襟危坐凝神默存久之不臥脇不貼席者六年雖子姪至覩歲不過一二見獨處宿者二十年因素善病乃精擣熨鍼石著鍼灸至道三卷素問靈樞直解二十卷用焦易筮法往往奇中作焦氏筮說倣京[illegible]凡

功過格居平一言一行以至舉念毎夕皆筆之
蓍焚告其潛修篤學克已勵行皆此類不逮事父毋事
孀姊貞節甚嚴恪毎遇知契談及撫孤時事輒涕下交
頤崇禎二年直指宋公景雲大宗伯李公騰芳以其事
聞于朝荷旌表癸未九月貞節卒于江寧先生時客丹
陽得報自牀投地以爪破面流血沾襟生平不輕受一
錢有族伯叔行者卒無嗣往哭其家遺以百緡力郤謝
以賙族之貧者族子有貧而自鬻質衣代贖更給以田
當避奄禍時踉蹌出都有以金寄其寓邸者封識寄囑

主人曰是我所著書幸善護藏勿失寄者疑已攜歸至
邸驗之封識如故始大愧服然性嚴急好面詬人老尤
甚旋復自悔至人有隱惡未嘗十舉發也歸園後種竹
植藥蕃茂成叢癸卯二月乙丑晝騰有白鳥千百數飛
止松園盤旋不去者三日先生愀然曰豈爲我耶謂長
君曰余生平歲逢癸輒不利且大父卒年大水今如之
將觀化一巡殆不久人間世矣長君爲驚慟強引神仙
延年說寬慰之先生曰惡有是余一切以仲尼爲法者
十月朞下血醫勸之臥弗聽曰吾晝夜危坐六年于茲

矣豈今遽及于亂十一月廿七將旦提長君耳曰汝亾
或僞言老夫無僞者吾家世清約凡喪葬禮宜從古棺
用瓦勿受弔奠勿刑牲既窆勿封勿樹是日起居如常
及午忽索衣冠正襟危坐目長君曰父子難得吾去矣
以手揮曰勿扶嶷然端逝越數時頂蒸蒸然熱迨歛手
足屈伸如生先生生大明萬曆之戊子卒大清康熙之
癸卯既卒凡鄉人之素致誠服者私議謚以尊之曰貞
譽抑古禮也生子一即景星甲辰之秋以奉遺命來舊
籍崑山謀移姑貞節之殯還蘄合葬諸夫墓時緣以同

里督儲于吳爰持先生狀來告曰不孝孤知識晚先人
隱德多不言畧舉大端孝友誠恪其性也澹薄廉讓其
操也淹雅博綜其學也智慮通敏其識也一命不拜其
遇也吾子素偕先人遊請其素履矧儼然浚明之列區
別人倫固所有事編紀之任亦安得辭余既逡巡不獲
避爰括所述狀而爲之傳焉贊曰聞之家服爵者世以
榮家立德者世以學前代若程朱胡陸兄弟父子淵源
世業著號儒宗休乎盛矣其在吾蘄以理學名家者爰
推二顧有孫繼起修名砥行不墜祖風方之昔賢無多

讓矣至其居平視履易簀全歸祖孫一揆非其學焉有獲胡克臻斯歟昔揚洪農以清白貽後人及葬有大鳥飛集墓頂哀鳴不去然則松園白鳥之感當不徒然綴諸簡端可爲學士風勸也

李時珍傳　顧景星

李時珍字東璧蘄州人父言聞孝友以醫爲業王侯重之時珍生白鹿入室紫芝產庭幼以神仙自命年十四補諸生有聲三舉於鄉不售發憤讀書十年不出戶閾經傳子史聲律農圃星卜佛老稗說莫不備究特詔瞿

九思以師事之尤善醫遂以醫自名嘗投單方愈病多不取值遠或千里就藥於門富順王嬖庶孽適子疾王因宴諷時珍時珍以良藥進題曰附子和氣湯王感悟適子卒得襲位楚王聞其賢聘爲奉祠掌良醫所事世子暴厥時珍立活之王妃自負金帛以謝不受薦於朝授太醫院院判數歲告歸著本草綱目以太倉王世貞海內博學攜書就正世貞序其書稱爲北斗以南一人生平多陰行善不令人知年七十餘預定死期爲遺表授其子建元令上之其畧曰臣幼穎殊長成穉鈍惟耽

嗜典籍奮切編摩纂述諸家心殫釐定伏念本草一書關係頗重謬誤實多乃加訂正歷歲三十功始成就自炎皇辨百穀嘗百艸分氣味之良毒軒轅師岐伯遵伯高剖經絡之本標遂有神農本草三卷梁陶弘景益以注釋爲藥三百六十五種唐高宗命李勣重修長史蘇恭表請增藥一百一十四種宋太祖命劉翰詳校仁宗再詔補注增一百種唐慎微合爲證類修補衆本自是指爲全書夷攷其間玼瑕不少有當析而混者葳蕤女萎二物併入一條有當併而析者虎掌南星一物分爲

二種生薑薯蕷菜也而列草品檳榔龍眼菓也而列木部八穀生民之天不能辨其種類三菘日用之蔬罔克灼其質名黑豆赤菽大小同條硝石芒硝水火混注蘭花草卷丹爲百合寇氏衍義之舛謬黃精即鉤吻勾斎旋花即山薑陶氏別錄之差譌歟藍苦膽草菜重出掌氏之不審天花栝樓兩處圖形蘇氏之欠明五倍子構蟲窠也而認爲木實大蘋草田字草也而指爲浮萍似茲之類不可枚舉臣不揣愚陋僭肆删述複者芟之缺者補之如磨刀水潦水桑柴火艾火鎖陽山柰土茯苓

番木鼈金桔樟腦蝎虎狗蠅白蠟水蛇狗寶秋石今方
所用而古本則無三七地羅九仙子龍蘢香猪腰子勾
金皮之類方物土苴而稗官不載舊藥一千五百一十
八種增藥五百七十四種分一十六部五十二卷正名
為綱附釋為目次以集解辨疑正誤詳其出產次以氣
味主治附方著其體用上自墳典下至傳奇凡有攸關
靡不收採雖命醫書實賅物理伏願皇帝陛下特詔儒
臣補著成昭代之典書當與日月爭光臣不與草木同
朽萬曆中敕中外獻書建元以遺表進命禮部謄寫兩

京各省布政刊行海內珍之時珍晚年學尤篤晝夜不
輟自號瀕湖山人著醫案二十卷邁所館詩十卷集唐
律六卷脈訣一卷五臟圖論三焦客難命門考蘄艾傳
白花蛇傳行世又著天文地理奇門遁甲諸書以子建
中貴封文林郎崇祀鄉賢

顧景星曰余兒時於里中聞知先生軼事孝友豁達饒
隱德晚與余大父交悟濂洛之旨讀書以日出入為期
夜即端坐蓋有道者也其以神仙自命不然歟詩文他
集兵火多不傳惟本草綱目行世攷釋性理格物可裨
爾雅詩疏舊本附方二千九百三十五增千一百六十
一皆謂獨得云

贊曰李公份份樂道遺榮下學上達以師古人既智且
仁道藝以成遐以媲之景純通明

李建中傳

李建中字龍源時珍長子性至孝十歲能文十二為諸
生有巡按御史舟阻風駐驛諸生八謁御史指柱櫥蠹
孔曰楓木年深生孔子建中應聲曰菊花秋老見黃香
御史大奇之曰子才位當亦黃公一流嘉靖四十三年

舉於鄉六上禮官不第署河南光山教諭為諸生授經
束脩轉給寒士陞四川蓬溪知縣梓潼地饒俗靡建中
以廉率下時布袍角巾往來赤城青石風門明月之間
著有蜀遊草明月山詩數卷潼川旱建中草履行禱即
日境內大澍呼為李公雨後攝安岳新令至安岳人稱
但願知攝令者其攝遂寧亦然封文林郎以循良擢雲
南永昌同知因親老不拜三上牘乞休歸無長物惟桃
竹蔑霜以餉親知父母年七十不異孺慕居喪水漿數
日不入口年六十卒於家門徒多貴千里奔喪數十人

以子樹初贈中憲大夫崇祀鄉賢

李建木傳　　顧景星

李建木字泰階時珍末子少爲諸生知名試輒高等澹泊既青史未嘗一至公庭嘗路拾遺金立移日不去待遺者還之親戚或就貸不能償者輒焚其券亦不與人言萬曆三十六年大水莩死載道建木爲粥以食全活數百人古稱隱德君子非歟初無子以兄子樹初嗣誥贈中憲大夫山西按察司副使崇祀鄉賢

勅贈盧母羅淑人墓誌銘　婁東吳偉業祭酒侍讀

淑人姓羅氏楚之蘄州人　贈中大夫鹽運使盧公首山諱如鼎之妻進士嘗江南漕務左參政紘之母也首山於癸未二月賊張獻忠攻蘄誓死設守得巫而斃參政時計偕在都次子綎又先期遇害淑人號哭行求收公屍于骸骨撑拒之中以待參政之還憂勞成瘁不半載而卒得年六十有七蓋公之死則殉城也淑人之死則殉夫也可謂酷矣人猶爲淑人厚幸曰未沒于兵又六年參政成進士

聖朝推恩其母初以新泰令贈孺人再以桂林府同知贈宜人三以長蘆鹽運使贈淑人

國家十數年間凡有覃慶大典參政母子未嘗不在褒寵中可謂榮矣人猶爲淑人惋惜曰不及于祿偉業讀其家傳而歎曰天地慘黷生民糜爛閨門婦孺以一身搘拄于室家骨肉九鼎一絲之際豈不難哉當蘄之初被兵也首山之次子綎綎子晨初從子紳紳子震初皆死而綎妻楊氏震初妻袁氏死尤烈又一月而首山及參政之長子旦初同罹于難蘄黃既全楚之望盧氏於稱忠孝義門推厥本源咸由公與淑人之教至於今

江之水空流宋廟之火久熄有過中郎之閭而弔其遺宗者幾與其娿孝娥同其節槩淑人生嘗荼苦沒被寵榮烏頭雙闕且與豐碑宰木照耀天壤此史氏所必載而私紀可以弗之詳乎按狀淑人之父繡軒公官藩府書記從荆邸自建昌遷于蘄因家焉盧氏參政之大父曰贈大中大夫南槐公兩家共里閈爲世好繡軒任俠能文南槐之弟曰南林好碁酒尤相善南槐嘗遠遊而不在兩人共奕從者劍首山立于側南林撫之曰兒子也請君女以爲婚羅公笑而應曰諾南槐至而弗改也

南槐娶於朱有二子而毋見背公生已五年矣繼室以李氏無子視之如所生羅氏則爲愛壻蚤失恃其周恤甚有恩紀參政言之輒出涕曰吾外王父之德猶吾王父也淑人年十九歸于公生長高門裝送爲盛淑人綦縞自井紈穀弗御箴管盤裹紉治必工爲人儉而莊柔而正通詩書能識其大義事高堂具有禮法南槐天性剛嚴寢門之內懾氣屏息李淑人雖賢乎後姑也舅氏之佐箎者又擬於女君勃稽語言易生嫌間伯兄長姒爲之析產異居淑人則下氣怡色就養無方二十餘年

能奉之以終始斯其孝可知已羅氏之褒人膳羞脯醢倣王家食官之制南槐造而井之舍是即投箸命徹淑人知之中廚鬻自割烹約水火之齊醬物珍物必致其美命媵者奉以饋曰此羅氏美也淑人性不飲自奉麄飯無兼味有潔癖盥櫛七箸必手滌而几席振拂無纖塵身親井臼生殖漸充僮指百餘計口賦食嘗御之以寬終歲不聞疾言遽色而內外奉其規程莫敢陝輸嬉笑者其家法如此首山屢躓于鎖院淑人婉語相勞[illegible]參政兄弟就外傳所以教督之有方嘗篝燈聽夢夜誦

至東漢宋弘傳舉弘糟糠貧賤之語以爲訓又至寇準傳曰天下好用寇老兒爲人當如此矣得參政丙子賢書信曰吾他日所就詎止此旁人睨之殊無驚喜容退而背服冠禍之作也首山自郊徙於城淑人方盥洗聞兒哭愴然知不保城陷公被縛矣已而釋乎執參政之子旦初昭初扶其母張淑人以免弟紱則與妻子偕沒淑人倉黃散有外戚熊姓者導之使歸踰月寇復至公與於難二孫別而纍昭初秉間逸旦初遂不知存亡淑人僵立壞牆之旁同里顧氏妻者左右之還之以其衣

遂與張淑人偕脫嗚呼此二者孰非天爲之哉首山以二月二十二日殪又十日於江滸而得淑人哭而收之焚以殮亂故不成喪也參政間道西還過其拏於湖渙之舟相扶歸辰山鄉莊而淑人亦已病八月之二十二日遂草其訣也猶以沒身子手爲幸飯含之夕非淑人避兵時所攜帛中金則不能爲椑參政言之輒噭然哭墓在蝦蟆湖之秀山原以視土門珠樹林首山藏骨處爲別葬孔子曰衛人之祔也離之魯人之祔也合之季武子曰合葬非古也周公蓋祔君子之重其親有其禮

無其時不能行也同穴之詩平世之所爲作詎所論於流離板蕩哉夫升陘之復以矢狐駘之事以壄若首山公者所謂埋而置揭得土而已此窮於禮者之禮也淑人則猶得斂以時服懸棺而封故其於公也有杞梁同絕之心而援蒼梧不從之義別誌者益變文以起例所以著其孝而申其哀焉余嘗汎覽史傳每歎天下大亂女子之死節者其姓名最易爲抑沒傳者益千不獲一惟子奉其母婦奉其姑幸而得免者其後門第先顯後人爲之稱述或側見於孝義獨行世家列傳之中而貞

姬節母遂以奕世不栢今觀淑人得全而揚氏袁氏因之併著於後益造物若留之俾生者絕而復續死者隱而得章必如此始可報首山於九原而啓崙政於身後豈偶然耶余史官也又嘗使楚於楚事宜詳崙政今宦於吳爲庸吏爲孝子傳曰非此母不生此子然則淑人之必傳於百世無疑也是何可不銘銘曰

鈷鉧原泉兮其流發發爰采香草兮我心則怳石穴洲高兮銅雲江小翠篠霜筠兮停雲縹緲若堂若斧兮出於湖墳三湘之哲兮八米之門釋奴龍子兮一日千里俾諸貽之兮母之懷矣蘄春大澤兮狐鳴篝火黃巾赤下兮白骨道左父求死子兮婦求死夫無使併沒兮秦乎何辜崩城隕霜兮匍匐喪亂斂鬼山丘兮夫復奚憾我刻斯銘兮用昭懿徽誰曰不見兮後千百世其長存

王文學爾錫先生墓誌銘　　郡人盧紘元度

王氏於蘄爲望族數百年間甲第隆起蟬聯不絕也其在明隆萬時水部郎正齋公特以治績聞晉滇南廣南郡守是生陪京虎賁衛幕秉吾公秉吾公生文學爰譽

諱瀜隆字爾錫生癸巳年甫成童補蘄庠博士弟子爲能文有聲屢試輒高等鄉闈凡七試幾售復擲者再每食餼廩雖一時曹偶多見推終以落落不遇爲憾天啓末以例貢應得補郡邑丞倅員不屑就仍赴省試者三至庚辰冬以疾卒時年四十有八夫志未竟惜也方秉吾公之生文學也得嗣艱然性嚴峻終不事姑息愛居恒訓導自進退威儀以至應對賓客秩秩有紀朝夕習於庭不中度譴訶輒隨以故文學雖生長貴介恂恂若處子選言而出擇地而蹈自飭淑身無爽中年始嫻

郡知名士爲社相砥礪學大進王氏之先世以尚書名
家自侍御長石公以麟經售文學亦治麟經著有鶴枝
館歷試草蓼莹詠及淡社初編制舉書外又著有金剛
經解及梓感應編以行生平凜凜惟先訓是程無愆尺
寸居兩喪允有禮毋馮孺人大司寇午山公從女元配
李孺人憲副鑑池公次女閨儀音範有由然矣生子四
長志溥次卜年又次宗允又次士濟皆諸生生女三許
配皆名族孫三晉凱咸亨乃志溥生履泰乃士濟生常
郡之罹寇難也文學先四年而卒殯於堂遂及燬李孺

人暨志溥士濟獲免卜年宗允歿於寇時家僮某□
克允者於殘燐中收其殘骸而藏之李孺人暨二子
難後易以棺移殯鄉莊閱九年歲在辛卯始葬於西
圓峯山之麓蔡家橋先人墓左之數武又十七年志溥
以紱於文學爲世交悉其素履命弟士濟持書來告云
先府君葬雖有年而藏地片石尚缺一字之識無以示
來茲乞爲之銘噫諸君父二子□不懼　里數言是徵
可謂不替孝思矣爰爲作誌並系以銘　曰有峯圓兮
鬱其崔嵬有流長兮如帶瀠洄藏其宅□　□起崇陵本

太原兮世德之培惟文學兮生挺楨材既全歸兮令譽
無隤安斯窆兮蕭然墓臺華表高兮靈鶴翔來松與楸
兮孝子顧哀累千禩兮榮葉斯旺

宛丘陳先生墓誌銘　郡人盧紘 元度 大參

公諱正字剛中號宛丘世系江州義門始祖陳兢同居
十八世子孫約有萬計有司奏請分居至守旒始遷於
蘄之三角山傳十四世而及公公祖一務父吾尚皆先
輩理學其叔祖仁近登嘉靖庚子鄉試自公弱冠時賦
資穎異凡古今書史一經目覽即能成誦而且家學淵

源薪傳相續其下筆成文汪洋浩瀚時人以學海稱之
及長督學屺瞻葛公歲試入黌尋以科試第一補廩膳
公喜其文薦公齊安書院肄業每月給銀供膳斯亦曠
代之奇遇也踰年巡按宋公觀風蘄黃閱及公卷即大
奇之特取拔冠九屬倍加優賜至每試冠軍未暇悉記
誠可謂國士無雙者矣辛酉科入鄉闈房考已取公卷
呈堂矣會州有欲寅緣者事洩主司避嫌發榜時凡一
切州卷悉棄不録後公得卷嘆惜者久之父吾尚公辭
之曰汝爲少年前程尚遠但當磨礪以須耳公遂憤然

與張子都伯同事文墨講讀之外一無所嘗兵憲陳公應元甚愛重之刻有陳張二子稿行世一時士子無不奉爲模楷天啟二年內閣施鳳來先生來蘄封王蘄諸生俱以文請施獨愛公邀之入見見公氣度端凝從容閑雅遂盤旋數日不唯飾刻厚贈且到處逢人說項矣使非公之德業冠絕一時何以致此時年四十有七矣公入鄉試凡十科其取而復置者數次是豈人力之未至歟抑時數之不齊耳於是絕志進取以詩書承先啟後爲己任生五子課三子入庠凡一時名儁皆宗其德

行年五十輪癸未歲貢領單將廷試後旋遭猷冦隳城屈公從之公罵賊不降觸石而死其二子被虜惟三子應宗應泰應詔潛遁負其骸葬於雨湖東岸與父吾尚公合塚而其孫子之繩祖武者又蒸蒸然繼公而起矣今爲之銘曰

維公之英崧嶽儲精文騰奎壁氣稟風雲千年如覿奕世丕承神其永奠不朽斯銘

蘄州志卷之十一

賦類

白雲深處亭賦　舊志

明南匡高鵬　郡人　進士

有一布衣性躭山埜東走吳西走越老子長之腳跟飽堯天之風月曉來放嘯於[illegible]肩展望於麟脊第見非烟非霧郁郁紛紛瑞靄弘開素屏森列峰廻路轉有亭翼然㩁其上曰白雲深處也少焉天挺一人立於遊亭南面問其童子曰此白雲洞主也布衣心悸進而言曰[illegible]人物以奇興亭以寄[illegible]　[illegible]紅桑孰非可樂顧

白雲而獨爲之怡情耶童子曰樂涉于[illegible]同者[illegible]石之見事由於特異者馮虛遺世之心吾主以白雲者陰陽奇氣山岳精英主寶金輝堆崖拂袖脫洗塵俗氣象萬千疊閣層樓不煩摸寫之圖畫舞風弄月不費招呼之可人如囷如輪掃春鰲也如蓋如擎點夏峰也巧飛銀漢白雲秋霽也梅雲交魂白雲冬曉也白雲朝兮穿友猿之蕙帳白雲暮兮掛引鶴之疎楞舒卷隨時鼓登壇之詩將往來適意縱旋凱之棋兵四遠無塵一榻千金顧彼臨春結綺曾不滿乎一哂紙屏石枕嘗夢破

乎三生飄瓦浮名虛舟宦情龍潛必於淵海鳳隱必於深林閱典謨而尚友呼喬松以定盟契天人於獨坐付理亂於不聞陀落沉沉硌研百尋雖懸河貝錦者特宮墻之外望雖濫竽鼓瑟者徒軼掌於浮生是葢淡而不厭簡而益文雖青雲之騰踏不足以爲貴紫雲之輝耀不足以爲珍浩浩乎與造物相忘堂堂乎與日月爭明不知天壤之大何樂可以加此也布衣輾然而笑曰噫吁嘻美哉景乎古有所謂壺中海上者今物色之矣遂拏節而歌曰雲淡淡兮縹緲無涯亭隱隱兮烟榲無華適一徑兮委蛇寄一人兮淸嘉彼柏梁建章兮烏足爲家歌竟長揖請辭童子指之曰此荆藩睿主寄樂處也布衣駭汗掉臂而走回翔再拜嘆嘖以歸恍然心曠而神怡不覺天淵之勢隔

浮玉磯賦

明濟北李若訥　季重

浮玉磯者葢蘄江之勝觀黄郡之秀出截然中流欻而律崒斯亦不列於岳志絶紀於山經物有遘美人或探靈覿鏡玉之如削吝奇石之若零嶺趾吳楚源流潛霍縈波突獻佳名爰託砥柱錚錚標以磊硌洪濤遶乎四周遠脉亘乎叢薄似月之洲玉塵紛錯若木之華朱曦砌礴諦登厥勢擅彼一方圓峰前峴藏葉球瑯馬口後扼滙滄洸洋左挹諸岫唐帽玉屏右拍近麓麒麟鳳凰收名區之韞醸擷上遊之徜徉其爲狀也浸百丈於蛟窟竦一尖於練影彷彿巉巖兕崚菝井巋然天成屹以日永磴長川其似柔插孤空其欲猛雲根跬武而層層霜骨凸凹而泠泠紆曲作枕於股肱綽約爲延於項領於是地形旣据人巧載施緣紛紆而嶻眘劃路道而躞跜瑩夷如砥化彼離奇雕石成檻郎峻爲基宛欺愢之不瀾羌窅窕以相宜撫灑澗盈於頫仰因突兀撑於崎巇層累道上岩帶參差鴻飛朝棟洒瀧漎葢兮星簇夜疏浟瀆瀑兮藻梲雲窠重欄複瓦桀閣脩梯文昌題下控巽地之明昌符升華之福報引三楚於目中劃九江於袪把八窓熒熒宇宙咸闢四戶翛翛山川交輳儼列宿其環栱擁紫薇其庇夏太乙巍崇如薦之筆鈎陳森列似排之纓聳羲文於獨尊散殷頂於猶野混沌千秋一旦而寫乃有翹秀之品穎俊之人登高寄思眺遠無隣扶揺九萬攬結三春呼佳儔而領略商衆業而談論飛

鴻目送流水神親意匠則廖廓悉入手倒則源洞爲新陟而帝座呼吸可因降而龍藏出沒有眞擁綃珠於宇淚起繡虎於文茵福綜法像瑞叶鴻鈞發江靈之夢勃宣文曜之幻神此其符采大義吐納彬彬者也若其寒食梨雲重九桐雨芳草王孫臨淵漁父溯洄輕舠攜賓侶主當萬頃之旣凌望片石而來撫斥絲竹其勿喧愛江天其欲譜徙倚登臨月光遥吐薄烟渲之上下川浦、笑起僧寮茗汁半茹咀彼清疏揮兹塵麈揉鬣帆而未能引螺卮而頋舞踏綠苔之鬟鬆忘紫蘤之腥臊亦以

黥綴玉痕潤色天宇無取於紛蘂之綷縩崑瑣之綺組驚破天門之夢汰消佛德之祐至於僧田百畝蒲饌一盂仰庇俎豆俯結精廬隔水鄉而不遠棲山閣而爲鄰指秔稻以檀越守甃甕以菽蕎升斗之水不減衣珠方寸之名可代神思推其餘粒餐及寒儒篝燈之夜可熄蛟人之欷歔屑玉之子皆揚帝宿之居諸抑又功德與磯並泐福利將江並濡嘶嘶不朽何潤何枯

山居賦　癸未作　郡人陳之京　覲北

罹亂離之瘼瘼傷北郭之居焚旣所如之不合兮乃夾志乎山林佳偈十載倏忽三春索莫雙影伶仃孤身洵違俗而寡侶兮匪道高之無隣維特義取迴嚮斗杓東指和風紛兮以披青陽艷兮以侈玫瑰抽玉兮薔薇露蘂見夭桃之零落兮對垂楊之旖旎雖山花野卉之無窮兮其羅生於茅舍疎籬者僅亦若斯而巳矣爾乃新燕相宅舊燕葺巢擬笙簧之並奏兮恍姑婦之相嘲若乃驚心暴客兀坐假寐裹骨蒼山頽情白水霏霏晨露聒聒荒雞當夢覺之初分兮憎百舌之利嘴先生日晏强起頽飡茹蔬凭席而隱几誦風雅之篇什兮探義周

之與旨兼以漁獵衆芳汎覽百氏懼目力之衰兮乃閉關而節制旣而掩帙捫額援毫賦詩緒若春蠶色如死灰慘淡經營位置敲推入酷甕拈枯鬚或終朝而一字不成或須臾而千言立揮誰測其工力之所底兮而與會之所之巳而罷杵抽歸渾淪墮肢體斂精魂旣何思而何慮兮復無擣而無營徜徉堦除徙倚簷楹曳杖阡陌緩步陂岑付陰晴於蒼昊兮置理亂於罔聞清歌放濁酒斟俯仰堪輿往來古今庶立言期不朽兮歷浩劫而承貞

蕭然賦 去新適粤作 國朝郡人盧紘 元度

歲屆閼逢候值陰生盧子粤遷適將啓行婦子相顧而失色行李索莫而無羸士民揖告於其前子大夫固卜日以遄征既悽然萬里之遥遥尤愴乎數口之艱艱吾儕莫能贈劉令谷口之錢又無術挽寇君一年之旌臨岐伊邇詎恝無情願嗣畏壘以表爾貞余進語士民曰如若言抑何相念之深而相報之無已耶雖然直而蒙黜勞不見憐人其如何有命存焉余爲若令豈曰能賢惟茲豈弟矢爲爾天方樂無斁遽聞遠遷斯悵悵乎余

懷徙拳拳乎麗寨至於圖書半篋囊橐一肩飄乎兩袖之清風適得遠道之蕭然曾何溝瘠之足慮致煩爾庶之如煎士民更進而請曰以命爲安以貧爲適此子大夫之達觀而吾儕小人之栩闇也徵佩若説知無所用憂矣幸即蕭然之旨敷言以暢之俾父老子弟於子大夫之既去有所留連而咏嘆其亦可乎余感其意欣然爲之賦曰清白之風古人所難孔方稱兄墨勑賣官叔敖之子負薪五侯之裔被繞報施之天道何知是非之公論胡安如其較量以難忘寧賒尤悲而多端惟余之視斯身也方徜乎其適來余之視斯名也抑冷乎其若灰其進而庸於時則東西惟萍梗之所寄其黜而伏於澤則貧窶何藜食之足哀屈原放逐爰賦離騷雖云懷忠厥心孔勞賈誼作傳實疎遠之鵩鳥自況竟死傷悲之二子者誠哉獨清其所居心胡多不平視世何重自視何輕殞身無裨空有令名余茲俯仰曠焉以觀惟唐子厚栁道西蹶果瘴癘之殺人何得播之獨完自茲以降流離接趾韓竄潮陽蘇貶儋耳道里雖殊俱絕人寰二公之初自決以死暨應召而復還荷君眷其終已余

寧敢非分之是希亦惡知禍焉非福倚若夫萬鎰起恩眷言維秋松菊懷歸五斗非求淘達人之高致抑處身之令猶然而榛枳既眷眷以相纏將進退綽綽而莫由惟此泊乎無累之淡懷庶如泛然不繫之虛舟則余今爲若令何妨爲塵釜而廢炊即余將去茲土亦無憂困薏苡而致疑其莫必之人者聽其可生而可殺其足信諸巳者惟此天知而地知由斯適粤也正如趙公之入蜀翛翛惟琴鶴之相隨我有子孫斯焉是貽我有去後用是留思彼人將笑余爲拙宦固宜委心順受而弗辭

詩類

蘄州刺史座右御製詩　諸州同　唐玄宗皇帝

眷言思共理鑑古想維良猗歟此推擇聲績著周行賢能既俟進黎庶實哼康視人當如子愛人亦如傷講學試誦論阡陌勸耕桑虛譽不可飾清知不可忘求民迹易見安貞德自彰訟獄必以情教民貴有常恤惸且存老撫弱復綏強勉哉各祇命體予眷萬方

九江口南濟北接蘄春南與潯陽岸　唐蘇味道

江路一悠哉滔滔九泒來遠潭昏似霧前浦沸成雷鱗介多潛有漁商幾泝洄風搖蜀柿下日照楚萍開近漱湓城曲斜吹蠡澤隈錫龜猶入貢浮獸罷爲災津吏揮橈疾郵童整傳催歸心詎可問爲是落潮迴

謝鄭公惠簟　唐韓　愈　退之

蘄州笛竹天下知鄭君所寶尤瑰奇攜來當晝不得臥一府爭看黃琉璃體堅色淨又藏節盡眼凝滑無瑕疵法曹貧賤衆所易腰腹空大何能爲自從五月困暑濕如坐深甑遭蒸炊手摩袖拂心語口漫膚多汗眞相宜日暮歸來獨惆悵有賣只欲傾家資誰謂故人知我意卷送八尺含風漪呼奴掃地展未了光彩照耀驚童兒青蠅側翅蚤虱避肅肅疑有清飆吹倒身酣寢百疾愈却願天日常炎曦明珠清玉不足報贈余相好無時

寄簟與元九　唐韓　愈

笛竹出蘄春霜刀劈翠筠織成雙文簟寄與獨眠人捲作筒中信舒爲席上珍滑如鋪薤葉冷似臥水鱗清潤宜成露鮮華不受塵通州炎熱地此物最關身

寄蘄春李使君措　唐白居易　樂天

下車書奏龔黃課動筆詩傳鮑謝風江郡謳吟誇杜母

洛城歡飲會車公笛愁春盡梅花裏簟冷秋生薤葉中不道蘄州歌酒少使君雅與與誰同

送蘄春李使君赴郡　唐白居易

可憐官職好文詞五十專城未是遲曉日鏡前無白髮春風門外有紅旗郡中無處堪攜酒席上誰人解和詩惟共交情開口笑知君不及洛陽時

送蘄州李郎中赴任　唐劉禹錫

楚關蘄水路非賒東望雲山日夕嘉薤葉照人呈夏簟松花滿椀試新茶樓中飲興因明月江上詩情爲晚霞

此地交情長引領早將玄髮到京華

洛中春末送杜錄事赴蘄州　唐劉禹錫

樽前花下長相見明日忽爲千里人君過午橋回首望
洛城猶自有殘春

泰娘歌　唐劉禹錫

泰娘家本閶門西門前綠水環金堤有時粧成好天氣
走上高橋折花戲風流太守韋尚書路傍忽見停隼旟
斗量明珠鳥傳意紺幰迎入專城居長鬟如雲衣似霧
錦茵羅薦承輕步舞學驚鴻水榭春歌撩上客蘭堂暮

從郎西入帝城中貴遊簪組香簾櫳低鬟緩視抱明月
纖指破撥生胡風繁華一旦有消歇題劍無光履声絶
洛陽舊宅生草萊杜陵蕭蕭松柏哀粧奩蟲網厚如蠒
博山爐側傾寒灰蘄州刺史張公子白馬新到銅駝里
自言買笑擲黃金月墜雲收從此始安知鵩鳥座隅飛
寂寞旅魂招不歸秦家鏡有前時結韓壽香銷故篋衣
山城少人江水碧斷雁哀猿風雨夕朱絃已絶爲知音
雲鬓未秋私自惜舉目風烟非昔時夢尋歸路多參差如
何將此千行淚更灑湘江斑竹枝

丫頭山　唐施達

何不梳粧嫁去休常教人喚作丫頭只因不信良媒說
躭閣千秋與萬秋

謝劉本玉先生惠簟　宋大梁王學

南朝笛竹蘄爲良織成文簟琉璃黃舊物正爾冷如鐵
此君無奈寒如霜山齋猶著正六月野人清夢迷三湘
卷舒隨分且藏節作詩爲報劉中央

寄蘄簟與蒲傳正　宋眉山蘇軾子瞻

蘭谿美箭不成笛離離玉節排霜脊千絲萬縷自生風

入手未開先慘慄公家列屋閑蛾眉珠襦不動花陰移
霧帳銀牀初破睡牙簽玉局坐談棋東坡病叟長羈旅
凍餓饑吟似饑鼠倚賴春風洗破衾一夜雪寒披故絮
火冷燈青誰復知孤舟兒女自嚘咿黃天何時及炎燠
媿此八尺黃琉璃願公淨掃清香閣臥聽風漪聲滿榻
習習還從兩腋生請公乘此朝閶闔

贈蘄簟與潞公　宋范純仁

雙文封卷如筒小六月鋪張滿榻寒曾是吐茵狂醉客
敢塵齋閣助清歡

武昌老人吹笛歌　　宋范純仁

武昌老人七十餘手把庚令相問書自言少小學吹笛早事曹王曾賞激往來征鎮戍蘄州楚山瀟瀟笛竹秋當時買材恣搜索棄却身上烏貂裘碧苔蒼蒼知老節石上孤生飽風雪商聲五音隨指發水中龍應行雲絕曾將黃鶴樓上吹一聲占盡秋江月如今老却語言遲音韻高低不自知氣力已無心尚在時將一曲夢中吹

送俞尚寺丞知蘄春縣　　宋梅聖俞

應見言風物于今有貢蛇潛蹤遠竄匿飲露上蒹葭清

潔一如此傷哉都莫嗟君惟脩職業男耒女繅車

蘄州厲使君七夕祈雨　　宋戴石屏

樽俎忘佳節衣冠肅黃庭為民祈一雨何暇賞雙星五馬無懸德三龍合做靈前山好雲氣早已動雷霆

涵輝閣　　宋郭祥正

天垂星斗數尋近地捲雲山千里來氷壺倒影露華淨玉寶溶雪蟾光頹

蘄州早起　　宋楊　時龜山

城頭雷動角聲哀似共行人怨落梅欲報晨炊粱未熟喚回殘夢眼慵開霜清暗覺貂裘冷月淡空令犬吠催倚杖起肩風正烈不堪嘶馬重徘徊

寄夏倪翁　　宋林敏功州人

嘗憶他年接緒餘先生落魄我迂疎溪橋幾換風前柳僧壁猶餘醉後書

白巖寺石刻　　無名氏一名白巖禪師所化

金殿重重鈴動風大龍飛入碧雲中晚來落盡前山雨人借僧房鶴借松

望蘄州　　元東吳楊基山西副使

未見蘄州城已見蘄州山諸山初不高蒼石礪且頑想當至正時民物庶以繁大江從西來萬里不閉關茲山獨儲英群雄出其間遂為禍亂階滋蔓莫可芟憶我問亂初我方總兩鬟侍立父祖傍聽說國步艱焉知三十年見此童與嘗骨肉亦已零安得髮不班披榛欲吊古豺虎愴我顏蒼茫望茅宇日落孤舟還

宿蘄陽驛　　元幹克莊淮西江北僉事

夜宿蘄陽驛湍聲已慣聽擁衾裁短句屈指數殘更世慮如山重身謀似葉輕不堪天外雁作急雨三聲

四見亭　元幹克莊

前朝亭廢野蕪侵暇日躋攀試眺吟楚地寒烟青嶂遠
漢江秋水碧流深連城阡陌桑麻藹負郭人家竹葉森
千載麒麟山下路不知遊客幾登臨

四見亭　元觀音奴

臥麟山前江水平臥麟山下望行雲山雲山樹幾時好
江水江花顔色新長江西來流不盡東到滄海無回津
我欲登臨問興廢今時不見古時人

題簟贈沈北刺　明崔　桐翰林院學士

使君刺蘄州廰閒蘄有竹織成細紋簟文彩如琹玉郡

齋非無暑藉此解炎酷應憐織簟人流汗在蔀屋

蘄州竹簟歌　祥符郭鳳儀黃州知府

齊安土瘠百不宜蘄春竹箭生獨奇疎節洞幹裊烟霧
色黍碧玉多華滋尤物自合神理惜良工競采含苞枝
欲矜意匠誇能手苦濯江漢曝朝曦幾經折鏤等薙葉
一加織組同纅繇就中巧思誰更識藏倪續斷渾不知
綢繆但見雙文寄摩挲驚嘆眼還迷鮫人夜杼剪綃綺
游魚吹浪摇文漪巳聞滑溜能作雞更笑苦濡啼痴兒

麟阜江山擁綺羅太淸夜月寫嫦娥鳳凰山上晨鐘響
龍眼磯頭夕照多城北荷池開錦幛湖東春水泛金波
鴻洲烟雨將收盡驅鶴梅花雪滿坡

麟阜江山八景詩　竹坡朱紳州人隱士

地位崇高境界寬層層石磴可躋攀楚山南聳雲千疊
漢水西來雪一灣公館人家烟樹裏風帆沙鳥夕陽間
眼前多少關心事常與英雄老鬢顔

鳳山曉鐘　朱紳

鳳山南畔堠蒲牢鯨吼徹半月欲低遠韵悠揚傳郊野

洪音瀏亮遏雲霓覺醒分衢動千林鳥漏盡頻催萬戶雞
聽徹聲殘一百八滿城車馬響輪蹄

太淸夜月　朱紳

清池半畝浸寒蟾消長盈虧亦兼玉鏡影摇雲母帳
金鈎光映水晶簾漁翁舉釣情偏適說客傳觴興轉添
天道信知元有數升沉端的不須占

龍磯夕照　朱紳

六龍飛影下晴空景色都歸勝概中一朶芙蓉凝秋水
十分圖畫爲天工鴉啣金[illegible]陣花間能顔錦作叢

幾處漁郎歸去晚棹歌齊唱滿江紅

城北荷池　朱紳

雄武門邊數畝塘芙蓉開遍水雲鄉根同太華峰頭種
花比若耶溪上香碧葉舞風迷翡翠紅衣墜雨妬鴛鴦
錦官城隔千山遠對此令人獨感傷

湖東春水　朱紳

雪消江水漲湖灣浪湧桃花遶亂山野趣擬非塵境內
烟波渾似畫圖間方晨過客乘風渡向晚漁舟載月還
安得癡兒公事了遨遊來遣半生閑

鴻州烟雨　朱紳

一片平沙二水通幾湖烟雨亂長空樹籠野色千林暗
山隱風光兩岸同沙鳥飛翔濃淡裏風帆搖颺有無中
待看濠上金烏出一掃層陰萬境融

龜鶴梅花　朱紳

山如龜鶴孕精靈姑射鸞驂此處停雪裏寒英偏爛熳
月中瘦影擅娉婷林逋愛子心如結何遜知君眼更青
終見調羹禪大化熙熙民物咏餘馨

寓蘄陽賦懷　山陰韓　陽　提學副使

宦轍驅馳歲月長四年五度到蘄陽葵開麗藻常[illegible]
竹長新梢過粉墻小雨霏霏侵几潤薰風拂拂透襟凉
貞心報國應如鐵病久那看兩鬓霜

寓蘄州示諸生　金陵沈　鍾　提學副使

蘄州雄跨楚江頭隔岸群峰紫翠浮文事因仍延信宿
春光追逐縱遨遊懷鄉魚雁常違約吊古風雲亦解愁
擬就滄浪歌一曲娓將軒冕對沙鷗

寓蘄讀中庸有感示諸生　貴溪姚文灝　提學僉事

老讀中庸轉更疑可憐不在晦翁時聖經賢傳深如許

怪底伊川自少之

別蘄州諸生　泰和陳鳳梧　提學副使

一官無補又西移江漢悠悠別後思五載文風渾未振
百年道義尚相期希賢好誦淵源錄報國無忘勅諭碑
全楚人才頻拭目棟梁榱桷及明時

過蘄州冬至　吉水毛伯溫　都御史

年年冬至未能歸悵望孤雲天際飛上國衣冠朝會遠
故鄉戎馬信音稀蒼生到處關休戚青史他年有是非
獨坐窮愁隨日長柏臺清晝掩重扉

曉發蘄州　長沙李東陽 大學士

城曉遲吹角高雲濕未開驚波風不定危石岸將頽青入無窮草黃低欲墮梅江湖苦留滯遊宦恥凡材

坐蘄州西河驛　上元顧　璘 都御史

衰年重作宦入楚問民風豈謂山川異還嗟杼軸空宦常存國典惠澤自皇躬千里旬宣寄安危仗數公

涵輝閣　蕪湖陳　清 左長史

子城城上虛高閣軒敞玲瓏倚碧空山色捲簾當戶入波光繞坐與江通月明人在冰壺裏日暮翬飛夕照中意思無窮今昔盡令人登眺古人同

四見亭　竹坡朱　紳

新亭結搆郡城巔四顧江山在目前樹暗平林春雨裏天低遠岫夕陽邊白雲南接匡廬近綠水西來鄂渚連黎庶萬家忘帝力熙熙耕鑿自長年

四見亭　雷厓馮　翺 推官州人

小亭高聳郡城東景色凝眸興未窮四面江山圖畫裏八窗風月品題中犯顏每欲繩明主謫任何妨効乃翁顧我宦遊歸已久幾廻登眺仰餘風

環翠亭　姑蘇高　啓 太史

環翠亭開紫霞裡更披麟峰拜雉水千崖秀色傍窗浮萬壑濤聲從座起煙消日出天溶溶玉壺倒插金芙蓉鈎簾相對坐長夏灑然冰雪生心胸

煙霏樓　郡人顧　闕 桂岩十六歲時作

濃濃淡淡起天涯縹緲來親橫復斜雲母屏風低映戶青絲步帳漫籠花絪縕造化憑誰判早晚陰晴恐認差分付豐隆收拾起好教日月吐光華

麗澤堂　會稽富　玹 僉事

木鐸天教振德音斯文光彩照青衿程門立雪尊師範沂水乘涼樂道心善價沽來嗟韞玉盍簪會處笑分金行看慎勿慳餘澤多少蒼生望雨霖

白雲深處　荊國半仙 宗室

遠塵脫俗絕凡情結彩迎春總浪名晴瑞漫堆天地白幽居深洗肺肝清竹携瘦鶴松前舞坐理瑶琴膝上橫宜是賢王真樂處此生不遣利名驚

白雲深處

幽棲雲鎖萬峰深誰識賢王靜裏心膚寸有時看出岫

八荒何意望爲霖長松箇箇堪巢鶴流水淙淙擬奏琴
一枕喚醒塵世夢倘來軒冕欲投簪

白雲深處　東塘毛伯溫 御史

萬壑千巖深更深白雲杳杳本無心常依山上瞻堯日
懶向空中作傳霖松塢席鋪堪枕石竹林袖拂欲調琴
月明忽見池蓮直疑是姮娥墜玉簪

白雲深處　吳興蔣　瑶 布政

山林雲護一何深藹藹清陰愜素心景入烟霞自成趣
性甘巖壑不爲霖每瞻出岫時被綠獨愛當窗閑弄琴

企仰風情最久散邇來忘却戴華簪

白雲深處　復庵何　鰲 御史

結廬入境轉幽深坐對無心自醒心採藥晨與常滿袖
養花晴潤似沾霖閑開小沼留清影靜掩虛齋撫素琴
洞口也應封不住有時詩酒會纓簪

白雲深處　鶴州楊叔通 提學

乾坤何物解頤年獨覺閑雲與性便習靜每勞參野坐
幻靈時復護高眠奇峰別苑成千障活水方塘自一天
我亦生平有雲癖緘題未遣意先傳

白雲深處　霞山蔡　潮 提學

瑞靄浮仙苑悠悠別一寰春陰琴柱潤風靜鶴聲閑
卷心應似登臨興未慳玉窗清夜夢元不到巫山

江山清趣亭　浮梁戴　珊 刑部侍郎

江上清山山上亭一天晴碧送虛明鳶飛魚躍心同適
榔蔭荷香景倍清楚纜吳檣雙聳亂鄉懷宦況二毛星
洞庭衡嶽何時到喚起回仙話此情

江山清趣亭　會稽富　玹 僉事

鳳凰山下水東亭下青山四望同春樹鳥啼屏障裏

夕陽人在畫圖中松風清爽生孤榻花雨繽紛落空
待得公餘無俗事南薰一曲奏絲桐

江山清趣亭　廣州袁　珽 州學正

紅塵奔走心無賴一上新亭眼界開江水瀰茫呈碧晃
雲山崒嵂送青來四時景物成真趣八面軒窗絕點埃
對此令人清透骨恍疑身世在蓬萊

江山一覽亭　湘潭郝守正 州人

名亭窔兀鳳山頭鷹隼雄搏萬里秋一派朝宗注東海
千峰列戟鎮南州星明嶽色青霄迥月白湘雲寒碧流

俯仰昔今成父觀甘棠百代詠芳休

江山一覽亭　賓雲王□僎　州人

丹鳳翔雲占地頭幽亭高聳碧天秋絶□石砥舒雙矚
便覺襟懷隘九州疊疊嵐光開霽色遥遥風楫俯長流
坐深萬木生靈籟疑聽鈞天樂未休

千仞亭　郝守正　知府

鳳山千仞一亭開鳳覽德輝啣命□鳴世文章真聖瑞
際時風紀不凡材青霄使節依宸極鈞漢星槎接上台
更美河東雙□□翼畫麟勳業並崔嵬

千仞亭　王□

高岡常見彩雲開彷彿天邊鳳翥來波拂蘼苔結亭子
招邀風月發詩才直疑地軸真千□漫指星河聚一台
憲史停驂時覽勝旄麾縹緲共增嵬

大觀寺　南海崔一濂　本州知州

新搆巍亭倚霄漢麒麟山上日生煇烟花萬里歸眉睫
風月三春試葛衣山色曉看連北極江□東望接天山
古來形勝鍾賢否試問梅花五百期

東山寺　新昌佘正才　副使

公餘相約看蘄川盡日忘情放綠船松竹寺藏冰鑑窟
笙簫入坐玉壺天兩堤芳樹調黄鳥十里晴波潞白蓮
散步茂林聽擊壤清風爭頌太平年

東山寺　金華咸昂　僉事

湖光晃漾臨蕭寺十里荷花散綺霞遠浦笙簫仙客舫
小山松竹野人家堆盤氷果清堪掬入饌江魚味總嘉
戀闕有懷雙眼濶五雲縹緲隔天涯

東山寺　東峪王銘　慈谿人　參議

烟樹蒼茫映白沙西方五祖舊生涯祇林禪榻穿雲□

近渚漁舟江□斜出郭正緣塵事少登臨時見物華賒
遥知紫閣峰陰處盡是王孫公子家

東山寺　富順王東蘄

平湖漠漠接平沙芳草□青沒燒涯着雨小桃紅錦濕
受風新柳翠絲斜墻頭過酒情偏愜馬上啣杯興轉賒
更把東城比東郭每逢春日欲移家

又

依湖蕭寺枕湖沙公了來登次水涯浥露寒榛封道密
過橋幽徑入篁斜飛鳧迅疾幾鋒滯高閣嵯峨眼界賒

烟景未窮秋日暮徘徊不去豈無家

東山寺　　江陰張　衮 學士

千尺青蓮照玉沙梵王宮殿水東涯山名麟鳳碧霄崎江抱黿鼉白郭斜花落天臺晴可數龍歸慈海道偏賒空堂遺骨人何在問法還尋弟子家

又

鷲嶺逶迤俯碧沙鶴林風色浩無涯門荒老樹昏鴉集歲晚寒江落雁斜地盡三吳蒼雨濕山傳五祖白雲賒城中奕奕王□地誰問湖田百姓家

過蘄值雨　　陳　溙 州人工部主事

天意含愁不放晴鴻洲烟雨暗蘄城江邊薏苡忠臣憤湖上松楸孝子情龜鶴何年開壽域鳳麟千古應文明傷心龍眼磯頭水也爲英雄帶恨聲

法勝寺　　天台盧　濬 本府知府

坐我官舟正午陰豁然乘興此禪林可憐靈谷眞鷲眼聊對天花一賞心沙鳥樹邊烟淼淼玉梅開處月深深莫緣芳草頻羈思萬古青山只古音

次韻　　無錫余　忠 本州知州

旭日初升散積陰漫尋民瘼過叢林一春纔識東風面久雨頻傷二麥心鶯語喚回疏柳暗馬蹄踏破落花深文章太守人如玉我亦年來爲賞音

入界嶺白巖寺　　山陰楊　淸 知州

共說廬山天下高誰知此嶺直摩霄三十六澗水連渡一百八聲鐘細敲山果熟時猿在樹佛燈明處唄中霄也知老衲通三昧舍利光騰萬丈毫

菩提寺　　吉水毛伯溫 御史

三過野寺兩□驂王事驅馳苦不堪石磴淸風驅落葉

竹林斜日映□潭似曾識面鳩頻喚如有羞容花半含試問寺僧今幾許何人能唱望江南

乾明寺集句　　女郎曹　媪

睡起楊花滿繡床爲它人作嫁衣裳因過竹院逢僧話始覺空門興味長

四節祠　　南昌高　鵬 州人進士

蹙舟應不愧江淊罵賊同心口未乾磯面水聲猶帶恨城頭山色尚凝寒不緣平日見先定爭得臨時死亦安羞殺奸諛在何處四侯祠上月團圞

四節祠　金華余　敬 本州同知

共撑砥柱障驚湍鐵漢肝腸死未乾鵑血空啼天地老
松根不改雪霜寒身存許國家寧顧事弗如心義已安
鄭重觀風歸載筆百年精爽喜成團

四節祠　賓雲王　儼 州人知府

廟題烈士表忠侯景仰令人啓進修罵賊桐碭經百鍊
臨危憤氣挽千牛精魂磯上天應泣遺恨江頭水濺愁
讀罷殘碑增感慨奸諛過此愧停舟

又　王　儼

百年直氣激狂瀾磯眼難消血淚乾一艦烟埋骸骨冷
八滇風灑鬢毛寒心存社稷應難死夢擾魚龍苦未安
酹酒臨江頻矚目征雲猶鎖樹光團

蘄州江中怪石　長沙李東陽 大學士

崒兀山城抱此州江間怪石擁戈矛隨波草樹愁生隙
駭浪蛟龍却避流豈有岩㠊能砥柱秪多衝突向行舟
憑誰一試君山手月落江平萬里秋

仙人臺　湘東郝守正 州人知府

每到山中訪二仙仙臺仙洞尚依然巑岏靈藥應千種
石鏬喬松已萬年苔蘚厓前留幻跡藤蘿雲外隱諸天
雨九日月移朝暮陵谷由來幾變遷

仙人臺　賓雲王　儼 州人

石洞涵虛界有仙土人傳說至今然精光閃寂寧知幻
勝跡盤陀不計年雨蝕蘚花青玉案風牽蘿幕蔚藍天
闡幽欲起山靈問搦管憑誰繼史遷 以上俱舊志

奉答富順王殿下二首　黃岡王廷陳 夢澤

帝室分封重王孫別館開禮於南嶽敵客比小山才爲
善心知樂通况表自裁雄風雖可挹何日侍蘭臺

其二

國自荊藩析書從孔壁傳瞻天岑肺附朝海切心懸賓
從思梁苑精誠感洛川晚來風稍勁吹月暈生圓

寄上富順王殿下　黃岡王廷陳 夢澤

南國諸王館池亭獨有名楚風鎮未勁淮月桂叢明中
物醒先析當天畢已生無令爲善樂 漢東平

答荊府樊山王以文章求訂　太倉王世貞 弇州

時有虹光倚少微那無物色到漁磯人從白馬看如練
奇向黃梅擬受衣袖裏澤蘭愁信遠懷中荊璞怨工稀

亦知竹素千秋業敬禮人間有是非

蘄州李先生見訪之夕卽仙師上昇時也尋出所校

定本草求敘戲贈之　　太倉王世貞弇州

李叟維稍直塘樹便覩仙眞跨龍去[illegible][illegible]青囊肘後書

似求玄晏先生序華陽眞逸臨欲仙誤注本草遲十年

何如但附賢郎舄羊角橫摶上九天君有子爲蜀中名令故云

舟次蘄春避暑法勝寺寄大參子承按察子良董司

理友仲易州牧子田攜具見訪　興國吳國倫川樓

梵宇千門遶石房一鑑幽艇分蓮葉出軒[illegible]木雲流疑

結逃禪會何[illegible]載酒遊卻疑陶令醉三笑虎谿頭

過龍眼磯在蘄州江心　興國吳國倫川樓

片石亂流中巋然抗佛宮詎[illegible]龍樹表萬象蜃樓空花

雨都成雪濤驚不爲風孤僧容膝處應與海門通

蘄春江上謁禹廟　興國吳國倫川樓

山遶鴻沙曲城憑鳳嶺孤古祠銜絕磴飛浪灑平蕪萬

里來江漢千門過舳艫可知神禹蹟[illegible]蕩古來無

發蘄州別姪子文良　興國吳國倫川樓

爲汝能憐叔令吾轉戀家長江心萬里一夕鬢雙華刻

鵠書仍戒名駒意未誇開林多種竹相待老煙霞

奉答樊山王　興國吳國倫

老病龍鍾卧北園思君何日奉淸言眞風好與神仙[illegible]

雅道誰如帝子尊石上彩雲流錦席松間白鶴引華[illegible]

平臺授簡多賓從不必狂生更在門

奉寄顧子良憲副子良期過訪予三年不至但時時

勉予學道因寄此詩　吳國倫

一水盈盈河漢遙空中鸞鶴似堪招循溪易返山陰棹

鞭石難成海上橋學道豈應妨老大藏眞只合混漁樵

乾坤萬事捐何盡白日看君羽翼驕

劉世仰追送至蘄春舟中夜酌　吳國倫

三日別已遠川塗望悠悠胡[illegible][illegible]頭浪撼我寄[illegible][illegible]

際飛一葦磯邊散群漚美人今意良厚濁酒歡且酬明月

生斷岸前峰在中流曼聲答滄[illegible][illegible]語惹離憂江漢豈

是廣蘭蘅爲君投東風疾如駛明發不可留

樊山王東園宴集　吳國倫

涉江采幽蘭江路阻且遥豈惜行路苦恐雜艾與蕭美

人眷同臭解佩行相招歡言展高宴綺閤開層霄笙[illegible]

粲以繁脩篁夾飛橋潛魚躍華池翔禽厲神飈瑚盤進
嘉善璚巵瀉甘醪吳歈變初節楚舞何妖嬈衆賓起爲
壽賤子申久要紘以大雅音結以青霞標庶幾永終譽
千齡無松喬

題浮玉亭　　與國吳國倫

石扼中流險亭當一柱支可山懸震盪日月莽推移崖
樹微茫出風帆上下馳望中□楚盡秋色最堪持

日巖顧子承先生八十壽歌　　吳國倫

南極宵分燭□渓朝來麟鳳烟花紫藹然佳氣凌崆峒

合有至人居□礨采得三花薦壽觴圖成五老充文綺
玄眞消息河上公道德淵源柱下史文簞裁爲鵲尾冠
長松偃作烏皮几楚騷何用遡羨賓絳朔虛勞數甲子
世外遨遊冲漠鄉塵中渺小衣冠里川陵變化曾須臾
莫道河淸不可俟

春日聞蘄春冠警寄顧子良憲副二首　時劉少溪作亂

吳國倫

正好含餔咏太平隔江何自有兵聲春郊慘淡黍離綴
野墳倉皇鼓角鳴見道幾人爭赴死通判陳策死之偏令萬室
劇憂生豈應將吏無能事漢主虛懸白馬盟

其二　　吳國倫

山隧忽聞豺虎嘯大江南北總深憂荷戈衞士仍饑色
躍馬材官定壯猷盤據一隅須直擣澌成三窟費深蒐
病夫病卧重巖下敢向轅門借箸籌

過蘄州壽顧子良六十初度　　吳國倫

金馬當年射策同幾回聯轡出新豐還山久集芙蓉佩
招隱重趨桂樹叢愧我談天虛碣石多君問道入崆峒
此生寥廓炯□外何物浮沉色相中鼎息自然三昧訣

珠光常照□□宮寧論壽算齊南極且挾仙流過閬風
聖果從來無旦暮凡胎誤自守屯蒙何當負籠從吾子
采藥名山訪木公　桂岩晚年頗留意佛老

送蕭使君擢守蘄州　　太倉王世懋　敬美太常卿

十載誰憐國士心一官吳楚任浮沉積薪莫自疑懷璧
剖竹猶堪問賜金

其二　　王世懋

黃鵠高飛志不群截天萬里破浮雲男兒行處標名姓
况是專城一使君

山中吟　顧問

山中名器一簑衣帶月和雲著得歸借問先生何品秩
上農夫也是耶非

壬戌秋奉使荆藩聞右使邀登浮玉磯作
長水施鳳來　大學士

清秋極目攬蒹葭傑閣登臨興自賒江擁諸濤浮欲去
天廻一柱吭堪誇青來麟卧藏眞氣翠滴鸞翔護玉沙
長嘯數聲吟忽就夜闌浮白接烟霞

其二

蘄陽城擁楚江秋磯上孤亭龒上游拔地鳳騫峰欲舞
吞江鰲帶玉常浮吟詩星斗空中落泊酒烟濤檻外流
我媿乘槎稱使者王門賢達曳裾留

登浮玉磯　兵憲王廻溪招飲
蘭陵鄒志隆　督學

石閣凌虛勢欲飛江沙積玉勁浮磯平分堞雉當軒出
遥帶舸舥入檻依白社未招心亦醉青山有分願非違
使君好述風流事赤壁移來在水沂

登文昌閣
廣陵張元芳　守憲

吳楚東南王氣流紫微輝映八千秋天開東壁迎江石
入指南都聆石頭望望白雲騎鶴去依依綠野狎鷗遊
仲宣聊借登樓賦斗極高懸帝座浮

其二

蜿蜒山勢峙還流滿目楓搖兩岸秋人在瀛洲浮玉背
心依魏闕繞鰲頭問津不道麒麟絕獻瑞曾誇鳳鳥遊
好去觀濤夜五曲夢魂長向楚天浮

登文昌閣
齊安汪元極　翰林

江閣雄風厰自開春濤振藻接天回憑虛欲跨披虬出
覽德如飛蹴鳳來山色浮空雲作態波光漾閣雪爲才

却看結搆於刹際饒有仙槎亦浪猜

過齊昌登浮玉磯
齊安官應震　少卿

萬頃茫茫片石浮孤亭獨障大江流月明有影鯨鯢櫂
風吼無心波浪休吳楚兩分天塹在衡廬一望帝鄉收
斜陽不盡登臨興遲我重來作賦秋

登文昌閣
梅川吳亮嗣　少卿

文昌高閣倚層巔閣外江流小百川千頃澄波搖素練
一方寒玉鎖晴烟根盤鰲極疑無地勢接龍門別有天
天爲斯文培命脉棠陰南國自年年

崑山未果詩　郡人顧天錫文卓
彗璇乏鏡自羞鬢摸破青衫巳上藍人𩚨高山誰告語
鷩巢春樹狂龍吶孤城師旅烽加劇盜倶將舉酒正酣
河上逍遥渾故事先機媿我未達南

癸未九月九日恩妹旌表劉貞節卒于金陵戴親往
岸予先至丹陽客館待償櫬擠京口牖洞夜阻三
十至不寐　顧天錫
京口固非天未地旅魂慰我夢難申生前節義操無二
死後流離命亦迍衰犬遠信千井寂重林滌啓一燈親

可憐皮骨餒猶許貧盡憂愁鬢已新

登麟山歌　國朝談允謙 長江人 益鎮
與客荷笠登其峰宮殿彷彿生悲風狼籍明月空城裏
里沒白雲山谷中指顧山河存樅柳風華雖敗爪蘖在
山逆江行數百里湘漢交流到城滙隔岸諸峰張翠屏
鴻宿一洲楷玉琴勢最軒翥氣葱鬱列岫皆成龍鳳形
桐圭分命冊諸王荊藩土茅臨楚江臺殿平陵半山起
碧玉堂高前敎水紫晶簾輣鵰武喙沉香火爇䗶熏燕
夜讌不已鳴朝鐘日午君王夢正濃一承顧盼殊恩寵
蕭艾亦與椒蘭同竹生禁地能高潔竦竦爲節富爲雲
截成長笛声裂雲織作氷紋簟如雪幾多花鳥冊妃嬪
累朝老樹封將軍簫鼓喧闐鳴鐘鎛滿城日夕流天樂
靜如香無人不聞賜妃素手彈珠闈中開七府列煙霞
出入賓從車馬高吹竹彈棋吳越客鬬雞走狗燕秦客
水荷花三十里盡舫烟波動舳尾曉夜笙歌何處友
王孫泛舟雨湖裏食祿歲支萬與千王家誰復惜金錢
閭閻相沿習華侈蘄陽佳麗非他比六院背倚熊嶺頭
美人粧閣上麻鈎行客不知狹邪處聞香才覺過青樓

追隨多是少年者每日出門閒走馬游人謌舞不能歸
夜午城中鑰未下朝朝長揮千年栝誰知樂極有哀來
秦中鐵騎蹂荊楚江上多年震鼙鼓帝子崇封在此間
臣奉藩兮守疆土龜亦不在澤蛇亦不在山 蘄兵火後龜蛇皆不產聞倶渡江取者必往輿國 未識真龍種何年去此間麟折角兮鳳
墮翅湯湯龍磯月東逝元妃祝髮寶月庵 桂氏荊王元妃 中使
㩁緇鐵佛寺

七葉寮　談允謙
朝氣尚未散鬢眉都已侵若雲流水上非雨溢於陵空

漸移觴杖僧猶阻鳳岑城中有空翠何必萬峰深

泚雨湖　談允謙

藕花十里碧香浮何必笙歌湧畫樓一葉松舟一榼酒
誰云不是雨湖遊

再泚雨湖　談允謙

泚入雲深處鷩鳧出水涯引人湖最幽豈我與偏賒客
靜親鷗鳥舟行讓藕花幾時兵火靖遂志得移家

龍磯寺　談允謙

鐘鼓波深處喚晴呼人隔水望舟迎蛟龍定有窟在此

風雨未來時自鳴磯險乘流船疾渡江斜衝郭石孤撐
疑僧終世不曾寐舞聽夜靜驚濤聲

蘄州官署書壁　無錫呂暘 全五 防憲

梧桐纔葉下絲絡已驚涼徙翮霄承露紛英曉帶香魚
開菰子白鶯喚柳條黃虹見愁無雨花陰聽早蟄

蘄州三角山寺　曲周王顯 純伯 防憲

二峯稱勝地登眺有餘情鳥語堪留偈花香可作盟俗
緣閑裏斷禪法靜中明林客山藏寺鐘聲襍雨聲

三角山龍門寺　僧天章 滁州人

嗒焉虛隱几規月恰投牕喝石山牟醒揮麈野馬降巖
空天借半橋臥影如雙此意憑誰指遥峯插翠幢

其二　天章

臨榻不能寐山空月一樓草蟲虛沸夜梧雨壯迎秋却
坐涼如瀉相看意自酬寂寥生曠眼扶策好優游

雨湖秋　僧真常 道恒

秋在晴湖不在城群峯互動見秋橫寺從落葉林邊出
水去枯江石上鳴傴僂影寒行旅亂淒涼心向暮中生
雲烟身是孤僧事且自今年不遠程

浮玉磯　梅川劉醇驥 千里

怡亭舊落水中央突兀東磯更混茫直傍江心帆路隱
遠看虹背釣臺荒天留鶴浪千峯隔風住神燈六月涼
楚客白蘋蘆葦裏何須聽雪上瞿塘

其二　劉醇驥

顯淡雲根太古秋蛟宮鼉窟擁寒搜磴無懸草蒼猶立
人忽成雲薄欲流烟遠過城通曉磬日孤眠鷺隱滄洲
携來鐵笛吹寒色風雨梅花暮未愁

其三　劉醇驥

來往十年思不違偶分山屐俯清暉仙人幾臥苔衣上
柔櫓雲穿雪峽飛木葉渡江逢石斷雲光墮鳥照沙稀
夜深浦白鐘聲潤香海茫茫何所歸

題金鵝峯　釋濟華 佛幢桐城人

金鵝鼓翅撲天飛雙足牽雲入翠微堪笑池塘癡鴨類
貪他水草戀他肥

送李嵩岑繕部入都　郡人陳之京 覲北

花孕鶯嬌萬錦攢番楊千尺拂征鞍名香不事芬喉舌
粉署初栖試巧翰壯麗蕭曹崇漢殿夔龍禮樂映冬官

還淳爲捋工畫指驥首升恒正石磐

答新泰盧澹岩社翁　陳之京

避地移家遠索居長竿湖畔釣雙魚故人分俸還沽酒
野老援毫正著書膏雨岱宗雲合後文瀾滄海日生初
琴堂清暇如相憶爲報秋風短鬢疎

雨阻往鳳山寺　陳之京

細雨春寒濕暖烟棠梨開遍杏花天逶迤故址南崗外
落落新楊北牖前伴侶招提閒有約窮愁滔莽浩無邊
伏生已老逢黿錯蝌蚪殘書久不傳

初夏山中送李嵩岑社兄赴粵西僉憲兼憶盧澹岩
先生　陳之京

西湖老病休出處各爲謀遠宦蒼梧去幽栖蒙桂留楚
山紛漠漠湘水淡悠悠佳句頻酬和人逢郴柳州

奉贈盧澹岩公祖有序　平陰朱鼎延大司空

澹岩盧公祖三楚名宿也與余爲同年友惠我二
東棠蔭遍處其在新泰時卓著治聲已洋溢　朝
野顧名可聞而人不可親每慊然憾之迨再擢東
郡余適請告在里獲目接芝宇其人如玉其政

如春其涼如秋月冰壺真近今所僅見者余空抱
知狄之明莫遂荐韓之志下車以來善政難以枚
舉姑繪其大端一二以誌吾永懷云爾三代在人
非敢阿好

重新光岳樓弁祠文昌帝君

巍巍光岳煥文昌袞冕端嚴政向陽霞散白雲壓太岱
靈團紫氣摩穹蒼龍門鳳著河汾教藜火遙分太乙光
從此國楨成濟濟千秋俎豆拜宮牆

重新　聖廟　朱鼎延

德峻功深育碩才環橋殿閣倚雲開琮璜忽煥千年彩
俎豆重維百代衰鳳立丹廡鳴旭日蛟騰璧水聽轟雷
春風皷舞歌餘力堯李咸從此際栽

重新考院　朱鼎延

頹垣茂草幾經年畫棟重開景倍妍絳帳俄驚新氣槩
補天小試見才賢丹鉛字挾風雲壯桃李新滋雨露鮮
非藉漢廷題柱筆秋風廢址有誰憐

送別　朱鼎延

星秋楓落鳳城秋忽報徵車下御樓竟日攀轅知衆

隱暫時投轄爲同佩酒携露陌仍添興菊綻霜園只自
幽一種殷懃離別意好隨明月到滄洲

赤東湖夜漁　郡人顧景星　赤方

子規亂啼山木踈西嶂已沒殘簷諸橈聲暗問識同伴
星影不知誰得魚全生肯狎蛟鼉窟遠害且非豺虎居
自笑爲農閒袖手漁租歲歲當菑畬

尋飛昇石　顧景星

乾明磯上飛仙石苔蘚蒼黃棘刺中華表幾時堪下鶴
荒洲依舊只鳴鴻凴高晴見遠山雨得路香聞幽谷風

雲窩江聲重載酒廿年回首欲成翁

歸蘄伍年草堂始成走筆　顧景星

高秋風動地茅屋喜先成得免漂搖患兼全水石情斜
陽看易見疏雨聽無聲竹死尺非貴瓜藤亦可棚蛇牀
從長大塵甕任縱橫桃櫈何曾乞圖書頗待營索居誠
拙態甕出更憨生昨日同盃酒今朝失姓名以茲藏面
目不敢僞將迎艸徑隨見闢勞心愧蔣卿

壬寅夏奉寄　盧澹岩大黎　顧景星

渤海當天府東南直斗樞詔簡堯權使官用節旄除弊

發源經術慈祥出轉輸牢盆無桂罔飛輓屬通渠民力
鋒刀銳官箴簿牒初歲增須令甲量減亦恩書夙駕曾
留犢風簾舊掛魚公爲令尹太守皆有廉聲詩家巖蕭散賦筆且馳
驅吟歎皖章句歌呼與吏胥曹參眞相國匡鼎自名儒
海氣登樓下苴由入望紆五湖饒荇茆六月滿芙蕖畫
舫多年夢横塘舊日漁故鄉前草莽此地巳林廬矯首
江楓隔關心隴水殊片雲飛待急雙鯉寄容徐景物吳
儂異栽培國勢需看君奏最日簫鼓渭橋趨

從家人訊知里中故居近狀　郡人盧紘　元度

故里臨江滸人當寇殘餘休息十年來疾苦尚未蘇此
無仁明長蠹痼堅莫除水則勞舟楫陸尤困鞍轡奔走
服徒役終歲少安盧官錢不可問兼斂奉狠胥形枯骨
僅存索盡囊無儲欲脫此鄉去茫茫何所如呼籲不得
聞蹯固難間踈吁嗟此子遺仰首空躊躕余久宦遠方
聞之生長噓不顧所忌諱憤貽長官書幸邀聽轉環夙
弊一朝袪役仍出官僱夫額復其初從此獲寧止咸遂
樂土居遠聞忽與躍願頌循良譽敵惡寧盡衰改絃姑
與徐圖指二、三年生聚盈郊藪余亦當倦游欣然返吾

廬

其二　盧紘

憶昔喪亂後余宗歎伶仃㷀㷀婦與子藐爾弟與兄遠
來隨宦遊薄畝誰與耕去年從弟死蘄焉無餘丁骨已
歸荒丘我子代爲營有弟入緇流浩然學無生志堅不
可奪微祚亦已傾一弟支爲近有家尚難成子稺方在
抱內顧憂未寧自伴我東來伏臘三度更祖祀莫爲享
衰戶無與撐租田有微獲不足供官征內耗鼠穴叢外
鬬鷹眼瞪𤺥聞先墓傷踈蕪窠其城自非久宦遊仍以
家難升胡致此艱虞種種切膺攖中夜戚然思一官忽
已輕願歸先人廬歲時篤宗盟他慮誠未遑先祧能無
情

蘄城弔昔　癸未　盧紘

江城怪石環蛟宮鬱覘王氣凌菁葱朱邸晝開傳咢食
樓船夜汎喧絲桐飛馳上下帆檣會翹首流連大國風
南山周迴森列幛沙渚綿亘曲造亏地居雄服當荆末
萬里奔濤難控遏出峽會鬬一線天朝宗滙此偏驚闊
東來美聚勢疑蟠突起人文多秀達虎變龍驤命世奇

登壇赤幟紛能奪運適終乘百六年焦毛薄肉殞多賢
修蛇噴毒螯其後狂鯨鼓翅噬其前炎烽四起百堞隳
廬舍成墟灰蕩然荒原處處飛燐火木叫寒鴟草宿烟
俗承醇厚猶禰淑天怒胡攖罹慘戮我歸骨肉並傷殘
衰絰朞功一時服萬戶千門僅有存眼中那見英耆夙
獨立江頭憶舊遊淒風漫助離人哭

負薪歌　庚子示昭兒　盧紘

誰云清白堪爲吏清白翻爲子孫累父爲宰相兒負薪
逢人笑此溝渠棄我道此兒誠象賢其貧不墜先人志

阿翁三年不易裘阿翁門無旋馬地阿翁妻少衣帛人
阿翁囊鮮隔宿積死後蕭然無寸遺非關濕子豪華[illegible]
寧向窮途甘負薪不登高門作仰視翁有清節舅力[illegible]
還因貧苦生神智比比膏粱輕薄徒旋爲路殍眞宜[illegible]
廉吏何嘗不可爲天終報之以賢嗣

里中三閭祠遺址　盧紘

江上荒祠古千秋起忠沿波迷夜雨蘭畹秀春風骨
久傷埋腹魂仍[illegible]公孤忠[illegible]像
端袍笏時思繫[illegible]運丁烽燧刼碑臥枳荆叢方信天

難問而今畏[illegible]言倡里社無失舊尊崇

哀同社羅寇難諸子癸未　盧紘

髫年聯里社文譽競馳名礪砥深風雨塤篪協弟兄交
推敦古誼和感見同聲靡謝雕華盡醇還大雅呈雄心
均角立詞坫互宗盟忠告存遺直私阿破俗情先鞭斬
早着健翮待齊鳴偏作叉芒蝕相隋厄運丁鷃校嘯隕
血雞泰失班荆不接連牀話頓孤負篋行坑幾秦猬烈
召赴帝樓成墓木依誰拱生爲何[illegible]枳率余[illegible]
聚爾魂清夙諾思金董浮蹤歎葉輕尚期酬地下聊[illegible]

蹤平生但得留餘孽無傷道路婷

過舊園荒處感賦二十韻癸未　盧紘

故宅臨濠上園開畝一區南山當戶立修竹遶籬扶簇
簇花沿徑田田葉滿湖殘霜留小菊滴雨聽疎梧地僻
塵難到人幽興不孤著書三世業訓禮一庭趨閒許朋
來過談餘酒漫呼正憑高世隱可盡百年娛劍運方罹
刼危宗並受屠亭軒空烈燼垣墉翳深蕪尋徑迷前址
臨風起舊吁有萊仍窟鼠無樹可棲烏境入荒凉盡情
傷俯仰殊愾然傷父子宛若失生徒愾息聲疑在追隨

顧已辜祇憐逕苑礫何自禁樵蘇寥落全非主伶仃獨
悵癯回思如到夢遷化亦須臾顧彼如雲第疇無易盡
途嗟余猶見晩漫引淚如珠

過圓峯山避兵寇處追憶有感癸未　盧紘

圓峯幽淨地二梵舊禪林磵接重巒峻巖藏古木深郊
原初亂跡烽火尚驚心方厭塵勞劇希從世外尋如何
逢擾攘猶苦避凌侵病婦趨徒步癡兒挈敝衾壑棲虎
不畏風動骨疑森晝永愁難夜嬰啼禁勿暗舉家同罪
繄累月坐沉陰伺晩潛歸爨乘昏促向岑艱虞幾歷萬

喘息始存今事後重來過欷歔涕濕襟

辛丑仲夏荷　恩遣昭兒就業太學　盧　紘

爾尚童蒙稱翩翩遊上庠橋門環共立國子齒爲行名
重儒宗業經傳博士堂尊師初習禮釋奠始觀光譬彼
樊籠畜俄隨斗漢翔曠恩胡易任砥志答元良

先嚴忌日有感乙酉　盧　紘

嗟我先君子捐軀一羽輕氷霜嵏勁節慷慨踐平生無
路通閶告何年錫墓旌憂心終耿耿尚冀俟河清

粤歸祭先慈墓巳亥　盧　紘

六載兒歸日淒然拜母墳青芽初植樹白是舊瞻雲支

將適東郡値雨阻過林樹林先君塋不得上途中望
慽吾宗務家蘄地下鬪將辭東郡去心與楮俱焚

拜泣感巳亥　盧　紘

每憶烟荒地時從夢裡遊到家旬日雨偏隔一山丘北
道催行急長空倂涕流愴魂從此去夜夜遶松楸

蘄陽十景幷序　盧　紘

蘄陽八景今有不可考如太清夜月相傳以爲城
東有池中沉古鏡夜常吐光久淹沒無存矣今謬
叙定以雨湖浮玉二景補之茲實不朽勝槩質之
同人當共以爲然耳

麟阜江山　盧　紘

浩淼江光一望收分明圖向坐中留屛開翠障迴青靄
波湧晴沙引白洲賈舶千檣漚影現村炊幾處縷烟浮
蹟傳白甫無題句應怪才人也漫遊

鳳麓晨鐘　盧　紘

江下蘄陽遶鳳麗廬分四業古林開耳根久信塵俱寂
水面猶疑響似雷大覺原從空際徹羣迷早向夢中回

遼遼晨起傍崖立方識鐘聲送悟來

太清夜月　盧　紘

城東曾訪太清池長老依稀述舊遺浸道塵沙湮寶鏡
已無陂沼漾淪漪天邊有月孤懸照石上留苔畧見詩
方信山川多幻變空傳好景繫人思

龍磯夕照　盧　紘

硌砑磊石踞江門浪鼓蛟宮晝夜吞高閣窓中揺素練
遠帆天際帶餘昏晴沙芳杜香浮岸漁浦微烜影隔村
勝地隨時堪寄眺尤宜落照看濤翻

城北荷池　盧紘

長夏閒登城北樓輕風時送遠香悠新蕖幾曲沿芳岸
一高柳千門繫小舟採罷歌傳歸正晚坐深譚競去仍留
頻來靜對消清晝定羨羲皇世上遊

金沙夜泛　盧紘

一派湖光疊碎金水烟相淡夜俱深小航獨泛中流靜
圓鏡虛涵片影沉鷗過不驚隨浪穩鴈來早渡怯霜侵
楓林兩岸留燈火村落朝炊且待尋

鴻洲烟雨　盧紘

西風翻浪漲平沙四覆陰雲濕荻花隱隱渡頭依小艇
濛濛村外有人家疑聞驚起呼相亂遙帶銜飛影若斜
萬狀江光收未盡不妨暫作一籠遮

龜鶴梅花　盧紘

雪漫龜鶴似孤山萬片冬來石上斑風送暗香隨隴出
月涵清影待人還驢頭索句寒生韻夢裏逋寬玉破顏
夙昔王孫耽勝事探尋正自許乘閒

浮玉晴沙　盧紘

流引晴江一練澄瑩沙波湧石崚嶒孤亭柱鏡撐空出
傑閣懸虛入漢凭春到漣汀吹杜若夜深依岸起漁燈
擬將七曲陪三島呼吸瑤京且任昇

兩湖漁舫　盧紘

幾曲烟波入畫中兼收風月夜瀜瀜千株高柳圍村綠
十里新蕖覆水紅網罟晚天歸棹集菱荇深處有歌通
由來簑笠相傳業沽酒烹魚樂事同

禹王閣　盧紘

倚城高檻俯江流萬里安瀾遠石頭榜唱橈謳深歲月
渚青沙白自千秋海門澎湃輸遙島大別朝宗就列侯

此地尚留崇伯祀玄圭知已報荊州

羅乙真人飛仙閣古蹟　盧紘

蹟遺雙履印苔蒼仰眺雲中鶴路長丹竈欲尋空見石
芝田何處但存崗島遊夜逐潮音泛繚侍高隨禹步翔
霞外仙蹤應不寂江天霽處正相望（與大士禹王二閣相近）

訪白南冲古蹟（在鳳凰山下）　盧紘

曾借騷人作醉鄉修梧短竹尚蒼蒼遺尋石上無題句
漫道江頭過酒狂唱和千年應有待推敲未就亦何妨
夜來時聽咬龍吼彷彿詩魂滯此方

鳳巔訪涵暉閣古蹟　盧紘

城頭猶自記涵暉人地徒憐半是非高閣不存隨艸沒
明霞依舊逐江飛下臨朱邸鳴鐘盡晝警巖譙過客稀
今得登臨仍悵望終無甍闥接霏微

烟光樓懷吳明卿先生舊遊處　盧紘

參落梁家江上樓翩翩騷客舊登遊烟波晩眺曾留句
沙渚秋平幾泛舟漫對翠屏千嶂合徒存片玉一亭浮
同來覽勝今何去常使經過弔暮流

萬壽宮　江于新建祀旌陽真君基迺吾族弟所施　盧紘

江漢千年記禹巡安瀾猶自輯波臣長蛟頓鼓狂聲züge
永錮方憑鐵樹津纔信旌陽留善政果然丹灶有長春
雲中尚不遺雞犬拔宅寧忘舊主人

缽遠菴　盧紘

團湖碧擁小蓮堆趺坐香風四面廻隱隱梵聲隨水潑
好憑慈筏問西來

送實際禪師歸楚　丙申　盧紘

師歸從此欲開山一榻閒雲好閉關留得月明清影在
待余同過虎溪灣

接佛螳禪書　辛丑　盧紘

摘鷹頻師遠意勤雨湖茭製豈并焚迷津[illegible]公董重開
畢竟深山有白雲

汪伉懷南歸囑致里中諸友　辛丑　盧紘

江于相送客遊東誰料今移海上翁族里相逢如有問
任言親見髮如葱

遣使南歸奉訊親友　辛丑　盧紘

不道從來作宦難遙思祗自托青翰開函若見冰霜字
方信孤心海上寒

盧澹翁以殉難家傳見示敬賦古體一章　崑山葉芳藹　翰林

古人任封疆効死總勿去其位在賓師曾子猶弗與末
世則不然多爲身家慮乃有振奇士臨难曾何懼徒手
搏虎狼解衣就刀鋸節義感家人俠烈動行路爰使天
壤間煌煌垂永譽吾聞呂侯公規言而矩步忠信格豚
魚正直著宾府學成只自怡數奇無一遇賊縱蘄黄間
公鳩守戰具士卒共苦均關隘星棋布一朝[illegible]潰惟
公守死處慘禍羅闔門青天飛血雨楊袁充烈從容

異婦孺國典虛表揚史氏疎記詿篤生賢使君清風已
厥祚三膺錫命榮焚黃告公墓庶幾慰忠貞與起彼懦
慕

楚蘄首山盧公一門節孝詩 有序　雲間楊枝起 扶蘇 紹續
故蘄州處士　今贈大中大夫首山盧公者參政
澹岩公父也生而穎異性極端淳七歲讀書遂著
文殞之號五齡喪母特深康伯之悲學旣大成道
非專已師稱馬鄭交列王何雖天人之對未揚王
廷而河嶽之贍允乎衆望矣父南槐公老年性峻

繼母李淑人撫字有恩公愉色承歡舉動必敬閔
無歌絮曾則援琴人倫之幸于是始全若夫兄弟
怡怡情殷陰慶家人嗃嗃礼式莘容鄉塾無佩觿
之童道路有守御之客故化行閭里而孝格鬼神
也時當參政賊蹈楚黃公倡衆登埤誓死守險雖
汲危負戶尚完十雉之城而流斷投鞭不勝一蟻
之隙賊旣入矣公遂死焉手不握王琎之節而血
不朽溫序之鬚嗚呼烈哉前後從公死者次子諸
生𥳑綬子晨初從子紳從孫震初死有顏攜大節

炳然而紱妻楊氏震初妻袁氏其死彌烈昔宋共
姬不避火楚貞姜不避水君子賢之楊旣慷慨而
投烈焰袁乃從容而蹈井泥方斷臂而尤艱效磨
笄而懼緩豈非義貫赤霄光流彤管者哉是皆本
公摻履實則樹世風聲夫表宅里者王政所先採
輶軒者遐陬必備矧首山公振緒方長澹岩公邵
嶽有奕緹緗載筆俟諸芸閣之英尨缶爭謳聊附
巴人之唱云爾

昔賢盧子軌身隱道彌尊抗節伸炎漢流徽到遠孫譚

經時握麈徇敵不呼背異代標緗素應憐風義存 其一
早播黃香譽終成王蠋忠時危貧賤奮義重死生同碧
血流霜草鴻聲感玉穹玄成方繼起人憶范陽風 其二
嗟爾四君子翩然華國才不期霜鍔柒能使陣雲開忠
孝傳家業精靈越夜臺當時杖節者騰告忍徘徊 其三
聶家軹井里趙氏磨笄山感慨徒爲爾從容未盡閑玉
竿清粉黛火雀照金鐶若遣鸞書問應從姑射還 其四

殉難詩 有序　雲間許纘曾 鶴沙 觀察
首翁盧老年伯太老公祖文壇纛虎祥開浮丘之

亭霄漢騎箕得正烟光之閣丹衷照古浩氣還虛
洵天上之無多果人間之絶少迨至家訓所被等
火井于蓮臺闔戸流芳表忠貞于隆碣三光五嶽
總萃公家菊秀蘭芳不數屈子鴻編廣布仰止艮
殷嗣君元翁老公祖年臺瑞應文昌位司元宰帝
心特簡暫假商霖沛江南之雨露當北斗之司農
九里遠沾萬間宏庇每遡淵源之自遡回寒谷之
春明經董輿文敏公蘭孫感知巳之深恩颺不朽
之盛事彙成卷軸訂集詩篇傳諸無窮自今以始
矣

英英節義總成林何似盧門較可欽三楚江湖流浩氣
千秋日月映丹心烟光靜夜呼天地碧血長春變古今
盥讀全編忠孝傳卓哉繼述溥苴霖　雲間宋徵輿 直方 京尹

又

披圖共見楚山青果有貞魂上烈星火井窟中輝日月
烟光閣裏叱風霆一生大節符麟史萬古棠求在璧經
此會吳天沾雨露欣依世顯頌于齡

又　雲間施維翰 去潤 御史

烟光樓上一輪彎知是英靈鶴表還吸海濡毫難測叅
借天作紙未窺斑何期古處風流盡別有斯人宇宙間
他日石渠徵軼事已知副本在名山

又　上海朱錦 岵思 會元

楚望崔巍兩大中君家重見正平風節高天柱光爭旭
烈鎮坤維氣比虹此日瀟湘方是壯于今雲夢始堪雄
瑤編元會偕存歇詎止名山寶藏同

又　雲間趙子瞻 仁山 進士

泱泱夢澤楚風開俠烈勲名萬古推一劍却酬橫艸志

雙貞重見碧燐哀圖麟賴有傳經彥華閥欣歸濟世才
此日臨軒思往事雲旌雩傀自天來

殉難詩 有序　雲間張一鵠 及齋 進士

昔管幼安生干戈之季潛竄海隅優游經術卒保
大年幽人貞吉讀史者侈言之呂侯先生循矩蹐
範鄉里以爲君黨竊悲其蒲纁之聘不獲待于
盛世而隕首圍城其事烈矣人生執義或均遭遇
有幸不幸王蠋奮樹龔生却食誠結于中國不重
其死薰香膏明非知言也先生昌後之徵今有成

券當撫劍登陴十日同命乃至笄珥之質赴難如
歸且不知有千古名遑問報施哉然予聞其里人
入寘事益知天道不遠祚德方來其保大年也不
可涯量矣敬托　人景芳烈
楚國先賢傳千秋事可師家留子幹學人畏彥方知磐
淵鴻飛日孤城鳳鎩時年年江漢水常與薦芳蘺
其二　張一鵠 刃齋司理
大將居全地諸生在戰塲乘堙無上策縈帶豈周防華
髮歌虞殯丹雛弔國殤九源留勁艸雲靄暮蒼蒼

其三　張一鵠 刃齋司理
彤管垂遺詠芝蘭此共傾無心猶恤緯有淚已崩城朱
火芳仍烈寒泉骨愈清自緣誠感切執義及衿纓
其四　張一鵠 刃齋司理
褒與虛前代推恩自
聖朝天書昭草木泉戶卿　華表遲歸語青春托大招
尚餘榮養恨灑淚滿征軺
盧封翁呂源先生殉難詩　華亭沈荃 探花
一日英靈去千秋大義存黃塵飛草木碧血腆乾坤華

表神終返衿禱適更尊我懷不可即異地仰蘋蘩
蘄州盧氏殉難始末　雲間周茂源 知府
伊昔蘄黃間寇禍最慘烈官兵爲先驅貪冒同饕餮賊
從上游來萬竈化魚鱉嵩窣偉丈夫嬰城誓死節賊衆
如蟻附交衢徧流血骨肉相因依一朝半屠滅公當瀕
死餘拒賊氣勇決登陴覓健兒瞋目皆爲裂巖關倏焉
推鏃矢亦告竭逢掖長賤貧與城共存沒長公間道歸
遺骸裹衰絰負土瘞舊阡殉難敘始末或死或竄亡歷
數多嗚咽烈婦楊與袁大義明霜雪楊爲級也妻級去

成永別自投燎火中珠胎並燔爇袁也歸震初堅貞儼
積鐵從容拜姑嫜溺井求蠲潔漆簡與丹旌采風宜首
列夫何金鏡淪幽光殊未徹純孝揚令名孤忠欽曩哲
況乃黃鵠操挺然不可折庶幾楚猗相紀美無遺軼援
筆愧如椽奚庸表碑碣
呂翁盧老年伯挽詞　雲間何鏗
爲國死忠爲家死孝古訓攸傳先生庭教王事多艱遘
遭閔凶奮身捍衛蹈死從容誰謂無忠先死自公誰謂
無孝闔門是效慷慨殉節義烈錚錚千秋萬世雖死猶

生蘄陽士女慘慟哀泣聞風斯起過里斯式卓哉今丁
鵲起家聲躋身清華屢握憲旌
天子嘉之寵眷特隆三貤褒誥寘報尊崇一家忠孝榮名
青史奕奕綿綿燕詒孫子

呂翁盧老先生殉義　雲間張錫懌進士

致身豈論行與藏何待身依日月旁儒行恂恂敦孝弟
一朝毅魄烈秋霜憶昔黃巾徧楚服魚潰鳥離駭奔鹿
濠上館中老書生督兵守關保邦族豈知賊過通德門
城南轉戰不招魂翁也非有疆埸任草莽亦臣報國恩

正直能動神明聽慷慨捐軀真報稱異代能升俎豆馨
紫綸洊錫紛貤贈君不見烟光樓前石嶙峋遼鶴歸時
明月新往來浩氣空今古下爲河嶽上星辰

頌楊袁兩孺人節烈　雲間張錫懌

蹈火既不易赴井良獨難先後何從容雙烈稱二難至
今趙州側火爐血猶丹化爲祝融峯携母俯千盤貞魂
干氣象白虹貫井榦化爲三峽水抱子激危湍慘死未
及旌慨焉摧心肝國史幸有紀能令白日寒

呂翁盧老先生殉難頌　雲間陸起鳳

君不見黃陂屹峙勢凌空月波樓與竹樓通綠楊橋邊
流水瀜數聲春曉杜鵑紅式有偉人標駿鴻文章節義
貫長虹猗歟先生揚清風萬古綱常埤厥躬髫齡吐奇
稱聖童裒然冠軍鉛槧工驚才蜚譽廩餼豐長鳴待馭
五花驄幃牘幾幾入彀同下第劉蕡嘆不逢淵源濂洛
啓童蒙湘水英才盡藥籠守先待後伊旌功景行仰止
斗山崇事親庭幃孝行隆生養死葬揆其中事君草茅
臨兵戎殺身成仁全其忠讓產友于樂融融麥舟高誼
聲籍籍生爲端人淵量洪歿爲明神浩氣充積善留餘

慶不窮門宮世世大于公輸輓東南百萬艑軫邺民瘼
心若恫胥陟崇階雨露濃鹽梅調鼎沃
宸聰吁嗟先生之烈與江海爭雄先生之名與天壤無終
英靈常護玉臺崧雲樹重重氣鬱葱

呂翁盧老先生闔門殉難　雲間吳昶

蘄川一何深湘纍有遺音冢冢千載後吊古復悲吟潰
池躪城社惻愴哀人琴忠節凜家乘幽芳嘆國琛女也
保貞行士也無二心幽明重分節如玉亦如金使君死
臺居縻戟方森森一歌薤露曲三癈蓼莪吟高山堪仰

止誦德淚沾襟

義馬塚歌有序　　顧景星

先封參議公有白馬名雪無影雨中鮎魚潭岩崩
馬投石岸公上長鳴乃墮就潭取死馬兩蹏盡脫
緒山錢公爲義馬記塚在甕門山

先公馬癖天下奇自言前身支法師蒲薦不掛牛角讀
錦囊嘗令奚童隨就中逸足雪無影匹練追風目曾睇
崩厓一蹄誠偶然長鳴豈惜障泥錦檀溪飛渡秋水深
上峯板撤幾成擒自憐不及兩奇駿力盡猶存報主心

曾莊曾謁縣貢父帷蓋居然一抔土千金買骨壯士歸
嘗下英雄淚如雨

小祥後將之玉峯還姑劉貞節歸葬蘄州奉先府君
遺命也時盧澹巖先生官蘇松大參以俸助吏爲
辦喪姑告以故覺而成詩甲辰臘月立春後一日

半年前入夢魂覓果相依寧木行行近狐丘片片飛並
春澆栢酒大雪埋麻衣多謝盧夫子懷嫌紵襪

蘄州志卷之十二

災異志附兵寇郵政

觀災異則修德彌災之道宜豫觀兵變則耀武防危之
策當講黄州志

災異論

盧紘曰災異之紀莫備于春秋然自大有年而外禎瑞
未聞有書至紀災異則上自日食星孛下及鸜鵒來巢
鼷鼠食郊牛冬麋蟲螽桃李冬華之類纖細不遺宋儒
不信象緯之學謂孔子之作春秋書災不書應于一切

占驗類詆爲誣漢唐以來諸家之書若劉向洪範五行
京房易傳董仲舒春秋繁露咸指爲附會即歐陽公撰
唐書五代史亦云孔子不明災異誠謂洪範之言庶徵
以五行配五事若詹詹分較萬有不應反滋疑惑而怠
玩乘之故不若付之不言而已寓昭然鑒戒之意雖然
特惜其學之無傳耳如周官保章靈臺之設測候占驗
天有日食星飛歲有金飢木穰皆可以預推其氣類所
必至而爲先事之防故記曰外政不修陽事不得日爲
之食內政不修陰事不得月爲之食是以天變之起皆

由人事若人事既修日月亦有應食而不食者則人事之足以挽回天道非無其驗也至水旱蟲蝗雨雹霜雪種種諸異無論潛消默禳可以人定勝天即王政修舉明明有儲備以禦之于先而又有補救以捍之于後豈其見災則書顧始莫推其何事之徵繼莫詳其何策之建徒付諸無可柰之事作經本旨固如是哉愚于茲志之修暢爲斯論明其責有攸歸耳然考舊志詳小而畧大詳近而畧遠如日食地震多不見書此特泥于洪範王省惟歲卿士惟月師尹惟日之說謂方州所屬不過

數百里而遥凡休咎之大則天下所共一隅之志例不應書此誠拘儒之見耳如同一日食也士文伯何獨云魯衛惡之而後果應衛侯魯季孫之卒同一雲變也周太史獨云王身當之而後果應昭王之卒又如歲星犯天闕庚翼有言何以憂在趙而不在晉熒惑入南斗武帝自禳何以惡在魏而不在梁由斯類推毫釐千里響應無差胡云休咎之大乃天下所共非一隅之所宜志哉歷考前編闕文已久無可復稽即近歲以來水旱凶荒亦多失記故但存其見聞所及者後附之以兵寇老

子曰大兵之後必有凶年以明災異之所自始也又附之以卹政周禮曰以荒政十二聚萬民以明災異之所自終也覽斯志者反覆詳之可究心于國計民生之故矣

西漢　景帝二年彗星出西南明年吳楚七國反　漢書五行志

景帝四年七月甲辰辰星在翼月犯之　漢書五行志

景帝中六年七月辛亥晦日食軫七度　前漢志

後元年七月乙巳先晦一日日食翼十七度　前漢志

武帝元光元年七月癸未先晦一日日食翼八度其後

江都衡山淮南王謀反伏誅　前漢志

昭帝元年三月丙戌流星出翼軫東北干太微入紫宮小旦入大有光入有頃聲如雷三鳴止　漢志

宣帝本始四年七月甲辰星在翼月犯之　漢書五行志

東漢　光武建武十年十二月己亥流星如缶出柳西南行入軫且滅時分爲十餘如遺火狀須臾有聲隱隱如雷是時大司馬吳漢發南陽卒三萬人乘船泝江而上擊蜀滅公孫述　後漢書五行志

光武建武十二年八月辛酉水見於東方翼分　漢書

章帝建初六年六月辛未晦日食翼六度後漢志
和帝永元七年八月甲寅火土金俱合於軫漢書
和帝永元十二年七月辛未朔日食翼八度明年冬南
郡蠻夷反爲寇漢志
安帝元初五年八月丙申朔日食翼十八度史官不見
張掖以聞漢志
順帝永建二年七月甲戌朔日食翼九度漢書
桓帝元嘉二年七月二日庚辰日食翼四度史官不見廣
陵以聞漢志

獻帝建安十二年丁亥十月辛卯有星孛於鶉尾荊州
分也晉書五行志
蜀漢後帝建興十年魏明帝太和六年十一月景寅有
星孛於翼占爲楚兵八年孫權發兵緣江淮屯要衝魏
東征權晉書五行志
九年魏正始七年十一月癸亥彗星見軫積五十六日
滅晉書五行志
十年魏正始九年七月彗星見翼進至軫四十二日滅
翼軫楚分晉書五行志
十六年魏嘉平五年十一月彗星見軫在太微左執法
西南指百九十日滅占爲兵喪晉書五行志
十八年魏高貴鄉公正元二年正月彗星見吳楚分西
北竟天晉書五行志
景耀二年魏高貴鄉公甘露四年十月丁丑客星見太
微中轉東南行歷軫宿七日滅晉書五行志
西晉武帝太始四年正月丙戌彗星見軫西北行又轉
東行七月星隕如雨晉書五行志
咸寧二年八月星孛太微至翼楚之分野晉書五行志

穆帝升平五年三月月犯輿星在軫晉志
東晉海西公太和四年閏月乙亥月暈軫復有白暈貫
月北暈斗柄三星大年桓溫廢帝晉書五行志
孝帝太元六年十月乙卯有奔星東南經翼軫聲如雷
晉五行志
安帝義熙元年七月庚辰太白晝見在翼軫占爲荊州
兵喪晉五行志
七年六月太白見在翼晉五行志
孝武帝寧康元年正月丁巳有星孛于女虛經氐角亢

翼軫張占爲兵喪 晉書五行志

梁武帝普通元年正月乙亥朔丙子日食占爲大水其年七月海江淮皆溢 隋書五行志

陳文帝天嘉二年周武帝保定元年齊武成帝泰寧元年九月丁巳客星見于翼 隋書五行志

周宣帝大象二年七月壬子歲星太白合于張九月甲申熒惑歲星合于翼 五行志

唐高祖武德四年八月丙戌朔日食翼四度 唐書五行志

太宗貞觀三年八月己巳朔日食翼五度 唐志

十三年八月辛未朔日食翼十四度 唐志

二十二年八月己酉朔日食翼五度 唐志

高宗乾封二年八月己卯朔日食翼六度 唐志

武后延載元年九月壬午朔日食軫八度 唐志

肅宗至德二載七月己酉太白晝見經天至于十一月戊午不見歷秦周楚鄭宋燕之分 唐書五行志

肅宗乾元二年正月癸未歲星食月在翼楚分也占曰饑 唐書

憲宗元和十年八月己亥朔日食翼十八度 唐書

十四年八月丁丑歲星太白辰星聚于軫 唐書五行志

德宗貞元二年八月辛巳朔日食軫八度 唐志

十二年八月己未朔日食翼十八度占曰旱 唐書

穆宗咸通九年十一月丁酉有星出如匹練亘空化爲雲而沒在楚分是謂長庚見則兵起 唐五行志

文宗太和六年十月太白熒惑鎮星合于軫 唐書五行志

八年七月庚寅太白熒惑合相犯推衍度在翼近太微 唐書五行志

八年秋蘄州州溢 唐書五行志

九年夏太白見自軒轅至于翼軫 唐五行志

武宗會昌二年六月乙丑熒惑犯歲星于翼占曰旱 唐五行志

僖宗乾符三年九月乙亥朔日食軫十四度 唐書

後唐莊宗同光二年八月甲申歲星熒惑合在翼十四度 五代史

明宗天成三年九月辛巳太白熒惑合于軫 五代史

宋太祖建隆元年正月甲子太白犯熒惑二于軫 宋史五行志

乾德三年七月蘄州大雨水壞民廬舍宋史五行志霖雨彌兩月蘄舊志

至道二年甘露降於州之麟鳳二山舊志

太宗雍熙二年七月丙戌熒惑歲星合于軫宋史五行志

太宗淳化元年正月辛巳客星出軫宿逆行至張七十日經四十度乃不見宋史五行志

真宗天禧元年四月己巳有星出軫大如杯光照地宋史

真宗景德四年四月乙丑有星出柳如丹器赤黄色至翼沒宋史

四年九月戊子歲星與月合于翼宋五行志

六年十一月丁巳有星出太微郎位東大如杯赤黃色有尾跡至軫北逆爲數星沒宋史

仁宗天聖三年二月丁卯蘄州榷貨務火宋史

天聖七年二月己卯夜蒼黑雲長三十丈貫弧矢翼軫宋史五行志

仁宗景祐元年八月壬戌夜有黃白氣如彗長七尺餘出張翼之上凡三十三日不見宋史五行志

二年八月壬戌有星孛于張翼長十尺闊五寸十二日而沒宋史

四年九月辛亥火犯土在翼十五度宋五行志

仁宗嘉祐七年六月丁丑金又犯火在翼一度半宋五行志

英宗治平二年九月壬寅月犯太白主鄭楚分兵十月戊辰月掩塡星主楚分民流又犯熒惑主荊楚兵宋史五行志

二年十月丙申火又犯土在翼二度與嘉祐七年占同爲楚分兵起宋五行志

四年二月甲午月食翼十五度丑六刻食甚及八分強至酉地入濁不見占主北兵宋史

神宗熙寧元年二月丁巳月犯塡星主楚分民流四月壬子月犯歲星主楚分民饑宋史

元年二月壬戌星出角東大如太白急行至翼沒宋史

神宗元豐三年七月癸未彗出西北太微垣郎位南白氣長一丈斜指東南至軫度中丙戌向西北方行至翼度中戊子長三尺斜穿郎位癸卯犯軒轅至丁酉入濁不見庚子晨復出于張度中至戊午凡三十六日沒占爲兵喪火災宋史

哲宗元祐二年正月辛巳星出軫南向南急流至濁沒宋史

六年二月辛巳星出翼東南急流至濁沒宋史

哲宗紹聖二年十月庚寅有星出張南東南急流入濁沒宋史

三年九月丙午太白犯鎮主楚分有兵宋五行志

徽宗崇寧三年四月戊子星出軫西北漫流入太微垣內屏星沒宋史

徽宗政和五年八月甲子產芝草徧境計貢芝草一萬一千六百枝內一枝色紫九幹時稱瑞焉宋志

高宗建炎三年二月壬午望月食於軫宋史

高宗紹興元年蘄州旱宋史

三十年八月丙午朔日食翼宋史

孝宗乾道三年六月蘄州水壞苗稼漂人畜宋史五行志

五年八月甲申朔日食翼宋史

孝宗淳熙二年五年淮南旱七年諸道蘄黃等處自四月不雨至于九月八年正月甲戌積旱始雨宋史

七年大旱

十三年金大定二十六年閏七月戊午五星皆伏至戊辰五星聚伏在軫又至八月乙亥日月五星俱聚軫宋史五行志

十五年八月甲子朔日食翼占曰兵宋史

十六年九月庚子朔日食軫宋史

光宗紹熙二年蘄饑民多殍於路蘄志

光宗紹興元年蘄州池州旱宋史

寧宗慶元三年七月己未日食軫既宋史

三年八月甲戌金火木合于翼占是謂驚立絕行其分有兵喪改立侯王宋史五行志

寧宗開禧三年江浙淮郡縣水鄂漢尤甚宋史五行志

七年四月壬午流星出軫東南流至濁沒是歲金使來索歲幣宋史

寧宗嘉定七年金宣宗貞祐二年九月丁亥太白晝見于軫金史

十三年金宣宗興定四年六月己巳太白晝見于張百八十有四日乃伏十一月壬辰歲星晝見于翼六十有七日金史

十四年正月乙未地夜震大雷金人乘震破蘄黃

理宗寶慶二年三月己卯蘄州火

三年金哀帝正大五年元太祖二十二年八月甲戌太白熒惑合于翼宋史

理宗紹定四年金哀宗天興元年元太宗三年七月乙巳太白歲星

熒惑太陰會于翼軫金史天文志

理宗端平三年辛酉蘄州大雨水漂民居宋史五行志

順帝元統二年三月蘄州黃州旱五代史

元世祖至元二年蘄黃旱元史

成宗大德五年庚戌蘄州之蘄春廣濟蘄水旱元史

仁宗延祐二年十一月丙午客星變爲彗犯紫微垣歷

軫至壁十五宿明年二月庚寅滅元史五行志

延祐七年六月蘄黃二郡旱元史

英宗正治元年蘄州蘄水縣饑元史

文宗至順元年蘄黃等路饑元史

順帝至元三年蘄州饑元史

順帝至正九年夏秋蘄州大水傷稼元史五行志

至正十二年蘄黃大旱人相食十三年又大旱元史

至正十三年三月月食太白是時徐眞一倪蠻子陳友

諒等始倡亂漢沔蘄黃間元史

至正十三年蘄黃大疫元史

至正二十一年四月朔日未沒三四竿忽無光漸作蕉

葉形天昏黑如夜恒星皆見食頃復漸開朗少時日乃

沒元史

至正二十一年六月乙未熒惑歲星太白聚于翼元史

明太祖吳二年元順帝至正二十六年宋韓林兒龍鳳十二年秋七月癸亥太

白歲星合于翼元史

憲宗成化五年春正月丁亥河南湖廣地震舊志

十四年旱舊志

孝宗弘治元年大旱舊志

八年十一月乙卯蘄州大雪雹舊志

八年乙卯十一月蘄州大雪冰綿數寸樹木凍死鳥獸

武宗正德二年慶雲見翼軫分明紀

墮地舊志

三年戊辰蘄州大旱六七月湖水盡涸可馳驅舊志

六年辛未七年壬申八年癸酉連旱民窮盜起流賊號

劉六劉七者遍滿江湖逃戮流亡三分之二舊志

世宗嘉靖二年癸未五六月不雨苗盡稿斗米值價壹

錢伍分奏免田租有差舊志

三年甲申正月辛巳望月食翼舊志
六年丁亥蘄州大水漂流人畜舊志
七年十年兩秋半旱舊志
九年湖廣等處大饑舊志
十三年十四年連旱有司不聞賦役如常民不堪命舊志
十四年湖廣凶饑舊志
十八年己亥蘄州大水低田盡没市巷入舡是秋小民
捕魚聊生舊志
二十二年三月十五日月犯火星于軫戌亥時見于巳

地四月十二日五月初九日又犯共三次
二十三年二十四年相連旱極蝗虫蔽野舊志
二十三年郡縣皆大旱舊志
三十四年冬十二月郡城地震府志
三十六年丁巳四月戊子熒惑逆行始從亢歷角天門
入軫是夜逆行二舍有餘通紀
神宗萬曆二十八年庚子七月蘄州大風壞屋舍二月
止舊志
二十八年十月福星順行守翼三百餘日通紀

二十九年湖廣大熟有收舊志
二十九年十月二十三四日金星犯木星于軫每寅時
見震巽之間通紀
三十二年甲辰春蘄州大泉山東南裂百餘丈濶二丈
至巳巳年漸合舊志
三十三年二月十六日本日亥時月暈軫十七日丑時
月蝕軫皆一夜之事湖廣江西二處大水通紀
三十四年二月十六日乙卯戌時月蝕軫宿通紀
三十四年荆府宫室一火焚盡舊志

三十五年四月湖廣久雨舊志
三十五年六月二十六日丁巳雨中霹震三聲舊志
三十六年戊申五月天下大水南直湖廣尤甚蘄州城
堞可以登舟城内巷道水深數尺至丈餘者舊志
三十七年二月十五六日月行翼軫戌時初出正東大
盤下有黑氣五更時過西方觧通紀
四十年三月初十日本日月暈星張翼三宿又木星在
翼亦在暈中通紀
四十年閏十一月二十二日寅時月掩木星于翼見正

南通紀
四十一年大水較三十六年小二尺舊志
四十一年九月初九日戊亥時水星犯木星在軫身西方通紀
四十一年十月中旬木星在軫十月亦未出通紀
四十二年春夏處處火災荆王宮室二次火焚舊志
四十二年正月十一日甲子大風至晚十二日乙丑大風至晚十三日丙寅大風至晚十四日丁卯大風至晚
四十二年四月初三日湖廣武昌黄州漢陽五府同日

地震總志
四十二年四月十二日戊亥時掩木星在軫見巳宮通紀
四十三年七月十九日至二十三日戊亥時金犯火于軫見坤方金火同在軫十五日通紀
四十四年正月十六日丁亥戌時月食在翼起東方食晴陰晴半通紀
四十八年七月蘄州夜見白氣長數丈在東北起如彗西南指或時下屬地至八月乃滅通紀
四十七年冬蘄州大雪深五六尺舊志

熹宗天啓元年辛酉正月蘄州大雪大冰屋瓦地上冰厚尺許一月不止舊志
天啓元年九月初旬火星每晚出見南方未宫臨斗星
二年三月九日巳時日在東方生大暈于奎婁暈内黑氣布滿暈外白氣通紀
五年乙丑湖廣江浙南直蝗總志
六年蘄州旱舊志
七年蘄州田鼠害稼舊志
崇禎二年己巳三月天下地震蘄黄尤甚一日五震有

聲如雷自東北來屋瓦搖墮夏又震十月又震通紀
六年癸酉春蘄黄又地震來東北方聲如雷舊志
七年甲戌蘄黄又地震舊志
八年八月蘄州恒陰不雨二旬乃霽舊志
八年冬蘄黄地大震嗣是屢震舊志
九年春流賊犯蘄州四鄉殺戮無算秋饑冬賊又犯境自是每歲多災寇民無寧宇舊志
九年丙子夏蘄州蝗蝻大風拔大樹數百株根皆向天小者無算舊志

九年冬十年春蘄州嘗風霾沙飛揚如北地舊志
十年丁丑七月一日夜蘄州大風雨自西北來尾雀飛投南城濠死舊志
十年蘄州竹遍生花舊志
十年蘄黃遠近多螟群鳥食之舊志
十一年十四年冬雷不電舊志
十二年三月蘄州夜有五色虹下屬地數刻許天色變暗如蒙霧累日不解舊志
十三年三月州署中所藏火砲未置藥一日自發棘尾轟塌舊志

十三年庚辰五月蘄州武昌漢陽九江遠近皆雨土于時黃霧四塞不雨不風百步內外不見物氣溫臭焦撲入口鼻着物皆黃塵旬日始霽舊志
十三年七月蘄州江岸逆水港忽地裂[illegible]大[illegible]室俱陷舊志
十三年六月蘄州二虎入郭破民屋室噬數人入踞北門外麒麟菴佛堂上爲官兵所殺舊志
十四年辛巳天下大旱疫蘄黃等處蝗虫蔽天斗米銀四錢民死過半舊志

十四年十五年夏秋蘄州多蠅飛集孔道團結行轉是年大疫殍屍載道舊志
十六年正月二十五日夜蘄蒙霧黑氣四塞漏一鼓大雪明日張獻忠陷蘄州屠殺焚燒無遺舊志
十六年癸未五月蘄黃九江武昌漢陽每日將西即見青氣二撐日脚廣各二丈長至地[illegible]散舊志
十六年夏秋間蘄州嘗有黃氣非雲非霧高數丈遠望則有即之則無舊志
十六年十七年蘄州城內外多虎穴白晝出攫人時蘄陷後荆棘滿衢巷官民惟取一二道行舊志

崇禎初蘄州雞多黃昏鳴或初更鳴舊志
崇禎末蘄黃雞翼生距譌傳食之殺人舊志
崇禎中末蘄州桃李梅杏之屬嘗秋[illegible]不爲怪舊志
十六年賊破城後東南城濠一帶忽生[illegible]白蓮次年即無
國朝順治九年蘄州大旱人掘藕充食冬種蕎麥有收
十四年十月蘄州城內火災每見羣鴉啣火飛集人屋上自後城外屢見火災

康熙二年正月二十九日午後天黑如夜巴河以下武穴以上皆然至晚復明

康熙二年七月永福鄉有虎一日傷四十餘人至渴口與牛鬭為鄉民所殺

康熙二年秋大水城内外俱淹没

康熙三年八月二十日天裂有聲其[illegible]地

康熙三年十月彗星見于翼軫分野日漸西行直抵婁宿經五十餘日始滅見刑科楊疏

康熙四年正月初一日夜自亥至丑狂風大作屋瓦俱飛上下千餘里皆同

兵寇

東漢獻帝建安十三年吳遣將迎戰破曹兵於赤壁旋師賞軍於蘄之江中名其地曰散花營漢史及州志

唐乾符三年黃巢兵起江南永興民皆亡為盜杭州刺史路審中為董昌所拒走黃州光啓二年安陸賊周通攻審中亡吳討據黃州駱殷據永興乾寧初杜洪鄂州人自將擊討乞師淮南楊行密遣朱延壽助之洪引還延壽援黃州俘討獻京師駱殷棄永興走行密取其地洪得駱殷倚為心腹黃州志

元至正間徐壽輝與麻城鄒普勝等以妖術聚衆反紅巾為號黃州志

蘄州盜徐真一叛先是瀏陽有彭和尚能為偈頌勸人念佛遇夜燃大炬名香念偈拜禮愚民信之其徒遂衆徐本湖南人姿狀龐厚無他長生平以販布為業往來蘄黃間適遇彭衆欲為亂思得其主一日徐於鹽塘水中浴衆見其身上毫光起衆皆驚異遂立為帝以蘄春反天下響應東南遂大亂湖廣江西浙江三省城池多陷没開蓮臺省于蘄春然資性寬縱權在羣下徒擁

空名爾後其臣僞漢主陳友諒率兵攻臺謀篡位遂戰死釆石黃州志

倪文俊號蠻子聚衆爲亂倪世業漁居黃陂其生之夕毋夢有白虎入室遂生及徐壽輝僭號倪爲僞相每戰克捷所至殺害無厭又據荆鄂潭岳衡蘄澧安六常德寶慶等處然驕恣不愛下竟爲下所殺前一夕毋復夢白虎死遂遇害黃州志

明正德四年仙姑洞賊大肆焚掠五月劉六劉七趙風子取道至團風鎮奪舟入江殺戮甚衆黃州志

萬曆十六年戊子蘄黃大饑黃梅賊劉少溪余孟新等爲首倡亂焚劫鄉村時兵戎久弛人心揺動知州徐希明設法防禦州判陳策死之事聞上命湖廣巡撫南京操江御史合勦三月會兵蘄州凡九閱月勦平之舊志

崇禎十年丁丑九月經畧熊文燦寧南侯左良玉于蘄招安八大王張獻忠一丈青等賊判王爲之置安邸中時寧南不主撫議後安置獻寇于襄陽之穀城不二年而復叛論者猶於寧南服其先見云

崇禎十年十一月鎭守兵謀殺總兵張一龍事泄誅首伏誅

崇禎十四年招安隔里畑賊安插蘄之青山上鄉大爲民害時各賊毋年不時往來焚掠四野廬舍俱空後隔里畑賊仍叛去

崇禎十六年癸未正月左帥兵全營南下諸各營兵不遵約束鹽舡糧艘及沿江居民多被焚劫非左帥志也

崇禎十六年正月毛顯文楊文富以爭駐防相率叛去

從左營後南下楊文富親至城下脅取城內家眷口出不日獻賊破城之語

崇禎十六年正月二十六日鎭篁兵通獻忠賊乘雪夜防疎襲破蘄城先從南城上焚燬廬室殺戮宗室紳衿居民殆盡驅婦女拆毁城垣有如平地後行殺擄慘不忍言時各營兵俱與賊通鎭篁兵先係張國威管後係本衞官管城破後國威及鎭篁兵並叛入賊營時江防道許公被擄殉其難州正佐各官俱逃十六年二月二十二日城外房屋尚有未焚盡者居民

收集防守賊復攻破三險大肆焚戮蘄民殆無噍類
矣
十六年五月三十日賊破武昌至六月初二日沿江一
帶浮屍而下水為不流
十六年六月方毛于徐四營兵奉左寧南令撥防蘄黃
一帶駐蘄新洲不久掣調
國朝順治元年三月先是王副總營兵從漢□沿江先下
蘄州難後居民粗有歸集者復被焚擄至四月
大清王師隨追擊闖寇江南北並下傳聞賊首李自成至

興國瑞昌亦被戮時蘄州奉
王旨置官安撫至六月兵過盡居民帖然
順治五年三月九江寇水陸並進至蘄州□蘄南參將
韓友領兵擊敗之
順治六年二月蘄州上鄉土賊倡亂參將韓友
同雨領兵擊敗之盡平餘黨鄉民獲安

卹政
宋高宗紹興元年蘄州旱詔免租七年詔駐蹕及經由
州縣見欠紹興五年以前賦稅并坊場等負並蠲之宋史
二年蘄州饑令郡賑以粟萬石五年行都淮東西諸道
皆饑詔賑之一郡至五萬緡石宋史
三年蘄州知州李誠之作惠民倉貯粟凡四萬石聞于
朝下部使者核如實宋史
乾道三年六月蘄州大水禾稼淹沒過半五年蠲隆興
元年至乾道三年拖欠上供諸色窠名錢糧又蠲江淮

等路紹興二十七年至乾道二年拖欠藏庫歲額錢共
八十七萬五千三百緡宋史
元英宗至治元年正月詔賑蘄州饑民糧三月二月以
鈔二萬五千貫粟五萬石賑河南諸路三月又發米三
十九萬五千石賑之元史
文宗至順元年二月蘄黃等路饑各賑糧一月辛亥賑
流民復歸者家鈔五十錠三月甲寅又以淮西廉訪司
贓罰賑蘄黃五路饑民元史
順帝至元三年蘄州饑二月詔發義倉米賑之又賑河

南諸路米十萬石 元史

至正九年夏秋蘄州大水傷稼十一年遣使賑被災人民死者錠五定傷者三錠燬房屋者一錠十二年蘄黃大旱人相食 元史

明正統七年蘄州旱民顧禧出谷一千一百石賑濟有司以聞詔旌表令各府州縣一應贓罰□□之物俱于年終變賣在官候秋成糴粮預備賑濟

景泰六年七年江水泛漲蘄州湖田盡沒命巡撫都御史王竑祭禱江海山川設法賑救 通紀

成化七年蘄州知州莊轍修廣備倉厫九座五十四間舊法復振 舊志

十四年十五年蘄州大旱奏免田租三分之二郡人敘州府知府宋誠言于州守置便民倉先是蘄武襄門外社稷壇左有倉是爲預便之北倉[illegible]民地誠損資鬻而廣之建倉納租賃屯粮歲備漕運民以爲便 蘄志

孝宗弘治元年戊申蘄州大旱十七年甲子蘄州大旱免田租之半 通紀

元年蘄州大旱未免租定預備倉粮州縣毎編十里以上積粮一萬五千者官考滿以所積多少爲殿最 通紀

十七年大旱免田租之半 通紀

武宗正德三年蘄州大旱六七月湖水盡涸侵碭數十年不竭者皆可馳驅未嘗免租 舊志

世宗嘉靖元年蘄州知州魏修判官李昭復置便民倉先是郡人宋誠市地以建成化中遂歸舉人李朴至是州守募里納出其羨鬻于朴復建以儲南北粮其倡議規畫皆判官之功爲 舊志

二年癸未五六月蘄州旱苗盡槁斗米壹錢伍分奏免田租有差七年十年兩年秋半旱十三年十四年連旱有司不聞賦役如常民不堪命 蘄志

六年蘄州大水漂流人畜先是五年奏准湖廣地方災傷合屬各預備倉原積穀米雜粮八十二萬石銀四萬兩並太和山嘉靖四五年分香錢見在實數賑濟蘄州知州李才割廣儲倉地另建預備倉 總志

七年蘄州旱湖廣諸府縣饑諭巡撫督令司府州縣將極貧人戶先儘見粮賑給有不敷將各項官銀給發 總志

十八年蘄州大水低田盡沒市巷入舡小民捕魚聊生
未免租舊志
二十三年二十四年蘄州連旱蝗虫蔽野斗米値銀貳
錢民淘山蕨採水芹拾橡實剝樹皮充腹殍屍道傍不
可勝記兵備副使劉光文奏免屯租之半
三十二年蘄州旱湖廣連歲水旱至食子女南京給事
中祁清以聞○崇禎十六年張獻忠破蘄州是年停徵
國朝世祖順治十年蠲免九年旱灾十分之二
康熙二年五月奉

上諭順治十五年以前催徵不得錢粮查明盡行蠲免
康熙三年蠲免二年水灾十分之三
康熙四年三月初五日因星変再見頒赦直省順治十
六十七十八年催徵不得各項舊欠錢粮[illegible]體蠲免

遺事

舊志載宋理宗景定二年安撫使王益避亂率民保鴻
宿洲築城于今治麟山之陽掘地得墓碣云本是千
年地暫借伍百年王益來至此移我過西邊按王益
為知州稱安撫誤舊傳為郭景純所留[illegible]言迄宋末
不止五百年又傳為荊藩建邸時所獲此誤
蘄州今治形家言地如簰形故用三鉄釘鎮之舊為州治
內戒石前三鉄釘一為鉄佛寺鉄佛一為南門外鉄
牯牛鉄釘[illegible]木城破後為江南人擊碎盗去鉄佛今

尙存至鉄牯牛相傳在南城濠邊土內有人浴濠中
偶傷于角城中遂犯火災
蘄州今治形家言地當長江下流宜建塔數鎮其輕洩
兼主文風之盛明萬曆戊申己酉間知州何公之圖
精堪輿議建塔東山寺之傍已[illegible]因荊府火
災而止或云太近宜建城之東南下三十里馬口山
以其地扼州水口也
蘄州朝山在江南曰執笏荊府及州治學宮皆向之有
一小峯高出山右肩或嫌其欹㓨遣石工往鑿平之

其巔實另有石山立大山之前高數十丈如執笏朝見狀正爲藩王之應但稍偏高出耳實天所生成不可人力去也

又江南有父子二山蘄州治向之遠望如一山形類唐帽因名唐帽山主蘄文風之應若起雲霧必雨抑山之著靈者也

蘄州江中浮玉磯初建閣時已堅☐☐ 吳公善堪輿嫌其取材卑矮怒甚欲責木工衆爲請寬之公曰再高二尺斷☐發元如今制雖科第不絕但止可發魁耳果如☐言

蘄州麒麟山首在東關城隍廟學宮居其頂州☐藩邸居其腹股抵北關而水西門其☐☐☐☐磯石横起江中者其尾也水西門于☐☐☐☐☐微後或議塞之無何城垣水四漫流出盡崩塌☐ 其門遂止則地理信有之不可誣也

蘄州防道憲署初建時或占其中宜出大元後宦城沈公寵其子懋學歸安韓公紹其子敬皆登殿元兩公先後建節于蘄信地靈有先兆也

舊志載姑蘇高太史棨修行於蘄之迎山寺按寺在迎山之踝甚甚隘去☐祖墓不數百武今遍考自環翠亭一詩外在蘄更無他蹟而太史集中亦別無著作可稽其稱在蘄修行不知何據也

明萬曆己未間土人于江中☐☐花☐ 鐘一口擊之無聲以獻之兵憲王 時大宗伯李公本寧適過蘄王公稍☐ 國時周公瑾破曹兵軍中會食之鐘也共十有二以☐☐擊之無聲以薦☐輕擊之其聲始發驗之果然

蘄南城外三☐許江濱舊有關帝祠神像甚有生氣頗著靈應城中人事之甚謹癸未賊後祠爲土☐所壞神遂露處韓☐戎爲☐ ☐廢址☐移神卜之不許強移之 ☐有拙工爲之改削其人立死☐☐ ☐順治☐亦異事也

統志載蘄州有鬼島宋王禹偁自黃徙蘄聞此島詢其名或答曰此名蘄州鬼禹偁大惡之未幾果卒蘇子瞻作禽言詩曰使君向蘄州更唱蘄州鬼我不識使

君寧知使君死入生作鬼今[illegible]免使君已老知何[illegible]
今按蘄原無此鳥或謂即梟鳥俗名扛喪聞其聲即
惡爲不祥然此鳥處處有之春夏間郊[illegible]晡時多夜鳴
何獨指爲蘄有也
按蘄州白花蛇龍頭有角[illegible]中脊有方
勝花文死目不[illegible]𦵏可治
風故蘄蛇亦可治風
楠藤附之蛇多産于此後樹爲人所盜伐蛇[illegible]渡江
移於與[illegible]實往來産聚之地不常惟楠藤盛處即

有也或[illegible]生處處有之而蘄産獨靈者以其地所
應正在巽火之分星耳或又曰蘄産龜蛇也[illegible]按龜
蛇合爲元武之精[illegible]
後移武當其精[illegible]
於蘄說俱渺幻姑[illegible]
蘄州山水秀麗人文故多[illegible]
節樂與士大夫游往往結爲詩社宗[illegible]
名者如竹侶之草蟲定王之菊竹鑑虛[illegible]
伯誠之水墨花卉維宗之[illegible]如震岳仲良龍渭

諸昆季皆得飄然蕭灑之[illegible]之工書者若王之
栩號天目王之鼎字定仲李新字庚伯[illegible]
儀王臣縉號意菴而諸生中有袁素
良字伯駿陳之京字覲[illegible]
仲張敦謙字期伯
字叔毅袁道長字
林翹楚此文苑之[illegible]
蘄俗近文雅善歌者多習吳中雅調雖布衣之[illegible]咸能
以絶技[illegible]如黄綺雲之善謎馮道衡之善奕雖曰

小伎王[illegible]亦樂與游至今猶述爲里中美譚也
蘄民多尚義邇年自流寇肆毒爲坊[illegible]計者[illegible]
多拆毀如治西之
朝順治十五年[illegible]
之又南路之三十[illegible]
治十二年州民梁均字
工至今行旅攸賴二人出自編氓
僧海蓮如東山寺鳳山寺玄妙觀[illegible]
建置與尚義類所不載並[illegible]

荆楚文庫

〔乾隆〕蘄州志

〔清〕錢鋆 修

〔清〕周茂建 等 纂

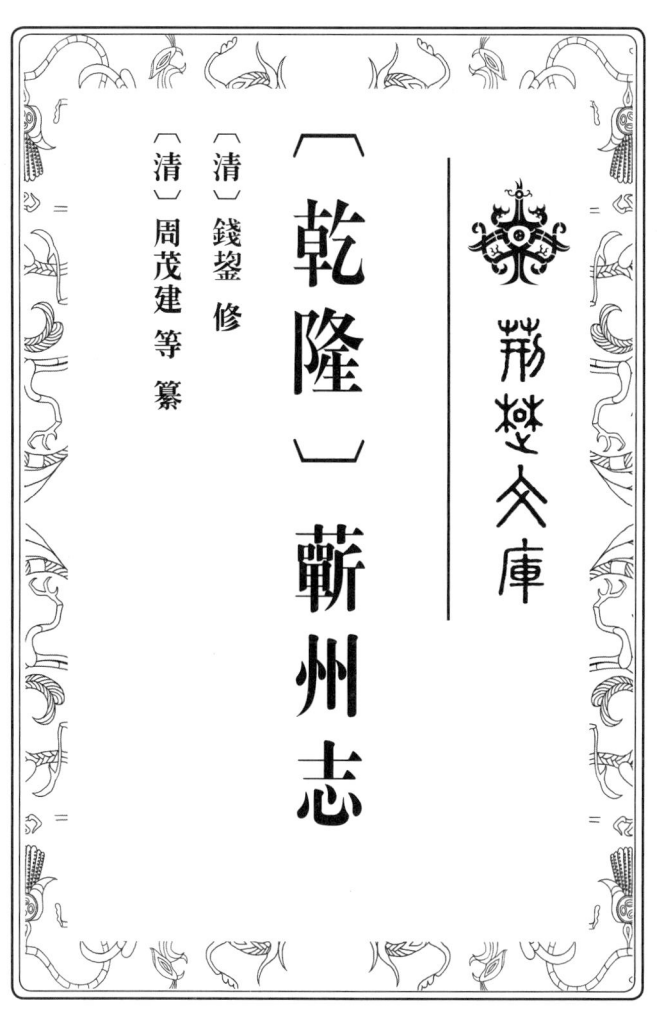

《荆楚文庫·方志編》編纂組

組　　長：劉偉成　陽海清（執行）

副 組 長：劉傑民（執行）　王　濤　謝春枝　郝　敏　嚴繼東

參編人員（以姓氏筆畫爲序）：

王　濤　李云超　宋澤宇　范志毅　郝　敏　柳　巍　馬盛南　陳建勛

夏漢群　梅　琳　陽海清　彭余焕　彭筱澂　楊　萍　楊愛華　劉水清

劉偉成　劉傑民　謝春枝　戴　波　嚴繼東

編　　審：周　榮

顧　　問：沈乃文　李國慶　吴　格

前言

《〔乾隆〕蘄州志》二十卷首一卷，清錢鋆修，清周茂建等纂，清乾隆二十年（一七五五）刻本。

錢鋆，字檢亭，清江蘇常熟人，舉人，官蘄州知州。周茂建，湖北黄岡人，舉人揀選。

州志沿革，是志凡例曰：『州志始於甘氏澤，卷目見《明史·藝文志》，今已不存。』據天一閣所藏明嘉靖甘澤所修《蘄州志》，可知甘志前尚有舊志，而甘氏實有藏本存世，只是乾隆續修時不得見。甘志後有翁學淵續志。前志成於康熙三年（一六六四），由州人盧紘編纂。其時盧紘宦於蘇，受錢農部所助，始得舊《湖廣通志》《蘄州志》等作爲參考修志。時逾近百年，錢氏後人錢鋆入楚，繼任蘄州知州，見文獻漸没，遂有意續修志書。乾隆二十年，錢鋆召集文學之士，開館修志，同年十二月書成付梓。

志分二十卷首一卷，首列序、職員、凡例、目録，卷二十末有後序。正文每卷卷端鐫『知蘄州事虞山錢鋆纂輯』。體例仿《〔乾隆〕黄州府志》，内容則以所存見諸志爲基礎『參用之而略加考訂』。全志共分十綱：地理志、建置志、賦役志、學校志、職官志、選舉志、人物志、藝文志、雜志、外志，與《府志》完全一致。子目則有參考盧志者，如『建置志』之『坊表』、『賦役志』之『徭役』、『選舉志』之『例貢』、『人物志』之『正直』『恬退』『尚義』、『外志』之鬼神等。盧志未有『鄉飲』，是志增之；而盧志之十景圖，是志以其『無關義要』而盡删之。盧志『藩封』特列一綱，而《府志》列於『職官』下，是志以藩封因蘄州險要地利而來，移其至『地理志』綱下。『學校志』一志，『書院』目於《府志》僅爲附見，是志特分立一目，列於『廟學』之後，以詳載蘄邑麟山書院經費條規。『職官』自魏至明按年代羅列官員姓名，並以小字註明時間、官職，至清方仿《府志》以表列之，以示官製之異。『列女』府志僅載已旌者，是志從盧志體例，兼載未旌者，並以年例爲斷，分上、下卷以别之。盧志之『禪林』『道觀』載於『祀典』下，是志移入『外志』。

其内容則在舊志基礎上多有增益正訛。舊志天文所載通全楚，是志參之《府志》，撮各史天文志中分野之通於蘄州者列於卷次。『職官』所載，舊志多有脱漏，是志自各省志及他書中檢得相關條目，概爲補入。『選舉』所失載者補之，有所出入者並載，以備參考。整體人物所增者半，藝文則倍於盧志。

據《中國地方志聯合目録》，是志有清乾隆二十年刻本，藏於國圖、遼寧、南京、台灣等館。本次據南京圖書館藏本影印。該藏本原缺卷十八之三十三葉。（彭筱溦）

目録

序

往余守蘄州得盧副使紘所爲州志愛其文博而事贍公餘未嘗不往復觀之及聞其書成於江南官署又未嘗不嘆其任事之勇雖簿書錢穀應接龐雜之會而粹然能自立言如此其才固不可及也方今距副使時近百年

聖治涵濡人文日盛士夫卓犖可傳之事日益多郡縣舊有志者重脩無者創輯次第並舉蘄志自副使後無復踵其事者余守蘄幾二載愧無副使之才遂亦不能竭蹶以從事其視修志固有志焉而未之逮也乙亥春州守虞山錢君廼始招集文學之士因盧書增而新之審體例慎去取親爲釐定非苟作者余聞君先世與副使以文章交好州志舊本散失得自君家秀峰公副使乃得據其柢本成書而牧齋公爲之序是蘄志之至今存固君先世力也及君至蘄蘄志又成前牧是州者或公冗不暇及或議定而終止數十年因仍闕略以待

夫君之爲之淵源相繼豈亦有數存焉於其間耶然蘄以繁劇之地中智以下類不克勝任君既治之裕如而兼能以其餘力著書視副使在江南時何如哉書成問序於余余既嘉其任事之勇又喜其卒有以成君先世之志以爲守蘄者文其陋故條其顛末歸之蘇子云物莫不始於粗而終於精副使舊本善矣今復監而加精焉而事文皆增於舊是又其勢使然也

時

乾隆二十年乙亥歲十二月既望

賜進士知黃州府事前知蘄州事靈

武李　琰君采氏撰

序

副使盧公濬巖官蘄時於余家得
湖廣通志黃州府志蘄州舊志遂
以書詞往復於蘄在署修成盧志
前輩勇於任事如此余先世秀峰
仍峰公兩宦於楚視楚直如一家

楚中所得諸文籍如守家珍子孫
不敢壞故諸志悉存余家是盧志
成亦余先世意也盧志後九十年
間文獻漸就湮沒而余又適宦於
蘄責有所屬余不敢辭聘請名儒
開館纂修復得成今志蘄故多世

家顧黃公博極羣書所著白茅堂
考據精詳於蘄事尤密黃公不仕
號名生徒人材畢出各有著述故
事文倍於盧志又盧志人物自甘
志舊志歷數百年今志纔九十年
人物亦倍益我

朝愛養教誨薰陶涵濡人爭自濯磨
義士孝子節婦十室必有則我
朝功德及人邁於往古者即今志人
物可見矣余宦蘄承今　郡守李
公後事治人安不費經理得以其
暇興書院徵文獻是志成又皆

李公功也

昔

乾隆二十年乙亥歲十二月既望

知蘄州事虞山錢　鋆題

蘄州志纂修職員

總裁

湖廣湖北黃州府蘄州知州虞山錢　鋆

總修

黃岡縣舉人揀選　知縣周茂建

蘄州儒學學正應城縣舉人揀選　知縣程大中

監修

直隸州判借補　蘄州州判魏　根

蘄州儒學訓導黃册元

分修

廣濟縣舉人揀選　知縣張　璧

興國州　廩生胡興選

蘄州　舉人張光講

黃州府　儒學廩生陳于座

黃州府　儒學增生李必然

蘄州　儒學廩生李叢生

蘄州　儒學廩生何錦坊

蘄州　儒學增生張學址

蘄　州　儒學廪生陳守約

分校

黄州府儒學增生李必然

蘄　州　儒學廪生李　岱

蘄　州　儒學生員王世求

蘄　州　儒學生員李永年

蘄　州　儒學生員張源嶓

監刑

蘄　州　吏目胡惟忠

茅山司巡檢秦廷諫

大同司巡檢吳維坤

經理

候選州同陳於榮

監　　生王思且

貢　　生王　鑾

候選州同陳法璧

生　　員陳欲璥

貢　　生張遠誨

採訪

監　　生張　猷

生　　員顧湛露

監　　生張　寅

監　　生王　璋

武　　舉胡萬年

監　　生熊有翥

監　　生王開寅

貢　　生張　皡

貢　　生湯時弼

貢　　生王德謙

貢　　生陳榮封

監　　生陳述古

監　　生胡　便

監　　生張　青

監　　生駱嵩年

監　　生陳天縱

貢　　生王　雍

監生 陳天照
生員 張朝柱
貢生 吳琦
監生 田仁滑
生員 吳德耀
廩生 張泰矚
監生 呂大本
貢生 袁淮
監生 汪本源

監生 張有斗
監生 蔡理受

郝志修校姓氏

江防道 翁學淵 知州 崔一濂 州同 梁 肩 吏目 李 煜
學正 楊 演 訓導 羅天爵 王 猷
鄉官知府 王 儼 郝守正 舉貢 陳吉言 高 暘
楊 芳 廩生 田于藍 鍾 沂

盧志修校姓氏

知州 王宗堯 州判 王奪標 吏目 沈毓林
學正 尚登岸
鄉官郎中 謝 觀 布政 李本晟 參政 盧 紘 僉事 熊光裕

知府 高 培 同知 張效葵 知州 陳王道 知縣 李炳然
方 舟 汪 蕎 張承瑞 王 協
縣丞 張效鍊 教諭 董良宣 董良囚 陳言先
葉俊士 馮 琮 封 岳 舉人 顧咸泰
張承位 李必泰 劉遐祚 貢生 晏 昇
張士淑 張 泮 孫天衢 貢監 李 檟
原授推官 顧景星 官監 盧昭初

蘄州志凡例

一州志始甘氏澤卷目見明史藝文志今已不存郝盧二志互有異同顧氏志論義要尤備今叅用之而畧加攷訂體例則本之黃州府志云

一卷立十綱全彷府志衆目亦有叅用盧志者若建置志之坊表賦役志之徭役選舉志之例貢吏仕人物之正直恬退尚義外志之鬼神皆是惟鄉飲賓盧志未載今增入附辟薦後用以見鄉舉里選之遺

一盧志輿圖附十景繢畫雖工無關義要今並刪

一國史首天文次地理郡邑志以地輿爲主故星野次疆域下舊志星圖翼軫角並列葢通全楚言之府志謂黃州不及一度四分之一今撮各史天文志分野之通於蘄者條析以列於卷次

一盧志封建專列府志藩封列職官之首攷前代封鎮莫不因地之險隘以爲之備明于蘄設藩本以地利言故移置地理志次形勢下

一學校者人材所從出府志嵩立一綱最爲得體其目首廟學次祭典書院祇附見按書院向惟在省會者規制井然郡邑或空名具而已方今州縣皆以次建立名實俱舉蘄邑麟山書院經費規條詳報　各憲宜備載之以垂永久故另立一目列廟學下

一蘄志職官歷代異制自漢以下正史可攷者魏有太守典農陳有太守隋有總管唐自刺史而外有安撫觀察叅軍等官宋自知州通判而外有安撫制置防禦叅軍教授司法等官元有總管錄事通判千戶等官名稱不一難槩列表今依黃州府志自魏迄元用直行列職官姓名官名用小注前明曁

國朝始列表

一前代職官無題名碑版可攷府志舊志俱多脫漏今從各省志乘曁他書檢得之者槩爲補入

一選舉志向有失載者如康蘄國本元進士曾黼元人官吳縣知縣之類今皆補入有名字官爵出身互異者如朱仕進楚紀作仕俊王獻府志舉人表作瓛胡琪府志通作琦明甘澤州志列成化丙午鄉舉吳縣志以爲歲貢朱仕進楚紀以爲知府府志曁州志本傳以爲同知塋墓志又以爲侍郎今胥以州志本傳

爲正餘說並存之以備參攷有姓名科目俱同者如兩甘澤一宋人一明人俱鄉舉兩陳正誼一隆慶丁卯舉人一康熙甲子舉人武科兩葉植一明崇正間人一國朝人事蹟官稱頗易混淆今揭于卷首使分別觀之

一人物分類從盧志多爲之目實寓節取之意

一府志列女祇載旌節今從盧志兼載未旌者以年例爲斷仍分上下卷以別之

一藝文不足以攷典制備舊聞者不載生存者不載駢體塡詞雖工不載間有文以人傳者亦復破類收之

使讀者想見其爲人焉

一盧志禪林道觀載在祀典土主龍君附之人物于義既爲無取于例亦直不倫今別白而錄之入外志

一有地理然後有建置有建置然後可以受人民備供給故賦役莫先焉賦役定然後可以議積貯積貯既足蠲賑隨之然後民生遂而學校興焉賦役以時學校有則然後謂之良吏故職官次之有司公且明而後士類奮焉故選舉又次之選舉者賢材之所自出也故其次志人物論人物者未嘗不以德與功而經世未嘗不以言故其次志藝文君子道其常祥異兵事不常有也于是有雜志故老之傳聞緇流黃冠之所留貽而寄寓多識焉可也故別置之而以外志終焉此志之叙也

蘄州志目録

輿圖

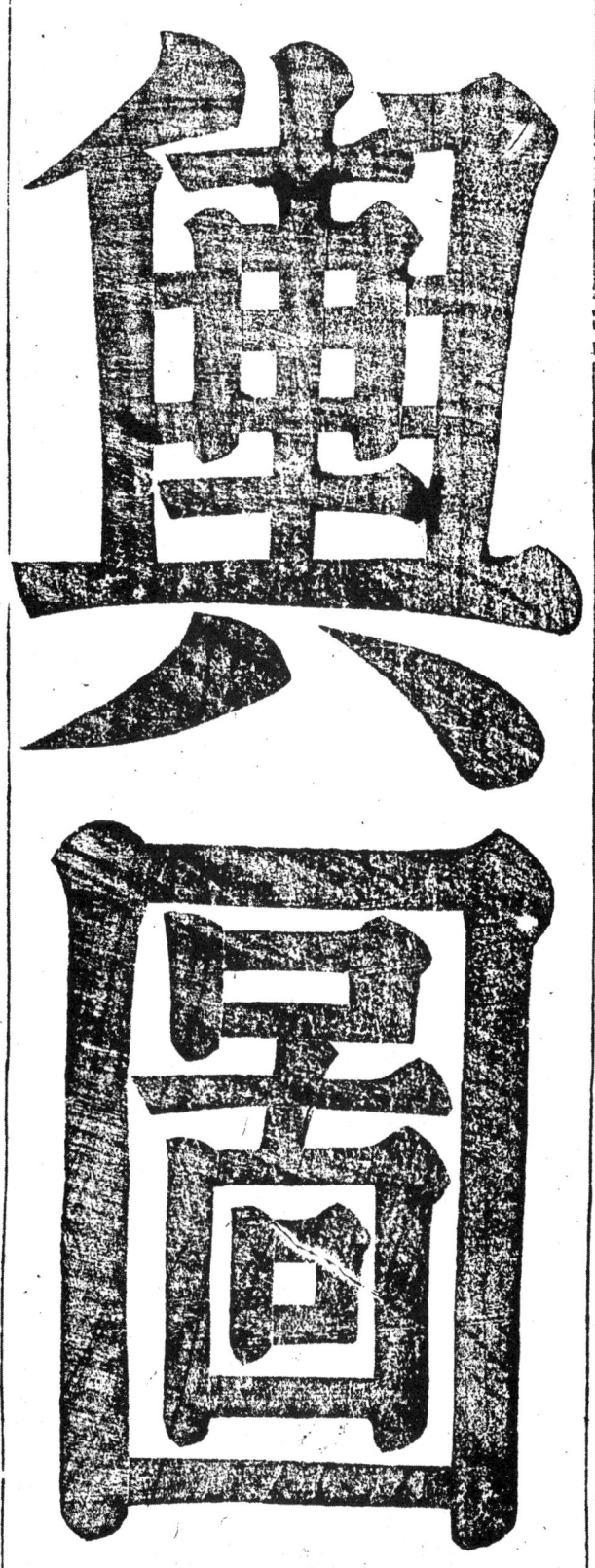

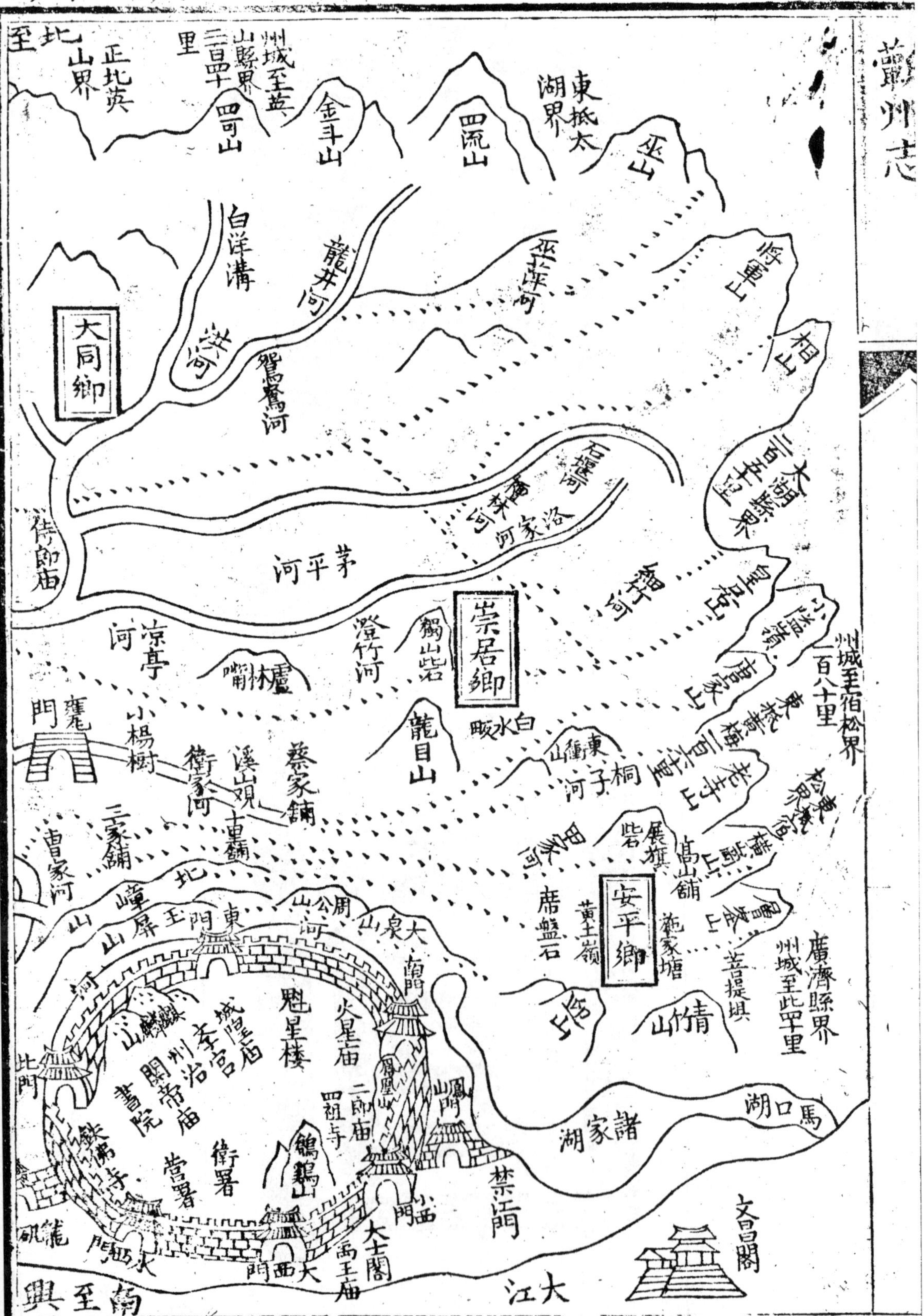
正北英山界
州城至英山縣界二百四十里
金斗山
四流山
東抵太湖界
巫山
白洋溝
龍井河
巫洋河
將軍山
大同鄉
鴛鴦河
相山
太湖縣界
茅平河
洛家河
崇居鄉
涼亭河
澄竹河
獨山岩
蘆林嘴
龍目山
白水畈
小楊樹
衛家河
蔡家鋪
東衝山
桐子河
三家鋪
曹家河
十里鋪
東門
周公山
大泉山
安平鄉
田家河
展旗岩
高山鋪
磨盤石
黃土嶺
熊家塘
菩提壩
青竹山
廣濟縣界
州城至此四十里
諸家湖
馬口湖
魁星樓
火星廟
城隍廟
學宮
州治
關帝廟
書院
四祖寺
二郎廟
衛署
營署
北門
小西門
大西門
大士閣
禹王廟
禁江門
文昌閣
大江
南至興

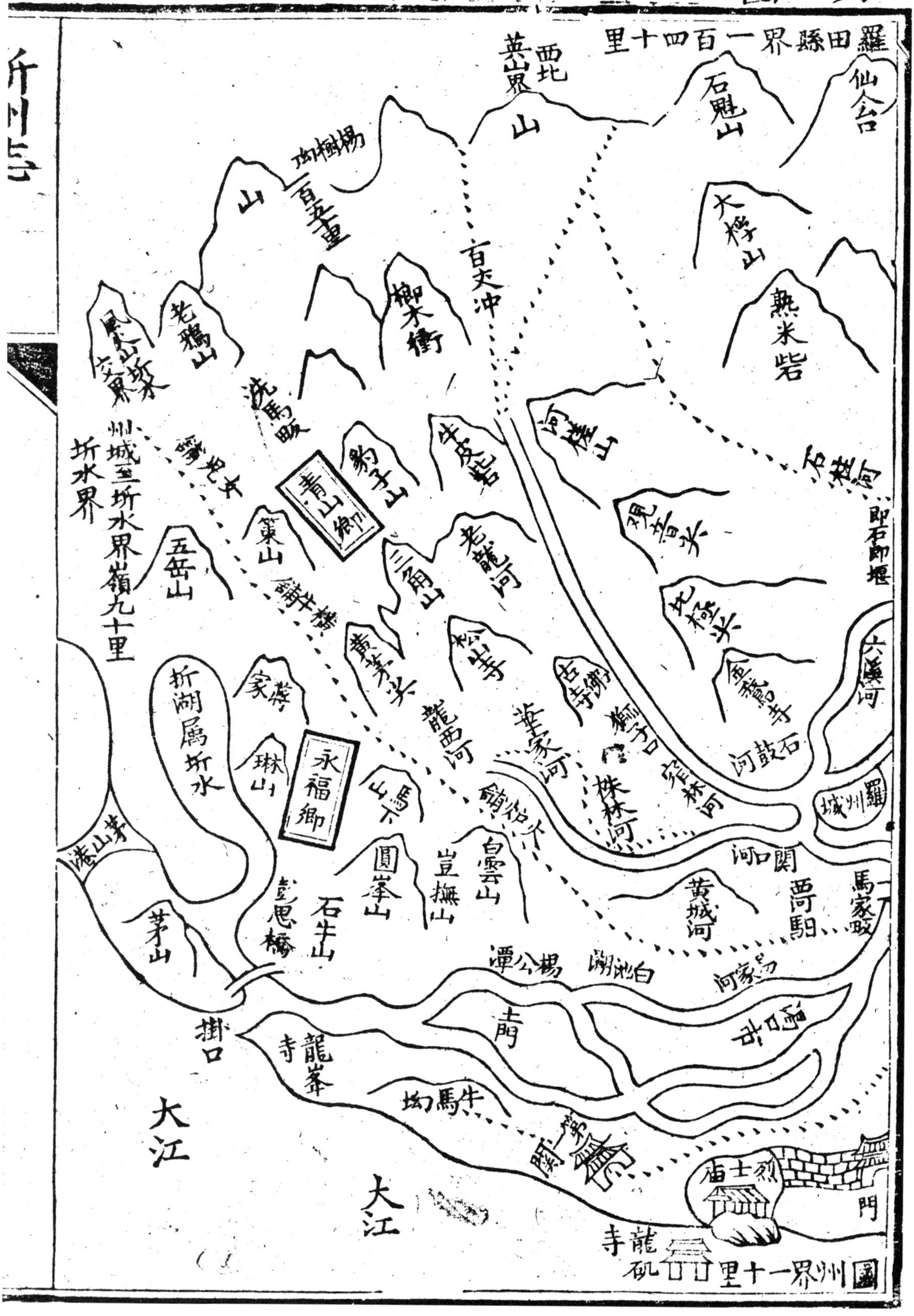
羅田縣界一百四十里
西北英山界
仙人台
石鬼山
楊樹凹
一百二十里
大樟山
百丈冲
熱米岩
柳木衝
老鴉山
洗馬畈
牛皮岩
豹子山
青山鄉
州城至蘄水界嶺九十里
蘄水界
五岳山
策山
三角山
老龍河
觀音尖
黃茅尖
六溪河
古寺灣
龍西河
華家河
獅子口
石鼓河
羅州城
琳山
永福鄉
株林河
竹林河
關口河
圓峯山
白雲山
黃城河
馬家畈
西驛
茅山
石牛山
掛口
牛馬坳
大江
大江
烈士廟
門
龍寺

蕲州

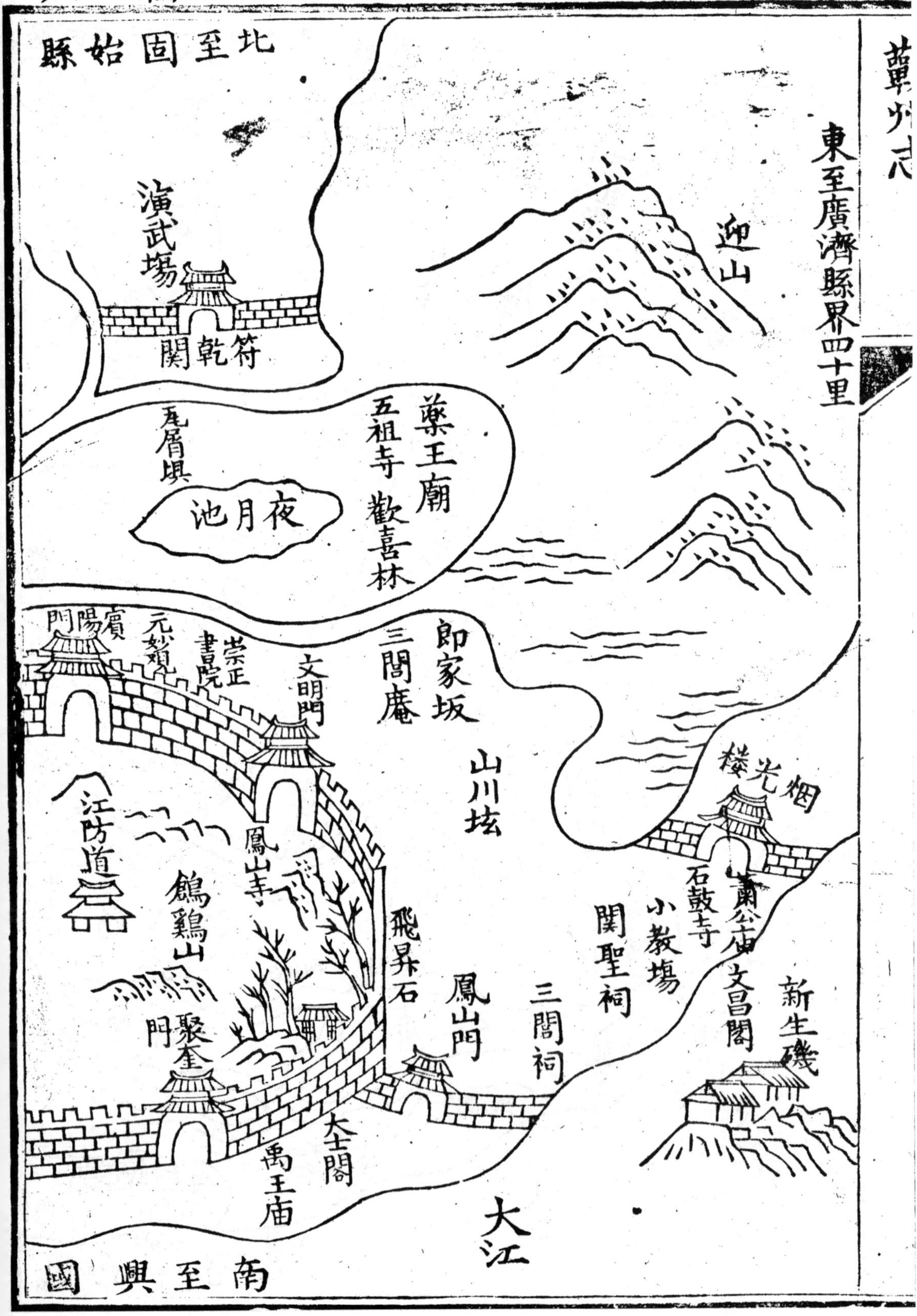

北至固始縣
演武場
符乾關
瓦屑垻
夜月池
五祖寺
藥王廟
歡喜林
迎山
東至廣濟縣界四十里
賓陽門
元妙觀
崇正書院
文明門
三間庵
郎家坂
山川坛
江防道
鳳山寺
鶬鷄山
聚奎門
大士閣
禹王庙
飛昇石
鳳山門
三間祠
關聖祠
小教場
石鼓寺
蕭公庙
文昌閣
烟光樓
新生磯
大江
南至興國
蘄州志

城圖

界一百四十里
西至蘄水縣界九十里
赤東湖
沿市湖
便民倉
麒麟山
水口
第一關
蓮花池
武昌門
城隍廟
蘄州衛
儒學
四節祠
蘄州署
荊藩廢基
鐵佛寺
褒忠廟
觀瀾門
澄清門
北濠
大江
龍磯門
龍眼磯
蘄陽驛
州界十里

蘄州志卷之一

知蘄州事虞山錢 鋆纂輯

地理志

沿革

蘄地周以前無攷十道志謂春秋戰國屬楚秦置三十六郡屬九江此沿革之始也厥後爲國爲郡爲路爲府爲縣爲州析合不常今據各史地理志曉悉可稽者備著之表

沿革表

紀代	年	國	郡	路	府	州	縣
唐 虞 夏 商 周 春秋戰國		蘄在禹貢荆州之域爲吳會之交夏商以前無攷周自湖南十州皆屬楚					

紀代	年	國	郡	路	府	州	縣
秦			秦置三十六郡蘄屬九江郡				
漢							蘄春縣屬江夏郡
東漢	建武二十三年	蘄春國 封陳浮爲蘄春國侯領縣三黃梅廣濟蘄水					革

紀代	年	國	郡	路	府	州	縣
蜀漢		革					
魏			蘄春郡				
吳			沿				
晉	太康元年		革				蘄春縣屬弋陽郡隸豫州
東晉	太原三年						蘄陽縣舊志簡文后諱

	宋	附魏	齊		梁	北齊
	孝寧八年		永明四年			
			齊昌郡		革	
					北江州析齊昌置羅田縣隸焉	羅州廢南新蔡郡改
春因避爲陽	沿屬豫州西陽郡	沿徙縣治於石穴洲	齊昌縣	改蘄陽爲齊昌析置永興縣隸焉屬豫州	革	

	陳	後周	隋				唐	
	天建五年		開皇十二年		開皇九年	大業三年	武德元年	天寶五年
	齊昌郡復齊昌郡	沿	革			蘄春郡復立蘄春郡	革	蘄春郡
			蘄州府改州爲府析郡	復爲蘄春縣	革			
北江州爲羅州	沿	蘄州改蘄州始此復置華興縣隸焉	革		蘄州復改府爲蘄州	沿	沿屬淮南西道	革

乾元元年　復蘄州爲郡

革

蘄州　郡廢復蘄州

梁　沿　屬吳

唐　沿　屬吳

晉　沿　屬南唐

漢　沿　屬南唐

周　沿

宋　沿　置防禦安撫使

景定三年　安撫使王益始遷今治

元　蘄州路　屬河南行省淮西江北道

革

明　洪武元年

革

蘄州府　改路爲府領縣五附郭爲蘄春縣外黃梅廣濟蘄水羅田屬焉

洪武九年

革

蘄州　改府罷蘄春縣復爲蘄州外領縣如故

國朝

洪武十二年

皆所領縣同隸黃州府

沿

附歷代沿革攷 節錄顧氏志論

南郡

通攷蘄屬九江郡隸揚州圖內復因漢江夏郡有蘄春又隸荆州圖內晉書地理志曰六國時其地爲楚秦取鄢郢爲南郡漢分南郡爲江夏郡之蘄屬及置十二州因

舊名爲荆州統南郡舊說謬據此葢秦之南郡地大北控襄陽南控江夏西北與唐鄧而蘄屬九江不與焉漢乃割南郡北境并九江南境爲江夏郡蘄始隸焉南郡别自有十八縣蘄在秦屬九江在漢屬江夏謂蘄爲南郡誤

三國

漢初分南郡爲江夏郡仍隸荆州蘄春屬江夏建安十三年曹操盡得荆州何夔傳曰建安中袁術與橋蕤攻蘄陽蘄陽爲魏囚守則蘄已爲魏有赤壁之敗南郡以南屬吳吳後遂與蜀分荆州於是南郡零陵武陵以西爲蜀江夏桂陽長沙三郡爲魏而荆州之名南北雙立是此時蘄屬吳建安二十五年孫權自公安都鄂分江夏郡爲武昌郡屬以武昌下雉尋陽新陽柴桑沙羡六縣皆江南地而蘄改蘄春郡又省郡爲縣屬弋陽郡魏又改弋陽爲西陽今之光黃州地也黃初三年以江北諸郡爲郢州四年吳擄叛將晉宗於蘄春復置蘄春郡先是宗爲浠口守將叛入魏至是擄宗還齊王芳本紀云自帝卽位至嘉平五年郡國縣道多所署省俄或還

復不可勝紀大氐蘄初屬魏赤壁敗復屬吳文帝時又屬魏繼又歸吳三國無地理志詳傳記如此

潯水

潯本作尋漢屬廬江郡在江北蘄地也所謂以蘄陽之尋水并豫章之柴桑而立郡是也晉志惠帝永興元年分廬江之尋陽武昌之柴桑乃立尋陽郡始治江南潯陽記云古蘭城地

南北隸郡

宋書州郡志晉惠帝分弋陽爲西陽國屬豫州蘄陽縣

居西陽之第三及宋武盡得河南地蘄蚤爲宋有至明帝後魏南侵淮北及豫州西境悉遭陷沒則宋亦蚤失之史稱得失靡常攷據難定加以載籍多燬不可得而詳宋文帝紀元嘉七年罷南豫州并豫州八年割豫州秦郡屬南兗州十二月罷湘州還并郢州十六年正月復分郢州置湘州二月分長沙江夏郡爲巴陵郡屬湘州閏八月復分豫州之淮南爲南豫州二十九年罷湘州還并荆州孝武帝紀孝建元年分揚州立東揚州分荆湘豫州立郢州於郢州立安陸郡大明二年復西陽

郡三年割豫州梁郡屬徐州七月分淮南北復置二豫州四年以徐州之梁郡還屬豫州五年移南豫州治淮南於湖縣六年改豫州南梁郡爲淮南郡舊淮南郡并宣城八年六月以豫州之淮南郡復爲南梁郡復分宣城還置淮南郡十二月以王畿諸郡爲揚州以揚州爲東揚州前廢帝永光元年割郢州隨郡明帝泰始二年分豫州立南豫州三年罷南豫州五年二月分豫州揚州立南豫州四月割譙州隨郡屬郢州割豫州義陽屬郢州以郢州西陽君屬豫州六月罷南豫州後廢帝泰豫元年閏七月割南豫州南汝陰郡屬西豫州以西豫州廬江郡屬豫州元徽元年割南兗州之鍾離豫州之馬頭又分秦郡梁郡歷陽置新昌州立徐州四年割郢州之隨郡置司州以上或與蘄同郡或爲蘄所屬或隸蘄廢置紛紜殊無一定攷蘄地當宋武初因晋制屬豫之西陽郡文帝元嘉元魏南侵豫及淮西皆不守歷三十年至孝建元年又分荆湘豫立郢州所謂度郢州是也於時西陽屬郢矣又五年爲大明二年復西陽郡不審所謂復者復自魏也耶抑省而復置耶明年分淮南

北復置二豫州後魏南侵淮北至於瓜步豫州西境悉被陷害長淮遂爲北境則蘄入魏矣魏地形志曰以齊昌郡齊昌縣屬北江州恐即此時也泰始二年割郢州西陽郡屬豫州其時蘄又屬豫或者旋爲宋復耶泰始五年又度豫大抵終宋八帝六十年反覆如此蘄舊志但云宋屬豫州之西陽郡欠考

羅州

梁天監初柳慶遠帶淮陵齊昌二郡守而王僧辨傳又有羅州刺史則梁初已改宋齊之制升縣爲郡不屬西

陽而羅州不審何帝：置或在簡文前耶至敬帝分齊昌
五郡置西江州此時羅州又當廢魏地形志曰北江州
領郡六蕭衍置魏因之齊昌郡居第二則梁初又嘗屬
北江州矣大抵自縣升郡自郡升州州有刺史郡有太
守其置齊昌郡即郡置羅州如今府治之有附郭耳

南齊昌

陳初北失淮淝以長江爲界蘄亦在所失天康元年周
炅復之炅入朝田龍升復叛入齊炅又復之至宣帝盡
復淮南經紀淮北則齊昌以北全復於陳陳書大建五

年五月齊改縣爲郡者僉復之七月戊申罷南齊昌郡
南齊昌者因失齊昌故僑立也至是復齊昌因罷僑郡

五蠻

北齊書大象中司馬消難舉兵反於時北距商雒南距
江淮東西二千餘里巴蠻多叛推渠帥蘭雒州爲主號
河南王以附消難按蘄在漢屬江夏自光武建武二十
三年徙南郡蠻七千餘口於江夏界中此江淮有巴蠻
之始水經巴水五蠻居之今蘄地也宋元嘉末又於西
陽立十八縣以處豫部蠻民至是作亂

石穴洲

魏自太平眞君七年有河南淮北地以大江爲界都雒
陽水經注曰蘄口洲上有蘄陽縣治徙石穴洲按即今
挂口南對之洲宋時鴻宿洲也不審魏何時而徙先是
延興末詔州郡十丁取一以充行戶泰和末選募武勇
十五萬人號羽林虎賁旋復擯抑兵民流宂江北大亂
或者徙治此時耶不則在太平眞君末或太和中也

景定新城

舊志景定四年元復攻蘄守臣王彥明死之安撫使王

益因遷今治按理宗本紀景定三年八月丁酉築蘄州
城知州王益落階官正任高州刺史制置使汪立信上
蘄州新城圖然則前此已遷治矣益以知州帶安撫使
而彥明是蘄春縣令非守也蘄自嘉定十四年陷於金
宋復之至端平三年爲元太宗八年復爲札剌溫火兒
所攻孟珙解其圍嘉熙元年又攻三年又犯境史皆未
言蘄陷惟元史張晉亨傳云中統元年晉亨之子好古
移戍蘄州宋人攻蘄好古力不敵死之嚴實傳亦云宋
人攻蘄勢甚張中統元年即宋景帝元年也又宋史地

理志云嘉熙元年蘄春治宿景定元年移治龍磯然則蘄舊城自嘉熙已失凡二十餘年或僑治宿松境或攻或復其保民江上實則景定元年也至三年今城成乃圖上耳蘄志謂四年元人設砲白雲山舊城陥始築今城者誤也嗣是相持十四年至德佑元年元人以舟師造城下管景謨始以城降元因廢舊城即新城治之

按沿革舊表闕者凡十朝今據正史悉補之舊志直稱蘄在周爲蘄國志論辨之極詳府志又謂蘄在周爲茲子國地辨見後星野晉後之秦無窺江表者舊

志云楚以郢爲南郡晉武帝時南郡郢治江夏秦以蘄國屬之攷未確志論載蘄以芹以竹因得名其說近鑿故概置不辨

疆域

州境介吳楚之間輪廣數百里壤地交錯於黃郡稱衝要司牧者申畫郊圻愼職封守按圖而宣理之其爲責綦重云

州治距黃州府東一百八十里廣一百三十里袤二百五十里

東由安平鄉至廣濟縣楊林舖界四十里縣前舖七十里

西由州城經永福鄉至蘄水縣陸家舖界六十里縣前舖一百二十里

南自州城至興國州黃顙口江心界一十里州前舖七十里

北由州前舖至羅田縣鷄兒河界二百里

東南自州城至廣濟縣界十里

西南由滻源口至大冶縣界 十里

西北由州城經永福鄉至蘄水縣界一百里

正北由州城經大同鄉至英山縣界二百一十里

東北由州城經崇居鄉至黃梅縣界一百五十里

東北由州城經大同鄉至宿松縣界一百七十里

至太湖縣界二百里

至省水路三百六十里陸路四百一十里

至京水路四千八百一十五里陸路三千八百九十里

星野

蘄之為翼軫分也本荆州言之也晋唐以來史志賠然度次皆得而攷而論者遑遑引揚豫二州之宿牽連及之異同之故未易以一言概也要其大較可覩焉

星攷 翼二十二星十八度七十七分軫四星十七度又翼宿中有東甌五星軫宿中有軍門二星土司空四星青邱七星器府三十二星據明史東甌五星今無青邱七星今三其軍門二星土司空四星器府三十二星今俱無

按翼軫乃楚之總分舊志詳載星圖並附占驗楚中郡邑志皆可移易且如東甌器府等星已非古測則圖不足據翼主三公軫主宰輔其應甚大非一郡一邑之占今俱從畧

分野攷 封域皆有分星其說雖已見於周官然可攷者十二辰所屬而已天官書曰翼軫荆州漢書十二次之分因之葢通全楚而言固無所據而斷其為蘄州分也晋天文志曰汝南入房二度黄州志曰魏文帝分汝南立弋陽郡治西陽軑蘄春邾西陵期思弋陽皆其屬縣斷以蘄黄分入之星為房二度按房主豫州汝南本豫州地故當入房西陽雖嘗屬豫而邾軑蘄春等邑地本在楚分野安得與時移易且分汝南在三國時晋時西陽則分弋陽郡為國屬豫州不云汝南故知入房之文就汝南故域言之非遍指文帝時分立之汝南言也唐書古陳蔡許息江黄道柏沈頓蓼須頓胡防弦厲諸國皆壽星黄州志謂蘄為弦子國地顧氏志論謂蘄在春秋為蓼地故又以蘄為角亢分攷弦國在今河南汝寧府光州春秋蓼凡

三見據杜註一在今河南南陽府唐縣一在今河南汝寧府固始縣一在今江南廬州府廬江縣在廬江者為舒蓼唐書壽星分之蓼當不指此餘二蓼弦國距蘄各數百里何所據而斷以為蘄故地地在楚而以鄭分野當之可乎且南陽府之蓼別為張分謂蘄入張可乎一隅之地而數州之星互見不應分岐若此唐書天文志曰翼軫鶉尾也自房陵白帝而東盡漢之南郡江夏東達廬江南部濱彭蠡之西得長沙武陵又逾南紀盡鬱林合浦之地自沅江上流西達

黔安之左皆全楚之分按蘄州在漢爲蘄春縣屬江夏郡是蘄爲翼軫分也唐地理志淮南道古揚州之域安黃申光蘄爲鶉尾分或疑旣稱揚州之域不當復分鶉尾不知蘄黃等處乃提出言之以別于揚州葢謂淮南道固揚州之域安黃申光蘄則鶉尾分也與前志自合明史天文志張十六度至軫九度鶉尾之次也湖廣之武昌府與國州荆州府歸夷陵荆門三州黃州府蘄州襄陽德安二府安陸沔陽二州皆翼軫分晉天文志江夏入翼十二度湖廣通志由孝

感西南抵漢川漢陽逾武昌泛樊口入黃州括二郡全境以至德安之安陸雲夢應城其地爲江夏郡入翼十二度或謂江夏入翼據晉郡而言晉江夏無黃州通志殆未深攷據明史武昌德安黃州同分翼軫葢通漢江夏郡皆在一統志亦曰黃州入翼十二度固不獨通志云然而唐書所謂中翼十二度終軫九度則明指漢之江夏可謂無黃州乎是又不待辨析而明也遍攷楚北郡邑惟德安府之隨州襄陽府之均州光化縣爲張分餘皆分翼軫隋書地理志敘揚州分野蘄春郡屬焉其曰自斗十二度至須女七度則指言淮海之地故知非蘄州分通志亦以蘄在吳楚之境爲翼十二度終而斗之十度入歷攷星野雖壤地相錯皆不紀餘分謂逾蘄卽斗之分野可也謂吳楚之境爲翼與斗會不可也斗固不得與翼並載而房與角亢之不應入蘄益審矣夫星度遠而難知輿地近而可攷有定野然後有定星有定星然後有定度星度定然後徵應得稽焉蘄之爲野楚也其星翼軫也而度則翼也合史志觀之明自曉悉無可疑

者論者[illegible][illegible]泥析合不常之郡邑附會舊文而訖無定說故詳攷之如此

附錄　星經斗六星狀如北斗攷要斗北宮之宿以秋夏之間見於南方故謂之南斗

按省志雍豫揚與楚接壤者皆附星圖志餘分也蘄與揚州近故曰翼終斗初然無所據而斷其爲斗之十度入今畧攷星目列爲附錄分別觀之可也

形勢

因地賦形因形成勢非獨勝槩足憑而已察原隰之
包阻習山川之險易然後可高下其宜而布之利其
因以爲備者在是焉諸志所論列顧不足述歟
湖廣總志曰蘄州白雲西蟠大栂東踞江水從茅山
十三磯紆行而趨九江鈷鉧之水入蘄河編戸之里
六十四水陸交衝達於吳會形勝之地也
黄州府志曰蘄州北接光蔡東峙灊皖爲江左之籓
籬淮西之屏蔽古來言地利者蘄口之險與夏口湓
城相爲頡頏豈非大江上下防遏爲難而蘄州雄峙

江濵備禦尤不可不預乎
舊志曰蘄州昔人稱爲吳頭楚尾荆揚交會之區背
麟岡面鳳嶺山勢自横岡發來奔踞大江怪石林立
鴻洲環其前諸湖繞其後左控匡廬右接洞庭隹山
秀水環絡千里有鼓吹白雲之勝
劉誠意伯基曰蘄江爲諸省要會舟航往來必由之
衝
盧紘曰蘄自宋元間移治以來建城濬湟麟阜翼左
鳳麓拱右大江襟前諸湖帶後黄郡之籓籬而全楚
之阨塞也
顧景星論曰蘄濵大江西南自荆襄順流千里而逹
東北至吳千里而逹其陸北接汴洛淮徐千里而逹
舟交馬錯數千里之衝自蘄左右前後千里内有關
疆境者皆宜諳悉不獨蘄而已

籓封

蘄自東漢後代有封爵明之荆府傳世久遠系列史
書其軼事時散見於舊說今雖國除亦其地文獻所
由徵也

東漢

蘄春侯陳浮祝阿侯俊子建武二十三年徙封于蘄
浮卒子專諸嗣專諸卒子篤嗣

隋

蘄春公達奚長孺字富仁少懷節操膽烈過人高祖
受禪進位大將軍封蘄春郡公卒諡威

唐

蘄王緝順宗子咸通二年封八年薨

後周

蘄王熙誨世宗子顯德六年封宋乾德後不知所終

宋

蘄王韓世忠字良臣陝西延安人孝宗隆興四年四月己酉追封世忠爲蘄王（凡追封得附者仍舊志）

明

蘄國公康茂才字壽卿蘄州人洪武二年封蘄春侯四年征蜀殁于鍈索橋下贈推忠翊運宣力懷遠功臣光祿大夫湖廣等處行中書省平章政事柱國追封蘄國公謚武毅（傳見人物志）

蘄春侯康鐸洪武三年封茂才子年十歲以父功襲封後征雲南克普定華山有功卒年二十二贈宣力武臣蘄國公謚忠愍子淵甫二歲授公祿二千五百石未襲封正德間允臺臣奏蔭其孫南京錦衣衛正千戶（傳見人物志）

荆憲王瞻堈仁宗第六子張順妃生（史作郭）永樂二十二年封正統十年徙蘄州初王就藩建昌有蟒出沒王宮或凭王座王懼因請徙焉王天資穎秀勤學好古長于吟咏每大慶會祇慎禮成無倦景泰二年（舊志作元年）表請朝上皇不許四年薨謚曰憲子靖王祁鎬嗣天順五年薨子見潚嗣靖王凡三子長見潚次都梁王見溥次樊山王見澋潚與溥同母怨母之暱溥也召溥於後苑箠殺之又誅殺都昌王見潭偪其妃見澋懼其及也盡上其不軌狀於是賜見潚死以見溥子祐椆嗣椆弘治十七年薨謚曰和子厚烇嗣是爲端王王謙和溫粹耽情經史能詩尤工篆隸雖一藝之士輙折節下之嘗以內隙地爲東庄顏曰白雲深處歲蒔植其中以

觀旱澇旱則爲民祈禱每暴露不惜正德十年（史作嘉靖中）以疾辭祿不允詔富順王厚焜攝朝謁嘉靖三十三年薨荆自靖王諸子交惡王每以爲慟於是務爲禮讓以飭宗人前後以疾辭祿者三俱蒙溫旨至特命中使存問謚曰端子永定郡王載墭巳先薨墭子恭王翊鉅嗣王嚴明有制表樊山王載埁賢請訓諸子世子常泠尤殘恣言於朝廢爲庶人隆慶四年薨子敬王常洁嗣萬歷四年薨無子以弟安成王常盗嗣王益著賢聲二十五年薨

謚曰康子由樊嗣是爲定王王字文伯號鳳岐非
神嶽嶽望若天人淹貫博綜兼通繪事尤敬禮士
夫人敬愛之天啟二年薨五子慈蚉以嫡得嗣號
維庭聰敏多藝好戲遊踈元妃桂氏寵嬖妾習巫
術常有志遠遊宮室衣服喜從民閒稱號崇禎時
革裡服左金王詭降於楚帥王召之飲盛陳女樂
十六年正月張獻忠陥蘄王先一月薨賊圍王宮
盡掠其宮眷及所見妓樂去元妃桂氏次妃劉氏
及劉氏所生世子和至獲免明年甲申

國朝受命荆國除桂氏逮至
京師旋苛
恩放還桂氏州名家女儀止端莊數以義諫王因失寵
至是落髮於雨湖頭陀菴爲尼以老
樊山郡温懿王見濛荆靖王三子成化三年封正德
初薨子祐構嗣嘉靖十一年薨子恪恭王厚熂嗣
嘉靖三十六年薨子載坽嗣坽折節恭謹以文行
稱讀書窮理著大隱山人集郡王女例請祿于朝
王四女皆娶士人不爲請嘗應詔上正禮正疏不

報萬歷十三年薨子翊鉦嗣鉦字昇甫頴異博學
工詩文當時與王弇州吳明卿詩筒往來著有廣
讌堂集震岳詩話與弟翊鏖翊鑿嘗共處一樓以
詩唱和號花蕚社鏖字仲艮文學書翰俱有名嘗
爲楚藩宗正鉦薨子常滄嗣
富順郡王厚焜荆和王庶二子正德九年封以詩畫
名初荆端王疾詔王代朝謁及端王子永定王長
卽謝攝事人尤以爲賢萬歷十九年薨子載堪嗣
十六年薨子翊鍉嗣十八年薨子常滀嗣天啟三

年薨子由橲嗣
永新郡安莊王厚熿和王庶三子詩畫與富順王同
名正德十一年封嘉靖四十一年薨子恭懿王載
壕嗣萬歷十六年薨子翊鍵早卒鍵子常涓嗣涓
薨子由檼嗣
德安郡王翊鐠荆莊王第二子嘉靖三十六年封萬
歷三十年薨子常濶嗣
都梁郡王見前見濂傳
永定郡王見前端王傳

都昌郡王祁鑑荆憲王子正統八年封成化中薨謚曰惠靖子見溥嗣爲見潚所害見前見潚傳謚懷順子祐楀嗣弘治中薨謚悼僖

桐城郡王祐禪荆康王子弘治初薨謚懷僖無嗣

岷青郡王祐橺荆康王子成化中薨無嗣

静樂王瞻堈仁宗元年追封爲蘄王謚曰獻

按府志錄荆藩五王削都梁以下以都梁諸邸墓不在蘄也今攷都梁諸藩或以嗣荆罷封或一二世無嗣覩其謚懷謚悼率多嗣君夭殤之文第邸

墓勿深攷未可據爲不在蘄而削也顧氏志論辨薛祿之封以蘄不以蘄其說甚詳攷孔伯庠江陵志餘有遂蘄水郡王貴熡墓是遂蘄水郡王在今荆州非蘄之荆府可知又志論謂蘄在魏屬弋陽有弋陽王一在前五季屬西陽有西陽王五公二皆引以爲蘄封建弋陽西陽隷地不一未暇深攷俱從闕如

蘄州志卷之二

知蘄州事虞山錢　鋆纂輯

地理志

山川

潛霍以南羣山蜿蜒數百里併赴于蘄川則大江東注四流之支三十六種之委皆會焉志稱吞吐吳楚不其然與英傑代興民用富庶益亦得高深之助云

山

城内東北曰麒麟山山形蹲伏因象形而名明荆藩遺

址及學宫書院州治俱在山麓　西南曰鳳凰山山勢軒舉亦象形而名上有洗墨池仙人臺舊傳李白杜甫會遊此後人遂名其輿爲白甫衢上有千仞亭七葉寮今廢　城中迤西南曰鷄雞山　國朝盧綋攷綋搆四照堂于其上今廢

東五里曰打鼓臺山勢迤邐接李瀕湖祖地　八里曰迎山山形與治城相迎故名　十里曰龜鶴山二山並峙形如龜鶴麓多梅花每放時遊人携尊玩賞不絶向屬蘄八景之一今梅無存　十二里曰野狐山

十三里曰丫頭山唐人有詩見藝文　十五里曰蟠龍山　三十五里曰麻寅山　四十里曰大旺山　四十五里曰紫玉山　六十里曰羊蹊山　一百一十里曰雲峯山　一百一十二里曰還元山　一百四十里曰四隘山　一百五十六里曰小泉山　一百一十里曰六合山通志有東洞龍王神井　一百八十里曰掘斷山　二百二十里曰大原山　二百二十三里曰茅平山　二百三十五里曰龍玄山　二百三十七里曰寶蓋山

東南十里曰大泉山泉水清冽山形秀麗有大泉寺華頂菴在其麓　十五里曰百家冶山產蘄竹作簟又有蘇家山　三十里曰安陽山一名安山　三十五里曰夫妻山兩山對峙因名

西十里曰象鼻山俗名高家山與龍峯石獅對峙即蘄河水口在掛口西岸　四十里曰圓峯山有東西二菴頗幽靜　三十五里曰城山　四十里曰馬下山漢高祖征九江王英布下馬于此因名　六十里曰五岳山　八十里曰雨標山

西北五十里曰白雲山通志云自旦及暮常有白雲繚繞其上隋時建墖寺焉又云汴湖得入定僧二人遣使送至蘄州白雲山再召之二僧遂入古井中隱沒

六十里曰茅山山下有磯十三處古傳九里十三磯

六十里曰磨盤山　六十二里曰盧師山山巔平衍刻有三大字清勁蒼古未知昉於何時　六十五里曰壽眉山　七十里曰火爐山　七十五里曰靈虬山山勢累石如虬龍　八十里曰琳山　九十里曰蔣家山上平衍有田數頃抵蘄水縣界

北四里曰北障山俗名缺齒山一名呂王城　曰磨盤山一在治北一在安平一在永福下鄉石灰壠舊傳金牛勝蹟　五里曰盤龍山上有石鼓院麻衣道者無藥禪師二眞身在焉　六里曰龍峯山山勢聳拔爲州城屏障綿亘里許至掛口東岸作蘄河水口下有石高丈餘形似狻猊舊石洞產白花蛇今無有　三十里曰宜撫山高山　三十五里曰米家山山形鬱葱類小米畫意一名虎兒山俗云獨山　四十里曰細石山　四十二里曰玩鶴山　六十里曰蘄山廣教山　七十里曰雲霧山

山麓崗剌一石石上有虎足跡相傳唐伏虎禪師伏虎於此一名虎蹈石　八十里曰策山頂有石砦明末土人避兵於此　一百里曰豹子山有上中下三山峯巒聳秀　曰老鴉山如鴉展翼故名　一百一十里曰西龍巖水口石鐫觀顯視履四大字　曰荆竹山綿遠曲隈中有燕子崖　曰黑石砦明末土人避賊於此　一百二十里曰羊角山一名楊家砦即楊先春勦紅旗賊處　曰北辰山上有百神廟　曰風火山州與蘄水縣分界處　曰伏虎山形如虎伏

故名　曰金鵞山在北極峯下高聳峭拔四山環拱三十六水逕繞其前滙鈷鉧潭四方遊屐絡繹不絶山麓有金鵞寺通志云甞有金鵞出石閅其上有龍鵞石　一百二十五里曰北極尖土名白雞尖　一百三十里曰堆金山　一百四十里曰三角山崚嶒聳拔三峯突起故名大峯中有老龍洞洞口懸石鐫惟天在上四大字極古勁　一百五十里曰鏡臺山曰唐家山　一百六十里曰河槎山　一百七十里曰馬鞍山　一百九十里曰兆鏊山石壁四匝形如

軍盔因名北向似壽翁首有石若列眉土人又呼壽眉砦　二百里曰大梓山　二百一十里曰旋螺山即仙人臺高若列屏橫亘州北陟其巔可極目千里西向石臺昔仙人劉五劉六修煉處山塢有寺明正德間州人郝守正建業于寺植杉二株蒼枝古幹今尚存　二百二十里曰久長山　二百二十五里曰金斗山

東北里許曰玉屏山山形方正如屏俗名周公山州人周副使禧施為漏澤園　二里曰象馬山舊傳邊徼

貢象經此一云荆藩豢象馬處　五里曰羅漢山三十里曰馮家山即馮大司寇母墓有華表　六十里曰展旗山山上有砦　六十五里曰小嶺山　七十里曰太平砦山上有寺清幽軒敞土人名大山坪一百里曰九龍山有龍井九處一名九潭山山上有高谿寺　一百五里曰層峯山抵廣濟界　一百一十里曰橫岡山與廣濟分界　一百五十里曰石人砦山石笋一枝宛如人立　一百五十五里曰道觀山上有天帝觀　一百六十里曰唐家山抵黃梅界

一百六十五里曰鼓角山舊傳天欲雨即有聲如鼓角騰空谷一名鼓吹山見唐書　一百六十里曰蟠龍山山自西北逆廻東南蟠屈二十餘里後臨石溪飛流瀑布千丈　一百六十二里曰獅子山山形若獅　一百六十五里曰羅漢尖土腴潤舊産羅漢菜　一百六十三里曰烟波砦當水口山突起如烟波有峭壁不可上　一百五十里曰仰天窩山峯圍繞如墻四落甚深中有田畝山寺　一百七十里曰龍目山俗傳宋高宗南渡逕蘄望其峯屬目久之因名　一百八十里曰小隘嶺抵宿松界　一百七十五里曰

獨山砦　一百八十五里曰石牛山　一百八十六里曰蘆林砦峯頂下窩豬水如湖汊每歲生巨荻異於常荇其懸岩下有長樂園石刻二神面目悉具遊人比之古石丈人　一百九十里曰將山即將軍山　二百五里曰相山土人譌稱桐山抵太湖縣界　二百三十里曰巫山秀翠如蜀之十二峯　二百四十里曰四流山抵英山太湖等縣界源中州歷潁霍入蘄第一峯巒鋭矗上直撑碧空聳翠楞分泉流四邑東行太湖西入英山北達灊山南注蘄州爲諸邑山脉之祖

崖洞附

燕子崖在青山鄉元至正間汪不花囤聚鄉兵立寨禦紅巾賊處　東龍崖　西龍崖　會龍池崖　伏虎崖俱在青山鄉　捨身崖在三角山慈應祖師覺慧處　龍津崖在崇居鄉手巾菴右兩山皆石中空丈餘爲河道水行千尺懸石上瀑布若白龍一名白龍崖又若噴雪一名噴雪崖崖下廻瀾爲龍津　香爐崖在大同鄉仙人臺前　龍西崖在大同鄉　土

蜂嶺在崇居上鄉　國公衙在青山上鄉　磨旗坂在青山下鄉　花蛇洞在龍峯山麓舊産花蛇今無　仙人洞在大泉山　老龍洞洞内子午水潮在三角山　福興洞洞内懸石鐫慈雲洞三字　二龍洞有龍王廟　石觀音洞在崇居鄉手巾菴上爲蟠龍山左出下臨龍津潭兩山石拱如門右挺一山石當河衝封兩山之缺上有小洞苔蘚重重遥望洞口如瓶人跡罕至昔傳一樵子緣藤而上見内有石觀音云

手巾菴石洞在崇居鄉洞上石從五丈衡十尺半覆屋内半在山腰内有張金祖師真身詳釋類 黄石洞在大同鄉大石盤礫山椒若巨靈鼇砌頂有一石中分之叩石聲若鐘鼓旁石廣厚數丈許界層石上下有洞能容席數十人峭壁如削門路迴通遊人緣薜捫蘿至者比之洞天前牧王玠蔣尚德遊其地賦詩鐫石 許家洞在青山鄉 朱家洞在青山鄉相傳祖師修煉處有浴盆今存 叫雨尖在青山鄉高峯有壇歲旱禱雨輒應 黄茅尖 解公尖俱在青山鄉

水

江 自蘄水縣之廻風磯下十里逕唐家渡二十里逕散花洲十里逕茅山鎮二十里逕羅家埠又二十里逕掛口十里逕州治二十里逕烏林港十里逕馬口即州治雨湖諸水入江處下即廣濟縣界

蘄河 發源於英山界四流山之南查家山之龍泉河水會之由青草坪歷何家舖臼羊河之水入焉又西大椊沖之水注之又十里河南畈之水會之又東太湖界檀林河諸水注焉名兩河口又東十里宿松界龍目沖之凉亭河入焉逕張家塝西六谿河之水注之又東白水畈河會焉逕鴨公嘴黄梅界紫雲山龍鬚沖桐梓河之諸水入焉名三十六水又西北極尖石鼓河之水注之又東蔡家沖蓮花菴之水入焉逕劉公河西北之仙人臺康家堡獅子口澤霖河諸水會焉逕甕門洗馬潭即鈷鉧潭諸山環抱深不可測錦鱗游泳行人屬目焉逕闗口河西蘄陽坪西龍河陳家壩株林河胡家河之水注之逕黄城河西石壁

崖之諸水入焉逕高家舖西烏石河石梁堰之水注之至白雲山前突起一洲左爲蘄河即蘄州舊治右爲西河有市驛遞在焉蘄河又東五里逕曹家河市源黎企沖之兩河入焉又東逕陳園分而爲二至渴口市復合渴俗訛谿本柳柳州袁家渴記水之返流處爲渴也又東二十里逕土門山入於赤東湖其西河之水逕易家河蘄水界横車舖諸水注之逕路口畈南城河之水會焉歷楊公潭會渴口前河之水逕土門西簰埠河之水入焉滙赤東湖由掛口入於江

州西北之水源蔣家山琳山彭思橋河滙蘄水縣箕湖由茅山口入於江　州東北之水源廣濟鄰西鄉崇陽橋河乾沚河諸水逕下河廟櫟木橋滙鴻塘赤東諸湖由掛口入於江

井泉附

義井　龍窟井在永福鄉　六龍井　西河井在廣教寺　卓錫泉在松山寺　雙水井在三角山　會龍潭常湖俱在三角山　留月井在五岳山　丹井在王全眞修煉處　官井在西關內　赤東湖　金沙

湖　雨湖俗名諸家湖　蓮市湖俗名沿市湖　蓮花池在北關外　夜月池在東關外爲蘄八景之一

下路港　逆水港　掛口港　龍眼磯在江心　乾明磯在西關外　新生磯上有文昌閣浮玉亭　螃蟹磯在第一關　鴻宿洲　新興洲　對磯洲　琵琶洲俱在江心　石穴洲在呂王山下　温泉在高溪寺　三泉

蘄河發源四流山前志誤載大桴山

巫滋河　州北二百二十里

鴛鴦河　州北二百里兩山鎖流如鳥比翼

龍井河　州北二百二十五里　洪河　州北一百九十里

石柱河　州北一百八十里

宗渡河　州北一百七十里宋高宗南渡經此因名

石堰河　州北二百一十里　駱家河　州北一百八十五里

細竹河　州北一百八十五里　蕭家河　州北一百八十里

檀林河　州北一百八十里　茅坪河　州北一百七十五里

澄竹河　州北一百七十五里　凉亭河　州北一百六十五里

六溪河　州北一百六十里　魏家河　州北一百五十里

鄧家河　州北一百六十里　百丈河　州北一百五十里

桐梓河　州北一百四十里　鴉青河　州北一百三十里

田家河　州北一百一十里　西龍河　州北一百二十里

石鼓河　州北一百一十五里　華家河　州北一百一十里

窄林河　州北一百有五里　劉公河　州北一百里

胡家河　州北九十五里　關口河　州北八十里

株林河　州北一百里　黄城河　州北七十五里

達城河　州北一百二十里　西河　州北六十里

甘茂絲河　州北五十五里　易家河　州北五十五里

漕河　州北五十里　篩埠河　州北三十里

翻車河　州北　彭司河　州北六十里

按蘄河發源四流山衍爲龍井河巫濴河鴛鴦河洪河石柱河凡六十里之水悉由英山分界直北而南者也其東北隅則自太湖分界爲石堰河駱家河細竹河蕭家河合流檀林河逕茅坪河與英界水會注宗渡河自是而西折十五里則由宿松分界之龍目衝諸水逕澄竹河凉亭河西五里爲六溪河又十里爲魏家河東十里至蔡家舖有自黃梅分界之白水坂諸水越十里則上由黃梅分

界下由廣濟分界之三十六水及桐梓河逕鵶青河凡此皆水之由東而西者也西十里惟石鼓河源爲差近復十里有南自廣濟分界之樣樹山水田家河水北流而入又西十里爲劉公河則西北隅由英山分界之鄧家河百丈河逕澤霖河注于東南十五里爲甕門潭又五里爲關口河有自蘄水縣流入州境之水會西龍河逕華家河蔡家舖河株林河白石河湖家河注之關口河踰五里爲黃城河則由蘄水之黃城街土陂山諸水流入州境此水之由西而東者也西南二十里逕舊治分爲二左蘄河逕漕河越土門山之陰右西河逕易家河踰土門山之陽並由濟西而東入州境諸水滙於湖合流掛口注之江其獨流惟彭司一河源浠界蔣家山歸注茅山前若左赴南直祇劉全冲曹家冲兩水未入蘄河耳餘皆曉晰可指約志原委於此至于細流涓注殊未易悉數俟知者詳之

物産

物有通産有耑産通産不勝書擇其裨益于民生日

用者分別紀之蘄耑産莫良于艾其次蛇可以入藥竹與龜材質異固地氣使然也然近亦少有矣

專産

艾 舊傳産麒麟山者良今少有而他山及林麓原野甚多功亦相等

竹 舊志色潤者爲簞節疎者爲笛帶鬚者爲杖今與他産同

鮒 出諸家湖水經注云青林湖饒美鮒不及此遠甚

白花蛇 一名蹇鼻蛇鼻向上黑質白花背有二十四方勝尾有佛指甲腹旁有念珠斑剖之置水中則反尾絛其腹能巳風

烏蛇 身烏無花生湖池蘆葦中重八九斤爲上亦能巳風爾雅翼云蛇死目皆陷惟蘄産二種不陷

蟹 茅山口滭源口掛口皆有出茅山者味殊美

綠毛龜 浮水中則毛自泛俗云能辟塵蠅誤近少有

簞 舊傳百冶山竹爲之今百冶山無竹業簞者取他境竹爲之仍名蘄簞

按右專産數種外如唐地理志載蘄産白綜簟鹿毛
筆宋地理志載蘄産苧布今並無

通産

穀之屬

秈七月熟惟江西早六月熟 稻八月熟隹者金沙魚子二種秈糯稍劣 大麥 小麥
蕎麥 苦蕎 豆黃綠赤黑數種 豇豆陌上者多實架上者少實 稨豆白花者良
刀豆 蠶豆 豌豆 脂麻白黑褐色三種 黍 稷 粟龍爪狗尾二種

蔬之屬

筍 芥 蕹 菘 芸薹 菠 芹 莧 馬齒莧
同蒿 花兒菜 羅漢菜 蔞蒿 白花菜 荼 蒿
苣 薺 薑 韭 葱 蒜 薤 胡荽 蘹大小二種 萊
菔紅白二種 薯蕷籐有青白紅三種紅者劣 芋 百合 茭菰 胡瓜
南瓜 冬瓜 越瓜 茄 絲瓜 甜瓜 苦瓜 西
瓜 壺盧 菌 木耳 蕨

草之屬

萬年青 吉祥 菖蒲 翠屏 洗手香 芭蕉 蒿
鳳尾 虎耳 蓼 苔 萍 蘋 藻

木之屬

松 柏 桑 梓 槐 樟 楓 椿香臭二種 榆 棠
棃 棗 杉 檀黃白二種 黃楊 栗 楢 櫛 株 楊
柳 桐 泡桐 烏臼 柘 柞 櫟 茶 皂角
楝 楮 冬青 棕櫚 狗骨

花之屬已入草木果之屬者不贅

蘭春夏二種 菊 蓮紅白二種 牡丹 芍藥 繡毬 萱 葵
千日紅 茶蘼 薔薇 十姊妹、月季 玫瑰 山
丹 玉簪 剪秋羅 虞美人 罌粟 六月雪 藏

金 金鍾子 子午 石竹 迎春 滴滴金 射干
鷄冠 鳳仙 鳳耳 美人蕉 老更嬌 桂紅黃白三
種月桂另種 山茶鶴頂寶珠二種 蠟梅磬口蓮瓣狗纓三種 芙蓉 茉莉藤本木本
海棠垂絲西府貼梗三種 玉蘭 辛夷 木穉 夾竹桃 紫荊
杜鵑 梔子 瑞香 木槿 凌霄 二花 伏牛
天竺

果之屬

杏 銀杏 桃 櫻桃 核桃從俗 李 梅 枇杷 栗
柑 金橘 石榴 梨 棠梨 海紅 葡萄 羅

蒲果　海棠果　山楂　藕　蓮子　芡實　薏苡

菱　烏芋　橙　柚　木瓜　金瓜

禽之屬

鵞　鶩　鶏　梟　鷺　鸛　鳩　麥啄　雉　慈烏

鵓鴿　鴛鴦　雁　燕　扈　鷓　鷓鴣　鸜鵒

鷹　鴉　鵲　鴿　鵜鶘　鶴　鸛　鸕鷀　鴇　白

鵬　鴟　鵪　鵓鴣　竹鷄　秧鷄　鴷　鶺鴒　鷹

鵝　鸇　伏翼　鵂鶹

獸之屬

牛　馬　騾　驢　豕　羊　犬　貓　鹿　麂　麞

兎　獾　熊　豺　狼　狐　狸　虎　鼠　鼬

鯪鯉　獺

蟲之屬

蜂　蝶　蟬　螢　蜻蜓　蟲　蠅　蚊　蟋蟀　促

織　蟯螂　螳螂　鼠婦　竈馬　蟾蜍　蝦蟇　蝌

蚪　蠹　蜘蛛　守宮　蠶　蚯蚓　蝸牛　蟻　蠍

蜈蚣

魚之屬

鯉　鮒　鱣　鮹　鱖　魴　鱮　鱅　鮀　陽鱎

鯮　鯖　鱧　鯀　鯼　鯇　鱵　鱭　石首　鰷

鱠　鱘　黃鯝　鱶　鰷　鰌　鰻　鯶　鮃　鮈

鱝　鯢　黿　鼈　鰕　蠃　蚌　蜆

藥之屬

茯苓　土茯苓另種　黃精　葳蕤　天門冬　麥門冬　枸杞

何首烏　牛膝　菖蒲　莞蔚　薏苡　蒺藜　荆

芥　南星　半夏　蒼耳　茱萸　香附　牽牛　車

前　茵陳　地骨　地榆　青蒿　夏枯草　西河柳

瓜蔞　忍冬花　旋覆花　淡竹葉　連翹　山慈

姑　蒲公英　草三七　芫花　金櫻子　青葙子

按蘄產藥甚多右謹依府志載之

貨之屬

茶　棉紫白二種　布　紬　白蔴　苧麻　大麻　草麻

菜子碎　脂麻碎

風俗

此于上曰風習于下曰俗其奢儉醇駁之較若性生者雖治世不能齊也今祇據州舊志及前輩所論列

者紀于篇凡四禮之相沿時令之相尚民間徵逐從
宜之故皆得而攷焉
李常廣濟寺記曰蘄俗自建置以來淳龐近古
萬安修學記曰士習詩書民務稼穡
宋關詠神光樓記曰秀民樂于爲儒而不輕釋其業彬
彬喜學有鄒魯遺風
湖廣總志曰蘄州風氣和平士習文雅其俗舊號龐樸
而近亦漸趨侈靡葢緣地闢湖多生理頗易艮民以
國稅爲急以息訟勸農爲訓固易地樂土也

黄州府志曰蘄州志載其民務稼穡士習詩書彬彬喜
學有鄒魯遺風今觀其地抱山澤而沃衍民饒于舟
車之利貴介公子王孫之徒相與搏花鳥鱗騎以相
軋壓而俗亦漸侈豈蘄固揚州之域而風物亦大較
似之歟然其間固有狷夫介士及誦法孔子者力挽
而趨之古何難焉　已上通論
婚嫁各因門第求配先通以媒妁卜吉擇日先具問名
納采禮聘儀各從厚薄啓用金裝文本家禮女家具
金銀庚牌書生年月日答之告諸祖先將婚先期男
家再具茶禮釵釧彩帛羊酒果餅之類送女家並具
啓徧告女之親族謂之團書女家隨力備妝奩先日
迎送夫家比日婿乘輿鼓吹親迎輿前列用家雁取
和鳴義用杯酒取合巹義用提燈取花燭義婿親以
帨覆女首登輿女至婿家或尊長或小姑先爲婦塡
妝授食用白布鋪道引入房壻親揭帨行交飲相答
拜禮入帷坐外人俱却避不得見至次黎明起盥沭
畢男女先謁祖先及翁姑闔門長幼女家先具茶果
送之拜見時各陳手帨茶𦼮爲贄其尊長亦各以釵

釧類爲新婦貽朝夕凡三拜見越三日男具酒筵往
謝于女家曰拜門酒女家亦具酒筵送女曰三朝飯
其謝媒妁亦如禮匝月女始歸寧後往來如常雖六
禮之成未必悉遵古制然大端民間於婚嫁甚爲鄭
重即臧獲之賤山野之僻男女必先以媒妁遺以聘
貲無婚不以正者
親喪隨力先具衣棺沐浴掩殮畢殯于中堂列案于前
及燈燭品供以父母遺衣陳尸于柩側男女披髮槧
踊闔門先以布裹頭衣用素三日用牲堂祭成服齊

衰朞功緦麻各以等執喪之日家或不舉火親鄰相遺以粥飣以布幣及孝服徧告訃于親族家有不能及者又陳訃單于門里黨聞者咸赴弔相答拜至親代送客更相執事子若孫執杖守柩至七七日而滿寢坐用薦蓆取苫塊義每七日設齋薦亡多用楮錢竭貲不惜親友于弔後各隨厚薄陳祭奠或用祭章牲醴楮帛諸儀喪家答以胙又通里各具旌儀醵送喪家樹旌請親友冠裳尊顯者舉之拜奠畢欵酌而辭退七七日滿子孫及服親徒步具素簡徧踵謝或拜諸門外

葬必卜吉地仍先期陳告親里其赴弔仍如新喪時或送以旛仗鼓吹發引日蕆前送及墓而止或陳路祭遠則或先辭歸相答拜于路貴介家必請官長題主並祀后土其欵宴送胙亦如舉旌禮既葬墓封或用馬鬣或用覆釜封樹畢子捧主鼓樂導送至家堂安位祭拜如禮或歸三日後不時往省亦有廬墓數月而始歸者其他親疎服各以遞降要于古制不甚相悖也

祭各不同有家祭有祠堂之祭有塋墓之祭子孫衆多者或租出祀田或金出醵積用具牲醴祭畢燕飲分胙而退又家居有歲時伏臘之祭祀神以牲醴祀先以湯飯楮錢凡遇親生忌日禮亦如之祀神則有祠廟之祭里社之祭儺賽之祭祈禳之祭村野則有春秋社壇之祭祭之日必誠必信習俗所尚有由來也

已上禮俗

元日　五鼓後州人悉洒掃廳宇門貼春符簷插梅柏競陳蠟炬茶果等物焚諸爆開門尤敬禮城隍諸神

三日內輟市肆各盛服陳饌爲禮三日後彼此宴會謂之春酒各携具祭奠先墓又迎儺賽民家有世沿爲例者

元宵　燈火達旦諸貴胄尤甚

立春　塑土牛芒神于東嶽廟州官率農民自玄妙觀中迎春遶匝竟日迎畢食春餅

清明　士民于是日掃墳掛錢

四月八日　州民各餽青精飯于父師或留至一年間和飯延客社塾率小童子醵會擬束脩多寡名曰議

學各以其坊競造龍舟宰猪祭神名曰揭棚

端午　是日揷艾葉菖蒲于家廟巫祝例送硃砂黄楮符貼之門壁日正午闔家飲硃砂雄黄菖蒲酒小兒用塗眉耳諸處月內焚蒼朮凡男子未畢婚者競送節禮角黍豚鵞之類女家以紙筆女紅答之自端一日至端午日競渡龍舟內外皆往觀自元旦外惟此節爲敬醫人多于是日採藥

六月六日　諺云城隍降誕蓋緣始築城之期也是日各好事者迎神設燕鼓吹經朝相遞爲首名曰半年

福

七月七夕　各士民設瓜果競巧率兒女羅拜于星月之下亦昉古乞巧之遺意也

七月半　是日薦祖

中秋　俗取促織互相鬭設高案以貼金大餅焚香秉燭祭月

重九　是日佩茱萸囊飲菊花酒俗用麪糕及菱角爲饋節之禮

小除　二十四日爲小除是夕淨廚用神馬草豆香燭之類祀灶至除夕復祀之曰接灶是日以後家人父子多置酒私燕曰團年曰分歲如兄弟同居衆多者分日供之

餽歲辭歲守歲　歲晚相餽遺多以糕果之類往來辭年除夜祀祖相與宴集歌吹達旦謂之守歲仍以松竹生柴焚之名曰爆竹醫家例以蒼朮和丸相餽曰吉祥丹樹雙炭于門以紅紙束之曰將軍炭　已上時令

古蹟

地豈不以人傳哉其人往其蹟留後世有望古之思

焉過舊治者戀白雲瞻遺田者倚浮玉匪直美觀由之以厲俗可也

蘄州舊治　在安平鄉大河之東有鼓吹白雲之勝杜氏通典謂蘄爲湖南北十州之舊郡也秦爲南郡漢晉爲弋陽郡北齊置羅州歷周仍改蘄州宋景定初始移今治舊傳江夏王築城于此一名江夏城按水經注蘄春故城在蘄河入江之東漢陳浮所都處

英布城　蘄春郡記云九江王英布于水北築城以示背楚歸漢之意今在翻車河去州東南八十里

蘄口　卽掛口渡隋王世積以舟師破陳將處

白雲山　在舊治河西山麓有廣教寺宋景定四年元兵嘗駐此

四見亭　原在白雲峯頂宋范堯夫建後遷今治移于麒麟山州署後今廢

涵暉閣　在舊治子城上蕪長公有九日登閣詞破帽多情却戀頭之句宋郭功甫有詩見藝文

燕子崖　在州北一百二十里元至正間汪不花立寨禦紅巾賊

石鼓院　在蟠龍山側今廢

鳳凰臺　在乾明磯相傳羅仙飛昇處

江山淸趣亭　在鳳凰山之南明洪治間錦衣衛指揮同知孫瓚建少司寇戴珊有記今廢

白雲深處亭　在荆府內麟山之陽林木四匝羣峯環拱儼有凌虛之狀荆藩搆亭于此一時名公卿題詠甚多見藝文

環翠亭　在舊治子城上宋時建今廢

溪堂　在舊治南至和中龍圖閣學士吳遵路之子吳瑛致仕時隱居處也司馬君實遺以聯云一朝投紱眞高士萬卷藏書舊世家葢紀其實云

文昌閣　在治城南大江之中巨石屹立明江防吳公國仕建閣其上置有祀田詳書院記　國朝初贈中憲大夫盧如鼎郡庠生孔聞卿募衆修雍正間又重修相傳初建時微嫌過低有蘄止發魁之語今增高三尺

見山樓　在舊治城內青螺翠黛四面環繞葢取昔人南山當戶牖之句今廢

烟光樓　在南關外富川吳明卿題今廢

浮玉亭　在新生磯文昌閣下明季知州徐公搆亭其上適梅川吳明仲給諫經此宴飲其上見水光凝碧曰此浮玉也遂取以顏其亭

仙人臺　一名石魁山一名旋螺山二劉眞人修煉處有石洞祀二眞人像上有玉虛宮仙林寺又常有燈光及五色神光隱見郝公守正重修山麓有雙杉高尋丈大數圍葢千年物也今尚存一云雙杉郝公手植

觀頤硯履石刻　石鐫四大字宋淳熙丁巳潘震爲蘄

春三角寺書
七葉寮　在鳳凰山最高處今廢
風雲奇觀石　在州治右明成化六年掘地得之首鐫
此四字後有律詩一首無作者名氏荆藩移置府内
兵火無存
蘄口鎮　在吕王城昭化寺之前今瀦水處産蓮即其
遺址舊傳金兵屯白雲山移避蘄陽鎮即此地
江山一覽亭　在鳳凰山兵備劉公亦齋建今廢下有
千仞亭江防卜公監泉建亦廢

豈弟忠恕安民等堂　俱宋時建今基址無考
六逸石　在三角山元豊間郡人避暑于此上鐫有詩
溫泉　在崇居鄉高溪寺隆冬之月水熱如沸遊人多
澡濯于此
仙人石　在永福鄉清水塘仙女足跡尚存
鈷鉧潭　即洗馬潭在青山鄉甕門滙三十六水逕黄
成河繞蘄舊治即崇大等鄉水口也
蘄陽第一泉　在大泉山水最清洌山麓有寺
白甫冲　在鳳凰山下舊傳李杜二公經此考亦無據

丹井　在治東北舊傳王全眞鍊丹于此
古教場　其址有三一在城東濠岸一在城南一在掛
口江濱明吉安侯練軍處
雲路　在青山下鄉歐家渡去渡數武有石鐫雲路二
大字古勁可愛
烟霏樓　在舊蘄春縣圃内今廢
吕王城　在缺齒山下相傳吕王築此無考下即蘄口
鎮遺址
玩鶴樓　在州東北山上有古松一株蒼秀可愛舊傳

明太祖手植
薖所　在雨湖北岸瀕湖李公著本草綱目處也其孫
副使樹初建芝鹿山房于其左今廢遺址尚存
鐵牛　在南門外濠内俗云三鐵鎮蘄陽一鐵佛二鐵
牛三鐵缸也
四景堂　在城南鵠鷄山之巓　國朝盧參政鋐建
白茅堂　在熊化嶺顧氏宅后
鴻亭　在城西南隅乾明磯上禹王閣之左下臨鴻宿
洲　國朝知州張公士騶建今廢遺址尚存

大盈泉　在州東十里四時不涸

塋墓

或貴或賢例得紀墓蘄自明諸王以下貴且賢者多矣封樹碑誌不皆可考紀其可考者不可考者闕之

明荆憲王朱瞻堈墓在永福下鄉復遷安平上鄉大泉山之陽

荆靖王朱祁鎬墓在安平上鄉大泉山墓

荆和王朱祐橺墓在永福下鄉白雲山後改葬諸家湖韓家山妃劉氏合窆

都昌惠靖王朱祁鑑墓在安平上鄉大泉山

都昌惠靖王長子墓在安平上鄉大泉山

都梁悼惠王朱見溥墓在安平上鄉

都昌懷順王朱見灃墓在安平上鄉虎狼口

樊山莊和王朱祐構墓在安平上鄉袁家嘴

東都昌王東軒悼僖王墓在大泉山之陽

荆王長子永定端穆王墓在州北馬口右迎山

樊山温懿王第三子鎮國將軍墓在州北冷水井

都梁悼惠王第二子鎮國將軍墓在州南十五里黃土嶺之陽

荆恭王朱翊鉅墓在安平上鄉翁家寢

荆敬王朱常淓墓在安平上鄉湯家寢

荆康王朱常涖墓在安平上鄉熊家寢

樊山温懿王朱見澋墓在永福上鄉蔡家橋

都昌悼僖王朱祐槅墓在永福上鄉大王廟前

荆王墓因國除無謚寇亂後葬李公氣墓並未封

荆端王墓在廣濟楊門張家寢

荆莊王墓在廣濟楊門武家寢

荆定王墓先在廣濟朱老墳後遷無考

康蘄國武毅公父子墓俱在江寧鍾山祖墓俱在大同上鄉康家冲

侍郎朱仕俊墓在黃土嶺

吉安侯柳良正墓在打鼓臺

千戶陳福清墓在鳳凰山麓

御史馮思齊墓在江寧浦口香爐山祖墓在安平大泉山第一泉之側

大司寇馮天馭墓在頭舖祖墓在迎山老美橋母墓在

馮家林

方伯華仲賢編修華鑾墓俱在廣濟馬口湖

知府劉樽墓在迎山麓

解元陳吉言墓在下路港迎山祖墓亦在此

參政顧敦墓在甕門桃樹山

參政顧問副使顧闕墓俱在缺齒山始祖士徵墓在鹿耳石

御史周禧墓在符乾關外席盤石

太醫院判李言聞墓在竹林湖

知縣李時珍墓在州東五里竹林湖祖墓在大教場

副使李建木墓在竹林湖

副使李樹初墓在州東十五里東湖菴父同知建中墓在盤龍嘴母彭恭人墓在廣濟栗木橋仙姑山

知縣李雲慶墓在東湖菴

僉事李新墓在頭鋪地藏寺

知縣田鵬墓在大金橋

進士田雨公墓在周公山

方伯張恩齊墓在菩提壩楊門

方伯張邦翼墓在圓峯山下張銘畈祖墓在蔡家店

都御史李儒墓并祖墓在竹林湖

參將李同春李棟墓俱在安平鄉方家橋

主事李孟春墓在廣濟關聖村土名茅山娘

少司馬李盛春墓在廣濟望夫山六府林之左

副使李際春墓在段家倉壽眉山（坐落永福鄉按府州舊志載際春葬所皆誤今查實改正）

總兵李楷墓在野狐山

鹽運司提舉李樸墓在烏菱港

參政李標副使李梃墓俱在金鵞寺

御史饒京墓在竹林湖今名饒家閣

御史王珙墓在楊門龍泉寺之左祖墓在渴口畈柏樹林

副史晏攄忠墓在席磐石晏家壠山

知縣陳顯元祖墓在東山寺

指揮王啓墓在雨湖母墓在迎山王家林

都督同知程禎墓在盤龍平陽嘴

同知張效葵知縣張承位墓俱在廣濟張家寢

參政盧綋墓并祖墓俱在迎山

中丞李本晟墓在廣濟金山府
進士汪蘅墓在郝家壋
翰林欽士佃祖墓在烏林港
知縣李炳然墓在施家塘雞公嶺與朱氏合葬
徵士顧景星墓父天錫姑劉貞節墓俱在時思圃
知縣顧咸泰墓在迎山八方林
温處道高堉墓在崇居鄉大林腦
知州李本蓁墓在杉木林旌節何宜人墓在凉蓬湖
知州李垣墓在蕪塘湖張山嘴

進士張正志墓在安平鄉
明威將軍王紳墓在州大教場左
知府李榔墓在父盛春墓左山母董夫人墓在黎企廟
兒觜
知府馮汝承墓在州東五里八角塘
知州陳仁近墓在青山鄉柳木衝祖惟聰墓在義龍窩
啓常墓在老鴉山
[redacted]
叅軍沈士望墓在永福鄉清水塘上首

知縣王衜龍與侯孺人合墓在州東二十五里百福山
知縣李本衍墓在荒草畈父李槚墓在廣濟劉玉林繼
母墓在徐家坳
[redacted]
知縣孫民則墓弁祖墓在永福鄉
知縣陳履中祖墓在崇居鄉北極尖下
知縣熊淇墓在迎山壠祖墓在雨湖南岸

蘄州志卷之三

知蘄州事虞山錢　鋆纂輯

建置志

城池

蘄舊治可攷者爲羅州由羅州遷今治越數百年一皆相仍豈非江山之勝所憑者然與衞城池者關隘也符乾諸關其來舊矣附紀於後實與州治相表裏云

古羅州城去今治六十里宋景定癸亥元兵據白雲

山設礮來攻守者懼走保鴻宿洲州刺史王益遷城麒麟山即今治元末兵燬明洪武初遣指揮趙應清千戶許勝修建至天順成化間指揮胡善李廣胡瑄李泰田正王欽舒泰嘉靖間指揮李緒田雨公茆欽陳奇策王天相相繼補修城周九里三十三步一千一百三十丈高一丈八尺厚依山不可計舊有樓閣列窩鋪三十所雉堞三千一百六十五敵樓三座串樓九百九十間今廢門六東曰賓暘西曰澄清西之右曰觀瀾西之左曰聚奎南曰文明北曰雄武後改拱辰正德中知州楊濤修

國朝雍正六年知州華文振重修其池東南北濶十七丈八尺西爲大江池舊有橋後橋圯池塞乾隆二十年知州蔣尚德糾紳士疏濬建橋水循舊道

附 **關隘**

城池之外復有關隘之最要者凡七

符乾關在東關外瓦屑壩雨湖沿市湖相通

烟光樓在南關外前江後湖路最險要

第一關在北關外左江右湖

龍磯門在水西門外濵江

襟江門在南關外濵江

帶湖門在東南二關廂間臨濠上今無

鳳山門在乾明磯前

公署

晝城分署規制截如既正厥位則思其職居斯署者不愧屋漏乃稱攸寧也今耑爲一目詳著於篇使因是以自攷焉

州署明洪武二年知府左安善建九年改爲州後正

統二年知州王坦景太二年知州陳範成化六年知州莊轍成化十二年知州王宜相繼修後爲荆府折毁以其材建王府弘治十一年判官張宏宜復建正廳堂幕各三間東西二司儀門譙樓各五間承發司土地祠堂各一間架閣庫十間吏舍二十間左申明亭右旌善亭治後大觀亭三間嘉靖壬子知州崔一濂重修明末寇燬

國朝順治十八年知州王宗尭以次修復

學宮在州署左詳儒學志

麗澤堂在學宮左學正署

樂育堂在學宮右訓導署

州同署燬今裁

州判署在州署右儀門內

吏目署在州署左儀門外

江防道署缺裁久圮

國朝乾隆丁卯年知州蔣尚德暨紳士改建營都司署

營舊署在水西門內今作火藥局

布政司公署在治西南明正統間遷東南知州姜浩建今廢

按察司公署在治東南今廢

麟山書院在州署右乾隆丁卯年知州蔣尚德改建

清軍廠在賓暘門外遺址存

府館在分司右今廢

衛守備署在水西門內卜羅山

國朝乾隆二十年守備劉鎮修葺內舍

茅山巡檢司在州西五十里

大同巡檢司在州北百八十里

稅課司在州西門外廢址存

教場演武廳在賓暘門外

陰陽學在府館西南

醫學址連陰陽學有窮民藥局

僧正司在四祖寺

道正司在元妙觀

祠祀

有功德於民則祀之禮也其著者春秋報享載在令典他如忠節賢良卽於人心而私爲之俎豆者愛敬

之至靈爽憑焉不可與通祀並紀與

關帝廟在荆藩廢址歲三祭春秋二仲上戊及誕日共支餉銀叁拾伍兩柒錢肆分陸釐

社稷壇在北關外里許歲二祭春秋二仲每祭支餉銀壹拾兩

常雩祭在北壇行禮祭日初夏支餉銀伍兩司庫給

風雲雷雨山川壇在南關外祭日支餉同社稷

先農壇在東關外祭日同社稷支餉銀伍兩乾隆伍年奉 文以耤田存穀備祭如不敷司庫湊給

郡厲壇在州北三里歲三祭清明中元十月朔先一日詣城隍焚牒厥明導城隍木主於壇壇下列無祀鬼神共支餉銀壹拾貳兩乾隆柒年減壹兩

牙纛廟在東關外大教場霜降祭

城隍廟原在麒麟山西南明成化間遷山之東今仍之歲無特祀惟厲祭主之餘則附於風雲雷雨山川壇

文昌閣在南關外浮玉磯明萬歷間江防道吳國仕置田產以爲春秋二祭經費餘則膳貧士及住持僧年久田被侵漁乾隆癸酉知州錢鋆清入麟山書院仍酌給租穀以供祀飯僧

江神夏至祭

名宦祠在學宮左祀唐韓思彥 員半千 吕元膺宋吕 誨 范純仁 王禹偁 林大年 梅執禮 李 宥 虞 策 韓世清 施温舒 蕭 服 劉光世 李宗思 羅 頎 王 玠 李誠之 秦 鉅 趙汝標 甯時鳳 嚴剛中 杜 諤 阮希甫 林 棨 葉 適 余 童 王 益 秦希甫 王彥明 邱 岳元趙篔翁 志榮祖

狄思聖 趙昭武明左安善 徐 麟 孔思森 楊 琪 李士安 王 垣 金 銑 莊 幤 何 綸 葉仕美 李 純 俞 敬 張弘宜 董 佐 林 宗 夏元吉 翁學淵 侯堯封 韓孫愛 吳國仕 王世德 徐希明 韓 紹 黄仁榮 胡世賞 丁繼嗣 李若訥 陳應元 范中彥 王相悅 施元徵 唐登儁 張秉貞 路雲龍 鄭夢禎 何之圖 倫應祥 錢兆元 唐世照 陳 策 岳 璧

國朝范鳴珂 周漢傑 吳之應 王 顯 呂 陽
汪繼昌 楊志遠 李登第 張定邦 柳 愈
方于光 金 貴 王宗堯 韓 友
鄉賢祠在學宮右祀宋吳 瑛明康茂才 陳堯章
趙 霖 馮思齊 熊 翼 王 翰 陳 溱
張 禧 甘 瑩 華仲賢 華 巒 陳大中
劉 樽 周大霖 馮天馭 馮 翺 馮 鵬
張思齊 高 鵬 李 朴 李 儒 顧 問
李啓昭 周 禧 李時珍 梁 佳 郤思學

李同春 李盛春 李建中 李孟春 李際春
徐之徠 張 星·李 楷 李 樸 李建木
岳鎮華 王之佐 李 新 夏 忠 董一化
李樹初 盧如鼎 宋 誠 顧 闕 張邦翼
李 梴 汪宗文 晏攄忠 郭承恩 孫 仍
李化龍 王臣紀 饒 京
以上二祠祭日同上丁共支餉銀柒兩
四賢祠在麟山書院東祀李誠之秦鉅王彥明王玠
崇賢祠在麟山書院東偏祀明學正林宗以上二祠祭
日同上丁共支餉銀肆兩
節孝祠在州治西
忠孝祠在學宮內
以上二祠祭日同上丁
報功祠在南關外祀明江防吳國仕
烈士廟在北關外龍磯門祀王彥明王玠

鄉鎮

古者畿內不過六鄉市不過二十肆八其境可稽而數也

國家涵濡煦育民用蕃富蘄以一州之地而五鄉二鎮千家之市屬焉民生愈厚則編查愈難非司牧者之責歟

城內廂坊共三圖界至見各鄉項下

安平鄉上鄉州東三十里下鄉州東北五十里共六圖北至青山鄉界東至廣濟縣界西至永福鄉界南抵大江

永福鄉上下俱州西北七十里共五圖北至青山鄉界東至安平鄉界西至蘄水縣界南抵大江

青山鄉上鄉州北一百五十里下鄉州北八十里共五圖北至蘄水縣界東至崇居鄉并大同鄉界西至永福鄉界南至安平鄉界

大同鄉上鄉州北二百里下鄉州東一百八十里共四圖北至太湖縣并英山縣界東至宿松縣界西至青山鄉界南至崇居鄉界

崇居鄉上鄉州東一百五十里下鄉州東一百二十里共五圖北至黃梅縣界并宿松縣界東至廣濟縣界西至青山鄉界并大同鄉界南至安平鄉界

茅山鎮在永福鄉州西五十里有巡檢駐劄

大同鎮在大同鄉州北一百八十里有巡檢駐劄

西河市在安平鄉州北五十五里

渴口市在安平鄉州北四十五里

曹家河在安平鄉州北五十里

彭思橋市在永福鄉州西七十里

漓源口市隔大江三十里

分路街市在青山鄉州北一百里

獅子口市在青山鄉州北一百一十里

張家塝市在大同鄉州北一百五十里

檀林河市在大同鄉州北一百八十里

營汛

營汛祗載防地暨員弁兵丁額數志例也舊志僉詳俸餉可見

國朝優卹軍伍所以養之於無事之時者其厚如此今從之

蘄州營設自順治三年額設經制官五員經制兵丁五百名內馬兵一百名戰兵二百五十名守兵二

百五十名於康熙十三年奉裁參將一員馬兵七十名戰兵九十名守兵四十名復於康熙三十五年奉裁戰兵一十二名康熙四十四年奉派本營守兵七名撥入鎮筸鎮補伍至雍正八年又於馬兵內考選設立外委把總一員雍正十年又將崗城守備改設都司僉書兼轄蘄州黃梅廣濟一州兩縣現在都司僉書一員駐劄蘄州城千總一員駐劄黃梅縣左哨把總一員駐劄在城右哨把總一員駐劄廣濟縣外委把總一員駐劄西河驛共

五員實在馬兵二十九名戰兵四十八名守兵二百三名共二百八十名

各官操坐馬共二十一匹內都司坐馬四匹千總坐馬二匹把總坐馬各二匹外委把總騎操馬一匹每匹春冬二季月支折乾銀一兩二錢夏秋二季月支折乾銀伍錢

都司僉書月支俸薪等銀除閏共一百八十九兩三錢九分三釐九毫九絲六忽

千總月支俸薪銀除閏共銀四十八兩

把總二員月支俸薪銀除閏各三十六兩共銀七十二兩

外委把總月支馬戰養廉銀連閏共二十六兩

馬兵二十九名每名春冬二季月支餉折乾銀三兩二錢夏秋二季月支餉乾銀二兩五錢米三斗

戰兵四十八名每名月支餉銀一兩五錢米三斗

守兵二百三名每名月支餉銀一兩米三斗

駐州城兵一百五十名

旱汛

菩堤壩塘防兵三名

西河驛塘防兵五名

大同鄉小楊樹塘防兵七名

達城廟塘防兵五名新設以上係左哨把總耑轄

水汛

滻源口塘防兵五名

茅山塘防兵三名

羅家埠塘防兵三名

栢林嘴塘防兵三名

掛口塘防兵四名

烟觀樓塘防兵四名以上係道士洑營分防安設

蘄州衛

唐家渡塘防兵四名

艾家洲塘防兵四名

袁家湖塘防兵三名

施家洲塘防兵三名今移李家洲以上係道士洑營兵分撥

廣濟縣防城兵二十四名

旱汛

荆竹舖塘防兵五名
雙城塘防兵五名以上係蘄州營分防右哨把總耑轄
黄梅縣防城兵四十五名

旱汛

停前驛塘防兵五名
下新鎮塘防兵三名
孔壠驛塘防兵五名
清江鎮塘防兵五名
唐司月塘防兵五名

中路菴塘防兵五名
五沙坡塘防兵五名
兩河口塘防兵五名以上係蘄州營分防千總耑轄

驛遞

蘄舊有驛丞駐西河今奉裁統攝於州舖遞所在一仍往額因事而振厲之不使廢弛其責綦重云

本州脚馬十匹每年工料銀二百一十八兩八錢每馬日支草料銀五分年支一十八兩每日藥餌銀二釐七毫七絲七忽七微年支銀一兩三馬一夫每名日工食銀二分年支七兩二錢獸醫一名工食銀與馬夫等

遞運所在得勝寺右沿江迎恩坊額設大使一員明洪武五年知府徐麟創建洪武九年屬州嘉靖戊戌知州張洗重修額設馬船九隻每馬船一隻水夫三十名紅船四十一隻每紅船一隻水夫一十五名今廢

蘄陽水驛原在大西門外明洪武二年知府左安善創建洪武九年屬州額設驛丞一員驛前有坊

扁站船十隻夫一百名舖陳十副今裁

西河驛明洪武十二年知州孔思森創建額設驛丞一員馬共二十五匹每年工料銀五百四十二兩二錢每匹草料藥餌與脚馬等馬夫八名半每名日支工食銀一分九釐六毫七忽八微年支七兩五分八釐八毫獸醫一名日支工食銀二分乾隆十九年驛丞奉裁知州兼攝

州前總舖湖東郡坊左坊右舖兵一十二名

兩路口舖去州十里在大泉山舖兵八名

施家鋪在土名檀樹嘴鋪兵八名
菩提鋪在菩提壩鋪兵八名
高山鋪在高山里鋪兵八名
十里鋪在永豐里鋪兵八名
三家鋪在土名黎企里鋪兵八名以上由東路達
抵廣濟界
西河鋪在西河驛鋪兵八名
火爐鋪在火爐山鋪兵八名
橫車鋪在孫家嘴鋪兵八名

女兒街鋪在靈虬山鋪兵八名以上由西路抵蘄
水界　共鋪兵九十二名每名年支工食銀七
兩二錢

坊表

坊表旌善也前代率由仕宦
國朝則節孝爲多野人女子而有士君子之行風化之
應具見於此故備志之以勸來者

明

忠孝　賢良 二坊在荊府左右因端王辭祿賜褒　六腳牌坊 在荊府前三坊現在

肅政坊 在布政分司前　澄清坊 在按察分司前
蘄黃重握　江漢巨防 二坊在道署左右兵部翁學淵建
湖東首郡 在州前知州陳震弼建　宣化坊 在州前
宣威　振武 二坊在衛左右
泮宮坊 在儒學前
桂林秋色　杏苑春光 二木坊在儒學左右一爲鄉試舉人一爲會試進士
解元坊 在儒學左爲永樂丁酉科程燧成化丙午科華鑾嘉靖乙酉科陳吉言立
亞元坊 在澄清門內爲成化甲午科田鵬立
經元坊 在武襄門外爲正統戊午科宋誠立

登科坊 有二一在武襄門外爲正統甲子科陳溙一在聚奎門外爲成化戊子科甘瑩立
俊士坊 在文明門外爲景泰庚午科張信立
擢秀坊 在武襄門外爲景泰庚午科江琳立
飛黃坊 在州西爲天順己卯科華仲賢立
文奎坊 在聚奎門外爲成化乙酉科金蘭立
登第坊 在武襄門外爲成化乙酉科易濂立
攀龍坊 在澄清門內爲成化戊子科何珍立
登雲坊 在州南爲成化丙午科甘瑩立
鵬程萬里坊 在文明門外爲景泰丙子科胡祥立

兄弟聯芳坊在賓陽門內爲李孟春盛春際春立

進士坊凡五一在澄清門外爲天順丁丑科王翰一在賓陽門爲同科劉澄一在州西爲成化乙未科華仲賢一在儒學右爲成化丁未科華鑾壽儒一在拱辰門內爲嘉靖癸未科郝守正建

兩試掄魁在東門外爲張邦翼建

都憲坊在州前爲都御史熊翼建

方伯太史在州西爲布政華仲賢編修華鑾建

文衡柱史　侍郎　大廷尉三坊在東門外俱爲馮天馭建

四牌樓前司寇　後少宰　左都憲　右廷尉在東門外爲馮天馭建其孫一鳳等重修改尚書都憲世家百歲

制誥坊在老美橋爲馮天馭祖墓前

諭祭葬坊在黄土嶺馮天馭墓前

御史坊在東門外爲誥封馮鵬建

臺憲坊在東門外爲御史顧問建　豸繡坊總按胡宗憲爲顧問建

三桂坊在州治前爲知府周祈郎中周祚御史周禧建

三輔造士兩浙薦賢在聚奎門內爲御史周禧建

玉堂青鎖在東門內爲庶吉士李盛春建

一門古道在聚奎門內爲李盛春兄弟建

四牌樓在文明門內爲參將李同春主事李孟春中丞李盛春參政李際春建

六朝文獻兩鎮干城在東門外爲知縣李時珍同知李建中副使李建木兵備李樹初建

清朝執法奕世承恩二坊在拱辰門外爲御史李載陽誥封李時言李元英建

發祥文武在竹林湖李儒墓前建

父子重光在竹林湖李時珍墓前建

司馬坊在龍盤嘴李建中墓右建

地官坊在澄清門外爲郎中王翰建

晝錦坊在武襄門外爲知府宋誠建

執法清朝在文明門內爲御史王珙建

父子侍御在文明門內爲御史饒亨建

龍章寵錫　中都鎖鑰二坊在澄清門內爲參議劉如寵劉莪建

欽旌完節在文明門內爲王珙祖母龐氏建

貞節坊在時思圃爲顧氏建

國朝

邦家之光在崇居鄉焦藤樹爲乾隆乙丑科進士陳履中建

節孝坊建在城者凡十旌表　李澤潤妻金氏　李之瑨繼妻諸氏　孝子王廷詔同妻張氏　田本起妻嚴氏本貴妻徐氏　洪方谷妻柯氏　劉峯妻呂氏　張樞妻張氏　李本蓁妻何氏同孫婦顧氏　陳治猷繼妻張氏同側室劉氏　桂佐廷妻張氏

節孝坊建在五鄉者凡[redacted]旌表　王琦妻熊氏　張大綸妻王氏　張復禮妻

郭氏　胡啓商妻張氏　王溥懷妻董氏　王作
霖妻陳氏　管宗咸妻沈氏　孝子張仕秀　張
仕超妻駱氏　張拱辰
妻王氏必相妻羅氏

水利　津梁附

蘄南濱大江北接羣山諸湖絡其腹下流之區漲淤時多陂塘之設皆利藪焉津梁所以利涉也王政重之詳建與修者使得藉是以不朽云

蓮花池又名黃家塘在州東北五里許周公山下水流五六里注田一頃四十畝

永安壩在州西北十里赤東湖中明萬曆二年修

瓦屑壩在州東明弘治年間知州陳霽築

東門壩近瓦屑壩指揮李繼築

南門壩通河街羊子撩弁迎山馬口諸鄉

菩堤壩距州三十里通廣濟縣

許家塘在安平上鄉一圖教場口北水流二三里注田九十五畝

馬家塘在安平上鄉一圖瓦屑壩水流一二里注田八十七畝

石家塘在安平上鄉一圖二鋪西水流三四里注田一頃二十畝

周家塘在州治北七十里許鈌嘴山下水流六七里注田一頃八十畝

盧家塘在安平上鄉五圖走馬嶺下水流四五里注田一頃八十畝

清水塘在州東十五里

袁家塘在安平四圖高廟山下水流二三里注田九十餘畝

白陂塘在安平下鄉白陂山下水流三四里注田二頃十畝

破塘在安平下鄉廖家山下水流四五里注田一頃八十畝

馬婆塘在州北五十里

余家塘在渴口上畈水流六七里注田二頃三十畝

藕塘在鎖口山水流八九里注田二頃九十畝

泉塘在黃土山下水流四五里注田一頃八十畝

周家塘在長嶺山下水流三四里注田一頃一十畝
五岳塘在西河驛水流七八里注田二頃三十畝
董家塘在靈乩山下水流三四里注田一頃十一畝
笱陂塘在火爐舖水流六七里注田二頃一十畝
鴛鴦塘在永福上鄉馬驊山前水流七八里注田二頃三十畝
楊家塘在永福下鄉烏石山畈水流四五里注田一頃六十畝
二聖塘在青山上鄉三圖花園嘴水流五七里許注田一頃八十畝

聶家塘在劉公河水流二三里注田一頃一十畝
藕塘在闗口河水流七八里注田二頃三十畝
胡家塘在山口冲下水流三四里注田八九十畝
陳興堰在安平上鄉五圖東高畈東水一大灣注田一頃八十畝
白家堰在安平上鄉五圖藕家畈水一大灣注田一頃七十畝
後河堰在高家畈水流三四里注田一頃一十畝

蓮花陂堰在史河口畈水一大灣注田二頃七八十畝
張輝堰在楊樹嘴畈水一大灣注田二頃三十畝
高家堰在永福下鄉水一大灣注田二頃餘
高秋堰在烏石山下水一大灣注田三頃餘
長港堰在青山下鄉黄城河畈水一大灣注田二頃七八十畝
肖落長堰在青山下鄉黄城河水一大灣注田二頃七八十畝
石郎堰在大同鄉叁圖馬家畈水一大灣注田二頃七八十畝

津梁

金箱橋在東闗外乾隆丙寅年新建
玉印橋在北闗外訓導陳欲珍捐募建
合濟橋在符乾闗口訓導陳欲珍監生張燕捐建
新興橋在州北四里
高家橋在南闗外
滑石橋在州治南宋景定五年安撫使王益建

石鼓河橋侯選州同陳法壁建
馬口橋順治十二年州民梁均宇募建不足鬻房屋以竣厥工
西龍河橋在青山鄉州北百一十里貢生陳欲珙捐募建
天賜橋在松山寺下山壑長石壓兩岸成橋遂名
西河渡在州北五十五里
掛口官渡在州北十里
乾明渡在州西一里

沙徑渡在州北十五里陳惟聰戶王廷震戶各捐船一隻並置渡田
闌口河渡在州北八十里監生李登臨駱公浩胡登一捐募並有渡田
黃城河渡在州北七十五里
亞公河渡候選州同陳法壁捐田稞二十七石
白馬渡在州東即今尨眉壩
黃顙口官渡在州西十里通興國州
易家河義渡在州四十里

顧家橋在第一關外憲副顧闕建
吳公橋在大西門外
大明橋在赤東湖口明嘉靖丁酉年募建順治十五年李如嚴捐募重建孫湯嗣拱九承修並置義渡
排埠橋在赤東湖中明嘉靖丁酉年建　國朝乾隆間生員田之魁貢生江惟金捐募重修橋路置田
芭茅橋在州北芭茅山側官路
道人橋在州北曹家河
善慶橋在西河驛先是康熙二十年劉楚相募建康

熙五十六年生員湯有光許志士陳于座劉玉光袁剛鄭重僧心正續修皆未成橋乾隆十五年貢生袁士昌增改石不架木爲梁募金不給捐銀伍百兩橋始成前後州牧有引有記載藝文志募姓詳碑記
西河小橋
橫車橋在州北西河驛官路
轉蓬橋在州北七十里明景泰五年建
三洞橋在渴口鎮康熙二十四年陳惟執捐建

黃城河橋以木爲之乾隆十五年胡便王乾捐募重建並置渡田

駱駝橋在崇居鄉明弘治元年衛舍人唐仁建

中心橋在鴻宿州明嘉靖十五年壽官鍾惠建

歐家渡在青山鄉渡邊有石鐫雲路二大字

劉公河渡監生陳述古捐田一石四斗竹簰一扇

大王廟吳桂港兩橋俱陳吳氏捐建

蘄州志卷之四

知蘄州事虞山錢　鋆纂輯

賦役志

戶口

州戶口有軍籍有民籍軍籍載賦稅志此志民籍我

朝百餘年來休養生息之盛大略可覩已

隋蘄春郡 領縣五

戶叁萬肆千陸百玖拾 隋書口無攷

唐蘄州 領縣四

戶貳萬陸千捌百玖

口壹拾捌萬陸千捌百肆拾玖 唐書

宋蘄春郡 領縣五

戶壹拾壹萬肆千玖百柒 宋史

口壹拾玖萬叁千壹百壹拾陸

元蘄州路 領縣五

戶叁萬玖千壹百玖拾 元史

口貳拾肆萬玖千叁百貳拾壹

按舊志戶口自明始今載隋以來存古今民數之

槩也隋以前無考

明　蘄州

戶壹萬貳千玖百叁拾伍舊志洪武貳拾肆年

口柒萬捌千陸百玖拾捌

按永樂拾年後遞有減至萬歷叁年戶柒千玖百壹拾肆口陸萬捌千伍拾我

國初至康熙貳年分戶口丁數與萬曆年同

國朝　蘄州

戶柒千玖百壹拾肆舊志

口陸萬捌千伍拾

丁原額壹萬伍千伍百柒拾壹丁康熙肆年豁免運夫入丁叁百壹拾貳丁實壹萬伍千貳百伍拾玖丁自康熙拾壹年至伍拾年逐次編審贈叁百叁拾捌丁共壹萬伍千伍百玖拾柒丁共徵丁銀肆千肆百陸兩柒錢貳釐陸毫貳忽壹塵貳纖貳渺又彙同不在額徵丁銀以內之優免丁銀柒拾叁兩玖錢陸分捌釐陸毫肆絲伍忽於雍正柒年

題准丁隨粮派歸入闔省糧銀均攤減原徵壹千壹百貳兩陸錢玖分玖釐肆毫壹絲貳忽伍微玖塵叁纖陸渺伍漠捌沙伍灰雍正柒年陞墾丁銀貳錢捌釐伍絲柒忽玖纖叁渺陸茫雍正拾貳拾叁及乾隆叁肆等年陞墾丁銀叁兩捌錢肆釐叁絲叁忽玖微玖塵貳纖玖渺玖漠肆茫通計丁銀叁千叁百捌拾壹兩玖錢捌分叁釐玖毫貳絲伍忽肆微貳塵捌渺肆漠玖茫壹沙伍灰

康熙伍拾伍年編審增益滋生人丁叁百壹拾捌丁

康熙陸拾年增叁百貳拾貳丁

雍正肆年增叁百叁拾叁丁

雍正玖年增叁百叁拾伍丁

乾隆元年增叁百柒拾壹丁

乾隆陸年增叁百柒拾貳丁

陸屆共增益滋生人丁貳千伍拾壹丁欽奉

恩詔永不加賦見賦役全書并府志

按顧氏志論宋崇寧戶較唐增玖萬口較唐止增壹萬是唐以柒口為戶宋以貳口為戶也元壹戶率伍口明壹戶率陸柒口存攷

賦稅 附軍屯

蘄原則約三等賦準之其別爲蘆課絲麥帶徵爲夏稅稅有穠項增損舊額者爲另欵悉依賦役全書詳列於左軍屯欵目畧同故以類附

原額上則田叁千伍百陸拾捌項叁拾肆畝肆分陸釐叁毫每畝科米伍升陸合陸勺壹抄該米貳萬貳百石叁斗玖升捌合玖勺伍抄　山水鄉下則田捌百玖捌柒項貳拾肆畝貳分肆釐肆毫每畝科米伍升該米肆千肆百捌拾陸石貳斗壹升貳合貳勺

原額上中則地壹百陸項肆畝伍分玖釐貳毫每畝科米叁升貳合該米叁百叁拾玖石叁斗肆升陸合玖勺肆抄　山水鄉下則地玖百捌拾壹項玖拾壹畝陸分壹釐捌毫每畝科米壹升陸合該米壹千伍百柒拾壹石陸升伍合捌勺捌抄捌撮

原額上則塘貳百項壹拾伍畝每畝科米伍升陸合陸勺壹抄該米壹千壹百叁拾叁石肆升捌合柒勺陸抄捌撮　山水鄉下則塘捌拾叁項壹拾畝伍分每畝科米伍升該米肆百壹拾伍石伍斗貳升伍合

以上原額田地塘共伍千捌百叁拾陸項捌拾畝肆分壹釐柒毫載秋米貳萬捌千壹百肆拾伍石伍斗玖升柒合陸勺玖抄陸撮舊志順治拾肆年奉文丈量則例

夏稅小麥貳百肆拾貳石柒斗壹升貳合肆勺　絲壹百叁拾叁觔玖兩叁錢叁分陸釐　桑絲捌觔柒兩肆錢叁項俱入秋糧內帶徵

額徵並加增共銀壹萬玖千叁百陸拾肆兩叁錢肆分肆釐壹毫伍絲陸忽柒微貳塵叁纖總數與舊志同

自康熙叁拾年至雍正拾壹年額外墾田伍拾壹項

柒拾柒畝伍分壹釐陸毫陸絲捌忽載米壹百貳拾伍石貳斗叁升肆合叁勺捌抄貳撮陸圭微銀捌拾柒兩玖錢伍釐伍毫叁絲玖忽肆微柒塵肆纖壹渺伍漠貳茫加增遼餉原額及墾額共銀伍千叁百貳拾叁兩玖錢捌分陸釐壹毫陸絲陸忽貳微壹塵肆纖貳渺肆漠玖茫麂皮京槓銀原額及墾額共銀壹兩叁錢肆分伍釐壹毫伍絲捌忽柒微玖塵陸纖叁渺貳漠柒茫　通共徵銀貳萬肆千柒百柒拾柒兩伍錢捌分壹釐貳絲壹忽貳微柒纖柒渺貳漠

壹茫
南糧驢脚米折原額及開墾增額共折徵銀玖百叁兩
伍錢貳分貳釐肆毫叁絲壹忽陸微玖塵柒纖貳渺
人丁項下實徵銀[數見戶口志內]
雜課原額除豁免外實徵銀肆百伍拾捌兩壹錢叁分
柒釐伍毫玖微伍塵[遇閏加銀陸拾貳兩貳錢壹分柒釐捌毫貳絲伍忽]匠役
班價除開除外寔徵銀壹拾貳兩陸錢共徵銀肆百
柒拾兩柒錢叁分柒釐伍毫玖微伍塵
以上地丁正雜舊額新加除無徵豁免開除外通

計徵銀貳萬玖千伍百叁拾叁兩捌錢貳分肆釐
捌毫柒絲玖忽貳微柒塵伍纖柒渺柒漠壹沙伍
灰內除優免丁銀柒拾叁兩玖錢陸分捌釐陸毫
肆絲伍忽墾派丁銀肆兩壹分貳釐玖絲壹忽貳
纖叁渺入另欵登收外寔起運存畱銀貳萬玖千
肆百伍拾伍兩捌錢肆分肆釐壹毫肆絲叁忽貳
微柒塵叁纖肆渺柒漠壹沙伍灰
一起運
戶禮工光肆部寺地丁條遂雜課匠班麂皮京楨盒鮮
費共銀壹萬捌千肆百玖拾肆兩柒分貳釐叁毫玖
絲柒忽貳塵陸纖伍渺玖漠肆茫陸沙五灰[內有雍正柒年陞墾銀壹兩肆錢壹釐玖忽零係彙抵漢陽等縣重丁銀]
一撥運存畱
隨漕驢脚米折共銀叁千柒百捌拾伍兩捌錢柒毫肆
忽貳微柒塵柒纖伍渺叁漠壹茫[內有雍正柒年陞墾銀貳錢叁釐柒毫伍絲零係彙抵漢陽等縣重丁銀]官役俸食驛站祭祀廩糧江濟雜
支觧費等項銀柒千壹百柒拾伍兩玖錢柒分壹釐
肆絲壹忽玖微陸塵玖纖叁渺肆漠肆茫伍沙通共

銀壹萬玖百陸拾壹兩柒錢柒分壹釐柒毫肆絲陸
忽貳微肆塵陸纖捌渺柒漠伍茫伍沙
一另欵
奉裁優免充餉銀肆百陸拾伍兩捌錢壹分貳釐貳絲
玖忽柒微肆塵[優免丁銀總在數內]開墾派增丁銀肆兩壹分
貳釐玖絲壹忽貳纖叁渺[內有丁銀貳錢捌釐伍絲零彙抵重丁]共徵
銀肆百陸拾玖兩捌錢貳分肆釐壹毫貳絲柒微肆
塵貳纖叁渺
一蘆課

地原額及乾隆肆年以前新增額除泥淤沙灘不堪載
課逐次坍卸又除鴨蛋洲潑歸江西外實在成熟蘆
地草塲草壋共叁百壹拾頃柒畝叁分壹釐肆毫柒
絲肆忽寔徵課銀肆百壹拾兩陸錢壹分貳釐貳毫
柒絲伍忽肆微

一南漕二糧

漕糧原額及雍正拾壹年以前墾增額共本色正耗增
貼米玖千陸百壹拾石捌斗玖升肆合肆勺貳抄伍
撮貳圭伍粒陸粟

南糧原額及雍正拾壹年以前墾增額共本色正耗米
柒千伍百貳拾玖石叁斗伍升叁合伍勺玖抄柒撮
叁圭柒粒

一雜稅

牙帖稅銀伍拾捌兩柒錢
田房稅正額銀陸兩貳分伍釐 盈餘銀兩儘徵儘解原無定額
額銷鹽引壹萬柒千柒百引 每引解子監肆拾壹包陸分玖釐陸毫每引納稅銀貳分商人交納解司撥用每年行銷原無定額
當舖肆座每座每年納稅銀伍兩 開歇不一稅無定額

以上見賦役全書

軍屯附

軍屯舊志次兵戎下今附賦稅衛員另列武秩糧石
數目屯伍坐落仍舊開存

蘄州衛

戶壹萬捌百壹拾玖 乾隆十八年衛册
口 盛世滋生並上著不成丁男女大小人口共伍萬叁千叁百壹拾貳名
丁原額並康熙伍拾貳年以前編審增額共捌拾貳
丁徵丁銀壹拾陸兩肆錢於雍正柒年

題准丁隨糧派歸入通省屯餉均攤應減銀柒兩陸錢
捌分伍釐玖毫壹絲實徵丁銀捌兩柒錢壹分肆釐
玖絲其自康熙伍拾柒年至乾隆拾捌年編審增益
滋生人丁叁拾貳丁欽奉
恩詔永不加減

一土田

屯田地原額玖百伍拾頃叁拾陸畝捌分貳釐陸毫柒
忽除荒蕪坍卸屯地外有地玖百貳頃貳拾貳畝壹
分捌毫捌絲壹忽叁塵玖纖於雍正柒年墾增玖拾

陸畝叁分玖釐肆毫叁絲玖忽玖微貳塵貳纖實在
成熟田地玖百叁頃壹拾捌畝伍分叁毫貳絲玖微
陸塵壹纖載糧柒千貳百玖石叁斗玖升捌合捌勺
陸抄陸撮肆粒壹粟實徵銀貳千玖百陸拾捌兩壹
錢玖釐伍毫壹絲叁忽壹微肆塵玖纖捌漠壹抄
以上屯餉丁糧共實徵銀貳千玖百柒拾陸兩捌
錢貳分叁釐陸毫叁忽壹微肆塵玖纖捌漠壹沙

一起運

布政司充餉銀貳千叁百壹拾壹兩陸錢壹分陸釐叁

忽壹微肆塵玖纖捌漠壹沙又馬餉銀陸兩伍錢
糧道運軍安家糧銀貳百壹拾柒兩叁錢柒分柒釐陸
毫又軍三造船銀壹百叁拾玖兩貳錢叁分

一存留

官役俸食銀叁百貳兩壹錢

一蘆課

蘆洲地原額及新增共徵銀柒百壹拾玖兩伍錢玖分
壹釐伍毫玖絲肆微捌塵貳纖肆渺伍漠以上府志

左所原額屯糧百戶劉徹卿伍下捌拾壹石貳斗柒升
坐落江南宿松縣百戶賀君聖伍下貳百肆拾叁石捌斗陸
升玖合貳勺柒抄一黃梅縣一江西德化縣百戶張本位伍下壹
百石捌斗德化百戶金壁伍下壹百伍拾玖石柒斗
宿松百戶戴聖章伍下貳百伍拾貳石叁斗陸升黃
梅百戶趙瑞符伍下貳百捌拾叁石肆斗叁升德化
百戶王用極伍下貳百柒拾柒石玖斗壹升德化百
戶張翼伍下壹百柒拾柒石柒斗肆升一德化一興國州百
戶杭恕伍下壹百捌拾叁石貳斗肆升一德化一興國百
蕭本忠伍下叁拾柒石陸斗興國

右所原額屯糧百戶劉一麒伍下肆拾貳石玖斗叁升
興國百戶李正奇伍下壹百壹拾肆石壹斗肆升興國百
戶龐忠伍下壹百肆石陸斗壹升興國百戶許昇伍下
伍拾肆石黃梅百戶張寬伍下壹百陸拾石貳斗捌升
興國百戶周德溥伍下壹百壹拾肆石肆斗江西瑞昌縣百
戶王時勳伍下伍拾陸石貳斗叁升興國

中所原額屯糧百戶史記事伍下壹百叁拾伍石伍斗
壹升宿松百戶梅羮伍下捌拾石玖斗貳升黃梅百戶陳
珪伍下壹百叁拾肆石叁斗伍升大冶縣百戶高承祖

伍下貳百陸拾石伍斗貳升一蘄水縣一大冶一瑞昌一蘄州百戶
黄鳳鳴伍下叁百壹拾貳石肆斗玖升黄梅百戶張元
極伍下貳百肆拾陸石柒斗柒升瑞昌百戶蕭旻伍下
貳百捌拾石肆斗貳升瑞昌百戶劉忠伍下柒拾伍石
貳斗一黄梅一興國百戶鄭定伍下壹百壹拾貳石貳升瑞昌
百戶黄佑伍下壹百壹石肆斗捌升一黄梅一蘄水一瑞昌
前所原額屯糧百戶李士鰲伍下壹百壹拾伍石一黄梅縣
一興國一德化一瑞昌一蘄州百戶崔顯祖伍下壹百貳拾伍石陸
斗伍升一黄梅一興國一德化一蘄州百戶袁光繩伍下叁百肆拾

壹石伍斗貳升大冶百戶鍾聲遠伍下壹百貳拾柒石
肆斗貳升貳合內除坍卸柒石壹斗黄梅百戶許國忠
伍下肆百陸拾柒石伍斗柒升大冶百戶許登雲伍下
貳百陸拾陸石玖斗捌升內除坍卸玖拾捌石宿松百
戶陳魁伍下壹百貳拾壹石貳斗玖升興國百戶王長
廉伍下貳百捌拾捌石柒斗玖升柒合一德化一興國百戶
王祐伍下壹百肆拾壹石壹斗壹升興國百戶郝希賢
伍下叁拾陸石黄梅
後所原額屯糧百戶姚極伍下壹百柒石捌斗陸升一黄

梅一蘄水百戶田成龍伍下叁拾貳石捌斗叁升內除坍
卸陸石興國百戶郭世詔伍下玖拾石一黄梅縣一蘄水一德化一百
戶曾倫伍下壹百陸拾壹石陸斗柒升一蘄水一大冶百戶
王依伍下貳百石玖斗肆升柒合蘄水百戶羅士奇伍
下壹百玖拾石叁斗柒升蘄水百戶錢玄錫伍下貳百
柒石蘄水百戶郭民範伍下壹百貳拾玖石肆斗捌升
捌合一廣濟縣一興國一蘄州百戶吳懊伍下壹百伍拾伍石捌
斗叁合伍勺一大冶一勤州百戶許爵伍下貳百石陸斗陸
升蘄州以上共柒千叁百貳拾柒石伍斗叁升

徭役

舊志據經費錄載徭役甚悉今多奉裁凡欵目可攷者仍連類紀之別以分注見今制之畫一云

總督　派役裁

提學　派役裁

布政司　應朝長夫裁

按察司　表夫裁存銀陸兩捌錢

下江防道缺裁

驛鹽道　鋪兵分派壹名存銀陸兩

推官　派役裁

經歷　皂隸分派貳名存銀壹拾貳兩

知事　門子壹名存銀陸兩　皂隸肆名存銀貳拾肆兩知事員缺二項另解

知州　俸薪存銀捌拾兩　迎送上司傘扇銀裁書辦壹拾貳名銀裁門子貳名存銀壹拾貳兩　皂隸壹拾陸名存銀玖拾陸兩雍正陸年奉文撥給仵作及學習仵作貳拾肆兩馬快捌名存銀肆拾捌兩　步快叁拾捌名除清減撥及民壯修理器械之用存銀貳百貳拾捌兩　燈籠夫肆名銀裁轎傘扇夫

柒名存銀肆拾貳兩　禁卒捌名存銀肆拾捌兩

庫書壹名銀裁倉書壹名銀裁庫子肆名存銀貳拾肆兩

斗級肆名存銀貳拾肆兩

儒學二員　俸銀存叁拾壹兩伍錢貳分分支加級俸肆拾捌兩肆錢捌分　書辦壹名銀裁齋夫陸名存銀叁拾陸兩分支膳夫叁名存銀貳拾兩廩生支領門子伍名存銀貳拾壹兩陸錢

州判　俸薪存銀肆拾伍兩　書辦壹名銀裁皂隸陸名存銀叁拾陸兩　門子壹名存銀陸兩　馬傘夫貳名工食存銀壹拾貳兩

吏目　俸叁拾壹兩伍錢貳分　書辦壹名銀裁皂隸肆名存銀貳拾肆兩　門子壹名存銀陸兩　馬夫壹名存銀陸兩

茅山司巡檢　俸薪同前書辦壹名　皂隸貳名同前

大同司巡檢同前

蘄陽驛驛丞久缺

西河驛驛丞新裁

西河河泊所久缺

協編武昌遞運所在省聽差紅船壹隻水夫壹拾名修船銀壹拾貳兩共銀捌拾伍兩

武昌巡船水手肆名修船銀貳兩共銀叁拾肆兩肆錢陸分陸釐肆毫

西河驛馬壹拾伍匹又新加叁匹共銀伍百柒拾柒兩肆錢捌分柒釐

蘄陽驛站船水手貳拾貳名共銀壹百叁拾肆兩貳錢

蘄陽遞運所聽差馬船壹隻水夫壹拾肆名紅船壹隻水夫玖名共銀壹百柒拾兩叁錢

糧廳紅船壹隻水夫玖名又新加壹名共銀伍拾兩貳
錢
協編襄陽府呂堰驛馬價正閏除改抵麻城縣額派荆
州將軍祿米銀外實銀壹兩壹錢陸分陸釐
蘄陽驛支應銀肆百肆拾兩　鋪夫正閏共銀貳拾肆
兩肆錢
西河驛支應銀貳百柒拾兩　鋪夫正閏共銀壹拾貳
兩貳錢
走遞排夫壹百叁拾名內除轎傘扇夫陸名實存壹百

貳拾肆名共銀玖百柒兩陸錢捌分
脚馬叁拾伍匹共銀捌百伍拾肆兩 應給走差
現設排夫存肆拾名工食銀貳百玖拾貳兩捌錢 扣小建加
閏
脚馬存拾匹工料等銀貳百壹拾捌兩捌錢 扣小建加閏
西河驛馬貳拾伍匹該工料等銀伍百肆拾貳兩貳錢
扣小建加閏
二鎮巡司弓兵徭編陸拾叁名永充貳拾肆名存銀壹
百玖拾柒兩陸錢肆分

各舖司兵徭編捌拾壹名共銀伍百伍拾壹兩肆錢肆
分永充壹拾壹名衣鞋閏銀壹兩捌錢共銀壹拾玖
兩捌錢
各河渡夫壹拾名正閏共銀貳拾陸兩捌錢肆分黃顙
口肆名西河肆名卦口貳名
各壇廟祭銀 見各祀 鄉飲貳次銀壹拾伍兩
會試舉人長夫貳百捌拾捌兩　歲貢廷試長夫銀共
壹拾貳兩一廩生叁拾名共糧銀柒拾貳兩、科舉
生員盤費裁歲科生童試卷供應裁孤貧陸拾肆名

口糧布花銀共壹百叁拾肆兩肆錢

積貯

積貯之法有常平有社倉有義倉州義倉無聞常社
所貯穀本息相資日益大饒在奉行者加之意而已
便民諸倉今已改置僅撮其顛末附記於後
常平倉共壹拾叁間
一在州署頭門內　原建叁間
一在州署頭門外　原建伍間
又乾隆拾年奉文收捐監穀新建倉廒伍間

自康熙貳拾玖年起至乾隆拾玖年底內易湋採買
捐積捐監除節届撥賑外寔貯穀壹萬肆千玖百柒
拾伍石又原捐大麥陸石穀代
社倉分建鄉圖共陸拾陸座
本城貳座
三厢坊共陸座
安平鄉陸圖共壹拾伍座
永福鄉伍圖共壹拾貳座
青山鄉伍圖共壹拾貳座

崇居鄉五圖共壹拾壹座
大同鄉四圖共捌座
雍正元年勸捐每處舉士民中殷寔老成者爲倉長
經管倉穀春放秋還照例收息自雍正伍年起至乾
隆拾玖年分底城鄉合計共貯本息穀壹萬玖千伍
百玖拾伍石柒斗伍升貳合捌勺壹抄伍撮叁圭
便民倉在北門外　社稷壇左
按宋紹興叁年知州李誠之作惠民倉貯粟凡肆萬
石明成化柒年知州莊輙脩廣儲倉凡玖座伍拾肆
間嘉靖伍年知州季才剏廣儲另建預備倉今俱無
成化拾肆年州人敝州府知府宋誠言於州守置便
民倉先是壇左有倉是爲預便之北倉其址屬民誠
捐貲鬻而廣之嘉靖元年知州魏修與判官李昭重
建今即其處納糧倫運見舊志卹政今彙入積貯倉前大路甬苦
泥濘雍正拾年策山生監張爵張作楫張煇文等捐
修石路州牧蔣給扁奬之
蘄州衛附
常平倉共陸間貯穀祇四間乾隆二十年燬于風衛守劉鎮捐修

在衛署前自康熙貳拾陸年至乾隆拾叁年除節届
撥賑外實存穀壹千肆百壹拾貳石叁升內撥絶屯肆斗零與斗級
社倉分建肆拾柒五共柒拾陸座每五設倉長經管每
年春借秋還照例收息自雍正陸年起至乾隆拾玖
年底共存本息穀壹萬玖百陸拾捌石玖斗壹升玖
合捌勺陸抄肆圭玖粒貳粟
按積貯民之大命
國朝藏富于民饒息方未有艾此祇就現數開列本年
息穀未清報故自十九年止

蠲卹

免蘄州租自宋始厥後正史約可攷然不數覯也
國家深仁厚澤有加無巳雖小灾青皆得具報謹按應
徵豁免與卹政之通於蘄者備書於册實從來未有
云

宋紹興元年蘄州旱詔免租二年蘄州饑命郡賑粟萬
石五年七月免蘄州上供及租稅三十年蠲蘄州附
種田租
紹熙元年拾壹月減蘄州歲鑄錢貳拾萬緡

嘉泰元年權罷蘄州鹽鑄錢
嘉定十五年詔蠲蘄州今年賦租 右俱宋史

元至治元年正月蘄州饑賑糧三月
至順元年蘄州饑賑糧一月
至元三年詔發義倉米賑蘄州
至正九年夏秋蘄州大水傷稼十一年賑被災人民
右俱元史

明景泰六年七年江水泛漲蘄州湖田盡没命賑
成化十四年十五年蘄州大旱奏免田租三分之二
弘治十七年蘄州大旱免田租之半 右俱通紀
嘉靖二年蘄州旱免田租有差 二十四年蘄州連
旱民無食奏免田租之半 舊志

國朝順治元年大兵經過地方免正糧一年歸順地方
免三分之一 十年蠲免九年旱災十分之二
十一年豁免順治六七兩年地畝人丁本折錢糧
拖欠在民者 十四年旱發積穀以賑知府于成
龍勸民輸賑 十七年蠲免順治十二年至十五
年民欠錢糧

康熙元年五月蠲免順治十五年以前未徵錢糧
三年蠲免二年水災十分之三 四年三月蠲免
順治十八年以前各項舊錢糧 十年大旱免本
年錢糧十分之三 十三年十八年旱災俱奏文
照分數蠲免 二十五年旱災蠲免錢糧之半
二十八年蠲免餘項錢糧 二十九年旱災蠲免
錢糧之半 四十四年蠲免四十五年地丁銀米
舊欠未完者並停輸納 四十五年豁免四十三
年以前未完銀米 五十年蠲免五十一年地畝

人丁銀並歷年舊欠俱着免徵
雍正四年發帑銀採買穀石於省倉及府州縣應貯之
處加謹收貯　八年蠲免湖北九年分錢糧肆拾萬
兩
乾隆十年蠲免湖北十三年分應徵錢糧除漕糧額外
其地丁銀米一概免徵以上府志
乾隆二十年三月二十八日大風雨壞民居臨發公項
艮按給修復
按舊志卹政內載義民顧禧與國賉㕘列殊非體今

另附於後凡鄉人之義賑皆屬焉
明正統七年蘄州旱顧禧出穀壹千壹百石賑饑詔旌
義民見舊志卹政內詳本傳
萬歷三十六年蘄州大水莩屍載道生員李建木爲
粥以賑全活數百人見舊志顧景星傳
國朝雍正五年蘄州大水崇居鄉貢生陳滋古出穀貳
千石賑本鄉饑州牧蔣嘉年給扁奬之見府志陳正經傳
雍正五年蘄州水荒監生吳璘捐賑嗣置田伍石歲
貯穀於六度菴永備本族賑賉詳倉前碑記

乾隆二十一年三月蘄州因江浙歉收商販絡繹以
致穀價高騰州屬每石價至九錢壹兩不等安平
鄉候選州同陳於榮捐穀二千石減價平糶周本
鄉之急復將所糶銀兩照市價平買減價糶賣貼
盡而止又運穀壹千石至城減糶沾其惠者不少
州牧錢鋆以該紳平日人品端方鄉里推重茲更
慕義急公情殷桑梓詳請
各憲均予奬勵

蘄州志卷之五

知蘄州事虞山錢　鋆纂輯

學校志

廟學

由唐以來郡縣皆有學我
朝敬修典禮釐定樂章隆重極矣所以育養人材而立
教化之本者胥由乎此故其所敘列較他志綦詳云

大成殿在州治左墀下爲兩廡前爲大成門東名宦祠西鄉賢祠前爲內泮又前爲欞星門又前爲黌墻東道冠古今門西德配天地門墻外東禮門西義路皆有門又前爲外泮殿後爲明倫堂後
崇聖祠墀下爲兩廡東爲麗澤堂學正署西爲樂育堂訓導署門外爲射圃

祭典

歲以春秋二仲上丁日致祭學官分派正獻分獻官生員執事者並樂舞姓名送州列榜前一日省牲祭之日五鼓齊集知州正獻暨四配學正訓導分獻東哲州判分獻西哲吏目分獻兩廡武職官陪祭考鐘伐鼓各就位執事者各執其事闢戶獻毛血樂舞者東西魚貫而進迎神奏咸和之曲歌咸和之章正獻官盥洗畢入殿初獻奏寧和歌寧和司尊者舉冪酌酒獻帛爵讀祝亞獻奏安和歌安和終獻奏景和歌景和禮皆如初獻飲福受胙奏宣和歌宣和送神奏祥和歌祥和瘞毛血闔戶徹饌焚祝帛禮畢
崇聖祠則學正訓導先期耑獻祭禮視十哲

祭品

幣　牛　羊　豕　鹿　兔　帛　大羹　和羹

黍　稷　稻　粱　形鹽　藁魚　棗　栗　榛
菱　芡　鹿脯　黑餅　白餅　韭菹　醓醢　菁
菹　鹿醢　芹菹　兔醢　筍菹　魚醢

祭器

簠百十五　簋百十五　洗二　坫二十八　勺二十八　籩二百四十八　豆二百四十八　登六
俎百三十三　篚二十　犧尊六　象尊六　大尊二　山尊二　壺尊六　著尊二　罍二　爵百十八　籩巾二百四十八　龍冪一　尊冪二十八

雲雷尊一　鉶一　鼎一

陳設

先師幣一　爵三　登一　鉶一　簠一　簋二　籩八
豆八　牛一　羊一　豕一
四配幣一　爵三　登一　鉶一　簠一　簋一　籩
六　豆六　羊一　豕一　每位一壇
十哲幣一　爵一　鉶一　簠一　簋一　籩四　豆
二　羊一　豕一每位一壇
兩廡幣一　爵四　簠一　簋一　籩四　豆四　羊

一　豕一幣羊豕每廡一餘則每廡四壇
崇聖祠
先師減太羹太牢
四配祠
十哲減豕首
從祀祠
兩廡減豕肉二祭共支餉銀肆拾柒兩又香燭銀壹兩
伍分

樂器

鼉鼓　大鼓　大鐘一　麾　節　鎛鐘　編鐘　登
歌鐘　特磬　編磬　登歌磬　琴　瑟　塤　箎
鳳簫　洞簫　龍笛　笛　雙管　笙　楹鼓　懸
鼓　應鼓　鼗鼓　搏拊　柷　敔　鐃　相鼓
木鐸　籥笛　已上樂器俱乾隆三年學正朱銓訓導甘昌祚同首士黄載華王鎮黄載安顧湛露王鑾張斌李時可捐造

樂歌

工歌八人
咸平　大哉宣聖道德尊崇維持王化斯民是宗典祀有常精

純併隆神其來格於昭聖容
寧平　自生民來誰底其盛惟師神明度越前聖粢帛俱成禮
容斯稱黍稷非馨惟神之聽
安平　大哉聖師實天生德作樂以崇時祀無斁清酤惟馨嘉
牲孔碩薦羞神明庶幾昭格
景平　百王宗師生民物軌瞻之洋洋神其寧止酌彼金罍惟
清且旨登獻惟三於嘻成禮
宣平　犧象在前豆籩在列以享以薦既芬既潔禮成樂備人
和神悅祭則受福率遵無越

祥平有嚴學宮四方來崇恪恭祀事威儀雝雝歆玆惟馨神
馭還復明禋斯畢咸膺百福

樂舞

六十四人

鼓聲既嚴旌節前導魚貫而進列行於陛上左右相
向聽節生唱奏某舞則散而為揖聽唱舞止則聚而
成列凡歌一闋則舞一成奠帛三獻共四成始終共
六變起於中而散於中初變在綴之中東西立象尼
山毓聖五老降祥再變而為佾數稍前進象筮仕於
魯而魯治三變而東西分象歷聘列國而四方化四
變稍退後象刪述六經告備於天五變而左右向象
講論授受傳道諸賢六變而復歸於綴中東西立象
廟堂尊享弟子分配

典修

州廟學未詳立何時顧氏云北齊令郡學立孔顏廟
此郡有廟學之始開元三十七年後州縣莫不有學
學皆有廟（詳修蘄州儒學廟序）宋乾道前學與廟相距十里建
安李宗思為教授度廟旁地為學（詳朱文公記）嘉定十四

年辛巳金人犯境學燬景安四年■亥元兵入境安
撫使王益遷州治於此建學此今廟學始元末復燬
明洪武二年知府左安善仍舊北建立府學九年改
為州學正統九年知州王坦修天順二年知州趙應
隆修成化八年知州莊轍修二十年知州周廣榮買
學旁地弘治五年知州楊淮復買學旁地燬二郎廟
建
大成殿左
崇聖祠名宦祠右鄉賢祠萬歷甲戌司寇馮天馭修崇禎
末又燬
國朝順治戊子副使范鳴珂知州柳愈學正熊仲龍紳
士晏昇顧咸泰復建　明倫堂康熙甲寅州人浙江
巡撫李本晟捐建康熙壬辰知州劉國輔學正劉清
史訓導陳作楫捐修
崇聖祠雍正己酉州學生馮煒修會雍正癸丑
詔郡縣修學宮雍正甲寅知州王松齡學正朱銓訓導甘
昌祚與六鄉紳士捐修廂坊則王鎮黃載安王鑾張
栻李時可大同則胡萬年湯時弼青山則陳常陳欲

鰲崇居則王棫陳法璧胡宣典安平則陳于庭汪效
倧伊琦永福則張東王德滋熊有翥董醇分任其事
大成殿則大同而大成門兩廡屬焉內泮櫺星門仍其舊
黌墻德配道冠二門則青山而義路禮門外泮內屏
屬焉明倫堂則崇居崇聖祠則永福麗澤堂學正署
則安平內除首士衆姓捐銀外童一元捐房三重價
值二百四十兩樂育堂射圃訓導署則廂坊頭門則
陳之域陳于堅陳應昌陳廩年捐修詳具各碑記

部頒書籍

御纂周易 詩經 書經 春秋 朱子全書 性理
明史通鑑各一部
雍正年內頒
上諭十一部
乾隆年內頒
上諭六部
乾隆十年內頒
上諭一部
乾隆十二年內頒
上諭二部
聖諭廣訓 大清會典 學政全書 明史各一部

書院

廟學學之本也諸生朝夕肄業之處則有書院近州
縣皆以次修舉蘄書院在麟山舊矣其現經詳定經
費事宜例得備書以貽來者

一修建

舊麟山書院在麟山麓卽荆藩舊址後爲營都司借
居乾隆丁卯年知州蔣尚德詳報各憲移營署于

江防道舊址仍麟山地建書院延師課士坒州李
泌繼之乾隆癸酉年知州錢鋆詳定款目詳載書
院碑記

一基舍

前爲門進爲會課所再進爲講堂左山長住舍外四
賢祠右貯穀倉東西號舍現計一十五間

一田畆

明防憲吳公國仕原置二永福鄉靈山下彭思橋芙蓉
寺三庄田係州民董之艮出業共計種四石二斗

五升載制戽穀九十四石三斗　又安平鄉董家
畈地名宋家壠蕭家灣劉家塘三庄原田係州民童
承訓出業劉家灣梅家河二庄田係州民李化出
業共計種三石四斗七升載制戽穀六十二石一
斗
明知州錢兆元增置安平鄉地名菩提堪田係生員
張邦基出業計種一石原載大戽穀一十五石今
止制戽一十一石七斗五升
以上舊爲文昌閣祀田收支俱詳舊志今詳定附

書院管理共制戽穀一百六十八石一斗五升
監生何樞同弟閈垣康熙五十五年捐田坐落崇居
鄉地名石鼓河計種九石八斗五升載鄉戽穀一
百七十五石六斗三升扣制戽穀一百二十四石
三斗六升原備寒士觀場之費幷詳附書院一同
管理
監生陳鵬仝弟鸞乾隆十一年捐田坐落大同鄉張
家塝地名王家壋堪内二坵佃屋後二坵種六斗
又地名新塘塝九坵種七斗地名塍家堪堰壋二

坵種八斗共二石一斗載制戽穀三十二石六斗
入書院
東關外白馬渡塘田一石五斗每年踩納穀課堪外
繒課
北關外牛馬坳官山脚田一十三坵山地大小二十
四塊載制戽穀九石二斗地課銀一兩原係康熙
間署州劉承啓並貢生陳士眉捐置後因開墾互
爭乾隆十八年陞州李泌斷歸書院
大同鄉慈雲菴前詹宁弼方鵬僧永松互爭地名國

邊河田一石二斗竹子塘响龍壋田六斗獺塘壋
田二斗載鄉戽穀四十石乾隆十八年知州錢鋆
詳明用公捐銀兩買入書院
青山鄉胡濟修入官田地土名皂角灣見塘灣馬地
畈共計種三石二斗共九十六坵外祭田三升七
合共載課制戽穀七十石地課銀一兩泉水溝金
星面山課銀五錢乾隆十八年知州錢鋆詳明用
公捐銀兩買入書院
安平鄉張姪互爭地名下河廟鷂鷹嘴基屋花地大

小一十四塊每年納課穀一石五斗地課銀一兩六錢乾隆十八年知州錢㙜斷歸書院

大同鄉張從資從員先海履牧乾隆十八年捐田八斗地名皇居山載鄉戽穀一十五石入書院

大同鄉監生田僎田用中乾隆二十一年捐田坐落青山鄉地名黃城河石橋坂計畝六斗載鄉戽課十石入書院

青山鄉石橋坂與田僎捐田相連計畝七斗載鄉戽課十石乾隆二十一年知州錢㙜用公捐銀兩買

入書院

李文甫施田租五石在永福西鄉破家山原施田在芙蓉寺康熙十一年易置

一管理

各處公業每年輪請紳士二人司會稽覈永杜吏胥侵漁秋成之時其田課裝載運送書院內公倉交納船脚照例給値悉載通詳

佃戶每年照數完租如有負逋究追另招

凡書院新舊收支穀石并生息銀兩每年造報

一支給

文昌閣香燈穀一十二石

春秋祀文昌各八石

祀江神八石　僧薪米一十六石　渡船六石

防憲舊例極貧生員十名每名給二石　次貧二十名每名給一石

議給廩增附贊禮生員一十六石　禮房紙筆三石

書院僧薪米一十二石　門役六石

書院肄業生童給與膏火亦分極貧次貧極貧生童每名一月給穀一石次貧生童每名一月給穀五斗

書院公課生童各前三名准給花紅每名折銀三錢

鄉試之年照何氏舊例酌給盤費必查明委屬寒生有科舉者每名在州領銀二兩學正督同直年首士給發其遺才已錄者二兩未錄者一兩俱在省給發如有餘資亦作書院膏火

一條約

書院公課訂于每月十二日　山長課期訂于每月

初二日二十二日凡課皆扃門列坐彌縫編號與
場屋規制畧同
月課生監分超特等童生分優次取生童各前三名
准給花紅該禮房造存底册凡考前五名者各繕
原卷彙選採梓
講堂設立木榜凡書院内中式暨恩拔科歲入學者
題名以昭勸勉
貯櫃書籍領閱者即于櫃上書某人領去幾本以便
查取

書院生童有極貧次貧照支給項下給穀以資膏火
准給膏火者該禮房造具生童清册直年首士逐月
于十六日發給
刊立門簿每頁分十箇月每月分三十格每生童一
頁某月某日入院逐日在書院者日格内填中字
出者填空字如一月空至六日以外者即計日扣
除膏火以儆游惰
一書目
御纂周易 詩經 書經 春秋 性理 全唐詩各一
部
欽定四書文 湖廣通志 康熙字典 綱鑑大全
朱子異同條辨各一部生員陳于座捐備開造清
册以次交遞
鳳麓書院在南關内鳳凰山麓明正德間轉運使陳
大中建久廢
國朝乾隆丁卯衛守嚴秉則重建
陽明書院在北關外便民倉左明馮天馭建顧問修
碑尚存

崇正書院在北關外顧氏松園後明顧闕建今廢
社學舊有三明成化間知州王宜建一在府館西南
後改爲陰陽學一在丁家坡西一在鄺家坡嘉靖
間顧闕倡修一里一學鄉城共三十社今廢址失
攷

蘄州志卷之六

職官志　　知蘄州事虞山錢　鋆纂輯

文秩官表

舊表唐以前失紀由唐迄元亦多闕畧茲據府志及史傳可攷者互有增訂列表則自明始前此官制異難以類從故也

魏

晉　宗　蘄春太守　謝　寄 盧江人蘄春郡典農

陳

黃正始　黃　詠　周法尚 俱太守

隋

王世積 蘄州總管有傳

唐 南唐附

祖　雍 高宗時安撫使　李道古 憲宗時觀察使　韓　臯 順宗時觀察使

韓思彥 錄事叅軍有傳　蔡少霞 陳留人明經叅軍　裴行立 刺使

李　實 高宗時刺史　員半千 中宗時刺史有傳　王　瑨 開元間刺史

裴　渥 乾符間刺史　李　播 順宗時刺史　伊　慎 建中刺史有傳

張　舟　呂元膺　李　象

許文禎 刺史

宋

岳　飛 紹興間任制置使有傳　劉光世 防禦使　孟　珙 知黃州節制蘄黃有傳

王禹偁 咸平間知州有傳　劉　沆 天聖間知州有傳　呂　誨 治平間知州有傳

劉　拯 元豐間知州有傳　范純仁 元祐間知州有傳　林大年 知州有傳

張商英 元符間知州有傳　秦希甫 元符間知州有傳　梅執禮 知州有傳

李　宥 知州有傳　蕭　服 政和間知州有傳　余　童 知州有傳

馬　防 政和間以集賢殿修撰遷知州事　林　震

喻　樗 建德進士累官工部員外郎出知州事　陳過廷 政和間知州

韓世清 知州有傳　夏倪翁 知州　施溫舒 淳熙間知州有傳

陳　晦 知州有傳　章　壽 知州有傳　李　潛 知州有傳

李誠之 嘉定間知州有傳　徐　臬 嘉熙間知州　王　益 景定間知州有傳

沈　起 鄞縣進士歷湖南轉運使　葉　適 知州有傳

劉　摯 知州有傳　朱　服 烏程進士元豐中爲監察御史坐與蘇軾游蘄州安置

楊　偉 天禧間錄事叅軍有傳　杜　諤 嘉定間錄事叅軍有傳

王　玠 有傳附　趙與裕 有傳附

趙汝標 嘉定間通判有傳　何　閎　程　戬 府志作戩

錢　易天禧間通判有傳　虞　策元豐間通判有傳　劉　極

孫昌齡熙寧間通判有傳　胡宗回元符間通判　李　材宣和間通判

范應鈴開禧間通判有傳　祖士衡上蔡進士由大理寺評事遷蘄州通判

聶寃卿通判有傳　秦　鉅嘉定間通判有傳　管景模景定間通判

桂　璧通判有傳　羅　頎通判　王彥明有傳

甯時鳳主簿有傳　夏　竦通判

明　鎬推官有傳　邱　岳嘉定間推官

林　棨嘉定間知縣有傳　麗　籍司法　程渭老縣人以蔭任主簿

李宗思乾道間教授有傳　汪安行紹興間教授有傳　阮希甫嘉定間教授有傳

嚴剛中太監有傳　孫　中統領有傳　江士旺

陳　興　曹　全俱小將有傳　李　斌邱卞軍士有傳

元

趙賞翁至正間總管有傳　顧士徵崑山進士至正間總管後家於蘄

狄思聖　趙昭武　志榮祖雲中人

卜顏鐵木兒以平章駐揑長江十六年有傳　解　觀吉水人錄事參軍有傳

鄭　鏞眞定人通判　馬　侃　張好古行軍千戶有傳

明

洪武初設知府附郭有蘄春縣十年改州省蘄春縣有巡檢驛丞等員嘉靖十五年始設下江防道僉事駐蘄州今自巡檢下無攷餘悉繫之表

	洪武	永樂	宣德	正統
下江防道傳附	夏元吉湘陰進士建文己卯任採訪使			
知州知府知縣附	左安善任知府有傳　徐　麟廣濟人任知府有傳　王德明蘄春知縣　孔思森曲阜舉人有傳	楊　琪舉人有傳	李士安有傳	王　坦鄆城舉人有傳　錢　敏舒城進士
同知	萬惟民			王　倫進安人　王　韶應天人
通判			李德玄	張　翥　武　信
學正	李　賢貴池歲貢累官僉事	傅　舟有傳	汪景福	萬　鈞黃陂人　陳　璽
訓導	陳堯章	趙　霖　王　皜吳縣舉人	陳　隲　李　素	李　太鉛山歲貢　陳克仁莆田舉人
吏目			王伯成	楊　春

景泰

姜浩
陳琳 浙江人
周仁廣 廬陵人
羅鍾 忠州歲貢
陳範
金銑 山陽舉人有傳

天順

趙應隆 合州舉人
劉夔 江津人
鄭琚 福建人
王諶 慈州人
柯茂 池州歲貢
鍾洪 嘉定人

何堯中 合州舉人
何謙 東莞人
馮良 夾江人
鄭昕 吳江人
李能 南溪人
董佐 臨川人有傳
林宗 莆田人有傳
朱成 重慶人
陳瑄 閩縣舉人
裘叔登 天台舉人
倪憲 仁和人
徐仁 蓬溪貢
黃和 安慶衛歲貢
柳經 陝西人

成化

莊轍 上元進士有傳
錢承德 常熟進士有傳
何綸 順德舉人有傳
王宜 進士
白福祥 祥符進士
劉皚 浮梁人
林宗重 莆田舉人
鄒蘭 光山人
李謙
楊浩 嵊縣歲貢
李務本 舉人
蕭環 新淦歲貢
衛永昌 南豐歲貢
劉聰 新淦貢
王鄂 巴縣歲貢
樂斌 沔縣人
丁都 溧水人

周廣榮 上高人

弘治

楊淮 山陽進士
侯直 華亭進士有傳
陳霖 秀水舉人
魏雲 興化人
張弘宜 華亭進士有傳
劉佐 進賢人
袁珽 東莞舉人
李時達 博羅舉人
林鍾 連江貢
吳伯鈞 內江貢
張灝 德興貢
胡璉 華州人

正德

余忠 無錫
方溥 祁門
單畛 慶符
劉瓚 宜城
羅昕 儀隴
謝實 墊江

舉人
李紳 内鄉 舉人
葉任美 閩縣 舉人 有傳
黃嵩 浮梁 舉人
李純 莆田 進士 有傳

人
俞敬 永康 進士 有傳
劉禾 江都 監生

人
周松年 南溪 人
李昭 廣德 監生

舉人
黃玉 臨安 舉人
周綱 晉寧 歲貢

歲貢
李明 名山 歲貢
蕪龍 寧鄉 歲貢
封淵 内鄉 歲貢

舉人

嘉靖

魏良輔 新建 進任 有傳

楊清 山陰 進士 十三年任
魏修 興化 舉仝 年任
李孚先 莆田 舉人
季林 進賢 舉人
周南 羽林

沈濮 吳江 進士
吳中立 舉人
彭紳 平樂 監生
趙廷松 樂清 進士 有傳

譚崇 巫山 監生
孫甫 犍為 進貢 署正差 遷臨慶 縣知縣
孫琚 豐城 監生

倪鎧 上虞 舉人
王舜卿 閩縣 舉人 廣[illegible] [illegible] 傳
周子德 華亭 歲貢

王啓 賓州 歲貢
章鑰 富陽 歲貢
裘文采 貴陽 歲貢 有傳
望讓 閩縣

劉濟 霸州 承差
奚銘 新建 監生
黃值 大興 監生
胡在 德陽

劉光文 閩中 進士 甲辰任 有傳
卜大同 秀水 進士 丙午任 有傳
翁學淵 遂昌 舉人 庚戌任 有傳

衛舉人 有傳 年任
周訓 寧州 舉人 陞廣西 樂府知府
馬進 秀水 舉人 十五年任
高惟孝 偃師 舉人 十七年任

吳楦 固安 吏員
馬璽 無為州 監生
李方 宿遷 監生 陞建昌府 通判
馬承學 吳縣 進士 陞兵部 職方司

陳琨 武進 官生
文炯 會昌 吏員
何進隆 雲都 選貢
徐光 當塗 監生
賀望 永新

華榮 金華 歲貢
孔昭 清遠 歲貢
鄒士元 萬安 舉人
陳韞 龍溪 舉人
楊演 武義

李茂 棠化 衛歲貢
胡聰 雩都 歲貢
石渠 漳浦 歲貢
郝珉 建水 歲貢
鄭器 寶應

鄭杰 常山 監生
李煜 邵武 監生
以後多失攷

沈寵 宣城 舉人 癸丑任
周美 崑山 進士 癸丑 有傳
麻瀛 宣城 進士 辛酉任
孫袞 如皐 進士 壬戌任
包汁 嘉興

監生 鳳陽 同知 慶遠知府
張洗 鄱陽 舉人 二十年任
陳震翁 閩縣 舉人 二十一年任
吳鳳 貴溪 舉人 二十四年任 調知 四川邛州

事 遷陞 紹興府通判 陞府石 長史
李智 程番 監生
王誦 興國 選貢
燕翼 遂寧 監生
吳儲 新建

監生

歲貢
劉鶴翔 閩縣 舉人
岑性 邳州 歲貢
龍如卿 萬載 歲貢

歲貢
陳寵 内江 歲貢
宋綱 留守 衛歲貢
聶夔 漢川 歲貢
余士皐 星子 歲貢

進士甲子任

萬敏 南昌 進士二十九年任
崔一濂 南海 進士三十年任
谷鍾秀 餘姚 進士 有傳
范信 金華 舉人
石璽 滁州

梁廥 三水 選貢

喻太升 富順 歲貢
羅天爵 德化 歲貢
范德光 巴縣 歲貢
王猷 江津 歲貢
毛尚志 河南

舉人 有傳
向天貞 眉州 舉人
袁伯嵩 豐城 舉人

歲貢
閻瑚 四川 歲貢
謝恩 直隷 歲貢
程序 休寧 歲貢
王資 合肥 歲貢

何燭 彭澤 歲貢
先知 當塗 歲貢
王時鳳 合肥 歲貢

隆慶

袁世榮 華亭 進士戊辰任
盛當時 華亭
蕭奇勳 莆田 進士
聶瀛 保定
周詵 三水 吏員
顧夢羽 崑山
金翔 金華 舉人
李桃 歙縣
羅教 四川 歲貢
劉繹思 桂林
王聘 河南 歲貢
吳道宣 福建

進士戊辰任
戢汝止 簡州 進士壬申任
進士
楊魁 江山 歲貢
恩生
人
徐貞 臨川 吏員
王用禎 南充 進士
劉介齡 南海 進士
舉人
歲貢
王春 醴泉 歲貢
李綸 興平 歲貢

萬曆

楊松 河南 進士甲戌任
裴應時 河間 舉人二年任
君復仁 祥符 人
金標 宣城 人
匡直 洛陽 歲貢
葉仲和 仁和 歲貢
吳繼宗 光山 監生

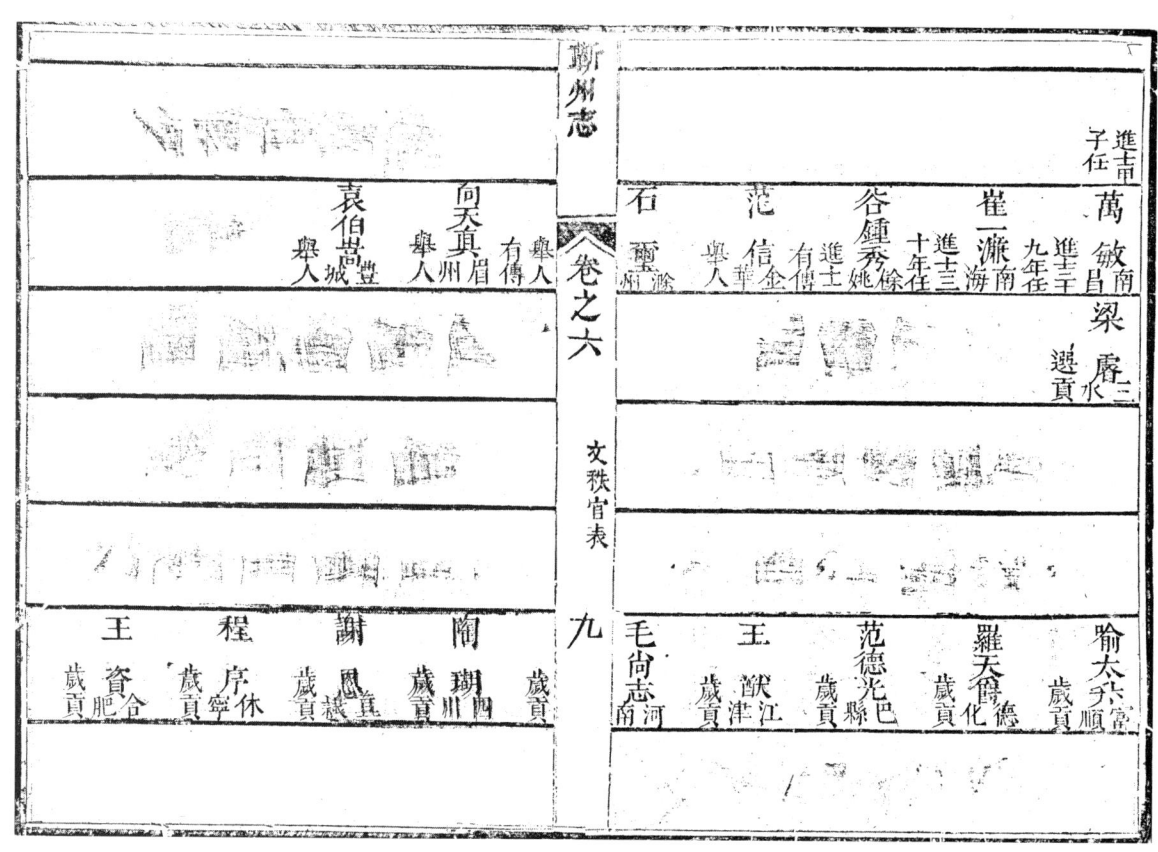

侯堯封 嘉定進士五任有傳
王廷稷 晉江進士庚辰任
劉弘道 常熟進士辛巳任
洪一謨 歷城進士癸未任
李復聘 陝西進士乙酉任
李琦 江陰進士丁亥任
陳朴 河南入學任
李文郁 禹州進士辛卯任
丁繼嗣 浙江進士甲辰任有傳

劉點 臨川舉人四年任
路雲龍 宜興進士辛未任有傳
徐希明 上虞舉人丁丑任有傳
潘珏 婺源進士辛丑任有傳
鄭夢禎 莆田舉人甲午年任有傳
譚經 吳縣人
蔣如蘭 全州人
何之圖 婺源舉人辛卯年任有傳

何良佐 廣昌人
陳汶 分水人
王承光 涪州人
以後無攷
天啓年間缺裁

張應時 吉水人
以後多失攷
陳策 江西人有傳
管一鳴 南陵監生

沈華 昌化歲貢
以後失攷
李烱鑾 江西舉人
江有光 沔陽舉人

高棪 彭澤歲貢
陳燭 南昌歲貢
以後失攷
米濟世 蒲圻歲貢
熊 江西歲貢

胡自虞 桐城吏員

韓紹 歸安進士甲辰任有傳
盛化 永定衛進士乙亥任
黃仁榮 南昌舉人壬子年任有傳
張應鳳 元城進士癸丑任
韓孫愛 慈谿進士辛丑任有傳
胡世賞 合州進士辛亥任有傳
吳國仕 歙縣進士丁丑任有傳
王世德 永康進士己巳任有傳
李如檜 山東進士庚申任

侯大節 汲縣進士壬辰年任有傳
朱圻 商城舉人辛卯七年任
趙善紀 南海舉人辛卯一年任
俞應祥 東莞舉人辛卯四年任
湯應選 臨川舉人四十七年任

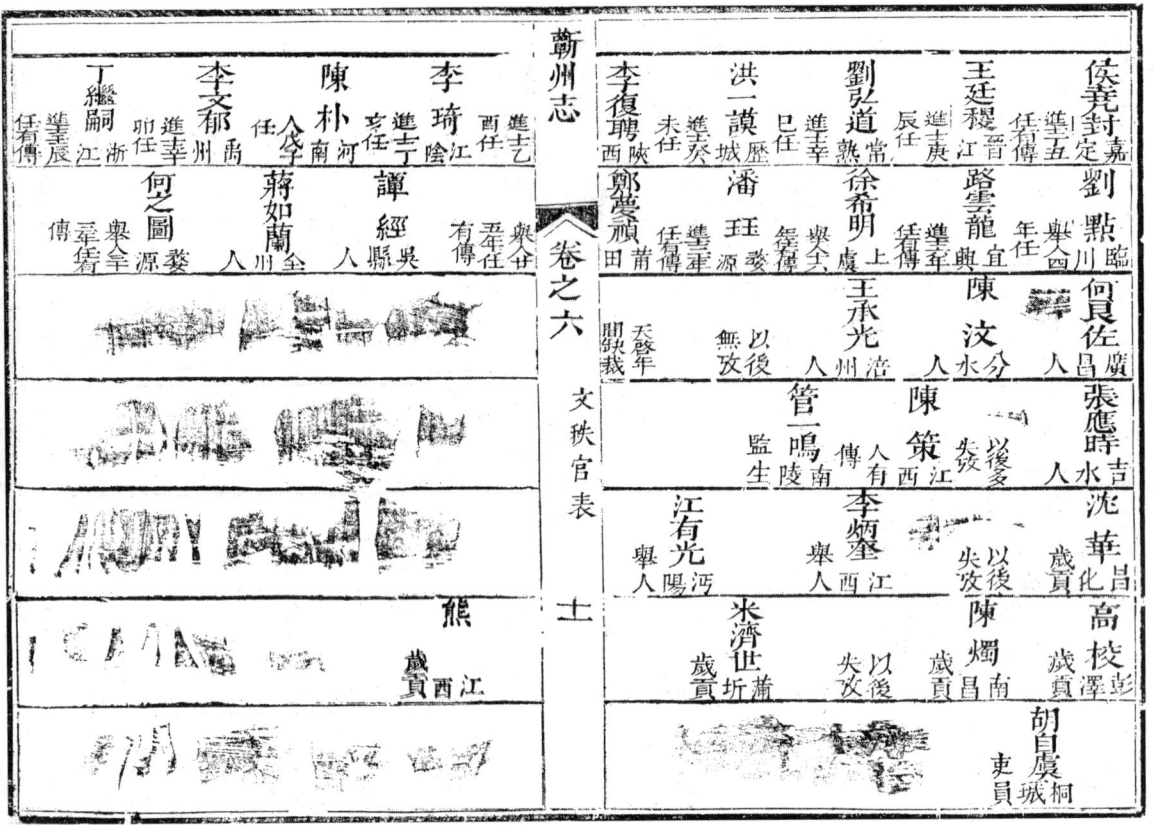

蘄州志　卷之六　文秩官表　十三

天啓

李若訥 臨邑 進士 戊辰任 有傳
錢兆元 仁和 舉人 壬戌任 名宦 有傳
陳應元 福建 進士 乙丑任 有傳
胡承烈 山東 歲貢 年任
范中彦 范縣 進士 丙辰任 有傳

裴晉卿 枝江 舉人
辜大方 江西 歲貢
吳伯裔 漢陽 歲貢
魏應龍 漢陽 歲貢
杜[illegible] 江西人

崇禎

儲顯祚 宜興 進士 己巳任
唐世照 灌陽 舉人 辛未任 有傳
王相悅 泰州
張叔鑑 新淦

錢犖 紹興 吏員
余盛 富順 舉人 部事
龍憲 常德
傅 孝感 歲貢
諸之俊 浙江人

進士 丁丑任 有傳　舉人 十一年任
施元徵 無錫 進士 甲戌任 有傳
孫光祚 山東 舉人 十三年任
唐登儁 泗州 進士 癸酉任 有傳
陳邦瑩 南海 舉人 十四年任
唐顯悅 福建 進士 乙卯任
黃金榜 上元 舉人 十五年任
張秉貞 桐城 進士 乙丑 名宦傳

沈 浙江 貢生
馬 舉人 歲貢 殉難

蘄州志　卷之六　文秩官表　十四

下江防道僉事一員 康熙二年奉裁
知州一員　州判一員　吏目一員
儒學學正一員　復設訓導一員
大同鎮巡檢司巡檢一員
茅山鎮巡檢司巡檢一員　西河驛驛丞一員
陰陽學典術一人　醫學典科一人
僧正司僧正一人　道正司道正一人
下江防道　知州　學正　訓導　州判　吏目

國朝

張定志 蘄州 進士 己卯任
張登衡 臨桂人
許文岐 錢塘 進士 丙辰任 有傳
洪天擢 歙縣 進士 癸未任 世[illegible]

順治

范鳴珂 威遠 衛籍 乙酉 舉人 有傳
蕭中和 襄陽 拔貢 八年任 王委任
熊仲龍 漢陽 選貢
彭祖商 監利 貢生
田信 安肅 生員
靳弘謨 乙酉任

周漢傑 安福 舉庚寅任有傳
吳之胤 北直 舉辛卯任有傳
王　題 曲周 進士壬辰任有傳
呂　陽 無錫 進士甲午任有傳
趙映乘 祥符 進士丙申任有傳

張定邦 滿州 貢生戊戌任優升有傳
柳　愈 寧晉 舉丁亥任
方于光 大典 進士庚寅任有傳
包隆道 浙江 拔貢辛卯任
麗堯年 遼陽 貢生壬辰任

錢民瞻 襄陽 選貢戊子任
李開早 武陵 進士乙未任
任　崇 嘉魚 舉人戊戌任

毛之健 巴陵 歲貢乙未任
龔學洵 公安 歲貢[illegible]任

史可成 遼東 貢生壬寅任
邵殿邦 密雲 拔貢辛卯任
吳多瑜 寧波 乙未任

高明則 廣施 吏員戊子任
范明琦 寧波 乙未任
沈毓林 浙江 監生辛丑任

康熙

汪繼昌 休寧 進士丁酉任有傳
劉緝堯 曲沃 進士己亥任有傳
楊志遠 丹陽 進士辛丑任有傳
李登第 廣寧 貢生壬寅任

金　貴 滿州 貢生癸巳任有傳
王宗堯 廣寧 蔭生己亥任有傳
高子翼 閩縣 進士辛亥任

尚登岸 京山 舉人辛卯任

曾三壽 監利 拔貢己巳任

于連泓 獲鹿 貢生丁酉任
王奪標 單縣 進士乙巳任

鄭淑聲 莆田 舉人甲寅任

楊大鵬 武進 進士
徐　惺 崑山 進士有傳

李成材 遼陽 貢生壬寅任有傳
張士駰 新建 進士癸亥任
運惟培 正白旗舉人辛巳任
劉國輔 正紅旗歲貢甲申任有傳
王　玠 鑲紅旗蔭生己亥任有傳

傅　彬 孝感 歲貢庚戌任
龔起燦 潛江 舉人甲子任
胡慶祖 枝江 舉人
張友奎 鍾祥 舉人
王泰生 鍾祥 舉人甲戌任

唐振烈 通山 歲貢甲子任
賀興初 衡陽 歲貢
楊我翰 江夏 歲貢
岳東瞻 漢川 歲貢
余師龍 漢川 歲貢辛巳任

吳自性 嵊縣 人庚戌任
陳　平 廣寧 廪生癸亥任
黃卷盆 臨川 監生丙子任
俞廷佐 山陰 監生辛巳任
宋文楷 武安 監生甲午任有傳

陳法峯 會稽 人辛酉任
項　厚 錢塘 人庚午任有傳
韓宗胄 餘姚人
萬士璜 丹徒 監生庚辰任
仇天牧 山陰 監生

雍正

華文振 宿州 監生丁未任有傳

丁　鼎 鍾祥 舉人乙卯任
劉清史 江陵 舉人辛巳任有傳
王如治 雲夢 舉人
劉日章 沔陽 舉人丙午任

陳作楫 沔陽 歲貢癸巳任
周卜灑 例貢生戊戌任
江增福 荊門 例貢辛丑任
王一寧 江夏 歲貢丙午任

雷　濯 宛平 監生甲寅任

余嘉謨 秀水 監生乙未任
陸　瀚 仁和 監生丙午任

乾隆

蔣嘉年 鑲藍 旗監生 有傳

童鎮夏 會稽 監生 癸丑任

王松齡 正白 貢生乙 酉任

劉淑 臨汾 監生 甲子任 有傳

蔣尚德 鑲紅

朱銓 東湖 舉人 癸□任

李功永 黃陂 舉人 甲子任 有傳

江宗望 漢陽

甘昌祚 漢陽 歲貢 庚寅任 有傳

劉克宣 建始 歲貢 庚寅任

李日熙 介休 監生 乙卯任

孫衍慶 大興 監生 庚戌任 有傳

汪自來 石埭 □酉任

章鎮邦 仁和 監生 戊戌任

任蔣玲 蕭山 貢生 戊午任

賴期選 龍南

李珌 盧州 舉人 癸亥任 有傳 拔貢 辛卯任 現陞黃州府知府 有傳

錢盝 常熟 舉人 現任 □□ 引見記名

王世法 江夏 舉人 戊辰任 舉人 甲午任 有傳

程大中 應城 舉人 檢選知縣 由明通 引見 現任

吳之隆 天門 歲貢 戊辰任

黃册元 保康 歲貢 現任

王士讓 安溪 副榜 戊辰任 有傳

王會鉦 璦州 貢生 □□任

魏根 柏鄉 □□□□ 四川□陽 □□州 □□ 現任

萬世信 南昌 監生 乙丑任

陳以績 如皋 貢生 乙卯任 有傳

李濰 永城 □□□

秦廷諫 山陰

胡惟忠 歙縣 □□署任

明武秩官自指揮以下皆衛職

國朝更制營衛僉設各不相屬而交相須之意存焉今

同一表幅用以著協恭之義又其職亦略相當云

明

明初甲辰以指揮趙應清千戶許勝陳過率部伍守禦蘄州己酉立守禦千戶所洪武十一年指揮朱德領四千戶至改所爲衛正統八年建荆王府移於衛儲倉今在州西北領經歷司一鎮撫司一千戶所五左右中前後百戶所四十有七凡指揮僉世襲凡蔭襲及軍政悉報上右軍都督府以達於兵部每歲撫按察其賢否曰考選軍政一人治衛事謂之軍政掌印一人掌操鍊一人督屯糧謂之軍政僉書又一人巡捕一人治軍器一人領漕運謂之現任管事不與此者謂之帶俸歲委帶俸一人入賀江洋設捴巡廻風磯盤塘三哨每年衛指揮千百戶輪管

蘄州衛指揮	鎮撫	千戶	百戶
陳聚 諸城人	袁德	朱福	趙德成
茆德 合肥人	唐鳳	湯成	王仲良 臨淮人
李軫 鳳陽人	梁棟 山陰人	胡成	李慶
王榮 南部人		王隆	張德
李郁 洛陽人	陳友直	劉全	劉勝宗
田文 陽信人		顧安	戴文雲
王忠 五河人初授錦衣衛		宋興	賀清

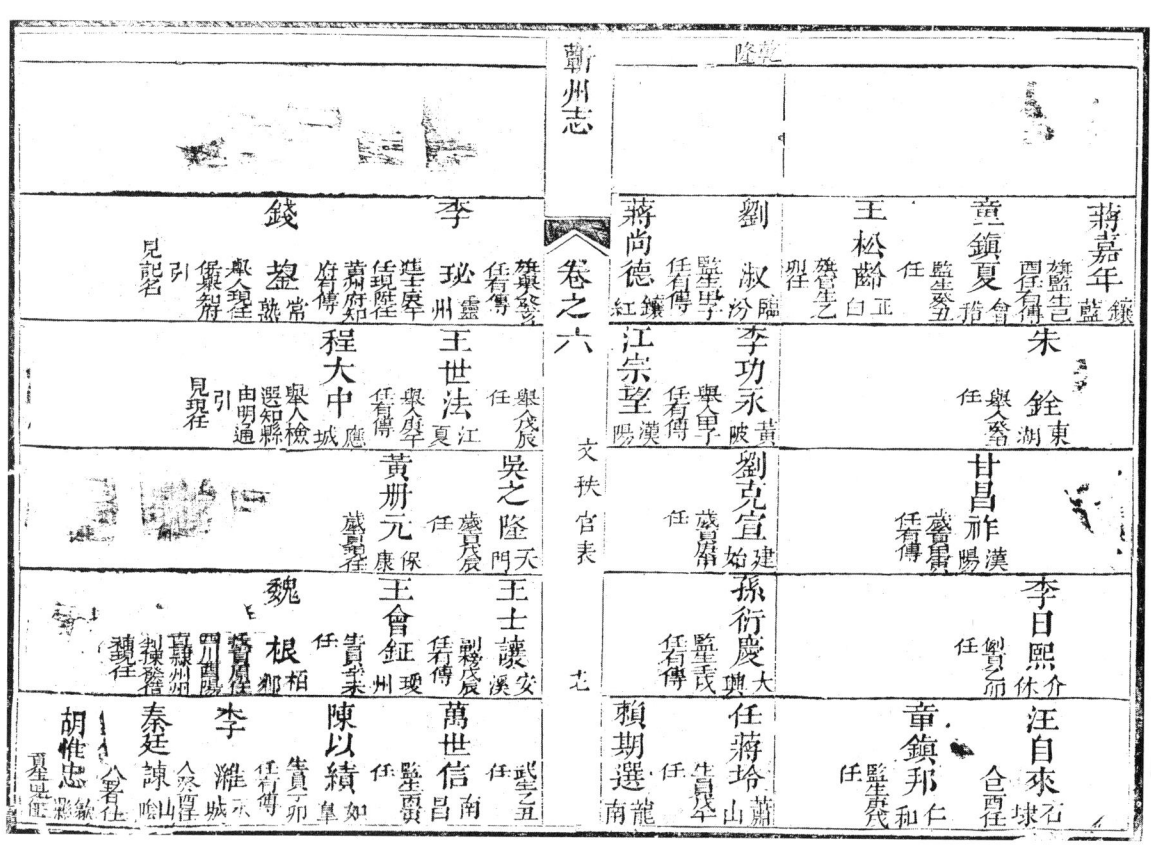

岳得 清河人王千戶洪武十五年乙未隨太祖渡江首克采石明年克南豪論功陞蘄州衛指揮使
李旺 江都人
姚勝 滁州人
李春 虹縣人
舒祥 興國人
胡誥 鳳陽人
王成 定遠人
王英 玉田人
李楷 其先息縣人任衛千戶萬歷年以功晉指揮僉事署管左都督府僉事出鎮貴州
王啓 傳詳武勳
趙應清
田鳳
王天相 嘉靖間督修州城堙

張麟
杜彬 太原人
朱真
季成 婺州人
朱郎
王彬
歐成 淮寧人
華稷
洪阿忠 四川人
程文聚 死難
吳真
陳福清 滁州人吳元間以功授千戶守調陝西河州衛卒

蕭義
麗典
周源
李華
劉華
蕭旭
史整
鄭富
趙公保
方英
梅玉典
高仲祥
黄僧
陳巖
許宗
袁福 蘄水人
鍾成
陳八郎

[illegible]節祠
胡善
李廣
胡瑄
田正
李泰
王拱辰 崇禎間襲

李泰
王潤
郝成
王翰
李能久
許添起
崔福
羅保
許必榮
吳勝一
田斌
田足國

國朝

蘄州營參將一員今奉裁　守備一員今改設都司　千總一員
把總一員　外委把總二員
下江防道標中軍守備一員今奉裁
蘄州衛守備一員　千總一員　百總一員
自古兵戎之制莫善於井田明之屯衛實師其意承

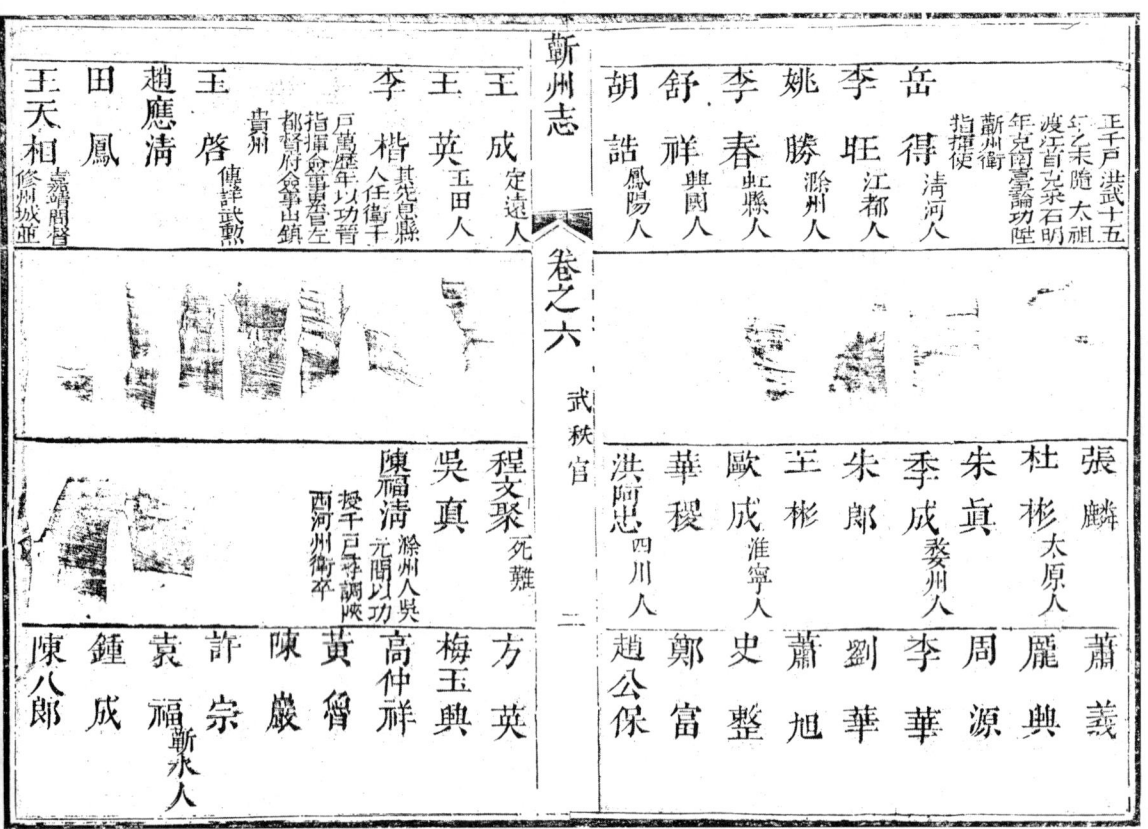

平既久玩愒成風至於末季耗敝尤不忍言
國朝更制議罷天下衛所惟近漕渠郡縣間存漕船既裁屯丁亦僅取足供役餘則盡隸有司各衛止設守備千總等員督領漕運兼理屯糧而地方防守別置副將叅遊訓練兵卒人由選授而來兵由簡練而聚可謂至周且詳

	蘄州營叅將	守備（雍正十一年改設都司附道標守備）	衛守備	千總
順治	韓友（陝西人陞湖南沅州總兵有傳）	呂應翺 張德杰	任之鼎	李復奇
康熙	賀世虎（山西人） 王魁	王廷臣 于安邦（以上道標守備令裁） 張祿 賀繼文 程士然（浙江舉人陞漳州遊擊死難後家于蘄） 袁應登 王俊民 張濳蛟（武進士）	陰養蒙（東強進士） 朱日芳（浙江武舉） 張瑞鳳（武舉）	戚文郁（江西人） 楊鎮邦（建德武舉） 張祿

	蘄州營叅將	守備	衛守備	千總
雍正	黃廷豸（康熙十四年後缺裁）	張崇信 李嶭延（武進士） 佘鈞（宛平人壬戌進士） 于淵（武進士） 曹建功 高可慶 楊正心（武進士） 萬孔府（寧夏人武舉） 韓璠（以下都司）	耿煓（京衛進士） 陳略（舒城進士） 裴爻錫（武進士） 蕭維翰（延安人武進士） 齊國忠（咸寧人武進士） 馬彪（保定人武進士）	徐必成 郝培植（濟寧武舉） 吳宗煦（漢陽人武舉） 燕門祜（漢陽人武舉） 王時敏（貴池人武舉）
乾隆		趙如龍 麻錦（武舉） 王烈（侍衛） 王遂 梁文賢（安順人） 劉起英（常德人由敘頭等功陞保靖遊府） 李治剛（署任） 陳維傑（雲南建水人功加現任）	趙源長（上元人） 劉方景（鑲白旗漢軍） 嚴秉則（四會人武進士） 劉鎮（宛平舉人現任）	李樸（曲沃人武舉） 吳進勳（陝西靈夏人現任）

蘄州志卷之七

知蘄州事虞山錢　鋆纂輯

職官志

名宦

蘄在昔稱重地宦斯土者自鎮撫觀察至于牧守令長往往多名公卿前志所採錄詳矣

國朝釐定官制以來愼重職守人思自立其比迹前烈者胥以次增入使來者有稽焉

隋此下至元官制不一槪難分類編次明及　國朝始以類從

王世積闡熙新國人高祖受禪封郡公授蘄州總管平陳之役以舟師自蘄水趨九江有功進位柱國

唐

員半千字榮期全節人中宗時武三思用事忌其賢出爲州刺史不顧任吏常以文雅粉澤禮化大行

韓思彥州錄事參軍嘗過汴有孝子張僧徹廬墓詔表其閭請彥爲墓志餽縑二百疋不受固請乃受一縑謂其家曰此孝子縑也毋輕用其淸介類是

呂元膺字景夫東平人德宗時刺史歲終閱囚有自告者曰某父母在歲旦不得相見因泣下膺惻然脫衆囚械盡歸之與爲期吏白不可膺曰吾以信待人人豈我違及期無後至者自是羣盜感義相率引去後除鄂岳觀察使

張舟仕蘄春主簿勾會敏給厥聲顯揚

韓皐順宗時任尚書左丞王叔文嫉之出爲鄂岳沔蘄團練觀察使

伊愼字寡悔兗州人李希烈反曹王皐拔爲大將會賊泝江徇地皐授愼兵勞而遣與賊戰大破之收

黃梅拔蔡山遂下蘄州卽拜刺史天子在梁州包佶轉糧次蘄口賊兵萬人遏江道不得西愼擊斬賊將許少華漕無留難

宋

呂誨字獻可開封府鄖城縣人治平中爲御史時議尊濮王典禮誨力陳不可彈歐陽修首建邪議併劾韓琦曾亮公附會出知州事尋徙晉州加集賢殿修撰知河中府

楊偉字子奇幼學於兄億天禧元年獻頌召試學士

院賜進士及第試秘書省校書郎補蘄州錄事叅軍

范純仁字堯夫蘇州人仲淹子也從胡瑗孫復遊父歿始出仕治平中爲侍御史多所彈劾時方議濮王典禮與御史呂誨等更論奏不聽家居待罪既而尊號甫定復應詔就職通判安州改知蘄州事

李潛贛州興國縣人治平中進士洪州叅軍歷知蘄州志識警拔事士以忠

王禹偁字元之鉅野人咸淳間知黃州移知州事謝

表有云宣室鬼神之問敢望生還茂陵封禪之書已期身後帝曰禹偁其亡乎未踰月卒於州

劉沆字衝之永新人天聖中知州有巨姓尹氏僞券侵田沆鞫奪之人稱其明

孫昌齡熙寧二年任殿中侍御史論新法忤王安石貶蘄州通判（昌齡職官志作通齡）

劉摯字華老東光人嘉祐中甲科歷南宮令疏奏安石欲竄嶺外神宗不聽謫監衡州鹽倉元豐初改集賢校理紹聖初奪職知黃州再貶蘄州居住

虞策字經臣杭州錢塘人舉進士爲州通判時蔣之奇以江淮發運上計神宗訪東南人才之奇以策對擢舉至龍圖閣學士

范應鈴字旂叟豐城人開元元年進士通判蘄州治有善聲

聶冠卿字長孺新安人舉進士官至大理寺丞左遷州判嗜學好古手未嘗釋卷尤工詩有蘄春集十卷

秦希甫字辨之元豐進士元符中爲陝西轉運判官

以言罷去事白還蘄州

林大年錢塘人和靖先生之姪孫也父宥受業和靖之門登進士大年介潔自喜爲英宗朝侍御史連被臺移出治獄不肯行中丞唐介論奏之降知州事

劉拯字彥修南陵人登進士第元豐中爲監察御史蔡京編元祐黨籍拯歷陳漢唐黨禍京怒出拯知蘄州

張商英字天覺新津人嘗降知蘄州從祀名宦

梅執禮字和勝浦江人舉進士仕爲給事中與宰相
王黼善以詩規之黼怒罷顯謨閣待制出知州事
李宥字仲嚴青州進士歷知蘄州歲凶委嬰兒去者
相屬於道宥令吏收取計口給穀俾嘗婦均養之
毎旬閲視所活甚衆有殺人者賂吏匿奸宥得其
情論如法擢湖廣提刑
明鎬字化基安邱人舉進士補州防禦推官改大理
寺丞薛奎稱其沉鷙有謀能斷大事
岳飛字鵬舉湯陰人紹興間爲舒蘄制置使

蕭服廬陵人舉進士以奉使得入對徽宗謂有諍臣
風擢御史爲吏部員外郎出知州事
汪安行績溪人紹興間登第教授蘄州有政聲孝宗
稱爲朴直做家老子遷朝奉大夫知澧州卒
余童崇寧間知州歲饑賑濟有法盡括境內人戸第
爲三等量戸口以貸之又合五邑度地均粟置場
立法伺察民以爲便
章燾字彥博宣城人孝宗時知州以經術飭治寬平
不擾蘄產竹簟例充苞苴燾斥罷之

陳晦字大著知州時魏了翁作詩送之後有惠民之
政果如其言詩見鶴山文集
韓世清知州州人請爲兵馬鈐轄賊劉忠犯境清設
方略破之
施溫舒淳熙間知州事淳祐間刻震澤語錄於州
李宗思建安人與朱文公友善乾道間教授先是學
官舍距學且十里宗思嘆曰學官宜朝夕於學與
諸生相切磋何相距之遠也請於州得學東偏地
爲屋以居生徒詳見朱文公教授廳記記載藝文志

王玠字介玉長洲人倜儻負氣能文徙居鄂州黃庭
堅謫官來鄂玠以文贄見甚爲庭堅稱賞紹興初
孔彥舟爲舒蘄鎭撫使自荆湖徙蘄口鎭聘玠爲
幕屬遂佐彥舟捍蔽衝要撫循鄉井初權邦彥知
東平府彥舟隸麾下因事叛去及聞邦彥簽書樞
密心不自安及福建宣撫副使韓世忠自湖外破
劉忠俘馬友順流東下彥舟疑其圖已遂有異志
問計於玠玠烈士也正色荅之曰總管被命鎭撫
二州任優祿厚豈可負朝廷自貽不義諭以順逆

凡數百言彥舟怒囚之㝵數日復問之玠曰君不能與韓公爭先立功以報君父顧乃甘心與逆賊爲比而慮其見圖苟欲富貴能建大勳於國家可也何獨此𤇾能富貴人哉君誠欲反幸先殺我孰謂王玠而從賊耶彥舟怒竟沉玠於龍眼磯與妻子俱時紹興二年六月十三日也彥舟遂引兵北降劉豫初玠赴彥舟之辟或請止之玠曰吾慮之熟矣彼方駐兵於此姑爲鄉井計倘能息其暴戾固非爲玠一身計也玠嘗有讀楚詞詩意以原自

況及被害郡人悲其志爲立廟磯上周燔賦哀詞刻於石今同王彥明祀於烈士廟按王玠非蘄職官以嘗佐彥舟辦公且哀其死事之烈也故舊志列宦蹟今從之

李誠之字茂欽東陽人嘉定間知州金人犯境誠之力戰城陷率兵巷戰子士允士宏戰死誠之引劍將自刎呼其孥曰城巳破爾等宜速死妻許及子婦趙王孫女和娘瑞娘皆赴水死廟祀於蘄賜額褒忠詳宋史本傳載藝文志

秦鉅字子野嘉定間通判金人犯境與知州李誠之協力捍禦城破歸署令火諸倉庫乃赴一室自焚有老卒冒火挽出之鉅叱曰我爲國死爾輩可自求生掣衣就焚死子浚瀈從死同時死者贈官有差傳並見後詳宋史本傳載藝文志

阮希甫州學教授金人犯境同李誠之秦鉅死贈通直郎

趙汝標爲蘄州防禦判官金人犯境從李誠之秦鉅死贈承務郎

甯時鳳字翔夫浮梁人舉進士補州判官金人犯境

郡守李誠之檄時鳳共守卒死於難贈承務郎

嚴剛中蘄州都太監轄蘄州鎮倉庫金人犯境從李誠之死贈承事郎

杜謬錄事叅軍兼司戶金人犯境從李誠之死贈承務郎

林棨蘄春知縣城陷同李誠之死

孫中蘄統制官與金兵巷戰鬬死

江士旺　陳興　曹全三人皆小將同秦鉅與金兵鬬死

李斌　邱卞軍士同秦鉅與金兵鬬死

趙與裕司理叅軍金兵逼境與裕先率民兵百餘人奪關出外求援僅以自免而全家十六人皆沒

葉適字正則括蒼人淳熙廷對第二人除太學博士朱晦菴爲林栗所論適上疏言非是出知蘄州一以靜治世稱水心先生

孟珙字璞玉宗政之子也嘉定十年金兵犯襄陽與父累立奇功端平二年以主管侍衛馬軍司公事兼知黃州節制蘄黃四郡蘄守張可大委郡去珙指畫戰守屹然爲一方保障特賜金椀以旌其功

王益蘄州安撫使政尚寬和景定四年元兵據白雲山設砲臨城益趨保鴻宿洲後遷今治

王彥明守蘄州元兵壓境力戰糧乏不屈率家屬乘大船於城西中流慷慨鑿船沉水死州人以爲烈士立廟於死之北岸祀之天順間知州金銑建廟作記歲久廟圮地爲居民所侵嘉靖辛亥防道翁學淵闢地建廟郡人王儼記詳舊志及廟碑

桂璧貴溪人通判州事元兵圍蘄璧申明大義率城中八日夜捍禦踰旬乃出奇兵擊之遂解

錢易字希白吳越王孫第進士咸平間防禦判官上言今四方長吏競爲殘暴非法之刑非所以助治請除之帝嘉納焉

元

趙賀翁至正間任州總管稱曰廉能

張好古字信甫器識宏遠勇而有謀授行軍千戶戍宿州中統間移戍蘄州李壇叛據濟南宋人攻蘄好古率兵迎擊力不支死之其父晉亨聞而哭之曰吾兒得死所矣

觧觀江西吉水人中進士任州錄事執法不撓

卜顏鐵木兒字珍卿唐兀吾啓氏至正十二年徐壽輝陷湖廣詔率軍討之十三年自池州戰勝進攻蘄州擒僞帥鄒普泰遂克其城進兵道士洑焚其柵抵蘭溪口賊之巢曰黃連砦又克而殲之分兵平兩巴河於是江路始通合兵攻蘄水縣拔其僞都獲將相而下四百餘人壽輝僅以身免時諸將皆分道討賊卜顏鐵木兒獨控長江十六年卒持身廉介人不敢干以私常乘花馬時稱爲花馬兒

平章云

明

夏元吉字維喆其先會稽人幼孤領鄉薦旋選入內庭書制誥洪武三十一年以戶部左侍郎充採訪使壽出鎮蘄州州人祠祀之 右採訪使

魏良輔字師召號此齋江西新建人由進士任湖廣僉事巡撫翟瓚陸杰先後疏奏蘄州宜設防道以資彈壓朝議推良輔嘉靖十七年任團練營伍整飭官弁東南指臂晏如也時悍民趙季鼎勾引外盜擾境良輔招兆諭以利害即令誘盜渠魁至滯山宜公命擒之蘄境以安荆府胥吏以役擾民良輔一規以正荆王敬禮之公暇與諸生吳翼靈等講求正學皆知名於時以功擢山東左布政致仕歸移籍廣濟

劉光文字繼純號亦齋四川閬中人壬辰進士嘉靖二十三年任鉏擊豪橫狐鼠屏跡甲辰乙巳仍歲大祲民無敢嘯聚剽刼四境晏如

卜大同字吉夫號監泉浙江秀水人戊戌進士嘉靖二十五年以僉事任政尚簡靜民賴以不擾

翁學淵字原道號丹山浙江遂昌人壬辰進士嘉靖二十九年以僉事任興舉廢墜多善政郡志之脩淵為之序

周美字濟叔崑山人嘉靖甲辰進士累擢湖廣下江防兵備僉事沉毅縝密不妄言笑精兵法駐蘄州當洞庭彭蠡之交是為盜藪白晝飛艇剽刼商民撓於箭檄美立團操法作戰艘令材官日巡江上獲盜獄成即日殪之盜由是相戒不敢入境御下嚴峻雖親故為屬僚不少假顏色政暇則教課諸生頗多成就介於取與去任之日官橐蕭然後數年其子不能存活至蘄僉事戢汝止嘆曰此豈清白吏之左驗乎為婚於蘄遂家焉

侯堯封字欽之嘉定人以御史出僉楚臬治蘄州潔已愛民知沿江多盜按名訪緝又甄其父兄之良者諷諭之致感泣自縛其子弟沉之江彷朱子法設社倉五十餘所於掛口建飛梁築新生磯舟行無恐蘄人肖像祀於闢聖祠

丁繼嗣字國雲蘄縣進士建節之初留心造士後多顯達者設義民兵選土著兵民相安防捍周密後擢閩撫

韓紹歸安人由進士任性簡靜事近民情令行強禦於宗藩府役必繩以法一時驕貴斂迹

黄仁榮字勉仁南昌舉人從臺中例轉風裁凛凛疾悪甚嚴懲府役之違例取息者毫不寛假境内肅然

韓孫愛字君溥慈谿進士累遷湖廣江防叅議執法嚴明課士興學脩砌江岸及浮玉磯蘄人肖像祀

之

胡世賞字爾思合州進士任監司不事操切雍容靜鎮後擢浙江右叅政

吳國仕字長谷歙縣進士隆慶間任推誠愛物捐俸數百金建文昌閣於浮玉磯置祀田貳百石兼賑士之貧者歲爲例士民頌其德於江滸立報功祠

王世德號迴溪永康人由進士任多惠政練達機宜尤留心課士親自披閱簡拔其尤刻有麟鳳會業

增築文昌閣磯嗣任李如楢建亭於上竝祀報功祠

李若訥字季重臨邑人由進士任天性仁孝治尚廉平善屬文公暇惟讀書課子後以進表行敝袍䄜裼圖書數簏而已行之日官庖無宿儲緫市米數升僅供晨炊其清節如此

陳應元字幼白福建人由進士任寛仁愛士周悉民情尋以詿誤去士民追念之後復陞任登萊巡撫

范中彥字濂儒范縣人寛嚴兼盡扶善抑強繼遷守

憲去

王相悅字鞠劬泰州人由進士以御史建言例轉防道留心申辨問斷必躬親片言而折一時歛服暇則進諸生講課尋解任去民間謡云昔有羊叔子項仲宜何似我公廉我公只飲江中水不取錙銖作孽錢

施元徵字曠如無錫人由進士任才優應務督兵擒麻城虎頭關寇親履行間宗藩不法者動色相戒攝學道篆考貢考優一清宿弊以違道來者不畱

時刻貧士感之

唐登儁號灼洲富順人由進士任簡約坦易整肅戎行不見威厲其聽斷明决多所保全人稱爲佛子云

張秉貞字坤安桐城人由進士任器宇宏深才猷敏練時流寇偶里煙盤踞蘄鄉往來擄掠公親至渴口督勦賊遂遁去後遷廣平道去之日士民頂盆香遮道扳卧從未有也

許文岐字我西仁和人由進士任値獻賊陷蘄被執

不屈拘留營內岐密約被掠良民期四月起義殲賊謀洩將殺之岐北向拜受刃死賜祭葬贈太僕卿詳明史已上江防道

左安善吳元年守蘄州路未幾改路爲府擢知府事介於守已而才猷過人故當戡定之初而民賴以安

徐麟本府廣濟人河南知府自陳便祿養親調知蘄州府以政績聞雖有剏建而民不告勞歷官永道房三州所至有聲已上知府

孔思森先聖五十四代孫由鄉舉知州事洪武十年改府爲州設科條振綱紀節用愛人政治一新

楊琪由鄉舉知州事有惠政才濟其智奏民部榜移建預備四倉調度不擾於民

李士安宣德間知州伐石爲鄉舉題名碑風前勸後人由是益知學焉

王坦字子平鄆城縣人由鄉舉知州事政尙寬平勸士子民久而不變

金銑字宗潤淮安山陽人由鄉舉知州事文學該博

政事通敏興學校均徭役舉廢墜民皆德之有首菴集行世

莊轍字中輿上元人由進士爲秀水令擢知州事廉介自守仁惠及人儲養諸生稱事餽給建明倫堂樂育堂貯書樓累有興作不妨於農時剽盗逼境兵民被害者咸優恤其家其後度支官軍奏檄無過期焉

錢承德字世恒常熟人成化乙未進士知蘄州政簡刑清豪猾斂迹舉廢墜陳便宜奬進士類人咸勸

於爲善後擢副使

何綸廣西順德縣人由鄉舉知州事廉介剛毅尤致意於倉儲出納明愼一時攬納侵欺之獘肅然無聞士民德之

葉仕美閩縣人由鄉舉知州事耿介剛明不爲時變所眛以直見忤於宗室一日遇諸途宗室將辱之公正色曰朝廷衣冠不可毀也宗室爲之歛袵正德八年蘄州賊劉六劉七遡流來寇公單騎招民八守郡賴以全

侯亘字公繩華亭人由進士任主事調通判擢知州廉介有爲愛民如子令行禁止不容私謁後擢副使

李純字在誠莆田進士正德中知州事潔已愛民遇事能斷豪猾無敢肆逞者旋改知欽州

周南字文化號宜齋南京羽林衛人嘉靖間知州事崇居大同二鄉遠在窮谷編民賦稅不以時至南仁明廉愛開誠而人信之無敢有後時者後陞瀋府長史

徐鍾秀餘姚進士嘉靖間知州易直子諒保愛百姓以循良聞

石璽嘉靖末知蘄州事荊王常冷滛暴璽啓疏陳狀詔奪王爵廢爲庶人

路雲龍萬歷初由進士知州事性剛介明於聽斷築堤防脩津渡造掛口浮橋民賴以安

潘珏字玉宇婺源人由進士知州事重積貯作阜民倉踰年大旱發倉賑民多所全濟益廣廒廋積粟至八萬餘石在任十年官久不調作歲寒亭記見志及代去民咸思之

徐希明上虞人由鄉舉知州事時值歲歉梅盜逼州境明同判官陳策協力防禦民賴以安又蘄江中石磯每爲商舶患爲築磯建亭於上名曰浮玉望者知所趨避今爲文昌閣基

鄭夢禎福建人萬歷中由鄉舉知蘄州剛正不阿時太監陳奉開採銀礦檄禎監稅禎極言不便一切反奉意奉劾禎及江防叅政沈孟化遂降調去

何之圖字見義婺源舉人知州事素有文名吏才精

斂在任逾瓜期四境恬安以事去蘄人惜之
倫應祥東莞人由鄉舉知州事約己惠民發奸剔蠹
精於計筭東南二城樓火祥重建之費約而功倍
後陞審理

錢兆元字長八仁和人由鄉舉知蘄州事深明理學
行事多法古人聽斷無枉每焚香告天乃出聽事
暇則進諭生講習文藝無遠近爭師事之時三王
之國供用浩煩民多驚懼公每抗論卒得無擾後
陞辰州府同知小民泣送者萬計江干立詠德祠

以祀之
唐世照字偁闇灌湯舉人崇禎末知蘄州吏事明敏
不憚勤勞時流寇往來侵擾隅里烟賊衆竄處青
山鄉民多流離照於附城通衢掘濠築險分任流
民日夜巡緝寇不敢窺尋以勞瘁致疾卒已上知州
俞敬字一中别號沙泉永康人由進士歷刑部員外
郎左遷州同知廉介愛民興學勸士公暇吟咏自
適不廢書史累官至惠州知府
趙廷松字子後號俟齋浙江樂清縣人由進士任刑
部主事以不附權貴左遷州同知工詩文善書長
於聽斷無敢夤緣爲奸者累官陝西左布政已上州同
傅舟永樂間任州學正文學該博應詔與脩性理大
全
董佐江西撫州府臨川縣人號勿菴由鄉舉授州學
正博文强識留心性理不事口耳之談師道大振
後家於蘄
林宗字存敬號敬齋莆田人天順中授蘄州學正課
諸生晨夕察其勤惰諄諄誘掖咸出至誠士人建

祠於學宮祀之
王舜卿字師禹號愼菴福建閩縣人由鄉舉任州學
正才性通敏好問勤學文習爲之一變士有婚喪
不舉者輙捐俸給之長於知人而善於長育累官
至廣東僉事已上學正
裴文采字尚質河南眞陽縣人由貢任州學訓導古
貌古心待諸生以義處僚友以和陞獲鹿教諭去
任有泣下者右訓導
張弘宜字時措華亭人東海弼之長子也由進士監

察御史蘄州判官剸繁剔劇才斷過人吏事罔不
精究轉沔陽知州擢副使
陳策江西貢士萬歷中判蘄州黃梅賊首梅鍠詹三
漢等倡亂據蘄之柴家山楚撫約南操江合兵征
勦知州徐希明同策居中調度指授方畧策奮勇
突入賊陣賊以鈎中之不屈而死後賊平獲策屍
面色如生 已上州判

國朝

范鳴珂字鴻盤威遠衛人由恩貢任下江防道

國朝初定當流寇殘燬之後人民凋喪廬室蕩然鳴珂
多方撫綏稍復生理丁亥九江之變督禦躬親持
以鎮靜民不驚擾尤所難也
周漢傑字彥仲安福舉人任江防道甫一年辭去清
標惠愛足嘉尚焉
吳之亂字象賢永年舉人淡泊質直遇人無賢不肖
皆推誠相與以疾卒於任
王顥字純白曲周進士涖任二載振綱剔蠹雷厲風
行而宅衷甚平開崇正堂課士一時知名士皆樂

從之遊
呂暘號全五無錫人以辟薦任冰蘖自茹神明獨斷
吏胥屏息力行保甲以清盜源造巡船增瞭臺自
滸陽至漢川民皆安堵新蘄學宮課士衡文循循
若師友尋罷去蘄人至今思之
趙映乘字涵章祥符人由進士任溫醇沉靜有古重
臣風
汪繼昌休寧進士順治間任時蘄民新集丈量混淆
王庄多賠累繼昌銳意釐剔涖任未久去論者惜

之
劉緝堯號無靡曲沃人由進士任潔已愛民留心政
治涖任未久以憂去
楊志遠丹陽進士順治間任時隣盜竊發志遠多方
捡緝自奉儉約於民一無所取凡聽斷曲爲曉譬
多感泣去者
楊大鯤武進進士康熙間任博雅寬和立程校士所
拔多名儁
徐惺字子星崑山進士康熙間任多惠政歲歉施粥

賑饑全活甚衆建奎星樓與州人士唫哦其中一
時談風雅者多宗仰之 以上江防道
韓友字心吾陝西人長於弧矢諳方略順治四年以
叅將駐防時英霍土寇猖獗潛踞蘄之上鄉往來
梅廣二邑友扼險設伏衝炎冒寒擒僞總兵曹德
參蕩平四十八砦及江州僞將吳高率舟師攻蘄
已臨城下友開門迎戰一鼓而賊之全軍殲滅幾
盡鎮蘄六載人民安堵援勦沅州尋陞沅總兵以
勞卒至今蘄人祠祀之 右叅將

程士然字燕又浙江武舉蘄州營守備訓練有方尋
陞夔州游擊調漳州以不附耿逆遇害 卹贈懐
遠將軍其女許字蘄州舉人顔昌弟鵬偕眷屬送
女至蘄遂家焉 右營守備
張定邦遼陽生員順治二年知州時蘄當殘破之後
生理未復定邦政尚簡易催科不擾民甚愛之擢
德安知府
方于光號澄嵐大興人由進士知州事器識通朗時
州田糧隱漏里役不均于光一清積弊均其勞逸

貧民得以息肩
金貴號小泉遼東人治務簡靜蘄處江干最苦往來
供役貴預策酬應悉以身任之於民一無所擾
王宗堯號銘一遼東人順治間任廟學州治燬於寇
宗堯鼎新之民困於徭役宗堯請給僱役官錢民
大稱便
李成材奉天貢生康熙間任居官勤慎興舉廢墜不
遺餘力境內稱治
劉國輔字長民奉天例監康熙間任歷官最久諸弊

革除時稱鐵面劉
王玠字寶峯奉天廕生康熙間任斷獄明決暇則與
諸生爲詩文課援筆立就歷十載陞石阡太守宦
至川藩
華文振字奎一鳳陽人雍正間任以慈祥稱調郴州
去攀轅祖餞者累日
蔣嘉年奉天例監雍正間知州廉明公正案無留牘
有裨於蘄者皆毅然爲之積弊剔除幾盡陞楊州
太守現任甘肅臬司

劉淑字文翎山西貢生商籍揚州雍正間任性慈愛犯法至死者輒不忍决甫一載因疾致仕瀕行猶念窮民逋欠社穀無償悉爲代完以紓民困蘄人至今思之

蔣尚德字德輿奉天舉人乾隆八年任性醇厚喜接善類治疑獄多所平反屬有興作皆以身先之不病民也濬隍渠引渠水由故道入江水利以通移建營署置書院給諸生膏火前後捐俸如干詳載各碑記工詩古文公暇與諸生剖析源流往復不

倦士由是愈知向學後以疾解任卒于州

李珌字君釆號靜軒陝西靈州人乾隆丙辰進士初任鐵嶺縣陞寧遠牧庚午知州事甫下車搜沉卷三百餘悉歸審理案牘一空遇疑獄片言立决無不曲當情罪人稱神君姦民馬朝柱謀叛有左驗公偵知其實親赴楊河等處設法擒縛獲其軍器圖札剪其黨與兵不勞而事寢蘄黃諸境帖如也以軍功陞本府太守蘄人作頌立石焉　已上知州

劉清史監利舉人康熈間學正工制舉業課諸生有法咸資指授

李功永字書竹黃陂舉人乾隆間以聞喜知縣改任性恬靜齋居無應門課士之暇即端坐窮經不輟以老乞歸

王世法字民表號兩橋江夏舉人原籍蘄州自祖遷江夏其父昆季以科名盛于江夏世法補州學正桑梓之鄉尤相敬愛以文求正者觸手輒應尋丁外艱去　已上學正

甘昌祚字景卜漢陽歲貢雍正間訓導時廟學圮昌

祚監修督率不少休息日置席櫺廡間諸生至相與啜酒茗論文學正朱銓暨紳士皆樂與之遊晚致仕歸州人至漢上者必過從問訊云　右訓導

宋文楷武安人康熈間州判治事勤敏有能聲

孫衍慶北直例監雍正間州判明敏稱職卒於任

王士讓福建五經副榜乾隆間州判學淹博曾充三禮纂修工蘭石畫卒于任　已上州判

項原字博安錢塘生員康熈間吏目善詩古文勤于供職守憲孟世泰署其堂稱賢而隱于下位者也

孑告歸

任蔣玠蕭山生員乾隆間吏目好論文必究根柢蘄人士多從之

陳以績字熙載如臯生員乾隆間吏目捐緝有方壬申平馬逆叙軍功以績與焉 已上吏目

蘄州志卷之八

知蘄州事虞山錢 鋆纂

選舉志

選舉表上

選舉之法歷代不同國朝沿明制鄉會兩闈得人稱盛餘則貢成均者彙途並用示無方也胥次第紀之明以前蘄地科目頗失攷姑存其可知者

	南唐	宋	元	明
進士	陳起	甘霖 字起崖 癸陳子龍榜復州教授；陳禾惠 字端公 漢陽主簿 歷任侍郎	康茂才 至正間進士 明勳臣	
舉人		甘澤 字叔濟 兩領鄉舉免解就省榜；陳傘 崇寧乙酉知福州府；賈紹南 德化縣令		
武科 附武選				
貢生 恩拔副附			朱仕俊 侍郎	
例貢 附監職 始明成化年				

洪武

乙丑張仕安廣西縣丞
王獻知縣
甲戌張濟文選司鄉科無攷

甲子張仕安進士
王獻進士
庚午葉銓知府
柳隆井研教諭
丙子汪祐教諭
朱彤字彥功歷官兵部主事

柳艮正以功封吉安侯
陳福清以功封千戶
操桂以功贈宣武將軍

呂仲和廣德吏目
楊遜河間通判
馮思齊御史
張允誠江安教諭
李忠善福清主簿
曹正義戶部主事

紹興通判

建文

庚辰王政

己卯王政進士
壬午程式鄖縣訓導
王廷中章明訓導

余觀化州通判
李瑄大足知縣

永樂

乙酉胡琪進士
明晋光州學正

呂祚華亭知縣
李端知縣
毛義縣丞

丙戌胡琪無極縣知縣

周和廣安學正
張彤工部主事左遷大興縣縣丞
戊子張价晉江教諭
陳情
張恒
辛卯潘慶咸寧教諭
劉蘊訓導
甲午徐顯綿竹教諭
胡信
丁酉程燧鮮元雩縣訓導
鄭杜潮州同知

潘浩御史
葉鐵知縣
王慶知府
葉蓁知府
顧濂衛輝經歷
陳惇重慶推官
熊兆縣丞
馮銘經歷
李俊主簿
江永餘干縣丞
潘謹儀隴知縣
曹善縣丞
張通增城知縣
陳暹西安知縣
翁裕縣丞
盛源縣丞
朱謐字懋寧原武知縣陞趙州未任

張惠 贛州通判
曾榮 知縣
余悅
庚子 張璉
徐鐸
癸卯 何清

張清 永豐縣丞
張永清 路府吏目
馮志 祈門縣丞
張禮 經歷
李茂 蕭山縣丞

甲辰 熊翼 副都御史，改籍光山，子恂，仕至尚書

熊翼 進士
胡仁德 荊州教授

宣德

壬子 陳浩

王啓 以武功授指揮使

正統

戊午 宋誠
甲子 劉瑄
陳溙

王志 經歷
朱訥 字恕慎，海寧衛經歷
陳惠 字澤民，丹陽主簿

景泰

丁卯 劉澄 進士
毛晟

陳昇 無錫主簿
冦昱 典寶
周紹 主簿
周傑 訓導
王慎 教諭
徐卿
趙昌 主簿

庚午 張僖

江琳 知縣
癸酉 黎晃
王翰 進士
丙子 胡祥 字應崑，科陽州同

天順

丁丑 劉澄 字巨淵，戶部主事

謝忠 照磨
李英 縣丞

成化

王翰 知府

己卯 華仲賢 進士

王誥

乙酉 金蘭 字廷秀南昌府訓導

易濂 字原潔武隆知縣

戊子 甘瑩

戴珍

張福 泉州府訓導陞教諭

陳恕 漢州吏目

楊英 字邦傑

何瓚 號近波高縣縣丞

陳玘 字文玉貴州都事陞知州

宋奎 字伯宿臨清提舉

宋璧 字伯玉綦江主簿

張文 字國華建昌通判

乙未 華仲賢 浙江布政

何珍 字廷獻廣東提舉

甲午 田鵬 字萬里鄉試第二乳原知縣

張翼 字敬之敘州府經歷

傅敬 字寅之山東費縣縣丞

呂玉 華亭縣丞

張綱 訓導

鄒誠 訓導

宋環

曹裕 字尚寬

封玉 大用典簿

劉志

丁未 華巒 字時瞻翰林編修

壽儒 工部主事

癸卯 壽儒 進士

華霽

丙午 華巒 解元進士

劉臣 字良弼羅雄知州

甘澤 知縣

陳濟 字時濟

熊琳 字廷章射洪縣教諭

李淮 字深源贛州府學訓導

顧昊 字伯元

朱易 字宗義普安知州

朱暉 字用昭永寧衛知事

弘治

壬子 陳儔 字君樂豐縣知縣

乙卯 黃廷玉 字德美由教諭臨晉知縣

陳大中 進士

張思齊 進士

劉琛 字本章訓導

馬驄 字廷甫

劉廸 字宗吉

王麟 字應祥南雄府經歷

齊賢 字良弼惠州府照磨

游仲璃 字正儀雷州府推官

宋埜 字伯山陝州知

陳仁惠 字守介

吳英 字廷杰處州府知府

正德

乙丑 張思齊 號竹岡 廣東左布政
戊辰 陳大中 慶遠知府 擢轉運使

辛酉 楊 榮 字本仁
甲子 宋良臣 字介夔 確山知縣
丁卯 余 志 進士

馮 翺 字時舉
曹 珙 字廷獻
曾 昇 字君用 德興縣丞
甘 銘 字盤帛 廣東布政司都事
吳 山 字景瞻
張 瑩 字本明 訓導
王 鑾 字應期 餘干訓導 歷舞陽教諭

饒 檻 字濟州 縣丞
張文憲 字時範 由廩生就例

余 志 提學主事 歷郎中 知府
甲戌 劉 樽 知鶴慶軍民府

庚午 王 儼 思恩府知府
劉 樽 進士
癸酉 甘 棠 崇府長史
丙子 高 鵬 進士
李 朴 字淳夫 隴州知州

晁允升 字元吉 授散官
李 樂 字大部 兗州府訓導
甘 泉 字淵夫
張 清 字濂夫 晉寧州學正
馬 謙 字益之
王 鳳 字雍時 郫縣主簿
李 顯 廣安州判官

陳大章 字宗夔
楊 楫 字木載 恬退不仕
馬廷玉 字秉夫
李 山 字靜夫
翁景曉
王廷文 字孟卿

丁丑 高 鵬 字汝南 蜀府左長史

劉 傑 字捷望 由通判 歷忠州知州
張 達 字德孚 定州知州
姜 茂

陳 祐 字天相
彭 珠 字時重 華縣縣丞 能詩
邵 隆 字汝昌 鞏縣訓導
陳 斐 字文甫
胡思明 字視遠
程仲甫 字文英 廣信府通判
陳 詠
壽 鳳 字宗岐 清江縣丞

李 洪

嘉靖

癸未 郝守正 字中夫 歷官懷慶府知知

壬午 郝守正 進士
乙酉 陳吉言 解元
戊子 李時言 字宜甫 巴州知州
馮天敘 進士
翁景昕

張思學 字復初 授散官
徐 金 字聲之
陳 僚 字君佐 扶溝縣訓導
馮 鵬 字惟霄
嚴 泉 字本深
劉經濟 敘州府通判
梁 珠 字瑩卿 淳安縣主簿
王仲儒 字宗孔 眉州學正

李世發 字蒙甫
陳仁民 字守治 新喻主簿
張 練 字子素
韓世英 字楚傑 以廩生就例
馬廷賦 字貞夫
馬如錦 字子文
胡仲甲
高 曙 字寅之
傅 榮

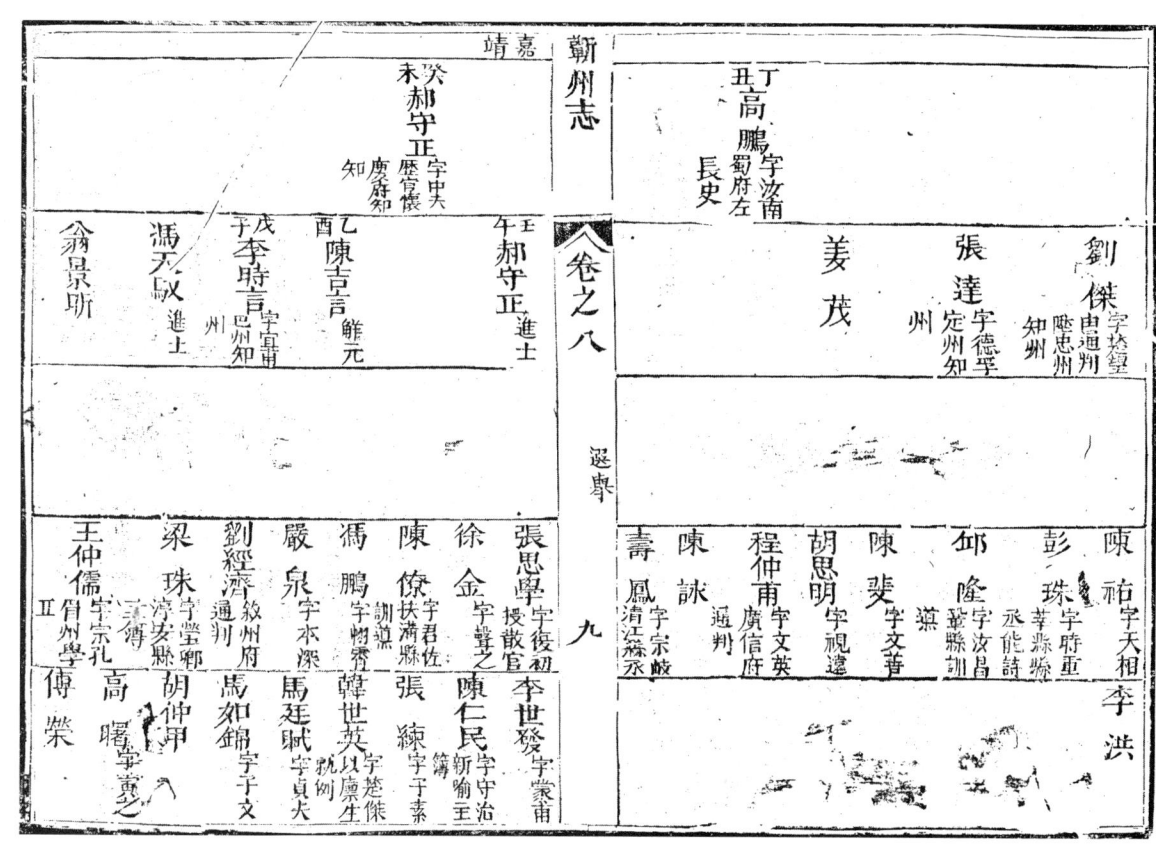

張仁 字長善 豐縣知縣陞開封府判
辛卯 邵思學 字志道 平鄉縣知縣
姜仲賢 字汝爵 開封府通判
甘澧 字鍾衡 平凉府知府
甲午 郭欽 字舜遊 資縣知縣
陳素養

傅京 字以中
劉經綸 字亨屯 忠州判官
張漢 字朝宗 齊河縣教諭
化雨 深州學正
李世賢 字尚甫 弋陽縣訓導
姚仲生 字士元
王廷良 字藎卿 雅州吏目
韓世奇

湯爵貴
梁佳 字士奇
沈鋼
翁景曜
馬廷資
王廷節
王廷信
田乃獲 字有年
馮天駿 字良仲 錦衣衛千户

乙未 馮天馭 字應房 號午山 刑部尚書

劉捷 字忠獻
劉官 進士
丁酉 高暘 字賓之 燕州府同知
張大顯 字子晦 處州府推官
顧問 進士

楊仲金 字時用 安福縣丞
壽濂 字希用 南昌縣訓導
李仲儒 字仕學
盧宗 字大器
鄭遠 字成章 靖安縣訓導
宋良相 字希說 來安縣訓導
田璽 字信卿 池州府訓導
彭綬 字廷章

翁景曠
孫廷楹
李世幹
李棻

戊戌 顧問 字子承 歷官福建布政司參政
辛丑 劉官

庚子 楊芳 字子春
陳仁近 字元復 眉州知州
張璡 字汝賓
癸卯 姜梅 字實之
盧奎 字聚東 臨潼縣知縣

馬文龍 字時見 廣安州訓導
桂璉 字汝器
鞠蕙 字時芳
高鵬 字汝化
張淵 知縣
陳資 教諭
劉作 教諭
韓萬鍾 潁州學正

陳仁滋 字子雨

胡煥 字堯章
丙午 田成法 進士
楊旦 字時行
易鴻磐 字子安
吳之翰 字維憲
陳其愚 字汝兒

李元貞 訓導
湯金 訓導
黃思 訓導
田于藍 訓導
李頌 訓導
鍾沂 訓導
顧閒 號鳳巖
李言聞 號月池 爲太醫院判

己酉 湯一賢 字立之
化之行 字子推
董仕仁 字子重
洪大賓 字汝泗
易龍見 字子明
顧闕 進士

庚戌 顧闕 字子良 歷官副使

陳文章 字廷章
劉拯 字思仁
壬子 周祈 字子永
周禱 進士
甘繼忠 字子顯
乙卯 馮天駿

丙辰 李啓昭 號朗山 知府

韓表來
李啓昭 進士
吳鳳瑞
曹承誥 刑部郎中
甘受學
戊午 周祚 號台峰 郎中

徐之徠 號紹華 梁山縣知縣
王省吾
高世相
戴符 號孟竹
辛酉 史脩 知州
余時禮 府志作余登庸 知縣

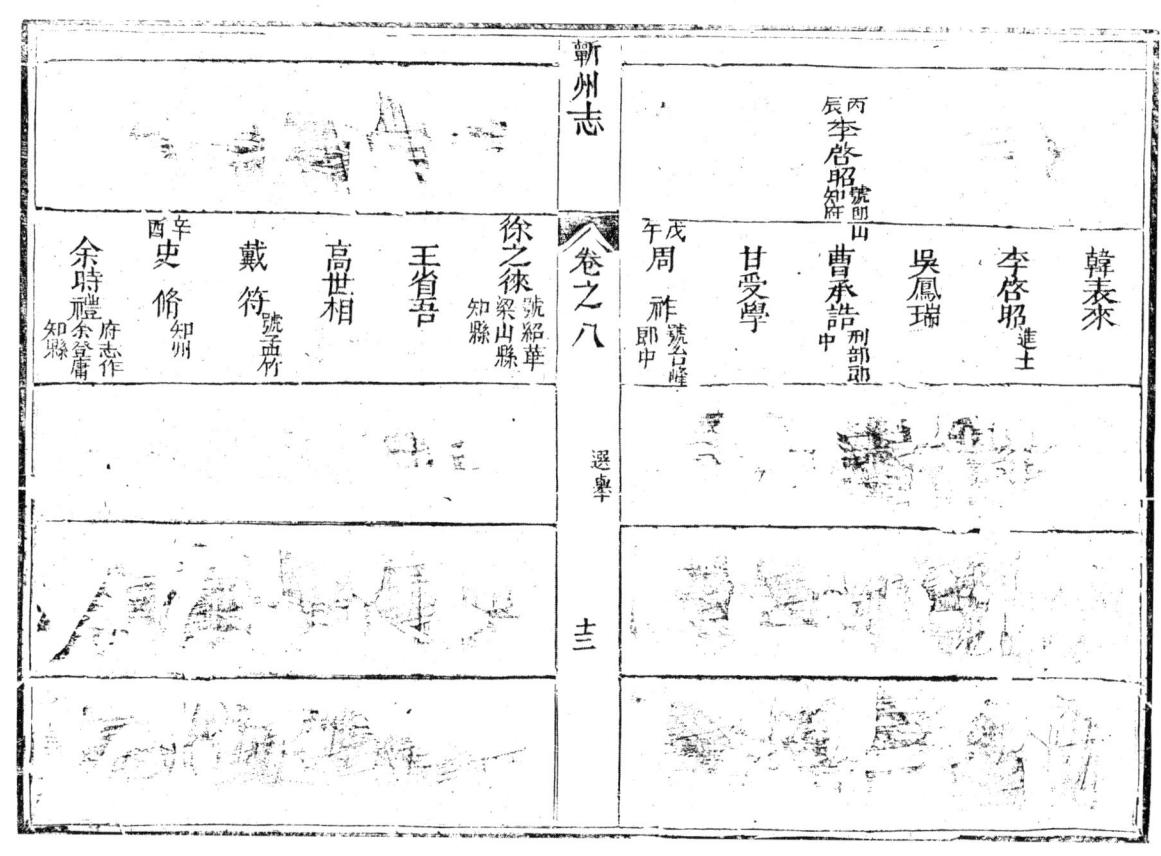

壬戌 田成法 字子㝎 號鑑塘 御史
周 禧 字乾明 南畿提學御史

王之佐 知州
高 儒
壽 表
李建中 號龍源 同知
易可訓 知州
余時中 字齡南 岐山縣知縣

隆慶

戊辰 劉如舉 號允吾 知縣

劉如舉 進士
李盛春 進士

丁卯 陳正誼
吳之問
李孟春 號愛池 主事
庚午 張 巽

余大中 訓導
舒 晴 訓導
高 曜 訓導

萬歷

辛未 李盛春 號愛池 翰林院 歷官保定巡撫 兵部侍郎

葉正奇 號鳳屏
張日新 號明所 知縣
馬希遷 號鴻洲 復姓田 黃州府學

癸酉 李際春 進士
張邦彥 號鳳橋 知州
蕭祖召 外學副史

田有龍 三科武舉解元 廣西永寧守備 死安酋之難

王 薦 訓導
李鍾濂 訓導
張文華 訓導
姜仲卿

楊 芬 字芳台 通判
王 鑑 號秉吾
劉如魯 字敏大 縣丞

丁丑 李際春 號鑑池 汝南道副使
李載陽 號旭峯 御使太僕寺少卿
庚辰 劉如龍 號應坡 按察司副使

丙子 李載陽 進士
己卯 劉如寵 進士
劉廷策 號愛峯
唐一鵬 進士

易貞吉 參將
李 楷 以武功官至總兵
田金浦 字鹿水 以武功授守備
賈世儀 字鳴山 以武功授校尉

張 積
田行輗
韓疏來
易之豫
陳 伊
劉寓撫 字水南
田 澤
王顯仁
王之信 號竝宇

顧 佃
袁光紱 字褒伯 光祿寺丞
周道亨 字陽搖
馮汝振 鹽提舉
孫世臣 主簿
胡世則 號乾封 雲南府知府

癸未 唐一鵬 字坤宇 御史

壬午 袁世振 進士

張　星 號聚薇 同知

乙酉 陳其要

蕭明哲

宋道亨 外學

戊子 張效堪 字學海

易可賢 字鳳川 武陵訓導

郭承恩 字屋環 教諭

全　芳 字仲宇 通判

徐有成 字景峰 教諭

湯孫說 字肖巖

張　兌 字繹谷 教諭

馮士冠 字湘南 知縣

張　維 字養初

王之臣 號午洲 陽朔縣知縣

李　璦 號龍石 知府

史朝貞 號介臺 中京閣 同知

顧懋宏 中南闈

辛卯 夏　忠 字子尚 同知

江廷玉 外學僉事

侯來朝 字賓臺 教諭

楊一新 字夢麟 教諭

何其忠 字葵南 教諭

龔時行 字樂梧

董一化 字稱鵡 知縣

顧大訓 字少佳 通判未任

化大訓 字安宇 常熟縣教諭

陳王道 外學同知

黃鳳翔 外學

甲午 張邦亨 號嘉宇 知州

龔漢臣 外學知縣

丁酉 張邦翼 進士

蕭世聘 號知白

傅作相 號思巖 選拔 舉川州知州

李　樸 字質甫 副榜 鹽運司提舉

顧大儀 字德和

陳吾惆 字朗卑 副榜

吳　傑 字履高 選貢未仕

戊戌 張邦翼 字畛南 會魁 歷官江西右布政 庚子死寇難

袁世振 號滄孺 按察司副使 淮安鹽法道

陳時宜 號綺城 同知

汪宗文 號四濱 副使

王之翊 字遠伯 同知

劉世寧 字際之 知州

劉　銳 字普之 知州

晏攄忠 號元頴 副使

嚴恭 字士安 中京關

丙午 王臣紀 字爾瞻 知州

壬子 李梴 進士

蕭震 進士

田乃穉 進士

易道偉 字文叔 未仕

邵子行 字仲敏 臨桂縣知縣

劉琛 字無異 中北關

會鳳采 外學知縣

乙卯 王珙 進士

田雨公 進士

茆世德 號三山 外學

己未 王珙 御史巡按蘇松常鎮陞太常寺少卿

李樹初 號客天 副使死難

田乃穉 未仕

戊午 李樹初 進士

饒京 進士

李新 字庚伯 僉事死難

洪名鼎 外學

蕭震 字倦山 紹興知府

天啓

饒京 號黃山 御史死難

李梴 字赤存 遵化道死難

辛酉 袁雲龍 外學

甲子 田漚 孝豐知縣

張效葵 字叔向 同知知州

貢其志 字以達 江夏教諭

劉廷敎 外學

李標 字峻甫 武舉守備

楊模 武舉遊擊

劉克 字元功 三科武舉守備

朱家棟 號翼明 本姓甘

張膽 字含赤

張邦立

張翼 字太乙 仁和縣丞

楊善

李樹宗 字震寰

袁熙振 字慈明

李枎 字開甫 淮安同知

王之鼎 字定仲

王之賡 字明叔 平凉府通判

周道充 字貫孺 縣丞

易道燦 字伯宣

楊植 字亭伯 縣丞

王可象 字孝儀 縣丞

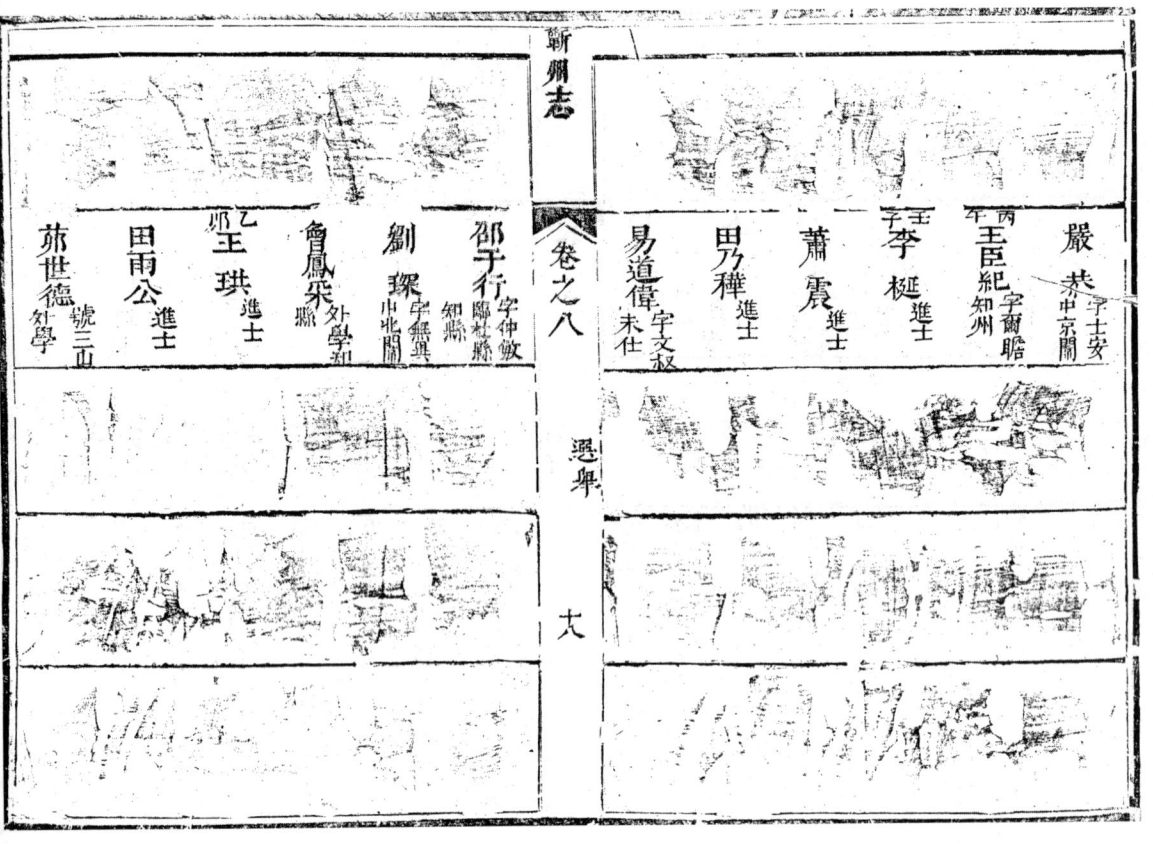

乙丑 田用公

李雲慶 字紀卿 知縣
康思孝 字宗閔 外學

王屋 字山公
按王屋即可象不應互列姑仍舊志存之
李武 字兼甫 武舉
李棟 以功授參將

李猶龍 字又聃 知州
蕭之禎 字獻吉 恩選知縣
葉芬 字君磨 廣濟訓導
何廷猷 教諭
何光綬 字多榮 同知

周廸德 字伯常 鴻臚寺序班
張效藎 字念尔
李梓 字觀甫
顧天錫 字重光
袁素亮 字公爹
劉璣 字象若
張效鍾 字期伯
史采 字素之

崇禎

庚午 金天宿 字象先 寧海知州
朱永昭 字子布 死難
癸酉 陳奇思 字仲容
丙子 李炳然 字人虎 丁丑會試副榜知縣

毛一桂 字士眘
葉植 字容伯 京衛千總
熊轍 守備
陳申舜 字君憲 定海副將

周易
張效方 字正甫 荊門學正
馮一麟 字仁趾 楊州訓導
徐有望 字卿雲
孫遂梁 字具瞻 建寧縣丞
王有為 字小酉 鄖縣訓導

汪縹如 字蟠叔
王亂隆 字爾錫
蕭鼎 字周耳
嚴式玉 字伯度
李模 字宏甫 指揮
韓之鼎 字調元
蕭爽 字朗伯
王琡 字二美
李延慶 字長伯 死難

庚辰 王臣縉 號意菴 會魁知縣

盧紘 進士
王臣縉 進士
己卯 梁之垣 字崇房
朱畯 原名由籍字茂 弘宗學生 丙子已中式 溢額革裁 是科復中式 死難

楊天貞 字自強
陳心鉉 守備

張效侗 字愿之
李廷樸 字獻卿
夏思 字子磨
馮槐 字星長 推官
張效忱 字敦之
陳宰 字孺子
駱思騏 字冲遂
陳正 號宛邱 死難
袁道林 字枝公 恩選

沈士望 字公愉 上書錄用
黃立朵 字賓中 經歷
欽育陽 任荊府長史因籍蘄

蕭益 字上損 恩選
袁玉振 字右長 恩選
陳顯元 字長卿 五經副榜知縣 死難
顧昇星 字赤方 恩選
田之璜 字黃玉 恩選
馮楫 字用步 黃州府教授
李櫃 字萃甫

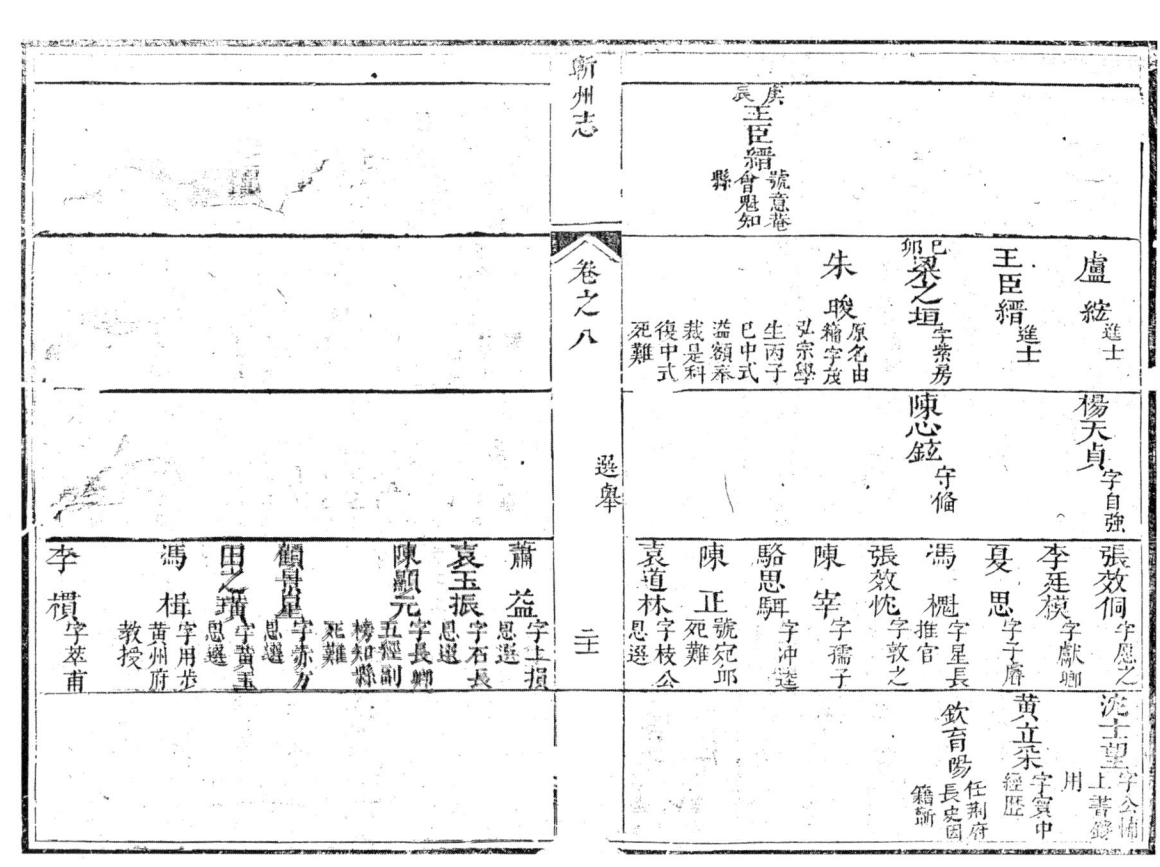

國朝順治

己丑 盧綋 字元度 糧道
汪薇 號化懷 知縣

丙戌 汪薇 進士
李本周 字幼岐
董艮宣 字赤敷 武昌教諭
戊子 李本晟 進士
辛卯 顧咸泰 字斌素 經魁 知縣

管遵王 字仲成 己丑進士 守備
嚴均 戊戌進士
丁彭 字子脩 辛丑進士
熊光 字景望 武舉 京城安定門千總
管一舉 字日耆 武舉

高培 字尚孚 恩貢 溫處道
皮浚明 鄖縣訓導
陳王道 字正一 恩貢 趙州知州
李坦 字公濟 趙州知州
陳之京 字覲伯
李本裕 字容若
張士淑 字耳聖 訓導

嚴壯 字大生
李本京 字元伯 例貢
李自陽 字元開
李國華 字耀宇 例貢
張志翰 字尊思 州同
李本淑 字心尼 州判

李本晟 號[illegible] 巡撫
謝觀 號霍坪 蘄州人 上元籍 江南中式 戶部主事
壬辰 張正志 會魁 推官

張正志 進士
甲午 劉匡生 字生生
丁酉 張承位 字生共

張承斌 字文子 開平衛武舉 千總
陳國瞻 字叔望 九江衛武舉 千總
袁鼎 字伯昭 陝西衛武舉 千總
吳大觀 字學禮 守備

劉復周 字東明
葉彭 字嗣倩 知縣
王協 字恭男 知縣
張承瑞 字帝先 知縣
董艮因 字翊明 教諭
葉俊士 字渭公 教諭
馮琮 字應黃 教諭
張效鍊 字治仲 副榜 縣丞

汪同江 字澄清 以徽州籍 任黃岡縣丞

康熙

癸卯 劉遐祚 字青子 教授

王長年 字永懷 武舉

陳言光 字以詞 教授
封岳 字咸五
李淑 字淑人
欽國樑 兵馬司
方舟 字人濟 副榜 知縣
張泮 字叔度 副榜
李本亮 字元炎 訓導
晏昇 字東白

陳士眉 字眉白 例貢
葉有弼 字天右 例貢

戊午 熊心璋 字公朗 教諭
甲子 張仕渾 進士
陳正誼 字石甫 教諭
丁卯 林可喬 進士 本姓楊 外縣入蘄州學
庚午 李永昇 字志南
陳誥 字嗣康

葉有德 字樹滋 武舉
張世斌 武舉
葉煥 武舉
董開第 字彥升 武舉
呂玠 字全蜀 武舉
王煥 武舉

孫天衢 字仞奇 教諭
陳文炳 字爾則
陳其勳 字五敦
易恂 字輝恭 訓導
龔栢 字百子
王世泰 字安臣
王世卯 字和臣
王永圻 字公錫 訓導
金天斗 字映北

劉漢儒 字孔安
王文炳 字肅儀 縣丞
王志博 字公遠 縣丞
高克紹 同知
韓世傳 字又韓 河州州判
王永塩 字載侯 縣丞
王欽猷 字思承 例貢
高克禎 字子維 縣丞
陳可元 縣丞

丁丑　張仕渾 字近愚 清水知縣

庚辰　欽士佃 字人田 翰林院庶吉士
楊可喬 知縣

張植 字孟楠 學正
癸酉　欽士佃 解元 姓周
顧昌 字文饒
己卯　劉文起 字學山 鄉魁 學正
張仕學 字琳山 教諭
王夢弼 字兆良 教授

乙酉　胡宗憲 字介巖 魁
張啓疆 字仕開
易時憲 字若尼
辛卯　孫民則 進士 知縣
癸巳　張正問 字蒙清 學習
王琮 字廷瑞

管世英 武舉

李世忠 以武功任都司

孫芝 字天生 訓導
田之玉 字與長 拔貢
呂呈瑞 字輯五 訓導
駱思白 字錙守
王極 字峻若
陳常 字藝極 訓導
張梓 字琴賢
李本衍 字介繁 拔貢 知縣
葉優士

程大鞏
葉鳳翔 字義瞻 訓導
桂儀廷 字賓虞
王天爵 字子尊 竹溪訓導
馮以覘 字我生 拔貢 當寧教諭
朱家瑞 字來儀
王永昌 字錫齡
張世炳

王宗仁 字春若 河州州判
陳肇元 縣丞
陳贊元 州同
方應舉 州判
王文雖 字帝庸 縣丞
李生彬 字雉文 例貢
王上選 字銓士 縣丞
陳法璧 字鎮六 州同
陳滋古 字書潤 例貢

張啓泰 字仕來 縣丞
王有信 字立誠 例貢
王有斐 字復衛 州同
桂儼廷 州同
陳於梭 字名旻 例貢
王學古 字優仕 縣丞
李敷生 字方佑 例貢
陳之坦 例貢
陳之壎 例貢

甲午　龔啓堂 字豊寰 學正
丁酉　劉价 字介人
汪鵬 字元龍

童忠怡 字兆武 荊州水師營把總

張如斗
馮炯 字著曉 副榜
葉世榮 字仁瞻 教諭
傅傳道 字天恕
張之梁 字劍川 副榜 教諭
舒嘉抱 字和臣
陳謨 字友夏
袁孔士 字方魯
張士灝 字鄰遠

張聯翼 字界齡 拔貢
李永震 字乾初 教諭
蕭銓 字公衡
張啓翼 字仕漢 訓導
李澤溥 字沛蒼
葉鳳喈 字天秀 訓導
李振玉 字霞城
張士厚 字存古 訓導
易時敏 字遜瞻 恩貢

高益恒 縣丞
張世珖 字映璧 縣丞
張世璜 州同
陳於梁 字奕山 州同
陳於棠 字蔓華 州同
李生樋 字彝尊 例貢
葉紹京 字鎬成 縣丞
陳信古 例貢

方彭年 字篯齡 州同
王國珍 字廷瑜 例貢
桂登瀛 字十洲 縣丞
張士遜 字去矜 例貢
張杓 字魁先 縣丞
張鏡 字研脩 例貢
陳琛 字進頁 例貢
蔡士元 例貢
陳洪緒 字嗣有 例貢

方彭齡 字石鐘
黃天福 字錫五 訓導
王仔古 字丕承 恩貢
葉枝茂 字泰封 訓導
張承遁 字侶蘇
顧燕翼 字貽孫 恩貢
陳有夏
王 鎬 字夔韶 訓導
朱 性 字成存 訓導

陳鴻猷 字勷侯 縣丞
陳之域 字翊青 灊縣縣丞
李芳蘭 字景明 主簿
陳文獻 字典章 縣丞
田之玢 字弘道 縣丞
黃天祚 字亦人 縣丞
陳於藻 字聿修 州同
張 棟 字鷹華 州同
張 梃 字松友 州同

癸卯 朱 圻 字霽峰

張聯芳 字馨遠
陳治猷 字勷侯 教諭
饒斌泰 字文安 訓導
陳欽珍 字席聘 訓導
李生芳 字世馥
朱孔陽 字子棠
董開生
陳豊會 字魯士
秦 京 字永幾 拔貢

王鳳苗 縣丞

庚戌 孫民則 字庶法 知縣
癸丑 熊 淇 字衛瞻 知縣

甲辰 高 佐 字東瞻
丙午 熊 淇 進士 蘄州人 湖口學江西中式
乙卯 陳履中 進士
熊慶源 字衍長

胡心作 字理尊 武舉 候選千總
胡萬年 字仁安 武舉
王 路 字從瞻 武舉
張 洪 四川成都府守備

李生棠 字蘭椎
李光縉
蕭 濬 字翰凝
駱漸逵 字以天
陳履中 拔貢 進士
湯力忠 字首恕 拔貢
陳道兼 字樹型
李永寧 字萬咸
伊 琦 字懷璋 恩貢

王世治 字作霖 州同
湯時弼 字任寰 例貢
王夢學 字時敏 州同
張遠誨 字述今 例貢
張立誠 縣丞
嚴世榮 字帝廷 例貢
王 衡 州同
方 城 字千雉 縣丞
黃天秩 字春臣 州同

童有珩 字楚玉 督標把總

劉文超 字大章
張 翼 字仲恕 訓導
陳廣年 字卜來 拔貢
易 經 字少文 訓導

張遠誦 字式南 州判
何開卷 字擬書 例貢
張炳文 字彙姬 州同
何世浦
吳 晟 字宗建 州同
胡明治 例貢
吳 昌 例貢
江文理 例貢
張有應 字同人 縣丞

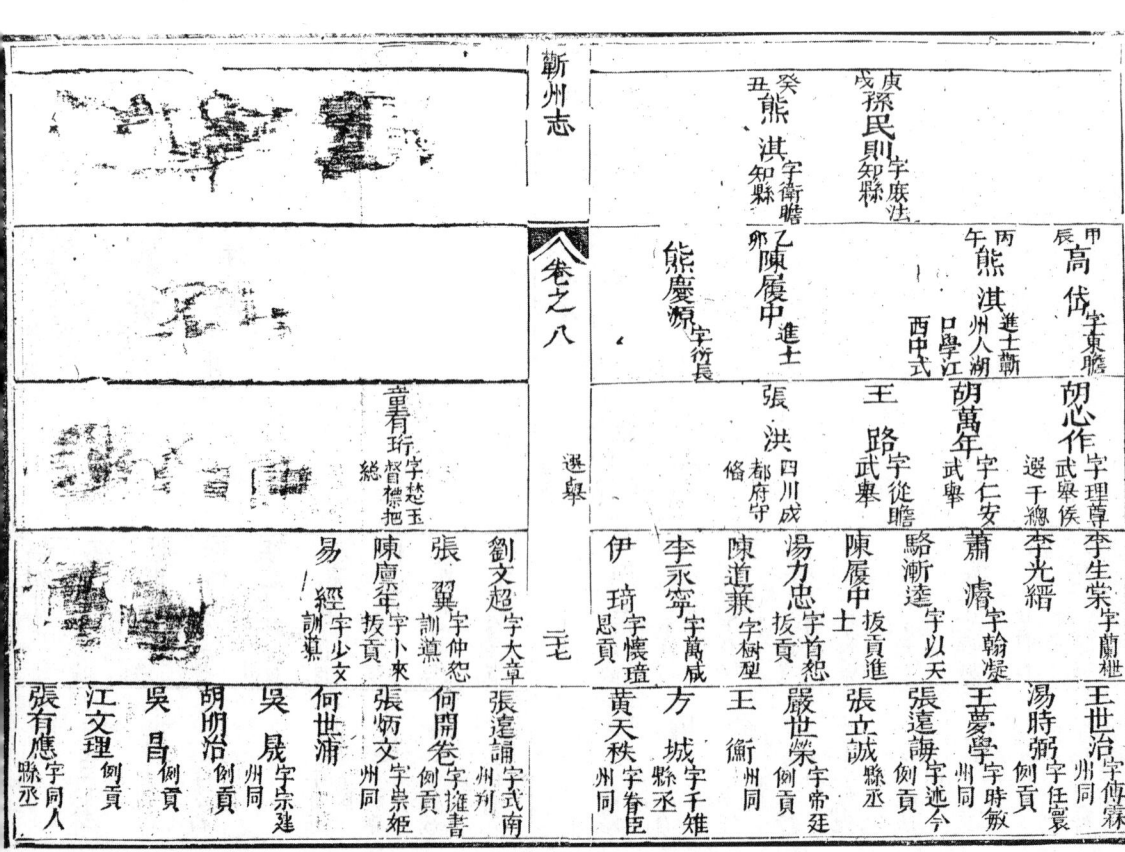

乾隆

乙丑 陳履中 字遂登 貢池知縣

丙辰 張彥 字士彝 截取知縣

陳起超 字德候 候選千總

童璋 字朝玉 已未進士 現任京提塘

胡之偉 字偉甫

高尚正 字看占

姜塡 字㫤初

許熊 字太占

王能士 縣丞

王佳植 字符三 州同

王之經 字倫六 州同

陳文藻 字章章 署正

胡心任 州同

朱萬齡 字曜南 州同

王鑾 字名白 例貢

陳榮封 字楷章 例貢

王德謙 字禮尊 例貢

蘄州志　卷之八　選舉　二八

丁卯 劉萬寧 字汝操 現任石首縣教諭

壬申 呂士模 字景盧

癸酉 張兆講 字星五

張文藻 以武功現任貴州思南營遊府

胡國勳 武舉候選千總

張申 字理懷 現任穀城訓導

范正 字偉儒

伍文宣

佘正古 字道平

王棫 字斯佩

游泮 字登岡 拔貢

王柯 字育萬

熊楚輝 字仍存

王程義 字參書 例貢

彭德倫 例貢

王雍 字理蒼 例貢

王德恒 字大咸 例貢

黃天相 例貢

王思文 字被南 例貢

王承彬 字中燦

王世永 字子配 例貢

王世溥 例貢

江萬齡 字涵萬 候選衛千總

陳其秩 字倫敘

董堪 字亦仲 恩貢

陳瑛 字脩五

王球 字琳先 恩貢

陳坎 字帝因

張崇煜 字瓊賜

童巒 字宗表 副榜

朱正述 字用謙 拔貢

孫超 字照南

王德凱 字敬廷 例貢

張皞 字際昌 例貢

王鐸 字振裳 例貢

葉承鳳 例貢

孫朝漢 例貢

王梓 字荆才 例貢

王肇謨 字卜昌 例貢

張國正 字義和 例貢

袁士昌 字介候 例貢

蘄州志　卷之八　選舉　二九

張士度 字靜遐

易泗 字學川 號恕亭 由諸生入姓氏館授浙江衢州府經歷署常山泰順平陽三縣知縣

吳綖 字文度 州同

吳琦 字照寰 例貢

孫朝源 例貢

吳洪巾 字道原 例貢

袁溎 字大湄 例貢

陳良寵 例貢

王夢蘭 字心言 主簿

葉全斌 字植泗 縣丞

林之棟 字廷柱 例貢

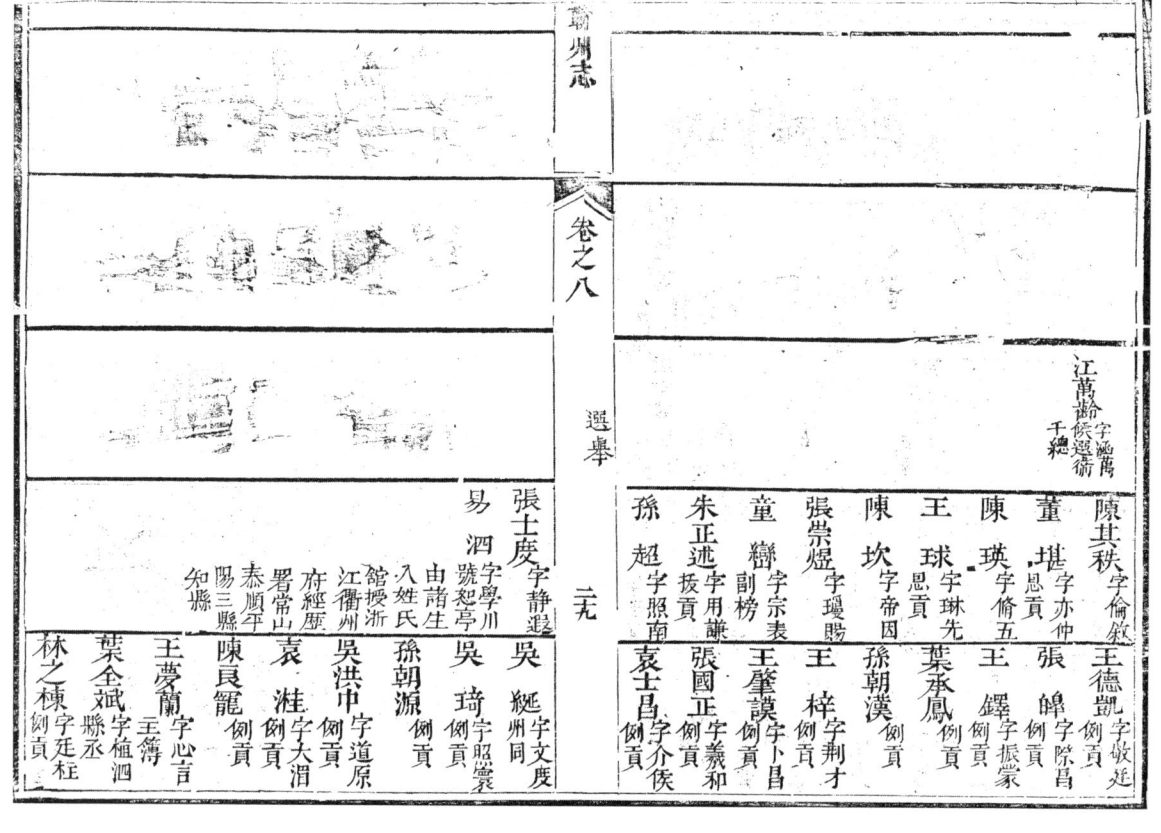

[illegible]

楊　照　字建夏　例貢
[illegible]隆　字滙遠　例貢
江惟金　字繼緒　例貢
田禮高　例貢
李應祥　例貢

選舉表　下

制科之外復行辟薦慮野有遺賢也榮必及於親功則錄其子示勸也用人不以類故由吏入仕者皆得紀焉

辟薦　鄉飲附

南唐　丁必稱　知臨江軍
宋　林敏功　政和中徵召
吳遵路
余　玠
明洪武年　陳堯章　任本府儒學訓導陞臨安知縣
曾　黼　任吳縣知縣
嘉靖年　李時珍　楚王薦於朝
徐之徠　知縣致仕五登鄉飲爲正賓三
萬歷年　李時珍　太醫院判鄉飲大賓
李建中　同知三登鄉飲大賓

貤封

明洪武年　康文廣　以曾孫茂才貴贈中奉大夫中書省叅知政事京兆郡公
康德懋　以孫茂才貴贈資善大夫中書左丞京兆郡公
康　壽　以子茂才貴贈榮祿大夫同知大都督府事柱國追封蘄國公
馮　寶　以子思齊貴贈監察御史

恩廕

南唐　吳　瑛　以父遵路廕官員外郎
明洪武年　康　鐸　以父茂才廕封蘄春侯
康　鑑　以父茂才廕廣西指揮
康　淵　以祖茂才廕散騎舍人
康　永　鐸之元孫廕千戶
萬歷年　馮姿承　以父天馭廕官知府
李　梛　以父盛春廕官知府
田足國　以父有龍廕蘄

吏仕

明洪武年　童　志　井研縣典史
梅　晟　曲周縣縣丞
黃　文　四川吏目
黃　裔　福建巡檢
劉　瓘　廣西典史
楊　洪　維縣通運所大使
張　玉　雲南巡檢
朱　鑾　潁縣主簿
劉　憲　留守衛經歷
項　基　仁壽縣典史
馮　信　清平巡檢
蔡　鵬　大使

方思池 耆賓

天啓年 張星 同知六登鄉賓

胡朝宸 字正卿兩舉鄉飲耆賓

崇禎年 孫世臣 字義所主簿兩登鄉飲

康熙年 顔景星 字赤方六科薦舉鴻博

晏昇 字東白歲貢鄉

正統年 張允誠 教諭以子彤貴封如其官

天順年 王恭 以子翰貴贈主事

華玨 以子仲賢貴贈刑部主事加贈常州府知府

成化年 張文 以子恩貴贈齊中大夫

易惟㦤 州衛百戶以父貞吉廕守備

國朝

順治年 盧昭初 以父紱廕入監咨吏部考選

康熙年 韓宗彥 字文伯以父友廕荆州衛郎

韓宗愈 字文昌友之次

張珍 四川驛丞

劉源 江西驛丞

王文 倉大使

哈儀 四川驛丞

熊俊 字朝佐廣東揭陽縣典史

永樂年 熊一旺 真定府大使

成化年 蔡綸 贛州倉大使

飲大賓

高培 字尚孚溫處道鄉飲大賓

傅傳道 字天恕歲貢鄉飲大賓

易恂 字禪公歲貢鄉飲大賓

馮以觀 字我生拔貢鄉飲大賓

弘治年 易用明 以子濂貴誥封文林郎

正德年 陳理 以子大中貴贈戶部主事

劉仲誠 以子樽貴贈太僕寺丞

嘉靖年 高政 字扶辰以子鵬貴進階贈武德將軍

子廕生任陽朔縣知縣

蕭鎮 宜賓縣典吏

陳瀚 通州衛倉大使

許仲豁 新野典史

許希賢 遼東倉官

施濟 四川長官吏目

趙仲仁 海盈守支

曾訓 霸州同知

田倫

劉英

張啓翼 字仕翰訓導鄉飲大賓

易爲豫 字二如廩生鄉飲介賓

張克懋 字茂侯庠生鄉飲介賓

王標 字雲若庠生鄉飲介賓

王藻 字秀友庠生鄉

郝源 字本清以子守正貴贈員外郎

馮翱 以孫天駛貴贈侍郎

馮鵬 以子天駛貴贈監察御史

甘銘 原任都事以子澧貴贈知縣

曾璉 以子訓貴贈經

弘治年 金相 吏目

陶大本 巡檢

張景

侯佐

何玉

程彩鳳 字子韶工部營繕所所正

孔宗易

飲大賓

方其昌 庠生鄉飲介賓

吳心亮 字廷玉庠生鄉飲介賓

賈鼎臣 字君仲庠生鄉飲介賓

陳其昴 字彥臣鄉飲耆賓

吳本瑞 字瑞玉鄉飲耆

歷

周大霖 以子禧貴贈御史

顔敦 以子問貴誥封布政參議

易象 以子鴻磐貴誥封文林郎

王紳 字碧池以子天相貴誥封明威

正德年 劉廷輔

郁文俊

吳鑑

吳廷佐

劉伋

戚世賢

嘉靖年 刁龍

盧基

康梅

賓
陳其芳 鄉飲耆賓
田可斗 字文舉 鄉飲耆賓
湯必闇 字又尚 鄉飲耆賓
湯顯名 字嗣武 鄉飲耆賓
裴天明 字才高 鄉飲耆

將軍
萬曆年 李儒 以子盛春貴贈副都御史
李時珍 以子建中貴封文林郎
李時言 以孫載陽貴誥封中憲大夫
李元英 以子載陽貴封中憲大夫

[illegible]

鄺偀
曹行忠
華岳
劉嶸
周廷珊
[illegible]
萬曆年 田東 字自湖 州判
李培 字茂雲 照磨
馬廷詔 字辛野 經歷

賓
雍正年 李生槃 字谷友 州廩生 以孝廉舉
李永慶 字來譽 監生考授州判 以孝友舉
李永芬 字紫榮 州增生 以孝廉方正舉
王東山 字集長 州庠生

袁 以子世振貴贈中憲大夫
張乾 以子邦翼貴贈中憲大夫
劉峩 以子如龍貴封推官
易東 以子龍見貴誥封奉政大夫
天啓年 李建中 以子樹初貴贈

[illegible]

鄒嵩 字京山
宋伸文 字厚池 典史
馬廷魁 字肖麟 吏目
汪則孝 字淳所 主簿
劉如益 字維江 縣丞
毛瀚 字文宇 州吏目
張士選 字楚愚 經歷
吳復佑 字心源 吏目
馮楚才 字自泉 巡檢

以孝廉方正舉
乾隆年 張仕厚 字存古 訓導 鄉飲大賓
王有斐 字復衛 州同 鄉飲大賓
張申 字聖懷 歲貢 鄉飲大賓
龔啓堂 字豊寰 學正 鄉飲大賓

中憲大夫
李建木 以嗣子樹初貴贈中憲大夫
蕭孟石 以子震貴封工部營繕司主事
王之鄰 以子珙貴封監察御史
崇禎年 晏印台 以子攄忠貴封奉政大夫

[illegible]

何光岳 字乾所 大同宣撫經歷
熊維岳
孫應奎 字聚甫 典史
蔡春茂 字翼泉 典史
張效藝 字映海 文思院副使
張浴
何時德 字省岩 縣丞
周瀚 字海宇 典史
王璽 號楚璧 典史

張復溥 字育如 庠生 鄉飲介賓
張協占 字咸卜 庠生 鄉飲介賓
張貴 庠生 鄉飲介賓
袁開甸 字濟來 廩生 鄉飲介賓
徐敦誠 鄉飲耆賓
陳元耀 鄉飲耆賓

李于節 以子新貴封戶部郎中
李樌 字萃甫 以子本行貴封文林郎
饒邦彥 以子京貴贈監察御史
葉芬 以子植貴封武德將軍
順治年 李際春 字和元 以孫本

[illegible]

張致和 字肖愚 縣丞
張其彥 字聚岩 知縣
吳廷卿 字鳳山 照磨
李如森 字養岳 大使
田芳 字肖莊 庫大使
朱正學 字龍江 吏目
文孝 字少松 吏目
劉如璧 字冲玄 司獄
趙廷蘭 字祥所

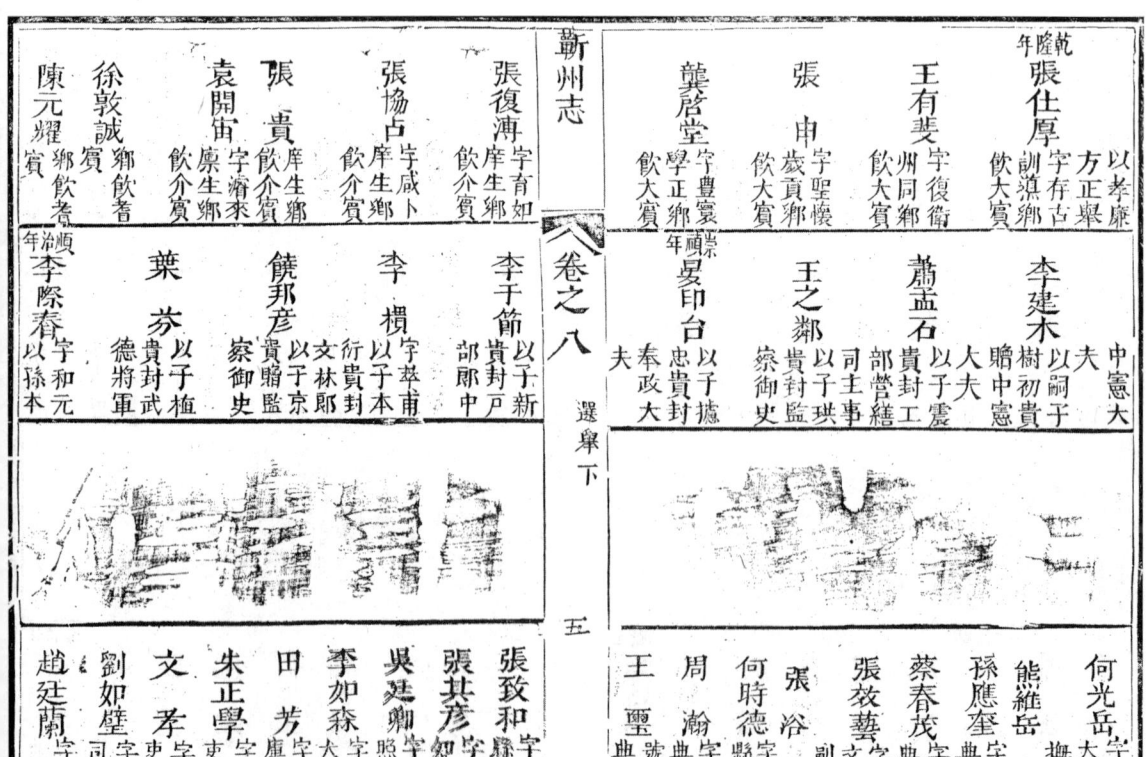

陳播文 鄉飲耆賓
胡紹伊 鄉飲耆賓
熊華封 乾隆十六年州牧李舉報老民赴京朝賀御賜龍頭朝杖養老銀牌緞疋頂帶

晟貴贈中憲大夫
李標 字峻甫以嗣子本晟貴贈中大夫
李梴 字赤存以子本晟貴贈中大夫
盧楷 以孫鉉貴贈中大夫

熊之翰 字鳳衢驛丞
易可求 字楚衡驛丞
陳世甲 字燦宇
周澤 字沛寰巡檢
王士元 字三石主簿
周載鼎 字象九典史
朱廷祚 字翼龍典史
刁時化 字少泉典史
趙廷蓀 字祿所

補 萬曆年

盧如鼎 以子鉉貴增中大夫
汪襟如 以子蘅貴贈文林郎
顧天祚 以子咸泰貴贈文林郎
張邦基 以子正志貴贈文林郎
李本蓁 以子垣貴贈奉

朱良相 字黃所驛丞
周宏先 字浮玉
劉新民 字愛甫典史
韓可承 字君烈
王琦 字行甫驛丞
鄭佐 字肖岩驛丞
於應祥 字懷堂驛丞
孫尚和 字繼堂典膳
天啓年 易道光 字華宇州吏目

康熙年 童學禮 字以立耆賓
駱士君 字克武耆賓
葉有西 字秀榮鄉飲介賓

直大夫
王道隆 以子協貴贈文林郎
張效論 以子承瑞貴贈文林郎
高自見 以子培貴贈中憲大夫臨江府知府
康熙年 王御龍 以孫開銓貴兩

陳文煥 字仁卿典史
孫應斗 字光甫典史
湯歷年 字德甫驛丞
李本大 字客之主簿
沈士彥 字元美驛丞
王珍 字崑石鴻臚
陳芳壁 字穉樓經歷
葉長春 字培之典史
韓文 字章美驛丞

贈文林郎
王文炳 字肅儀考授縣丞以子夢龍貴誥贈修職郎
張志翰 字尊思以子仕渾貴贈文林郎

陳其訓 字鳳岡吏目
金良相 字正庵
汪弘濟 字本卿州吏目
李燕 字進卿鹽大使
李國瑞 字獻禎巡檢
黃應喈 字來虞
崇禎年 劉煒 字晦甫典史
董威 字獻可州吏目

欽國楳 任北直東城兵馬司指揮以子士佃貴贈文林郎

陳達 字顯之
李本培
韋宗周 字敬陽 副使
韋宗儒 字紹楚 司獄
李一本 字元之
龔朝相 字小亭 典史
方承繁 字德衍
李樑 字任宇
王承節

沈一聘 字文宇 巡檢
王試 字焚衡
張盛時 字瀛沙
江鵠里 字扶搖
毛一彥 字士美
程應科 字懷泉
胡東志 字敬宇
蕭明學 字雲峯
胡正章 字章宇 驛丞

雍正年

張弘泳 字穗岐 以子仕學之梁貴兩贈修職郎
童一成 以孫璋貴贈武德將軍
童心怡 以子璋貴贈武德將軍

黃鳳鳴 字來崗
侯一位 字如砥
潘雲鵬 字子昂
程文光 字斗野
梅當春 字公衍

順治年

石之瑜 按察司首領官
黃鳳階 懷寧縣丞陞經歷

康熙年

王楨 字樑甫 汝上縣典史
周鼎 字方南 未仕
尹聰 字公選 紙馬鎮巡檢
趙羣玉 字霞珍 容縣巡檢

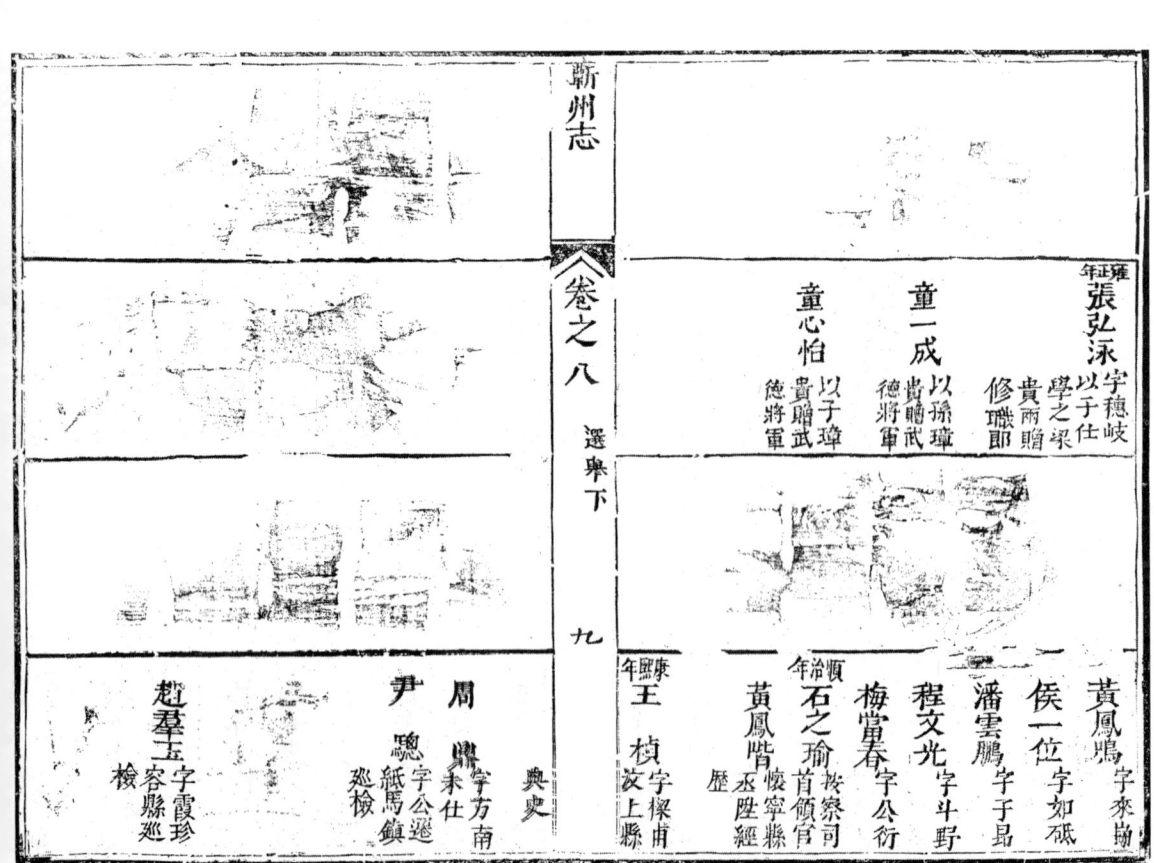

蘄州志卷之九

知蘄州事虞山錢　鋆纂輯

人物志

儒林

道學之名昉於宋其他史傳諸家皆稱儒林雖源流各殊折衷於道則一也州人士敦儒行者多矣今擇其沉潛經義有所發明者冠人物之首庶幾讀其書想見其爲人焉

宋

吳遵路蘄春人官至龍圖閣直學士博學強記窮極

理數决疑辨難議論英發甚爲流輩推重子瑛別有傳

林敏功字子仁號松坡十六歲以春秋舉進士不第杜門不出者二十年博通五經尤長於詩政和中徵詔不起賜號高隱處士著有高隱集棠山集百卷

林敏修字子來敏功弟也與兄以文字相友愛於經義多所發明亦不舉進士有無思集四卷世號二林

明

馮天馭字應房號午山天性寬厚篤於孝友中嘉靖戊子鄉薦乙未進士初授大理寺評事改御史兩任京畿學政設科重行誼敦廉讓崇表貞婦孝子修諸名人廢祠所行皆裨名教大學士王文肅公試時年十二天馭極推重之曰孺子可教出東坡稼說授之後果如其言四遷大理再爲大中丞陞吏部侍郎生平學有原本深契鄒東郭先生宗旨

霍渭崖公嘗語曰馮應房何其溫而能立也遷大司寇致仕歸里捐資建書院晚於雨湖建卧雲樓纂修文獻通攷百餘卷學者稱午山先生卒年六十有二祀鄉賢

顧問字子承少即有志聖賢年十六偶疾父母以爲憂問曰疾易愈耳政恐以此廢學不至聖賢爲大罪大懼也嘉靖壬戌成進士除壽昌令昌俗好溺女下令嚴禁之全活數萬徵爲侍御史遷浙江按察僉事蔬食清謹越人呼爲茹菜顧公隆慶中起

徐州兵備擢入閩叅政九疏乞歸講書不倦羅洪先嘗曰子承眞聖人之徒也年八十一卒

顧闕字子良問之弟方六歲頫焚祝天爲道德性命之學以報劬勞弱冠舉於鄉成進士除刑部郎父母卒與兄問皆廬居墓所服除補禮部郎移南京吏部稽勲司遷福建副使時年僅三十九决意告歸里居四十七年一日忽召子孫語曰昨夜夢聯云津吏報增三尺水山人歸卧幾重雲是歲當大水吾將逝矣已而果然闕治經尤精詩易學者稱爲桂巖先生

韓萬鍾字天爵歲貢少貧窶所嗜惟書史持守方正步趨循軌轍分教休寧擢潁州學正皆以身範物先不失尺寸於天人之理靡不究竟著有象緯彙編三書圖解皇極註解四眞集要等書士人尊禮之

李時珍字東璧號瀕湖生時有紫芝產庭白鹿入室幼敦敏以理學自命年十四補諸生屢試棘闈未售益刻志讀書十年不出戶閾上自墳典下及子史百家罔不該洽與顧日巖晤言相證深契濂洛之旨待詔瞿九思師事之生平孝友豁達多陰行善托醫以壽世千里就藥於門立活不取値楚王聞其賢聘爲奉祠掌良醫薦於朝授太醫院判數歲告歸結邁所館著本草綱目稿凡三易而成根極理要與爾雅經疏相發明王世貞稱其學行爲北斗以南一人預定死期屬葬父母墓側遺表上須布其書以子建中貴封文林郎四川蓬溪縣知縣祀鄉賢詳明史

張維號養初萬歷間歲貢仕學訓居平危冠博帶舉止端方言笑不苟誠慤有古君子風判定王爲世子時尊禮爲師及嗣封又教懿昭世子州人士以經術顯者多出其門嘗述其遺事爲風勸云

國朝

顧天錫字重光博通經史受知於督學董華亭爲諸生有聲攷北雍對策及奄寺王司乙之以積分選中牟令辭不就召行徵辟又辭講學於海淀天津歸陳先世遺書蒐採辨究教子景星無間寒暑著

有易林說史評顧氏蘄州志石室集詩文藏於家

李炳然字人虎號東皐崇禎丁丑會試副車官吏部司務出宰江西萬安尋告歸杜門著述所言皆窮極理要以經爲質有江麓堂集傳世其爲人溫文爾雅不苟言笑沉潛疏義老而彌篤州人士以古學相勗皆經其指授云年九十餘卒

盧紘字元度號澹崖順治己丑進士授新泰令陞桂林府同知歷任薊松督儲參議多惠政雖簿書旁午未嘗廢學州志出其手爲錢謙益所激賞比之

申叔左史晚居鳳山與諸名宿以道相尚窮究源流所詣益醇著有古今樂府四照堂詩文集傳世

顧景星傳見隱逸並詳藝文志

欽士佃字文思康熙癸酉鄉試第一庚辰成進士官翰林士佃生時父方爲北城兵馬副指揮年十二孤家貧力弱汲瓶拾薪養母以孝聞性恬淡臨事不苟磊落無城府遇人機穽寂如也工詩歌古文踈爽幽雋掌院韓菼極推重之謂其爲尹師魯梅聖俞之亞有瀛洲集行世

文苑

自二林之名滿天下蘄於是以文傳也林氏深於經例入儒林其他饒著述名擅百家者皆以文槩之仍敘次其行事與夫立言之所由然庶幾於不朽之義有當焉耳

明

郭承恩號惺寰始祖爲蘄令遂籍蘄至七世生承恩性沉靜無所嗜務精經史及先天理數之學由歲貢任武昌府學訓陞四川崇慶州學正州前從未

有科目承恩賑其貧困捐俸改泮水尤精焦氏易材筮之得賁詞束帛戔戔賁于邱園承恩曰是科士葉之禎應其兆焉後果驗嗣是奮興不絕州守楊伯高奇其事以上聞兩臺疏題除四川漢州什邡知縣冰蘖自矢寬猛惟時什邡以治暇與諸生肄業鄉封皆負笈至歲旱自暴以雩果致霖應尋告歸講學不輟年八十九無疾而卒

甘瑩字德輝別號玉驄子中成化戊子鄉試丁未授福建福寧州知州視篆未浹旬而卒平生涉獵經

史百氏工詩章樂府喜松雪子書尤尚氣節操履
不苟所著有漫興諸稿藏於家
華鑾字伯瞻布政仲賢子也蚤負儁才弱冠發解成
化丁未進士選翰林庶吉士性資凝重文詞清麗
銓注本院編修爲太史陸鼎彝器重有問及館下
史材者必以鑾對尋卒庶吉士鄒智詩哭之有曰
空聞仙珮遠不見相星臨李文正公志墓曰吾黨
得之吾曹得之而遽失之噫天誰詰之蓋哀其未
大用也著有日新稿失傳

王儼字望之戶部郎中翰之子中正德五年鄉魁選
入中書中府都事南京大理寺評事寺正廣西思
恩府知府致仕雅能文章同郝守正著蘄志十二
卷有詩文八卷
郝守正字中夫嘉靖二年進士南皮縣知縣行取揚
州府同知南京兵部職方司員外工部虞衡司郎
中溫州府知府調懷慶府致仕嘉靖三十一年同
王儼修蘄州志一時碑版之文多出其手
陳吉言字夏卿大中子嘉靖乙酉鄉試第一有文名
同王儼修蘄志
朱翊鉽字昇甫號震岳荊藩樊山郡王少穎異目十
行下博學工詩文不喜富貴慕淮南八公之徒折
節名士一時士大夫皆與遊年七十薨著廣讌堂
集八十卷震岳詩話二十卷行世
朱翊壓字仲艮荊藩樊山王仲子博學能文尤工書
翰與兄震岳相倡和海內傳誦之爲楚藩宗正歸
第教三子皆爲名諸生於宗室中最稱賢者
陳仁近字元復號孟角天性孝友兄仁民任新喻王

簿患足疾近上書當事懇至得以疾解任博學好
古寒暑一燈不輟中嘉靖庚子科鄉試授眉州知
州著書鄉小步數十卷春秋一是一粒粟應叩鳴
諸集副使顧問評其書曰大雅之音鬱乎沉沉難
偕俗心
田乃穉字茂卿萬歷己未科進士考選推官未仕卒
夙負才名饒著述未究其用士林惜之
田雨公字田叔萬歷乙丑科進士未仕卒有無齋文
稿行世

朱常號鑑虛荆藩德安郡王通文史善繪事尤以松與梅擅長繪有全譜每幅各有標識詩極新雅閒靜深居自文墨外他無所與盖宗室之賢也

傅作相號舉巖萬歷丁酉恩選天性端嚴學問淵博出其門下者皆知名士初任安居令陞州守宦成歸里閒居家庭融穆有古人風子五人皆有文行長若龍嗣職衛揮使孫十餘人多列膠墻者以壽終於家

袁素亮字公寥世振子歲貢生負才磊阿不覊詩古

文詞援筆數千言錢牧齋譚友夏多所唱和晚與艾千子陳大士結天下文社值寇亂不屈死詩文多散佚

王臣縉字大紳一字縉雲號意菴中崇禎丙子鄉試庚辰成進士官錢塘知縣旋解組隱姑孰閒著有麟經稿行世書法尤精

國朝

汪蘅字蘭友號仉懷順治已丑進士知福建南平縣政尚簡靜尤加意士類公餘課業多所成就旋移

疾歸詩酒自豪與東皐澹巖各以文章氣誼爲一時表率彙集楚中風雅數十卷藏於家

陳之京字覲伯歲貢生學殖淹博與同郡李嵩李盧澹巖結詩文社盧李籍通顯之京累試不售遂卜築山中益刻苦爲詩文有集今散失

張亙志字爾思幼穎慧讀書數行下諸史百家莫不備究爲文以歐曾爲法與顧景星李炳然相友善時相攷證由順治壬辰進士任河南衛輝府推官遇疑獄剖决無遺一郡稱治以直見忤謫州判遂

致仕家居惟文藝自娛而已

張士淑字耳聖號蘧菴歲貢生初司鐸黃梅縣梅值兵燹後廟學無存淑極力經營規模立就當事知有經濟才命攝縣事多善政以終養歸屏棄人事悉意爲詩古文後例補縣令辭不赴著有秦餘草宛在堂近藝雲溪雜著

張相字公卜州諸生幼倜儻不覊稍長爲文下筆千言立就立文社與叔泮黃岡汪子維龔孚先輩相倡和著有清遠堂文集戊巳之亂土寇猖獗相結

義旅力保障於箓山之陽鄉人賴之
顧昌字文饒號培山康熙癸酉舉人美儀表風神雋
逸孝友和平善作古體文工詩賦以父景星著作
甚富因徧謁諸名公交好卒得荔軒曹寅編輯白
茅堂詩文集行世昌亦以勞瘁未仕卒著有耳提
錄西軒唱和詩栗蔭軒詩文錦樹堂塡詞江山筆
助時藝子諸生三經仕紱湛露等以次梓行
李生槃字谷友號兩峯兵備樹初曾孫生甫三月失
怙節母諸氏撫而教之通經史百家言爲州學生

有聲雍正五年以孝廉舉後應聘修湖廣通志多
所攷正總裁時與質疑辨論輒稱賞貌魁梧飲酒
賦詩率常屈其座八年五十三卒著有兩湖吟社
合集二卷楚江吟二卷兩峯詩文集各六卷尚書
義疏四卷
郭從字眉崖一字蒼屏承恩孫州諸生讀書過目成
誦性嗜酒豪爽不羈喜讀秦漢書工書畫尤精古
篆中鋒運腕今流在人間私諦小印如碕山片石
不可多得所作詩見兩湖吟社合集原名蔎改從

故號去山云
陳其勅字五惇歲貢博涉羣書詩古文詞援筆立就
州太史欽士佃極推重之著有雲峯溪堂集
陳謨字友夏號素菴歲貢生天姿頴異嗜學好古教
授生徒成材甚衆著有四書辨論尚書講義同堂
集待郢集河干集茆堂偶草雜著有唾餘集醫門
集要二十五卷弟正謚甲子舉人誥庚午舉人皆
所造就另有傳
晏昇字東白憲副攄忠長子歲貢生學博才高名動

一時兵憲王公呂公雅重之立爲雲門社長時廬
大糸澹巖在南儲修蘄志顧黃公與焉數致書訪
遺事名宦科目事實多出昇手年九十補穀城訓
導辭不就
李春期字子疇號宅玉父燁然明末諸生遺難春期
師事伯父炳然下帷攻苦以倡明學術爲已任年
三十即屏棄世事孫石圃於麟阜經史百家務探
本原彙纂成書爲目數百名澄源錄年八十一卒
孫民則字庶法中康熙辛卯鄉試乾隆已酉爲陝西

同考官稱得士庚戌成進士候補河南蕭然旅邸猶把卷作伊唔聲授武安知縣尋卒

陳履中字遠登少穎異博學能文由選拔中雍正乙卯鄉試丙辰成進士授貴池知縣尋告歸尋卒

忠節

宋史秦鉅傳載同時死事者可謂烈矣自江士旺下疑皆蘄人然已不可攷謹撮其可攷者著於篇

元

李宗可有勇畧善槊余闕以兄之女妻之以州判權

義兵萬戶統新軍守水砦前後多戰功陳友諒攻安慶城破宗可橫槊入賊中擊殺甚多聞闕死馳還或勸之降怒曰元帥平日遇我厚何可背之乃驅其家屬盡殺之據胡牀縱飲至醉因自刎

明

陳相中所百戶正德九年自廣西調雷州輕便勇敢隨軍調守陽春鳳凰寨時陽春山賊猖獗乘夜來攻相督兵拒之兵潰散挺身力戰殺數賊竟爲賊所殺廣東志

陳顯元字長卿由副榜授新安令惡衣糲食徒步咨疾苦以城堞傾頹不利禦寇率士民入保闞門寨闖賊檄降立碎其檄及來犯死守月餘力竭而陷見賊怒罵賊大殺寨中人顯元叱曰守寨者我也百姓何辜寧殺我賊怒遂支解死無子其甥浦某以櫬歸葬新寧人立祠祀之明史節

張效方字正甫官荊門州學正崇禎中李賊寇州效方盟諸生以佐城守城陷不屈死之見明史盧學古傳

李新字郎巖萬歷中舉人令潛山歷戶部主事權臨

清鈔關舊有舟車二稅奏免車稅以便商授陝西僉事以親老乞養歸獻賊屠蘄合家被執脇之跪罵曰賊爾非秦人乎我執節入秦時爾厮養卒耳豈爲爾屈死則死跪不能也賊大怒斬新抱父屍就刃祀鄉賢明史

張邦翼字君弼號軫南萬歷戊戌進士盛著文名授浙江臨海知縣以廉能稱遷南戶部潔已奉公遷廣東督學最得士刻有嶺南文獻錄並漢魏叢書行海內移浙江驛傳請免里解累民者三衢志備

載其文監軍四川平安世咱諸蠻遷廣東廉訪使轉江西右布政惟貯正供規額俱捐以耄乞歸蕭然澹靜癸未春獻賊襲蘄不屈死年七十有三祀鄉賢子效葵中天啟甲子鄉試孫承位中順治丁酉鄉試

董一化號南鯤幼嗜學以明經補仁化令蠲剔積蠹禁止囂風鄰民有寃當事不能决以委之立爲剖釋改任印江縣興學課士人文頓起其地逼近苗穴捐俸高固城垣以貲守圉致政之日囊橐蕭然

閉戶著述刻有錦石巖不窺園諸集篤親厚故排難解紛天性然也癸未城破不屈死從祀鄉賢子艮宣順治丙戌舉人任武昌教諭

李梴字長甫號赤存天啟壬戌進士初任博野令申堡制嚴保甲以待賊盜調眞定時魏璫莊佃爲民害徑繩以法盜殺童子於寺以疑東鄰梴趨赴寺見寺聯有望月字心驚曰二字似僧名此必奸僧外來容授捕者至一橋有僧戴笠危坐捕近前呼望月在此耶僧驚起隨得其袖中短刀血濺內衣以此服罪又童無故斃於家疑鄰嫗梴視之曰此必中毒物果中苦杏毒以杏根搗水灌之而鄰人獄解武庫散餉例有羨銀冒餉樣馬及梴爲主事悉裁之長城之築更役無寧日梴軫念全活者衆擢直隸遵化兵備道丙子兵馬雲集遵化糧頓絕難民僵卧滿道官兵竊殺以冒功梴給錢煎粥又給印票嚴妄殺之罪活五千餘人癸未春獻逆襲蘄梴條陳守禦二十四欵時衆議紛紜城遂破賊執不屈死祀鄉賢子本裕本蕃本仁本晟本甲以

學行知名本晟順治巳丑科進士另有傳

李樹初字客天萬歷巳未進士任戶部主事晋郎中督宣大餉轉陽和知府時太監王坤節制宣大巡按道員俱行角門進見初稱疾不出將中傷之適璫敗得免後以山西副使致政家居扁舟湖上自課詩文有頴餘慵緒數十卷會流寇猖獗罄家貲築盤石符乾二險蘄人賴之癸未城破與子孫訣曰我在籍自當盡節爾輩讀聖賢書死生有命不可屈於賊賊執之不屈死繼妻封氏長子延慶貢

生孫之蘋之藻廩生等從死祀鄉賢

盧如鼎字呂侯州廩生潛心好學性篤孝友寡言笑恂恂若處子不與戶外事屢試不遇教姪若子務遵古訓學者無遠近多遊其門癸未之難如鼎以先人故廬不可輕棄率家人暨里中少年爲堅守計後賊從他道襲遂及於難一家從戮者百口後以子紘貴贈中大夫祀鄉賢

饒京號黃山天啓壬戌進士少事遠遊於世務多練達初任宜興知縣調常熟縣行取御史巡歷蘇松

諸郡再巡淮揚諸郡甚著風裁時有大奸蟠固不可動京悉誅之遠近肅然癸未獻賊陷城殉難祀鄉賢

田有龍三科武舉解元廣東永寧守備死安酉之難子足國蔭襲蘄州衛百戶

岳璧蘄州衛指揮使字連城參將岳鎮華之姪癸未獻逆襲城擄之自屋墜地未死賊知其爲官問之璧不應問衣服不應問弓箭馬騎終不應數賊擁至城上脅降璧怒云我與國同休者豈降汝賊怒刺之卧地氣將絕揚目視賊曰我爲鬼亦能刺汝時大雪血流赤丈餘目眥不合人皆哀之詳明史

田金浦字麗水夙負幹畧萬歷間黃梅寇劉少溪等倡亂剽掠及蘄浦聚義捍衛鄉井乘虛襲破之州牧徐希明以事聞擢浦守營防禦本境與州判陳策戮力赴剿賊屢遁汝穎江黃間恃險爲固浦選精騎驟入斬首數十賊衆奔潰度巳殲渠魁力疲解甲憩修竹間賊忽至浦與策奮臂殺賊力不支遂死之土人建有烈士廟子宗演冃鋒負父屍以

歸族里並嘉其孝

李化龍字如雲蘄諸生素有文譽癸未獻賊破蘄以不屈死其子位以狀聞祀鄉賢

孫仍字雲孫蘄諸生家世積學癸未獻逆之難抗節而死蘄人士義之督學鄱公列狀以請允與李化龍並祀鄉賢

蕭霦字東曙之楨之子震之從弟幼負異才博極羣書工詩文年七齡州府道試第一次年歲試亦第一食廩餼時稱神童癸未獻賊破蘄東曙年十六

賊見其聰頴過人欲留以爲佐東曙曰我家世受國恩豈仕汝耶寧殺我賊怒而臠割之當時與顧黄公齊名著有詩文集十卷編類書名道器括囊一千六百卷皆不傳

陳正字剛中號宛丘父吾尚有學行正自幼頴異爲文雄奇英邁巡按宋公觀風拔其卷冠九屬與同郡張子都以文名於時兵憲陳公應元甚器重之刻有張陳二子稿癸未獻賊陷城屈正從之正駡不絶口觸石而死其子亦被擄後潛遁負骸歸葬

聞者義之時太學生張效鍾亦以駡賊不出死

李于節字子高諸生著品行於鄉以子新令潛山封文林郎新官至陝西僉事于節惓惓以忠君愛民屬其子新侍歸養癸未賊陷全家被執于節恐子有顧慮父母意爭先駡賊引頸受刃死新抱父屍駡不絶口賊臠之于節妻楊氏子綺新子承裘承弓俱庠生同死

顧天祚字悠也州學生性耿介節誼爲時所推教授里中每出館穀以周饑寒流寇陷蘄天祚不屈觸石而死著有後松園人物博觀等集以子咸泰貴贈文林郎

操桂字丹精沉毅有勇畧洪武四年隨柳良正征取所向有功授忠信校尉蒞任金州赴遼陽調正遼都衛十六年偵達僂境桂將領本衛馬軍克敵獲其輜重乘勝追奔深入邊地會敵救至轉戰陣亡義獚啣首瘞沙場馳歸幽健兒衣隨往出其首如生函歸續葬欽差侍御趙傑致祭贈宣武將軍蔭其家襲衛職及崇禎甲申操承勲殉難都中廕止

按桂死難在明初以舊志未載故次於後

武勳

志政蹟復志武勳者何余義夫之撫蜀康蘄國之渡江削平寇難境內晏如覩夫從容民社而宦業成者抑又難焉故別爲一目使觀者以類求云

宋

余玠字義夫家貧落魄喜功名好大言少爲白鹿洞諸生遊襄淮時趙葵爲淮帥玠作長短句謁葵葵壯之留幕下嘉熙三年戰汴河有功淳祐元年授

安豐累官四川安撫制置夔路轉運使玠遴選守
宰築招賢之館屯兵聚糧爲必守計招致冉璡冉
璡待以上客用其計徙合州城諸砦移守釣魚山
以資政殿學士召還方聞命卒蜀人祠祀之子師
忠大理寺丞詳宋史本傳

明

康茂才字壽卿州人元末進士寇陷蘄州茂才結義
旅捍禦有茫茫江滸皆魚鱉何處堪容魯仲連之
語尋從明太祖渡江太祖欲速陳友諒來寇以分

其力密諭茂才誘致之友諒敗走嗣後破蘄黃戰
鄱陽湖圍武昌收湖南伐吳逼蘇州從征齊魯關
隴節制太原再征漢中所在有功軍中疾卒贈蘄
國公謚武毅詳明史本傳

康鐸字伯聲茂才長子襲封蘄春侯少有父風年十
歲侍太子讀書大本堂太祖灑宸翰賜之曰謹承
祖業愛爾勤功詔往墾鳳陽荒田年十八統兵征
辰州峒獠遂平松疊諸州後從征南將軍傅友德
征雲南克普定破華楚山諸砦明年卒年二十三

贈宣力武臣蘄國公謚忠愍子淵授祿未襲封

柳艮正州崇居鄉人洪武初以武功封吉安侯嘗於
打鼓臺墩集蘄州三戶軍戶其墓尚存

陳福清從高帝征僞漢陳友諒戰於鄱陽湖矢及御
舟福清倉卒負帝過舟帝取一珠耳璫賜之福清
以箭貫左耳懸璫帝曰眞壯士也封千戶後敘功
臣福清不與焉

李楷字端甫同春之子貌如冠玉風流英武以軍功
授靖州守備隨大將軍劉挺征苗播攀藤越樓關

天塹建立奇功陞福建參將會海賊入犯設奇大
破之擢吳淞副總官至貴州總兵歸里居喪廬墓
孝友同居人皆賢之祀鄉賢

李棟字邛隆同春次子少爲郡名諸生負儁才兄楷
無嗣承兄蔭陞武岡州守備廣西永寧州遊擊再
陞四川松藩參將盡瘁王事卒于官生五子皆庠
生癸未城陷相率死難惟四子本綿存尋卒

王啓指揮使勝之子勝亡於陣啓年十五襲父職調
充先鋒官從征雲南苗逼道造橋應接大軍擒其

渠魁又生擒七十餘酋斬獲四十一級拔城寨七
十二晉封明威將軍以壽終葬雨湖
陳圖功字朋燕中萬歷乙卯武舉後流賊猖獗圖功
獻策軍門復請歸立羊角砦以衛鄉里兵憲范爲
請職遊擊所在有功著有行路難梆絮吟等篇

國朝

李世忠字厚菴有膂力諳方畧康熙十八年吴逆亂
世忠自備鞍馬從黄州王協鎮出征有功授千總
復從征紅苗殺賊於六箐口殲滅幾盡生擒十餘

人疏請授都司僉書管江西南昌銅鼓營守備事
封武宣將軍
楊天貞字自强崇正丙子武舉順治甲午副舉少讀
書通孫吴韜畧對策皆能指陳有膂力技藝絶等
倫康熙初搜求材勇貞上書台司請纓自効以功
授守備
葉植字容伯號天培順治戊子武舉初授燕山右衛
千總以征西山有功陞山東靖海衛守備前官張
其以丁糧挂誤追賠力不能償植代賠數百金張
得還鄉陞臨清都司尋卒

蘄州志卷之十

知蘄州事虞山錢　鋆纂輯

人物志

政蹟

州人登仕籍者唐宋以來稍稍可攷至明而盛古稱鄉先生沒而祭于社者不在是與顧其宦業或不傳而傳者又復不備功名之際信當時而貽後世若斯之難也斯亦足以觀感而興矣

南唐

陳起舉進士爲黃梅令時妖人諸祐自言能使貧者富富者貧俚民效之積衆數百夜行晝息取貨如盜起到官諸祐爲里長不服嫚言曰吾取令頭如殺壁子耳起閭執祐斬之由是知名官至御史卒

丁必稱字季言知臨江軍時江西和買例以稅産均斂無稅者以物力必稱積郡帑贏餘代輸之乃請于朝乞永與蠲免擢潼川提點刑獄

元

朱仕俊字時英元至正壬辰以上舍生授樞密院經歷轉戶部郎中俄遷本部侍郎時方重守令之選出守江西贛州興學勸農禁除淫祀俗尚爲變尋改潮州土豪金元佑僞立名號大肆剽掠仕俊畫策白之當道遂擒元佑未幾調判延平稍遷建寧同知致仕歸自號白雲道人更號東村叟性廉介好讀書喜接賓客涉事不爲誕謾浮薄卒年五十一

明

陳堯章博極經史讐校精謹洪武二年任本府儒學

訓導陞浙江臨安知縣興利除害惠愛及人以勤勞致疾卒於官民思之比之羊叔子云

趙霖洪武二年任本府儒學訓導陞鳳陽府通判學道愛人根於天性故其贊畫時政率多禆益長貳無腹誹之者

黃安泰洪武初知彭澤縣時兵燹後民物凋瘵安泰以廉勤爲政百廢俱舉民賴以寧

馮思齊字賢希號香山洪武初以貢入太學上幸學偉其儀度擢御史初爲諸生時與百戶黎瞻有隙

及按江西暄誣繫九江獄中思齊平心直之後以
言事激切謫雲南推官尋名還
朱彤字彦公洪武丙子舉人通判紹興廉公有威人
不敢干以私去官送者闐郊父老流涕而别浙江名宦
熊翼由太學生中永樂癸卯鄉試甲辰進士擢御史
陞右副都御史廵撫甘肅總督務凡師出動循紀
律懋著功伐西人懾伏邊陲以寧及歸老移籍河
南之光州子恂仕至尚書
宋誠字彦實正統戊午舉人授徐州牧器宇才能逈

出人表吏民畏服陞敘州知府江南名宦
陳溱字濟寬中正統九年甲子鄉試授虞部主事有
澤梁之任分督濟寧河閘時值中貴樓船犯禁即
繩以法不少假借中貴銜之因媒蘗其短逮詔獄
薊戍貴州清平衛溱慷慨就道至則日持戟以從
事至於憤集憂深發諸詩歌皆怨而不怒素所爲
詩若不加意而清麗流動有陶謝之風著有獨醉
稿散逸無傳
張禧字吉夫景泰庚午舉人授推官性抗直人不敢
干以私讞獄多所平反與長官不合丐歸家貧甚
州大夫聞而周之悉不受清苦之節士林推重焉
王翰字廷舉景泰癸酉舉人丁丑進士由戸部郎中
授廣信知府方正廉勤愛民如子陳便民七事刋
落時弊務行其所志性剛直不撓於時適朝廷下
沙汰庶官之令將命者至莫不振攝翰獨不一屈
膝因與之忤解印綬歸得山曰細石規敞數楹植
松萬章以爲環堵因扁曰萬松窩日坐其中校讐
古書如不及絶口不理當世事澹如也年八十五

卒著有萬松窩集藏於家
華仲賢字廷佐天順已卯舉人成化乙未進士授刑
部時山西潞城縣王濬以貪酷聞上命仲賢按其
事竟得實上其狀罪各有差自是名益著轉本部
員外擢守常州以循良稱擢廣東叅政朝廷命下
採珠撫鎮重臣慎選藩臬廉能者董其事僉推仲
賢比往祛舊弊飭新政事集而民不告勞擢四川
右布政未幾擢福建左布政以廉靜寡欲老成練
達考上最銓曹請爲御史大夫未報弘治甲子以

疾免越九年卒於家子镒另傳
甘澤字仁夫別號貞菴成化丙午舉人授蘇州吳縣訓導遷太倉學正既又教授鎮江府學皆能正己立教士習丕變陞四川渠縣令清慎剛果捍禦鄢寇民賴以寧渠人繪像祀之歸輯蘄州志卷目見明史今失傳
陳大中字時甫高祖清以官籍隸蘄州爲人剛正廉介孝於事親弘治乙卯舉人正德戊辰進士授南京戶部主事始至掌銀庫出納及代積羨金千餘

司徒胡公曰此足以愧既往風將來矣辛未流賊劉六等往來江淮勢甚猖獗出師防捕大中督理軍餉冒險應變皆合機宜癸酉奉查蘇松等處糧儲執法剗弊人不敢干以私尋出知慶遠府所屬南丹那地等三州土官舊各以金銀器物爲贄可千金悉拒之有鄉曰逃崑爲獐酋藍錢壓等所據商旅非聚衆持弩莫敢往來大中率民兵擒其渠魁戮黨與數百人事聞獎譽有加擢轉運使至閩未久致仕歸搆鳳麓書院因號鳳麓居士子吉言另傳
易濂成化乙酉舉人授四川武隆縣知縣潔己愛民建學勸士公餘不徹琴書政蹟詳武隆志
張思齊字希賢弘治乙丑進士令四會水患洊臻民聚爲盜思齊設法築隄遂成膏壤民皁盜息遷知亳州白蓮賊趙景隆掠歸德思齊偕指揮石堅擊斬之賊平陞四川僉事疏治麻衣河民便之尋遷副使備兵建昌勦雅州擻苗爲亂者鎮守中貴人欲攘其功誣奏思齊混殺良民逮至京事白改霸

州民有訴中官奪產思齊上其狀部使者不報遂投劾歸起復瓊州兵備累官布政使
劉樽字宗器勤苦嗜學無間寒暑年四十六始中鄉舉五十登進士授海豐令民俗多詐樽將以道變之適罹外艱去服闋改令遂寧有能聲擢南京太僕寺丞馬政修舉陞知鶴慶軍民府取道還省墓以疾卒
馮翺字時舉別號雷厓幼穎敏强記年十四補弟子員後以太學生就選授山東兗州府推官治獄寬

怨多所平反民有父病死而誣爲怨家所殺者獄久不决翺廉得其狀召諭之曰汝父實病死不速殯顧欲緣是以陷人於罪耶卽獄成亦必啓面驗視殘傷遺殖汝忍之乎兄弟相向號泣叩首伏罪一郡皆稱其明時郡之佐承委督所屬逋賦故有賂遺或以例告翺驚曰此何例也名賂者亟還之踰年致仕歸先是爲諸生時旁舍火起勢且及翺自外馳歸負其母及先世誥命以出餘無所問宗族故舊婚喪之不能舉者賴其周卹晚建多景樓日與賓客觴詠其中或閉戶焚香燕坐怡如也卒

年七十有七後贈吏部右侍郎

甘棠字茂夫爲諸生刻厲專靜不以貧乏廢學嘗讀書城南石鼓寺鄉人從之游者取脯脡自給正德八年癸酉領鄉薦授雲南師宗州稱能史於羈縻之中不失控制之法低昂伸縮悉合機宜遷河南嵩府長史卒

高鵬字汝南正德丁丑進士授淳安縣令冢宰喬宇薦其才當道忌之左遷亳州判官移知南充訊獄果斷不畏强禦士民仰其德歷重慶知府蜀籓長史著有四體發蒙秉忠定論風木雙思省心全要等書

梁珠字瑩卿嘉靖戊子副車浙江淳安縣主簿多善政有旨旌獎民爲立去思碑

甘澧字鍾衡嘉靖辛卯舉人令旌德時條編未行澧裁省厨傳寬里甲諸費有中貴過縣索供億橫甚澧但致常餼而已中貴度無所得乘傳去

周禧字乾明生有異徵多夙慧性孝友領嘉靖壬子

鄉薦壬戌成進士初仕刑部主事旋入西臺風裁凜凜出按浙江權貴斂手大比典試屬董其事所按皆名流築海塘嚴海禁修備甚周島寇不能犯毀除淫祠妖僧消地方隱憂浙至今猶傳誦不已視學江南首舉者惟正心術崇禮義釐文體人文奮興卒以積勞致疾未究大業人共惜之

吳鳳瑞字翼靈嘉靖乙卯舉人以理學爲鄉閭倡教諭太和有師範督學檄主正學書院遷永豐令以遣戍觸權貴竟莫能擠轉判開封有浚河功擢兗

州同知以直忤當道廉知其端方愈優禮之每書寄子必勉以耕讀卒于任

周祚字台峰嘉靖戊午舉人令海澄邑新造難治祚墾荒招逋戶口以實䖏賦清徭絕蠹食之弊愼舉鄉約保甲民俗丕變後陞官郎中　福建名宦

徐之徠字子迎號少華方七齡卽毅然有閉戶之志稍長以五經食餼嘉靖戊午領鄉薦授四川梁山知縣歲凶爲粥於路以待餓者蘇困減徭氷蘗自矢調常州府武進縣不避權勢潔己奉公以恙乞

歸每自語曰以五彩囊盛栢葉露何可得乎遂務養生年九十有二爲藩王行冠禮五飲於鄉爲正賓三末年杜門著性命集至今傳焉

王之佐字以才號正齋嘉靖辛酉科鄉薦初任鳳陽府懷遠知縣舉卓異擢都察院都事改都察院經歷陞工部屯田司員外郎督理河東墻垣朝日壇落成補通惠河郎中轉雲南廣南府知府致仕歸築室閉戶不履公庭里族敬重焉

李盛春號夢池隆慶辛未進士選庶常時江陵當國盛春出其門下爲奪情事抗章入奏江陵嫉之莫不悚然於盛春之正氣而兼服江陵之雅量三年改吏垣時東宮未正位叩閽特疏詞甚激切旁觀者盡危之終不及於難旋出副闈臬主文衡所拔皆名雋以積望入陞清卿出撫保定時礦璫肆虐四方騷動盛春力請停役爲太監王虎所扼然在任數年核兵馬實數綜錢糧整飭戎備厲行伍修廢舉墜卓有成績亡何黨議紛起盛春方晋南少司馬堅意乞歸與昆季子姪深篤倫誼壽卒特賜謚恭質諭祭塟廕其子柳爲廣西太平府知府祀

鄉賢

易鴻盤嘉靖丙午舉人陝西韓城知縣政簡刑清百廢具舉有古循吏風尤喜誘進士類以詩文相質者皆指授不倦旋致仕歸卒贈中順大夫

易龍見嘉靖己酉舉人雲南路南州知州路南多兇獄甫下車皆雪辨之號爲神君卒贈奉政大夫

李建中字龍源時珍長子性至孝十歲能文十二爲諸生嘉靖甲子舉於鄉六上禮官不第署光山教

諭爲諸生授經束修轉給寒士陸蓬溪知縣地磽
俗靡建中以廉率下時布衣角巾往來赤城青石
風門明月之間著有蜀遊草明月山詩數卷潼川
旱建中草屨行禱卽日境内大澍呼爲李公雨後
攝安岳新令至安岳人稱但願如攝令者其攝遂
寧亦然封文林郎擢永昌同知因親老不赴三上
牘乞休歸無長物惟桃竹蕨霜以餉媚知事親垂
老不異孺慕舉鄉飲賓者三年六十三卒於家以
子樹初貴贈中憲大夫祀鄉賢 顧景星撰

馮汝承號繼山大司寇天馭子廕貴州思州知府思
州地連谿箐獞苗雜處汝承才性通敏設條令勸
農興學風化大行
易可訓嘉靖甲子舉人授四川眉州知州調北直昌
平興利除弊所至有政聲
李孟春號愛池嘉靖丁卯舉人初任河南西平縣官
箴清肅值歲旱躬產佐賑踰年復有蝗雹災孟春
禱息之不忍開徵者數年考成無具爲撫按所劾
民泣控願完積年逋欠當事疑之隨查覈果全完

嘆曰有牧民若此者乎惻其疏已發亟爲雪之得
陞順慶同知去任日勒石建祠任蜀有耆酋之亂
屬主儲偫之計上下倚賴尋轉江南刑部主事語
人曰吾弟舉進士行將出而仕矣事親之任非我
而誰世傳孝友皆奉其遺訓云祀鄉賢
李際春字和元孟春季弟也萬歷丁丑成進士宰歸
安時詔量郡邑田豪右隱占獨累窮民際春按籍
履畝永賞少徇移戶曹遷涼州參議尋督廣西學
政歸以薦擢四川參議陞汝南副使平礦盜沒心

秆之亂歲饑拮据荒政全活甚多以勞瘁卒於官
際春天性孝友嘗訓其子曰吾居鄉居官惟以兒
神二字時時在念汝輩宜知之子梴孫本晟另傳
李載陽字旭峯萬歷丁丑進士令洛陽才長識裕敷
政明敏夬地清徭百姓稱便後以南御史出守漳
州加意學校歲饑多方賑恤客役夜譁廉其魁寘
之法衆皆讋服累陟太僕卿 參河南福建名宦
袁世振號滄孺萬歷戊戌進士授江西臨川縣知縣
陞戶部郎中時邊餉仰給鹽課值鹽法方壞商引

不行相率泣控部堂世振爲十議上之羣議多撓
阻上覽奏嘉其能特命兩淮疏理壃法副使賜璽
書疏理之官自此始振素著文望壃法之議確然
石畫其見諸經濟者此其一端也子素亮國子生
少負才名耽詩酒早卒士林惜之
張星字聚薇六歲失怙能讀大父方伯公書萬歷壬
午舉人事孀母至孝候寢問安三十年如一日上
公車數不第或勸之仕星曰母在此身何敢許人
終喪授如皐知縣時中官騷擾爲害星正色不避

闔邑晏如邑有壃場十座每一撤吏費商人數千
金星單騎自贍不費一錢焚香頂禮者三十餘里
又沙田水漲壓沒民苦無收官苦徵糧爲害最鉅
星捐俸從海灣濬河道水入海民遂有秋通州有
鉅蠹通家八府官民皆畏力請撫按勵治之兩邑
尸祝不衰還歸德府同知致仕歸里外事不預聞
六登鄉賓享年七十有七祀鄉賢
夏忠號孺和萬歷辛卯舉人筮仕桃源海濱苦盜忠
修葺城堡申嚴保甲萑苻無警陞任宛鄧陋羨甚

重忠痛革不取鄧有大辟繫獄者百餘人忠惻然
心隱出脫九十二人梓有鳴寃錄左思明府同知
致仕家居築清白堂先墓側著有文禁十卷蘄州
志書八卷未刻祀鄉賢
汪宗文字泗溟家世積德昆季列膠庠皆擅名譽以
孝友聞中萬歷丁酉鄉試令江西上高民瘠而玩
惟務惠綏不專倚法民以感動逋賦應期告竣績
聞于朝擢戸部主事管河西務鈔關通商裕國自
奉淡如復差淮安板閘不易初心轉南康守多善
政晉雲南副憲進階中憲大夫請告歸居鄉恭謹

卒年八十有二孫蘅另傳
蕭震字上嗣號倦山少負文名萬歷己未科進士初
任行人陞浙江紹興府以廉能稱後移疾歸講學
家塾其族多能文者
晏攄忠字元灝由含山遷蘄家世積德父及時博學
多聞教攄忠中萬歷庚子科舉人授廣州海防丞
歲有軍餉四十八萬屬丞支放不隐纖毫撰有粤
政條議瓊州生黎與熟黎搆禍當事者勒兵深入

後援逗留前軍盡衂攄忠監紀其地策情形急白大府止回藩籬行其議寢兵遂無黎患在廣州八年陞韶州知府禁採爐千石釐遇仙橋稅罔江岸嚴游徼茂績大著擢臬副分守粤西右江以疾辭歸後贈中憲從祀鄉賢

王臣紀字爾瞻萬歷丙午舉人初令江山有巨猾柴某武斷鄉曲已復聚謀不軌臣紀立除之陞泗州牧時魏黨脅附數乞歸不寻告尋丁外艱服闋遂不仕弟臣縉另傳

李猶龍字又聃崇禎間由貢士任石屏州牧値普名聲叛攻圍臨安州有土人倡亂立斃之境內肅然率民固守賊不敢犯州賴以安雲南臨安名宦

李雲慶字紀卿時珍曾孫崇禎丁卯舉人初任福建將樂縣知縣潔清自矢勸農桑興學校調泰寧昭雪疑獄乞歸日行李一肩送者爲之流涕福建名宦

梁倬字月崖明四川壁山縣縣佐祀鄉賢事蹟無攷

邵思學字麟山明南京宿遷縣知縣事蹟無攷

國朝

張效葵字叔向號誠菴邦翼次子天啓甲子鄉舉授嘉魚縣教諭造士有法與黃仲霖有落星亭唱和諸集遷四川墊亭縣令縣多蕪田葵履畝清丈民賦始均又牛斗亮等以傷人抵命案既成葵訊知其宂皆平反活之尋擢陜西延安府同知政聲益著年七十卒

李本晟字晹若號嵩岑際春之孫梃之子初度時大父夢有人冕紱輿從止於庭自言唐西平王因名焉㓜穎異有蜚譽順治戊子舉於鄉己丑成進士

授工部屯田主事辛卯分試直隸所得皆名雋出理徐淮河中清稅釐弊商民頌之陞廣西僉事分巡蒼梧時西粤用兵督餉飛輓毫無匱乏常率輕騎撫猺獞定陸川博白山寇遷雲南按察副使値運道阻滯升米百錢來降者不得芻食皆應先策給之建義倉招流散出俸勸義緡贖俘戸男女滇民帖如陞雲南右布政後奉裁歸里値吳逆變以晟久滇南遣諜齎授僞劄至蘄晟縛以聞起太常寺卿轉大理寺卿巡撫浙江晟天資厚重

與物無忤歷敭中外三十餘年官箴清肅調劑兵民獨得大體撫浙時不矜不伐有古大臣風以勞瘁遺疾卒於官遺表上
賜祭半壇浙人祠祀之著有三楚文獻錄知天閣諸書行世

高培字茂先號倘予由恩貢官衢州府同知改調南昌府尋陞臨江知府康熙元年丁內艱服闋起補台州知府時八閩不靖浙東諸郡靡不被兵自永嘉丹崖失守章安遂爲危疆培調輯軍營訓練鄉

勇請蠲賑均徭役人心以固章安扼要遂爲東浙藩籬督撫上其事陞分巡溫處道在任十年致仕

顧咸泰字斌素號思菴順治辛卯經魁任大名縣知縣禦水患廣積貯除妖尼輯軍弭盜咸有能聲予告歸縣人勒石立祠以祀詳大名縣志著有石倉詩補行世

李本衍字介繁樌次子順治戊子貢授河南胙城縣令下車後除積弊懲猾蠹修學宮建書院賜貧賑乏不遺餘力胙城舊多盜官不能制本衍相地要害築望樓伏丁壯設法誘擒之大盜屏息歲大旱祈禱無驗行晝暴於日夜宿於露三日大雨常發沙西賑後粟竭盡鬻家產充公民始得蘇去任之日遠近送者遮道左

張承瑞字帝先號問蕉由歲貢授福建寧德縣令下車首清祉夫里役築砲臺禦倭寇修趙公礄以便行人時防帥恣軍剽掠大爲民患瑞單騎諭止之及歸寧人勒石紀績後補山東滋陽縣稱幹員屢奉憲檄讞審疑獄昭雪者二十餘人著有好生錄

以
覃恩封文林郎孫彥乾隆丙辰舉人

張承位字生共號繩菴順治丁酉舉人揀浙江桐鄉縣令興賢愛民務行其志部有猾吏位欲寘之法吏倚勢家骫法曲縱遂移疾歸里寄情詩酒不與戶外事性好奬進後學然不輕許可被其察接者多知名當世云

陳言先字以詞歲貢廷試上卷授九溪衛教授其地獞苗雜處人不知學言先多方造就庠內外皆斌

斌尓雅舊衛屯諸生貧者多典出造運罔措每爲之持籌言于衛守勸諭典者得半價以贖無力者輙爲捐助淯賴以濟子告歸感者咸立石以紀德幼失恃事父至孝每冬夜父不寢必先温其被父耄齒脫食輙哽言先以盂盛自調食年九十三卒于家

孫天衢字幼岐歲貢生任隨州訓導尋陞武陵縣教諭訓廸有方一時諸生多所造就

李坦字公齊號我平增廣生援例授亳州同知穪幹

員經理江南八旗糧餉歲省帑金數萬陞直隷趙州牧甫渡河遇饑民挈孥南竄坦給資令歸鄉土隨行者以千計下車逢竒旱禱之立應發倉貸民穀種歲乃有秋尋遭蝗害飢民載道坦設廠爲糜捐置寒衣千餘領以衣窮民境内德之以疾卒於官州人祀名宦祠著有增删卜易行世子永昇康熙庚午舉人

張啓翼字仕翰歲貢任應城訓導教士以敦本爲先邑向無衙署翼捐貲建造乞歸後值歲荒收邺族鄰輿論推之

王永圻字公錫號申菴博學旁通諸書八歲時避獻逆亂與父母相失落水漂泊百里外能知其父母所在人咸異之康熙丙寅以歲薦授衡州府嘉禾縣訓導修文廟課士詳嘉禾志先是爲諸生時于清端公在江南聞其賢聘教其子蘊松撫軍于公準其生徒也

熊心璋字公朗號特菴康熙戊午舉人狀貌魁梧夙負經濟授彝陵學正一以端士習興文教爲已任

時學宮以捐俸攺修釐祀事定課程與人語必勉以道誼諸生質辨經疏皆厭所請而去州科名由是益盛繼補廣濟諭一如彝陵著有芝麓山房集

張仕渾字近愚號鹿樵康熙甲子舉人丁丑進士初授保定縣知縣後任清水五充同考官所得多知名士壬辰戛邊陲告警軍興旁午仕渾篆佩八邑屢著勲勞其文縣近地熟苗勾引外苗搶刼仕渾單騎入其寨諭以忠義衆苗羅拜散去伏羌夏久旱禱之輙應泰安連邑染疫癘入人室有聲仕渾

聞其事齋戒牒城隍疫遂寧凡所至皆潔己愛民卒於蘭州

張仕學字珙山康熙已卯舉人任沅陵縣教諭興學造士無忝厥職尋署辰州府教授會永順司苗民猖獗督撫委諭悉歸順加軍功一級又委修辰河路工完固民咸德之卒於官

陳常字蓺極號靜齋貌魁梧性剛正族里咸推重之由廩貢授邵陽學博勤校課一時甄拔多名士以母老乞歸後補漢川不就在官置學田居家修學

宮以及宗祠族譜橋路義塚諸善舉皆勇爲之費累千金壽七十卒子欲珍另傳

王夢弼字兆艮號廂巖事繼母以孝聞中康熙巳卯舉人授祁陽教諭稱貸紓諸生急繼補新化近苗疆習俗頗悍弼漸摩之文風丕變尋陞宜昌郡授時宜郡初建學修署身董其事校課扃門分以甘蒞諸生皆欣欣就正焉乾隆八年謁選歸以疾卒

張之梁字劍川仕學弟康熙戊子副榜任崇陽縣教諭造士有方悉清被侵學田作貧士膏火又石城古堰汪田三萬餘畝學田居其中梁欲爲士民計久遠派工修築旱無竭澤堰戸立碑頌之

陳欲珍字席聘訓導常之長子由廩貢授恩施訓導築館舍贖學田定課程邑人爲立碑紀其事丁父艱歸盡舉父所捐修者補葺之或又加廣今合濟繼志等橋是也後補安陸以母老辭

陳文藻字華章號蘭亭襁褓失怙事母以孝聞雍正間援例以州同効力河工署中牟縣佐督率楊橋小潭溪十里店毛家庄等汛總河朱公嘉其能復

以鄭州陽武滎澤曹縣各汛委代之咸有成績需次光祿寺署正乞養歸時州牧開濬隍池屬藻董其事區畫皆善

熊淇字衛瞻號竹園積學能文章由湖口籍成癸丑進士授博興令甫蒞任卽奉檄濬河築長堤百餘里工竣大吏咸以爲能弭盗有法逮訊必反覆諭以至情多原釋之賊諒其誠相戒不入境卒於官著有竹園待正稿

環堵之室半畝之宮手一卷書老而不輟非素所嗜好然與雖復著述不盡傳而柢蘊不獲効於當世其志行修潔不可滅也故儒林文苑而外篤於學者尚焉

明

陳詠字叔雅號澗松後號晚全翁以貢任四川萬縣學訓導工文善書言動率遵規度一介不以取人丐歸後始有子息年八十卒貧無以葬門人李黍將緒捐貲賻葬如禮蘄士大夫爲詩歌以紀其事

曰義敦師殯葬以見先生之取友得人如此

化雨字時雨歲貢性沉靜不好嬉弄家貧依外氏居授江西玉山縣訓導遷深州學正卒之日口占詩以遺諸子有豪雄無勢利富貴有危機之句

陳光遠勤敏狷介涉獵經史以詩文自娛雖執役戊伍歷難經險亦手不釋卷以老疾還鄉士君子樂從之遊有轅門歸隱集

國朝

方舟字人濟由恩貢授浙江嘉善知縣以豈弟稱致政歸益勤於學年八十餘猶工楷書盧潛巖修州志舟有跋

張泮字叔度號魯公中順治庚子副車丰采踔厲負志不羈讀書師其家學與姪士淑互相切劘老而彌篤與修盧志訂訛補遺多所就裁後遷靖州天柱縣訓導以老疾辭

李本周字祐岐櫝長子英敏過人七歲補弟子員年二十中康熙丙戌鄉試益篤於學爲文整飭宏雅未仕卒

金天斗字映北歲貢生少負儁才試輒高等館大冶相國家相國故尊賢天斗名益著

蕭銓字公衡號樗叟少貧嗜讀書學識淵博以明經教授生徒著有古學彙編四卷兼精岐黃術著易簡方書十卷年八十二卒

王世鼎字和臣兄世泰字安臣窮經講學一時推重俱以明經老門徒多所成就著講義文稿存於家

袁孔士字方魯號泰菴歲貢生光祿寺丞光紱之姪素履端潔早擅文名兵憲楊公志遠建七葉祭社

孔士名最著兄孔儀孔倜俱諸生暇則論文于竹隱園從其教者多所成就

龔伯字百子號徐菴歲貢生篤志好學至老不倦品行爲士林所推重著有半畝詩集

易時憲字若凡號東江中康熙乙酉鄉試少負異才嗜讀輒廢寢食凡經史子集靡不窮極奥義學者景從多所成就未仕卒著有東江文集四書叅義周易講義諸書

張聯芳字磐遠號播菴歲貢生耄期好學不倦著有居易堂詩文集

張聯翼字界軫號荆野拔貢生一時知名士多從之遊年九十餘猶朝夕呻吟不輟著有歷試草藏於家

劉文起字學山號雲莊匡生孫中康熙己卯鄉魁授湖南靖州學正丁酉爲廣西同考試官得卷甚佳而股法倒置文起疑謄錄錯誤薦不售復力爭之及售對勘果誤皆服其識起爲文卓然成家有大醇而無小疵年六十三卒於任子仔佺皆諸生价丁酉舉人

秦京字永畿號愚圃雍正癸卯拔貢家貧無子皓首窮經年八十猶累赴省闈當事咸禮敬之雨湖七子京居長詩見合刻

張畸字子駿號另齋年十三爲諸生詩情酒趣傾倒一時晚年益刻意於學著落葉吟等集

張梗字孟楠號鴻洲中康熙庚午鄉試授歸州學正辭不就嗜古工詩居鄰雲母山多古松築萬濤園朝夕觴詠其中足跡不履城市著有萬濤園詩集

陳詰字嗣康號澹菴氣度雍容言動不苟爲文宏博浩瀚中康熙庚午鄉試選郴州學正未赴任卒

顧燕翼字貽孫咸泰孫幼聰慧父介指授文體年十二爲諸生後以明經老爲人忠直醇謹鄉里稱長者

陳道兼字庶行歲貢生好讀書與姪鼎元相師友工制舉業著有河干等集

陳鼎元字節九號澴溪州諸生工詩古文詞築園於河干修葺古木亭臺樓舫遠絕塵俗顔曰半畝藏

書甚富知名士往來攷正無虛日十躋省闈不售
卒年六十著有半畝園集
駱思白字緇守歲貢生選訓導未任生平手不釋卷
為文博大不屑屑行墨間兼善吟詠五律尤佳
朱孔暘歲貢生工制舉業試輒冠軍學使者多刊布
其文以為式性尤嚴謹雖賓朋讌集未嘗輕笑謔
子正述乾隆癸酉拔貢
李生棠字蘭粃性沉默刻志讀書兄生彬弟生楷相
師友家政浩繁悉聽命於兄棠惟手一卷以終老

雍正年挨貢壽卒
張啟疆字仕開號弼五幼失怙恃伯父正鼎愛若己
子伯父歿從兄啟翼授以書初苦魯鈍讀書必百
倍或至嘔血已而豁悟輒不忘中康熙乙酉鄉試
劉文超字大章號默齋文起弟歲貢生恬靜簡質有
古君子風性嗜學制藝力追先正羽翼經傳授徒
三十餘年多知名士撫教兩孤姪僡佶俱為諸生
後超無子以佶嗣
陳有夏字淑伍歲貢生博極羣書尤精易數著有箋

法秘傳二十卷掌白雲書院多所成就云
王仔古字丕承癸巳恩貢初授經往復問難輒窘其
師長益嗜學每夜讀書必數問父母寢人稱其孝
姜壎字晦初歲貢生家貧力學行文有奇氣友教數
十年環堵蕭然恬如也州牧蔣聘為書院山長
朱忻字霽容雍正癸卯舉人潛心經傳為文自出新
意
胡宗憲字令巖號樂齋天資穎雋早歲冠童子年二
十餘以麟經中康熙乙酉鄉魁候選縣令遭丁艱

服終奉檄詣都會疾歸里博綜羣書尤精左史公
穀與弟宗寅共研極遠近文士多從之遊
蕭濬字翰凝號素齋性謙謹潛心古學里人終年不
獲見其面州牧蔣公慕其為人延為西賓濬在署
久自授讀外無一語及他事選訓導未任卒著有
壽樂軒試草
熊楚淳字師道號涉園州學生勤學能文兼好施與
嘗收埋白骨無以葬者鄉里咸推重之州牧蔣公
以望隆閭閈表其廬著有纘揖軒詩草

高岱字東瞻少負雋才文詞清麗中雍正癸卯鄉試

熊楚輝字仍存歲貢生少與姜壎葉舒翮李生梁生楷讀書漾菴爲詩文課同受知於學使者潘宗洛楚輝授徒里塾晚猶講學不倦

黄載嶠字晉軍號丹巖州諸生與兄載華讀書棲鳳堂居雨湖七子之二詩文名著江漢間著有丹巖草等集

龔敉堂字豊寰中康熙甲午鄉試任荆門州學正捐清俸倡修學宮每月刻期集諸生講學課藝不倦

告歸以詩酒自娛比鄰罕見其面甲戌舉鄉飲正賓

范正字儁儒號退菴歲貢生童時多疾苦讀書至嘔血不輟性醇謹重廉隅恥干非分尤敦本行捐貲建闔族公祠立友善義祉與同里會文經其指授者多知名士著有孝思錄午夢堂詩草

駱呈符字翰如性嗜學淹貫經史兼通諸子百家著有天文樂律並詩文集待刊

蘄州志卷之十一

知蘄州事虞山錢　鋆纂輯

人物志

孝友

行修於門內而譽聞於鄉黨士大夫不足奇也州人稱孝子里久矣匹夫孺子一念之誠其至性有過人者愈不得泯焉

明

劉瑄字本玉博學多聞事親至孝中正統辛酉鄉試

執父喪盡禮仕河南教職迎母就養扁其室曰祿養士夫詩有忠孝先生兩得之之句

馮鵬字翀霄少能文百行修整學者稱獨齋先生十試於鄉不遇晚入太學祭酒湛公若水極推重之父病月侍湯藥夜露處戶外得濕疾卒子天馭舉進士爲御史贈如其官大學士徐公少湖銘其墓

壽儒字宗魯荆藩伴讀章之子成化丁未進士歷官工部主事父冬月畏寒儒每以身溫之母嘗有疾不喜食儒亦不食鄉薦後例贈坊牌工費數百金

卻之不得盡以周族屬親戚之貧者其孝且仁如此

顧濂字繼周性至孝任衛輝府經歷時二親已棄養濂額其居曰永懷國子學正林琚爲作記郡人宋誠有詩曰永懷留翰墨足繼白華詩

顧敦字化之性警敏有卓識敦睦婣族愛異母弟素喜陽明則言及宋儒詩每令人歌誦以自適以子問貴封

姜梅字實之世爲荊府羣牧百戶卹孤寡甚人皆勸

令承襲弗聽饘粥不給鋭意於學爲郡名諸生弟死恤其孤如已子嘉靖二十二年舉鄉試卒

朱璧詳之子誠之姪任綦江縣主簿以親老謝事歸朝夕侍養惟謹親殁哀毁踰禮廬墓三年

陳昇字九霄早喪父事母劉至孝每於旁舍得異味必懷以奉母以貢任無極縣主簿迎母就養母年已八十餘矣昇奉養備至九年秩滿而母尚無恙後奉母致仕歸

羅天立蘄人傭工奉母母病割股救之人稱其地曰孝子里

李言聞字子郁號月池性至孝博洽經史里中有弟爭兄田訟甚苦言聞具酒食召欲解之訟者亦來集醉鬬如前言聞大悲痛入跪考靈牀下曰無狀不能感閭里訟者聞之大笑後數年訟者死獄中族人瓜分遺田言聞爲斂葬焉精于醫官太醫著有醫學八脈註子時珍另傳按舊志言聞入方伎今參白茅堂本傳

李儒字東池生平好施與歲凶盡家貲散賑全活甚衆家貧志不少變年四十二卒子同春得春孟春

盛春際春一時文武貴顯咸以爲德報也以子盛春誥贈副都御史祀鄉賢

李同春號仰池誥封都憲公長子武而能文父早喪教諸弟成名襲職領漕運運軍折米五百餘石先自解囊完納衆免破産追賠累歸至途聞親病篤號泣思歸水漿不入者五晝夜忽夢河神曰吾念汝孝許雙艘先歸可速行明午凍河矣如是者三同春曰神不我欺遂行抵淮淮撫怒超次以神語對撫囚以觀驗至午狂飈驟起須臾水凍奇而釋

之同春先世息縣人念同姓在息無通籍者擇族人子若星撫而教之十年登第後爲兵部尚書親親之誣知人之明同春有焉陞廣西都司屢建奇功擢思恩叅將乞養歸樹碑於堂曰世世同居子楷棟嗣職

李樸字質甫事親孝善屬文副憲際春長子執憲副公喪哀毀過甚及葬有術士私樸曰是日利某不利公樸叱曰某吾弟也汝欲不利某耶妹適黄梅生員瞿平年十八而寡樸爲資撥者四十八年得

予坊表捐造馬口橋瘞暴骸濟貧之義聲尤著兩中副車授廣西鹽運提舉著有存笥稿詩文祀鄉賢

陳添順字汝愛甫六歲執父喪若成人扶柩山中雷雨驟至沙土坌集成塚羣驚爲至孝所感事母及伯兄俱委曲承順足風族黨云

國朝

王廷詔諸生幼事父有孝行父歿與妻張氏侍母向盡歡吳逆亂廷詔奉向避賊於黑山洞口負米以養採橡自給値疆寇刼奪張以身蔽向連受三刃寇尋釋之向病疽穢甚張口吮無難色及向歿廷詔廬墓三載乾隆五年並　旌

余藩事母孝崇禎癸未遭獻賊難以母柩在堂悲號不忍離爲賊所害妻張氏年二十四夫亡守節垂六十年乾隆九年並　旌

李由虞字宗舜性仁厚事父母依依孺慕少時遇相士言子顴高指扁恐妨親未幾父喪虞乃磨其顴指至血出不覺旣葬常坐卧墓側懷棗栗果品瘞

墓前悲號竟日事孀母未嘗少離左右後居母喪如其父喪乾隆十年以母節子孝並蒙　旌典

張仕秀字雲龍天性篤摯父背生癰爲吮膿血母患目疾嘗舐其翳親歿廬墓三年繪親像懸堂中坐卧不離逢生忌日素服哭奠數十年如一日兄弟五人交相友愛有司以　聞建坊旌表

李櫕字萃甫歲貢生孟春子少以孝聞崇禎癸未獻逆襲蘄弟樾以駡賊死櫕殮之一痛幾絶康熙癸卯盧副使修州志其軼事不傳者櫕極力搜輯志

爲完書以子本衍貴贈文林郎年七十二卒

王御龍字時可內行醇備篤性孝友值明季寇難家破承平後御龍居積節縮家復饒兩兄早世撫諸姪如已子析箸腴產悉推予之爲人方嚴公直鄉里比之彥方子綏猷欽猷亮猷皆以學行知名孫開泰遐庶常開運進士房山令開籓舉人宮監大使開銓舉人官行人開翰超儒俱諸生開畿開寅俱太學生以孫開銓貴貤贈文林郎

熊秩字體若自號天放子州諸生事母至孝崇禎間奉母避賊城中未幾城陷負母以走會母於旅舍以病卒附身附棺造次皆備賊退扶櫬歸里時大旱舟膠不得進秩仰天大慟七晝夜哭聲不止越明雨驟至四野霑足人咸謂之孝子雨也

易爲豫字二如號臨臯州學生獻逆屠蘄豫被掠縶賊營號泣思親水漿不入口賊長溫仲元曰此孝子也命釋之豫歸闔門俱盡尸骸暴露拮据殯葬悉準于禮康熙十一年蘄饑人多流亡豫捐穀四百餘石又請于大憲發倉粟賑之保全甚衆藩憲徐公惺馳扁褒美康熙二十九年鄉飲介賓

陳助中字右文諸生居父喪盡禮時賊寇蘄助中同母暨弟避山中母卒遺囊金甚厚弟甫四歲賊至捐金負弟以逃後弟繼伯父嗣田園僕婢復分以已之半

李本甲字幼萌州諸生父梃母曹恭人皆以寇亂抗節死甲事兄本晟甚謹省兄雲南藩署言先塋數失宰木兄恚甚歸譴於僕僕辨甲亦辨本晟叱僕跪甲以爲叱已也亦離席跪本晟掖之起且釋僕本晟卒於浙撫甲匍匐奔喪次哭之慟尋卒雅工小楷雖登記不苟

顧慊字自素問曾孫專心誦讀與兄咸泰日講學不輟後咸泰令大名縣代兄掭家政課子姪以義方

張錫疇字叙九心正長子州諸生性淳愨敦行孝友與弟錫爵析箸數十年每讌集必盡歡終其身無誶語臨卒囑其少子曰汝第爲先人修墓置產族戚貧乏者助其嫁娶吾願足矣後皆如其言

陳其芳字孟培力學能詩文家傳孝友常以孝友訓

俗晚乃一杖自隨庭内肅然州牧高舉鄉飲賓

張繼發字克昌諸生父尚默明諸生家饒樂施繼發少時即成父志置一米倉於廳右自權其出以拯老疾賊陷父死於難繼發年十二爲賊所執留養營中乘賊睡潛逃賊平復故業立古柏軒義塾以勸學慟父遇害每飯必祭年八十卒

蔡于燕字平若號氷素幼穎慧喜讀書年十二父母相繼亡于燕居喪號泣之聲不絶既塟廬墓即墓廬讀書年十九補諸生尋食餼品詣爲士林推重

劉守忠字君愛諸生篤行孝友兄弟同爨六十年卒子姪以正

陳師儁字士美諸生時値兵燹甫熄族人多苦轉輸儁獨任不爲攤派康熙癸卯歲饑捐穀數千石以周族里之貧不能贍者

王永墭字載侯號坤菴性孝友母年九十墭依依孺慕與伯兄永垣仲兄永圻愛敬彌篤以文行受知於于清端公公爲顔其堂曰孝友傳家由諸生貢成均授縣丞未仕年七十五卒

汪存濟字洪普號澤菴州諸生事繼母段以孝聞有從兄避亂出亡濟遠訪滇南遇兄偕歸故里割己產之半予之著有滇南錄

王欽猷字思承號敬亭積學能文以明經老季弟亮猷早世弟婦易誓志守節欽猷以子開畿嗣之教兄子開泰入詞垣開運開藩開銓皆登科甲子開翰超儒另傳

張錫爵字賜侯州諸生心正次子家世孝友篤於文行闔州公舉鄉飲賓已啟請會兄訃至辭不赴髦

益嗜學讀書至夜分不倦築别墅顔曰尋樂與族里約立文壇一時多宗之

陳以德號坤若州諸生事母郁氏以孝聞族推爲長講明大宗之法建祠修譜爲族屬觀型者四十年

陳道亨字和王性至孝雖亂離中事親不缺甘旨癸未全家載糧艘泊鴻宿洲急趨南畿得免　國初州試第一補諸生晚與友朋文酒讌飲每擊節狂歌發其胸中藴蓄

李生桂字涵秋州諸生偕弟生采生梅事繼母諸氏

撫幼弟生槩綜理家政內外肅如善愜諧有晉人
風
黃天福字錫五歲貢生少能文尤篤行誼事親以孝
聞友愛兄弟無間言族有貧乏者咸見收恤選蒲
圻訓導以老辭搆軒課子姪吟咏自適有棲鳳堂
詩集
湯光明字被四有孝行由期功以降至同宗罔弗親
睦州稱孝友之家輒推湯氏子力忠抜貢生
胡敂相字皇錫州諸生讀書數行下晚年病目猶口
授諸子姪尚書講義及家規十二則

程盛德字弘執州諸生兄弟友愛七十年不析箸理
戶事闔族賴之
王鉽字鼎又故家子性敦孝友處家庭間和藹可親
嘗傾囊以應族人臨終時貸券悉焚
陳材選字元錫以德長子州諸生父年老材選出入
必侍卧起不離父歿依柩寢居爲諸弟倡孝稱盍
著
易時用字放六州諸生性敦孝友父母病衣不解帶

長兄時敏恩貢次時憲舉人奉命唯謹終歲坐書
齋如處子著有一樂軒集
陳贄元字與參國棟次子幼肆力於學童子試時巳
擅文名比長爲州諸生累試不售入北監考授州
判性孝友事兄肇元若嚴師析箸後事無巨細胥
稟命而行生平輕財好施遇人緩急輒解囊無吝
素善形家言嘗欲於溪南建巨閣以收風水暨由
鄉達城石路以便行人年四十餘賫志歿妻熊氏
以次經營克成其志
李永慶字來譽儀表俊偉喜吟咏工舉子業銓次州

佐未仕州牧華公文振郡守孫公爾振以孝友端
方申薦因母病辭不赴母卒哀毀廬墓卒年六十
二著有平泉詩集
張作梅字梁舟太學生性冲和不立崖岸然必以禮
自飭或事出非分視之恬如也與兄作楫弟協占
友于敦篤人無間言值歲饑輒貸佃民牛種賴以
舉火者甚衆
著
李永芬字紫榮號慕軒州增生七歲執父喪哀毀如

成人事節母金氏備極孝養母卒茹蔬三年從兄弟析箸有負債者代償之姑母適韓而寡芬貸餉數十年姑老病將死遺銀餅數枚其姑之嗣子莫知也袖還之乾隆二年舉孝廉方正

王學古字優仕由廩生貢太學考職縣丞與族兄紹尼相友愛尼卒以孤託焉學古經理其家撫孤如已子及長反其家業倍於前生平勇於赴公如修文廟及架橋治道雖傾囊不惜

龔必成字孔集好讀書入府庠明季之亂艱險倍歷

侍父繼時得免於害時稱其孝

胡鍾羨字汝梅幼失怙候母膳畢乃食夏驅蚊冬溫被每出必告所在母歿往來墓前必呼拜至老不忘路駝山路甚崎嶇羨捐修以利行人

陳部字爾咨諸生年十六抱四齡弟出兵火中艱苦備嘗後皆成立振家聲

何中興字繼武篤於孝友家百口共食庭無間言族人疎遠者嘗賴以舉火

王上選字銓士號松菴志搏第四子穎敏強記少應童子試屢蹶遂謁太學考縣佐家居善繼父志輕財重義修廟學刋族譜諸首務皆踴躍董其成晚於室之西南隅築亭園植松署其門曰松園書朱儒格言訓子若孫四方名碩往來唱和藉以娛老家傳孝友云

陳於校字名夏號忠甫由諸生就例貢遵父贊元遺訓事母熊氏待兩弟以孝友聞擁書據案課諸子甚嚴每歉月平價出糶以卹鄰里毋多善舉皆踴躍襄其成年六十有八依依孺慕得老母歡

吳璘字叔璠士龔第三子早失怙事母陳氏及兩兄甚謹年三十不續娶篤行孝義雍正五年荒出穀賑饑嗣置本族義田歲租百石年六十三卒

高益宣字勑萬溫處道培之孫兄溥弟益鼎先後爲諸生益宣不與家事讀書蓮池別業恂恂若處子惟祖訓是程

李能遴字克繁幼而孤克自成立從姪芳華失怙恃無所倚能遴收養如子教讀成婚并尋產屋生平多篤一本之誼職吏未仕卒

駱呈情字萬吉國學生克武冢子性至孝勤于供養與弟萬鍾萬方次愷同爨四十餘年庭無間言嘗捐四百餘金修分路街以利行人鍾尤好施與每遇歲饑穀必減價窮民負欠者輒焚其券鄉里稱爲一門孝義

李由夏字莫川太學生性至孝父病嘗父糞慟幾絶及歿廬于墓每一悲號行路心惻母夏氏病露禱求代病尋愈平居事親出告反面飲食必躬親凡時物未進父母不敢嘗與從兄由虞同以孝行稱

方有蘷字以玉父汝德爲州諸生以篤行稱有蘷克承父志友愛兄弟無間言托形家術放浪山水鄉人目之爲隱君子云

王東山字積長號魯崖弱冠喪母哀毁骨立事繼母尤極承順伯兄早逝僅遺一女山愛憐之三弟如曜年未三十卒孤姪德鈺甫三齡山撫養過于己子乾隆丙辰閤州公舉孝廉方正

李永庚字西有性純孝遭家中落授徒以養老父家人雖恒饑父不知也婦湯氏亦善體庚意

王琮字廷瑞號静菴康熙癸巳舉人篤孝友接物和藹然遇非道輒義形於色鄉里莫不敬憚幼侍養於伯父元吉事之如父飲食必奉出入必隨所志必爲曲致終元吉之身不少變以文義課諸子姪皆成令器焉

何樞字萬瞻太學生天性孝友收卹宗族不能嫁娶者捐金助之俾得完聚戊子饑指囷賑給復捐義田十石永資寒儒前州牧轉申藩憲旌其門第

李廷楷字範遠國子生力學能詩文敦崇實行嚬笑

不苟事繼母以孝聞晚年急州中公事樂育堂忠孝祠皆捐金志于石年七十三卒

朱性字成存公安縣訓導事王母先意承志友愛弟忻教以成立壽躋百齡

陳欲璋號莊崖性謙厚有雅量篤行孝友昆季五父没所遺田宅交讓之陳氏族故繁舉璋爲戶長家政肅然夙好讀書以諸生老

李永耆字依仁剛方樸寔重氣誼所行必軌于正家貧力學事節母邱氏以孝聞督學宋得其試卷激

賞之賁志沒

陳法騫字二誾敦行孝友事繼母三十年無間言兩兄早世撫遺孤成立鄉人義之

李敷生字方佑一字奏𢌿貢生少能文尤崇信義伯父永昇卒妾葉氏與敷生母顧氏同起居凡服食禮儀事之與母同歷四十餘年不懈

王與鑑字德操幼執父喪若成人母病鑑依依牀笫母沒廬墓遂不復應試事諸兄甚恭三兄鈞無子歿家中落鑑經紀其喪割已產贍其嫂以次子世

瀓嗣之

童心純字肇昜州庠生克承父志一日父出祖父暴病心純刲股以愈晚好施年荒出穀時疫施藥多所存活

駱負圖字羲則博文強記過目不忘事親左右就養寢處必侍父歿依柩側三載修家譜親督其事通族賢之

李大生字暎寰州諸生少事父母以孝聞值母病諸弟幼大生晝夜哭泣兩目盡盲禱於文昌神夜夢神語吾哀汝孝起汝母瘥汝疾翌日母病愈大生目亦瘳聞者奇其事

余載廣字應煋性至孝父病危刲左股煮糜食之愈未幾母病刲右股和羹妻汪亦割股進弗瘳兩親繼逝廣如孺子哀塊苦三年不入内前牧王舉爲田畯官

王夢穗字對青早失怙折節讀書至廢寢食善屬文期無負母教賁志卒妻陳氏守節

蔡明璋字莪士州諸生性孝友父病爲父嘗糞母病

刲股叔父負債逋亡罪累璋父幾斃獄中璋白其寃事寧復假乞丐訪求叔父遇于懷寧迎歸中分巳產事之如父

鄭敬達國柱子男婦百口緦服同爨食無異饌家無私蓄鄉里推爲義士

王球字琳先號淡齋郡　恩貢生四歲失怙凡事悉遵母教兄卒遺孤一兒臨終託之球撫至成室又卒姪孫媳守制球又撫曾姪孫始終不負兄託

正直

法語之言人猶從之矧以身率物與上者服其教次
亦畏其知裨益風化久矣老成典型至今存可也

明

王恭字德溫方正不阿人有假貸不償者輒焚其券
子翰歷歙中外所在稱骨鯁人以爲有德溫之風
焉孫儀歷任知府

史朝貞號介莹中萬歷戊子京闈鄉試負性剛直宦
成歸里與人言色不苟時事有不便者輒持正議
爭之無所避諱鄉里多倚賴而執政亦增畏敬焉

陳華字仁所州諸生潛心于學詩文力追漢唐善訓
俗時稱古君子

孔庭訓字聞卿州諸生少負儁才李少司馬及副憲
公甚器之諸子姪奉爲師生平篤氣誼惡惡甚嚴
落落寡所與萬歷丙辰大司農吳公長谷倡議築
浮玉磯建文昌閣紳士推訓爲首事云

陳禮號瑞菴少通經史善屬文年十六郡試第一補
諸生鄉闈屢躓遂杜門却埽風族以正

嚴政荆府醫士家貧甚好學能詩出入府禁一無所
苟荆國重其爲人以田給之年九十卒

陳一元字不息郡諸生其父仁民以疾解組伏枕八
年一元善養之人咸稱孝好古籍謝絕賓客言笑
一無所苟

沈士望字公輔州諸生才學優長留心時務崇禎間
詣闕上書名見授兵部叅軍詳顧黄公沈生行載
藝文志

陳信號恂齋恂恂謹飭雖獨處必正襟危坐無跛踦
容弟書年十八爲諸生窮經至嘔血不輟兄弟學

行爲時所重云

胡其志字存雅太學生夙負氣節遇事抗直敢言癸
未避賊於蕪家山被執其志曰釋我妻子奉母歸
吾願荷戈賊許之行至五里黠黠計母可免乃罵
賊死妻張氏撫子世煜世炳以節終

陳其劾字無功號勤菴讀書敦行下爲州諸生有聲
明季賊陥避亂于牌石地方慷慨悲歌坐水中而
死

陳其瑜字拱珍存心仁厚居淌口鎮路當孔道兩苦

泥濘出貲數百金修石路建石橋又貧死無殮者施與衣具捐河西地十餘畝爲義塚山遠近德之明季死於賊

國朝

張效鍊字冶仲思齊孫以副榜授浙江平湖縣丞人不敢干以私署桐鄉縣篆值歲饑開倉發賑然後上聞去桐日民勒石紀政後解組歸以正自守梓里憚之

王協字恭男號約菴雋才博學由明經授華亭令疎狂自喜不顧任吏偶與當事齟齬遂拂衣歸居蘄城之南山以詩文自娛著有約菴集

熊𤩽字復由幼讀書敦氣節不苟委蛇于時弱冠爲諸生時多寇難棄筆硯學劍談兵爲左右射崇禎癸酉丙子兩中武榜授南京守備練兵訓卒慨然以疆圉爲任

劉匡生字生生正直好義鄉里咸倚重之中順治甲午鄉試未仕卒子戩諸生孫文起康熙己卯舉人文超歲貢生曾孫价丁酉舉人

韓宗愈字又昌總兵友次子　恩廕廣西陽朔縣令性剛直不屑貪緣當事會吳逆兵起愈抗節不屈死妻李扶柩歸葬

劉逷祚字青子號菊潭康熙癸卯舉人授鄖西教諭以外艱歸補興國州學正諸生有盧姓爲仇家誣陷逷祚白其冤得脫盧酬以金拒不受陞常德教授辛酉爲貴州同考官所得皆知名士後補銅鼓衞教授所歷皆以品行文章相砥礪著有扇和堂等集子崙峒嵋嶠俱諸生孫萬寧舉人現任石首教諭

張正鼎字若鉉增生弟正彝早逝姪啟疆甫數齡正鼎撫而教之登康熙乙酉賢書族戚有急常傾囊以助極力幹濟難瀕于危不悔捐產作通族祀田綜理家政庭內肅然子三啟翼另傳

馮以泰字彙升大司寇天馭曾孫州學生性端方兄弟以詩文相砥礪制行悉遵祖訓弟以觀由拔貢任常寧教諭子煥州學生焜諸生姪炯康熙乙酉副榜

吳善玉字百美太學生操行耿介率子弟以正尤樂施與里中農有苦無牛者輒買與之嘗載麥泊陳子鎮值水荒貧民絶食持券乞貸者百餘家玉慨應之如期往貸者貧難給也遂火其券以歸

王志搏字公遠爲諸生不得志於主司赴國子考授佐郎尋以疾歸督家政課四子皆成名居常善決事不少阿曲戚里有屈於理者畏其知好施與出貲建滞源口螺絲港二凉亭及橋路行旅德之北上時有婦泣于路詢之乃貧家婦也夫亡翁姑將

嫁以自膳訪諸鄰如其言遂見其翁而慨然厚與之囑成其志衆皆感而泣謝焉

張爵字浴亭郡諸生氣槪豪邁不拘繩尺然諾取與雖小必斷以義聞人過輒面責無隱人亦不憾一時比之王彥方云

陳國棟字懷玉號待菴年十三失母哀感如成人家隸衛籍順治癸巳經畧洪承疇督師湖南路催漕急時國棟年甫冠侍其父挽運涉大江洞庭之險風惡與湖神盟願就溺無驚乃翁少頃風定卒無患鄰艘咸賴之比歸乃折節讀書入州庠性方嚴不苟同流俗晚年蒔花種竹拾集名流咏歌忘倦年六十七無疾卒

陳正誼字右商號純菴剛直公平不阿流俗中康熙甲子鄉試授辰州府沅州學正當事有缺失正言不諱以丁艱復補授棗陽教諭致仕歸鄉里咸畏重之

田際泰字亨若號端巖郡增生素行端潔族里有紛爭一言解之皆帖服晚乃葛巾芒履逍遥遊咏有

古君子風

黃錦字雲織爲人有膽畧尚氣節不踰繩尺崇禎癸未賊陷蘄州大肆屠戮錦被執不屈賊壯而釋之順治初爲州諸生四子皆著名

吕呈瑞字輯五文名噪蘄黄閒性方嚴倜儻多才排難解紛不遺餘力由例貢授訓導未仕卒子玠另傳

王藻字秀友州諸生以正自守族黨有爭賴其一言康熙癸未舉鄉飲介賓州牧劉顏其堂曰今之彥

方

張世升字泰瞻號岱巖承瑞子年十六爲諸生隨父歷任閩粤歸日囊橐蕭然閉門守寒素風性直常面折人是非族黨憚之教四子極嚴出入坐立不假聲色

陳欲瑞字覲牧太學生學博常之四子好古能文書法尤工篤施與里中貧不能娶者輒解囊助性質直風族屬以正家政肅然

陳正經字綸章太學生少有籌幹讀書明大義然諾

取與雖小必出于正年十五代父理戶事爲族人輸丁費三十年會各屬丁隨糧派經力勸其事爲士民倡州人德之子履中乾隆乙丑進士任貴池知縣

王鎬字夔韻號西周承圻次子貢生少能文晚工書法遊歷江淮貴介咸推重之授荆州府學訓導以老辭

馮煒字彤友天馭元孫州學生臨事不苟族人矜式之雍正已酉仝叔父及弟姪輩捐銀佐修學宮當事以優行舉

陳肇元字普資州學生數躓棘闈遂援例入成均考授縣丞廣交遊重然諾每值歲饑輒減價出售未任卒

張正問字棠清嘗讀書城南鉢蓮菴至夜分不寐僧憫之贈爲驅蚊弗覺也中康熙癸巳鄉試分習刑部清勤供職守正不阿以勞遘疾卒

陳治猷字贊侯號抒懷士省長子由貢生授應山教諭歷任三載以正自守不私請謁修學宮獎拔寒

俊邑有陳生者貧而嗜學年五十未娶適生任江南過蘄治猷父以四十金贈生生大駭曰見書問中有請助君娶語勿卻也遂得娶以歸子文獻縣丞文藻光祿寺署正

張溥字廷弼號靜菴諸生少嗜學步趨不苟建義塾課宗族秀良給貧者以膏火復捐金置祀田春秋餘貲存濟族人

王有信字立誠號恪齋貢生少失怙奉母無違禮教弟以正家素不貴尚節儉視義爲贏縮時州多歉

建如修學宮濬隍渠諸務捐千金不惜
王有斐字復衛號竹齋少失怙事兄甚謹援例候選
州同教五子寬嚴有方皆成材性尤好施歲饑減
價平糶以濟閭里累捐多金以襄公事乾隆甲子
舉鄉飲大賓
張杓字魁先由例監考授縣丞負氣節英資磊落臨
事不苟遇人有機辨一以情理折之靡不帖服行
誼爲鄉里所重
張協占字咸[illegible]號吉菴州諸生丰采踔厲能文章歷

試不遇閉戶著書自娛乾隆甲子公舉鄉飲介賓
州牧蔣重其人爲給扁
湯周明字融遠號坦菴太學生家世素封抗直有幹
畧見義輒勇爲收卹族鄰常待舉火尤重文章氣
誼周明卒州士夫暨宗族鄰里咸爲之哀輓
陳於梁字奐山年十六失怙事孀母以孝養得其懽
心佐兄理家政事無大小悉禀命行友愛季弟尤
爲篤王由太學考授州同性好施予每值歲歉捐
囷廩減價以糶族黨中貧不能舉火者周給之無

德色家本衛籍屯務瑣細勾稽出納一禀于公遇
人無少長胥遵禮法
王世泓字希曾號蓮溪州學生負儁才沉潛經史與
李生槩菴日夕往還課詩文暇卽揮麈佐飲相誡
勿預外事雍正巳酉以優行舉
王鎮字藩臣少攻舉子業試輒前矛旋援例入太學
爲人慷慨急公州當事每有剏建多資其力樂施
予每歲必合藥煎膏以療人疾苦歷三十餘年不
懈

黃戴安字東鎮號墨齋太學生精秦漢篆著有印原
十卌生平取與不苟急於公事州牧多委任之修
學宮濬隍渠及書院諸務戴安經營如家事勞瘁
卒
李澤湘字荆南性方正嘗謂讀聖賢書期于能行生
平言行必法交遊不苟母病不寢不食及卒以哀
毁致嘔血尋卒于苫次妻邱氏勵志苦節撫二子
成立
張燕字名儼太學生操行耿介有古君子風處族黨

以身範物不失尺寸人有過失私畏其知孝事母扶持抑搔必敬嘗修合濟橋與陳欲珍共捐金數百

張翼字仲恕士淑曾孫以歲貢授咸寧訓導蒞任後約學條數則以身先之士習蒸然丕變尋以疾卒于官

王思孟字近聖州學生爲文有逸氣兼工詩賦制行端方里中優禮之延課子弟研究無虛晷

張世琉字映璧由太學生考授縣丞性剛直爲族里

所憚服生平樂施與歲癸亥大饑琉竭廪穀平價以售州牧給額獎之

張元勳字翼周州諸生性直不可犯倡行義舉族鄰有公正稱

胡鼎元字登二州諸生與知名士相砥礪學益大進選言擇地動遵禮法

駱呈玟字輝吉以正自守取與分明設家塾延師課子不闚戶外事

張瑗字則玉太學生居嘗寡言遇排解紛爭輒持正論屈者畏服

胡瑨字瑨公州諸生自幼不與羣兒伍父母鍾愛之下帷攻苦期振厥家

陳聖泰字子寧州諸生母歿父理家政常抑鬱聖泰善承意旨得歡心婦克相之晚益以正直著

張爲煥字光溥太學生嘗謂讀聖賢書知之非艱行之惟艱篤行誼然諾不苟

張國翼字雲翥諸生性剛直人莫敢以非分犯有爭者質之輒解爲州牧李所知欲以優行薦會李擢

撫州郡丞去旋卒翼走騁千里且鐫其政蹟以傳晚鑿靈巖寺險以利行人子貴舉鄉飲賓

陳範字叙洪杜門不與外事嘗書文公家訓及諸格言以自警鄉鄰推重

陳視古字鏡書太學生理家政俾諸弟得肆力于學爲人公平正直族鄰推服

易德邁字陶希父時憲門下多俊彥德邁砥礪以成其學因素善病遂精岐黃術生平以禮自持舉動不苟

田用中字斯舜太學生孝父母喪皆如禮事兄如父卒子姪以正與兄俱合捐田助書院膏火

裴天明字才高有貧家嫠婦天明給貲完聚之子向化並給田數斗康熙間天明舉鄉飲賓

陳鰲號普菴太學生爲房長以正服人修祠學分督門冶等工多所捐埜詳碑記

陳琛字憬菴州貢生性剛正不阿流俗族里事多就正枉曲者望廬而返兄歿撫姪如子

汪鵬字元龍號騰九勤學敏於文中康熙丁酉舉人性方嚴族里咸敬憚之揀選知縣未仕卒

熊慶源字衍長穎敏力學弱冠受知於太守康以大器卜之中雍正乙卯鄉試有介行揀選知縣未仕卒

蘄州志卷之十二

知蘄州事虞山錢　鋆纂輯

人物志

恬退

澹於榮利環堵晏如古稱達觀之士非耶蘄地饒佳山水蒔花種竹飲酒賦詩又適足寄其徜徉宜夫優游退處者多也

明

郝源字本清聰慧端愨長于訓古書于醫數無不精曉荆王最雅重之保宮僚不就以子守正貴贈工部員外郎

陳曰恒字知德號石居散人著有逸興詩稿正德丙子郡守李素純書行義表其居子仁近仁民另傳

李朴字淳夫正德丙子舉人歷官陜西隴州知州以直見忤調任不赴退居林下豪放於詩酒數年乃卒祀鄉賢

王鸞字應期正德年歲貢授餘干縣學訓導陞舞陽教諭善於課士寻告歸猶窮經牖下澹泊寡營兩

縣不能志各載名宦
陳一賓字用世諸生科舉屢蹶遂豪放自如時聚族
人說家法著有玄緝野人集
胡世則號乾封萬歷間官至雲南府太守有聲予告
歸日惟常簾鄉居自適
陳仁民字守治號龍岩由廩生就例貢授新喻主簿
及致政家居不殊布素端方誠篤里中稱爲長者
晚與弟仁近杜門却埽詩酒自娛不與外事
王徵陞字爾錫性頴敏能文章甫成童爲諸生凡七

試省闈不售食廩餼曹偶推重終以例貢得補丞
佐不屑就出處無忝尺寸著有鷦枝館蓼堂等集

國朝

李具慶字亞白兵憲樹初次子博極羣書爲州學生
値獻寇陷蘄全家罹難具慶被創妻裹創負之行
國朝定鼎歸居湖上防道呂延入雲門社與晏東白
華二華主盟文壇終絕意仕進晚號懷二著有芸
香草荷汀等集
張弅俊字克灼州諸生布政邦翼孫同知效葵第三
子善唫咏兄承位令桐鄉每省覲必艤舟西湖詠
懷古蹟卷軸至盈簏晚號杏圃老人
李本淑字心尼號松筠孟春孫櫃之子由文學入監
考授州判以親老不仕性謹厚行中禮法晚癖山
水築室于桂花亭教子讀先世遺書詩酒自娛不
履城市年七十餘卒
陳其功字銘常諸生弱冠卽有文譽嘗謂文不先行
篤修門内爲族屬矜式
張士灝字鄰遠歲貢生工詩文試輒冠軍性豪爽每

酒酣吟咏不休築園於城北顏曰梅隱晚益刻苦
爲詩子樞另傳次柟諸生工詩書法尤精
陳吾惆字大誠號朗皐州副榜仁近長孫母周氏工
文詞嘗築瑩舍側教惆兄弟無故不令下惆益究
心典籍著作甚富存者僅三角山會龍池記
李士俊字潤文號于英炳然從弟從遊於澹巖仇懷
諸公時加磨礪駸駸有得扁其居曰鴒原石室吟
咏以老著有鴒原集
顧普字康侯景星長子州諸生性純孝母蕭氏病篤

籲天祈禱願以身代母歿一痛幾絕父歿亦如之

張梓字琴質歲貢生才學優長文祖唐宋八家晚乃豪放山澤間有物外吟集

陳文炳字兩則時流寇蜂起炳鳩集居民扼險設伏賊不能害無意科名以明經老

李之珖字寶次弱冠爲州學生祖樹初伯延慶死於難珖承伯祀伯有二女一適貢生馮楫一適舉人張承位凡遺產與二女三分之篤行誼不入公門

陳其曷字彥臣博學不求榮進課子姪敦崇實行年

八十州牧延舉鄉飲賓

胡之偁字偁甫歲貢生苦讀書爲文必準繩墨屢躓鄉闈遂絕意科目作隴上吟

陳吾愷字仲悌郡諸生仁近次孫少與兄吾愷同師母教嗜學好古工於聲律並妙書法著有岣嶁草堂詩集藏於家

石爲璘字璠生號野航州諸生先世河南鄧州人父中玉以功授粵西叅將卒於任璘幼隨母扶櫬過蘄蘄營叅將爲姻舊遂家焉長從顧黃公遊凡詩

文親承指授有野航草尤工書法性閑適輙一琴自隨時比之曼卿云

葉玉成字昆最性穎悟年十二補諸生短檠風雨讀書至夜分不倦蒔花種藥清趣自適

張仕厚字存古仕渾之弟讀書多冥會絕迹下帷不喜見賓客以歲貢司訓荆州府未久告歸舉鄉飲大賓

顧秉恪字丹懷號滄洲州學生試輒高等築室於後崗園擁書據案教授生徒多所成就不輕與讌會

當事聞其名非公不見益重之

方彭蠡字石鐘號東滙歲貢生博學能文搆室江干棲遲以老著有廻瀾集

田再高字寧宇明季亂棄妻子負父宗潢得免 國初土賊馬連山鄭鼎生等踞將軍山仙人臺爲民害再高練鄉勇擊退之授職不就隱居教子弟以老

李澤兌字振秋本淑長子性穎異十歲能文弱冠以第一補諸生博極羣書詩古文詞名噪蘄黃間有

文集藏於家

饒斌泰字文安少貧無力就外傅受孝經論語于其母稍長學益進爲名諸生以歲貢司訓竹山循循善誘其邑自是多文學卒于任貧不能歸遂籍焉

李永昇字志南號青郊中康熙庚午鄉試性豪爽英敏絕倫與同里張仕渾馮以觀顧昌相友善每讌集賦詩節響清越慷慨悲歌聞者壯之

王開翰字守東號杏橋少穎異十七爲諸生同伯兄開泰讀書洪山寺泰選庶常翰數奇弗售與泰愚圃張另齋輩文酒往還年四十一卒

鄭裔周字郃胥號闕吾州諸生早失怙恃刻志讀書屢躓場屋遂放懷詩酒于同輩中稱豪士焉

李生彬字雉文少能文試童子第一補諸生友愛諸弟門內怡然晚乃棲遲湖上以明經終

何光義字臣極州諸生獻賊屠蘄闔門焚殲惟義獨存遂灰心仕進終日杜門焚香默坐罕有接其言笑者

李國華字耀宇貢生明季賊勢猖獗國華負母至深山避亂兩弟幼被掠復計脫之人稱其孝

馮應舉字伯貞居心忠厚癸酉年賑饑又捐募闔口河渡田當事請獎力辭不樂榮譽隱居山林

黃天祐字貞符州諸生篤於學後結廬於濟邑之青林湖與舒峻極劉千里詩社往來屏棄一切

王與鈞字孟堅弟與鐘字金聲永墟子鈞諸生鐘太學生兄弟孝友雍睦之氣溢於庭間外事無所與

張鏡字研修由諸生就例貢敦厚周慎不苟言笑晚猶嗜學手一卷無間寒暑後輩敬憚之

張樞字鴻緒號紫垣州學生少負大志屏棄一切讀書梅隱圃終日夕不倦善書工吟咏著有矩軒詩集

李永寧字萬咸性醇謹喜讀書下帷攻苦人罕見其面以明經老

陳起書字公昇性穎敏讀書目數行下後以文就武試壬午科獲售書裁饒方畧有膽氣然守法度足未嘗一履城市

呂玠字全蜀號濟川康熙戊子武舉公車一上不復

圖棨進建星聚堂課子若孫妹適劉早寡玠爲資
拔撫其二子妹得終節子三孫士模乾隆壬申舉
人
王學喬字洪士工舉子業爲州諸生中年即無仕進
意吟風弄月寄傲于蒼松白石間
董堪字亦仲恩貢父文獻諸生年九十堪年七十不
異孺慕以授徒世其業不與外事
李承先字黄序郡諸生家貧嗜學長于訓詁治壁經
者多由指授

熊楚荆字漢南號玉山州學生爲詩有聲晚構别業
潔清自處詩見雨湖合刊
黄載華字砥南號鹿亭太學生性恬静喜讀書質弱
冬夏不罏扇日手一編兄弟相摩勵善詩古文詞
雨湖七子華與弟嶠皆與焉年六十六卒子式鵬
尋卒孫承堅梓其梧岡詩文及咏史百花吟等集
王超儒號天峯州諸生操履篤實有古君子風性敏
悟能文章家居教子姪以文行相勉勵乾隆乙丑
學使者采其優行以

張世永字卜周篤學能文弱冠爲諸生屢困棘闈遂
放懷山水年逾八十子龍藻太學生
陳鴻猷字襄侯士循次子少穎異九歲能文章嘗讀
書城北宛中菴屏棄一切由國子生考授縣丞以
疾未仕卒
王思述字宜山太學生父學古病足述扶杖納履不
以人代妹早寡爲購屋割膏田百畝與之撫其子
成立築南岡别業蒔花種竹其中有泉石之癖云
陳大孚字顒吉州諸生素剛正不阿人有過失直言

相規不少假辭色晚年澹於世故筆床硯匣終日
自隨於經義多所發明
張炳文字崇姬號郁齋由例監考授州同所行一軌
於正晚築别業觴咏其中以一經遺其子不與外
事
王世治字傅霖號雲匯少能文就例以州貳諧選都
中聞母病趨歸踰年母殁遂無復仕進意築南山
樓焚香獨坐不伍塵俗
陳國寧字襄周郡諸生少有文名比長學益博洽順

治丁酉中副車自是屏跡山林詩酒嘯咏以終

范公璉字鼎彝號半園謹厚恬退閉戶謝塵以書法自娛非義不苟年七十足跡不入公庭里人推鄉祭酒焉

陳之壎字北垣肇元長子少爲諸生後准例貢季弟於柱夫婦早亡之壎撫兩姪如子

王世溥字量周例貢生少聰穎善屬文沉靜嗜學一時從遊者遍閭里循循稱善誘焉

陳可坦字履吉郡庠生磊落有大志文酒談讌恢諧

不滅晉人年三十餘卒所爲詩不自收拾多散軼人咸惜之

駱三捷字克明好讀書年六十手不釋卷督課家塾

陳於棠字蕚華號實齋由太學生考授州同爲人豪俠重義不就選詩酒自娛栖息林泉以老

陳夢蘭字魯奇諸生資敏嗜學楗戶讀書足不履城市喜奬藉後學晚年寄情山水詩酒自娛年九十卒

余正古字道平歲貢生毋年八十正古年六十依依

孺慕工舉子業遊於門者甚衆

陳坎字帝因性謹篤不輕然諾建祠置產族衆多倚賴之爲諸生有聲以明經老

王柯字育萬歲貢生居處深山好古籍以幽人自命搦管爲文詞饒有逸致

王世沅字靈湘力學不售乃就例爲太學生家居篤宗族之誼遇非禮不動聲色怡情山澤晚字澹齋云

駱藻字正音州學生性温敏酖酣經史隨所往必携

書以行著有訥齋草門下成材者甚衆年七十二卒

胡應虞字文際號續齋州學生卜地一區築室一楹讀書其中無子卒家人即室爲葬所

尚義

制事之準莫大乎義君子于行義難言之布衣一諾重于兼金中流一壺尊于拱璧夫有取爾也是故慷慨樂爲人緩急者亦足多焉

宋

祝文蔚寧宗時蘄州士人嘉定十四年三月金人犯唐州陷蘄州知州李誠之及其屬吏皆死之詔趙方徃救方遂命許國扈再興解唐城之圍國還鄂州保江再興引軍至蘄州之靈山伺金人歸而擊之文蔚橫突入陣大敗金人再興乘勝追逐六十里擒其監軍合答等

張德興蘄州民當幼主稱制海中舒黄蘄義兵相繼起德興與安慶野人原寨主劉源起兵司空山屬縣人博高亦起兵應元宣撫使賈居貞移檄諭以

禍福兵稍稍渙散高知不可爲變姓名逃元兵獲而殺之

明

顧禧正統中出穀賑饑事聞勅曰咨爾湖廣黄州府蘄州民顧禧國家施仁養民爲首爾能出穀一千一百石助賑朕用嘉之特賜勅奬諭榮以羊酒旌爲義民仍賜免本戶雜役三年尚允蹈忠厚表勵鄉俗用副朝廷褒嘉至意欽哉故勅正統七年四月十八日命有司立旌善坊

陳仁惠字守介弘治例貢和平正直族衆奉爲長諸事悉聽命焉封祖塋增祀田有孝義稱

胡從瀾與弟從滿從灌世居蘓家山五代不析箸正德中載穀千石至省城值饑盡捐以賑事聞勅賜旌善

劉正佳字繼山州諸生性好義嘉靖間兩次爲粥賑饑

李枎字鼎甫際春第四子神廟末以明經授淮安府同知山東大饑撥米發賑運糧艘以河淺不得進枎向富商貸銀數萬僱人夫起運後鬻產以償事

聞加按察司僉事職弟模兵馬司指揮

[illegible]

陳定國字翼宇客武穴鎮路拾橐金訪爲幕屬所遺得其人悉還之義聲益著子侯周另傳

胡朝宸字正卿天啟間歲荒朝宸出穀五百石以賑復爲粥于路全活甚衆有義聲兩舉鄉飲賓年八十有六卒

陳惟聰字遠承州諸生承憲元孫天性孝友生母唐氏早卒事後母謝氏如其生母與季弟惟顯惟簡惟哲相友愛三世同居不析箸人稱其義

陳仁爵字守崇號南湖州諸生篤行孝義父日桂遺基業甚豐庶母弟仁敦生甫匝月有謀欲害者爵覺置幽室令巳婦乳哺後敦亦以行義稱

國朝

李彥字美仲州學生僉事新弟爲人謹厚多隱德癸未之難全家被害彥獲免遠竄歸見白骨遍野遂

捐資收瘞于東郊合大塚廬澹崖爲瘞骼記

陳士肴字肴白言先子歲貢生讀書明大義不務章句尤好施予嘗捐牛馬坳爲義塚歿後州縣者佔爲巳業其子太學生澤猷候補營千總起超等清出墾田租十石資書院膏火

吳士雍字兩燮善玉子以父疎財析箸時僅米十甑初貢太學至是棄舉子業理家政不二十年田園日拓其法一本于儉然好義不減于父每歲春出佳種以助農民鄉里賴之

陳道穀字惟執郡諸生性豪爽樂施與於渴口鎮建橋三約費千兩募未及半遂鬻腴田百畝成之

李澤溥字沛蒼歲貢生工詩古文才識過人州牧張六巷有疑案不能決延溥至咄嗟立辦家豕貴顯饒于貲溥振乏絕聯姻族製湯藥施棺木鄉里德之蘄俗富家每易佃溥獨不易令子孫世守著有雨湖閣文集津梁醫書

陳心銓字隱豹州諸生好古慕義時流寇犯境集鄉勇仿團練法立砦以禦有司壯之功授守備駐劄

道士洑

葉俊士字秀升號渭公歲貢生初授益陽縣訓導陞零陵縣教諭尋陞施州衛教授所在課士有方人知敬學致仕歸置本鄉橋渡以濟行人辛亥蘄饑俊士捐穀賑之全活甚衆

葉優士字餘公號大軒由貢任浙江仁和縣丞夜聞書聲造廬訪之乃邵生也家貧力學優士月給膏火獎遇有加禮邵生登顯仕士民立石彰其義

汪同斗字天北年十四爲獻賊所執無懼色賊壯而

養之乘間得逃遊蜀十餘年挾貲歸恢復故廬慷慨好義收舊姻方張二姓子飲食教誨各予婚娶康熙癸卯歲大水同斗收租高山里減價出糶貧者不取值

劉漢臣字楚相敦睦姻族以孝友世其家父君愛最憐少子析箸時漢臣悉捐膏腴以與其弟康熙間州牧張倡建西河橋漢臣捐金督工隱德尤多

陳豐曾字魯士歲貢生平居謙退不欲先人義所當爲慷慨身任其責友愛諸幼弟課以成材治家肅穆室無私財食無異饌有義門風

邱天錫性謹樸好施與堂姪文若蓮若俱少孤天錫撫其成立各完婚配嘗埋白骨尤爲鄉里推重

張星炳字仲華當流寇蠭起結鄉勇以爲捍蔽未幾賊衆突入舉家悉羅于難承平後葬其父母以下六棺撫姪如子恩養倍至

盧瑄字星耀好施與鄰里不給必量力以助收瘞無主枯骨康熙三十二年以耆老舉太守戴旌其門

吳善鑄字鼎來幼失怙母手病莫舉每食善鑄必左右之歲饑出賑置喪具施山地以瘞貧

胡正綸字敦五有族兄立嗣已六十餘年軍戶胡姓誣爲逃旗幾瀕于危正綸代白之俾承宗祀里閭有爭執一言輒解子便有父風年七十始生子可謂積慶云

蔡世華字樸先諸生醇謹爲士林推重鄰人有爭執互質于華輒杜門不出後乃緩言以解每歲暮館歸聞戚里不給必解推以濟有義聲

田之魁字士元州諸生端方式俗尤輕財尚義倡修箄埠河大橋石路并置渡田募金不給傾儲以成行旅德之

陳欲乘字奉三太學生丙辰荒乘出貸廪穀千石以應貧者不取息鄰邑蘄水亦製扁彰其義

張爲光字秉元與物無競終身不見長吏家素封族里多感其惠

胡啟觀字用賓諸生性樸實無匿情飾貌家頗饒戚里間扶危濟困畧無吝惜

陳欲春字載陽太學生族立房長子姪多就範尤輕

財好義州里有公舉輒踴躍襄其成

胡正科字登一太學生性儉樸自奉淡如鄉人有急者嘗稱力周之

蔡士元字儒宗例貢生重行誼好施與寺觀橋梁傾圯者多賴修葺

胡世嶽字中山醇謹老成好行善舉嘗飲穀賑外來饑民全活甚衆

胡獻美字尊五尚義氣康熙間里有私派無敢言者獻美白其事居常就質訟端多息

范襲祿字繼文生二歲而孤事母終養時有徭役之派襲祿承應爲鄉人倡其姪喪母無殮葬既鬻其子襲祿解囊贖歸俾全父子始終無德色子正另傳

吳本瑞字瑞玉天性孝友尤好施與康熙癸酉捐穀數百石煮糜以活鄉人後每值歉歲捐穀如初前牧重其義與温處道高培同舉鄉飲賓

王星慶字皇士號逸菴廩生和平溫厚重誼樂施族有孤子公瑞者無所倚星慶給與腴田經紀其家俾得成立又朱氏子德修兩世單傳貧不能娶祀幾絶星慶資給完娶善行多類此士論高之

王與鏊字文恪少讀書不售隱居于鄉百行修整日用間自奉淡如有美即爲貧者助

湯美秩字時卿號庸齋輕財重義兵燹後給族鄰牛種生計以滋值歲祲捐粟賑饑時分守道徐前牧高胥旌其門子嗣武鄉賓

何一貢字序尊家世豐厚好施與族有貸貢貲貿死於外者貢越千里扶櫬歸不計前貲仍周其妻子

鄰有鬻子者貢捐金贖之雍正丁未歲饑穀價昂貴率姪開倉等減價糶穀六千餘石遠近賴之

王佳士字元臣幼失怙遵母訓撫弟元弼元錫著聲黌序嘗以四十金置婢臨行母子相對泣佳士憫焉卽還券不索償候選縣丞未仕卒

陳欲禎字我承資敏嗜學入郡庠文名噪一時母周氏病篤刲股求療里黨有義舉尤喜爲之

陳法琰字周琬師儁第五子修葺橋梁道路不惜多金雍正年山東民流于蘄琰給以口糧路費回籍

州牧詳請表其閭

吳大觀字學禮亘才之子任成都府守備有勇畧至性過人少子應星字聚五有父風

伊琦字懷璋恩貢生胥次坦白爲衆所信任乾隆五年修麗澤堂經營事竣以琦與汪倣倧爲首庸

胡啓虞字紹唐太學生丰儀俊秀性樂施與每歲饑輒竭廪穀平糶著義聲

陳欲亨字乾次州諸生性敦樸無機巧家故饒樂爲人緩急窮冬無告者資給薪米歲以爲常

葉煥字度生幼失怙母張氏教之中康熙戊午武舉選青州千總未任居家好善樂施族里德之

李芳蘭字景明太學生考授主簿諸弟相繼歿事母孝待姪如子多義舉修衙署等務芳蘭與焉

汪倣倧字育中州諸生執親喪哀毀骨立事伯兄濂友恭曲盡輸金修麗澤堂造湖橋壩人稱其孝義云

湯顯名字嗣武仗義輕財宗族鄉里無少長咸德之前牧劉以耆賓舉

駱舉字育萬師書子性樂施乎乾隆九年捐穀三百石分濟窮民又貸金貧不能償者令各驗券悉焚之

胡世祿字天申好義樂施每酷暑蔭置義漿歲凶煮粥濟餓德聲載道子萬年甲辰武舉

方其昌字未央諸生仗義輕財康熙己丑歲饑捐穀數百石以賑族里平居樂爲人緩急前牧劉以介賓舉

田可斗字文舉好善樂施康熙癸酉歲饑捐米賑餓

分守篆錫金牌獎之前牧張璧署牧劉累舉鄉賓子僎另傳

陳滋古字書潤歲貢生性伉爽勇于爲善雍正五年捐穀數千石煮粥賑饑族鄰有貧乏者每歲出穀分給之州牧蔣旌其閭

張志傑字子占州諸生歲試歸遇婦人泣于塗詢之其夫負官錢鬻婦以償婦不忍別志傑探囊金代完婦得不鬻著有松筠堂詩集纂本草諸書

田僎字殿倫太學生尚義行時丁賦逋欠僎兄弟代

鄰人輸納歲歉輙賑䘏念沙徑無停泊地築墩建亭今名五里墩

江時珍字立遠太學生好善樂施杜門訓子儒學以優行舉

田之玢字弘道由太學考授縣丞賑饑濟貧率多義舉晚年修圳溝西河諸橋梁不惜多金行旅便之

李鑑字治淩宣武將軍世忠長子事繼母吳氏以孝聞捐修北關外横街輸糧者稱便周鄰里孑殮葬臧耀瘞骼善行著聞雍正十年以善人舉各憲旌

其閭

陳篤祜字炳文號靜齋少精研爲諸生痛弟夭遂薄仕進樂善好施捐藥濟病晚益醞釀百家吟咏自娛

江萬齡字涵萬由武生就例授千總未仕乾隆間西河驛及小河捐募修橋萬齡出貲勷其事

王鐸字振棠例貢生家故饒周恤族鄰修理橋路雖多金不吝

童有稔字禾周少孤事母居氏善承其志里有二孀婦貧甚母憐之稔歲給衣食以全其節侍母疾奉湯藥三年不少懈族中有貧不能娶者輸金爲納婦毎歲量發囷廪以周饑寒又捐修横河橋圳口路數百丈行旅稱便

汪啓邦字惟憲尚德義樂施予凡通衢險礙津渡橋梁多所修葺遠近僉稱隱德

陳雍字敦仁州諸生博古能文辭尤善醫方多奇中診貧者病藥不取值著有醫方三昧

管齊忠字思棠太學生性篤孝義初無子有負逋者

願納女忠不許旋取券焚之丁未歲大水池可網魚僕執竊者告叱釋之舟夜行遇盜呼救來漁家子即所釋者諸如宗祠義渡皆竭資後生三子長以優行聞

蔡明時字君識性沉靜事父兄甚謹好施與毎歲饑捐米以周貧乏族里不能嫁娶喪葬者貲助之時太守李州牧張廉其善各與扁獎賚有差

王世滋字思聖性篤孝孀母石氏孀居事之如母兄斯覺年老無子立滋次子滋復爲兄娶副室舉三

子族黨義之

李開宗字荆門父早世耤館穀餙母母歿廬墓待諸弟以友稱家雖貧必戒非義云

王世永字子配例貢生性穎悟料事多奇中少失怙以哀毀失明事母能先意承志

畢森華字王章以尚義舉鄉耆年九十州牧蔣親履其門贈詩以彰其善

吳之煥字燦章幼失恃事繼母唯謹妻謝尤得姑歡家居雍睦與人無爭嘗解囊以助不給鄉人咸服

其義

吳心亮字廷玉諸生妻李氏奩甚厚亮盡出其有以置公產分諸弟姪州牧劉舉鄉飲介賓

黄時謙字敬純性耿介族黨多推重之晚年尤樂施濟劉公河義渡年久多侵蝕時謙竭力清出增置橋筏旅人德之

李元燕字子居太學生事母孝外母守節無子元燕事之如母兩兄中落次兄無子歿元燕以次子嗣並剖已產贍其嫂鄉里義之

張繼錫字百朋友愛諸弟妻宋早卒錫終身不再娶收恤族鄰與同憂患人稱其義

楊本謨字聖言性剛正多善行雍正年水荒捐穀數百石以濟貧乏

胡學昇字煥萬太學生慷慨好義篤宗族敬鄉老養孤子皆踴躍爲之

王瑗字景蘧太學生直爽有局度不近非禮弟珩字禮南讀書自定日程補郡諸生教授里中貧士尤資其成就云

陳欽綸字鶴先太學生有假貸不能償者嘗焚其券歲饑鄉里貸穀者減其息

江文理字光緒例貢生幼穎異好讀書事父母稱孝嘗置渡田復祀產收䘏宗族無間疏戚

胡敔倡字紹伊兄弟皆早逝事父母以孝聞世居蕪家山義命自安風族屬以正不給者輒周䘏之乾隆間舉鄉飲耆賓

鄧植字茂生性儉樸遇邑有大務輒踴躍勷其成周族黨之急歷數十年不求人知

隱逸

曾論記隱者逸民皆不世出之士非獨其所遭然也蘄舊志隱逸自宋以來不多載然猶不盡如古人今復稍稍節去增入惟黄公一人徐傳已載府志仍之

宋

吴瑛字德仁以父遵路蔭任補太廟齋郎歷官虞部員外郎年甫休公卿大夫知之者挽留不聽相率賦詩飲餞于都門遂歸臨溪築室種花釀酒家事一付子弟賓至必飲飲必醉有臧否人物者不酬

一語但促行酒妹夫某嘗取家財數千貸人不能償瑛哀告之曰是人有母得無重憂召而焚其券門生爲治田事歷歲忽訓去曰聞有言某簿書爲欺者詎不可留瑛命取前後文書示之蓋未嘗發封也盜入室覺而不言且取被乃曰他物唯所欲夜正寒幸舍吾被其眞率曠達類如此

明

袁信讀書敦禮聞義勇爲嘗以便民事陳言于朝特賜俞允錫以爲善陰隲孝順事實二書年九十八無疾而終子睿廣性孝謹居喪盡禮時人樂道之

朱紳字懋孚號竹坡居田野自食其力牛背夕陽卷册相隨悲今弔古慷慨激烈人莫能窺其際

李建木字泰階時珍末子州學生博洽經史篤于孝義兩舉行優初無子以姪樹初爲子教樹初成進士官至山西副使迎養不至屏絶應酬隱居湖上酒鑪茶竈侶漁樵自談今古後贈中憲大夫祀鄉賢

翟文英號二楚山人蘄諸生萬歷間人風流諧謔放

浪不羈以詩名尤工畫人物筆墨瀟灑輙有生氣標句新雅時人爭膾炙年八十餘卒

陳俟周字舜生州諸生父病割股以愈終身不再娶明季棄衫履短褐芒鞋遯于山澤尋以壽終

余庭蘄諸生萬歷初負盛名與時落落不合人目爲狂督學使者試第一讓其狂庭徐進曰願受撻督學問故庭曰不願制舉耳督學怒撻之徐徐起出竟棄諸生耕耨自食每長歌田野間以詩名有稚兒莫作啼饑狀貽爾清貧樂更多之句自號三槐

山人

盧楷字汝端號南槐才識過人少應童子試輙不利改就臬椽應謁選耻不獲大用年四十以親老力辭終養給告身爲州祭酒隱居于鄉築園亭濠上訓子若孫治家甚嚴進退之間肅如也生平多格言閭里奉爲蓍蔡數請賓筵固辭不赴大司農吳公採輿議文閣之建悉以委之規模宏壯皆出其指畫卒年七十有七以孫紘貴贈中大夫

國朝

顧景星字赤方號黃公天錫子生有夙慧六歲賦鰲山燈時稱神童比長博極羣書詩文爲海内所宗與錢謙益龔鼎孳王士禎相倡和尤工樂府兼善書法崇禎末廷試貢士第一授福州府推官以不附權貴隱居崑山縣

大清兵下崑山命以原職隨征辭養歸里沉潛經史精研六書以獎進來學康熙戊午

詔試博學宏詞辭病不允已未春入覲　保和殿再以病懇放還鼓門著述顏其堂曰白茅有白茅堂詩文

集四十六卷行世又撰黃公說字二百餘卷以正正字通之謬卒年六十有七子八普晨樞諸生昌舉人另傳

徐琮字侶荅工詩畫精六書學金石刻具有法度與長沙陳鵬年相友善著有古文篆韻五卷

流寓

州舊志不載流寓府志錄長源以下數人皆安置兹土者賢者之至其地雖遷移斥逐猶追慕之不忘如此矧流風善政之在人者與

唐

李泌字長源徙居京兆七歲爲文天寶中詣闕獻復明堂九鼎議得待詔翰林仍供奉東宮嘗賦詩譏誚楊國忠安祿山等國忠嫉之詔斥置蘄春郡

五代

陳曙蜀人嘗舉進士唐末遯于蘄山中室中惟一榻素書數卷與蛇虎雜居雨雪滿堂亦自若數十年顏鬢不改後徙鄂渚不知所終

宋

朱服字行中烏程人熙寧進士曾知廬州值歲饑便宜振䕶全活甚衆後坐與蘇軾遊貶海州團練使蘄州安置攺興國軍卒

孫傅字伯野海州人仕中書舍人宣和末高麗入貢使者所過煩費擾民傳言索民力以妨農功而于中國無絲毫之益宰相謂其詞意同蘇軾熙寧中所奏貶蘄州安置

元

顔士徵字季貞元平江路崑山州人阿瑛第七子也元統間進士至正末參江州總管李黼幕時黼總管江州兼攝蘄州賊徐壽輝陷江州復陷蘄州士徵走詣卜顔帖木兒請兵復江州進復蘄州以功授蘄路總管明初隱居蘄之鈷鉧潭躬耕自晦稱顔七官人遂家焉年八十卒

蔡相字純夫原籍閩中建陽西山四世孫也元延祐二年成進士授衡陽令多惠政尋陞衡州守後致仕歸路經蘄陽西河驛見山川秀杰遂家焉晚號西河隱者

駱大四江西德安進士宦于蘄喜風俗龐古遂家焉今子孫繁衍

明

壽章陳遜俱吳人羅啓蜀人以仕荆藩占籍于蘄章子儒舉進士遜子灝本府教授啓子志覲愿愨工詩

方技

蘄人通藝術者自方彤以外他技無聞程子謂不知醫者爲不孝葢技也進于道矣抑瀕湖鹿門諸前輩指授淵源有獨得者與

明

張慕愷蘄州人成化初慕愷醫道大行不論貧富一體施劑延活者甚衆扁其堂曰仁壽知州金銑重其人爲作記表之至今稱醫有源流云

陳泰號自然蘄州衛人廣積方書精明醫道診脉斷其隱微用藥咸有裁度教子僖中壬子鄉舉年八十餘無疾終

韓泰字道誠常州府武進縣人高祖瑩元時爲蘄州

路提舉子顯鄉爲蘄春府醫官孫璽繼業三世遂占籍于蘄春醫學精熟能甘淡泊憐貧施劑成化中禮部訪求明醫行取赴太醫院三年稱病歸里遂不起年七十九卒

郝守道字立夫以醫名燕齊江淮間論病治方多獲奇功爲梅國劉公陸田周公所重皆有贈言大抵巧不爲鑿工不爲拘者也

龎憲號鹿門生萬歷間明五經通鑑大義熟素問靈樞明運氣理數用藥多奇中袁中郎題隱醫二字

榜其門年七十餘卒

浦心帚荆籓良醫所精太素脈通風角鳥占每診視斷人窮通壽夭百不一失用藥多立效後以壽終見顧氏耳提錄

國朝

明長人少事儒業改習岐黃脈理精確藥不妄投

鄧元緒字霞素善丹青與徐琮同師黃樵長後徐精山水鄧工花鳥及寫眞見黃岡陳太史王照堂集

黃軒字著南花草人物工細異常江南文士雅愛慕之

陳瑗字崑崕其先四川敘州人祖有業官于蘄遂家焉父仲綸兄瑄皆蘄諸生瑗工人物畫名著一時早卒妻張氏以節終

蘄州志卷之十三

知蘄州事虞山錢　纂輯

人物志

列女上　已旌節婦　烈婦　貞女　賢媛

列女首旌節紀

恩遇也義莫重于舍生守莫堅于不二故烈婦貞女次之母儀立而後家道成故賢媛又次之未旌諸節採輿論合者胥著于篇要以年輿例爲斷云

已旌節婦

明

生員馬廷實妻劉氏年二十廷實卒家貧績紝供姑撫遺孤如駕爲諸生駕又卒孫甫三歲同媳潘氏撫之萬歷中旌

生員楊杲妻劉氏興國人員外郎守愚之姊年二十八杲卒撫猶子芳爲子芳本生父楊楫亦早世楫妻華氏年未二十與劉課芳得舉于鄉芳又卒芳妻田氏無子勵志同守劉華年逾八十田年六十有三乃卒　按舊通志載有楊杲妻華氏年未二十而杲卒課子芳舉于鄉考州舊志楊杲妻實劉氏又芳乃楫之子則華氏乃楊楫妻應附杲妻劉氏傳中

張頤妻李氏萬歷二十九年旌

生員朱用謙妻黃氏年二十用謙卒撫孤垓爲諸生守節四十餘年卒垓徒步叩閽以請得旨旌表

登仕郎王懋仁妻龐氏御史王珙祖母以貞節著珙陳其狀于朝得旨建坊

生員瞿平妻李氏憲副際春女年十八平卒苦節四十八年得予坊表

劉鉞妻顧氏貢生天錫同母姊年十八適孝廉劉廷

桂子鉞甫十八日鉞赴試至團頭河覆舟死屍漬氏抱痛哭剪髮垢面苦節四十餘年後偕弟避難卒于江寧任景星以喪歸合鉞墓事聞旌卹

楊某妻翟氏生員楊權母早寡事姑姑病刲股以救崇禎中州牧唐世照已經申報年六十餘卒

典史張忠祿妻廖氏夫卒斷食指與夫盟事姑稱孝婦撫子克懋克恕爲諸生年六十四卒節已報部

國朝

州學生李本蓁妻何氏夫卒子坦澤厚幼守志密居

風雨暴至壞墻屋氏與二子俱無恙鄉里驚爲神
護子坦知趙州迎養署中進以縑衣却之年八十
三卒贈宜人康熙三十七年　旌
諸生李澤潤妻金氏廣濟豫齋德嘉女年二十七澤
潤卒姑老子幼皆倚氏爲存亡氏奉姑與同卧起
姑安之嘗曰老人苦中得甘惟節婦是賴耳課子
永芬補諸生康熙戊辰武昌兵譟氏適省母龍坪
不得歸遣芬從間道往衛姑指佩刀曰若有急吾
當自裁未幾難平卒無恙年六十五終雍正二年

旌
董開智妻張氏舉人梗女年二十四夫歿無子遺腹
生一女氏甘貧守義撫猶子炤爲嗣教以成名終
節三十六年雍正二年　旌
諸生李之瑨繼妻諸氏紹興人幼穎悟通女史以父
尉蘄遂適瑨逾年生子生檠甫三月瑨卒氏綜理
家政教夫元配三子桂釆梅及檠俱成名婢駱高
氏早寡與氏同榻終節雍正三年　旌
太學生王琦妻熊氏茶陵知州應昌長女琦係武舉

長年長子氏年及笄適生二子姑年踰七十家復
貧事姑撫子益篤謹孝慈並著雍正三年　旌
梅春幹妻陳氏夫早卒撫子希中成立爲太學生雍
正三年　旌
張大綸妻王氏年一十四夫歿舅姑老二子翼軫俱
幼氏誓死養姑撫子後次子及兩媳並喪又撫諸
孫孫媳程氏亦青年守節王苦節五十餘年雍正
三年　旌
陳既均妻錢氏蘄水錢席儒女年二十歸陳五載既
均卒長子覲文方二歲遺腹生覲武家貧終無怨

言雍正三年　旌
監生陳正芳妻吳氏年十九適陳二子俱襁褓夫病
篤氏齧指血滴夫掌中誓以養親撫孤服闋歸寧
其母諷以改適氏終身不至母家撫子信古述古
俱貢成均守節三十四年雍正九年　旌
李永觀妻顧氏景星女幼讀內則女誡諸書明禮義
舅姑早歿事祖姑何氏以孝聞永觀兄坦爲趙州
牧氏侍祖姑之趙署會坦暴卒祖姑年高氏竭力

支持公私皆辦及歸承觀巳歿髽以持戶內外肅然教子數生成名年六十二卒乾隆二年　旌

州學生張仕繩妻李氏諸生宗嶠女年二十一適張逾年仕繩卒子正珩甫六月越二十四珩又卒婦何氏遺腹生文煜氏復撫之成立乾隆三年　旌

諸生張芬妻王氏州學生家棟女芬卒氏年二十六歲撫子女各一事舅姑以孝聞及舅姑歿氏倍服衰麻以成夫志苦節四十年乾隆五年　旌

王廷詔妻張氏濟邑明玉女年十九歸王事孀姑向

氏惟謹姑嘗患疽口吮濃血以去內毒又隨姑避難遇賊氏以身翼姑被劍不離賊義釋之年七十四卒乾隆五年與夫廷詔俱以孝　旌

張仕超妻駱氏仕超卒氏年二十四撫仕超姪正驥正紀為嗣乾隆五年　旌　府志作仕起

張必相妻羅氏性至孝通曉大義明末寇難韓總戎招必相運籌幕府必相散巳產給土寇使歸為農皆氏佽助之力相卒子拱辰亦早世與媳王氏各終節乾隆五年以姑媳雙節　旌

張盛濤妻蔡氏　張盛熹妻田氏乾隆五年以娣姒雙節　旌

王作霖妻陳氏性至孝繼姑染痰疾晝夜喘氏奉侍不少懈祖姑年踰九十行動櫛沐假手于氏者十餘年作霖卒氏綜理家政不以累諸叔後叔夢弼領鄉薦子德潞德溢滋州學生乾隆五年　旌

張復禮妻郭氏諸生郭從女年二十歸張越二年復禮卒時家中落又無子女氏毀面剺耳誓不再適依母家紡績自給年七十三卒乾隆五年　旌

王溥懷妻董氏年十七歸王閱四載生一女溥懷卒絕粒數日忍死自守自問安舅姑外閉幃不出垂二十餘年舅姑卒撫溥懷姪德顯為嗣苦節五十四年乾隆五年　旌

王民懷妻鄭氏年二十八民懷卒氏撫五歲孤德騐後德騐夫婦繼亡孤承宗幼立民懷姪華封為嗣娶沈氏而華封又卒氏與沈共撫承宗娶胡氏而承宗又卒三寡形影相弔族人為沈立嗣子岱為胡立嗣子瑛乾隆六年　旌

劉峯妻吕氏年二十八夫歿撫二孤守節三十六年
乾隆六年　旌
田本起妻嚴氏　田本貴妻徐氏嚴十九適田二十
八本起卒徐十八適田二十四本貴卒本貴本起
弟也嚴撫孤鋐鑑以慈聞徐事舅姑以孝聞乾隆
六年以姊姒雙節　旌
吳奎佐妻張氏年十八夫亡撫三月孤守節三十五
年乾隆六年　旌
楊眉公妻陳氏年二十一夫亡撫從子爲嗣乾隆六

年　旌
胡備三妻陳氏年二十八夫卒撫孤宗謙慈嚴兼濟
事舅姑就養無方課子成名苦節五十五年乾隆
六年　旌
候補知縣陳治猷繼妻張氏　側室劉氏治猷卒時
張無子劉生子文藻女一前治猷妻葉氏早亡生
子文獻二氏撫如已出後文獻早逝復撫兩孫成
立張守節十九年卒劉守節四十九年現年七十
四歲乾隆七年　旌

張宗霖妻張氏　張明萬妻朱氏乾隆八年以姑媳
雙節　旌
諸生王亮猷妻易氏事孀姑以孝聞亮猷卒氏年二
十九無出立亮猷從子開畿爲嗣開畿由太學生
赴選感疾還家踰日卒媳張氏以婦代子三孫世
丞貢生世涵世湛俱太學生乾隆八年　旌
宋景榮妻張氏　生員宋之煌妻陳氏　生員宋世
駉妻范氏張年十九夫亡撫遺服子之煌煌生子
世駉俱早逝煌妻陳氏駉妻范氏皆守志乾隆八

年以一門三節　旌
陳欲瑛妻李氏諸生宗嶠女早寡無依或欲嫁之氏
剪髮剺面以拒立欲瑛姪洪樞爲嗣乾隆九年
旌
吳又岡妻鄧氏苦節三十六年乾隆九年　旌
陳法賜妻詹氏年二十四夫亡撫一歲孤事舅姑盡
孝乾隆九年　旌
馮元凱妻易氏孝廉時憲次女年十九適元凱元凱
卒氏年二十二矢志自守元凱弟婦俱亡遺一姪

氏愛如已子元凱大功妹適氏姪易淳求三載
卒氏引與同居垂十餘年今氏年七十七歲乾隆
九年　旌
陳法虞妻吳氏年二十二夫歿撫孤成立事祖姑盡
孝乾隆九年　旌
貢生陳信古妻張氏年二十一夫歿撫姪舉爲嗣一
夕大雷雨室圮氏母子俱無恙人謂苦節或有阿
護云乾隆九年與姑吳氏以兩世清操　旌
余籓妻張氏乾隆九年　旌詳見籓傳

管宗咸妻沈氏宗咸卒氏年二十九守節撫孤次子
樸補諸生收從姪養育及成室佃婦卹貸于氏苦
不給火其劵後并殮葬之乾隆十年　旌
汪執信妻朱氏年二十一執信卒卻鉛華足不踰閾
事姑撫孤守節三十二年子之岳諸生乾隆十年
旌
駱抒懇妻吳氏簡庸長女年二十四抒懇卒生一女
立抒懇姪爲嗣治家嚴規矩梱內外肅然乾隆十
年　旌

周延光妻孫氏年二十四夫亡撫孤守節七十六年
乾隆十年　旌
李來亨妻張氏幼嫻女訓年十七歸李逾年來亨卒
與姑同臥起晨昏不少廢禮每膳必別具精食行
必親授杖乾隆十年與子由虞以孝行並　旌
童應修妻居氏濟邑諸生大祐女年二十七修卒氏
勵志苦節鄰蕭婦江氏程婦馮氏家貧少寡氏每
出餘貲相助以成其志子有稔全任國學生接驗
州學生孫嶧岕諸生巒乾隆壬申副車三世同居

皆氏教也乾隆十二年　旌
州學生張樞妻張氏濟邑諸生左黃長女年二十八
樞卒氏養孀姑撫諸孤成立長熙太學生次朝柱
諸生次煥次熒太學生乾隆十二年　旌
太學生呂琮妻張氏早寡撫孤孤復歿立琮姪寅亮
爲嗣教養以義能克其家乾隆十二年　旌
田之紀妻張氏適田生一子甫三月之紀卒或有以
多金啗之紀兄求娶者氏聞引刀刺面血流赤地
隣里義之爲別置屋以居俾磨豆作生活養姑哺

子自食豆屑艱苦贏積姑歿營葬具納子婦兼撫
夫姪成室年六十一卒乾隆十二年　旌
洪方谷妻柯氏年二十五方谷卒撫遺腹子守節三
十九年乾隆十二年　旌
王有憲妻張氏　王德駟妻胡氏有憲卒張年二十
六撫孤德駟又卒媳胡氏生子承彬甫三月姑媳
雙節乾隆十二年并　旌
諸生藥舒翮妻張氏年二十九夫卒子三遺腹一氏
撫之成立後多相繼亡末媳韓年二十無出亦承

姑志氏立其長子之子芬爲其後族有梁氏者寡而
貧氏收之俾得所三子燦昱州諸生乾隆十三年
旌
陳斯祜妻吳氏年二十三夫亡紡績以奉繼姑撫六
月孤成立苦節三十三年乾隆十二年　旌
陳學坡妻田氏自幼以禮自持學坡卒撫兩遺孤及
一孤姪皆成名初氏與學坡弟婦宋氏力支數喪
形影相憐人稱雙節宋早逝未旌氏乾隆十二年
旌

陳芳軾妻田氏年二十九夫亡撫二孤成立守節二
十七年乾隆十二年　旌
吳元桂妻鄧氏年二十歸吳四載元桂卒氏甘貧守
節誓不他適乾隆十二年　旌
胡啓商妻張氏啓商卒教二子耕讀長子浚又卒媳
方亦守節撫次子濬入太學守節三十九年乾隆
十三年　旌
顧燕定妻王氏諸生開烈女年二十四燕定卒遺孤
甫六月撫之五歲而殤燕定幼姪又喪母而孀姑

復值衰年氏強起奉姑撫幼咸盡其道操持三十
餘年不少懈乾隆十三年　旌
張復俊妻章氏濟邑諸生亮采女年二十歸張家貧
勤紡績復俊卒撫孤有伸有伸又卒偕孀媳撫幼
苦節五十四年乾隆十四年　旌
太學生桂佐廷妻張氏蘄州營守備潛蛟女年十七
適桂甫二載佐廷卒遺腹生一女氏性純孝善事
舅姑立佐廷姪登岱爲嗣撫養教育過于所生苦
節五十七年卒乾隆十五年　旌

諸生董開勳妻王氏年二十六開勳卒生遺腹子一家貧灌園紡績膳姑勳叔父母無子生養卒葬氏身任之苦節四十六年乾隆十五年　旌

童扶九妻朱氏俊傑女年十七適童年二十扶九卒守節歷五十一年現年七十一歲

吳允執妻朱氏適允執生三子允執卒姑老病脫齒氏嚼米供朝夕營葬諸喪教子洪道洪美成立儀度補諸生壽八十八孫曾五十人守節六十年詔予坊表尋卒乾隆十七年　旌

江有宗妻高氏年二十七夫亡撫孤以義方事孀姑孝謹苦節四十五年乾隆十七年　旌

諸生熊楚蘄妻周氏年二十二歸熊甫月餘楚蘄卒撫楚蘄姪爲子于寢室奉大士像長齋禮拜祝舅姑眉壽祝兒讀父書乾隆　年　旌

王鎬衍妻李氏鎬衍以攻苦致疾卒氏撫遺孤茂淸成童即令就傅膏火脯脩皆取給女工後得成就卒年六十七乾隆十八年　旌

龔渭沚妻田氏　龔臣安妻王氏渭沚卒田剪髮附棺决志不二事姑毛氏先終節子臣安又卒媳王氏繼姑志撫子文海文魁田守節五十五年王守節三十五年乾隆二十年准予建坊姑媳同　旌

蕭艮楫妻董氏開智長女年十九歸蕭甫四載艮楫卒氏事繼姑有加禮課子嚴四世同居一門雍睦守節三十年子韶太學生乾隆二十年請　旌

此下俱二十年請旌

張仕治妻李氏諸生之薈女年二十四仕治卒氏痛幾絕嫡庶兩姑手綳遺孤謂氏曰欲累老朽耶乃

起斷髮納棺中後嫡姑歿氏與仕治生母同卧起守節歷三十餘年現請　旌

諸生劉鏞妻余氏年十六歸鏞事姑以孝聞子一崇文鏞卒氏年二十五後崇文年二十四復卒氏又撫孫守節六十三年現以姑媳雙節請　旌

劉崇文妻陳氏子熾女年二十適劉甫四載崇文卒姑余年八十八氏服勞奉養無間寒暑子二長松次柏俱太學生守節歷三十八年現請　旌

田仁浹妻汪氏年二十四夫卒遺孤大受甫六月時

仁淶兄仁淳嫂詹氏相繼亡遺姪大樑僅五齡氏撫立入州庠大樑又早逝復撫姪孫三世同居戒毋析箸守節三十餘年現請　旌

程世瑛妻高氏年二十二適世瑛生子代遠甫三歲世瑛卒氏痛絶不欲生念弱息强活不事膏沐語言不出于閫後子代遠卒媳王氏觀感取法亦以節孝著現以一門雙節請　旌

程代遠妻王氏年二十一適程越二載代遠卒姑高以節孝聞氏親操井臼勤紡績守節三十五年子

巖太學生現請　旌

張士模妻陳氏年二十適張甫三月士模暴卒遺腹生子事祖姑以孝聞守節三十三年現請　旌

烈婦

元

張氏二烈女元至正時人父任總管辛卯寇兵逼蘄二女聞賊肆擄掠相泣言曰我等宦家子可爲賊所辱乎遂至蓮花池投水死今烈女墩尚存

明

張氏生員張文秀女正德末覇州賊劉六等出秦淮漸逼蘄州文秀挈妻女避于江南大山磯窑中賊搜獲欲汚之女罵不從並其母邱氏被殲

生員盧紱妻楊氏崇禎癸未獻逆燬城氏被賊擄欲負之以行氏紿之曰我自能行携母朱氏手至火起處投烈焰中焚死

生員王從禮妻陳氏諸生陳治策女年十五適王從禮㓜有痼疾氏解奩裝佐藥餌凡八年禮卒氏孝事舅姑兼撫三子應龍夢龍御龍垂四十年明末

避難至鄂城及獻逆襲城城破氏聞變嘆曰未亡人得死所矣因指庭前井謂兩子婦陳氏曰若輩有意乎二婦再拜先下井氏取帨履標之井榦亦隨投井死

生員盧震初妻袁氏年二十二獻賊陷城氏度不能免拜辭祖舅姑及舅姑抱週歲子投井死時督學堵公有一門節義之褒

國朝

葉育華妻蕭氏年二十三育華卒子甫一歲爲流賊

所執氏紿之曰待我拜別翁姑乃從汝賊許之氏抱子泣拜翁姑墓畢赴水死家人決塘水盡乃得屍母子相抱如故時盛夏色不變人咸異之

丁元妻某氏元蘄州營兵丁康熙戊辰通夏逆受僞札氏預知泣諫不聽乃先手自絞殺兩女尋自經而死元事洩被執乃拊膺大哭曰悔不從妻言

田躍雲妻周氏年二十五躍雲卒氏有娠遺腹因誓曰生男則撫孤承祧生女則從夫九泉及娩生一女氏觸地而死

伍從雲妻謝氏未嫁時聞姑病求侍湯藥姑歿從雲病篤顧氏不能語氏許以同穴從雲歿經紀其喪踰三日乃沐浴衣齊麻自經于柩側家故貧不能葬里人哀之醵金合塚立豊碑紀其烈

何世灝妻胡氏宗謙女十九歸何越六年世灝卒無嗣氏誓死靡他姑諭以俟夫弟婚娶生子可爲立嗣氏感姑言朝夕事奉惟謹後母氏欲奪其志氏聞之遂投繯死時大同司侯暨族黨親鄰皆書額以褒其烈云

顧燕桂聘妻張氏庠開女年二十燕桂未婚卒訃聞女哀慟誓以死殉父母日夜防守請奔喪不許遂謝絶鉛華日服縞素凡五閱月父母謀改適媒至女偵知佯爲喜笑沐浴更衣密加縫紉自縊于寢所時康熙五十六年七月二十七日也

陳烈女監生兩全女幼許英山諸生彭永年之子啓傑方納幣訂婚期啓傑卒氏聞訃慟哭將百里奔喪父以路遠阻之女怏怏遂易服飾衣縞素越數月父以青年欲令他適女聞之閉戶縫衣自經而絶

貞女

明

麻姑鄭氏崇德女年十歲許字董未嫁而董子卒姑聞慟甚建幽室留隙以受飲食甕盆爲浣濯具終日績麻其中遂名麻姑其盆名老女盆至今存以績貲置田租九石後爲姑祀產

國朝

張士灝聘妻范氏字倩仙父愷吳縣人以明經署判

興國州遂家焉倩仙幼頴慧父母愛而教之稍長通書史兼善吟咏年及笄許字士灝未婚而士灝卒倩仙聞訃力求奔喪父母不能奪比至士灝家執喪哀毀如婦禮以書別其父曰兒義不復歸遂留事舅姑立伯子棟嗣夫祀年五十三卒著有耐寒詩草康熙五十六年　旌

貞女段氏英山縣庠生段肇庶女幼許字州民詹世則世則染瘋疾年二十未愈其母田氏邀段氏母家使另擇配氏聞引繩自盡母急救乃免尋至夫

家晝夜伴孀姑以事瘋夫家極窘常日不再食輒恐受一日夫狂甚指氏曰汝誰也撻氏幾斃後夫以狂死氏與姑爲依終身處女立夫姪緒生爲嗣年四十一卒

貞女陳大姑候選州同於梁女幼嫺女則曉大義年十三許同里陳欲珍長子弘綬將及嫁而弘綬卒大姑誓不他聘在室六年旋往侍姑疾與共卧起者七年姑没大姑以悲傷感疾卒

貞女吳氏州老人東昇女年八歲許字濟邑方紹皋次子杰杰病故女欲以身殉念父母老弟幼遂安于室縞素終身不出閫閾不與燕會督兩弟苦讀毋徹丙夜燈火茶湯手自奉之年七十八卒

賢媛

指揮使田文妻勞氏文官雲南出師殺賊被傷寢營氏督軍救之有恢復功　詔封正一品妙金夫人世襲蘄州衛指揮使隨長子霽承襲于蘄因家焉

州學生李具慶妻吳氏廣濟太常卿亮嗣女明末賊陷氏翁兵備樹初不屈死夫兄延慶父子及氏所

生五子俱死具慶亦被創氏方有娠從積屍中乘間掩諸屍負具慶以竄途中產子之瑨裹以行賊平收葬諸骸骨復還舊業皆氏內助之力卒葬陽門冲盧棨政銘其墓謂涵濡于父訓者深

陳贊元妻熊氏教諭心璋女幼聰慧曉大義于歸孝事舅姑贊元卒繡佛茹素紡持門戶篝燈課諸兒讀不少寛假好施與修路成梁煮茗合藥歲歲不絕族黨中貧不能自贍者輒捐貲相助年八十七用形家言承贊元志于溪南建慈雲閣收渴口諸

鄉風水子三於校貢生於梁於榮候選州同

蘄州志卷之十四

知蘄州事虞山錢　鋆纂輯

人物志

列女下

未旌節婦

明

羅冠妻陳氏年二十歸冠閱四年生二子冠卒姑吳氏老疾氏勤紡績以供孝養甘貧守節三十餘年永樂中事聞未報而卒

陳溥妻呂氏清平衛呂仲貞之女溥幼隨父從戎于清平因娶焉溥亡氏年甫十八生一子溥父以老疾告還呂家姻戚欲留之氏誓歸蘄與遺孤同生死及歸事舅姑盡禮人以爲難年八十三卒

生員田祿妻黃氏年二十四祿卒家貧不能具饘粥矢志弗易勤女紅撫遺孤鑛鑰成立年七十三卒嘉靖初知州季才以聞覆勘未報按省志列蘄水誤

主事壽儒妻張氏年二十適壽儒甫八年儒卒時儒已取科第爲工部都水主事未獲與貤恩之典氏

撫遺孤及長訓戒諄諄不少寬假伯子濂以貢仕
仲芸亦克成立氏以壽終
州民陳元妻吳氏元歿時氏年二十二子佳甫四歲
人或以貧困勸改適皆不聽惟紡績自給人無異
議守節四十五年而卒
州學生晏文明妻傅氏誥封郡丞印台伯母文明卒
時氏年二十二歲無子視印台猶已子憲副元灝
及諸孫輩皆所撫摩成就年七十五終
生員李震妻朱氏震亡氏年甫三十撫三子俱教之

有成年八十五終
張思清妻夏氏清歿時氏年十八撫夫姪文明爲後
家貧雖裕文綺不加于體惟蓬首不出戶閾以節
終
易宗元妻潘氏適宗元甫九年而寡氏痛哭嘔血以
死自誓卒能不易所守撫一歲子東初孀居六十
五年
生員陳九德妻黃氏年二十九德亡撫兩孤成立皆
籍籍有聲年六十邑人舉于當事時氏姊適朱生

用謙者亦苦節時有黃女雙節之稱
國朝諸節概未注明年分依呈送先後編次
處士高自見妻石氏年二十三自見卒子培甫二齡
氏當難離之時誓以死守孝事舅姑事繼姑如之
居家節儉教子成立培以恩貢由同知累遷知府
轉陞溫處道荷　覃恩封恭人尋卒
徐克制妻王氏年二十三夫卒撫育二子值流寇猖
獗戶役煩苦操心勵節年七十族黨上其事于州
牧以孤松鐵幹旌其閭

陳翼舜妻錢氏庠生從濬女翼舜卒氏年二十五子
八歲值明季荒離茹荼撫孤冰操不易苦節四十
八年
州學生王大猷妻朱氏年二十歸王執婦道唯謹甫
七載大猷卒撫子開烈開謨不使預事刻志讀書
皆爲諸生氏終節五十二年
陳貴舜妻程氏年十八適貴舜子可應週歲貴舜卒
氏事姑教子咸遵禮法年九十猶勤紡績州牧賜
額褒美守節七十三年

龔之烈妻毛氏知廣濟縣事毛華鵬女之烈卒氏年二十一無子撫之烈姪渭汯爲嗣卒年六十三歲

生員田有書妻易氏州學生克衍女有書卒翁姑生死無闕禮教子及孫克繼家聲終節五十年

趙州牧李坦繼妻潘氏年二十九夫卒欲相從地下念姑何氏年老恐以殉死重爲姑憂且失孝養非夫志也遂勵志苦節五十三年

韓宗琦妻李氏諸生本甲女年二十適總兵友子宗琦甫六載宗琦卒氏矢志堅貞誓死不渝苦節五

十六年

候選知縣許元度妻李氏中丞本歲女年十八元度來贅甫六載以謁選卒于京時氏從舅戶部主事承欽僑居海陵毋迎歸于蘄撫遺孤兼五娶余氏兼五與所生子卒立嗣又卒氏知書能詩文元度歿筆墨遂絕守節五十二年媳余氏亦終節卒

生員龎見龍妻盧氏金太史德嘉爲作傳其畧曰龎生卒氏年未三十事舅姑孝謹撫三遺孤兢兢以爲善是訓次子紳念母養生送死備極勤劬爲持

齋者十餘年蓋俗所云報母恩也

李楨妻姜氏楨卒氏紡績度日撫孤有成子僑州諸生守節四十二年金太史德嘉詩以表之

伊其國妻曹氏年二十五其國卒子世俊甫八月守節三十六年孫琦恩貢曾孫芝蘭庠生

王開元妻盧氏盧文度女副使元度之侄女也年十九適王越五年開元卒氏無子僅一女尋殀立姪世淇爲嗣又殀與孀姑度朝夕家日益貧元度宦歸氏一省不復往守節三十六年

太學生王開治妻葉氏州學生玉成女年二十于歸開治卒長孤世源甫五歲遺腹世漣越六月始生氏屏絕鉛華飲冰茹蘗教其子世源爲諸生世漣食廩餼氏守節三十餘年

孟艮玉妻李氏年二十三艮玉卒癸酉饑自茹藜藿滫瀡以養姑氏嘗病劇長子兆熊割左股啖之亦節孝之報孫孟秀州諸生苦節四十一年

儒童蔡廷玠妻盧氏君舉長女性嚴正寡言笑于歸後生二子廷玠卒氏勵志守義長子又卒伶丁孤

苦撫次子成立終節三十二年

廖景昭妻王氏景昭病危顧氏曰我不起汝將如何氏曰膳姑撫子如君在也苦節六十一年卒

諸生李榮妻葉氏諸生解民女榮卒姑老子幼家無擔石氏忍饑哺子艱苦五十一年卒

李元序妻陳氏年十七適李生二子姑歿夫歿兩子暨翁連年歿無嗣可立孑然一身飲泣奉祀老且病請于州牧王施遺田三石有奇于元妙觀供香火氏夫先人名得附勒諸石氏壽卒

張世芳妻高氏無子側室嚴氏生子復豫嚴氏與世芳相繼亡氏撫復豫恩勤倍至豫雖長莫知其為嚴氏子也時三世同居舅姑委以家政氏出匳田為公產簽無私蓄

張世鈞妻宋氏世鈞知縣承瑞末子疾卒氏女工終姑養教子極嚴夜嘗自課有伯姒卒遺三女撫養適人悉賴于氏苦節五十七年

吳德懋妻田氏未嫁時德懋喪明復遘惡疾指墮髮落肌膚逆裂腥血淋漓不可近翁欲令氏改字時氏年十六謂必送我至吳家與訣至則執婦道惟謹親浣濯無難色凡四年德懋卒立夫姪延令為嗣人猶呼為田貞女云

陳欲程妻周氏蘄水周咸瞻女年二十適陳生子弘齡甫二歲欲程卒家貲雖裕井臼桑麻必親職其勞以教弘齡後齡克守世業孫政太學生

何序周妻陳氏年二十歸何越二年序周卒遺孤甫八月家貧氏勤紡績雖凍餒無怨母氏憐其貧諷以改志氏以死誓自是無復言後氏子亦早逝氏與媳勵志撫孫苦節五十六年

宗天子妻駱氏年二十四天子卒遺孤尚在襁褓家貧無倚與孀姑同志相依勤紡績孤多病婦侍湯藥不離左右者九載姑歿悲泣失明遺柩未葬者四氏勤苦經營數十年四喪俱舉人稱其節而有幹云

太學生王如曜妻張氏諸生世昇女年十九于歸如曜卒氏年二十八事繼姑以孝聞撫子德鈺既成立卒氏與媳張氏同處一室又撫數月孤承汾苦

節三十年
操贊皇妻王氏年二十四撫遺孤博懷孝養孀姑誓不再醮采茶啜粥守節七十一年
吳惟漢妻胡氏惟漢歿姑繼歿甘貧矢志子洪勳又卒撫孫五人以耕讀爲業卒年七十九
張公辰妻胡氏年十八歸張生一子公辰卒時舅姑歿公辰弟公準公除與子金若俱幼皆氏撫之苦節五十年壽七十三卒
張必昇妻徐氏年十六歸張生子二長師魯次朋舉

必昇卒氏年二十九歲苦節五十餘年
諸生管一志妻余氏向仲女年二十二歸管生子一甫二年一志卒遺孤月餘教之成立苦節六十五年卒
張杜妻王氏年二十歸張甫四年杜歿生一子淑嘉爲諸生早逝撫杜姪蘭山爲嗣苦節五十餘年卒
駱恭先妻陳氏年二十四恭先卒家貧甚氏日爲任舂夜則燒糠炧以績給兩孤兒學卒年七十一
監生張效愈妻柯氏年二十二歸張效愈卒撫育諸孤皆成立事舅姑以孝聞三子承祖早亡媳龔氏年二十承姑志守節四十餘年當事以大節重光旌其閭氏八十九歲卒
陳效古妻劉氏皋人劉文起女效古卒時氏年二十八歲無子立嗣子國學生棟氏事舅姑里有孝婦之稱苦節三十一載
熊有韡妻向氏天餘女年二十適熊韡卒氏年二十八家貧乞食養姑姑卒不能具禮族姓給義田穀爲殯殮計撫遺孤伯僖亦克成立苦節三十八年

張容及妻方氏容及卒氏年二十三一子四歲矢志自守有欲奪之者氏挈其子避于他所謀遂寢苦節四十二年
諸生張標妻閔氏標卒氏年二十八生子二長炳文次燦文氏教育成立爲名諸生長婦早逝氏撫遺孫卒年六十有四
韓嵩楡妻胡氏濟邑諸生綰思女嵩楡卒氏年二十九事姑孝撫二子成立守節三十二年
王又鴻妻石氏年十九又鴻卒撫三月孤至中年子

媳俱卒撫二孫愛姪如子姪斯覺思聖亦事之如
母壽八十九守節七十年
太學生王開鐖妻張氏開鐖出繼叔父嗣母易氏守
節氏善事之開鐖卒食指數十人氏操作不倦內
外無遺言教子世永世湧世湛皆成立
田公三妻吳氏年二十三夫卒撫孤廷表成立生一
孫廷表又卒氏又爲之撫孫歷曾元皆氏撫育年
八十七卒守節六十四年
易泰妻王氏貢生永昌孫女年二十七泰卒家貧子

幼守節四十二年
何開雍妻陳氏庠生枚燮女十九歸何越六年開雍
卒遺孤世浦僅五齡氏撫之成立未幾世浦夫婦
相繼亡氏更撫孤孫教養兼至守節五十餘年
何開垣繼妻吳氏江南崑山縣太學生延趾女歸何
甫三年開垣卒氏撫六月孤及元配陳所出三子
艱辛備歷事姑孝律巳嚴內言不出外言不入族
里賢之六十八卒守節四十餘年
太學生易德運妻熊氏年二十四德運卒立德運姪

湞爲嗣家貧祖姑舅姑暨德運皆氏營葬守節四
十七年
諸生顧仕綬妻張氏幼沉靜言動皆有法度仕綬以
赴試溺死遺孤兆棉甫數齡繞床泣氏顧而牽之
曰恃汝在吾爲汝不死苦節三十餘年其婢郝氏
早寡與主母同起居亦終節
張文齡妻王氏文齡舉人啓疆長子繼父志攻苦成
疾卒遺孤起宗又卒氏悽痛倍常事繼姑李以孝
聞立文齡姪兆魚爲嗣氏卒兆魚又卒媳朱氏撫

孤基事祖姑及姑克繼其志
胡啓德妻陳氏年十六適啓德生子昌哲甫二周啓
德卒事翁姑以孝聞子又卒媳張氏與姑同臥起
各終節
諸生張綱誨妻王氏誨少穎悟州牧王雅器重之鄉
試卒于鄂邸時氏年二十四無子與老姑張氏同
臥起立應詔子學說爲嗣
張世翼妻周氏年十九歸張越四載子復良甫二歲
世翼卒家貧終無異志守節四十二年

吳惟嵒妻胡氏惟嵒卒遺腹生子洪佑氏矢志不再適事舅姑撫孤成立足不踰閫者三十四年艱辛倍歷

吳惟暹妻蔡氏生子洪嵩甫周歲惟暹卒家無擔石二餔不給氏蓬首事女紅以膳翁姑有愉色無怨言歷三十餘年族衆咸以孝稱之

胡昌美妻張氏昌美卒殮葬畢氏以女托于昌美弟婦自投塘水隣母適出汲號救之立昌美姪弘點終節

諸生劉僡妻張氏廣濟庠生張錫金女識大義不苟言笑年二十歸劉舅姑早逝僡幼育于伯父母氏事伯姑極誠謹僡年二十四卒無子立僡姪觀遠爲嗣家貧勤紡績以老苦節三十一年

陳掄元妻潘氏生二子年二十二掄元卒苦節四十年

童有質妻陳氏諸生道時女年二十歸童生子三有質卒氏事舅姑以孝聞教子成立守節三十二年

李榮九妻張氏生一子榮九卒氏貧矢志伯氏欲嫁之氏以死自誓州牧張深爲嘉嘆俾成其志年六十二卒

李君安妻王氏君安卒氏撫五歲兒備歷勤苦朝夕支一鐺以五合米炊薄粥延殘喘蓄餘粟以遺子子之茂後考選經歷未仕卒

陳德元妻熊氏歸陳生一子於岱德元卒氏貧甚攻紡績以自給歷四十年

王景文妻鄭氏鄭有棣女年十七適王甫二年景文卒遺腹生德貴氏撫之成立苦節四十八年

易德易妻胡氏蘄水諸生胡君恊女年二十適德易二十七德易卒凡生事葬祭以及教子治家一準于禮年七十九守節五十二年

王錫三妻黃氏黃選臣女年十九適王越四年錫三卒事姑以孝聞子一教之有成壽七十一終

王遂章妻王氏公朗女年十九適王甫四年遂章卒撫遺腹子廷秀成立艱苦備嘗歷六十五年

儲童顧燕書妻張氏性嚴正事孀姑甚謹燕書家貧父及叔父未葬燕書繼卒三喪並室婦力爲經營

同空焉撫遺孤及四齡而夭立燕書大功姪孫啓
崇爲嗣姑歿殯葬皆如禮云
生員黄應時妻潘氏修之女年十八適黄篝燈伴讀
以勗夫子越二年夫卒無嗣苦節五十年
儒童高馥妻吴氏年二十七而寡家貧姑老每自饑
餒必甘脆飼其姑無晝夜機杼聲軋軋出戶外送
姑終爲兒娶婦皆取給焉子姪欲援例請旌氏力
辭
李元焜妻徐氏諸生秉銓第三女于歸後元焜病酒

嗔怒不時氏委曲承順元焜卒氏無子隨母守節
先是母王氏與氏二姊余永福之妻俱無子母女
同悲氏長姊劉爲之飲助同終節
胡可望妻黄氏年二十歸胡二十五可望卒一子尚
幼有欲强嫁者氏聞自縊遇救獲免人始不敢犯
守節歷三十二年
駱呈彭妻熊氏年二十適駱閲四載呈彭卒事姑勤
謹撫子抒毓抒禮皆成立
駱抒幹妻盧氏年十八歸駱甫二載抒幹卒翁姑以

年幼無子勸改嫁氏曰如此不如無生乃爲立後
年五十一終
王如秩妻顧氏年十八歸如秩二十五歲如秩卒氏
以紡績自給課子有法皆賴其成就云
王一盛妻陳氏年十六適王二十歲一盛卒痛夫無
子撫一盛大功弟琴材子爲嗣以苦節終
駱抒時妻丁氏年十九歸駱生子撫兩月抒時卒氏
苦守無變志守節歷三十三年
吴登闕妻駱氏年十八歸吴七載登闕卒氏矢志奉

姑後姑遭賊難氏冒刃衛之閭鄉稱爲孝婦云
黄載昌妻曾氏年十六適黄二十三載昌卒子式馨
式璦祖姑楊年近九十氏勉持家政以孝慈聞守
節三十六年卒
黄載瑹妻張氏年二十二適黄子式金甫五月載瑹
卒氏破鏡以半繫夫棺半存嫁笥凡祭奠時必出
鏡痛哭其事舅姑家雖貧勤紡績而甘旨不鈌苦
節四十七年卒
張正倫妻鄒氏年十七適張甫一載正倫卒氏撫嗣

子文淋如己出守節三十六年

張正茂妻張氏年十八于歸正茂卒子文濤幼有欲奪其志者氏以刃自隨事乃寢苦節四十八年

張仕漢妻吳氏年二十適張二十八仕漢卒守節四十四年氏事姑盡禮教子有法子正綱等三世同居皆奉氏教云

黄宗山妻龔氏宗山卒事翁姑撫孤備極艱苦守節三十七年

鄭應昌妻李氏年十九適鄭二十二歲應昌卒撫二

子成立守節四十年

陳道永妻吕氏年二十六道永卒二子繼亡守節四十五年

胡鍾泗妻鄒氏于歸三載鍾泗卒長子奇光兩歲次奇佑未週氏甘貧苦矢志事翁姑得歡容守節三十三年

張仁濟妻宋氏歸張甫三年仁濟卒無子勤紡績以自給積餘貲爲仁濟弟娶妻並置田遺姪守節五十三年

太學生張之城妻董氏諸生文福次女年十六歸張生子上賓宗隆之城卒氏年二十二事祖姑閔暨舅姑繼姑俱以孝稱

州學生張應燚妻陳氏舉人陳詁女年十九適張甫三歲應燚卒撫遺孤履綏備嘗艱苦教之有成今年五十六歲

朱萬圻妻張氏萬圻卒氏年二十一歲事翁姑得歡心教子仕亳爲諸生

童有康妻李氏峴儒女年二十四有康卒氏撫孤事

姑後姑歿二子隨亡氏勵志愈堅苦節四十三載

操公遠妻陳氏諸生陳石三女年十九適操五年公遠卒氏撫遺孤文象甫三週薪米時缺並日一炊備嘗辛苦年七十五卒

汪佑純妻張氏年十九歸汪佑純卒氏撫遺孤正己甫三歲事孀姑愛敬曲至姑卒哀毁踰常苦節三十九年

胡天只妻何氏年二十四天只卒生遺腹子從周周稍長汲水墮池氏聞之廹以身救母子俱得全鄉

里畀之苦節五十四年
黄永遂妻高氏溫處道高懋先女孫氏年二十永遂卒撫遺孤亨魁于永遂墓前種松柏百株以表其操
吳永隆妻何氏元芝女年十九歸吳不數載永隆卒氏孝舅姑和諧娣姒年逾七十孫曾林立人以爲節孝之報云
蔡履中妻何氏年十九適蔡甫六載履中卒生子二教子成立次子爲諸生今年五十五苦節三十年

吳尚友妻康氏年二十四尚友卒一子方二歲氏撫養倍歷艱苦及長教以義方氏尤重義隣親不給者輒周恤之苦節四十九年
程世珍妻周氏年二十八世珍卒生子二氏矢志苦守勤紡績以自給苦節五十三年
太學生吳伯桂妻陳氏年二十適吳七載伯桂卒生一子氏撫養恩義兼至事姑孝侍姑疾不解衣帶者數月年七十三卒
王道恕妻方氏年二十七道恕卒二子民球民琳俱幼氏撫養成立事舅姑以孝聞苦節歷六十三年
陳瑄舜妻駱氏庠生駱龍驤女瑄舜卒氏年二十五歲際荒難氏勵節愈堅教子可傚可倬列名黌序
胡學道妻胡氏道卒氏年二十六歲教子成立家道日豐皆氏勤苦之力年七十五終苦節五十年
陳弘郢妻郭氏年二十六弘郢卒氏教子甚嚴家頗豐舂杵薪水不假人手夜半猶聞紡績聲苦節三十餘年
諸生駱向純妻王氏年十八適駱生子敦源未週向

純卒氏苦節撫孤歷四十餘年
湯有祄妻江氏年十九適湯二十五歲祄卒氏無子立祄兄子煦爲嗣事姑盡禮尤好施與云
駱其智妻張氏年十七歸駱僅五月其智卒事姑以孝聞撫遺腹子成立
駱又存妻何氏年十九適駱明年又存卒子光緒幼或欲奪其志氏截髮毀容乃免年七十三卒苦節五十二年
駱祥先妻褚氏年十九適駱子濟川僅四歲祥先病

卒氏家徒壁立終身無怨年六十八卒守節四十
年
黃質先妻孫氏年十九適黃二十六歲質先卒有强
氏他適者氏拒之垂死乃免守節四十八年
胡屆遠妻張氏年十七適胡逾年生子玉甫三歲屆
遠卒姑疾氏刲股進旋愈守節歷五十二年
王紹唐妻鄧氏唐卒氏年二十三生子一女一事舅
姑以孝聞後事繼姑亦如之年五十一卒
王道華妻朱氏二十一歲道華卒撫三月孤宗傑後

宗傑亡事姑終餘年氏壽卒立堂姪孫咸亨嗣
張次珍妻欒氏珍卒氏年二十九撫長子膺次永隆
守節三十七年壽六十有六
儒童張燎文妻高氏高立萬女燎文卒氏矢志自守
事舅姑孝事繼姑亦如之紡績延師教子培瑛成
立守節四十二年今六十五歲
張季朗妻周氏適朗甫四年生子培世季朗卒氏矢
志苦守紡績備俸延師教子弱冠爲諸生培世又
早亡二孫俱幼氏扶持之守節四十六年

儒童張杰妻田氏州同之璋女年二十一適張七年
杰卒子二長應秋次應燊氏撫之成立苦節五十
一年卒
儒童張應秋妻王氏諸生王崇女年二十二歸張甫
三載生子履道應秋卒苦節三十八年
儒童李芳春妻王氏年十九適李甫二載芳春卒氏
家貧奉姑白氏撫遺孤同寅年三十九卒
張采蘩妻顏氏景星第八子昰之女年十八歸張明
年采蘩卒五閱月生遺腹子有恪時舅姑俱亡氏

決志撫孤家貧灌園紡絍年饑絕餐無怨
馮容妻李氏諸生有淑女年二十適容甫五載容卒
容兄弟五先後亡止少弟雋在凡家事皆李氏經
理撫姪元梁爲嗣苦節三十年
馮炟妻易氏州民容玉女年二十歸馮越四年炟卒
遺孤僅八月撫以成立兼撫遺孫琠守節三十七
年
倪明遜妻龔氏年二十六明遜卒生子一江氏斷髮
誓守撫之成立苦節三十九年

儒童李斗城妻張氏太學生世炬女于歸時舅已歿
事姑陳氏得歡斗城卒撫二子永蘖自持姑歿長
子光鑑將就婚又卒氏與夫弟金城竭力營葬諸
喪誓死不更適
蔡其述妻龔氏年二十歸蔡閱五年其述亡氏家貧
紡績養舅姑延師課子苦節五十六年今年八十
一歲
王撝謙妻董氏蘄水董存愷女年十七歸王甫二載
撝謙卒氏觸棺以殉繼姑曰吾老矣汝爲亡人死

節不如爲亡人全孝遂同姑卧起甘旨取給于女
紅孤苦萬狀歷三十二年
王華封妻沈氏諸生世亨女幼嫻內則通文義年十
九歸華封華封由繼伯母鄭氏年二十卒鄭氏先
有遺腹孫承宗尚幼氏體姑志鞠育恩勤如姑意
無何承宗又卒氏自傷孤孑又上慰老姑下憫寡
媳調獲撫恤心力俱瘁爲夫立嗣子岱太學生爲
承宗立嗣子瑛各終節
王兆麟妻袁氏太學生開宇長女年十八歸王生子

一女二麟卒氏年二十三歲侍舅姑老疾唯謹及
歿喪葬盡禮後繼姑劉氏存氏供膳甚豐而氏自
菲薄人稱其賢子德暹早亡立兆麟姪孫承契爲
德暹嗣苦節三十六年
張正濂妻張氏諸生杰長女年十九歸張閱九載正
濂卒氏家貧勤織紝教子讀書卒年五十有六子
夢禮州庠生
蔡明瑛妻龔氏明瑛卒氏年二十八康熙戊子己丑
洊饑氏飲茶茹蘖强自支持子二長其達次其迎

俱成立卒年六十有七
夏帝扶妻孟氏嗣武次女年十八歸夏生子弼周帝
扶卒氏年三十姑病篤刲股救愈里人以孝聞府
憲給扁苦節三十一載
沈六州妻章氏太學生尚周長女六州卒時氏年二
十三歲六州三弟繼亡氏皆經紀喪事孀居三十
餘年與祖姑孔氏共卧起撫立六州小功弟崑山
子爲嗣
沈時則妻王氏光義次女年十九適沈甫五年時則

亡家貧勤紡績事姑家漸克製田五畝作祀產族
里義之苦節三十五年
畢明玉妻王氏年二十二適畢閱五載明玉卒舅姑
蚤逝逢生日忌辰必敬必誠明玉無子撫嗣子毓
珍後毓珍夫婦繼亡竟無嗣氏卒年六十有六
汪自淑妻徐氏年二十歸汪三年自淑卒撫遺孤鍾
俊刈夏麥秋禾以自給衛守裴廉其實以節操可
風表其門
宋昌后妻龔氏煥美長女年二十歸宋夫勤學遘疾

氏侍湯藥三年未嘗安寢處昌后卒氏撫兩孤成
立
裴勝詞妻何氏年二十一勝詞卒氏撫勝詞姪爲嗣
教養兼盡苦節五十年
諸生王應榮妻管氏諸生管瑞女年二十歸王六載
生一子應榮卒氏家貧養繼姑撫遺孤苦節四十
年
張鳳岐妻王氏年二十四鳳岐卒氏家貧養孀姑以
孝聞撫子成立采藿藜糜粥自茹苦節四十一年

裴濟洪妻駱氏年十九歸裴生一子洪濟卒氏年二
十一家貧甚忍饑寒養姑撫子年七十一卒
張承書妻鮑氏年二十四承書卒氏撫遺孤翰孝侍
孀姑趙適盜入執姑索金氏伏姑身受梃刃盜義
而釋之姑患疽氏泣抱舐疽子翰長外出氏偶隱
几夢老人呼救兒氏驚尋翰陷池中已滅頂得救
咸里人以爲貞誠感神也苦節四十四年卒
王炯文妻李氏于歸後生一子一女炯文卒饔飧不
繼操守益堅守節三十二年

梅寧侯妻蔡氏氏年二十四寧侯卒撫遺孤家貧紡
績爲生姑病痿以身爲卧起又嘗割股以進苦節
五十三年
吳延謙妻陳氏氏年二十二延謙卒姑老家貧無子
延謙弟延益僅數齡氏力撫之成名隨立延益子
繼良爲嗣延益死姑益衰賴氏以安迄今苦節三
十年
陳克懃妻周氏鼎玉女年十八適陳二載克懃卒生
遺腹子欲伋養姑以孝聞撫子卒能成立

駱呈蓮妻蔡氏京倩女年二十二呈蓮卒無嗣立功
服姪麐慶爲後敬事姑姑歿殯葬皆盡禮
陳弘潮妻吳氏監生吳衡年女年二十四弘潮卒一
子甫週越三載子亡立弘潮姪受樫撫養成立
駱呈竿妻龔氏繼蘭女年十八歸駱八載呈竿卒長
子抒黨方二歲次抒羔僅三月時際荒難撫兩藐
孤無少變志後二子俱成立
駱抒熟妻貢氏廷彩女年十八歸駱子其臨甫二歲
抒熟卒氏撫孤事姑以孝慈聞

陳弘浚妻王氏舉人王琮女弘浚卒氏年二十八無
出立弘浚姪士英爲嗣
陳弘笏妻程氏旋宮女年二十弘笏卒遺子受綸後
綸生子顯悠甫四歲綸又卒氏兩世撫孤艱難備
歷苦節五十五年
陳受森妻周氏仁度女適陳二載受森卒苦節無變
志立受森姪爲嗣今年五十有三
陳伯臨妻王氏王如江女年二十伯臨卒家貧姑老
一子呱呱襁褓中或欲令再適懼見偪引刀自斷
其髮
駱宣韶妻王氏年二十一宣韶卒宣韶病氏刲股救
病瘥數月旋卒苦節五十六年
駱周正妻張氏年二十二周正卒或以計偪氏嫁氏
覺避母家謀遂寢今苦節三十四年子德光克樹
立
儒童吳用商妻何氏年二十八而寡初商疾劇氏欲
以身代商曰汝有娠八月不爲宗祀計乎既果生
子待聘氏教之成立孫伯樞克振家聲年七五卒

儒童駱抒元妻湯氏何純女年二十四抒元旅試客
死無子或議改適氏即夜投環死救之獲免爲立
後以節終
程盛義妻俞氏年二十五盛義卒備歷諸艱不渝厥
志治家嚴規矩閭里多以爲法年八十八卒
吳體乾妻陳氏年廿四而寡撫遺孤艱辛百端卒年
六十六
董思舜妻高氏年二十而寡饑寒交迫撫孤無二志
守節歷三十一年

李由彬妻陳氏可忠女年二十由彬卒姑治家嚴氏
姚曲得其歡心每篝燈夜績督兩孤兒學後孤瑛
列太學生珩諸生
胡可堭妻黃氏年十九可堭卒一子宗鋭家極貧以
孝養姑嘗與姑同食以病告益饔飧不繼懼姑知
不忍獨食也苦節歷三十七年
王一德妻方氏庠生方永蓍女年二十而寡子二矢
志撫孤俱能成立
王一道妻葉氏諸生葉國棟女年二十三一道卒獨

持門戶撫遺孤烈後烈生子兩月烈復卒伶仃孤
苦與子婦又撫孤孫
李由行妻陳氏方遠女年二十四由行卒氏矢志自
守撫由行姪以尊爲嗣
吳希孟妻陳氏庠生陳雲生女年二十五希孟卒無
子氏矢志養姑姑歿希孟弟永樊方孩抱氏力撫
之成立入州庠後命次子爲氏嗣今年七十
陳名訓妻王氏年二十四名訓卒事姑教子一以禮
法年五十九卒

太學生王湘妻王氏年十八湘卒氏抱數月兒與嫡
姑同卧起孝事姑每飯必致敬人稱其孝卒年五
十二
駱丕承妻尹氏年十九丕承卒氏鞠彌月孤懿美孤
既成立每夜禱天祈蚤死從夫地下年五十一卒
後子懿美卒其媳高氏亦以苦節稱
儒童馮世煦妻田氏年二十世煦卒氏未生子息乃斷
髮自誓煦弟生一子弟婦十餘年不復孕氏禱于
天煦弟復舉子氏因以爲後苦節歷三十年

程明巍妻陳氏年及笄歸程甫五月明巍卒越六月
遺腹生子輿莊家貧紡績自給有時不舉火人周
之力却不受守節歷三十有五年
吳陛占妻陳氏陛占病割股和羹以進卒不起時氏
年二十四初姑染沉痾氏與夫共事湯藥不離衽
席後氏一身任之者數年今年六十一
胡奇慊妻趙氏奇慊卒翁老且貧氏燒松節作燈勤
女紅供膳撫二子成立守節三十二年
劉世松妻貢氏世松卒長子次子壽卒撫幼子承裕

紡績自給以節終
胡昌明妻曹氏昌明卒家貧恐有奪志持匕首以自
防後教二子成立守節三十七年
陳名誌妻張氏年二十六名誌卒初名誌病氏刲股
調羹以進名誌旣卒每忌日輒痛哭以昜其子子
長能成立
陳受構妻陳氏克存女歸構年甫二十越明年生子
煒又明年構卒氏是年艱難百出姑繼構卒翁繼
姑卒氏獨力支持諸艱備歷後煒生子甫六月而

煒又卒媳張氏亦苦守不變人謂一門雙節
儒童李同庚妻趙氏太學生廷忠女年十八適李閱
三年同庚卒撫遺腹瑞雲越十六年瑞雲卒氏亦
卒
陳時與妻黃氏歸陳一載時與卒遺腹生子撫育成
立性方嚴教督不少假惟一老婢相伴年五十四
患病子洪詔請醫治氏不可遂卒
方時炯妻張氏于歸二載時炯卒氏事舅姑以孝聞
姑病躬侍湯藥經年不懈

駱輝越妻萬氏歸駱時年十八輝越病篤氏露禱求
救卒不起苦節歷三十五年子如山如水能成立
陳弘清妻陳氏太學生贊元女于歸後生子受松弘
清卒氏苦持門戶教子成立里中稱婦德焉
詹中域妻高氏中域卒無子家貧氏父母恐不能守
微示其意氏泣曰良人恃吾誓以瞑目安得背之
自是不往母家事姑篤孝初立嗣數歲殤復立中
域姪與恭爲嗣
陳弘子妻周氏弘子異母兄弟六人弘子無同母兄

弟弘子卒氏以死殉其母泣曰汝有遺腹倘得男
吾猶有屬也三匝月果舉子受漣
張忠卿妻袁氏忠卿卒生遺腹子瑕氏貧無依惟紡
績以自給泣哺孤兒每祭必攜往墓所悲啼竟日
後瑕復生子克成家焉
陳弘琯妻胡氏性方嚴門以內非至親無敢入者教
子岱以正如嚴父家人咸敬憚之
太學生吳偉妻鄭氏年十八歸吳未生子偉病篤氏
請先死偉止之曰徒死無益猶子固吾子也偉卒

氏立偉姪道嵩道性爲嗣撫育俱成立後長子道嵩歿遺三孤氏偕婦葉氏撫之辛苦百端

儒童馮元芳妻王氏諸生銳女年及笄適副榜炯長子元芳氏年二十七無子芳卒家貧藉女工以養姑卒年五十一

蔡士昇妻鄭氏年二十六夫亡撫遺孤蘭友及長娶媳生子康賚蘭友夫婦偕逝氏復撫孫成立爲諸生有聲守節五十五年

操來蘓妻詹氏庠生斗望長女年二十適操甫四年

來蘓卒氏痛夫乏嗣遏奩儀爲舅買妾生子晚依庶叔天秩苦節七十四年

王問俊妻陳氏年十九歸俊爲繼室三年生一女俊卒氏撫俊元配兩遺孤長元次亨愛猶己出勤苦備至不御鉛華守節五十餘年

王元妻張氏年二十五元卒氏觸棺破額遵姑諭强存撫遺孤琨養繼姑糲食粗衣歷六十五年

操能賢妻胡氏年二十三能賢卒越三月生子暉吉氏矢靡他貞志撫孤及于成立歷四十二年

王亨妻陳氏年二十二亨卒遺孤璉嬰疾氏每抱告夫靈祈代以身毋斬夫後璉長娶媳生子璡復早喪氏撫孤孫尋卒

何殿賜妻王氏年二十七夫歿撫遺孤開華養舅姑仰事俯育拮据萬難尋貰產經舅姑喪苦歷四十餘年

方國瑞妻胡氏年二十六夫卒氏强活奉侍孀姑撫侄爲夫嗣勤績給老稚荼蘗自克苦節四十四年

康杜東妻賈氏年二十七夫亡氏斷髮一束置襯中

誓不膏沐撫孤萬芳紡績佐脯脩豐年拾滯遺爲炊歲祲茹荼苦歷四十三載

陳本堅妻汪氏年二十八夫卒撫遺孤德鈉逾三年父母遣言另適氏泣謂兒不願生爲再醮妻有死耳遂謝絕永不歸寧飲蘗茹冰苦節垂四十年

汪佑標妻吳氏年二十六夫卒撫遺孤嵩壽教養及成立養姑年八旬卒舅瀕年亦耄以婦代子問視曲至盟心苦節歷三十五年

康象儀妻孫氏年二十四夫卒氏孝養舅姑委曲承

順撫孤滿東方在襁抱慈嚴兼盡滿東甫授室尋卒撫孫長泰勤苦興家貞操五十餘年族黨以節成三美贈之

韓天錫妻張氏年二十三夫歿遺孤大俊甫一歲次大任方娠錫亡四月始舉氏甘貧撫之采蕎度餒敗絮禦寒苦節三十三年卒

陳邱長妻李氏年二十五夫亡孝孀姑撫遺孤冰鐵爲心歷六十餘年

張敬五妻王氏年二十六夫卒遺孤長先桂次先槐

氏教子力作奉孀姑膳侍姑疾彌月不解衣晨夕泣誡兒曹勉其成立苦節五十三年

陳法舜妻舒氏永瞻女年十九歸陳甫六載法舜卒氏誓死以守撫子方潤成立茹荼飲蘗者六十年

張咸吉妻高氏幼失怙恃依叔母撫養及長歸張不數載咸吉卒氏年二十六無子撫咸吉姪懷遠爲嗣守節三十七年

童求成妻唐氏年二十五求成卒氏誓撫孤勵冰操者五十一年卒闔族公呈州牧張給扁獎之

葉紹芳妻宋氏芳卒時氏年二十六家頗饒不吝施與守節四十五年

翁如瑾妻王氏瑾卒氏年二十三家貧無子事姑以孝聞姑歿如瑾兄如瑛又卒氏極力殮葬撫如瑾姪濟成立歷三十三年

童儕仁妻吳氏年二十適童甫二年儕仁卒氏家貧紡績撫孤年六十五卒苦節四十三年

童八虎妻君氏年十九適童甫一載八虎卒家貧翁老或勸改適氏投諸江以救得免終身無遺憾云

湯有禎妻江氏年十九適湯二十一有禎卒氏撫子餘早後餘早卒氏與餘早婦王氏共撫孫慶茂守節歷三十五年

王宗益妻龔氏舉人啓堂之妹年十八適宗益生長子傳次亘俱幼宗益卒氏年二十四歲附居伯兄家以終厥志守節三十四年

陳寬妻郭氏適陳八載寬卒氏年二十六誓志撫孤俾克成立雖家有餘貲猶躬自紡績以供施與

儒童李育生妻張氏年二十二育生卒遺二子長二

歲次甫三月氏矢志撫孤後長子又卒伶丁孤苦
撫次子成立守節三十一年
董文趣妻祝氏年二十八夫卒撫兩孤有義方次子
爲諸生早亡撫孫爲太學生長子媳俱亡孫又亡
復撫曾孫成立身歷四世壽八十卒
生員董飛龍妻熊氏年二十歸飛龍事舅姑能得歡
心越五年夫卒無出破指出血誓無異志撫嗣子
成立苦節三十一年
儒童董景表妻管氏年二十一夫卒遺孤尚襁褓事

孀姑上承太公歡延師課子爲太學生現今五十
四歲
生員董秉龍妻甘氏年二十五夫卒撫四歲遺孤成
立有聲伯氏夫婦早亡撫姪猶子事孀姑以孝稱
苦節三十一年
周道齊妻張氏年二十五夫卒甘貧守淡盡瘁撫孤
苦節三十七年
太學生胡可駟妻龔氏年二十夫卒孝事姑二餔不
給三十餘年無怨言

周道持妻閻氏年二十一夫卒誓不更適撫孤成立
苦節三十二年
太學生胡可驥妻汪氏三載夫卒年二十歲無出或
勸其更適氏引繩欲自經苦節三十一年
太學生陳芳轍妻宋氏年十七歸陳甫一載夫卒四
閱月生遺腹子氏善事舅姑養葬如禮子大綸國
學生
儒童王世渶妻李氏諸生大生長女年十二父母俱
亡哭之哀聞者爲之輟食及長歸世渶世渶穎悟

善屬文早逝時氏二十二歲無出立世瑛兄世澍
子裔棠爲子撫如己出事舅姑寢膳問視無間族
人咸稱之
陳國佐妻華氏年二十四夫卒撫嗣子泰有聲太學
氏持身持家內外肅然苦節二十九年
儒童張國儒妻胡氏年二十四夫卒遺三子幼弱夫
弟生子數日父母俱亡氏口咀米漿哺之撫子姪
皆成立苦節五十一年
儒童張人龍妻蔡氏年二十三夫卒生子甫四月撫

育成立娶何氏女爲媳三年子又亡何生遺腹子
氏復撫弱媳幼孫勵志三十九年
儒童張永昇妻吳氏年二十三夫卒遺三子小弱其
姑胡氏二十五歲而寡氏善事之節操一如其姑
三子克家有聲姑卒七十八歲氏現六十一歲
朱仕澤妻何氏年二十四夫卒截髮毀容誓無二志
撫孤成立苦節三十七年
陳欲綸妻吳氏年三十二欲綸卒氏苦守無變志子
二次雲錦州庠生氏尤孝事姑閭里稱婦德焉

陳受鈞妻葉氏適陳一載受鈞卒氏苦守無變志歷
三十二年
駱萬方妻吳氏善事翁姑姑病刲股和羹以進姑愈
姑覺族里欲以額旌其孝不受萬方卒終身惟誦
經茹素現年六十九歲
倪光國妻何氏年十九歸光國其姑某二十七歲而
寡曾祖姑陳二十五歲而寡兩寡共撫光國光國
卒時氏年二十五生遺腹子共撫之成立姑卒六
十五歲陳卒九十三歲氏現五十三歲

梅相宜妻補氏年二十一夫卒遺一子家無立錐矢
志不渝紡績自給母子相依爲命苦節二十六年
梅遜一妻彭氏年二十五夫病篤割股以救不能起
夫亡無子或勸其更適氏毀容矢志家貧紡績以
事舅姑苦節四十二年
曹乾一妻劉氏年二十六夫卒氏勵志守節家貧績
纑易粟以養孀姑撫二子成立苦節五十一年
張觀成妻陳氏年二十五夫卒遺孤甫二歲氏禿髮
毀容誓無二志撫孤成立苦節四十七年

曹鵬翥妻劉氏年二十六夫卒家貧以紡績事繼姑
教子慈嚴兼至苦節五十五年
儒童范卿緘妻涂氏庠生世璜之女年十九夫卒撫
嗣子如己出夫存日因二兄俱亡以膳母爲己任
氏繼之諸姪不欲以養事累孀嬸氏不忍改夫志
留養以終姑年現苦節三十二年
太學生童巍妻王氏年十六歸童生二子夫卒教育
兩孤長子昌太學生次子膏業儒見鄉里有不給
者時出貲周恤之

高子謙妻石氏及笄未嫁子謙得惡疾翁姑諭氏家令他適氏堅志不從年二十歸高侍湯藥三年夫卒或又以家貧無出爲氏語遂截髮矢志從一而終苦節六十年

胡從宏妻汪氏年二十四歲從宏卒痛兩孤無依日夕紡績擇師課讀長世德成立次大德爲諸生苦節三十年

儒童張位北妻蔡氏年二十一夫卒遺孤甫一歲先位北臨危謂氏曰汝有他志俟吾子稍長可耳氏

觸石誓志紡織自給課子勤學苦節三十三年

儒童王喬梁妻韓氏年十八歸喬梁逾年生子喬梁卒家貧紡績贍姑子甫成人復歿立猶子爲嗣苦節三十二年

諸對揚妻姜氏歲貢壎女對揚卒氏未生子女單姓寒門無嗣可立依孤姪女工度日苦節三十年

儒童龔繼馨妻曾氏年十九歸龔三載生子甫一週夫卒撫孤慈嚴兼至俾克成立苦節三十四年

生員高克璉妻鄧氏年二十六夫卒撫孤益篤成名

身歷氷霜三十七年

許正元妻劉氏年十九適許甫七年正元卒氏撫孤成立後子媳繼亡復撫孤孫苦節三十八年

龔繼爵妻蔡氏年二十歸龔越四年生子必賜爵病篤囑以養親撫孤氏諾之夫卒或勸以更適即以死誓事翁姑孝謹

駱士伸妻華氏公廸女適駱五載士伸卒氏撫遺孤苦守無變志壽八十一終

庠生陳弘錦妻張氏太學生元極女歸陳四載弘錦

卒撫二子俱成立事舅姑以孝聞苦節三十八年

陳弘琰妻陳氏晋若次女年二十六弘琰卒氏撫遺孤艱難備歷事繼姑曲體承順克當姑意人稱其孝

盧聚賢妻劉氏聚賢卒時氏年二十五歲家苦貧氏鬻漿粉度日誓不改志苦節四十餘年

王道懋妻程氏年二十四道懋卒二子俱幼氏撫養成立好施與鄰里多周恤

管效妻王氏太學生眷平女年二十二效卒事姑撫

孤子沅及長氏病屏醫入托孤于夫兄蔭夫弟餘善教之不藥而卒

王問德妻陳氏年二十歸王甫六載問德卒撫子元鐸勤女紅自給孝養舅姑終其身無遽言慢色守節四十年

陳聖備妻田氏年二十歸陳越五載聖備卒遺孤在襁抱氏紡績給衣食子又卒氏又撫孤孫艱苦倍歷守節三十五年卒

張京蘭妻郭氏年二十一適張越九載京蘭卒氏矢

志守節歷三十年子三永弼師尚克繩皆成立

孫朝源妻范氏庠生雲士女年十九適孫越五年朝源卒氏屏絕鉛華勤紡績以義方訓子事舅姑克盡婦道守節三十五年

陳先照妻田氏年十九適陳越七載先照卒氏矢志撫孤教養兼盡家貧嘗鬻環釧爲饔飧貲間不舉火處之泰然守節三十八年

舒桂芳妻胡氏年二十七桂芳卒家貧撫孤誓不二志父憐之欲令他適氏引刀盡禿其髮後遂不敢復言年六十七卒守節四十一年

范卿繹妻陳氏二十七卿繹病篤無嗣囑氏終母養氏剪髮付卿繹手誓不他適及亡哀毀柴瘠扶病奉姑甚謹立卿繹姪位楹爲嗣姑歿氏經理其喪致哀盡禮守節歷三十三年

郭凝暉妻顧氏景星第七子昔之次女也凝暉家貧得惡疾氏多方左右之無少怨嫌及凝暉卒氏撫遺孤自矢未幾孤殤舅姑相繼歿家計益窘氏與凝暉姊張復禮妻同居守節女工度日相繼而卒

氏苦節三十七年

汪佑煌妻吳氏年二十適汪甫三月佑煌卒姑以無出勸令他適氏欲自盡後遂不復言時佑煌弟佑照僅八齡氏勤紡績教養成立生二子佑照亦早逝氏立其次子養育如同已出與佑照妻駱氏同以苦節稱

田仁麟妻王氏仁麟卒氏無子矢志守節立夫弟仁晟之子禮厚爲嗣

田再萬妻方氏再萬卒翁宗潢老病氏供饘粥十餘

年以孝聞
太學生張復説妻方氏諸生兆亨女年二十于歸逾
年生女夫卒事翁姑及繼姑稱孝撫嗣子有立婿
胡鴻珍皆成名以節著
陳先偉妻李氏年十七歸陳閱一載夫卒遺腹生子
志道紡績事姑苦節三十二年
儒童張廷翰妻張氏舉人仕學長孫女早寡矢志閉
幃不出撫孤學詩學禮族里稱其節
儒童張莘盛妻吳氏太學生璘之女夫卒與伯姒張

形影相弔勵志完節撫孤學全學美繼家聲
高至俊妻李氏至俊苦讀書弱疾卒氏守節後夢夫
名之去辭姑張及叔姒田不食而卒
太學生張典五妻陳氏夫卒氏事祖姑盧得歡心撫
夫姪宗麟爲嗣稱苦節
太學生張灼繼妻王氏夫卒事姑撫子培祖稱孝慈
駱抒坤妻許氏夫卒氏年二十一甘貧守節歷三十
二年
王伊佐妻方氏夫卒氏事姑甘旨無缺苦節三十四

年以孝聞
龔永儀妻姚氏儀卒時氏年二十二無子立永儀姪
天勝爲嗣守節三十一年
姚世儲妻陳氏年十七適姚甫八載世儲卒生一子
撫之成立
張世迎妻王氏年二十夫歿子岱雲甫六月氏矢志
撫孤後岱雲卒乏嗣氏同媳田氏日不再食安厝
舅姑暨夫喪氏年七十七卒立房姪大勇爲嗣監
生田仁浩生員田仁漸捐金代繼嗣娶妻以續張

祀
彭亂蕃妻唐氏歸彭後生子甫六月而亂蕃病氏刲
股救卒不起舅姑在堂氏奉老撫幼無少懈家貧
勤女紅以日食之餘推食隣里益不獨以節見云
姜從龍妻宋氏年十八歸姜二十二從龍卒乏嗣其
弟從虎幼氏撫之冀其成立生子立以爲嗣後從
虎亦早逝妻彭氏剪髮自誓與氏同守勤紡績朝
夕奉舅姑惟謹宋氏現守節三十一年
葉謙妻高氏處士益誌女幼嫺內則通文藝十七適

葉閱三載謙卒遺孤永遠甫二歲氏撫其成立教以義方事老姑尤盡婦道族里稱節孝云歷節踰三十年

葉燦暘妻韓氏燦暘卒氏年二十二侍節姑張矢從一志已無子立夫姪芬爲子自襁褓愛若親生芬長以夫遺書籍授讀常涕泣告誡之歷三十年孤苦異常孝慈並著

諸生劉袞妻許氏十六于歸越十載袞卒生子二志元諸生氏事姑至孝曲體無不如意氏年八十五

歲卒苦節五十九年

太學生李應詔之次妻王氏年十九適詔生子自道夫卒氏事舅姑以孝養生送死悉合禮法撫遺孤成立艱苦備至守節歷四十六年

李宗岱之妻王氏振遠女年二十適李甫三載宗岱卒家故貧氏誓以死守勤紡績奉舅姑教子光祖入郡庠苦節歷五十餘年

吳旦昇之妻胡氏年二十適吳逾年旦昇卒氏事姑教子遵夫遺訓貧不少懈苦節六十二年

賈克典妻馬氏善長女十九歲于歸二十一歲生子祚昌甫三日夫卒矢志事舅姑撫孤以農桑度日雖午炊不繼不貸于鄰守節五十七年

諸生王濂妻管氏年二十七濂卒絕粒數日忍死自守遵舅命立嗣苦節三十年

詹周燊妻田氏年二十歸詹二十八歲夫卒氏撫遺孤占䮝奉姑始終不懈䮝入國學僅一女又卒媳胡氏相依爲命以苦節聞

程代通妻胡氏年十八于歸八年夫卒長子岀次崙

家貧甚十指供姑膳苦節三十六年

張有聆妻鄭氏青年早寡足不踰閾撫嗣子其鉞以苦節聞

張士恭妻盧氏恭政紱曾姪孫女家貧守節歷四十五年七十七歲卒子成棟成桂成林

張成本妻張氏夫卒撫四子曦歷曛晴成立苦節至八十八歲

陳可依妻周氏早寡生遺腹子欲健克自成立致家豊裕苦節四十餘年

王策勳妻張氏年十八適策勳甫一載夫卒事孀姑家貧無怨言歷三十二年

儒童張培道妻駱氏年十九適培道三載夫亡與姑陳氏同卧起曲承意旨姑稱其節兼孝云

王邦烈妻張氏烈卒氏年二十二事舅姑撫孤苦節三十二年

太學生黃宗爽妻翁氏年十八適黃生子無疆甫二歲夫卒事翁姑以孝聞

吳伯柑妻胡氏年十九適吳生子聚奎甫三歲夫卒撫孤守節歷四十八年

周大權妻趙氏年二十七大權卒家貧遺孤祉甫四月撫之有成苦節五十餘年 未詳時代

曹行仁妻徐氏年二十夫卒氏矢志事姑家無擔石人或憐而助之悉却不受毀面屏居六十餘年 未詳時代

蘄州志卷之十五

知蘄州事虞山錢鋆纂輯

藝文志上

古文

南軒張氏有言蘄春文物彬彬前輩遺澤漸濡未泯意當時所謂前輩林氏吳氏足以當之然舊志錄碑版之作多矣兩家所撰著不槩見文章之傳不傳固有數存於其間與抑其散軼沉伏在天壤間者莫由遍觀而盡識也獨兩家然哉

宋 各體文十首

勅誥 二首

贈李誠之正節侯勅

蘄春介在疆埸然所恃以爲險者六關也朕命蓋臣徃專守禦之責而措置踈畧負我使令爾誠之儒紳之望屬分符守蘄以孤城而攖敵鋒蓋亦難矣慷慨激烈盡其命義合門死難朕甚痛之迺加論撰仍躐崇階爵之通侯謚曰正節廟食茲土賞延于後夫忠臣之心非慕名祿國家之澤當峻褒章今寄卯纍纍未足爲爾寵將滅此讐敵始足

以慰爾九泉也可贈誠之朝散大夫秘閣修撰加正節侯

崇祀李誠之褒忠廟誥

盡忠者臣子之大分全節者古今之難能河北二十四州真卿而已雎陽數百餘戰張巡之卓卓可稱寥寥不數我國家之養士氣獨盛前朝守臣之守邊疆相望芳史蠢茲殘羯盜我邊州忽聞二士之殲莫起萬夫之贖爾誠之早傳正學夙負雋聲屬分蘄水之符適有邊戎之寇獨能以大義而作三軍之氣以嚴令而安萬室之心州邑官聯感仰天而更誓閭閻童稚亦擊鼓以揚聲苟能以七百

餘衆之兵固壁爲二十五日之守奈之何赴援之將顧遲而不進助成之卒既入而復逃雖勢盡而力窮猶呼號而巷戰痛矣豫州之赤地百姓何辜哀哉卞壼之一門千載無及興懐至此有涕潸然爰册命於列侯俾蒸嘗于茲土誰能免夫一死足以愧彼偷生殆將滅此仇讐庶少恤其听憤

傳三首

余玠傳　宋史

余玠字義夫蘄州人家貧落魄無行喜功名好大言少爲白鹿洞諸生嘗攜客入茶肆毆賣茶翁死脫身走襄淮時趙葵爲淮東制置使玠作長短句上謁葵壯之留之幕中未幾以功補進義副尉擢將作監主簿權發遣招進軍克制置司參議官進工部郎官嘉熙三年與大元兵戰於汴城河陰有功授直華文閣淮東提點刑獄兼知淮安州兼淮東制置司參謀官淳祐元年玠提兵應援安豐拜大理少卿升制置副使進對必使國人上下事無不確實然後華夏率孚天人感格又言今世胄之彦場屋之士田里之豪一或即戎即指之爲麤人斥之爲噲伍願陛下視文武

之士爲一勿令偏有所重偏必至於激文武交激非國之福帝曰卿人物議論皆不常可獨當一面卿宜少留當有擢用乃授權兵部侍郎四川宣諭使帝從容慰遣之玠亦自許當手挈全蜀還本朝其功日月可冀尋授兵部侍郎四川安撫制置使兼知重慶府兼四川總領兼夔路轉運使自寶慶三年至淳祐二年十六年間凡授宣撫三人制置使九人副四人或老或暫或庸或貪或慘或謬或遙領而不至或開隙而各謀終無成績於是東西川無復統律遺民咸不聊生監司戎師各專號令擅辟守宰蕩無紀綱

蜀日益壞及聞玠入蜀人心初定始有安土之志玠大更敝政遴選守宰築招賢之館於府之左供張一如帥所居下令曰集衆思廣忠益諸葛孔明所以用蜀也欲有謀以告我者近則徑詣公府遠則自言於郡所在以禮遣之高爵重賞朝廷不吝以報功豪傑之士趨期立事今其時矣士之至者玠不厭禮接咸得其懽心言有可用隨其才而用之苟不可用亦厚遺謝之播州冉氏兄弟璡璞有文武才隱居蠻中前後閫帥辟召堅不肯起聞玠賢相謂曰是可與語矣遂詣府上謁玠素聞冉氏兄弟刺入即出見之

與分廷抗禮賓館之奉冉安之若素有居數月無所言玠將謝之乃為設宴玠親主之酒酣坐客方紛紛競言所長璡兄弟飲食而已玠以微言挑之卒默然玠曰是觀我待士之禮何如耳明日更闢別館以處之且日使人窺其所為兄弟終日不言惟對踞以堊畫地為山川城池之形起則漫去如是又旬日請見玠屏人曰某兄弟辱明公禮遇思有以少裨益非敢同衆人也為今日西蜀之計其在徙合州城乎玠不覺躍起執其手曰此玠志也但未得其所耳曰蜀口形勝之地莫若釣魚山請徙諸此若任得其人積粟以守之賢於十萬師遠矣巴蜀不足守也玠大喜曰玠固疑先生非淺士先生之謀玠不敢掠以歸已遂不謀於衆密以其謀聞於朝請不次官之詔以璡為承事郎權發遣合州璞為承務郎權通判州事徙城之事悉以任之命下一府皆讙然同辭以為不可玠怒曰城成則蜀賴以安不成玠獨坐之諸君無預也卒築青居大獲釣魚雲頂天生凡十餘城皆因山為壘碁布星分為諸郡治所屯兵聚糧為必守計且誅潰將以肅軍令又移金戎於大獲以護蜀口移沔戎於青居興戎先駐合州舊城移守釣魚共

備內水移利戎於雲頂以備外水於是如臂使指氣勢聯絡又屬嘉定俞興開屯田於成都蜀以富實十年冬玠率諸將巡邊直擣興元大元兵與之大戰十二年又大戰於嘉定初利司都統王夔素殘悍號王夜叉恃功驕恣桀驁不受節度所至刼掠每得富家穴箕加頸四面然箕謂之蟇蝕月以弓弦繫鼻下高懸於格謂之錯繫喉縛人兩股以水交壓謂之乾榨油以至用醋灌鼻惡水灌耳口等毒虐非一以脅取金帛稍不遂意即死其手蜀人患苦之且悉斂部將倅馬以自入將戰乃高其估賣與之朝廷雖知

其不法有逆不能詰也大帥處分少不愜其意則百計撓之使不得有所爲玠至嘉定夔帥所部兵迎謁才羸弱二百人玠曰久聞都統兵精今疲敝若此殊不稱所望夔對曰夔兵非不精所以不敢即見者恐驚從人耳頃之班聲如雷江水如沸聲止圓陣即合旗幟精明器械森然沙上之人彌望若林立無一人敢亂行者舟中皆戰悼失色而玠自若也徐命吏班賞有差夔退謂人曰儒者中乃有此人玠久欲誅夔獨患其握重兵居外恐輕動危蜀謀於親將楊成成曰夔在蜀久所部兵精前時大帥夔皆勢出其

右意不止此也視侍郎爲文臣必不肯甘心從令今縱弗誅養成其勢後一舉足西蜀危矣玠曰我欲誅之久矣獨患其黨與衆未發耳成曰侍郎以夔在蜀久有威名孰與吳氏夔固帥若也夫吳氏當中興危難之時能百戰以保蜀傳之四世恩威益張根本益固蜀人知有吳氏而不知有朝廷一旦曦爲叛逆諸將誅之如取孤豚況夔無吳氏之功而有曦之逆心恃狶突之勇敢漫法度縱兵殘民奴視同列非有吳氏得人之固也今誅之一夫力耳待其發而取之難矣玠意遂決夜召夔計事潛以成代領其衆夔

才離營而新將已單騎入矣將士皆愕眙相顧不知所爲成以帥指譬曉之遂相率拜賀夔至斬之成因察其所與爲惡者數人稍稍以法誅之乃薦成爲文州刺史戎帥欲舉統制姚世安爲代玠素欲革軍中舉代之弊以三千騎至雲頂山下遣都統金某往代世安世安閉關不納且有危言然常疑玠圖己屬丞相謝方叔家子姪自永康避地雲頂世安厚結之求方叔爲援方叔因倡言玠失利戎之心非我調停且旦夕有變又陰嗾世安密求玠之短陳於帝前於是世安與玠抗玠鬱鬱不樂寶祐元年聞有召命

愈不自安一夕暴卒或謂仰藥死蜀之人莫不悲慕如失父母玠自入蜀進華文閣待制賜金帶權兵部尚書進徽猷閣學士大使又進龍圖閣學士端明殿學士及召拜資政殿學士恩例視執政其卒也帝輟朝特贈五官以監察御史陳大方言奪職六年復之玠之治蜀也任都統張實治軍旅安撫王惟忠治財賦監簿朱文炳接賓客皆有常度至於修學養士輕徭以寬民力薄征以通商賈蜀既富實乃罷京湖之餉邊關無警又撤東南之戍自寶慶以來蜀閫未有能及之者惜其遽以太平自詫進蜀錦蜀箋過

於文餙外假便宜之權不顧嫌疑昧於勇退遂來讒賊之口而又置機捕官雖足以廉得事情然寄耳目於羣小虛實相半故人多懷疑懼至於世安拒命玠威名頓挫齎志以殁有子曰如孫取當如孫仲謀之義遭論改師忠歷大理寺丞爲賈似道所殺

李誠之傳　宋史

李誠之字茂欽婺州東陽人受學呂祖謙鄉舉第一後入太學舍選亦第一慶元初釋褐爲饒州教授丁父母憂廬墓終喪幹辦福建安撫司公事遷刑工部架閣擢國子學

錄以言罷起爲江西轉運司幹辦使稱擢會子第其物力高下輸錢以斂之誠之以爲擾使者不悅曰商君之令猶能必行今乃齟齬如此誠之愀然曰使君儒者而欲效商君之所爲乎遂辭去使者遜謝罷令而役止改通判常州知郢州知金人必敗盟大修邊防戰攻守禦之具移知蘄州蘄自南渡以來未嘗被兵誠之曰備禦無素長驅而來將若之何相視城壁而增益之傅樓櫓築軍馬牆教閱廂禁民兵激之以賞積粟四萬先是酒庫月解錢四百五十千以獻守誠之一無所受寄諸公帑以助兵食嘉定十四年二月金人犯淮甸時誠之已逾滿代者不至欲先遣其孥歸聞難作而止喟然謂其僚曰吾以書生任邊壘行年七十抑又何求獨欠一死爾當與同僚戮力以守不濟則以死繼之乃選丁壯分布城守募死士邀擊過于橫槎橋大破之居數日金人擁衆臨沙河欲渡又破之明日金兵大至決湟水焚戰樓又拒退之明日金移兵要衝爲必渡計其兵直前奮擊殺其酋帥金人雖屢挫然謀益巧攻益力未幾薄城下圍之數重遂燔木柵誠之出兵禦之又殺其將卒數十人奪所佩印三月朔金人攻西門射御之俄

造望樓以窺城誠之爲疑兵以示之又使持書來脅降誠之戮之而還其書越二日金人以攻具進誠之設械禦之夜出擣其營料敵應變若熟知兵者金人卒不得志會黃州太守併兵爲一凡十餘萬池陽合肥援兵敗走朝命馮榯援二郡榯至竟遷延不進誠之激厲將士勉以忠義城陷率兵巷戰殺傷相當于士允力戰死誠之引劍將自刎呼其孥曰城已破汝等宜速死無辱妻許及婦若孫皆赴水死事聞贈朝散大夫秘閣修撰封正節候立廟于蘄賜名褒忠賻銀絹二百仍賜爵廸功郎者三誥贈其妻令人

士允通直郎子婦及孫女之没于難者皆贈安人從誠之之死者通判州事秦鉅

秦鉅傳　宋史

秦鉅字子野丞相檜曾孫通判蘄州金人犯境與郡守李誠之協力捍禦求援于武昌安慶月餘兵不至策應兵徐揮常用等棄城遁城破鉅與誠之各以自隨之兵巷戰死傷畧盡鉅歸署疾呼吏人劉廸令火諸倉庫乃赴一室自焚有老卒見烟焰中着白戰袍者識其鉅也冐火挽出之鉅叱曰我爲國死汝輩可自求生掣衣就焚而死次子浚

先往四祖山兵至亟還與弟濬從父偕死特贈鉅五官秘閣修撰封義烈侯與誠之皆立廟蘄州賜額褒忠贈浚濬通直郎賻以銀絹各二百州學教授阮希甫贈通直郎防禦判官趙汝標蘄主簿甯時鳳錄事叅軍兼司戶杜諤俱贈承務郎監蘄州都太監轄蘄口鎮倉庫嚴剛中贈承事時統制官孫中小將江士旺陳興曹全兵卞軍士李斌等皆鬬死司理叅軍趙與裕先率民兵百餘人奪關出外求援僅以自免而全家十六人皆没淳祐十二年特封鉅義烈顯節侯黄州城陷守臣何大節亦投江死焉

記二首

州學教授廳記　朱熹

乾道八年秋予友建安李君宗思爲蘄州學官始至入學釋菜召諸生坐堂上而告之曰朝廷立學建官所以養人材而待其用德意甚美宗思不佞得備選焉深爲淺露懼不能稱今將何以教二三子者而相與朝夕乎古人爲己之學庶以無負朝廷教養之意二三子其亦有志於斯乎諸生起而對曰諸生不敏惟先生有以敎之則幸甚於是宗思退即其居則距學且十里宗思顧而歎曰學官宜朝

夕于學與諸生相切磋者其相距之遠可若是邪翌日相學之東偏有廢地焉請于州願得爲屋以居而日往月來于學以供厥事於是通守北海王侯某領州符嘉宗思之意而悉其力以相役之不逾時遂以備告然後宗思得以日至於學進諸生而教誨之蓋使之潛思乎論語孟子之書以求義理之要又考編年資治之史以議夫事變之得失焉日月有程不躐不惰操策而問勸督以時凡使之知所以明善修身之方齊家治國之本而於詞藝之習則後焉而不急也既又禮其士之賢而有德者而與共居凡學

之教悉使之聽焉由是蘄之爲士者始知所以爲士之事而用其力宗思亦喜其教之行而將有成也礱石於堂考前爲是官者得自某人以下若干名氏歲月刻之而書屬予使因記其所以然者予惟宗思之教可能也而其所教則非世儒之可及王侯之垂意於學可及也而不以宗思之說爲迂闊於事者則非俗吏之可及是皆宜書以詔於後葢非獨能繼宗思而居此者有所考法抑亦承流千里而帥其民者所宜知也於是悉書其本末如此俾刻寘題名之首云九年七月壬子新安朱熹記

蘄州惠民倉記

眞德秀西山

嘉定某年某月金華李公守蘄始至曰城郭完乎有司以圮告則命繕而新之凡若干丈尺又曰城完矣兵械具乎有司以乏告則命爲某器若干某器若干既又曰吾城堅而械良於守易矣無其人可乎則舉凡兵之在籍若寓于埜者敎之率以法期年士咸就紀律公曰可矣猶未也夫守恃兵兵恃民民恃食故食民之大命也邊之首政也蘄故號沃壤中興以來流痛未盡復荒萊未盡治歲所出不能當中州一大縣而輸于公家者才萬斛焉以廩吾兵且不給設不幸有旱溢之菑蝨螟之孽其奚以相恤哉余爲二千石于此而奉養嗇於斗食吏非矯也重民之脂膏不忍褻而用也覬圭勺之贏還以遺吾甿也時會而月計之泉之在官者屢有餘歲幸比登粟之在民者亦屢有餘以其餘于官者易其餘于民者不幸告儉則以減之官者復散之民此備豫之善畫也廼簡僚吏之材者涖厥事凡樂售者優其直與之未幾得粟爲萬石者二糜錢緡若千萬千百有奇築屋若干楹以謹其出納命之曰惠民倉著公志也夫民食足然後有固心人心固然後可冀以死守昔

者孟子談王道於戰國皆是物也彼爭地爭城之將從横馳說之士未有不哂其迂卒之莫或能易者葢民弗自安而欲與俱安危不邮其生而欲責之死無是道也公之學醇以深其氣剛以大葢淵源乎孟氏者故其治邊之政大抵以保民爲本是倉特其一爾始倉之成公旣以告于朝下部使者核其實又書來命某識之其欲以詒後人俾勿廢乎余謂使繼至者有公之心雖毋識焉可也不然則金版玉書猶弗足紀恃此以存難哉雖然仁人心也人心不可泯則是倉不可廢姑識之庶異時有考云公名誠之字

戊欽十三年夏五月辛卯朝散大夫集英殿修撰權發遣隆興府主管江南西路安撫司公事馬步軍都總管眞德秀記

表二首

代蘄守謝上表　秦觀少游

奉法明時方悔推行之誤分符近地俄蒙假貸之私祇荷龍恩載深感涕伏念臣資材闇昧問學空疎遭逢昌辰叨竊劇任徒冀事功之立靡思罪釁之成昨以出按荆車兼程鹽課猥虞曠廢妄致勤勞屬吏承風不無過當小民競

利豈免怨尤雖不待于人言即行改正儻追論其事迹殆可誅夷敢祈造物之恩循竊長人之任矧蘄春之便郡實淮右之名區風氣和平獄訟稀少平時來者尚樂寬閒謫官居之眞爲僥倖此蓋伏遇太皇太后陛下推天地之賜回日月之光黜陟不失其所宜輕重各當其所適察臣過舉止于四月之間許臣自新付以一州之寄念捐軀而莫報徒撫巳以增慚復路廻車顧迷途其未遠輸肝剖膽庶報効之可圖

代蘄州守謝上表　秦觀

愚罪著明當以萬死聖恩寬大尚假一麾顧惟昧冒之深第積戰兢之至伏念臣不學無術寡偶少徒荷先帝之誤知辟常員而擢用始欲悉力而舉職莫知長慮以佐時自取悔尤至煩揮黜責其妄作便可屏之遠方憫其知非循常投於散地敢圖生死而骨肉尚容宣化以承流況臣粤自去冬嘗陳愚懇願歸使節求綰郡章雖此左遷正符宿願恩既深而逾望感亦極而難言此蓋伏遇皇帝陛下大德海涵至仁天覆謂災眚之可赦以過失爲當憐寬其未棄之誅開其自新之路辨之不早嗟巳迫于桑榆來者可

追幸未塡于溝壑誓捐軀幹上報恩私

書一首

與施蘄州少路書　張栻敬夫

久聞蘄春文物彬彬有前輩遺澤漸濡未泯也計士人中氣質多美者畿錢事如何計循其理而爲之不若他人做工作事也大抵今日人才之病其號爲安靜者則一切不爲而其欲爲者則又先懷利心往往貽害要是儒者之政一一務實爲所當爲以護養邦本爲先耳此則可貴也某冒居要藩日夜悚仄益日勉焉而未之能益也臭味一家

偶及之耳

明　各體文四十三首

誥勅三首

追封康茂才蘄國公誥命　太祖

朕惟帝王之待功臣生則顯官厚秩以榮之歿則加封錫爵以報之此國家之常典也榮祿大夫同知大都督府事兼太子右率府使康茂才初自京口率衆來歸爾即以水軍勝張氏獲其海舟繼取樅陽攻安慶守龍灣及陳氏犯境爾能擊退其兵及復從朕以舟師攻舒城江蘄興國漢

陽郡繼克廬州大戰彭蠡遂平武昌以至隨大將援江陵湖南四川取泰州援宜興戰崑山之巫子門擣淮安之馬邏港破吳興下姑蘇北征汴洛守陝蒲二州招徠絳解之衆其功可謂偉矣豈期隨征與元旋軍中道因疾以歿朕聞訃音不勝感悼念今天下混一方欲論功行賞以報汝功爾乃遽然長逝其於朕心何可忘哉茲特勅爾官勳貫爾靈爽尚其不昧承茲新命於冥冥之中也可贈推忠翊運宣力懷遠功臣光祿大夫湖廣等處行中書省平章政事柱國追封蘄國公謚武義王者施行

整飭兵備蘄州下江防道勅書

勑湖廣按察司僉事魏艮輔先該湖廣巡撫官題稱湖廣江道漢陽一帶波濤浩渺村落荒疏其本土及流寓軍民率多嘯聚爲盜必須專官督理事可責成今特命爾整飭彼處兵備在於蘄州駐劄照依該部題准事例往來巡歷專一提督漢陽而下至黃州蘄州並德安等一帶江防湖禁巡司修理城堡操練軍兵民快淸查錢糧軍衞有司悉聽調度其江西河南直隷隣界地方遇有盜賊生發會同各該兵備相機勦捕九江南昌汝寧安慶等各府衞等衙

門事干盜賊及會勘詞訟不分軍民職官俱聽調用爾仍聽巡撫官節制爾爲憲臣受茲委任尤須持廉秉公正己率下務在盜賊寧息地方安妥斯爲爾能毋得自違憲度及縱容管軍人員科需尅害臨賊退縮誤事如違一體治罪不宥爾其勉之愼之故勑

諭

卻蘄州進簟諭

古者方物之貢惟服食器用故無耳目之娛玩好之失今所進竹簟固爲用物但無命來獻恐下聞風爭進奇巧勞

民傷財自兹始矣郤之仍命四方非朝廷所需者毋妄獻

疏一首

進本草綱目疏　李建元州人

湖廣黄州府儒學增廣生員李建元謹奏爲遵奉明例訪書進獻本草以備采擇事臣伏讀禮部儀制司勘合一欵恭請聖明勑儒臣開書局纂修正史移文中外凡名家著述有關國家典章及紀君臣事跡他如天文樂律醫術方技諸書但成一家名言可以垂於方來者卽訪求解送以備採入藝文志如已刻行者卽刷印一部送部或其家自

欲進獻者聽奉此臣故父李時珍原任楚府奉祠奉勑進封文林郎四川蓬溪知縣生平篤學刻意纂修曾著本草一部甫及刻成忽值數盡撰有遺表令臣代獻臣切思之父有遺命而子不遵何以承先志父有遺書而子不獻何以應朝命矧今修史之時又值取書之會臣不揣譾陋不避斧鉞謹述故父遺表臣父時珍幼多羸疾長成鈍椎耽嗜典籍若啖蔗飴考古證今奮發編摩苦志辨疑訂誤留心纂述諸書伏念本草一書關係頗重誤解羣氏謬誤亦多行年三十力肆校讐歷歲七旬功始成就野人炙背食芹尚欲獻之天子微臣採珠聚玉敢不上之明君昔炎皇辨百穀嘗百草而分別氣味之良毒軒轅師岐伯尊伯高而剖析經絡之本標遂有神農本草三卷藝文錄爲醫家一經及漢末而李當之始加校修至梁末而陶弘景益以註釋古藥三百六十五種以應重封唐高宗命司空李勣重修長史蘇恭表請伏定增藥一百一十四種宋太祖命醫官劉翰詳校宋仁宗再詔補註增藥一百種召醫唐慎微合爲證類修補衆本草五百種自是人皆指爲全書醫則目爲奧典夷考其間玼瑕不少有當析而混者如葳蕤

女萎二物而併入一條有當併而析者如南星虎掌一物而分爲二種生薑薯蕷菜也而列草品檳榔龍眼果也而列木部八穀生民之天也不能明辨其種類三菘日用之蔬也罔克的別其名稱黑豆赤菽大小同條硝石芒硝水火混注以蘭花爲蘭草卷丹爲百合此寇氏衍義之舛謬謂黄精即鉤吻旋花即山薑乃陶氏別錄之差譌歐漿苦膽草菜重出掌氏之不審天花栝樓兩處圖形蘇氏之欠明五倍子耩蟲窠也而認爲木實大蘋草田字草也而指爲浮萍似兹之類不可枚陳畧摘一二以見錯誤若不類

分品列何以印定羣疑臣不揣猥愚僭肆删述重復者芟之遺缺者補之如磨刀水潦水桑柴火艾火鎖陽山柰土茯苓番木鱉金桔樟腦蝎虎狗蠅白蠟水蛇狗寶秋虫之類並今方所用而古本則無三七地羅九仙子蜘蛛香豬腰子勾金皮之類皆方物土苴而稗官不載今增新藥凡三百四十七種類析舊本分爲一十六部雖非集成實亦粗備有數名或散見各部總標正名爲綱餘各附釋爲目正始也次以集解辨疑正誤詳其出產形狀也次以氣味主治附方著其體用也上自墳典下至傳奇凡有相關靡

不收采雖命醫書實該物理我太祖高皇帝首設醫院重設醫學沛仁心仁術于九有之中世宗肅皇帝既刻醫方選要又刻衛生易簡藹仁政仁聲于率土之遠伏願皇帝陛下體道守成遵祖繼志當離明之正位司考文之大權留情民瘼再修司命之書特詔良臣著成昭代之典治身以治天下書當以日月爭光壽國以壽萬民臣不與草木同朽臣不勝冀望屏營之至臣建元爲此一得之愚上干九重之覽或准行禮部轉發史館采擇或行醫院重修父子啣恩存歿均戴臣無任瞻天仰聖之至

傳六首

康茂才傳　明史

康茂才字壽卿蘄州人通經史大義事母孝元末寇亂陷蘄結義兵保鄉里立功自長官累遷淮西宣慰司都元帥太祖既渡江將士家屬留和州時茂才移戍采石扼江渡太祖遣兵數攻之茂才力守常遇春設伏殲其精鋭茂才復立寨天寧洲又破之奔集慶太祖克集慶乃帥所部兵降太祖釋之命統所部從征明年授秦淮翼水軍元帥守龍灣取江陰馬馱沙敗張士誠兵獲其樓船從廖永安攻

池州取樅陽太祖以軍興民失農業命茂才爲都水營田使仍兼帳前總制親兵左副指揮使陳友諒既陷太平謀約張士誠合攻應天太祖欲其速來破之知茂才與友諒有舊命遣僕持書紿爲内應友諒大喜問康公安在曰守江東木橋使歸太祖易橋以石友諒至見橋愕然連呼老康莫應退至龍灣伏兵四起茂才合諸將奮擊太破之太祖喜茂才功賜賚甚厚明年太祖親征友諒茂才以舟師從克安慶破江州友諒西遁遂下蘄州興國漢陽沿流克黄梅寨取瑞昌敗友諒八指揮降士卒二萬人遷帳前親

兵副都指揮使攻左君弼廬州未下從援南昌戰彭蠡友諒敗死從征武昌皆有功進金吾侍衛親軍都護從大將軍徐達再攻廬州克之取江陵及湖南諸路改神武衛指揮使進大都督府副使士誠攻江陰太祖自將擊之比至鎮江士誠已焚瓜洲遁茂才追北至浮子門吳軍遮海口乘潮來薄茂才力戰大敗之擣淮安馬騾港拔其水寨淮安平尋拔湖州進逼平江士誠遣銳卒迎鬬大戰尹山橋茂才持大戟督戰盡覆敵衆與諸將合圍其城軍齊門平江下還取無錫遷同知大都督府事兼太子右率府使洪

武元年從大將軍經略中原取汴洛留守陝州規運饋餉造浮橋渡師招徠絳解諸州扼潼關秦兵不敢東向茂才善撫綏民立石頌德焉是年復從大將軍征定西取興元還軍道卒追封蘄國公謚武義子鐸年十歲入侍皇太子讀書大本堂以父功封蘄春侯食祿一千五百石予世券督民墾田鳳陽帥兵征辰州蠻平施疊諸州從大將軍達北征又從征南將軍傅友德征雲南克普定破華楚山諸砦卒於軍年二十三追封蘄國公謚忠愍子淵幼未襲授散騎舍人已坐事革冠服勒居山西遂不得嗣弘治末錄茂才後爲世襲千戶

李時珍傳 明史

李時珍字東璧蘄州人好讀書精於醫醫家本草自神農所傳止三百六十五種梁陶弘景所增亦如之唐蘇恭增一百一十四種宋劉翰又增一百二十種至掌禹錫唐慎微輩先後增補合一千五百五十八種時稱大備然品類既煩名稱多雜或一物而析爲二三或二物而混爲一品時珍病之乃窮搜博採芟煩補闕歷三十年閱書八百餘家稾三易而成書曰本草綱目增藥三百七十四種釐爲

一十六部合成五十二卷首標正名爲綱餘各附釋爲目次以集解詳其出產形色又次以氣味主治附方書成將上之朝時珍遽卒未幾神宗詔修國史購四方書籍其子建元以父遺表及是書來獻天子嘉之命刊行天下自是士大夫家有其書時珍官楚王府奉祠正子建中四川蓬溪知縣按時珍著述甚多本草綱目外撰有醫案二十卷邁所館詩十卷集唐律六卷脉訣一卷五臟圖論三焦客難命門考蘄艾傳白花蛇傳天文地理等書附記於此

許文岐傳 李新附 明史

許文岐字我西仁和人祖子良巡撫貴州右僉都御史父

聯樞廣西左參政文岐崇禎七年進士歷南京職方郎中賊大擾江北佐尚書范景文治戎備景文甚倚之遷黄州知府射殺賊前鋒一隻虎奪大纛而還獄有重囚七人縱歸省克期就獄皆如約至乃請於上官貸之十三年遷下江防道副使駐蘄州賊魁賀一龍藺養成等萃蘄黄間文岐設備嚴賊黨張雄飛將南渡命遊擊楊富焚其舟賊乃卻巡撫宋一鶴上其功副將張一龍善馭兵文岐重之嘗共宿帳中軍中夜呼譟文岐曰此奸人乘夜思逞耳堅卧不出質明叛兵百餘人奪門遁一龍追獲盡斬之一軍肅

然楊富既久鎮蘄一鶴復遣參將毛顯文至不相得兵民洶洶文岐會二將以杯酒釋之始無患十五年左良玉潰兵南下大掠文岐立馬江口迎之兵莫敢犯時警報日急人無固志會擢督糧參政當行文岐嘆曰吾爲天子守孤城三載矣分當死封疆雖危急奈何棄之遣妻奉母歸檄富顯文出屯近郊爲固守計無何荆王府將校郝承忠潛通張獻忠明年大舉兵來攻文岐發礮斃賊甚衆夜將半雪盈尺賊破西門入文岐巷戰雪愈甚礮不得發遂被執獻忠聞其名不殺繫之後營時舉人奚鼎鉉等數十人同

繫文岐密謂曰觀賊老營多烏合凡此數萬卒皆被掠良民若告以大義同心協力賊可殲也於是陰相結期四月起事以柳圈爲信謀洩獻忠索之果得柳圈縛文岐斬之將死語人曰吾所以不死者志滅賊耳今事不成天也含笑而死時文岐陷賊中已七十餘日矣事聞贈太僕卿賊既陷蘄州遂屠其民鄉官陝西僉事李新舉家被執賊欲屈之新叱曰我昔官秦中爾輩方爲厮養今日肯屈膝厮養耶賊怒新抱父屍就刃其時屬吏死節者惟麻城教諭定遠蕭頌聖蘄水訓導施州童天申按蘄人死節者若岳璧陳顯元皆見明史

璧附郭以重傳後顯元附劉禋傳後節畧巳採入人物志茲不贅錄

比部李公傳

桂有根　西平

公諱孟春字愛池中隆慶丁卯鄉試授西平縣令萬歷壬辰甫視政集耆老部民訊之曰爾邑民其適乎其亦有不獲者乎吾以往吾無若及吾以還吾其與若聚耆老部民咸唯唯退相謂曰吾輩今有父母矣會歲大祲饑饉摧挫流離奔竄莽舍邱墟公爲憮然乃詳請發帑金老弱給饘粥壯丁給錢穀追流亡散結聚息者起之骨無收者瘞之又貸窮民耕種有蝗至公乃齋沐往蝗所祭且禳俄而蝗

盡出境不爲民害歲額逋負當道數下令催科公輒緩其期探囊金於蘄以應急勅例罰俸公嘆曰吾民免於離散即以此報國家矣吾何以俸爲也民感泣負担輸納不數月而額辦戊戌以考最陞重慶府丞會疾辭歸疏聞天子下詔曰同知某令西平六年清勤供職實心爲民救荒足方略不伐有勞寵辱不驚精誠孚及異類是大有功於朕朕甚嘉之今遽以官乞休朕不忍奪其加陞南京刑部主事致仕以優榮焉公父都御史東池伯兄總戎同春弟少司馬盛春副使際春皆名世大儒與公咸祀于鄉其政績

大者在作興士類修學宮立義學申飭鄉保以提省愚頑買義田鑄大將軍火器均編附馬清保甲袪除積弊諸所厝注可勒金石蓋公之心本乎仁其行仁有術故能爲天子愛民而民皆受其實惠如天苟虞利害矜得喪營營逐逐日墮汶闇其胡以鏡治心心不鏡治而欲民之無失所也無由矣若公者可以爲法矣

二顧先生傳　三楚文獻錄

自嘉隆距萬歷中天下咸重二顧夫子云二顧夫子蓋所稱日巖桂巖先生者也日巖先生成進士官止叅知桂巖先生成進士官止憲副然天下誦慕乃在公卿碩輔之上人固不因祿位重也作二顧先生傳

日巖先生者諱問字子承蘄州人也太母娠娩時夢巖端日升大如車輪驚寤而目中猶睹光耀流燭上下以故自號日巖云幼與羣兒嬉羣兒皆如尋常馳逐獨先生積瓦礫陳盤盂雍容揖拜作籲帝禁祈之語比入小學先以請于父母而泣父母曰兒飢耶對曰兒不飢欲讀書耳使就師師每爲句讀竟十行十行告覆無舛年十七有疾父母以爲憂先生曰病易與耳政恐以此廢學不至聖賢爲大

懼大罪也遂閉戶危坐時以性理遵養未幾補郡諸生第一登嘉靖戊戌進士己亥除浙西壽昌令昌俗生女多溺死先生至爲之厲禁凡生女彌月旌其父壽昌名以顧名女壬寅徵爲侍御史雖居官而講業不輟有隂忌之者中以他事出爲來安令甫下車邑以祲告多方區畫民忘其凶乙巳遷邠州守又明年陞浙中按察僉事疏食清謹越人呼爲茹菜顧公庚戌陞叅議留越是歲弟桂巖登春官榜先生满三年考陷朝議大夫恩逮所生久之以內艱歸與弟桂巖同廬墓側三載服闋先生稱疾同弟侍封公于

山水木石之間曰寘擾眞遇生理所在安能長逐塵囂不爲色養計耶暇與王龍溪錢緒山弟桂巖講學于崇正書院已未封公謝世哀毀如內艱兄弟復廬墓于鈷鉧水上家食者十年隆慶己巳起徐州兵備組練咨論皆合機宜庚午擢八閩叅政天下向學之士赴閩者項背相望時弟桂巖亦以南銓郎出爲閩海鹽軍副憲同地同官同時海內嘖嘖而桂巖公竟拂衣禁檄以隱先生曰吾弟年三十九未強乃勇退如此吾奈何以顚頷之身共瘴烟海氛乎弟固招吾隱也于是九疏乞骸得報歸歸則講學養道于

時若念菴荆川剛峯井泉見羅近溪東郊二耿諸先生以及本州李顚湖先後竿牘相應晤言相證針芥所投會心政遠先生一言一行必本于道衣冠與妻子語如對外賓日長晝靜無一雜念自編日程以疏功過羅洪先曰子承眞聖人之徒也耿定向曰豈其忠信可行蠻貊論行誼鬼神無疑矣唐順之曰不賞民勸不怒民威子承其近之矣于萬歷辛卯年八十有一自拂衣以與海內尊宿暨弟子艮切劘于山野林露之間者垂二十年屬纊時迎武昌故人劉應元爲別先生曰他事俱非在我惟去來明白不負

此生爾乃瞑學者私謚爲中和夫子手編語錄詩文三十卷又詩文外集十卷萬歷癸丑桂巖先生亦卽世

桂巖先生者日巖之弟也諱闕字子艮少日巖十七年生有異徵六歲顓焚祝天願爲道德性命之學以報劬勞恩十七補郡諸生志希聖賢甚厭薄舉子業封公強之始瞿然屈首帖括試輒高等年二十二舉孝廉先生欲侍親無意計偕封公隱爲之治裝趣行先生泣不勝及至都尙孺泣如別狀試事竣卽歸省道中閱朝報已成進士矣比歸斂衽寂如封公意且落第諭之曰兒已登禮官榜矣癸丑

當廷對先生不欲往封公不聽業絏劍待之先生涕泗交頤而別廷試二甲除爽鳩得與海內聞人相倡和歷下弇州嘗招之入社乙卯聞太恭人訃匍匐歸與日巖先生同廬墓所服闋與兄証悟道德性命宗旨不忍離誓不復仕巳未封公卽世復廬墓于鈷鉧之濵蘄某村舊俗獷悍格捕逋賦數扞有司文網中丞直指公建議按法治之先生哀其愚力言于兵備使者與其州大夫願以禮化自請往偕門下數輩申以孝弟一鄉聽之不踰時而咸若于訓服除隨牒補儀部郎旋移南銓部勳司郎于時有禁百貫者

倡教白蓮實繁有徒所司捕得餘黨數百人一切置諸理先生徐爲之解曰若輩豈盡左道誣民哉或苦饑寒抑迫脅而從之驅無罪之民㮣從白刃忍乎因得及于寬宥當是時公年僅三十有九決策不仕稍遷至閩中憲副孑告歸里前後推轂者凡二十餘疏竟不爲意召陟銀臺不起朝夕從日巖兄抵掌討論思修身體道布袍革舄者四十伍年前後宦遊四載而笥橐蕭然萬歷辛卯日巖先生捐館舍先生悲不自勝至有隱几曲肱成一夢弟兄相見語婁其之句先生自少壯而老非宦遊則時時左右日巖公

日則促席夜則同被每出必揖必告所往歸則告歸日巖公出入亦如之其孝友雍吉葢如此萬歷癸丑先生年八十有六春暮忽召子太儀孫天錫語曰昨夜夢聯云津吏報增三尺水山人歸卧幾重雲是歲當大水吾將去矣已而果然危坐垂目私謚爲宣靖先生先生治六經尤精詩易所著有諸議諸說而其要以社學社倉爲王道首務云

李鑑池傳

三楚文獻錄

公諱際春字和元別號鑑池蘄州人也先世河南息縣人洪武間始祖慶以軍功授朔州衛百戶傳信至斌改滁州已又改蘄州俱世其官斌生俊從景皇帝征香爐山擒僞王帛同烈累功世副千戶俊兩傳至儒爲東池公始矢文德以季子贈都御史東池公生男五公其第五子也生而蚤慧九齡贈公歿撫公曰不及覩爾成受日以學及時以行務立身愼擇交敬受教乃與伯兄紊戎仰池仲兄諸生思池叔兄比部愛池季兄少司馬夢池相誓立石世世無析箸迄今六十年男女千指怡然同爨飮食以齒執觴觚杯豆秩秩也事受成于家督橐無私財衣無常主身無私力母太恭人黃憐愛少子不輕令就外傳十三始授章句

自講詁迨行文僅百餘日比部公方孝廉家居公執經焉終身不敢戹雁行隆慶庚午以第一補郡諸生萬歷癸酉中鄉試第三名時御史爲舒公念廷方伯爲王公鳳洲皆國士遇之丁丑成進士館試時江陵欲以才望見收公不稍動遂不果試出宰浙之歸安有富監者淫人妻而焚其夫姻連要津殆不可問公卒窮治之抵于理時神廟詔量郡邑田豪右隱占獨累貧民公按籍履畝未嘗少徇分試浙闈當路以愛子越籍見託許酬美官公峻拒其請癸未量移戶曹丁亥督餉蘭州一幕官解數千緡中爲盜刼公

廉其寃以他美補之慕得不死戊子丁内艱服闋復督餉于蘭壬辰遷凉州叅議地方苦俵馬公力陳不便忤大中丞勿恤甲午遷督學廣西得人爲盛前所忤大中丞銜之以去任風影事見中部覆改調公竟拂袖歸絶跡郡邑別營郊墅以詩文自娱無何比部公亦致政歸而中丞公又復扼礦璫解節鉞三兄弟嬉哫林泉塤箎應和又亡何中丞公捐館舍比部公春秋高漸謝賓客公獨操家政十九年婚嫁子姪一出公手復增置義居義田以贍族姓重宗法車馬不入里門節嗇寡約絜于其官里中呼爲東門李

家嘗募數千金築堤長二十餘里障郡之赤東湖水患人又方之爲雒橋蕪堤也癸丑以兩臺薦擢四川叅議回賊亂公壯方畧殲厥渠魁蜀以定乙卯陞河南汝南道副使過里門值比部公喪戚易備至徒跣號送汝南礦盗名没心秤者聚黨千餘拒殺捕兵公計縛之數歲不登拮据荒政全活數十萬竟用是瘁而公病不起矣易簀時猶訣云吾登高科歷方面未嘗宼一民持一錢死復何憾獨垂老出山建豎止此報國恩未盡耳公偉身長髯英異天植内嚴外寬辨而不察坦而不阿非禮樂而有所紛華則稱不習太恭人病籲天乞代衣不弛帶者兩月自皇祖朝筮仕至卒官歷中外所至恪共不畏强禦不侮鰥寡不懾兵荒蹙之日僅以四竹篦歸嘗訓其子曰吾居鄉居官惟以鬼神二字時時在念汝輩宜知之公不侈文藻而口所擄詞皆成珠玉内行醇備博依而端于師友多信而寡貌嗚呼眞古之篤行君子哉

記十三首

蘄州儒學重修記　萬安眉州人

天順五年辛巳歲春正月蘄州趙侯重建廟學新成初侯

來涖職因過安言將建廟學功成願有記也時安許之至學正朱成具狀介生員陳玘來請曰功成而記之執事嘗墜言于趙侯矣願無辭辭既弗獲乃摭狀記其成績按蘄春本漢蘄春國後爲郡爲縣不一後周始改爲州後更置不一國朝洪武初爲府尋復爲州然蘄州之有學則自宋景定癸亥始葢自漢以來孔子有廟不出闕里唐置州縣始立廟通祀孔子然蘄之學雖起于宋而其學之有廟則固始于唐矣國朝混一詔自京師及海隅郡縣咸建廟學而蘄州廟學實知府左安善重建也然規制卑隘且歲久

頹敝戊寅春趙侯來爲州欲大之顧勢有未能迄再期民懷其惠士服其教遂謀及僚屬曰廟學不飭惡足以安神明崇教化吾輩奉朝命來官於州茲事尚怠何以塞職盍撤而新之僉曰職分事也敢不祗承於是相與合謀市財鳩工始建大成殿東西兩廡戟門欞星門雕塑聖賢遺像次建明倫堂進德修業時習三齋及賓客之位會饌之舍至于庖廩咸以次備輪奐甚美規模適加始成祀聖育賢之所而湖南北廟學莫有踰此者矣是役也以庚辰夏四月庀工僅十越月而成迺二月丁丑侯率僚屬及諸生行

釋菜禮退卽丁寧諸生砥礪行業期其有成又爲之豐廩餼錮徭役凡可崇教道而敦俗化者侯罔不究心也然蘄介舒黃之間其形勝阻山帶河其民務稼穡士習詩書有鄒魯之風比來掇科第躋要津以及持麾外郡顒顒繼出今又得侯剛明仁恕勤于撫字汲汲惟學校是興政教是舉則當坐收治化成効也可期矣所可書詎止工役之勤而已哉故併言之使刻諸珉石用以志蘄之學則自趙侯始侯名應隆字文盛早以明經領鄉薦拜知郴州尋以憂去任服闋再調于蘄於時佐其事者同知淮安王倫判官覃懷武信也若耆老助貲匠氏効力者其名氏悉列碑陰云

修廣廟學記

戴珊 浮梁人

蘄州之儒學在州治東背麒麟山面漢而[illegible]通衢肇于宋毀於元復于國朝孔子廟規制咸備餘百二十年于茲守左安善錢敏王坦趙應隆莅轍其創以修者久之入於敝廟爲甚且左逼于官民家黍以非其鬼之祠不可以尺寸展諸弟子升堂齋服師訓退而會講或獨息無與居在宋守李誠之王彥明通判秦鉅後先捍金元兵力不支死之

王玠有事蘄黃鎮撫司會孔彥舟謀逆以罵遇害四侯之忠節學政所闕欲祀之以表以式而未能者州當藩府未流監臨大吏曠歲無足跡雖有之亦不能以累日加之才不裕與力不足惡乎賴哉弘治五年夏秋之交司禮監太監蕭公敬錦衣衛指揮同知孫公贇偕珊奉使蒞州既事待報謁眎廟學胥曰是誠修廣之不可緩者也而鎮守太監劉公雅巡按湖廣監察御史汪君宗器右布政使王君範知府劉君肅具在以爲然巡撫右副都御史欒安謝公綬進分巡按察僉事蕭山富君玹及知州山陽楊君淮而

言曰修廣有明詔矧得之為有財緩當主之君輩其相以成玹曰敢如命時祠已據法撤去聯屬數家商議他徙址悉來售酬其直以丈計橫盈十而加二縱倍橫之數而加三併之以秩隆殺繚之以堵高堅中搆講堂五南向扁曰麗澤前棲息房四十八間東西相向門三間西向扁曰道義房絕處仍限以堵外搆祠三間扁四節其廟學之殿堂之齋廡之門庖倉庫凡棟梁榱桷板檻之腐折者甃瓦級甎之破損者以至繪事解駁不鮮者一切易以堅良仍舊增新規制益備且弘矣其費白金五百五十餘兩米二百

餘石酌官民之當取者而非正供非橫斂力亦擇其班役于官用之始于秋七月至冬十一月訖工進率同知鄭昕學正袁珽訓導楊浩衛承昌諸弟子吳山游仲瑀輩請為記珊嘗為御史為按察司副使董學西南每思誦法孔孟而忘筌蹄者切恨之所請能已于樂道耶洪惟我朝聖聖相承稽古右文置學立師徧郡縣簡俊秀充弟子員聚而教之所以瞻仰聖賢申申夭夭侃侃巖巖之氣象所講讀易詩書禮記春秋文字所明所率仁義禮智之性君臣父子夫婦長幼朋友之倫驗諸身心而有得形諸詞說而不悖推諸家國天下而可行從厚廩餼以養之公貢舉以登之班爵祿以用之是則居之無異術取之無異途矣於戲孟子三遷其業隨之程子見獵猶動俗好人非大賢異處顧可居之乎廟學之所以修廣要非美觀聽而已幸相與深鑒而勉進之師知所以教弟子知所以學毋壞心于異術毋失身于異途處為正士以善其俗出為名臣以善其治雖遇變臨危成仁取義亦無所難矣夫然斯有以衍我聖祖文明之化而于教養之恩作新之圖均不負矣雖然春秋以民力為重築臺囿作門觀新延廄法無善書今茲

之役時且義者其謂異乎彼之書歟若謝與玹非裕于才而有定力定見舉動罔不獲能若是哉攸成績揚休風以為來勸固不可少也庸書以復

崇賢祠記

邵寶 無錫人

蘄州儒學有祠祀其故學正莆田薇齋林先生先生去蘄州若干年矣其生也故祠之其歿也春秋饗焉至於今不衰仕蘄之君子謂是舉也義不可弗繼乃葺其祠之敝益加崇奉而使來請記其事也實作而歎曰於戲盛矣此古之遺教也夫古之教者益敎之以學率之以行格之以規

浹之以恩裁之以義而分不與焉非惡夫分也徒分不足以爲教教之本立矣則是分也乃吾教之所以行也而益以遠故有林先生之教則有蘄諸生之思覬其所思而教于是乎可知矣非古之遺而今乃有是哉今學校之師例出銓注其于弟子蓋分相與也始先生至蘄諸生事之亦以分而已矣久而資其學焉懷其恩焉畏其義焉曰先生吾師也是雖不吾莅固將輕千里而從況以朝命而來哉於是凡蘄諸生無長幼後先翕然以歸論者謂蘇湖之風復見于蘄而先生擢揚州教授去矣此祠之所以作也實

不及見先生見其孫中丞公出故太常少卿贈禮部侍郎公文所爲先生墓碑謂先生始爲諸生學成未出提學高公强而後舉及會試得乙榜例授學職或勸之辭不聽卒以教顯其校文格以義理無少遷就時稱得人至以養歸自揚尚未老也郡守岳公蒙泉客之訪之則答餽之財辭之蓋其少也斂而重其壯也順而莊其老也静而廉迹其學行有古之遺焉以是爲蘄之師其規也非抗其恩也非徇其義也非激吾所謂古之遺教固在是矣蘄之諸生曰先生吾師豈過也夫鄉先生歿則祭于社古之道也今蘄之爲祠實取諸此而義起焉者視尋常名宦之舉相去遠矣且學校達天下而祠其師如蘄者乃不多見蘄之師在先生後先無慮百人而惟先生是祠蓋功深思遠自有不能已者而豈徒分所能致哉記禮者爲學莫先于嚴師而極其効至于民之敬學其于師去而祠歿而饗其爲嚴至矣推是心焉爲子必嚴其父爲臣必嚴其君固與起于斯豈直知學之敬而已哉然則是舉也其亦古之遺也先生諱宗字存敬敬齋所自號系出唐九牧若干傳而至先生中丞公文章德行望在海内蓋古遺才君子推其所自亦

必歸諸先生云

新建廣儲倉記

馮天馭　州人

蘄舊有藩封戍衛官僚胥卒歲額俸餉取諸近邑而僉總于州登儲紓給亦舊有倉所法俾諸合食于公者月具劵以請爰便稽覈無黠怙寡弱胥均焉蓋肇造惟昔多歷年所迄于今日就傾圮而奸囧弊匯法意寖失可慨也愚往家食嘗習聞之每會計自上州時走牒于邑輸不若期率稱遺負里官貧卒間罔自贍始舉而鬻諸里之諸豪取值濟乏其所獲固不逮按給之三之一矣積習蕩久僞冒益

叢豪者乘以基富乃謀牒郎邑賂吏計將專之綏所部赴以需而官卒之齧嗟嗟未愬于上未請于州未遑于邑而復靡所恃以生活欲不盡齧得乎齧且盡豪者故善通謁狀態種種而坐守鍵閉倉人之職虛矣又其甚以甞眾給之夯更市以歸遲之歲時漫詐乞補有識者閔之而未由以易也歲壬寅五月巡察沱村史公褒善肅憲貞度以風羣屬檄郡推近川查侯秉藝臨視州邑搜滌垢弊追于靳首及倉務纖悉無遺見焉獲犯者百餘人各寘之法收贖金三十餘斤以付公帑一時政禁孔嚴人矢弗貳侯曰清

額而時給之弊源剗矣吾其新若廩舍以廣儲峙遂聞于兩臺諸司可之而巡撫石涇陸公杰先是拒請議資並亟嘉予曰沿襲殆深釐正非易允惟子之賢之須侯既底定舊址移屬州守張君洗同知李君智判官文君烱董其事胥飭奮庸冀咎委遇以所藏贖金鳩工購木建倉凡四每倉凡五楹左右對峙藩衛州司各扁識以辨中設廳宇是蒞出納其前爲憲史行臺堂一室一旁房二門二葺舊臺僻在城隅之下區數議遷未果今並創之迴遭百四十五丈限以高垣井井煥煥惟十月戊子興事十二月乙酉工告成民多未知若役者聚而來觀皆相顧嘖愕謂是奚從有邪奚不藉吾力也侯再戾蘄過予問記曰此惟兩臺諸司威德之致吾懼莫贊其美于今而或泯其績于後也將礱石以傳馭曰唯唯愚無以遠喻也侯其觀于廩之未穴棟之未蠹乎而何有于敝也久也隙焉虫鼠乘之矣乘之則廩棟且敗補塞鋪漏勞鮮於益固不若易之而絕其穴蠹之所由生斯善治已不然安能使不旂夕齧食而大壞因之故泥常守迹未有不爲虫鼠樂趨之地也今茲之舉察弊惟悉而變以救之周務之智也將命惟慎而勇以成

之敷德之忠也取足于贖以存戒而民用無擾操術之仁也俾邇于憲以廣威而人用有儆秉法之正也維官若卒歲得藉以均食永永有餘惠也維豪若吏時得賴以遠咎永永有餘畏也一事而數善備焉是可以無紀也哉愚何謝于不文不執楮墨之役

重修城隍廟碑記

馮天馭

歲二月辛卯吳都竹里馬侯承學修蘄州城隍神廟成節判文君烱率僚士耆庞過寢疴別業謁予爲記予寡于文承命惟谷然誼不得謝乃諗于衆曰侯自尚書司馬郎來

貳蘄務甫四越月姦疆帖柔隱詘發舒政稱孔肅民翕嚮治予方慶惟邦土之依蕈專于理爰逮丕乂顧遑若役爾耶且廟久而圮圮而復緝常也常則不書而惟文之需之亟也然哉僉曰侯適視篆有盜公所吏牘者詰吾自侯爲禱于神且再矢新頹宇用答靈貺孚果夢授之獲盜者某抵法收散牘還于官凡聽决率類是是固侯精誠之極之感而神之翊相於茲爲烈焉顧紀一言以貢鑱石予惟國家受命奄有方夏咸秩祀事郡邑城郭溝池山川阻固有神主之而統其祭者謂之城隍神與天子之命吏寄同恤

庇已也揄方明而災福之其理蓋相消長盛衰焉爾吏而司平集和于治則民不干紀壤鮮祟孽神第享成或歆禋祀不者如疾疢薦興旱溢時作神之不吊有餘讁焉吏罔攸職矣然鬼道顯人道晦又有識者所憂吏固不得一聽于神而未鑒以省也昔有唐乾元二年秋七月不雨縉雲令李陽氷躬祈于神約五日罔應有峻議焉及期果雨乃爲遷廟報之使令而非陽氷也祈且不克矧期以約以峻乎顯幽相需影响若捷侯與陽氷均必有得此于神者然神吾心也其氣吾氣也中和之致位育因之圖度者僞貪

功者僭皆非所以語於斯也本體皜皜精明密察靈源不牿物無遺照是固吾人之所以自修而存神其道二乎哉予與侯乙未同薦于朝稔侯夙學遠業萬不僅是漫述事略并就定之慮則絕歛計庸戒亟又侯灼今芳後之餘也廟修退殿一坊一門肇建齋寢一時日出納與諸從役名氏具列碑陰云

蘄州江防分司題名記

蔣信 武陵人

湖省古荆楚地昔之稱荆楚者曰江漢爲池蓋江自夔陵荆州會洞庭湘漢歷九江會鄱陽而東盤帶上下凡數千

里楚實借其形勝昔人謂之天塹以其地當留都之右臂然上而鄂岳下而蘄黃據圖以觀則固均東南喉襟也自入皇明以來凡其要害所在設置兵備久矣而江防獨闕焉豈其慮偶未悉邪嘉靖戊子朝廷用中外議始設兵備僉事整餙上下江防然止一員分司岳州府越丙申乃復用中外添設下江防僉事分司蘄州其轄則由蘄黃西盡漢陽北盡德安其兼制北則汝寧東南則九江南昌安慶悉在焉其職務則自整餙戎備督察寇竊外凡糾貪殘勵廉能辨獄訟查庫藏皆得以憲規從事焉蓋自是下江防

始有專責矣其分司居藩府州治之間其大門儀門廳事退居燕寢左書院右射圃之制剏于初任劉公亦齋光文成于繼任卜公監泉大同越庚戌翁公丹山學淵以代卜至乃於儀門外左爲土地祠右爲抄案房而又于分司之前置石坊者二扁其左曰蘄黃重握其右曰江漢巨防于是分司之制視昔益備大江抱而後羣山瞰而前體勢尊嚴隱然爲江雄鎮矣公曰官司立石題名古也其容追諸遂亟圖焉而請記其事于道林子道林子曰蘄黃雖楚之東門然以觀天下之大勢則雖秦之函谷不能過也行道

之人過深山崇林而悚焉畏者以其有虎豹居之也不然則從容掉臂徃矣夫江防設矣嗣今秉節而來者未有已也得不爲茲鎮深思長計之乎夫古未有文武之分戡定掃除之績每出于講習詩書之士也非古之才異于今也以古之講習詩書者平時則以天下事爲己任當其職則孳孳汲汲知有國事靡卹其他是故心盡力殫則文武之才並裕葢不外此心而得之矣吾聞徃者亦齋以嚴治監泉以寛治忠赤同而仁義從時者也丹山公以其純潔夷粹之望顧方起謫之餘超擢柄重以去宜無待朞月而固皇皇焉爲鎮計其久遠有如此非思協心以同底于道者乎夫天下至變者時也運之者人也發揮文武以爲經綸者心也嗣茲任者顧不在盡厥心焉已哉丹山公曰名言哉不徒記也已宜鐫諸石以爲永訓

建復四節祠記

翁學淵　栝蒼人

蘄州舊無四節祠弘治五年壬子知州楊淮始建時刑部侍郎浮梁戴公珊奉使來蘄修廣廟學考宋守李誠之王彥明通判秦鉅後先拒金元兵力不支死之王玠有事蘄黃鎮撫司會孔彥舟謀逆以罵遇害四侯忠節學政有關

故于學東隙地構祠三間另門道出入用以妥神額曰四節祠後十七年知州陳壽移置泮宮坊隨令廢撤主入敬一箴亭後春秋舉祭如儀此四節祠之顛末大畧也按宋史李誠之傳公婺州東陽人知蘄州宋寧宗嘉定十四年辛巳金人犯境極力捍禦城破子士允鏖戰死引劍將自刎呼其孥曰城已破汝等宜速死毋辱妻及婦孫皆赴水死事聞贈朝散大夫秘閣修撰封正節侯廟祀于蘄賜額褒忠仍贈其子通直郎妻令人婦孫皆安人秦鉅江寧人通判蘄州與誠之協力捍禦不支乃赴一室自焚有老卒

冒火挽出叱曰我爲國死汝輩可自求生掣衣赴火而死
子浚與瀠皆從父死鉅贈五官秘閣修撰封義烈侯浚瀠
贈通直郎淳祐十二年仍封鉅義烈顯節侯合祀李誠之
廟若同時死節之士防禦判官趙汝標蘄春縣簿甯時鳳
州學教授阮希甫都大監鎮嚴剛中錄事叅軍杜鄂蘄春
縣令林㮚統領孫中江士旺皆蒙褒贈有可考者志載王
彥明守蘄州元兵壓境力戰糧乏忠義不屈挈其妻乘大
艦于城西龍眼磯鑿艦沉水而死州人以爲烈士立廟于
磯之北岸祀之景太間知州金銑展地重建王玠蘄黃鎮

撫司幹辦公事會孔彥舟謀叛玠開陳百端不聽入罵
曰逆賊萬段彥舟弃玠家屬沉之龍眼磯而死此四侯之
忠節行實也夫誠之與鉅之死同事同時褒忠之廟同祀
已久定矣二王之死雖時不同而地同事同烈士之祠同
祀亦無愧焉客歲予以事過龍磯見塑像露坐江干詢之
曰此烈士祠也心愀然不樂適致政郡守賓雲王公語以
居民僉議建復尚艱于財力予卽毅然成之于以慰邦人
專祀之思若褒忠廟廢合爲四節祠固宜昭揭于人與日
月爭光使百世之下咸知感慕興起庶幾天理民彝之心

可以不泯廼今重以廢弛而附諸學宮之後地不容旋官
僚諸生時祀展拜無所庶民子弟至有罔知其典故者褻
神簡禮甚矣不亦大可憾耶予生忝與李誠之公同鄉每
誦眞西山爲公傳記輒歔欷不已州人少叅顧公曰岩憲
廵東浙爰念桑梓被公餘澤旣訪其家親奠之復刻褒忠
集徧遺鄉人且諄諄語及欲予復建茲祠乃檄知州崔君
一濂亦忻然從之遂命州判官徐光衛指揮王天相董其
事其費則取諸鍰贖與民之好義者相率搆之度地得學
東故址延袤約三十丈有奇繚以周垣樹以門扁中祠三

間置木主四座而以同時死節者配食于左右後寢室二
間塑公與妻孥同死難者肖像使侑食一堂儼如其生或
者忠義之魂炳炳有靈未必其不敘家人嘻嘻之樂也噫
物之在天壤間久則必敝惟忠義之在人心終古不磨方
公之初守蘄也完城備械選兵足食敵氛方熾凡以保障
斯民者靡不汲汲圖之以爲死守之計卒至援兵旣絕智
力俱困躬自蹈之獨其忠義矢心形諸言曰吾以書生再
任邊壘行年七十抑又何求所欠一死慷慨殺身其視廵
遠眞卿武穆數君子相伯仲焉推李侯可以知三侯之心

矣三四百年來凡蘄人士緬懷四侯往事未有不潸焉出涕瞻侯遺像亦莫不肅然起敬非由衷情之所發有如是耶信乎忠義之有關于世教大矣抑予重有感焉四節有祠剏而始之者前壬子也病于隘陋侈而復之者今壬子也六十年而興廢之迹若合符節豈非默然之數耶祠成咸謂不可無記而以屬草于予第愧荒陋不文勉強執筆識其歲月終始得以附諸戴公廟記之末竊有光焉異時采入載志當有博雅君子其藻潤之是爲記

重修二王烈士廟記　王儼　州人

忠義之在人心古今一而已人同此心則同此理同此理則同此忠義也惟其同雖于世之有盛衰時之有成敗而吾身之生死殆有所不暇計者亦惟成就其一是已爾嗚呼孰有如二王烈士之舍生就死以全此忠義者乎考之實錄云王玠吳郡長洲人南宋爲蘄黄鎮撫使王彥明未詳何許人宋季爲蘄春守當王玠逐總管孔彥舟有異志謀叛問計于玠開陳百端不聽入罵曰逆賊萬段誠欲反幸先殺我彥舟遂囚之併家屬沉于龍眼磯下乃宋高宗紹興二年也王彥明守蘄春惠德在民當元兵壓境力戰日久糧乏不屈民不忍叛未幾城陷遂挈妻子乘大艦于城西中流慷慨鑿舟沉之乃宋理宗景定四年也夫二公仕于蘄時雖不同其生而姓偶同死而地偶同況亦忠義之在乎心自有不能不同者乎蓋嘗觀高宗既南渡而天下盛衰之勢可知元主取江南而彼此成敗之迹已著世變輪雲涣萃不常大端已不可收拾而況蕞爾一州一郡乎使二公中無所主而從盛以趨成亦隨時以就功名而可圖者乃能奮不顧身不畏死而罵賊寧舍生以自靖其忠義之氣上薄雲霄下臨江漢此心有如此水而龍磯爲

藏壑乾坤主葢棺其得死所之地也信哉二公相隔踰百年而各相安于忠義者乎先是褒忠弔古者哀其志而立廟于龍磯之涯屢經兵燹隨修隨廢維茲辛亥秋楚兵憲丹山翁公臨江按迹慨發金貲亟圖修復而蘄守崔君遂鳩工掄材暨僚寀儒紳集議相視越三月而剏成之于是二公生像凛然上無風震雨凌之患下俯洪濤激浪之區但見其崩騰瀨莽閒旋若昔年之憤聲怒氣未終息也何其壯哉何其壯哉廟成不可無紀予林下閒官也承丹山公命據楚通志古蘄黃志及二公傳記而旁搜無疑若蘄

續志誤以王彥明爲土著因仕晉不受劉詔而遠沉于水則不審軒輊而死傷于勇矣其何以信後哉雖然二公忠義言之芬齒頰青之輝簡篇地下有靈亦自得其心事之眞而俎豆于斯廟宜矣又奚所容予喙耶是故可不辯

四見亭記　劉廷聞 安城人

蘄陽郡治負麒麟山自山之麓壘石十級委折以升至于山之巔有亭曰四見今郡守雲中李榮祖所重建也亭之高仰瞰城郭廛居鱗次若在淵谷岷山嶓冢之流洞庭雲夢之滙合集奔于滔滔洶洶千數百里而來縈帶洲渚橫

流于亭之前而後紆徐以東去吳蜀荊揚之山高者插霄漢遠者隱烟霧昂者龍驤伏者虎踞莫不出奇獻秀畢赴乎軒楯之側至于林廬之隱見溝塍之分畫原隰之衰衍衢里之衡從凭几而觀近在目睫于是一郡之勝概畢萃于斯亭矣按圖志郡有舊址在廣教山一名白雲山去州西北五十里蘄水界其陰水北白雲山有四見亭則故范忠宣公純仁所名也宋治平中忠宣以御史言事出守是邦暇日升白雲高處徬徨顧瞻而樂之山僧爲之作亭忠宣喜而名之邑士林敏功爲之記其後郡治屢罹兵燹轉徙不常再易所而至于今治凡城之廨宇里閭臺榭之觀釋老氏之居悉遷于治而不易其故名故麒麟山之亭非復白雲山之北而四見有扁猶仍其舊焉然其爲室卑陋弗稱歲久且圮李侯承天子命來爲郡牧思所以稱朝廷遴選任賢之意廉以持身仁以率人恤民隱祛吏蠹期年之間弊無不除廢無不舉令行禁止闔郡大治迺乘其餘力撤故亭而新之重簷穹楹焱舉霞映雄峙盛麗倍蓰于前而未嘗有一毫賦于民父老聚觀而美之曰偉哉斯亭前所未有也仁哉太守其使吾民安于田里以同其樂也于時

僕自江右校藝還沔李侯邀余舟宿江之滸設觴豆于亭上曰亭成子適至宜文以記之辭不獲則敘其因革始末之故以示來者舉酒而復于侯曰吾聞樂民之樂者民亦樂其樂侯之爲政其庶幾古人乎侯爵觴而謝曰吾不足以知之然吾聞之百年之先長淮大江南北烟塵桴鼓之聲交乎遠邇蘄于斯時號爲邊郡其人狼顧倉皇莫之攸底方是時士君子之遊于斯欲頃刻遊觀若今日暇豫其可得乎吾今升高以望四境桑麻連陰禾稷蔽野黃童白叟熙熙然遊于雞豚之社商馳宦舸東西上下于江波烟

霤之中者朝暮而不休太平之盛世久矣吾黨之于斯也得以燕居祿食幸其風淳俗簡時和歲豐而與斯民相安於無事委蛇自公時從僚寀賓友嘯咏斯亭無瘝官之譏有登眺之暇聖天子之深仁厚德所以光被寰區涵煦庶類蓋無一民一物之不得其所又不特一郡之幸一時之美而已余曰盛哉侯之言其將致吾君于唐虞之治而與天下同其樂歟遂書其言以爲記

江山清趣亭　　戴珊 侍郎

弘治五年壬子五月戊寅珊偕司禮監太監劍潭蕭公錦

衣衛指揮同知鄒平孫公奉使黃之蘄州命下甫七日即就道衝冒暑雨跋涉山川如是者月餘比會鎮守太監劉公巡撫右副都御史謝公巡按監察御史汪君暨都指揮同知高君布政使王君按察司僉事富君往理乃事月又二日事始竣以聞孫公北產也南壤伏暑殊不堪假館鳳凰山之四祖寺殿堂門廡簷礎聯屬又無從而風之爰率官奴劃峻坂小徑蜿曲魚貫而上之得隙地孔艮凹凸者平之欹斜者正之蕪冗者芟之搆亭一間雕飾不施門戸不設後抱平岡而左右翼猶就刹前駕殿廡城堞而出之無所障蔽長江大湖一碧千頃遠近山岫起如劍戟伏如波濤柳陰荷香鳶飛魚躍相率爭獻奇秀天風時來肌髮颯爽恍若身世之在廣寒九成也蕭公爲書江山清趣扁之作詩若干首孫公方適趣于杜勿凭欄之頃而有感于候鴈南歸之音江漢朝宗之勢惕然思以憂曰瓚職在侍衛出入禁闥天顏不違咫尺外處及今夏向秋矣而我聖躬天祐歟帝德日新歟文教興行而武衛不弛與求賢從諫若渴若流歟一切無復瓚所與聞者能恝然不介之懷徒戀清趣于一山一水之曲邪常舉以語珊竊惟人所以

參三才而靈萬物謹諸天人之際而已故月令有曰仲夏可以居高明遠眺望升山陵處臺榭范文正公曰處江湖之遠則憂其君孫公出積善餘慶之裔好讀書明理道通古今謂父兄門地不足恃膏粱紈綺不可溺不避艱險左右大將軍克捷貴陽之不庭者以奇勳授顯秩屢御使命之沐之陝之南京綽著聲績今茲一憂樂張弛間而順天時修人道符合古先聖賢之語良可書也雖然地因人而勝人以賢而名韓昌黎之詠谿堂蘇東坡之賦赤壁歐六一之記醉翁亭後之人誦其詩文猶想其盛美蕭公名重

海內而詞翰得之者不啻若隋珠荆玉然重孫公之賢大書長扁無所吝而謝公輩紀之皆傑作千古江山一時光重亭之名未必不與谿堂赤壁醉翁同其傳也而珊得以託名于諸公之次其亦榮且幸歟知府前監察御史劉君肅偕知州楊淮請爲記遂書以歸之

重修石鼓寺記　　荆藩維庭

梵宮古刹稱名境者多借靈江山形勝而其完缺修舉實資人力成之蘄郡濱江麟巒鳳嶼環峙東西城北則石踞中流名曰龍磯逶折城南石又鄰鄰蹲出名曰浮玉磯泊

岸數武厥有遺址曰石鼓寺志稱建自宋咸寧間至所名石鼓殊未悉何解俗傳寺有石形如岐陽石鼓宣王獵碣之類說亦杳無所據考諸紀載雖白鶴鼓槌零陵鳴石河鼓星搖蜀桐扣响種種奇蹟多有之亦何取義而名厥寺嘗搜覽名山凡梵闕精舍恒視一方風景所聚昔惠藏道通二禪師緝茅紫玉竺道生監石爲徒禪乘宗風聞性空寂無聲有聲棒喝癡聾以臆釋之或亦靜峙兀巖神鉦遠覺將寓有微指非僅如里俗傳云者予籓先世自建昌遷國于蘄覽茲形勝爰議修舉乃不靳重貲命承奉阮古督其役鼎新殿廡莊嚴佛像一切鐘磬爐瓶之屬咸爲鑄造寺側園囿給僧蔬供以司香火爾時紺宇巍然頗多幽致委稱境內名刹數百年來江山臻勝浮玉磯壘成高閣遊覽名勝者駢集江濱而茲寺日漸頹朽郡中賢士大夫慨然有修葺之議予遂嘉與維新捐貲助役共襄盛舉殿循舊宇規制稍更繚以周垣可禦風雨而後殿居奉接引大士則向來有僧載赴海上阻留茲地者機緣相湊艮自不偶昔之缺而未完者今固犂然備之矣凴眺江山來憩斯宇叩寂聞聲寶花香散將無枹舉響應種性菩提鼓甲而

出者乎殿宇落成命鐫諸石俾後之覽茲刹者與江山形勝共垂不朽云

文昌閣記　　吳國仕　新安

蘄陽吞吐吳楚志所稱淮壖之上腴而帝轂之衝會也其脈自潛霍瀕流蜿蜒數百里至蘄之東南隅伏行水中突而爲磯泛泛焉與波光上下文其名曰浮玉其石如牛如犀如象如馬隱隱現現夙爲檣帆患然砥柱江流最爲奇勝非若零陵之燕徒作怪石供者先是江防侯公築基搆亭剏無前之蹟而韓公復增益之尋以大浸就圮葢無人

不厘修舉之思焉不佞承乏茲土歷歷江波見此磯映帶山川前賓圓峯後枕馬口右擁麒麟鳳凰之王氣左挹唐帽玉屏之晴嵐躍然鼓袂曰洋洋乎大觀也哉此固蘄之地軸也而夷爲孤嶼耶因聚族而謀鳩工採石基增丈許建飛閣以峙之祀文昌帝于其上按天官書文昌星在北斗魁前與三公同此閣正位于巽巽又爲太乙文章之府揞笏斯郡則星之所臨氣之所鍾上感下應化機周流誠有如玄象經之語云蕁睹黃潤之氣歷紫薇經陰德爛然文昌之次必郡文學應之矣閣成之日進諸文學而校藝

其中語之曰李青蓮登落鴈峯謂呼吸通于帝座恨不携謝朓驚人詩來今登此閣非惟心情開滌亦覺日月清朗諸生能作是觀乎試與子摹境會心縱目遐睇彼夫層巒絕巘插漢排霄長江巨濤一瀉千里非即文之雄傑而浩蕩者乎花洲獻妍雲樹騰蔚朝霞夕暉水天掩映非即文之菁華而濃郁者乎風靜月輪霜空雪巘澄江如練絕無纖凝非即文之清虛而瑩潔者乎梵磬雨聲漁歌江韻沙鷗與皐鶴爭鳴簫鼓共松濤競響非即文之樅金戛玉鏗然鍧然而餘音者乎乃若空嵌谺谽嶙峋硉矹迴狂瀾于既倒障百川而東之則文之挺幹標貞其屹立有如此矣又若阨喧鯨舞雷呴電激川岳倏然色改育賁愕而魂搖豈非文家之神奇變幻驚風雨而泣鬼神者哉況憑欄拄頰望大醫之蘭若撫興霸之雄圖思禹功之平成拜壯侯之義烈捐柴桑之故里問白甫之遺踪弔古長吟但可收爲毫端揮灑之用諸生際此佳景賦雄風歌白雪揚葩振藻能無解筌于境物之中而探珠于文字之外者乎江山助人良非虛語異日驤首龍津翺翔皇路沛然若羣流之赴海而歸然若一柱之支天長發其祥則地之靈以人傑

重斯閣且載以不朽寧獨與黃鶴岳陽諸名勝徒聳澤國之觀已哉閣高三丈許地直六丈餘橫半之甃以累石繚以周垣翼以長廊繪以丹青閣下三楹中爲游燕兩隅一爲僧舍一爲庖湢所是役也經始于孟夏落成于仲秋約費金錢肆百餘緡捐助者有荆王劉憲伯劉少叅及郡守佐紳衿商庶若而人其餘金置田若干畝以供祭祀香火僧飯幷賑貧生之費另悉別紀董是役者州守倫應祥州幕吳繼宗河泊張桂省祭盧楷諸生孔庭訓盧如鼎劉得並書是爲記

吳公生祠記　李維楨京山人

新安方伯吳公以憲使部武漢黃三郡治蘄樹風聲著誥言引表儀制事典正法罪辟刑獄教防利委常秩朞年吏恪于位兵輯于伍農狎于野商旅出于途時無逆數物害無生尤以建國長民教學爲先羣所部博士弟子員而董振擇之游有鄉處有所使惇惠者敎之使文敏者道之使果敢者諗之使鎮靖者修之體貌以左右之明法以宣翼之恭敬以監臨之勤勉以勸之德音以揚之爲新學宮使羣萃而州處其心安焉不見異物而遷又爲置田廩于籍

東南鍾而藏之而匪頒之貧士無失職者又以山士之聚藪物之歸川氣之瀆澤水之鍾也當江下流中叠石爲山建文昌閣其上聚不弛崩而物有所歸氣不沈滯亦不散越於形法家言最勝州人士爭自濯磨求無愧爲公弟子春秋獻賢能書升司徒曰選士升司馬曰進士辨論官材布在中外倍于疇曩州以文獻大國名國人與四方縉紳學士歸功于公而公已晉秩行其門人歲時伏臘有事于文昌閣者相與歎曰吾黨小子仰公若黍苗之仰陰雨公實芘陰膏澤之使成嘉穀薦在宗廟夫文昌血食于茲非公何有吾黨擇柔嘉遝馨香奉犧象陳鼎俎靜巾幕考鐘鼓駿奔走于文昌而曾不以簞食壺漿如鄉者迎送公惡乎可庚桑楚匹夫耳居畏壘大穰畏壘之民尸而祝之祀而稷之不腆蘄稱方州公之爲德也深矣植本也固矣生而尸祝公不亦可乎夫公盛德大業學校則祀瞽宗廊廟則從大享他日誠未可量然而俟河之清人壽幾何及今日而祠公觴酒豆肉庶幾公不吐夫亦感恩知已至情不容已也諸與余善者走使質余于禮可否余報之曰禮非由天降非由地出人情而已諸生情之所至禮亦至焉是

爲禮以義起夫誰曰不然余按舊史生祠自漢欒布石慶于公鄭重張負任延以來代不乏人人無異議秉彝好德民所歌舞天必從之禮從宜因時惟至當之爲貴復何所疑諸生曰宗伯典禮稽諸古而不謬紀言以敘之述意以導之明耀以照之其在斯乎祠成錄其說勒諸麗牲之石

顧氏祠堂記　王世貞

昔者三川之民被髮而祭于野夫子蓋譏之云先王之世亡論貴賤人人得緣等盡其孝而秦好尊大制黔首毋特祠卽卿大夫過抑殺嫌其比于上冢不復廟矣而孰于禁

者以爲固然而忘其自甚或執政大臣坐祠寢見糾有司至勞人主斥縣官費爲廟者噫何其陋也蘄顧公業諸生時則已中非之歎曰大夫之宮鱗然其後者山節而藻梲所以自居亦足矣即藉先人遺饒什一之息亡所施施之叢林之社而柰何蘄一椽先人也此何以教民孝且合族哉于是謀祠祠其高大父以下而屬爲諸生力未遂久之公二子按察問比部闕先後成進士各以祿之餘至公乃合耕之餘庀材鳩工爲屋若干楹卜宅之陰厥枕維岡堰陂爲塘割燥臨濕檜栢蒼蔚深靚洞幽神所憑依春秋牲

牢相恊厥貲益置腴脂凡數十租族之貧者遴使奉祠取其秫以醴萬彼羊豕左右飱粥以給事有祠既告成乃合昆季乃率子姓卜日之吉奉高大父以下入祠左右昭穆咸秩于禮肅若盼蠁儼若有體雍容祼將始卒不愆尸警位嚴靈風蕭然既畢事公乃餕神之賜揚觶而戒曰嗚呼凡我後人毋墜忘先德歲以其日必躬必慤子思曰孜孜砥節厲心毋辱其遺衆穆如也又翼如也以聽君子曰不忘其親孝也合族而以惠遺貧仁也詩曰孝子不匱永錫爾類士大夫家有廟也顧公風之矣其二介子宜哉、

序六首

蘄州舊志序

翁學淵 丹山

郡邑有志非制也其昉於作史之遺乎周禮分六官以掌九州山澤人物財賦風俗之故冢宰統領其事亦總爲史官之職下至列國亦各有史以記言書事若職方氏所典之圖志即今州郡所載之實錄以俟史氏之採擇二者事實相因而權則稍異故曰志者備史之遺史者稽志之成也然史以通紀天下之故每稱汗牛充棟輙厭其繁志以專紀一方之書脫或因陋就簡人得以訾其失矣故作史

宜畧修志宜詳而公是非核事實慎去取嚴筆削俾之信今傳後以昭勸懲以示法戒以維人心以助風教其致一也第古今作者志向異趨抽繹殊製葢有鈎玄索隱語涉荒唐其失也誕高談濶論好爲侈大其失也夸膠於故常捕風捉影其失也泥溺於凡陋庸俚瑣細其失也鄙語誕則弗經語夸則弗實語泥則弗達語鄙則弗雅夫經以植常實以敦本達以通變雅以崇正病是四者而古昔渾渾灝灝渢渢之風衰矣緬維楚服蘄古名郡漢以前莫之可稽唐宋以還名賢忠烈樹勳揚休輝映簡冊入聖朝文蒸

武遡海內從乂又幸客邇龍飛郢都沐化殊勝荆藩宗室
綏惠尤切士習民風之厚胥飭胥守確然未之有改人文
宣朗視昔加隆遹可尚已愚不佞謬以憲臣握兵茲土風
紀攸司昕夕惴惴焉以瘝曠厥職是懼而於崇學校育人
材重彝倫端風化抑強扶弱釐奸剔弊修廢舉墜竊有志
焉而力未之逮也間取州志一繙閱之迺嘉靖己丑州人
甘君貞菴纂輯其用心誠亦勤矣第出於一人之手聞見
失真蒐獵未廣不免有掛漏魚豕之患予未愜焉矧可垂
之永久乎重越二紀缺畧殆甚板刻家藏遹遭煨燼罕物

者若啟以重修之機而默畀予有主張之責焉也鄉士夫
揣知其意亟請事事予惟天下之事行之匪艱而主之惟
艱謀之于僉宜決之于獨築室潰成盈庭執咎匪主則渙
然靡統匪決則悠然罔斷雖有智才弗能就緒爰乃毅然
任之檄州守崔君次泉經理惟慎諏曰闢館禮延鄉先生
夤雲王公湘東郝公總裁纂輯會闔儁士顧君桂巖以在
告未與鄉貢士陳君龍坪高君紹庢楊君蘄南郡庠生田
子于藍鍾子沂同任校編據通志莛紀合黄志蘄志凡有
關該載羣書採錄無遺揮汗竟日不謝勞匱予公事多暇

適館授餐躬親校閱諸公筆削去取罔徇私請視舊志之
缺者補之訛者正之繁者删之簡者增之疵且穢者剗去
之於是文獻足徵義例允協頗爲一州之完書矣甫閱月
而脫藁雖曰廣衆思集衆益工不愆于素亦幸甘子先有
載錄而折衷隱括有所憑藉也否則今志視昔事詳而核
文增而粹顧其功成之易且速有如此哉是志也分門別
類釐爲十有二卷一曰沿革則禪代職官之故詳矣二曰
選舉則古今人材之類辯矣三曰疆域則山川風俗之大
可攷也四曰建置則公署坊郭之類可推也五曰版籍則

戶口財賦防衛之纖悉具矣六曰藩封則宗室官僚兵屯
之規制存矣七曰名宦則吏茲土者賢否別也八曰人物
則士之賢者行義彰也九曰祀典則明禋之誠敬有徵也
十曰藝文首之以御製尊王之義也次之以十一十二曰
詩文名賢之墨蹟不泯也有凡例以揭其槩有目錄以著
其詳有圖以布方位之嚴有名氏以列修志之士凡此數
者斟酌損益稽之有衆而一決之於心而所謂謗誕鄙泥
之失胥可以少免矣是舉也不踰期以妨公不糜費以病
民不私好惡以違衆故人咸樂成之既乃次其卷帙繕寫

成編僉曰鋟梓之以永傳可也遂命鏤工各執若役再閱月而事竣管窺蠡測方深恧惕未卜將來以予爲功也夫以予爲罪也夫

蘄州舊志後序　　崔一濂

昔夫子善夏商之制而悼其無傳卒歸之文獻之不足夫文獻何爲也乘載之宗也天地之紀也匪獻弗作匪作弗述匪述弗志匪志弗傳志之不可已矣然必紀載備而後彰往之跡昭苟以膚狹者失之俚其究不過剽掠公羊模竊左氏而已矣取予公而後憲令之義備苟以毀譽者失

之誣其究不過組織班范妄肆譏評而已矣聞見博而後參訂之見眞苟以疑似者失之謬其究不過捃摭朦朧紛釆譜乘而已矣傳之不遠焉用文之蘄州之有志舊矣越年二十殘缺頗多憲史丹翁懼其久而或湮也移檄於州爰集諸鄉獻以攷成之凡十有二卷曰沿革曰選舉曰疆域曰建置曰版籍曰藩封曰名宦曰人物曰祀典曰御製曰藝文曰詩類此其大致也葢以國於天地有與立焉故首之以歷代之沿革才之華國代不乏焉故次之以歷年之選舉應選舉者必有所鍾之地故次之以疆域而分野山川災異風俗物產之殊皆疆域之曇見也宰疆域者必有出治之所故次之以建置而公署坊郭之修城池防衞之固皆建置之所先也司建置者必先民物之數故次之以版籍而戶口之盈虛賦錯之多寡皆版籍之所出也然版籍之出宗室之賦貢與焉故次之以藩封有藩封者必有吏治故次之以名宦有名宦者必有鄉賢故次之以人物功叙既勅明信可昭故次之以祀典歌樂既成文華斯沛故次之以御製次之以文藝次之以詩類凡此皆鄉士大夫稽其詳而丹翁折其衷也一濂得而讀之再拜稽首

颺言曰噫唐休哉渢渢乎斯典也文不在茲乎匆懼其不傳也已質而不俚公而不誣確而不謬其跡昭其義備其見眞可以志矣其尙有不足徵也夫

本草綱目序　　王世貞

紀稱望龍光知古劍覘寶氣辨明珠故萍實商羊非天明莫洞厥後博物稱華辨字稱康析寶玉稱倚頓亦僅僅晨星耳楚蘄陽李君東壁一日過予弇山園謁予留飲數日予窺其人晬然貌也癯然身也津津然譚議也眞北斗以南一人解其裝無長物有本草綱目數十卷謂予曰時珍

荆楚鄙人也幼多羸疾質成鈍椎長耽典籍若啖蔗飴遂漁獵羣書搜羅百氏凡子史經傳聲韻農圃醫卜星相樂府諸家稍有得處輙著數言古有本草一書自炎皇及漢梁唐宋下迨國朝註解羣氏舊矣第其中舛謬差譌遺漏不可枚數乃敢奮編摩之志僭纂述之權歲歷三十稔書攷八百餘家稿凡三易複者芟之闕者緝之譌者繩之舊本一千五百一十八種今增藥三百七十四種分爲一十六部著成五十二卷雖非集成亦粗大備僭名曰本草綱目願乞一言以託不朽予開卷細玩每藥標正名爲綱附

釋名爲目正始也次以集解辯疑正誤詳其土產形狀也次以氣味主治附方著其體用也上自墳典下及傳奇凡有相關靡不備采如入金谷之園種色奪目如登龍君之宮寶藏悉陳如對氷壺玉鑑毛髮可指數也博而不繁詳而有要綜核究竟直窺淵海茲豈僅以醫書覯哉實性理之精微格物之通典帝王之秘籙臣民之重寶也李君用心加惠何勤哉噫碱玉莫剖朱紫相傾弊也久矣故辯專車之骨必俟魯儒博支機之石必訪賣卜予方著弇州巵言恚博古如丹鉛巵言後乏人也何幸覩茲集哉茲集也藏之深山石室無當盍鍥之以共天下後世味太玄如子雲者

大隱山人藁序

李維楨

樊山王昇甫輯其所著賦頌樂府五七言詩體諸志論表狀序記尺牘凡十有七卷名之曰大隱山人藁而使使者以書抵不佞請爲之序其言曰軒冕塵跡耳操觚之容多推貴鄙人不以學士見稱鄙人中心竊耻之惟足下高明可以此相告不佞讀其書已讀其藁而憮然有感於古今人事之變也古聖賢帝王盛德大功必百世祀由皇帝至

舜禹同姓而異國號以章明德其法天子賜姓諸侯命族姓相生而族相屬葢周千八百國諸侯與公子公孫爲卿大夫世濟其美第以樊論樊出顓頊高陽而苗裔曰鬻熊爲文王師諸子實自此始至繹而封至達而強其子孫以邑以官以字以氏爲氏若鬬若薳若屈若昭若景若詹若伍若蔿若申若莊若左史工尹連尹沈尹箴尹芋尹之屬皆聖賢帝王之後其人建邦能命龜田能施命作器能銘使能造命升高能賦師旅能誓山川能說喪紀能誄祭祀能語撦筆泉湧動詠葵紛故道德政事文學言語四科未

有出於聖賢帝王之後之爲公卿大夫者錫姓法廢譜牒散亡而聖賢帝王之後與庶人無別士以四科名自號蝌起邁種而不知其世系所自來封建法廢而分茅胙土者類使吏代其治食租衣稅豢養而無所事事人視之若芻龍土梗貌尊而心輕之周之宗盟同姓爲長司馬遷表漢興以來諸侯同姓異姓相錯而不以劉氏先表建元以來王子侯而次於高祖功臣及惠景建元以來諸侯也若曰親不敵功也楚趙荊燕齊五世家而次于外戚若曰是猶外戚之恩澤侯也梁王五宗三王世家而次于絳侯若曰

是不若絳侯之有條侯也其事與文寂寥不甚稱其手筆所最慷慨頌說賢豪乃在列傳而諸王侯不與焉班固表因史記而夷世家爲傳自是以後寒畯單微儒林文苑輒踞乎傳圭襲組之上而南面稱孤者如淮南菟苑依倚賓客以就其聲價如陳思表求自試甚者如隋越願不復生帝王家古今人事之變其多寡輕重相返一至此哉昇甫列爵爲王高皇帝之雲孫今天子之叔父而荊王之某孫也於天下不賤矣恥夫以國屬推貴而欲與學士同類而共稱則世祿之末勢極而不返俗漸摩之使然也晉范宣子述其祖保姓受氏世不絶祀以爲不朽而叔孫豹辨之此謂世祿何國蔑有曾臧文仲既没其言立其是之謂乎言之不可以已也如是昇甫鈲規陶旋自成體勢不共他人生活可方何遜排沙簡金往往見寶可方陸機在有意無意之間可方庾敳其可以立于後而不朽矣不佞將舉龍門蘭臺例特爲三閭大夫作傳而不附於楚世家傳楚元王而所重實在中壘校尉使後人稱明德茂盛維楚有才與古公卿大夫比肩不以世祿借資而以立言取重其無乃自矜奮乎雖然昇甫弁髦王爵而竊比於東方曼倩

避世金馬之義此未易言也大隱隱朝市豈惟諸王侯天子亦有之仲尼言堯舜有天下而不與深於隱者也昇甫所爲隱抑有出於是藁之外者乎介之推身既隱矣焉用文之楊子雲薄雕蟲小技壯夫不爲梁武帝謂曹景宗技能甚多人才英拔何必正在一詩其說各有當不佞不善隱而又不嫺於文無可爲昇甫立晏是序也聊比於他山之石可也

玉光齋詩草序　李維楨

荊樊山王自署大隱山人人稱之山人則應稱之王則否

閎覽載籍修辭甚富元子孟嘗嗣王仲仲艮叔叔衛兩鎮國于將軍秩最尊皆塵視軒冕志在立言以垂不朽玉光齋詩草者叔衛作也不遠千里使使視余余誦之貴之猶贈茗草獻龍輔然請以玉喻夫玉爲圭爲璧爲冒爲祼爲璋爲琮爲案爲肉爲好爲羨爲射爲邸爲椎爲捋爲大爲中爲邊長短廣狹有法存焉詩之法具在方策而信心者往往離之叔衛詩于法無不合矣玉府所藏典瑞職之以禮天地以肆先王以禮上帝四望以祀日月星辰山川以享天子以勞諸侯以頫聘以起軍旅以治兵守以致稍餼

以郵凶荒有體存焉詩用於朝廟閨門邦國塞鄙燕饗登覽慶賀傷弔因地因時因人因事體裁各異而昧者一之情景恒不相副叔衛詩于體無不宜矣治玉謂之琢謂之雕他山之石泥沙礛礸礱錯之用所資非一物所習非一日詩學必專攻也亦如是而苟就者曾不研精冗濫苦惡不中覆瓿叔衛詩句雕字琢思深而力勤矣玉之琢有鎮有命有桓有信有躬有穀有蒲璧有著琮有黃珪有青琥有白璜有玄其薦之也有璪五采有黃金勺青金外朱中其佩之也有組綬必致文焉詩三百篇出市井草野蚩氓

婦孺之口而采者修飾潤色之以成文章㑍云自然便於聽解俚俗之語令人嘔噦叔衛則緣情綺靡矣惟按法而後體正惟積學而後文著故其詩神明融朗氣象高華若魯璠璵遠而望之煥若近而視之瑟若理勝乎勝也若崑山丹水之膏五色是清若鍾山之玉炊爐炭三日三夜而色澤不變也若魏田文徑尺置之廡下夜照一室也若白頭公之柱杖光輝屬天也若璑之三采若符之雞冠豬肪純漆蒸粟也若瑳之鮮若璪之藻若昌城之璗長洲之英也名曰玉光信聲中其實者哉余又稽楚故卞和荆玉之

璞玉人不識雙足受刖而作怨歌三閭大夫懷瑾握瑜竆不得所示而作離騷叔衛養尊處優賦詩言志藝林所珍國不以白珩爲寶而寶叔衛詩可方觀射父之訓辭左史倚相之訓典楚父子兄弟間有以先王命圭剡爲鍼秘者埋璧太室之庭遠者跨者肘加者壓紐者夷爲龕髗叔衛誦法先王貽以藍田生玉之令名兄弟相師友塤吹篪和覩辛攀三龍一門金友玉昆過之天所以奉叔衛抑何豐也詩含神霧述孔子之言曰詩者天地之心刻之玉版國家積功累德垂三百年泰和在宇宙間地不愛寶所謂不

藏金玉則紫玉見服飾不逾飲食有節則玉英玉甕出者奚必他求是玉光草也非恊氣嘉生圖籙上瑞而何彼謂珠玉非寶談者爲價第目論耳

清溪進酌之什序　陳仁近 孟角 州人

進酌者何贈陳氏也曷爲贈曰褒何褒爾褒陳氏之能公善也夫善何爲公之蘄陽之東有溪清瑩徹冽漱滌濁穢鑒照羣物至悉也陳氏屋其涯觀象於溪取準于水亦時有得焉嘗歎曰吾其酌之誰也歲戊戌有例輸粟若干者類得爲藩府官陳氏曰吾其假此以進吾善乎於是爲榮

府引禮孟角子曰是可與歌而風焉者也夫儀以威下儀不淑則敵侮侮敵而易心生焉民之攜也誰能維之黄崖之伯有穆叔卜之矣是固相王者之所宜慎也故其首章曰清清者溪以洗汝痍既見君子願言酌之暢厥文德逸豫無期陳氏乃起而賦鳲鳩之一章夫禮以輿政禮不植則階亂亂階而仳心生焉民之去也誰能留之商任之齊衞敬叔卜之矣是固相王者之所宜慎也故其次章曰清清者水濯汝之疵既見君子且以酌醴願言隆之胡不自禮陳氏乃起而賦相鼠之末章夫敬者儀禮之經也不敬則儀不淑禮不植無之焉而可也鍾離之高原士莊子卜之矣是固相王者之所宜慎也故其卒章曰溪水清清有逝斯沄下觀其讓漁言其文既見君子酌之淳淳葛藟繁只庇其本根陳氏乃起而賦抑之七章君子謂斯役也一舉而三善集焉夫儀以爲章善之敷也禮以爲榦善之固也敬以爲基善之聚也敷以文之固以守之聚以畜之相天下者不是多矣而況一國乎於是乎以進酌贈

書 小簡附 六首

上馮少宰書　王世貞

伏惟相公秉鐸三吳豪俊蜩起咸喜自門下而獨世貞以間出無所比數如牛溲馬勃欲一附於藥籠之物而不果然世貞初從選入隸棘寺相公固儼然辱臨之且復以家大人游從之故數惠顏色至接卮酒奉溫言之歡而相公則益日顯重握風紀世貞待罪西曹之屬間繇公事一再見外不敢踽進其屨於相公門庭唯數從一二友人如吳給事宗考功得相公一言相與擊節推伏大雅宏度不幸而不得奉几席稱受經諸生幸得爲私淑足矣是一二友人皆少年銳精瑣屑末藝文不善掩避相次譎補而獨世

貞旣前自疎外無纖末可覬於相公衆口謡詠至視爲大澤之縻求以飽嗜者乃聞相公力明其無他而湔拔之得無齒羿籍是世貞後先自棄于相公而相公終始收之也古人云感恩則有之知已則未夫恩之大者及於出萬死揮千金而古人不肯輕加于知已乃相公知世貞矣所以援骨嘘枯之恩深矣何以爲報也不佞素有膏肓之疾自今而往竊自誓不欲瘵即一日不罷而以汚民社者不敢毫髮有所負於幽明即罷不死而願以生平之力下上千古著述一家之言更不諦而遇封疆干矛之變必不委瑣

苟免以負門下知人之明如其僕僕亟叩昵昵縷謝爲兒女之戀相公將遂弁髦而厭之哉不佞期相公旦日坐廟堂進退百官於不肖姓名如素不識人足矣他非所敢望也

答樊山王書　王世貞

今寰宇豐洽文軌大同即朱邸諸賢王不獲辭遠遊戴鵕弁以樹干城之績而獲以清閒之燕寄悰毫翰流譽竹素抑何盛也迺者豫章王子侯大梁灌甫南陽子厚桂林雲仙皆與不佞雅相聞固自琅琅一時然皆爵僅公乘祿等銅墨未有擁南面之尊佩緑盩之華而修三不朽之業如大王者也伏讀訓辭謙光藹然循覽諸什賁文以此令人歆衽嘉服世貞老矣少不如人今精巳銷亡矣大王過聽而奬飾之不知其心之與髮俱短也魚鳥之踪轉入深僻方塞兌杜機收聽反視爲嬰兒之不暇安能復作長卿散禮游自雪之苑坐綠苔之閤乎哉以此負大王大王勿怪也不腆大士經呪一夾是貞所刻者山園記一帙是貞所撰者大王試一寓目焉庶幾若不肖之獲奉淸塵也冬寒爲宗社爲道珍愛

又　王世貞

前者草草一書稍露傾挹而足下過垂飾奬壽以名世之文見示俾效琢劘且薦穢秕之導足下借視聽於聾瞽固自盛心第使空空鄙夫偃然而當敬禮之托則大不類矣陳生言足下告之先王之廟而後遣信其篤誠足感也披竊而受彈射所不卹其虛受足欽也至讀書辭槪及千載慷慨用壯一唱三歎使我忘聾瞽而躍然起矣足下能勿露其醜否陳生又言足下禮士若折愛賢若渴雖處朱門而等若蓬戶每謂人且字我毋以南面目我此藩國之盛

節小山之高致也僕用是忘其賤愚而修布衣之禮以進足下亮之

奉樊山王　吳國倫（興國人）

偶爾涉江載塵賓序遂辱觴之名園覩以宏藻幸厚矣一醉以往渺焉川陵欲附南皮之遊而續西園之詠可更易乎歸未數日徐可源攜翰札來細玩諸篇益近風雅王公之好學不倦甘士如飴者求之古人亦不多見至欲品題新社之作而綴言其中則非僕能也敬謝敬謝可源行造次布復

復李夢池巡撫　王錫爵（太倉人）

追從館下已識門下文章之美既而舉止連捷覺王氷金矢餘輝照人自五尺應門之外庭除若無跡竈突若無烟乃知世眞有晏平仲也盛撰領教會史事促成急如星火過此月即當效顰附呈納謹復

復周乾明學使　王錫爵

儆鄉士風乃門下所習知程試之暇所求崇節行厲廉恥以儆其不然至于閱卷一節悉屏前案不托一人縱有異同人自不得而議弟亦嘗與翟公祖言之頗見許可已而復慮漏失卷面稍着圖書識認自謂神奇不知有心之士已竊竊指誚其後似不如愚見之萬全耳縷縷效忠媿無以復下問皇悚

跋（三首）

賜蘄春侯御書跋　宋濂

洪武三年蘄國武義公子康鐸襲蘄春侯時年十歲欽蒙入侍靑宮大本堂讀書洪武六年六月十三日太祖高皇帝幸大本堂召康鐸於階下慰勉再三御筆親書八字併康二子三字賜之又賜以金牌鐫蘄國武義公五字置帽

上別其幼小便趨朝參洪武六年夏六月十三日皇帝幸大本堂堂乃儲君講道之所而諸親王肄業於左右當是時勛業之子亦聽執經來侍上既至召開平忠武王之子鄭國公常茂蘄國武義公之子蘄春侯康鐸列于階下慰勉再三復勑奉御具觚翰親書二帖一賜茂一賜鐸帖皆八字其賜鐸者云謹承祖業愛爾勤功鐸稽首再拜而受乃命良工用黃綾玉軸裝潢成卷珍襲以示子孫鐸嘗受經於臣濂來請識之臣伏覩國家之遇勳舊義雖君臣情踰父子上下相孚胳合無間蘄國公值四海羣爭之初多

樹奇功不幸蚤逝不得見今隆平之盛宸衷憫悼朝夕弗忘既敕近臣經紀家事復令其子習學禁中且以承祖業爲勗其恩數至優渥也夫祖業未易承必勤功之人乃克能之聖謨所及正合書中業廣惟勤之意鐸宜拳拳服膺而弗失庶幾上不負君師之訓下可以保前人之功業矣鐸尚勗之哉鐸尚勗之哉帖傍書康二子者以别與茂也二子鐸與其兄鑑鑑今僉廣西䕶衛指揮使司事云九年秋月二十二日臣宋濂恭跋

蘄州舊志跋

陳吉言 夏卿 州人

蘄志成矣攟摭博矣稽覈精矣澄汰嚴矣此皆我丹山公兼人之知之材之力之底於績者也是故無束齊之漏無桃棗之譌無闞止之溷粹乎無以議爲也於是睎前志若宦迹若人物增入者什三其他以蕪穢陋劣損於前者亦且什一矣公之言曰匪眞庵吾孰馮吁厚矣哉或亟欲叚故志謂可作燈炷者其相越何如也人之言曰志其堪輿哉三才函矣或曰志其櫝哉萬實悶矣陳子曰志其鑑乎哉其用廣矣遠矣夫政有秕艮人有滛善辟則隴廉盂飯同臺並照則朱粉謝妍媸昭矣夫惟形生辨辨生憤憤生勇勇以遂憤憤以終辨是故太上轃成其次淑身以無秕政無滛人志之用也鄖鉅重秦系純光范譜邁亦繩武感慨繫之故曰其用遠矣不然冥然悍然尤而效之如我生何此我公于人材之辯尤屢致意焉嘉惠之甚盛心也不此之求第曰仰繫星紀俯及昆蟲草木之幺麿細碎而曰志云者抑末矣用告觀者

題荊王贈張太史文後

王世貞

右荊王贈左相素齋先生致仕叙及諸名士大夫之作附焉今百年矣宛然熙朝盛事可　見也昔漢東平王蒼好

善其驃騎司馬中郎感之宦於國至老不忍去爲它吏天子兩賢其道加旌賞流膾史册蔚爲美談先生實以方直侍王後相之七十而始歸王之所以賢先生與一時艷羨故不多讓也至于出處大節超洒寡累又非申公枚叟所敢望者先生誠賢哉余故書其後以遺張氏子孫使寶之知其久于疏傳之金也

碑銘五首

明勑賜榮祿大夫同知大都督府事兼太子右率府事贈推忠翊運宣力懷遠功臣光祿大夫湖廣等處行中書省平章政事柱國追封蘄國公謚武義康公神道碑銘有序　宋濂金華人

皇帝即位之三年混一華裔聲教所被罔間遐邇梯山航海奉贄獻琛上念熊羆之士不貳心之臣東征西伐宣勞有年方將胙土分茅以定功賞而都督康公薨于陝州上聞之嗟悼不已既勑有司穿土作室以寧體魄復欲昭其

功勳于悠久詔翰林學士臣宋濂稽諸簡牘所書文于堅石以垂示于億萬載臣濂謹按公諱茂才字壽卿康其姓也世爲蘄州人曾祖文廣皇贈中奉大夫中書叅知政事護國追封京兆郡公祖德懋皇贈資善大夫中書右丞上護軍追封京兆郡公父壽皇贈榮祿大夫同知大都督府事柱國追封蘄國公母蕭氏追封蘄國夫人公當元之季四方雲擾未幾蘄州陷公結義旅以捍蔽爲務受以長官俄遷爲鎮撫同諸將復九江擣蘄水黃連寨轉蘄州路同知總管府事屯戍和之裕溪太平之采石使者考其功狀陞淮西宣慰副使同知元帥事又陞宣慰使都元帥乙未六月上帥師渡江將士家屬尚留于臨濠陣人多效死于是數戰不克後數月常忠武王遇春遣遊兵虛撓之公連日發軍以應王度其力疲夜設伏兵質明殲其精銳殆盡然猶收合潰散監寨于天寧洲明年二月上命諸將以襄陽大砲破其寨公奔行臺便宜陞淮南行省叅知政事甫踰月上亦克金陵又奔京口舟師追及之公度天命有歸乃率所部餘兵三千解甲來附免冠頓首言前日之戰各爲其主今日屢敗天數也事至于此死生唯命苟得生全

尚竭犬馬之力以圖報效上笑而釋之仍許統所部兵從征又明年授秦淮翼水軍元帥守禦龍灣取江陰之馬馱沙八月僞吳張士誠犯我疆境公驅兵逐之獲其樓船上賜名馬一匹黃金一錠歲戊戌從廖楚公永安攻池州取趙雙刀之樅陽還都水營田使兼帳前總制親兵左副指揮使明年八月攻皖城僞將率樓船出戰公復獲之又明年六月僞漢陳友諒傾國入寇攻陷我姑熟殺戮我吏民意將窺我南京上召公謂曰爾不疑我乎公復頓首謝上曰汝既不相疑宜作書遣使僞降友諒爲內應招之速來

仍紿告以虛實使分兵三道以弱其勢友諒果如所言既至諸將同公奮擊大破之縛其士卒二萬有幣帛金之賜歲辛丑八月上怒友諒來寇率將士親征公領舟師行擊安慶破江州僞都友諒西遁遂下蘄州興國漢陽公沿流而下克黃梅某家寨十一月取江之瑞昌敗友諒八陣指揮友諒之勢遂衰遷帳前親兵副都指揮使明年九月復龍興又明年攻左君弼于廬州六月友諒圍龍興上親徃援公與諸將皆從友諒聞上至亟解圍還七月大戰于彭蠡湖軍聲嘯呼湖水爲之起立浮屍蠢蠢動至數十里友

諒遂至敗又有幣帛之賜十月上親征武昌公從之歲甲辰二月下之友諒之子理對壁出降三月進金吾侍衛親軍都護府副都護四月從大將軍徐公達進攻廬州七月下之八月拔安豐繼取江陵及湖南諸州加賜幣帛明年二月改神武衛指揮使五月進大都督府副使閏十月士誠兵犯江陰京口上帥大軍水陸並進公在行中及至鎮江士誠兵已遁又明年正月追至巫子門擊敗其衆獲士卒二千公功爲多四月擣淮安之馬邏港拔其水寨復獲士卒與艨艟無筭淮安平七月遂攻湖州十一月破之進

逼姑蘇姑蘇士誠僞都即遣銳卒來迎鬭大戰尹山橋公持戟督戰益力銳卒盡覆乃進圍齊門刀劍林立飛鳥不敢下大將軍命諸將合攻之吳元年九月姑蘇平公取無錫州十月陞同知大都督府事兼太子右率府事進階榮祿大夫洪武元年上以江南之地既入版圖乃遣大將軍經畧中原公從齊魯之地復由黃河取汴梁下洛陽駐師陝州規運饋餉造浮橋以渡大軍鎮河中善撫綏遺民爲之立石頌德絳解二州則公所招徠蔽遮潼關秦人不敢東向三年復從大將軍征漢中奉詔還軍中道因疾而薨

實八月之三日也年五十有七上下群臣議贈公推忠翼運宣力懷遠功臣光祿大夫湖廣等處行中書省平章政事柱國追封蘄國公謚曰武義卜以九月二十一日葬于應天府上元縣鍾山鄉之幕府山上親臨奠而百司繼之祭幄相望聯絡原野時人以爲榮公娶方氏追封蘄國夫人繼室田氏封蘄國夫人側室朱氏余氏子男三人鐸田氏出鑑朱氏出鎮余氏出公通經史大義事太夫人以孝聞輕財仗義意氣磊落而尤有志于事功值元祚將終其才弗克盡施然而真主龍飛于羣雄之中公即能識之眷

甲韜戈辛衆臣附坦然而不惑可謂上知天命下察人心者矣由是聪被寵眷倚之以心膂用之爲爪牙十餘年間屢從征討茂績奇勲著稱當世存則安富尊榮加以爵位薨則疏封賜謚賁及九泉令名垂于竹帛重祿延于子孫公其可以不朽矣臣濂謹拜手稽首述辭于碑系之以銘深懼不足以稱上報功之意銘曰於赫大明受命于天如日之升煦于八埏于時康公江險之峙大軍西來視如平地巨礮轟雷物莫敢攖何戰弗潰何守弗傾天人攸歸勢何敢抗知幾先來率衆內嚮皇帝曰嘻有疏附兮予開誠

心遇爾不疑爾礪矛鋋爾部士卒助予四征以寧萬國公拜稽首賜死爲生誓殫報效如無餘齡孰爲不庭率師徃討矯如翼如風馳電掃東吳西楚蹴陳駕張身經百戰克堅始亡大將北伐同取汴洛出鎮于蒲恤其孤弱蔽遮河潼以鐵爲關誰敢操戈睥睨其間玄龜負碑以頌遺愛民亦何心恩義斯在從伐漢中迢迢西征有命班師中道而薨帝念將臣血戰之苦將酬其恩錫以茅土孰不壽考以樂承平公胡嬰疾隕魄泉扃帝情惆悼恩命絡繹穿山爲堂畢茲窀穸名垂于史祿延于家翛然而逝公復何嗟忠臣造文大書深刻以昭公勲有永無極

華編修伯瞻墓誌銘　　李東陽茶陵人

嗚呼伯瞻乃止是耶伯瞻質偉氣充才勃勃不可遏其志所期甚遠且大舉進士才三年官一命年二十有四而止悲夫初伯瞻從其父廷佐君居京師時未冠學于楊邃菴應寧與太原喬宇希大並價予見伯瞻書勢已逼人私喜吾湖南後來之傑蓋其在此及伯瞻舉鄉試第一連得進士入翰林爲庶吉士汪寅軒傅體齋二公奉詔授業大見甄賞每閣試與藁城石瑤邦彥相甲乙授官爲編修予又

喜曰此天所以玉其成也予與廷佐君同鄉又邃菴知已友故伯瞻視我厚至是又同署日益密每有作未始不出見見輒加進一二載間遂脫舉子習得古人蹊徑詞簡意遠粲然成章予嘗以聞諸劉文安公者告之謂爲文必先博而後約收斂太早則其地無所容伯瞻以爲然然孰不變意者天將速其成故使至是哉使天果有意焉則斯人者胡不姑涵育長養俾大有所就之爲愈也予益以慨人之才不易得且不易成也悲夫今年春廷佐君以常州知府入覲歸伯瞻已病秋益劇臥不見客予數往乃彊見之

怪其神藹然比得告猶函一卷具書致予曰戀且別願得手書數通以歸書未成而訃及予旣往哭之念無以慰其志者乃據邦彥所著狀爲銘屬希大書而刻之又自書子卷中以畀其家俾藏焉償舊諾也伯瞻姓華氏戀其名世居蘄州以州學生舉生成化丁亥十月八日卒于弘治庚戌七月二十八日某月某日葬于州之某原少喪母安人陳氏繼母安人潘氏娶王氏子女各一人皆幼銘曰吾黨得之吾曹得之而遽失之吁天誰詰之

贈監察御史南濱馮先生墓誌銘　徐　階 華亭人

馮先生諱某字某學者稱爲獨齋先生後又稱南濱先生黃之蘄州人也蘄故多巨族而馮氏尤以文學世相傳有名聲先生曾祖銘父翱皆嘗貢於有司然其仕不幸不至通顯銘爲京衛經歷翱終兗州推官推官父漢以經歷之不遇過自懲不仕以卒然馮氏雖不仕乃蘄之人言高衡德門必以馮爲首稱意其後必大先生少而能文章督學使者前後十數輩至輒取所爲文置首選而先生行又甚修數曰君子之學要無媿乎其獨其施于人事依于厚至其自守凜如也其赴人之急若已與有至其平居未嘗有疾言遽色也于是時先生雖在庠序其賢聞四方人則謂馮氏當遂振矣而先生十試于鄉竟不遇復繼其父以貢入太學祭酒甘泉湛公司業琴溪陳公得其文奇之已又廉知其人益奇之陳公館先生於家使教子若壻而先生賢亦益聞六館之士踵先生門思得聞緒論接咨色幸有所警發者屨相接也未幾注選歸踰年喪其父方父病時先生終夕侍湯藥而天甚暑其室又迫隘父力遣之先生卽戶外露處閱月由是得濕疾比父歿先生哭又甚哀疾增劇嘉靖辛卯六月十六日父喪甫小祥而卒遺言以素

服歛距生成化丁酉九月二十三日得壽五十五蘄之人相與訝曰天之道固不可信乎後五年乙未子天馭舉進士授大理評事考御史贈先生如其官再奉命董南畿學政遷大理丞諸所與友盡海內名士而士之出其門者亦咸知重行檢薄利祿自別爲午山弟子午山者大理號也于是人爭言曰馮氏之厚積而遲發如此予故與大理遊聞而歎焉今年大理以中丞賈公狀請予銘墓予旣得論次其事則又歎曰嗟乎人之與善豈非其性然哉有不善人于此其于彼非有損也然而聞其用則以爲憂聞其敗

則以爲喜有善人于此其于彼未必有益也然而咨嗟于其不遇而幸其後之昌者至于久而猶然蓋予所見聞若是者多也而先生尤著自修者其殆可以勸夫爲再拜而銘之先生子二人長卽大理次國子生天駿女三其二蚤喪存者適生員張儒葬以卒之歲十二月一日墓在安陽山之陽銘曰

茲維先生之寓耶其詒于躬者既賴子以顯融其垂于後者又待子以無窮耶嗚呼先生塞耶通耶彼暫焉者果足以介于中耶

廣西思恩參將李公墓誌銘　李維楨

余偕李淑元舉于鄉講兄弟之好在史館時淑元晉讀中秘書而伯兄千夫長一元公部賦入京師得見之膚革充盈才可急使也公名同春一元其字父爲東池公兄弟悉以池爲號公則仰池云先世息縣人隸鳳陽府後以崇王就國隸汝寧府始祖慶公從高皇帝起義累功授正百戶隸山西朔州衛再傳至斌公征香爐山有功晉副千戶改隸蘄州衛左所數傳至震公無子東池公當以弟繼掾吏持之若多與我金不則例一等貧無以應因降授百戶歸而司屯政有郡理奉檄覈蘄州衛所事而身坐岳陽徵諸案牘東池公亟奔命遺其籍郡理疑父乾沒幽圄之公時從行匍匐入愬請以六月爲期取還報無令父受誣溺酒雨下司理憐而許之冬大雪舟楫不通跣而行足爲重繭如期至事遂解而語諸弟吾乃今而知文吏之貴也自今以始諸弟任學子任費學無媠嫚督學使試蘄士輿國涉江踰嶺覓得驢以乘幼弱弟而身杖策隨之不違淖體鴻大股以下爲裂矣父病泥首呼天乞以身代醫藥百端不效而父執少弟手付公若代我爲父公泣受命與諸弟謀

親喪所自盡今不能成禮諸弟他日卽富貴何益某可貸某可貸也父聞而呼之曰孝哉天鑑斯言必有佳兒報若吾復何憂第憂兒過飲耳哭而伏牀下頓首曰敢不服膺而父遂瞑終其身不內勺飲服闋詣京師言祖爵爲舞文者所奪詞辨如雲司馬奇其貌仍以千戶嗣奉職恪勤而淑元與仲弟少弟先後舉進士公笑曰猶記策驢時事耶獨恨吾以介胄踞諸弟上雖然吾亦有以自見以武功爵進指揮僉事有巡江之役建營房使士不露處而贍列戍數百區所捕盜數十百人桴鼓不聞部賦半道假寐若有

語者河且厥淤怪之起勑舟人速進迴視他舟滯者累千
漕帥罪公亂次督府不可是宜論功何罪之有後一歲復
領運遭石尤風覆舟稱貸以償粟貫漕卒不問已視篆布
其德而兆其謀理僚屬貧廢嗣者十餘曹同列因汗蟣以
他事當道悉公賢讒不行稍遷楚運糧都護都護無公署
所領諸衛各以四十金僦舍公歎曰是誨貪也損橐中六
百金建署至今不得口實箕歛矣怨家夫婦反目婦執夫
所誣公移文來訴公取焚之勝敗若化吾不介之胸中久
矣而長舌何爲公初與叔弟俱覲于子謁歟泰山出貲爲

仲署側室而公有二子仲有四子巳晉分闈于浙爲副于
粵爲長單騎之官刻厲如昔而戒其婦奉母無違過全州
大佛寺佛燬于火取沉木香造之爲母祈年巳晉思恩恭
將居無何念母心動遽解組歸次武昌承母凶耗嘔血數
斗自投于牀病力矣入門號咷擗踊食不溢米毀甚不及
葬母而卒公宦三十年一錢不入私室視兄弟子姓如一
身慕張公藝同居立家訓兄弟致美無分異無蘊利生孽
又爲義屋義田贍宗之貧者所全濟鰥寡孤獨顛連無告
戚疏遠邇不可勝計病日自爲祭文理凶事卜塋域遺令

葬無過七日無慼形家言無受奠吾飲水數日卽祭當以
水語畢舉手別諸弟而逝年五十有九仲子棟與季弟子
太學生樸屬余志銘銘曰急父難兮胼胝痛母亡兮身隨
友諸弟兮咸宜廩有粟兮同炊營纏綿兮葛藟死寧忍兮
離披祖溢我兮繹思復世官兮靡虧屬橐鞬兮四馳旣能
廉兮能慈部曲驩兮誦之不二心兮熊羆古之人兮兼資
今之人兮誰其赳武夫兮恢奇爲邦家兮羽儀五葉傳兮
葳蕤如一日兮怡怡江有沱兮名蘄卜兆吉兮在斯瞑則
藏兮何遐考終命兮宴嬉格上下兮神祇顯百世兮本支

美不虛兮銘辭

文昌閣銘 并序　　李維楨

蘄春南郭里許江有石磯突起唅呀桃花水盛暴集
沒頂舟行遇之輒敗或窒碍不得轉移旅客凜凜不
免是懼徐州守倣挈轡令舍之意搆亭其上劣容數
人耳方伯吳公治兵于蘄廣盱營表謀夷變而築宮
乘水勢殺時周遭揵菑爲隄激層累成基平正如砥
建傑閣鎮之長年三老識其處晝瞑而過無復患苦
初辦方正位厥位當巽巽風上坎水下于卦爲渙雎

漁之水五釆成文號之曰績在天成象在地成形非
文昌孰能當此者乎閣祀文昌禮以義起也形家又
謂控扼下流山聚土澤鍾水水土演而民生蕃殖更
埠盍學宫之勝自是入省試上春宫得雋盛倍疇昔
登閣四望左有南山右有麟鳳二山後則匡廬秀色
遥可攬結前則龍津蘭若洲渚連亘縈帶大江而下
城郭屢市人烟氤氳林薄蓊薆魚鳥飛躍比屋絃歌
樓船簫鼓榜謳漁唱鐘梵之音輻輳並至耳目不暇
應接居者行者得未曾有侈談其事而州人陳茂才

孺子索余爲之銘竊比張孟陽之劒閣云其辭曰
兩戒四瀆江河爲尊自北而南湍悍長奔江有灩澦河有
龍門以遏狂瀾以奠厚坤峩峩横石蘄江中央乃召匠氏
削成四方象彼北斗戴魁六匡聿攻新宫用祀文昌如辟
雍環如霞標揭上下往來巨艦細筏足不虞觸趾不虞蹶
氣無沉滯亦無散越載占諸易惟漁則然柔順從剛在中
罔偏血去惕出机得願焉爰假有廟利涉大川鱗介游泳
恬風澄波天時地利協於人和登高能賦於兹婆娑仰觀
俯察釃酒賡歌四民樂業既富方穀思皇多士菁莪棫樸
貴相理文司命司祿江神佐之咸蒙禔福作者伊誰新都
吳公尸祝俎豆輿誦融融離堆砥柱奇蹟攸同史記令名
河渠書中

蘄州志卷之十六

知蘄州事虞山錢　鋆纂

藝文志

國朝

聖製諭祭文

維康熙二十二年二月初四日

皇帝遣湖廣黃州府知府加十級蘇良嗣

諭祭原任巡撫浙江等處地方提督軍務都察院右副都御史降四級留任李本晟之靈曰鞠躬盡瘁臣子之芳踪䘏死報勤國家之盛典爾李本晟性行純良才能稱職服官年久厥有勤勞方冀遐齡忽焉長逝朕用悼焉特頒祭葬以慰幽魂嗚呼聿求不朽之榮庶享匪躬之報爾如有知尚克歆享

傳

朱母貞節傳

龍　墳夢先

朱母黃孺人者蘄州庠生朱垓之母也姓黃十六歸朱益所公用謙益所公本楊姓是爲楊小池公季子出繼于姑之夫曰朱信菴遂姓朱母遂呼朱家婦益所游于黌序厥志未酬而竟蚤夭母哭輒絕爲遺孤垓而忍死時年但二十有二耳擁兩孤女一孤男左提右襁霜冷冰寒譬彼慈烏獨峙羣雛啞啞環而聲不歇口血枯心血亦與之俱枯信菴立繼後復生二子頗不利于嫂之孀母曰異姓而嗣故宜退處不爭之地安有憾之天吾何求哉獨晝荻課兒是吾事也後有興者吾其爲朱之冢婦楊之支裔乎于是一切節嗇而奉尊章則必腆嗟乎兩姓骨肉之間柴池萬狀即善調者誰與合異爲同而母能使之和協賢哉夫爲朱也子者而薄子之產外之也義可歸矣而母弗忍曰姑徐之即復姓不宜在吾兒身其俟之後人乎及舉孫道衡然後乃尋楊之派道衡年十五即補諸生有聲夫母一身耳佐夫長子孫詩書之效畧見端矣乃母以四十餘年茹荼餐蓼神瘁血枯疾乃大劇垓醫禱百方候息寢側者六十晝夜而母卒時爲壬戌七月也乃母卒僅七日而諸文學縉紳咸以節舉州郡上其事于學憲公允以題旌未即俞垓乃走　京師上疏得所請夫世之孀者率奉金仙禮僧尼以爲盛節而母弗是也若以塵案感眉有影子然

寒機曳肘厥緒棼如日以筋力酹前志而衍貽謀之不暇
而暇作二六功課未之前聞也斯其爲儒門之女儒門之
婦儒門之母也哉

旌表劉貞節傳　顧天錫

旌表劉貞節字永貞天錫同母姊也至孝剛正聰明邑稱
女聖讀書旁覽百氏善爲詩法漢魏不肯作近體府君難
其適聞同里孝廉劉廷桂子鉞者有至性許之吾母先後
十六娠予最後娠五六月胎動母撫腹語姊曰此胎疑是
男自來生男殤哭成疾得母復累我耶誓不飲藥姊潛與

婢柳愛計捩蓐媪至母蹙額曰是汝勾當媪取鼠穴土入
無根井泉煩匙擾飲母胎定姊提錦褶贈媪故姊嘗教天
錫偶不聽輒詈曰惜我紅錦褶換汝命來錫即泣以此錫
生萬歷戊子季冬二十九日日照聰睜視不異體有黃毛
寸許母抱而憎之姊笑曰昔周彥祖生而醜狀駭人其母
欲棄之其父不可曰吾聞賢智多異貌興我宗者必此兒
令弟安知不興吾宗者不肖老矣痛無以報矣姊于歸之
翼日既贄見舅姑公鉞曰鄰有賢人可拜見賢人者貞節
馬氏也公鉞重禮畧俗如此歸始十八日公鉞試童子舟

次黃陂團頭河墮水物故屍歸盛夏姊伏屍哭糜爛沾面
求死殉外祖母馮夫人年九十卧病以手拄姊數輩曰嘆
疾去女死汝死于是羅而守之竟不得死不飲水漿五日
不櫛沐者數月髮脫背瘡家人久不相見者見幾不識時
年十九耳無何舅姑卒先妣迎歸居斗室溽暑嚴寒不出
戶每哭輒嘔血盈盌先王父聞之曰歎過矣禮踊有節哭
有時如曰弗忍行道之人皆弗忍也姊括其髮而拜遂節
哭後數年予長兄嫂逝次兄逝吾母又逝姊水漿不入口
又五日府君病革令婢扶而跽曰我祖宗九世名儒汝第

九世大宗一綫耳汝守劉氏節撫顧氏孤兩盡孝今托汝
勿復辭姊叩頭哭天錫以首觸地涕塗滿面左右皆哭于
是姊始飲食明年府君卒又水漿不入口五六日州守朱
公圻聞之拜于堂榜之曰禮宗祀必致膰冬必致帛炭後
州守以爲常崇禎二年巡按御史宋公景雲上其事上命
禮部覈實以聞尋命有司建坊旌表已故童生劉鉞妻顧
氏貞節十六年春張獻忠陷蘄州予與景星掖姊行雪中
憩一空廟賊至叱曰何物老媪討死早姊曰吾未亡人荷
上恩旌表恐混死辱　朝廷來討一明白死以首觸石

血濺面天錫及妾明氏兒景星幼女阿二爭代死賊斂刃曰噫汝一門慈孝吾不害汝姊又曰少年汝勇力如此不報君親立功位反爲賊賊熟視曰坐吾當來須臾果來持糒與棗曰孰爲節婦家者善飼之汝屬幾塊賊稱人爲肉塊也曰十三日夜見火起可東馳去予南陽人姓王爲賊脅非賊也夜北城樓火起如其言得免避亂九江八月抵南京寓上清河疾作以堊畫壁曰崑山產艮璧瑤池集瓊璣鄙德比貞玉形神同所歸姊自孀居不復作文字臨終始書此嗚呼痛哉壽七十四生平不衣帛不晝寢不夜哭

不聽音樂不處暗室所居香燈奉佛書史縱橫父母舅姑忌日未嘗食遇禽蟲有溺死者輒悲惋不自勝歲有孤鷰巢于楣上垂二十年畜一白牝雞不雌不伏亦十餘年其感物如此甲申十二月載櫬如崑山寄葬栢家瀼遺命合葬與公鉞合墓天錫服斬衰三年景星比不杖期禮以義起也

孔聞卿傳

盧紘元度州人

公諱庭訓字聞卿蘄諸生族單寒終鮮兄弟乏嗣撫姊子爲己子於紘爲中表戚故視紘先人若同胞視紘亦猶子也公兒時忽若有所憑發狂語類謠云萬丈深潭栽葡桃水底無根栽不牢有人栽得葡桃住千年結子萬年牢吸吸不絕口如是者數日父母驚錯不知所自後數月漸甦問公公亦不復記憶及爲諸生有文譽少司寇李公夢池副憲李公鑑池皆器重之諸子姪松藩副戎郢隆太學生質甫諸生濤候皆能文士一時稱賢者敬公爲執友遵化副憲赤存淮安郡丞木夫皆從游在弟子列生平論文甚刻不輕許與人其爲文亦甚刻終日搆思不輕就草亦不輕示人一字求合繩墨而後止屢試于闈不售性方執居

恒或靜坐一室或獨步于庭若有思者終不發一語疾惡若讐雖一時聞人與公居同里而非意所許終絕之弗與交獨于李氏世締交卒罔間李之前輩既從事宦游其繼起諸子弟咸惟公是托公悉與成就蕩逸則規正之禍患則周旋之以故其後隆隆多振拔罕墜厥聲繫公力也萬歷之丙辰時公年四十四年矣忽憶童時謠語與紘先大父暨先人謀曰江中石磯于吾里最近雖建有亭而基甚卑臨水盛時輒汎沒矣舟往來多犯患形家言若增築而建傑閣鎮之祀文昌其上不特舟行獲利濟辦方厥位當

巽巽居坎上于卦爲涣涣而成文于學宮之盛最裨益吾與若其請諸當事圖肇茲盛舉也時新安吳公治兵于蘄多善政躬詣相度慨然捐貲築磯建閣董是役悉委公暨紘先人不數月而底成巋然巨觀矣于閣之外仍翼以亭存吳明卿先生浮玉故蹟又置田以膳士之貧者吳公旣遷秩行而豪者肆侵毒公以力爭至今守勿替公雖從貴介游生平取予無所苟其貲產固不豐而于閣之建及紘先人不惜爲傾儲助公又獨倡建報功祠以專祀吳公而請大宗伯李公本寧爲記蘄之得雋者至今猶盛悉歸德

公暨紘先人兼信公兒時謠語爲不偶也公卒于崇禎之乙亥八月時年六十有三喪具悉紘先人及紘爲之理葬諸雨湖之濱其先塋旁越數年而其配王氏亦卒其撫子亦不能守產蕩盡逮癸未之春蘄城墮且斬然並絕矣紘旣悉公生平而懼其久而遂湮也爲之傳俾後人知文閣之建所自始

蘄州盧吕侯傳

錢謙益 牧齋

君諱如鼎字吕侯楚之蘄州人也家世自吳徙楚父南槐公諱楷以篤學厲行起家府君少穎異讀書倍文落筆驚

動長老南槐公築館于濠上穿池植竹養魚籠鳥疏牕綈几叢書其間招邀郡國儁異偕府君横經鼓篋弱冠入黌宮每試輒冠曹偶演迤閎肆大放厥辭多不利于省闈間一得當復報罷二子紘紱稍長熊熊然角發憤下帷窮經課子四書尚書皆手註箋解文義如禾科斷如斗四方學者爭來問業解匡頤而折鹿角無不厭志而去貧不具束脩羊者假館授餐所居成市蘄黃之間推爲大師崇禎丙子歲紘鶚起舉于鄉府君歎曰吾老矣安能塗青鉛墨與小子輩角逐研削間自此息機摧撞絕意進取矣府君生

平篤孝南槐公性嚴重多所譙訶府君白髮垂領扶服呼謈如兒子狀居二母喪哀慟見骨一如喪父時分財產悉推長兄撫兄子如己子同仁均愛言家風者歸焉府君爲人忠厚正直規言矩行不苟訾笑不好徽逐裒衣大帶出入邑屋有風肅然如出衣袂中鄉人有爭訟者不之官而之盧氏片言觿解若奉神符寶印其爲鄉里傾信如此癸未春寇自廣濟乘夜襲蘄府君被執賊中有識者曰彼善人也縱之去寇退集里中人分布關隘爲死守計府君守南城督守陴人殊死戰寇少却遼他城樓肉薄而入從後

剸刃遂及于難府君之卒也子姪從孫及諸婦死難者八九人閱數日淑人羅氏獲府君屍于江崖焚而殮之越五月紘自公車歸慟闔門殉節狀泣血控訴所司具疏請旌表未及上而有甲申之難丙戌冬紘卜葬于土門株樹林己丑中進士第由邑令屢擢藩臬廉辨肅給蔚有公望凡三報最覃恩贈府君自文林郎三命至中大夫壬寅歲奉命督糧蘇松建節海虞具府君行狀謁舊史氏謙益俾爲立傳狀稱府君晚年燕居里民詹某暴卒而蘇匯門搏顙稱謝怪而問之曰某疾亟見鬼卒勾攝追至閻羅王所王

命曰汝文籍惡業少算未盡里中有正直人盧某得渠保任方釋汝鬼卒押赴公門聲喏于庭執公帖子還報乃得蘇公知之乎府君笑曰有是哉汝自當活耳於我何有里人傳語曰勿慢盧公渠能于閻羅王所作保人也舊史氏曰盧府君恂恂儒者白首一經斂容摳衣叱聲不及犬馬一旦身擐甲冑嬰城抗賊身無一命之寄而受橫死原野之慘非其平居讀書通曉經術講求忠孝大節而能致命遂志之若是乎里人入冥之事或以爲荒誕不可信明有禮樂幽有鬼神先儒有言昭布森列焉可誣也閻羅王爲地下主者人世正人君子聰明正直精靈不泯死後多膺此任彼稱盧公正直人也神者先告之矣丹心耿耿血化爲碧没爲神明又何疑乎公有令子珪璋特達先河後海歸本前修昭垂琬琰夫何待于余言余特舉其誠心質行感格幽冥者附著于家傳聳善抑惡著之春秋亦楚史之所有事也史臣失官越在草莽史失求野聊比于負芻采樵之言後之君子或有取于斯也夫

盧氏二烈婦傳　　錢謙益

蘄州盧使君敘其先公禦寇死難之事曰公之死也次子

諸生紱紱子晨初從子紳從孫震初皆被虜死而紱妻楊氏震初妻袁氏死尤烈楊氏諸生椿女母朱都梁宗室女也癸未正月廿六日蘄城陷楊偕其母及老婢許氏陷賊擄至北門趙州關楊有娠賊欲負之走楊曰姑待我不能行乃負我賊沿途縱火趣行及火陷處攜母手躍入火中賊歎息去老婢守之移日楊頭目猶未焚已免身矣男也越數日語家人往跡之不復頭目所在矣袁氏諸生嶼第三女也城陷震初與其父紳俱被執袁氏拜辭祖舅姑姑夏氏抱周歲兒天喜投井死明月賊退家人具衣棺瘞之

甲申秋棺毁于狐捐斂衣檐如面奕奕有生氣葬于迎山先人之墓而震初卒未知死所紘自公車歸敘次先公死事並列二婦慘死狀所司將以旌典上請會國難間不上紘聞之烏頭涂書表厥宅里國典也區明公烈昭詎頌圖史職也國典不可作矣夫子舊史官也不可使二婦遺烈泯沒于土中敢固以請謙益老不能文有使君之惇史在謹撮而錄之不敢溢一言舊史氏曰兵興以來干戈蹂躪閨門婦孺捐軀暴骨死而無聞者多矣甲午夏五月楚女子被擄投漢江死其屍逆流而上湘南人援得如生有詩

十首以素帛縛左臂傳至白下乳山道士林古度拜而錄之然卒不知此女何姓氏也今楊袁二烈藉使君以有聞于世其視漢女亦有幸不幸哉往余承乏外制烈婦孝女與被慇綸者必鄭重其辭以光昭盛世旌門之典今史局失官裒耄載筆于蘄漢節烈之事牽連書之猶前志也後有傳烈女者慇余之志無使其無傳焉或曰楊之母朱偕以火死稱宗女矣稱三烈可也

貞譽顧先生傳

盧紘 元度

先生諱天錫字重光遠祖士徵元平江路崑山州人元統間進士官蘄州路總管遂家于蘄高祖濂曾祖敦累世有聲至祖闕號桂巖伯祖問號日巖俱于明世廟時成進士宦遊早歸以文行重于鄉世所稱二顧先生者也先生爲桂巖冢孫年十四父別駕少桂公見背其姊貞節嬪劉而早孀乃歸撫之先生日侍大父桂巖公朝夕薰磨純于理義周規折矩尺度罔愆弱冠治尚書兼記春秋涉獵文史歲丙午應童子試受知于督學華亭董文敏公名譟一時若艾公南英張公公亮等俱托聲氣交不遠千里以古學相倡和文壇選政必得先生片語以爲折衷癸亥歿國子

生與數十名家結社燕臺學者傳誦所爲文輒見售其門人涉館局臺省者不乏人而先生終以數奇不第及熹廟時奄黨方熾先生負重名都人士走如騖乃爲杜戶謝者歲餘甲子北闈對策涉論奄寺主司恐落其名先生坦然勿悔也甲戌丙子講學于天津張氏及河間保定兩郡弟子從遊者數百人以積分部選中牟令不就　詔行徵辟復固辭丁丑決意歸里時長君景星甫髫齔負異姿因築室松園榜曰中心願取易中孚九二辭也悉陳先世遺書相與蒐探辨究癸未正月寇屠蘄先生姊劉貞節以正義

感賊闔門得不死四月避亂九江荆世子迎爲師代世子
遺左艮玉書辭甚剴摯左帥得書感泣遂還駐武昌八月
辭赴崑山依族氏居焉甲申後益謝人間事惟力修文辭
多燬于兵火有津門三書分别丹黄又私著蘄州志故至
今名顧氏蘄州志云辛卯後歸蘄歲大凶茹柏飲水居草
廬支石爲几嚴寒裹氈足不移榻手不輟書怡然自樂素
善病乃精擠熨鍼石著鍼灸至道素問靈樞直解並焦氏
筮説倣袁了凡功過格平居一言一行以至舉念每夕皆
筆之于書即蒼焚告其潛修篤學克己厲行皆此類先生

既不逮事父母事貞節姊甚勤恪每遇知契談及撫孤事
輒流涕崇禎二年請　旨旌表癸未九月貞節卒于江寧
先生時客丹陽得報自床投地以瓜破面流血沾襟生平
不輕受一錢族有無嗣者分遺百緡力却以賙族之貧乏
族有貧而自鬻者質衣代贖更給以田避奄禍時踉蹌出
都或寄以金封識密囑主人是我所著書幸護藏勿失寄
者且疑攜歸至邸驗封識如故始大媿服癸卯二月乙丑
晝晦有白鳥千百數飛止松園盤旋三日乃去先生愀然
謂長君曰余生平歲逢癸輒不利且大父卒年大水今如

之殆不久人世矣十一月二十七將且諭喪葬禮宜從古
棺用瓦勿受吊奠勿刑牲既窆勿封勿樹午後忽索衣冠
正襟危坐而逝先生生明萬歷之戊子卒于
大清康熙之癸卯鄉人素致誠服者私謚曰貞譽先生子一郎
景星甲辰奉遺命來崑謀移姑貞節之殯以歸爰持先生
狀來告曰不孝孤知識晚先人隱德多不言畧舉大端孝
友誠恪其性也澹泊廉讓其操也淹雅博綜其學也智慮
通敏其識也一命不拜其遇也吾子素偕先人遊諳其素
履編紀之任亦安得辭余既逡巡不獲避爰括其狀而爲

之傳焉贊曰聞之家服爵者世以榮家立德者世以學前
代若程朱胡陸兄弟父子淵源世業著號儒宗休乎盛矣
其在吾蘄以理學名家厥推二顧有孫繼起修名砥行不
墜祖風方之昔賢無多讓矣至其貧居視履易簀全歸祖
孫一揆非其學焉有獲胡克臻斯歟昔楊洪農以清白貽
後人及葬有大鳥飛集墓頂哀鳴不去然則松園白鳥之
感當不徒然綴諸簡端可爲學士風勵也

顧黄公傳

李炳然

公諱景星字赤方一字黄公先生世吳醴陵侯丞相雍之裔

元末崑山諱瑛字仲瑛公十二世孫也仲瑛文采風流照耀江左遭世變祝髮儒衣號金粟道人以故公嘗自稱後玉山金粟居士云自仲瑛公第七子元進士季徵公功授蘄州路總管國變後隱于蘄遂家焉子孫世篤孝行至曾祖通政桂巖公與兄侍御日巖公以理學名家海内比之二程父貞譽公尚氣節勵志不仕公生母明太君懷十三月而生公生之夕巨蛇亙屋上光色熒異貞譽公夢星降于庭形如半月占曰是謂景星因以名焉姑劉貞節稱爲奇兒提攜笑語必教以方年三歲尚不語一日語忽述彌

月及前生事甚悉五歲值葬大父哭踊如成人歲饑荊王命有司元夕張燈家人衣以彩襦從往觀公蹙然曰何不以此賑饑否不願往六歲能賦詩八九歲徧讀經史日數行下時稱聖童束髮就郡試合肥芝麓龔公令蘄水過郡舍一見薦之太守錢塘我西許公公試風簷下立草十數藝日尚未昃也許公與論古今事歎曰此王佐才拔冠黃郡九屬第一督學崑山澄川王公亦試置第一歲辛巳丁嫡母李太君憂時饑疫相仍寇氛四熾賊張獻忠等蟠結蘄邑日伺蘄城郭總督熊文燦挐獻忠等十餘營降賊過

蘄荊王止賊首飲令走馬後宮與寵姬觀之爲戲公年十六聞之急謁州守唐公曰熊公不得死所矣獻忠與諸賊最黠不早除之必貽後患奈何既不爲備反令此輩得窺王宮虛實耶唐公色變勒技勇入衛周旋竟日而罷明年獻忠果焚穀城叛癸未正月屠蘄戮王楷虜其寵姬公暨貞譽公被執于賊前爭代貞節姑死搶首觸石血流帔面賊校喈喈稱善遂縱出闔門得免展轉避亂之崑依族氏居焉崇禎十七年九月南畿試七省流寓生貢御史陳公良弼舉公第一十月武英殿廷試特授推官隨上敬陳四

事疏詞愷切通政抑不敢上公遂去遊黃山白嶽歸過錢塘浮家澱湖爲長隱計

大清兵既下崑山多羅貝勒土賴固山額貞命以原職隨征浙閩公力辭養親還里是時公年既壯學復豐肆筆爲文才與情赴東南名宿如張公公亮周公簡臣錢公牧齋皆敬憚之曾遇艾公千子于金陵艾公數擕具就語謂貞譽公曰吾數就郎君語爲後來斯文托耳歲庚寅母明卒明年公奉柩歸楚侍貞譽公結茅舊第著述自娛順治十六年

詔徵天下山林隱佚之士撫藩强之不起癸卯冬貞譽公卒明

年奉遺命迎姑劉貞節柩于崑山合葬蘄州癸丑以後究
心六書之學康熙戊午
詔求鴻儒六科薦公專心誦讀雅擅詩文品行端方兼精字學
公以病辭巡撫疏請不允再奉
溫旨云督撫作速咨送來京以副朕求賢至意檄文敦迫乃扶
病就道明年給撿討俸米三月朔入覲　保和殿賜坐賜
茶賜饌再以病懇旣放還杜門息影顏其堂曰白茅取易
無咎之義自訂詩文若干卷曰白茅堂集又撰說字以正
正字通之誤摘發義例批謬引繩凡二百餘卷詁釋務精

雖一家言實綜百氏之奧歲甲子後嘗往來鄂渚與郎山
徐公相唱和丙寅冬徐公雷公度歲四月自東山辭歸六
月病作七月致書交好偏爲訣別康熙丁卯十月初七日
年六十七卒元配蕭淑人先十三年卒驃騎將軍副總兵
官諱世忠公女男八長曾郡庠生次暢次昌康熙癸酉科
舉人次晨郡庠生次歷次樞邑庠生次曾次昱

盧澹巖先生傳　錢鏊

澹巖盧先生諱紘字元度其先本吳人督糧蘇松時與余
族祖牧齋公詩文相友善書問往復歷敘生平其遺蹟猶
有存者故余悉先生家世與其爲人云先生幼頴異好讀
書崇正丙子領鄉薦癸未寇陷蘄先生方在京師其父贈
大中大夫呂侯公暨一家盡死惟母羅淑人匿穎垣得免
先生歸哭控上憲以闔門節義旌先生痛父勤學困諸生
且遇難益刻苦讀書順治己丑成進士爲吳梅邨龔芝麓
洪閣部所引重庚寅授山東濟南府新泰縣知縣先是海
逆爲亂自膠東經莒沂間千里震動先生躬宿譙樓兩閱
月一夜南城邏卒見所執鎗頭火起如列炬一軍譁然以
爲不祥先生往視之曰虜破有日矣衆問故曰昔軍師後

王姑句家矛端出火其妻殷紫陬曰此兵氣也利用殺敵
又晉惠帝永興元年成都王伐長沙每夜戈戟鋒有光如
懸燭以此卜之勝氣在我無疑矣即夜撤守就內寢未幾
海逆果授首居新五年擢廣西桂林府同知攝梧州李春
華洞庭巨盜也以招安補梧州守備分防賀縣持令短偪
之至死械繫梧州獄耆梧道某利其有椄掠備至四不能
堪越獄走某乃選徒卒二十人具短夾棍以示司獄楊茂
千曰此何與女事梧州受賄縱之耳茂千曰小人寧桎梧
死實不能以微軀誣盧公某怒甚命二十人前力斃之忽

大風雨雷震厲角繩索寸斷如刲大中丞于公廉其寃疏請爲先生申辯又五年廼得移東昌守先生好古所至古蹟多修復在新建文廟求孫明復後爲立祠于鄉表師曠高堂生芉太傅墓立官塚在桂林建尊經閣購藏書在梧修伏波將軍祠封尉陀劍塚至東昌建文場修文廟葺光岳樓築護城隄守東昌二年遷長蘆鹽運使新包孝肅祠又一年遷江南蘇松督糧道蘇松多積逋庶務如亂繩先生以一身兼數郡事心力俱瘁者幾年乃退居林下以老元配張淑人生子二長旦初從其考死賊難次昭初太學生讀書太學有聲先生博極羣書尤究心于海內山川形勢風俗瞭如指掌生平著述甚富有四照堂文集詩稿及蘄州續志等書行世

緇守駱先生傳　陳謨

余自幼學作文時即聞吾鄉有緇守駱先生好爲奇文聞一遇其人輒以國士奇之然而世之識者甚希少及余長得見先生之爲人與其所行益奇之先生篤于至性寡交接嗜酒忽絕而不飲日棲禪關又嘗築斗室方一丈終日兀然危坐將終前數月即知及期沐浴書絕命辭一首投筆端坐而逝人謂其似得力于禪豈識奇人作用者　夫文之奇制藝與詩賦古文辭各若干卷有子大立孫象儀公儀紹籛希賢輩自能梓之以公于世至行之奇恐湮沒不傳余故述焉以俟後之有識者奇其文並奇其人贊曰風奕奕節亭亭吾不知者便便之腹吾所知者皎皎之行誰其似之賓王後身

魏此齋傳　龔佐龍

乾隆十六年冬廣濟縣修志庠生魏洪賓奉家乘呈當事謹按家乘魏艮輔字師召號此齋江西新建人王父考㕘默字介菴父棨號狷齋由進士官福建布政以勦賊功晉階通奉艮輔弟艮貴艮儒儒字榮宗號鵠山與從兄弟艮弼艮器艮政共事文成後俱成進士獨艮儒以明經老艮貴爲南京御史艮弼以禮給陞太常疏劾張貴艮輔以進士初任主政督稅蕪湖著有視榷記拙一書嘉靖十五年補刑曹員外屢決大獄湖廣巡撫翟瓚陸杰先後疏奏蘄州切近留都下通吳越大江東注山林鬱茂盜賊易匿務幹材指麾以資彈壓請效上江防岳州例設立下江防道員朝議首推艮輔遂授僉事駐蘄州蘄悍民趙季鼎有膂

力勾引外盜幾弗治艮輔甫下車推心腹諭以利害命擒外寇爲贖時渠魁約鼎行掠鼎佯諾比至漳山宜公命官兵齊至擒之艮輔授鼎爲九谿弁荆藩吏胥侵民產艮輔見王請宸濠爲鑒王覺悟艮輔更勤勸課集諸生講求正學一時諸生吳翼靈數十輩得其造就爲名下士二十三年遷承天州民攀轅江滸哭聲轟地備兵廣西陞湖廣右布政山東左布政致仕艮輔既樂諸生皆有成就又以州民思遂與弟艮儒家于廣濟鄭公塔側湖廣通志載艮輔駐澧州黃州府志蘄州舊志江防道俱不載艮輔今據魏氏家乘得補入亦好古所不廢也

伍烈婦傳　錢鍪

烈婦謝氏蘄州漁家女年二十適伍從雲從雲少時伍家嚳間架爲從雲結束紿氏父母然嗣是數閱歲不一至氏家一日氏兄遇從雲衣敝衣招羣丐走村落間遽歸白其母母疑語鄰嫗嫗曰信且有渴疾當速死死可改圖也氏聞截髮誓以死歸伍明年歸伍以紡績養姑從雲不乞丐姑病累月不解帶姑卒從雲宿疾大作從雲死羣丐爲乞棺氏叩頭謝血流被面已而沐浴衣齊麻自經于柩側里人釀金合葬立石紀其事至今呼烈女墳云余居蘄道過此問其里人聞其事余曰表彰幽魂司土者事也昔張總管二女逼于寇同日死蓮池中蘄人名其地爲烈女墩謝氏何甚相類也然謝氏以漁家女爲乞人婦非夫家世識大義者窮苦窘辱以爭一死烏虖抑又難矣

陳貞女傳　張易源

貞女陳大姑蘄州人父於梁由太學生授州貳母廣濟拔貢生壽光令張元爵女也大姑幼嫻母訓曉大義賦性閒靜不妄言笑年十三許字恩施教諭同里陳欲珍長子弘

綬越五年而欲珍家以期請歸有日矣忽弘綬得暴疾卒凶聞父母深爲大姑憂秘勿言無何大姑亦稍稍覺乃大慟遂悶絕父母更相慰曰兒苦矣愈滋我慼諸凡唯兒言不相強也即日除簪珥屏鉛華平時所針紉繡刺者盡取焚之樓頭闢一小室日夕寢處其中自省覲外家人罕見其面如是者數年其舅欲珍宦留恩施獨姑胡在室善病長年不離枕席大姑告父母請歸侍姑疾介期往與姑共臥起飲饍藥餌悉手自調理歷七年如一日姑病篤目不交睫者十有數旬乃夜焚香告天求以身代旋刳匕首割

刲股和藥以進卒弗起帷堂號慟投繯者再家人救得免後以悲傷感疾卒

旌節吴氏傳　　黄册元

吴氏州諸生從恭女少敏慧曉大義年十九適太學生陳正芳甫六年正芳卒子逃古信古俱在襁褓初正芳饒于財盜乘其病持炬夜入將縛之氏破頭流血厲聲曰寧殺我毋傷我病夫盜感其激烈正芳免于難然自是病不起正芳卒時家幾中落氏節衣縮食綜理家政内外肅如復故業餘貲悉贍鄉人康熙己丑氏賑族鄰饑八百舟乾隆

間奉文備賑氏輸穀三百餘石嫁其族之女二人婚其姪孫三人他如戊癸港劉公河建橋置渡費累千金其勇於行義如此氏請　旌在雍正九年信古又早世媳張氏以乾隆九年　旌稱雙節云

記陳熊氏事　　錢鋆

余居州三年矣講

聖諭課農桑編里甲以公事接見士民畢事必問人之賢否以爲彰癉合州士民皆云陳熊氏賢余徐廉其實如修八里湖石路設柏樹圍段家渡義渡渴則煮茶夜則懸燈病則買藥沒則買棺皆仁事也又渴口水駛東下形家言宜于東起高臺以收水口水口收則科第興氏曰渴口山川淳朴吾陳氏世習詩書有積德少科第緣此故積數十年出數千金爲慈雲閣余曰貽謀莫如推仁推仁則不得不散財氏散財如此陳氏其大興乎因書其事以彰大之使州士民皆以氏爲法亦守土者之責也氏姓熊氏康熙戊午舉人蔣陵州學正心璋公女年二十適州貢生陳君贊元陳君卒氏撫三子暨諸孫今其子皤然各六七十歲氏指畫家事唯唯起立不敢發聲如嚴父云

蘄州盧氏祠堂記　　胡周鼒給諫

祠堂之設所以表忠彰烈也其采自輶軒請自禮官載在祀典者夏矣若乃閭門蹈節投袂爭死疾風險塗忠勁挺出艮亦澡身勵行贍族敦倫而教之家者素也雖廟食有待而就塋爲祠俎豆芊芊曖存芳烈嗟乎此仁孝之心所憑焉耳大參澹巖盧公轉運江南公餘枉駕弊廬手執家傳泣而示鼒曰曩昔癸未冠薄蘄城先人以書生登陴九拒城陷及難子姪從孫暨諸婦死者八九人所司狀請爲

頭雙闕之旌會圓方改革不果行歸骨窮泉拱木將積紘
幸成進士歷藩牧三被
貤恩封祖父如已官榮貫黃壚叩心遍感今碣于陰碑于陽
者皆有文矣惟兹三楹之堂仰奉靈衣悲纏祠樹將偕吾
族人于時思敬于時思哀也予其記之蘄穉盧氏其先自
吳徙楚累葉風素公大父南槐公父呂侯公礱磨文行益
布家聲南槐公置館解榻結交羣英傳經誡家備有程矱
呂侯公才峰迅驅龍拏鳳時每試輒空流輩潦倒場屋四
十年負才屹屹不少衰談經窺觚辨若決溜所摘剔詮解

精穿溟涬學者受讀比名金海當是時生徒侁侁袪衣欹
屋附近朱藍經師人師不減西河南學盧氏子弟肄黌庠
知名者二十餘人大參丙子雋楚闈公喜硯耕有人遂謝
鉛槧然益爲德窅冥施恩不報薰風飴露惠浸萌生而規
言矩步盡日不斁簡鏡平端專以誠長者待物里人有纖
介郄輒愧曰吾懼不可以見盧公方巨寇冥陷蘄春殺人
如麻神奔鬼遁盧諸生曰紱曰紳曰震初曰晨初罵賊求
死紱妻楊氏震初妻袁氏投軀烈燄浪井中時呂侯公亦
被執賊中有呼善人者竟舍去肯盧植不殺歸隱名山公

一白髮儒生手不能搏乳犬既得不死宜韜地自全顧乃
嬰城覆沒終膏鋒刃若義有不得不死者一門爲烈蓋天
性然也始大參以公車留滯幸脫氛祲收拾靈骸重加槥
櫝青楸玄冢碑銘儼然頃之歘歷高華洊膺
綸誥賁及夜臺榮哀之道亦畧盡矣而永言孝思猶欲寄之
乎盤盂杯按也卜爽塏地搆祠棲主俾登斯堂者拜而感
曰某也忠某也孝某也貞某也烈魂魄常依焄蒿如在且
使過其祠者遷而弔曰此盧氏一門節義之祠堂也豈不
足風示嚮往哉或曰盧之先有盧遨盧生者其人皆仙去

蒿山鴻一莢澗協昭之徒千古稱大隱君子焉呂侯先生
緜褐蕭踈寬然長德而名動瑛羅自其生平靈福及鬼又
何奇異也聰明正直者神其初或感自雷氣生精或名在
斗中日下宿禀既殊而又有清修隱行爲天神欽重者故
能取義成仁血碧杲霜而氣還箕尾然其精意所屬期于
利人而已詩曰神之聽之好是正直班固乃謂楚風重祀
謬矣

北門李氏龍磯掛纜碑記　李炳然

凡形氣所遷依曰神靈象教之普濟曰佛力二者如捉影

響于風聲探元珠于赤水幽冥而莫知其原而羣愚時遇急難危迫之際莫不相與奔走號呼假助萬一然而終無有驗盖厭怯迂不若一手一足之反爲烈也吾郡水西門外爲龍江立石槎枒嶙峋百仞岸爲烈士廟則爲昔之守宰王公時遭北寇城陷赴水死之歷代有司蒸嘗載在祀典江心爲龍磯寺洪濤洶湧實砥東南之門戸黿鼉出没征帆下上佛則尸之每歲冬寒百川歸壑廟寺對峙石逕坦途不煩舟渡魚貫而梁緣焉猿奔則樹息州人士箕踞盤桓其上相賞殊有泉石間意致足樂而忘歸惟是夏秋

之交磷峋參差黏天汗漫舟由北岸而泝流者必於廟前取道焉百篙枝柱進以尺寸計額額奮呌推輓卽隆陰皺裂亦自汗交流縱非黃牛董工開導之奇蹤彷彿呂梁懸流噴沫之險絕估商臨汎未嘗不動色股戰惟神明佛祖之是賴也夫古之禦大災捍大患者皆其功德及身以及民者也後人因而追祟羣祀之苟功德未洽于衆蚩蚩決策仰望其陰行功德之及人倏爾大災大患之狎至不幾于以其身徼倖者哉故凡事之坐而言之起可施行者不咎鬼神之忽焉喪之而恃吾災患之所不能入蓋人力天

時迭相主客爲勝負者也郡庠李君化龍家傳經術世載穆清其先祖諱正芳者睹斷岸之巉巉憫舟人之岌岌當此硤口施以巨絙鎖以鐵柱舟行至此攀緣曳鍊天矯亂上覗昔日之猿啼箭急篙摧櫓折望若休息乎龍門者如羊腸掌蹟之逈不侔矣其古之一手一足有功德于民者非耶于斯時也霖潦始盛澎湃有聲乃亟撤舊纜之蠹壞者更綴以新篾淇園漢竹竊斧斤截斬數千竿焉放在水次乃偕二三耆宿而進之咸曰年來舟行安流相賀燕喜李氏巨纜之功也郡人何有焉李君化龍逡巡而退曰昔

者逆流其難也如彼今日廻瀾其順也如此悉神明佛祖之力也丈尺之組鍊余家何有焉僉曰善是不可泯滅無記予生既晚素慚蕪陋爲文鄙拙謀勒貞珉垂之永久先告江神其辭曰惟蜀郡之黃牛兮三朝三暮不可上蘄郡衿帶夫龍江兮烈士磯頭時一望龍蛇蛟蟺以潛躍兮鱣鮪鯔鰍皆用壯嗟天吴之不仁以愁人兮瞥眼空滸下天狀銜尾一跌而失利兮捆載黃金輸海莊賈客過而隕淚兮安得百丈長繩引飛浪喜陽氷之裔子若孫永施功德于汨没之蘄寧于不替兮譬彼水底三犀牛陵傾海竭將

安放

宗遠禪院碑記　顧景星

萬歷中海内晏然風俗醇粹學者喜譚性命顏山農何心隱之徒間竊佛氏參吾儒李宏甫逃儒而釋智辨皆足移人于是佛儒其辨如綫先大夫中歲謫部得郡判病足不仕侍曾大夫處林下所從遊多顏何弟子故間取佛氏以廣情而遠俗焉而同里故江油令張公日新指揮岳公某田公某文學易公約菴高公某陳公某爲齋會買蘄城東堧楮屋數楹號八關社亦名八公社八公卒而盬法副使

袁公世振新其故楹與耆老曾黄吴僧太空大定歸宗更名宗遠社宗遠者取陶謝諸賢于惠遠云爾兵興以來人亡社火自建而廢凡五十年蔡藿所拄鼪鼬逕焉僧慈舟者蘄人亂後棄家爲沙門走海上十夏臘歸闢址爲堂殿廊庖十餘楹時大旱饑民有賴傭估以活者地東西南北若干丈陶用若干戸牖外達望南湖諸山明秀如鏡中小角雜鳧雁草樹蔚薇䍐約斷續春秋異觀晴雨變態鐘鼓悲壯旛幡颭颭院成仍名宗遠乞文勒石余惟佛法自黄初至義熈中國之民始披緇剪髮意當是時不啻興辛有之歎而諸賢樂而與之游何哉蓋有感於中而託以自廣云爾予嘉蓮善舉而名又善焉亦重有感於前人故爲記

火星祠碑記　顧景星

歲在壬辰楚大旱春蘄災秋又災大吏以狀聞

詔免今年田租之半按察僉事曲周王公禱于神洪雨滂澍焦禾復青乃謀祀火問顧子顧子曰聞之古之占火或主數或主象或主神春秋昭公九年陳災裨竈曰五年陳復將封夫陳水屬也火水妃也妃以五成故曰五年此主數者也十七年冬有星孛于大辰申須曰諸侯其有火災乎

梓愼曰若火作則宋衛陳鄭當之于時爲五月以丙子若壬午之日此主象者也明年夏五月壬午四國災鄭子産大爲社祓禳于四方祁于玄冥回祿襄公九年宋災士弱曰古之火正或食于心或食于咮以出入火于是有祝融閼伯相土之神名爲火祖以祀之而紀時焉此主神者也象數不可爲而神則若可禜雩而禱之者無巳其主神乎公爰度祠南門之内四旬祠成屬顧子爲記顧子曰詩不云乎靡神不舉靡愛斯牲今以旱祀火古之遺意與火祖官于天宗記曰季冬祀來年于天宗天宗尊不可遽祀因

其官而祀之如堂簾遠不得遽聞因在位而聞之不亦善乎遂復于公爲之記

貞慧寺碑記

顧景星

蘄州東山大伽藍唐貞觀中僧弘忍建弘忍隋末黄梅人廣德中賜號大滿禪師嗣四祖大鑒禪師法所謂五祖是寺初名貞慧咸亨中別建于馮茂之東遂皆名東山自達磨耶孤傳至是而五宗皆出其後五宗惟臨濟最盛宋哲宗時南嶽下十三世演禪師嘗禪師十四世自禪師青原下八世戒禪師九世秀禪師嘗往來兩山居之佛幢華禪

師者臨濟下三十二世嗣聖恩壁禪師止匡廬之歸宗歲丁酉郡紳士迎居東山繼演老五公而起則師也此其源委大畧云當貞觀時蘄治去今西北五十里宋景定三年築今城先是荒山大江無廛井城郭而寺之在廛井城郭近在五百年內耳崇正兵火寺巋然在僧海蓮募化之工稍集年饑予引范仲淹皇祐初治浙事諷當事當事以爲然明年棟材榱構甍甓無摧撓欹漏者則蓮爲之也又明年建方丈庖湢則總戎賀公因華禪師爲之也于是海內更知東山爲諸方冠嗟乎佛法衰王繫時隆汙末流滌濫不足殫究然而桑門梵宇莫盛于今各奉宗師離立宇內皆有剏建纘述而東山實先价偃輩出繇唐歷宋凡一再興于今復振可弗識與寺自洪武十五年僧祖鑑修正統十五年法治又修舊碑泐無攷見于志今華禪師與演老五公當爲此庭列祖蓮曰不碑恐後愈没前事僉曰然礱石乞文爲記俾來禩獲聞如是共出貨力自職官至庶姓書于碑陰

會龍池記

陳吾佃 郡人副榜

邏三角山之勝曰伏虎巖會龍池叢桓祖修證處至今存

池不知所在余家世茲土王父孟角寬于品評亦未之及偶隨形家步自老龍折而南指得一區其中有池可畝許水之清冽與洞泉無以別池上龍宮遺址歲旱就禱輒應環而列之左東龍右西龍開合俯仰與衍深宏奇哉果雄視伏虎者也稽諸景槩詰諸傳聞驗諸靈異古會龍池意在斯乎歷朝以來或爲民居至明爲李姓所有幾二百六十年條今始得售於余急爲標識地之顯晦固自有時若夫長潤澤而大豐美其所願于會龍者侈矣

看蓮亭記

張士淑

由萬松齋出寒玉軒西度花棚行數十武即得碧香池池可半畝許種錦邊蓮數十本中有亭榜曰看蓮周遭護以曲檻置方几一可列坐四五人由岸度亭設竹橋登即撤去用絶俗客每歲夏菡萏盛開伸手可摘紅翠雜水面如積錦芳風吹扇痕浪爲香池岸裸種桃柳芙蓉梅竹荷殘香落用綴不及亭背山多古松虬龍百尺蔭亭上寒著襲人每夜坐待月月痕初上爲松所掩微露隙際稍上則穿梧柳下映亭上如簾痕篩影轉子夜則水輪入座水月相涵眞一片空明境界矣友人陳子常有看蓮亭詩蓮禪風

吹遠松高月上暹蓋實錄也余嘗謂子常今天下曲沼方塘幽臺古砌奇花佳木助人清嘯者何地不有但没没勞勞日不暇給亞昔人所謂如吾兩人閒者少耳子常笑而不答

石蓮峰題壁記　張士淑

王子碩叟以文事徵同社于祟居之荷槎山寺山不甚高而僻迥深翳樹木蒙茂隆冬積蔭如春夏亦幽境也寺僧蓮焜喜藏古法書名畫兼好客因共山行凡古松卷石曲澗幽巖輙置茗清賞移時方去山故有石蓮峰視衆山特矗起怪石巉峭望之如虎豹蹲踞欲搏人沙彌爲余言石壁中有古洞相傳有道人丹鼎其中後仙去時有雲氣護之不可至至則遝遝有雷聲余笑焉因命沙彌導之行石壁着山腰折山西行不得路復迂道陟巔巔多石無裸樹惟松及橡栗數種樹若于石盤屈轉伸不可得如壯夫受抑殊不耐逞夾樹多猿猱見人來殊不驚稍逼之輙拾橡栗擲人羣逐之方逸去峰頂少憇覓山路微有樵徑殊逼仄不可行因相尾捫藤蘿下峰廻壁出果得石洞初入穴石陰森悄日色映之稍耐寒慄再入數武頗平坦薪灶烟

墨如可認識或羽客丹鼎及先世避地者居此俱不可攷時蓮輝復携茗菓至同衆席石上作茗飲飲未竟山氣縷縷從峰腰奔上衆谷助之遂作濃雲捲拂古松石罅間不即去衣爲濕少頃雲稍薄日色從雲氣中映出青碧紅紫不一色如蝃蝀影眞奇觀也余笑謂沙彌雲則有矣雷聲安在穴西有懸石廣方丈面平如拭可書字而路絶不逼峭壁斷岸下臨無地望之意惴慄如欲墮墜友人陳謙子善大書喜探奇因以繩貫腰自山頂下懸題留雲處三大字擲筆而上余嘗讀名山記岱嶺有無字碑其石不知經

幾千百年從有字至無字此石不知經幾千百年從無字至有字皆石中一段佳話也因記其事並題年月及同遊緇白十一人姓名于壁

重修大名港橋記　張士淑

去蘄城北十里許爲大名港舊有橋崇正之季郡國所在兵起守土者以橋當東北孔道用是毀去防寇警也蘄封地固瘠隘西盡大江東南距濠城外半隸陵壤惟北道跨湖走安永青山暨崇居大同之盡境逶控幾三百里公私以之且晚來蘄者日無慮千百數他行旅倍之橋既毀冬

月水落湖水不可舟率陸行取道于港港不可涉卒呼號岸側以待渡而舟子緩急唯意睨岸人溢舟方移艇未渡時先橫篙索錢滿其欲始理檝或雨雪日暮乘渡者急索額益增額或稍不滿索即艤舟向岸枕篙坐舟尾瞋目不顧覘一衣帶水如江永漢廣蘄人病之

清興十三載負險號澤之奸次第削平關梁既稍解嚴蘄人于是始相率請于有司跡舊址而橋之廣長制視舊爲壯始工甲午秋九月至丙申春二月工竣縻金以兩計者約千七百有奇橋既具無忘所自因爲文以記之既書首事以及始終于茲役者之姓名于石而復詳橋之所自毀與橋所再成之由使知蘄地雖瘠隘則俗固多急公慕義輕財好施之士而又以見昔之背水以爲險者今皆有所不事而蘄人行旅之出于其途者亦相與幸見天下之再平後之覽斯者當亦必喟然而有感也

篆山記　張相

篆山白馬將軍故址山川峭壁摭天上有浮盍方圓可數尺許能容十餘人下關小徑止容一武山北怪石崢嶸不能上山西南頗夷坦山曲羊腸行者躑躅戊子秋七月土

寇猖亂余禱于將軍廟吉携婦子聚鄉勇結砦于上韓叅軍駐節蘄陽連營黃城河與山勢相爲犄角己丑正月賊乘嚴寒大舉入寇綿亘十餘里余抱鼓峰頭鄉勇登埤莫不一以當百自辰至未衆賊死者不可勝計我兵開門追約十里而還韓兵亦追及焉賊遂退三月既望賊復舉來戰立三十大營于山下余分門巡守相距三晝夜賊漸逼以火箭焚砦中草屋余兌以水火不害余復以大砲擊其營發皆中韓叅軍復繞山北來絕其歸路賊死者過半賊後不敢出秋七月余率衆下堡各事本業土人思茲山德

不敢忘重新廟宇于山麓以垂來禩

重修蘄州儒學碑記　王繹曾

蘄之儒學肇于宋毁于元復于明天順五年圮于修撰萬公諱安修廣于弘治五年圮于少司寇戴公諱珊明季又燬于兵

國朝重建于順治四年圮于廵按曹公諱叶卜自重建以來時近百年楹桷腐壞垣瓦缺漏雍正十一年

詔修天下　文廟時州牧會同學官集鄉城紳士議修建並舉分任專責蘄士服其議合志勸捐市材鳩工閱

今上之乾隆二年學宮成余適搴帷臨蘄兩學率諸生贊余釋奠畢事乞言以記我

朝聖聖繼與崇聖道以培士氣士亦固根本以報國恩此今日學宮所由新也余惟書其經始有日功成有時趨事赴功之有人而已南面鳳麓北倚麟岡巍然中處者爲大成殿由殿而前東西相向者爲兩廡又前而南面者爲大成門門三洞具六扉則大同鄉紳士捐修又前爲内泮中跨以橋石欄週緻橋前爲櫺星門由櫺星而前有東西對闢之二門前列石欄若干丈石欄左右分闢二門額曰義路禮門門前爲外泮縱横若干丈下封石砌上週石欄則靑山鄉紳士捐修由大成殿而進爲明倫堂則崇居鄉紳士捐修由明倫堂而進爲五王宮則永福鄉紳士捐修由五王宮而左爲麗澤堂堂五間爲學正課士之所由堂而進又列五間爲齋居則安平鄉紳士捐修由五王宮而右爲樂育堂堂以後有司訓退食之所堂以前有門有射圃有觀德軒與堂相向而進映焉則本城紳士捐建又有儒學頭門面南背北高廣若干丈則庠生陳于座王鑾張斌李時可國學生王鎮黄載安等捐修自今以往有入廟而縱

觀碑記者由萬公戴公曹公而次及余言當亦躍然于蘄士之學古有獲忠義奮發合千有餘人而爲一心有如是焉者是爲記

重修蘄州城隍廟碑記　李珌

城隍守土之神城隍有廟猶官有衙署也民間枉抑訟獄官則曲直之水旱災疫災祲與夫奸宄陸梁爲民害者神乃黙禳陰殛之是神焦心民瘼居幽輔治其職與官吏等蘄州城隍廟向在麒麟右後復移置今址志載建自成化迄今幾三百年欹傾腐裂葺修不可緩今

上御極之十五年冬余來牧是邦治民祀神負荷綦重夙夜矢厲不敢縱逸以貽神羞政理就緒集州之耆老士庶謀新是廟翕然響應興工于乾隆十六年四月越次年十月大工落成殿廡軒宇于舊加廣余既擢守黄郡蘄爲屬邑都人士來請記余惟蘄爲古弦子國壤接光蔡皖灊捍蔽江淮爲全楚門戸環江爲城有城卽有司有明末造蹦于獻賊左兵今且章縫彬雅之士類能挾三寸管奮起功名力田者服先疇而歌樂利固浹洽于

聖朝之深仁渥澤百有餘年而黙相扶佑者在昭昭冥冥之

間不可誣也奸民馬朝柱弟兄挾其幺麿小智鼓誘市井無賴巢穴于羅田之天堂寨幾欲張其潢池弄兵之勢余以王法所不容神明所必殛不敢疑沮毅然擒治聞之大憲請兵彈壓而蘄尚義慷慨之士皆一呼百應並有縛致從逆以獻者不數日而羽黨解散巨魁伏辜余雖因此得蒙超擢然豈敢貪天功爲已力哉夫神道設教張皇其不可稽之說似于誣民惑世然門霤井竈胥在祀典況乎高城深池王者所以設險億兆托以安居國有封爵之施蜡蠟坊庸之祭此尤彰明較著者夫小民多收十斛麥卽誅茅索綯以謀厥安而官吏衙署歲施丹雘廟爲神所憑依可任其頽落而莫顧乎蘄士庶能亟其務爲可取也或曰廟在巽隅膠庠而殷闤闠者出于形家事論之後反以没其新是廟者之初心余故論其神之右饗于廟而陰庇吾蘄者爲之記以塞士人之請並以諗來者之時加葺治也至于土木丹漆幾何工金錢薪穀幾何費與夫董事之賢勞捐施之姓名則詳列于碑之陰茲不具載

陽春橋記　李珌

蘄邑黄城河士商通衢每當春夏水勢泛漲不啻江湖賓

冬寒氣凝結厲揭尤難先是州人王勝美暨元臣元弼元錫等設渡架橋後先相繼誠爲可嘉歲久渡既湮塞橋亦就圮戾止于斯者未嘗不嘆褰裳也竊欲舉而新之使民不病涉將與合邑紳士共襄厥謀適尚義之士王乾胡便等慨然以濟涉是任請會各鄉善士共捐多金水溢則船艤迭用水平則架橋通行猶恐難以貽遠更置渡田五石七斗載册立柱爲經久計爰問記于余殆將誌義事于不朽也夫國以利民爲急以濟人爲務其大者發帑金擇官守若河渠海防利在當世其次通舟楫便行旅往往皆成

于好義之鄉人而守土者亦樂得而稱道之借其緩急之功以左右民故余于斯橋之建旣令鐫首善之姓名于石而復爲之記以勸夫後之爲善于鄉者

李公去思碑記　　陳履中

乾隆十七年七月我　公以平馬逆有大功制府永公奏公陞本郡大府公旣赴郡任州人士詳公治州事于石非誦公也不敢忘公功耳蘄自我

朝愛養斯民百有餘年雖深山窮谷庸夫愚婦祖父子孫無不世受　國恩感激歌舞而民樂則驕生驕則惰生一二

奸民乘其驕且惰遂以生事獄訟繁多公至州愛行法中勾捐人犯計遠近定期無遺期聽訟發讞日定數十案不一年搜前未歸三百餘案民釋重累狡者走他境州無訟擾羅田縣天堂寨奸民馬朝柱倡布訛言計取金錢鼠狗輩轉相勾結歃血吃符上名造軍器製火藥漸謀不軌天堂寨界連英霍崇山聯絡四十八寨害將大公密偵州有從逆人親往楊河執鐵工王廷賜訊其事稟請大憲飛咨江南制府尹公合勦公又自分督兵役四路搜拿鄉紳士凛公方畧陸續擒解共獲犯二百餘人起軍器火藥三百餘事晝夜勞瘁胥合機宜各犯伏辜吳楚以安公侍太夫人慈教持躬質實治事明决寬嚴並至故無留獄無冤民公諱珌字君采號靜軒陝西寧夏府靈州人中雍正巳酉鄉試乾隆丙辰成進士由奉天鐵嶺令擢寧遠牧庚午年冬月起補蘄州牧州隸郡治郡卽治州然慈母置赤子于懷中一日離百里外慈母赤子其能勿思圖州紳士商民奉公祿位于名宦祠每朔望拜且祝祝公祿壽且祝太夫人祿壽以昭不忘公功耳

麟山書院記　　錢鋆

乾隆八年三韓蔣公旣來州與紳士議建書院書院址在麒麟山下始爲城守營署紳士請他闢地作城守署而以其舊署址新爲書院聘師置弟子十五年今郡守靈武李公代蔣公後一仍其舊盖蔣公在州復城北舊河作城守署百務俱興李公時山民愚頑奸徒夥羅邑馬逆潛伏公盡心勦奸奸徒他境卒用訪察力奸徒以次伏誅未遑謀書院善後策十七年余承公後山民思向化紳士欣然廣學舍益置弟子余捐養廉百金爲倡紳士助之共得田四百餘租銀二千兩生息膏火旣足自今以後書院能不廢

三代時田皆官田故既予農復予士以養士于庠序學校三代後田盡歸民天子不能制產貧農無田何有士然士雖無田而歷代國學鄉學養與教皆詳而有制盡國家經費之餘上不自私而恩及于士故士不廢學

世宗憲皇帝以太學例詔行省建書院發帑金生息以經久遠諸　上憲復體

朝廷意令郡州縣捐養廉各隨時先後建書院于治所而吾州紳士又復體諸　上憲意樂捐以為諸縣先是誠可嘉夫以國家經費之餘不惜頒發以為行省書院計視三代

予田以養士其愛倍至而紳士節儉衣食以餘助化皆

朝廷實意潛孚涵濡禮教故能不自私而樂捐如是歟推厥所由以告多士並遺後人亦守令之事也

善慶橋記　　錢鋆

余守是州之二年州貢生袁士昌以重修西河橋垂成請名是橋者于余且道其意曰是役也今郡守　李公之志也州紳士之助也而昌實為之倡昌老未生子將藉茲以祈嗣焉幸我公憐此意以名之余惟夫善之可為也古云為善無近名修德不望報生為此舉而顧私之乎抑獨慨于三代後世不古處而風俗頹敝蓋非獨無所為而為善者不可得即有所為而為善者亦尠覯焉且自邪說溺人求為福田利益而捐金佈粟出于創造佛宇莊嚴塑像者逍逍而然若其知所擇而急公倡義顯然功施在民生者尤尠覯焉則如生者不可以風乎且為善獲福之說在為之者不有其心而固未嘗不有其理也因遂推本易傳積善餘慶之意而名之曰善慶橋蓋惟西河之源派與是橋之所由來已具　李公序中役大費廣凡估工若干度費若干其成之之不易者又皆　李公事公宜自為序其本

末此橋功成合州之人與四方公私往來者歌頌流播固不待余言而顯　李公之才明達果决襄事無所不宜其先守是州而見于鋤奸弭盜者已達

上聞用是擢為本郡守善亦多端非獨此為可書也今姑記其所以請名而命是名之意以告後之君子使知夫善之可為也如此抑又以告諸州之紳士苟利于人在所必勉即有為而為善者亦聖人之所許也又以勖夫袁生者使由是橋而推之和于衆勇于義廣積善行舉州中諸大役之宜興宜補者樂為倡首且由是而進于實心不倦庶幾千

古之無近名無望報焉則天道無常常與善人其積慶又
自不可量也夫

焚孫悟空記　　　錢鋆

蘄俗以季夏月日賽二郎神相傳先世神有功于蘄也神
前導卒或云即小說孫悟空其像猿置木几中兩人肩以
行所過家出隻雞百錢有差爲神壽不與則木几動搖有
聲或云悟空怒兩肩者用木几擊屋瓦器用甚則傷人余
曰蘄人報神功有常祀常祀外以神嘗有功于蘄必不忍
更費民一錢況悟空本屬子虛即實有其人爲神卒亦必

喻神意奉神法亦不敢妄取民一錢此浮民託神取利以
厭酒肉耳夫託神取利利雖微而亂幽明之界干　國家
愛養斯民愼重義利之典亦非神所安既予人責而並焚
前導卒像投于江以絕人所附託而又以妥神靈神其毋
怒

毀孫悟空像記　　　程大中

蘄俗以六月某日賽二郎神神一人前導山民呼行者舉
行者名則元人小說所載孫悟空也是日蘄人無遠行皆
來就觀轂市肆肅衣冠立于門出隻雞百錢爲壽必請命
于行者以致于神一不與則行者機變畢動趫捷若生擊
人屋瓦器皿應手皆碎甚則人受其咎蓋鬼神之能爲厲
也必有憑焉世雖極治不能使妖札之氣不行于天地間
故周禮用狂夫黃金四目元裳縞衣索室而驅疫乃以厲
止厲之道而粥鄉鄙俗至于信幻誕之說而報祀之又加
尊禮焉是固厚其憑而助之厲則變氣易乘其虛以入其
附于物也無常質而害之中于人也無常形雖謂悟空靈
可也乾隆十九年州牧錢侯聞其事悉取像焚之山民見
者無不目動耳語相屬詫異侯告之曰而思若之能禍福

人乎即有殃使者受之開喻至再乃已余考二郎神不載
正祀或以爲李兆或以爲趙煜巳皆出于附會而悟空之
爲寓言則不待智者知其然然且相炫惑若此民愚不足
言士大夫不能正禮俗以化其鄉人守土者至爲之厲禁
而猶不喻夫豈小故與甲戌秋既止其事今年復書而鐫
于石以誌侯之蹟于不忘二郎神如故然賽于市非禮也
仍各祀之其廟計毀悟空像五城內三取自漕河者二山
民始而駭既且喜稍稍置酒若慶于家蓋自是迺知向者
之爲妄云

吳氏義田碑記　　程大中

蘄吳氏自宋以來有之今可攷者直學士遵路暨其子瑛遵路執事不傳志稱瑛臨溪築室釀酒種花家事一付子弟又稱其妹丈某取家財數十萬貸人不能償瑛召而焚其劵當是時朝廷重任子瑛以貴冑早歲請休絶意不復出富人逐什一之利有司托名泉府算及錙銖瑛視棄鉅萬莰如也可謂賢已明大司農吳公宦斯土棨闕祀文昌分祀田之餘以贍貧士文酒讌集棨利澹然司農與瑛故同姓其行事頗復相類意亦其氣類相感召若是然吾竊

嘆負義氣慷慨樂爲人緩急者幸而爲司農登高一呼遺愛可以至于後世不幸若瑛之放廢鄉里雖散鉅萬苟以利一時而已是固其勢使然也近吳君叔璠置贍族田貯納有所散給有時經理有法子孫賢世主之不賢雖貧窘不得質易擇賢者使主其事吾聞叔璠善病山水自娛不近城市甚似瑛所爲其所置田族人食其利數十年雖復不爲司農者而其力皆可以至後世勢又足云哉叔璠名璘國學生據其家譜爲瑛某世孫故比類其事而推本言之以見仁人之有後如此又以告夫人之好張大其家世者不惟其名位著而已惟其賢不惟其家世之賢而已惟其肖似乎家世之賢而後足稱也叔璠家故饒計置田若干石歲得其租若干詳載所自爲記先是名贍族田吾欲以義廣叔璠故更名義田云

陳惟聰戶修置沙徑渡碑記　　陳　譓州人

州治南瀕大江三面皆湖水環之夏秋水漲道由沙徑車馬輻輳留難失期莫可棲宿或舟小載重遇風覆溺余族人惘之造舟爲渡更爲永久計買田地山屋一契以其所出爲舟人工食資每冬祭日舟人至余族惟聰祖廟具領又

以銀十兩入祭費内每年取其息以充國稅操舟者不得取錢呼渡者應時舉棹諸出錢者亦不得藉口至佃家投宿索食又復搆郵亭邸舍于湖上以便往來休息特鐫諸石以垂不朽

序

四照堂文集序　　錢謙益

古今論文者取則于陸平原之文賦其所謂體有萬殊物無一量辭程才以效伎意司契而爲匠者已苞舉文章之能事而後區分其體自詩賦以迄于銘説列爲十科其意

曰文以萬變爲極意以寸心爲匠用以爲詩則爲緣情綺
靡用以爲賦則爲體物瀏亮云耳故申言之曰其爲物也
多姿其爲體也屢遷譬音聲之遞代若五色之相宣此文
章之準的所謂造車合轍者也今之爲文者鉤章棘句儷
花鬬葉雖其辭條文律劌目鉥心選義按部考辭就班而
其于扶質立榦沿波討源之指要固已邈然河漢矣傳曰
氣以足志文以足言志不足而求之氣氣不足而求之言
理不足以立幹情不足以扶質于是乎鞶帨滋工榛楛勿
翦文體日備而萎敗剽賊之風相延而作勢使然也吾讀

元度使君四照堂集攬其體則文賦所列十門無所不備
而又加以表策議序等二十餘科若遊羣玉之府天球琬
琰可郄車而載也如入五兵之庫刀斤削劍四出而愈不
窮也已而息心撫氣循覽而有得焉如登天門晞咸池豈
風灝氣濛濛焉在足下也如泛大海窮扶木珠宮貝闕噓
吸涌現而窮髮之北猶吾盤盂也當其爲賦也不知有詩
當其爲詩也不知有文當其爲記論諸文也不知有詩賦
出乎太微歸諸玄造若天吳罔象鹹汩淚沛于筆端也若
罔車威弧拔剌砊磕于紙上也徐而按之辭有條理有幹

州次部居披文相質或赴節以投袂或應弦而遺聲肅肅
乎長離拂羽而箕伯逐風也整整乎靑瑣捷芝而素威司
鉦也士衡之賦所謂程才效伎司契爲匠者千秋而下實
獲我心豈不快哉昔者帝顓頊命火正黎爲司地命曰祝
融淳耀光明以啟南邦而楚人能讀墳典邱索者有左史
倚相申明春秋詩禮以傳太子者有申叔時推本重黎受
氏之初式昭火德有觀射父蓋祝融之以光明啟南方者
實以文章爲主而諸君子首先被焉元度楚人也實鍾祝
融之餘光以啟我南服而其爲學則左史叔時射父之遺

書與吾東魯之易象春秋照耀于孔壁汲冢之餘者也傳
有之先河而後海讀元度之文者歸本于墳典詩書知楚
學之所自始無忘先王所以昭明南服之意斯世之學將
奉以爲斗杓而趣歸于東魯也其將自楚人始余竊有厚
望焉然吾聞諸班氏楚自屈原師弟子以騷賦顯名而漢
初吳有嚴助朱買臣貴顯中朝文辭並發故世傳楚辭則
楚人之辭至漢而以吳人傳也今元度以使節涖吳三吳
清嘉鮮華之氣元度以其胸中雲夢吞而有之吳人輕心
無有能當其前行者而余以黃髮遺叟歸老空門負苓采

蘄重辱下問猥以樸學枯毫誦述盛美吳人之不能有裨于楚覘漢人有厚顏焉并書之于末簡以志余愧

蘄州志序

盧紘

國有史盛衰之迹寓焉柱下是掌而彰信闕疑其職非賢人君子莫任也家有乘高曾之矩存焉譜帙雖傳而辨統正分其事非孝子慈孫莫主也至郡邑之有志義亦與國史家乘同而任之主之爲較難者則其職既無專官之設其事又無世守之傳其葺而修也遠者或百年近者或數十年見聞既多曠缺而力憚于旁搜欲任此而勞且歸之

取舍易涉偏私而議撓于衆奪欲主此而怨並隨之夫欲任之主之矣仍有意乎勞是辭而怨是避求志之能修不可得也若吾蘄當荆楚之末服控江漢之南流阨塞要害于是乎憑攷在周時號爲方國其易而爲郡爲府爲路爲縣爲州則後代事也既名國矣則君此者亦當在千八百執玉之列而何竟荒忽不可稽也以此推之則其間名號事蹟所爲沿革變遷不知凡幾遠者誠莫救其荒忽而近者固可任其闕畧邪地乘燬戮　代篚鼎新于此而不亟爲輿廢舉墜之圖則荒忽者益見其荒忽而闕畧者終成其闕畧矣凡生茲土者孰能無心紘雖不敏間嘗與蘄之士大夫咸有意乎任之主之而求遺志于舊家所藏已不可復得乃歷官齊魯燕粤之鄉于凡宦遊于蘄者徧求其所藏而亦不可得然則紘之用心亦已苦矣壬寅冬紘宦于吳偶謀于錢農部三峰因其先亦曾宦楚者三峰告紘曰吾將爲子求之一日以全楚志黄郡志蘄州志見示云是邑之毛氏子所藏夫以十餘年求之不得諸宦族乃一朝于毛氏子而並得之固知志之見也不偶而獲重修也有緣能無幸慶按舊志凡三册卷十二爲例凡二十有二

修以明嘉靖三十一年兵憲括蒼公爲之序序載志之修州守崔君爲之經理鄉先生王公賓雲郝公湘東董其政鄉貢士陳君龍坪高君紹崖楊君蘄南庠生田子藍鍾子沂佐其成舊志之因則嘉靖已丑州人甘君眞菴所募輯夫自已丑迄壬子甫歷二十餘年而修之必合衆賢之長時當治平尚不甚煩搜輯其于斟酌損益猶戛戛其難之矧自嘉靖壬子及今計已歷有百十二年舊志之外典故所存長老所記又無可深攷蘄人士凡有同志于斯者又散處各方而不獲聚紘且以一人寡聞藐見毅然欲獨取

而任之主之其爲難也更倍紘固無所諉而于其闕畧近而聞見所及者則直録之遠而莫之或詳者則以一統志三楚全志楚紀黄郡志叅補之或見聞所漏又爲諸志所未備者則致書于蘄之士大夫博稽而互訂之反覆校正期必成可信之完書良以失此不修終遺廢缺然則紘之用心又甚勞矣舊志分紀事類悉無所改惟建置有時事已更昔宜詳而今宜畧者稍芟之此紘之不得避其怨者也民生所關莫如丁畝今淆混特甚咎有所歸而直書之此紘之不得避其怨者也凡仕于土者治績可稱則公道

之存難爲泯没餘則付之不議此紘之不得避其怨者也鄉賢節義亟宜表彰以光編録然所聞未確未敢妄書寧闕其文以俟來者此紘之不得避其怨者也蘄城之燬實由内釁萬家慘戮禍首漏誅書無所諱此紘之不得避其怨者也夫于勞既無所辭而于怨又無所避可以質之州人士而共信其無他者惟是存心之公焉耳然則此志之修方諸國史未敢自居爲賢人君子方之家乘尚欲自託于孝子慈孫也歟

重修蘄州志　錢謙益

蘄州黄之支郡東漢爲蘄春國明爲荆藩重地居荆服下流山川形勢素稱阨塞州志修于嘉靖壬子迄今一百十二年載籍蕪廢州人盧使君澹巖有志補續搜訪于兵燹殘破之餘久之獲舊志于吾邑故家手自排纂發凡起例拾遺補闕于是蘄之掌故燦然臚列蘄志始得爲完書矣余惟郡國之有志名曰地志實則史也有唐元和以後地志始盛宋人撰地志者吾所及見則宋敏求之長安東京二志程大昌之雍録范成大之吳郡志陸務觀之會稽志詳畧得中具有體要有明地志盛稱康德涵之武功王敬

夫之鄠縣都玄敬之練川顔惟喬之隨州武功鄠縣練川近古而太畧隨志畧于隨而雜舉時政非體也使君有良史之才留心蘄志輶軒所至廣咨博訪如楊子雲所云把三寸弱翰齎油素四尺以問異語歸即以鉛摘之如棄歷載搆綴以有斯文文直事核有倫有要其事則蘄其文則史當與宋程諸公抗行後世豈不偉哉余嘗習乎楚之故矣黎爲高辛氏火正以淳燿惇大光昭四海故命之曰祝融其子孫實光啟土春秋詩禮樂故志訓典之教則申叔時志之三墳五典八索九邱之書則左史讀之韓起見易

象春秋曰周禮在魯楚兼之矣自公羊子斥楚爲南夷而宋儒解一匡天下證明其說余詳攷之詩所謂蠢爾蠻荆者毛萇曰蠻荆荆州之蠻范曄以爲長沙九溪蠻也孔子稱齊桓一匡天下爲其伐山戎斬孤竹非爲包茅征楚之役也宋儒承公羊之誤合蠻荆而一之使祝融明德之後與盤瓠犬戎之種共襲南夷之號春秋以來翼軫鶉尾之區蒙氣未雪此亦楚人之責也使君今之申叔左史也其亦以蘄爲職志徵文奮筆爲三楚一洗之他日將爲楚語爲楚書而假余言以發其端余請執簡以竢焉

修蘄州儒學廟序　顧景星

順治十一年詔天下郡縣學廟兵火廢者有司能捐俸修建皆得疏聞命吏部紀錄十六年已亥刑部丹陽楊公以按察司副使駐蘄右文轄武爲
天子使越明年軍府城郭繇役利病罔弗釐舉德道禮齊率先有司計所部郡縣之有學廟凡四十有四而蘄則所駐邑故首修之州守遼陽王公仔厥任官茲土者咸出廩祿鄉大夫士游于是庠者醵貨力勤事而楊公以文屬景星按學與廟本二古有學無廟釋菜奠幣即于學漢太學闕里始立廟六朝仍之北齊令郡學立孔顔廟此郡有學廟之始唐武德初郡皆有廟未及縣貞觀中許敬宗奏天下州縣置三獻官他如立社開元三十七年詔諸州廟立十哲七十二賢位爵公侯伯有差其後州縣莫不有學學皆有廟然邊徼下邑多無之晚代衰亂庠序頹圮或學廢而學存以故唐宋文士之碑記多言廟不言學洪武二年冬十月辛巳詔天下郡縣學廟並建嘉靖十年改大成殿曰孔子廟有殿有廡有堂有齋有庫有閣有亭殿廡以祀聖賢閣以尊經庫以藏籩豆琴瑟亭習升降麗牲醴堂以講論

齋以居教官及生徒之來學者歷代禮儀至是釐正猗與盛哉久之郡縣學仍空名士鮮游習禮教不行而士風大壞吁足悲矣兵火以來鞠爲茂草所謂空名者又十不存五蘄之學舊有朱元晦教授廳記洪武初知府左安善撰朱書體刻于壁錢敏王坦趙應隆莊輙數公先後修之崇禎十六年正月庚辰賊燬順治五年按察副使山東范公鳴珂始建殿九年曲周王公顯築垣芟薙草萊材甃不固隨就摧歝無廊廡堂齋物力之難不可歎哉雖然使邦邑無賢鑾髦之鄉非廢廟而鴻都之門亦有學如其多賢則

杏壇泗水不必宮牆素木瓠葉可當俎豆緜是以言德教
盛衰豈系于是
天子右文楊公用咨
天子鄉大夫士宜用咨公景星敬書册端以復

李東皋詩序　　顧景星

東皋既解組歸里老耽吟哢每手書成帙輒用示余反覆咀茹有味乎其言也夫詩貴有品三百篇作者未嘗主名而本事成篇因心造語非有緣聲襲體刌短挈長而七情著焉百度存焉變而爲五七言爲樂府歌行近體始各有

主名鍾嶸立論始言品禮少儀問食品曰子亟食于某乎說者曰人情于品味有偏嗜云爾文茲屈芰武鮑齊鱁不與衆同好故足曰實焉高廷禮選唐詩名曰品彙品而曰彙通人之言也然而其品各列亦鍾氏之旨焉余讀東皋之詩嘆其有品其爲詩也若奇山遠島窈窕杳冥鬽獻徎啼魚跳蛟舞使人畏而不敢入入而莫能窮其蘊蓋其嗜古獨深故能本事成篇因心造語以成其品今夫衆所嗜也習而莫易則南稻北麥也羣然大嚼則屠鬻宰烹也久矣夫詩之鮮品久矣余故讀東皋之詩而曰此東皋之詩之品也

龔百子詩草序　　顧景星

錢牧齋序吳梅村詩云詩有不學而能有學而不能有愈學愈不能余嘗不直其說夫滄浪之歌聞諸孺子競病之韻出于武夫偶動于天別無撰著可謂能乎陳伯玉弱冠未知書高達夫五十始工韻可謂不能乎原伯魯不學閔子曰學殖也不學將落今謂學而不能愈學而愈不能是沮天下之學人而獎其自畫也夫人質秉鈍敏則有之相如腐毫枚臯立就二者誠不可強同而于學則一也故夫

詩有才力品格之殊而未有學而不能者其終不能必也不學乎龔百子少以制藝鳴于有司頻挫場屋老得貢大廷飛動侘傺無所爲厉乃始爲詩初未嘗學學焉而輒工視伯玉則遲視達夫不爲後百子之先草堂先生有重名于古百子其嫡裔也所居羅州故城之東白雲山下有西河東南流匯爲大湖出石穴山入于江去今城四十里百子野服扁舟徜徉遠俗歲不一二入市當年富時裘馬擊劍任俠解紛閱歷亂離撫境異致有常左司王右丞之風故其詩亦時時似之至于薑桂之性頭白益堅若加纓芾

不爲槃終邱林不爲誾者疑王韋所未能焉予第四子晨百于館甥故予知百子居家好學狀而其詩未始問世世亦未之知焉因書詩冊之右方以告世之志于學詩者

修龍磯寺序　　顧景星

江漢合流至大別山有禹功磯南爲黃鵠至赤壁洪流稍北汪涗淼漫二百里至蘄春勢欲衝薄有磯焉曰龍眼水大輙砥柱江中如金山小孤江過是漸南引而東形如半環中流有洲是爲鴻宿洲盡則又有磯曰浮玉與龍磯東西峙所以留馳波而駐淑氣而麟阜鳳麓巋然若冠冕出

城內者得此捍衛焉龍磯勢尤壯春水方高秋濤未落西面而望滮滮沖沖顧謙不前近在十步狀態欻作瀰㵏澎㬪汩从日台見涌塗擲濘澌淋砢靐輵飀颮始若有畏疾趨爭驅然後按轡水之情狀然也上有寺始熈寧中王師南征載軍伏數十艘風急浪惡龍伏舟中所謂江湖小龍是既克濟詔封順濟王立祠致祭土人亦遂祠于磯嘉靖末增高爲寺雲甍雨椽風鈴露板矗矗波際正德時霸州賊順流下商賈倉卒捨舟匿其中賊畏其險竟不上崇正癸未寇至水暴長賴以活者又千人磯有功德于民

不獨風水捍衛而已且夫南宋時王玠爲孔彥舟幕客不從彥舟叛彥舟怒沈玠並妻子于磯王彥明不降元自沈磯前今岸北烈士廟是弔澴水之彭咸想胥江之白馬短歌長歎泣下沾襟烈士廟前年風雹毀鄉人修之寺未有修者水埶既迅百斛之舟牽挽難上而老僧漁父輕刀俗作刁片槳晨暮致少薪米或間放無事之人喜煙波濤瀨逃囂避暑間一至焉總戎賀公時時來葛衣羽扇與緇袍覓日以此知公之賢而又倡議修寺謂不肖曰先生曷爲我序夫公以武功捍衛一邦而有叔子峴山之興可無述乎

于是叙之他日落成即以爲記

蘄父母金公德政錄序　　盧紘

嘗讀漢天子褒美循良詔曰安靜之吏悃愊無華日計不足歲計有餘吏民同聲謂之不煩竊意吏既安靜矣且無華矣其于一切飾治之具必多所簡畧而希合上旨以博能聲矜市驩虞以邀浮譽尤其所不屑者然而至誠所孚實蹟莫掩至于天子亦諒其悃愊吏民亦信其不煩詎可謂安靜之治初無赫赫動人之聲果終不得與文飾治具者同以良吏見稱與蘄守金公小泉始由晋洪洞令擢移

茲土治幾二年矣甫下車他務俱未暇舉惟推本至誠求
民所疾苦利則興之弊則釐之然公始終樸畧少文民士
相安爲固然而謂猶是平平無奇者紘初令新泰距蘄二
千餘里聞風而悅之曰公之爲治殆漢之所謂安靜者歟
邂之又久當必有異未可以尋常測也甲午冬仲方達粤
西因便過里而謁公一見若故且爲披赤道欵言言皆切
治要因語及免荒一事于奸蠹積弊洞如燃犀其初有小
民所便爲奸蠹所大不便者以是肆爲譸張說俾公德意
不得遽宣猶令窮谷深山疑信居半惟紘親聆誨命曉暢

厥旨知公若是斷斷而言之必若是斷斷而行之將使始
之疑者終歸于必信始之信者益得所不疑所謂日計不
足歲計有餘者其效固如此也居無何彭毛兩庠博率諸
弟子謀之紘曰金公之治吾蘄不異治洪洞人至今歌而
頌之而覗之胡吾蘄詎洪洞之不若匇甘棠雅化南國遺
風吾楚人于歌詠盛德之事原自未砂茲于金公之爲治
而可無一言以繼厥美歟吾子儼然薦紳之列宜爲一辭
之弁以爲士民倡抑揚扢休風誼遙當也紘應之曰唯唯
微若言懿德之好已有同心矣因讀洪洞頌德錄題首乃
太保覺斯王公所制其所以德公愛公者與紘所見尤不
謬以是既不能已于敘述而並繫之詩歌以附康衢之末
但計三年報政之期公當不久受褒美之詔且願致辭仰
爲當宁告曰吾蘄之得金公不啻禔祿而安之矣無以廟
堂須人故亟奪公而去俾蘄民猝失所天則幸矣

黃公說字序

趙　嶷國子

嶷讀中庸釋同文之義明乎王者御宇以書爲應圖受籙
相符車書混一倫物合軌如此其重也書以言理契以信
事官漸繇而治漸紛事漸衆而察漸廣更姓改物時義爲

大五帝有雲穗龍鳥之書表于紀官唐虞二代各有制字
星歷久遠遂就晦昒周禮六藝隸保氏與師氏董教益重
又史有專官故郁郁之盛尼父歎焉迨王迹熄于春秋六
國紛紜文史各異下迨嬴秦斯邈古文變爲小篆八分隸
楷迄乎東京雖學童有教受官有叒石經有勒仍多所謬
妄劉歆蔡邕駁正未就是以終漢之世不能追古魏以後
崇尚隸艸書法盛而字學愈晦六朝南北雜于車書之判
而唐宋秘閣亦止筆法相高有明洪武道統混一命宋濂
等定爲正韻亦可謂整齊簡雅炳烺昭著者矣然而取裁

未廣明于俗書背小篆之譌而不知以小篆正俗書之非後有訂正正韻洪武通韻廣收古文雖經須分未甚流傳世不得而論之矣永樂中命解學士姚少師等編緝永樂大典其書浩繇至二萬二千九百卷目錄六十卷藏于御府文樓大約以分韻爲建首每一字輒數百紙惟拄廣徵事文六書義闕嶷舊承家學字學有編迄三十年未敢卒業己丑秋晤桐城方密之以智于枝林辛卯冬又晤于蒼梧于時倉皇戒馬逮密之托跡黃冠寄命圓頂始爲嶷言所撰通雅大旨後二十年乃見其書襍論音義釋詁小學

諺原頗稱詳至通古今方語之參差精字母音文之轉變亦罕有之書也丁酉秋晤張爾公自烈于金陵之道濟堂出其字彙辨嶷謂爾公君著述每用辨字既犯物議亦數見不鮮爾公遂易名正字通謂其旁通事理以附于通典通攷之別例云因嶷談字有所取證下索存編謹以所閱字彙數百字報爾公起例中參輯諸家有方密之趙國子姓字後廖氏得之改序更刪姓字泯矣歲月荏苒炯炯在懷方從青原而示寂張托廬阜以終化壬寅歲覯蘄州顧黃公先生于愚山施使君清江署中見其詩文盈笥累卷

聲響則鼉鼓龍鏞瑾簧寶瑟色象則茁雲海樹鑛金淵珠蓋其倜儻非常故其學力智辨相符也嶷三歷江漢茲得重覯于武昌有黃公說字一書嶷驚喜踴躍受而讀之一端紬繹不勝引繩探其藴奧未易更僕僕背竊論字彙盛行七十餘年緇流雲水亦必束同梵策正字通出有功于前賢黃公說字出有功于萬世黃公于梅張二氏人未諆而鬼可通神使說字大行爲前人掩愆彰功剔微闡義此顧氏之心而亦梅氏張氏之心也自十三經注疏而外則字學之引繩切墨厥惟難哉非若他書之有可逃于恕也

夫文以顯道字以顯文學以證字字學之家必融會羣書始求至當先生經神學海淹貫百家署曰黃公說字耆自命之矣於戲車書混一今此其時先生曾赴徵車卽懇辭還山力疾著書以傳後世視諸作者較何如哉

郭去山詩集序

李炳然

異哉去山郭子之爲詩也余棱讀而驚昜驚乎爾凡郭子之昕夕鑽研而屬飫者皆本于古學多是秦漢以上逸軼能使人欽其寶莫能名其器烏得不驚乎哉周太史陳詩以覲民風此詩之源也邦君寅好卿士大夫郊勞贈享之

章經幾筆削潤色始熠燿後代而列國委巷歌謠匹大匹婦相會廥陰語牛出其中詞義奇古后代掇亡補缺如蒼玑拱璧唯恐紕漏故三百篇以前未有詩固夫人而能爲詩也迨後則不倖矣吹蘆笳而擊牛角鼓婦怨而歌烏烏得以爲詩道盡在是也哉故詩寧拙毋巧佞寧樸誠毋鑿悅寧生澁釐指毋爽甘諂口寧蓬葆名怪毋粉黛驕人寧飲豚老瓦盆以利用毋金玉而敗絮奉無當之漏卮以啓争郭子之詩得乎古學之力爲多故其質淡然而幽鏗然而光其去纖麗柔軟折楊皇荂之風也遠矣况郭子兼

精二篆筆勢斷自先秦以上四體與六義固一以貫之者也不尋遐怪極則知耳目驚咢驚乎爾

瀛洲亭課業序　金德嘉

筠菴欽太史直承明之廬爲院長慕廬韓先生高弟子慕廬既推轂朝右又推解無虛日知其貧也筠菴南歸而韓先生已下世擬磨鏡東征一拜先生之墓過我南雲草堂茶酒間每一念至泣下沾襟出館課集烏皮几上曰韓先生所鑒定也余覽竟三歎此素位之學也夫然人之願乎其外者何多也夫人之願乎其外者往往不足于其中中

無雋永之味則居之也弗安而守之也弗固紛華牽引日勞碌而終鮮獲若素位之學則不然夫素位而行非直澹泊寡營而已其早作夜思孳孳矻矻惟恐後時外即有可願而不遑及也是故行乎富貴視貧賤較難箕潁濠濮鹿門谷口諸君子皆有可以富貴之才而退處乎貧賤何耶其人誠惡夫飽食逸居用悠悠忽忽之心處赫赫炎炎之地行多闕而位爲虛位也前代館閣賢者勳績聞望歷歷可指數試以一二辛勤者言之竟陵魯文恪焚香讀五經在官與布衣諸生無異台州謝文肅學詩自立程課限一

月爲一體南城羅文肅每有纂著輒栖喬木之顛霞思天想或閉坐一室客有竊窺者見其容色枯槁爲緩步以出三公皆詞林大手而爲學之專如此長沙李文正公官清華四十年奬進來學衣被海內一時出其門墻者文章學術粲然皆有成就其大著作含咀宫商鏗鍧鐘鼓郎尋常文酒倡和叠韻嘗至五六出愈出愈奇虞山錢宗伯摭列朝詩集至此歎曰當　國家承平詞館優閒無事以文字爲職業而先輩道義之雅僚友摩切之功亦于是乎見焉嗚呼此昌黎韓公所謂鳴國家之盛者歟筠菴珥筆柯亭

劉井間先正風流猶有能言之者天性好古又景慕老成典型故其爲文也如農人之力田無草竊也如工人之居肆無苦窳也如是則不虛乎其位而分陰之惜其亦可覽鏡而自問矣乎卷阿之詩曰有馮有翼有孝有德言藹藹吉士也名康公此詩作于成周盛時公劉洞酌皆直述之詞惟卷阿宛轉反覆而終之曰矢詩不多維以遂歌以志國家長養人材之效而亦以風在位者夙夜匪懈職思其居也筠巷之勤于其職如此庶幾卷阿詩人之志哉筠巷歛容而言曰佃之爲人也拙于世路落落寡合而嗜好亦

鮮余于是肅然斂容曰濂溪先生不有拙賦乎夫人惟取于外也約故積于中也常厚喻接鄒魯之傳大啟雒閩之緒微拙者其孰能之哉筠巷以濂溪爲鵠不愧爲韓門弟子矣

瀛洲亭課業自序　欽士佃

讀後漢崔駰傳至少以典籍爲業未遑仕進之事不禁面之自赤背之自汗也夫民生殊類各有所業以安身立命業而至以典籍稱業之至美人之至幸安身立命自壯而老不可須臾釋貧以無盡藏者要宜基之自少始予年十二而孤弱不能力肩任瓶汲拾薪養母問津谷口閭檢七八歲時所讀葩經四子書溫習之繼而約蒙童訓句讀易粟代耕復聞閭鄉先生往往有時藝之說亦從而集字成句集句成章工拙無論亦時藝已耳被篋中安所得典籍哉亡何而補弟子員亡何而列楚賢書且亡何而薦南宮讀書中秘隊班行旅進槐廳如丐子赤手入瓊盈目眩心悸慢之無具用愧其少之無所業而濫竽仕進也茲之少有所刊也惟沐浴

聖天子樂育之澤志不忘則然耳雖然張平子有云立事有三

言爲下列下列且不可庶矣予其庶乎哉面之赤背之汗何時瘳哉

蘄州儒學合社序　張士淑

古者民間俊秀羣萃學宮每月吉師儒一道考藝及三年大比鄉里復上其德行以興賢能不先六德六行也自西漢以文學舉者十七人而士始思以文章進策于天子者曰賢良方正察于州郡者曰孝廉茂才上人未始無崇節正誼之意然行之既久上求以實下應以名故賢良一科應詔者每對輒百人詣公車上書者歲復千數而孝廉則

萬家之縣無應令或闔郡不薦一人豈非賢良策對文字或可緣飾而孝廉非實節著炳莫可冒稱與方今天下以制藝取士士苟非工于文辭即有曾史之行由夷之節將無以致身通顯然春華秋實家丞誠其採忘平淡聰明人物誌其先後柳宗元劉禹錫一代才子以行節虧損卒被擯落呂頤浩謂凌夏詞勝高宗卒有九成安見工華葉者必得而敦善行不怠者文采不表見于當代也夫方區俗習醇漓固由風土然芹宮藻泮之間黨比相漸其功正復不少昔本初之際太學生徒至三萬餘人其時士習浮詭

至賄蘭臺漆書以合其私文儒術葢衰凌不進郭有道身勤剪拂所至輒勸遣就學如茅容孟敏諸子卒成名儒王彥方陳太邱束修潔身化行里閭鄉黨恥爲所短東京多獨行自好之士諸賢羽翼匠成其功曷可誣也蘄郡山川秀衍雨湖鳳岑之内水清而土疏其俗可進于爲善我念尼王夫子振鐸三楚進蘄士而教育之命集一郡弟子共襄文事考藝之餘益勉行自勵以求進于古賢之列且令郡有司廉其淑慝月一上聞不以淑不肖俾長社事其嘉惠後學懃懃懇懇意念何無已時諸同人誠共登大雅則

有夫子社約士鑑諸書在勸之學宮等如蔡中郎太學五經石碑永作條范則書升論秀者將必及焉又匪獨歌嘯皐澤踽踽獨行君子已也

泰餘草自序　張士淑

秋氣入林木葉就脱張子放間川居感時觸事情往會悲自念生平性躭閒寂懶親應務家有別業二區一臨清流一在萬松深處各聚古文數百卷每清流沉碧長松發濤輒隨意展讀數篇然畧觀大意不求甚解此自是一生讀書不得力處非故欲效武侯元亮也亂喪以來書籍殘逸

張子復不善治生家日落並無相如四壁何從覓古文奇字而當世無蔡中郎即摛書三十乘誰復傾囊特贈者昔昌黎謫潮州尚能從人借得史記一部今生居中原文物之地遂不及荒徼嶺表處念之浩嘆少時知慕古文詞而賦性疎放所作詩歌序記之文脱稿時旋即失去近則亂離播越懷抱鬱鬱筆墨之緣如明妃出塞違絶漢宮嘗思杜少陵值天寶之亂遠客四川其所爲詩文強半出流離轉徙中因嘆古今人非獨才不相及即胸次浩落亦正相去甚遠也一日簡檢篋中故紙退筆瘞而塚之忽于敗卷

中得往作一帙半爲試牘半爲同社會課把玩一過如逢故人如見所夢因憶曩往與諸同人會業蕭寺振筆摛詞立綴數義酣適之餘或臨流賦詩或登峰遠眺或剪韭夜話今其人半登鬼錄如曹子桓追念南皮之遊何可復得至若臨皋古渡黃鶴離宮昔時餘士較藝故處頹垣廢址蓬蒿沒人連昌之竹滿宮洛陽之荆載道雖鮑明遠賦蕪城恐未盡其凉索也余文向有六六草罰酒篇萬松齋稿宛在草堂近藝及雲社家社凡數種屢經兵火篇什散逸莫可搜輯始知漢魏來藝文志中載著述家無下百千種

今其文或不存或存矣而文無全本非盡書不可傳或亦代經喪亂名山石室之藏半埃滅于兵火灰燼之刼耶文凡廿七首不論工拙錄而藏之詳同社姓氏名號之譜紀臨文歲月地所之變如太原娶婦情深遺簪若謂五百年必復遇子雲則非余意也

寒玉軒遺詩序　張士淑

亡兄景夷三十九而歿歿後十有九年而其孤周士始稍輯其前後所著之詩而手錄以存之余察其用力甚勤而其意亦甚悲也夫亡兄具儁才與余以兄弟而倡和詩文者二十餘載其卧起聞見無不共然余或以意闕筆倦時不作詩而兄則興到筆隨長吉奚囊之句已屢經宇滿矣會世喪亂散逸于兵火播遷者過半又兄早世諸孤幼無能收其遺文廢稿于滄桑代更之餘則當年之手著而口塗者固已與世代銷沉盡矣然則此十九年中其所爲今昔之感榮落廢興之慨寧獨一詩文已乎固宜周士之手其詩而意念有餘悲也詩或得之敝篋或得之廢紙或得之兄弟友朋之傳誦記憶其傳者未必盡存存者未必盡佳而周士欲盡筆而笥之孝子之于親也衣履玩好之屬

猶將謹櫝而藏之以爲先人之遺澤存焉况其爲精神性情之所在乎王偉元手蓼莪之詩而不能讀周士手寒玉之稿而不忍删其情一也詩凡得篇四十有一在亡兄不過存什一于千百之中然得其一臠亦可知其全鼎蘸季之五篇劉眘虛之十四首均不失漢唐絕唱安在以篇什之多寡爲位置貽買菜求益之誚乎周士年方少苟以存詩之意克振拔于滄桑代更之餘以無損其家世將何事不可勉徒悲無益也

雨湖唫社序　黃利通

詩有以地傳者若宋邕之賦天臺故事劉阮仝仙子懐答是也地有以詩傳者若王摩詰之與裴廸咏輞川諸蹟是也吾郡蘄陽佳境雨湖爲絶勝而千百年來未聞有以詩傳其地者巳亥秋余在蘄陽乃得雨湖唫社詩而卒讀之或曰詩風雅不同體聯唫八人釋鳴菴外七子皆蘄人也是猶列國風各稱其國之謂也或曰若人者皆不得志于時楚之湖孰與洞庭而范文正之記岳陽樓也晴光皓月霪雨陰風墨客騷人望之者悲喜頓易今湖而曰雨取以名社詩人之意亦傷矣而余曰不然由前言之夏蟲不可

語氷小之乎視諸子也由後言之必懽愉之詞難工而愁苦之音易好脫使諸子早爲朝廷達官大人雍頌諷咏其遂不得以詩名乎哉蓋寰宇之湖莫艷于西湖而吳越南宋以後懷古卽事之作亦莫艷于題咏西湖廼蘄春李嵩岑先生撫浙時嘗有雨湖不下西湖之語而余爲之廣其說曰賽錢塘彼諸君子者偕方內外合心同道之友際太平之歲月擴胸中之藻采日見夫環城東南一湖瀲灔委紆而漁舟夜月蕩漾于兩岸人煙鐘聲斷續之間境之所至意必至之意之所至詩必至之又何必斷橋春早靈隱秋深始足供人歌咏流連也哉而至于桃花美人之句楊柳竹枝之詞傳與不傳固不足道也家咸砥南晋軍兄弟余既巳閱其詩而爲之序矣其爲余言聯唫諸友一皆有古君子風敦行誼尚意氣若秦君永畿著有愚圃詩集張君子駿著有易齋詩集郭君眉岩熊君漢南一著有蒼屏詩文一著有玉山詩稿而雨峰集則李君谷友之所著也李君爲瀕湖先生曾孫讀書芝鹿山房卽先生著本草綱目舊處上人鳴菴從廬山來駐錫蘄之東山寺悟禪爲詩會詩于禪又不減辨材愚勤一輩人然則諸君子之以雨

湖名社者意蓋不在雨湖也烟消水綠西崖如對數峰山青曲終人遠他日詩之以雨湖傳雨湖之以詩傳是非吾之所得而知矣

王敬之先生序畧　陳譔

王族與吾族居址相接故世相婚媾而王公敬之先生則譔之外大父也譔三四歲時見一翁龎眉皓首方面長鬚聲如宏鐘譔見之卽怖畏退走而外大毋吳孺人執余手曰汝勿畏此汝外家翁也譔初識之無見翁于庭畔手閲一編進而問曰家翁所讀何書我可讀否公笑曰此司馬

資治通鑑也備載古今治蹟汝作文時我與汝讀庶爲有用文章至今公之手澤存焉謨方八歲公與吳孺人間一月而卒謨亦不知公之生平爲何許人及長侍先祖華重公側間詢及公之行誼先祖爲余言汝外祖敬之公少負不羈才任俠揮金如糞土廣交結座客常滿遇知名士必投轄盡歡不屑舉子業博覽史鑑傳記凡六家七畧輙過目不忘每談論古今成敗較若列眉其後際亂離田園荒蕪家道中落及

大清定鼎乃招募開墾數年遂致盈富是時族人因喪亂各

逃散遠邑所有田畝俱荒棄不治而官家糧餉公以一身承納斯時若任糧募種可益田數十頃而公不取招致族人復其故業給以牛種還定安集之其有功于族衆甚大後又捐所應得之資買產若干爲祀費至今蒸嘗世守焉謨所聞于先大父者如此公生子四其女一即先妣王孺人也生謨弟兄四人恐令外大父之行誼湮沒不傳乎因述其行俾公之曾孫某鐫諸板

雍正七年

兩峰詩集序

侯執信

天子命各省大吏選詞臣及其地之老宿耆儒文行重于鄉者纂修通志吾楚齊安郡舉三人以應其一則兩峰李先生也余羨其役朝夕得晤欽其人領其論讀其文心甚偉之逼志成兩峰之所輯已呈　闕廷傳之無窮後見雨湖七子集稱兩峰擅場顧以不獲覩其全爲憾乾隆六年令長君用枚肄業江漢書院兩峰已謝世矣余時復監院事用枚出其篋中兩峰詩集請余序余撫卷太息悼兩峰之不復聚首而喜得其詩盡發而讀之瀟洒灝蕩咳唾風生若蘄陽竹樹雨湖煙波中有兩峰在焉夫詩與史相爲表裏

兩峰之志列于良史而其詩亦自不可泯滅且其先人灝湖先生著本草綱目以壽萬世其曾祖兵憲公以靖難祀忠孝祠禮教之遺淵源有自益又非徒事風雅之所可同日而語者流風未遠趨庭如昨是有望于用枚兄弟也夫

沙徑渡序

王琮

蘄邑多水鄉城逼衢皆需渡而沙徑爲甚兩岸相去將十里止一舟四方背負車載過者頗衆猝難遍濟而往來行人舟遲心急遄程競渡焚輪駭溺往往而有余辛卯歲與堂弟景蘧公事州歸坐卧半天不得舟得舟忙涉不一里

狂風怒號濁浪排空陰雨朦朧勢幾莫支隨風飄蕩停控北岸因痛心疾首與族人謀再造一船捐貲買租養舟子往來俱不索錢越一歲余弟景遷復募銀置產以充國賦並作修造補葺之費庶渡船永存

引

西河橋引

李珌

西河在州治東北六十里衆流之所匯也河于即西河驛繹絡孔道冬春水淺褰裳病涉夏秋水漲加以木風望洋思阻往往公私稽程余泣蘄因公頻渡睹有石橋半亘而

圯問瀕河居民云康熙中牧官率紳士所建未竣厥功後爲木梁修而屢壞今用編桴編桴水小大皆難行邑貢生袁士昌等以繼修請余曰石橋難成木橋易壞覓砌石以釃水容架木以成梁可以永久夫修治橋梁王政也守土者所當急舉急公好義者所樂襄也因捐微俸爲紳士者老勸擬觀成有日焉

附原募西河橋引

張士驅　州牧

謂夫山靈枳道河伯稽水泣岐望洋藉同一轍然而陰平稽裹猶險絕士載而來華陘梯飈仍計取旨黎而下是則乞天一線還應分猿鳥之路以惠人若夫隅水盈溝豈易向魚龍之宮而借逕每際裳泉橫出之候未免乘旺氣于荻苗即起伊人宛在之思止可咏間情于匏葉至若衝當郵遞扼要輪蹏辟水無犀架梁少鵲未容暴虎何所恃以馮河即若爲狐寧不妨其濡尾最是烏知返樹墟煙欲斷之時騎不飛空溪雨驟來之會狂歌擊楫難追士雅之蹤決策啣刀慮挫阿童之銳始踡懷于周道行矣無辭旋大息乎阮途窮而有悔斯時也田單之裘暫煖曷盡被乎臨淄子產之乘徒勞將不繼乎

溱洧所以君子詳稽王政知病涉足以妨民而艮之居佈福因即利濟無非善果也維此西河之驛是爲孔道之吭然而扶策而來動低徊于問渡望烟而集興嘅息于迷津豈其阻衣帶之盈盈劃分大度聽其扼蝸蝸之攘攘不講成梁斯里民劉楚相所以矢願鳩工抗懷通道不惜千金盡廢結大願于愚公龢慮一簣鮮終衛幽恨于精衛欲終慧業丐我微言念其苦行不比枯禪在君子當愛人以德若更着脚皆爲實地寧我輩不玉彼于成舌豈徒饒膜期立破行見柳遮春岸紛離緒于匏

塵曙起秋原爽旅人之砥矢豈爲百世之利固已在茲即如萬里之行任從此始　按志例不載駢體以西河之有橋自前州牧張公募修始故附錄之

文

瘞枯骨文　蔣尚德

明季流寇充斥張獻忠蹂躪楚蜀虐始于蘄夜半襲城恣行刼掠盡驅其男婦老幼于濠邊坑殺之濠遂就湮迄今百有餘載余司牧茲土耆老縉紳以濬城濠請迺詳請興工白骨暴露奠以酒脯告諸靈曰爾生不辰適于陽九獻

賊鴟張荆藩失守維爾諸靈或儕町伍或列簪纓或士以烈著或婦以貞名骸積成山血流爲谷天地晝昏風雨夜哭嗚呼哀哉

聖朝受命治逾百年民不識兵革室共樂粥饘追維往事涕泗泫然余治茲州恭宣天澤利與衆興弊與衆革復理城濠通商集𥁞爰動畚挿發爾幽墟爾墟泥淤壓以屋廬爾骨旣暴余用欷歔捐貲以收更諸爽塏鑱石勒銘千秋不攺嗚呼自古有死兮白骨成塵爾獨罹殃兮曠世酸辛移藏高壤兮庶返其眞貞魂毅魄兮宅窆與親維此生民兮爾戚爾鄰無爲厲于茲土兮將終古而不泯

贊

盧氏二烈贊 并序　吳偉業 梅村

蘄州盧大夫以其先公殉難始末來告命余文其隧道之石而及弟姪諸婦之從死者因得牽聯書之亦旣問見于余文矣顧惟楊袁二婦死狀尤烈不可以莫之詳也今按大夫之言楊氏爲諸生盧紱妻袁氏則諸生盧震初室紱郎大夫之母弟震初其從昆弟之子也楊氏父曰諸生楊榜母朱都梁宗室女癸未正月廿六日蘄

城陷賊執紱暨其子晨初令負擔紱度不得脫涕泣拜辭母羅淑人去竟絶莫知所終楊與母并老婢許氏偕陷賊畧至北門趙州關楊方在娠賊欲負之走楊紿曰願少舒比我不能行而後負我賊緣道爇火驅脅行值焰熾處楊牽母腕躍入火中自燒死賊嘆息去老婢守之移日楊頭目猶未盡巳墮重矣審視男也後數日語家人往跡之不復得頭目所在矣袁氏諸生袁嶼第三女城陷震初父紳與子俱被執袁度不免拜辭祖舅姑及姑夏氏抱周歲兒曰天喜赴井死明日賊退家人共

棺木瘞之甲申秋棺爲貍貉所搰和門見袁毋子面如生倣襦飾身訖不甚毀改窆于迎山先墓而震初卒未知死所世稱賢柔而易奪者莫婦女若也一旦遇變倉猝犯白刃蹈爐炭斷死于前而不反顧有烈丈夫之所不克爲者何歟古者男有教女亦有教功事則閑姆傳之訓行步則協珮環之節所以豫遠燕私而養成其貞一盧氏二婦内外宗雖皆名家見聞薫習通知禮義然生于閭閻非夙有師氏詔之女史書之也非其芳潔得之天性能引决自奮如此歟昔人題清風嶺詩褒譏至

召禍譏五代時王凝妻李氏逆旅斷臂歐陽史表而出之以厲世愧俗矧如楊袁駢首捐糜一門爭烈嗚呼可書也已業也不文舊塵詞館以記注爲職敢因大夫之傳信而僭爲裁筆若此俾司彤管者尚有攷焉且爲賛詞六章以旌之其文曰

厥初生人取則二儀坤貞應健作配無虧曰惟婦德直信是基豈緊婉嫕廸果實宜孰云孅弱不敵須肩 一章 有美楊袁並出華宗來嬪盧室盥饋克從芳徽蘭秘鳳鳴和雝宗周俄隕遘此鞠凶滔天作孽張燕棼崇 二章 蕙幰珠簾一朝委地齊姜宋子化爲鷦頳皎哉季筆不汙賊臂投軀鬱攸燎原罔悖祝融同祿扶輪擁篲墮殯得雄燼餘猶覩 三章 腐沸寒泉甓甃圜圍褰裳距躍子母同歸清泠濯身彭咸爰依泥而不滓珠沈澤輝喜逞英皇耻從宓妃 四章 宋有共姬待火灼爛今也則楊神耀司權楚有貞姜漸臺流渙袁踵其武畢命井榦豈無邦媛偷生衎衎曷不顧懷爾顔泚汗 五章 凡此義烈壯夫弗如人綱人紀永賴儲胥彤管朱熉近登載書外史作頌徵信匪譽綽楔榮旌停光素閭 六章

題跋

跋蘄州志

顧景星

歷代史成于一人者爲善而輳諸衆手者爲劣史遷而下莫不皆然唐以後不足觀矣唐蓋出多手歐陽氏起而一之于是論定始有義例惟郡國之志亦然志即史也宋子臧史駢稱引前志狠瞫厥人濮引軍志范無宇云云申胥曰此志也志通于史自春秋已然故史莫不有志史之志亦以各出一家爲長唐修晉書以天文付李淳風地理付于志寧誠如江淹所云修史之難無出于志非者于典故

莫克操觚豈不信哉常璩之志華陽崔鴻之志十六國宋敏求之志河南劉宗藹之志襄陽楮孝錫之志長沙博采暂聞歸諸一致近代郭青螺豫章志李于鱗青州志陳士元灤州志康對山武功志郭造卿平安志稱善案韋聯局抽憑臆腑若築室道謀汲深綆短尠不歎頭白可期汗青無日矣蘄之有志自嘉靖初桑縣令甘公澤始及二十餘年鄉大夫王郝五公合修之僅十二卷是後未經撰補先君子毅然已任起春秋傳襄公四十二年止崇禎十七年計二千一百六十十年爲類二十有五爲卷百甫就稿而澹

巖盧先生之書出先生之書綜覈史乘网羅遺軼敵細縹于蟫蠋揚忠孝于汶汲義例旣嚴勸懲都宛斷出一手折衷衆言百世鑑衡卓犖不朽矣先生家學源遠年少通籍益肆力古文楚自長沙下雖大泌而後惟先生稱傑其登仕自大尹參將太守今參政南儲所至必有功德雖簿書旁午操槧懷鉛未嘗少輟宜其著述精當如此先君子書本失之繁先生亦時一二取鳴呼來禩方長前芳必繼後之君子其茲法諸

蘄州志跋　方舟

澹巖盧先生督南儲三年而奏最

天子獎以鼓吹迎東渭橋乃先生不自滿假謂邦本民天于是乎在凡有利于民者不惜爲東南請命可謂勞勩獨賢矣而又以其暇博綜典故遊神翰墨于水利則有志于松江則有志三吳之利害在水水之匯而入于海三江居要故志之最後著蘄志蘄先生之鄉也大江上游南北之衝不可無志于是咨諏考證表章揚扢較舊志增十之七郵政榷茶天文屯田之數條鞭之額舊志所無而今有餘例皆舊志所畧而今詳班然粲然可興可勸自漢以來二千年

事蹟具補自嘉靖修志後百十有二年事蹟具舉猗與盛哉余友顧黃公嘗爲余言先生見一事切于義勇于爲政夜不待旦得一義切于理勇于爲文筆不加點其至性然也縣在新泰則志新泰矣參西粤則紀西粤矣守山東則序岱史矣榷長蘆鹽則議鹽法矣而又表師曠之墓攻羊祜三世祖之墓復魯先賢高堂生之隴其他闡幽舉廢不可勝書生平窮四庫五車之富著數百萬言蘄志特其一斑焉耳舟受而卒業曰嗟乎先生積學博用意勤是非論斷光明俊偉本于理學出于忠孝所謂至性者非與語云

莫爲之前雖躭弗臧莫爲之後雖範不章先生生諸賢之後起而語如同堂後先生者奉先生之臧躭章範可不勗哉可不勗哉

郭去山篆集題辭　李炳然

任家藏綠天精舍石圖章一按製者何氏旁勒數行悉巧妙細書蓋前代物歷經刼燼獨存之頹垣碎瓦中斯已奇矣吾友郭子去山一見驚歎曰此吾所祖述雪漁何先生鐫也何從得之爲摩挲難釋手髣髴索紉安之坐卧道邊碑矣他如陽元之于射武子之于馬逵集之于㞋叔夜之

于鍛宜僚之于丸兒說弟子之于閉是豈有法而可傳者哉凡此都屬懸解解者以不解之法解之乃爲眞解人矣郭子好古多聞士也相其容與壙卯翩翔翰墨克出棄一切而唯奇是嗜至周秦史籀李斯筆意尤所神符冥契蜾書龍體旁分區刻似不從人間來其中鋒運腕殫厥身之全力而縱送之一畫一點如轉圓石于萬仞之山下墜不測之谿焉故醆東之珠蒸栗之肤溢滿篋笥觀者莫不形神俱肅也郭子之言曰余課業之餘搜獵鐫法聊可作書畫觀耳郭子儻有堂下輪匾之思乎若然將形上形下揚鑣分轡道之與器終齟齬而不合矣古之所爲不可更則椎車至今無蟬匱故曰百工之作皆聖人也況六藝之文列在學宮美並日月有不原本道德而能千禩常新者哉寒陵片石子山以爲可與共語積五十餘年泰媚不能磨礴之彈子而一旦𥓓發于今日神物顯晦不可不謂之不相值也夫有古人之風者始贈以古人之物余何吝蒼璣綠天不以貽郭子墨妙堂中其相慶有遭矣乎噫精誠所至金石爲開固亦郭子之志也

書四照堂文集後　錢鋆

副使盧公以文章經濟名于時其治吾蘄政事卓卓可稱述是有功于吾蘄也蘄州兵亂後文獻無存公獨任其事廣搜博採彙成一書使前代不至湮沒後世得所稽考是又有功于蘄也余至蘄問其子孫流離奔竄並無室家其所刻四照集亦僅有存者嗚乎其可哀也已

墓誌

高母石太恭人墓誌銘　施閏章

湖西領三郡而蘄人高君尚乎爲臨江廉平不撓郡賴以寧居三載以母太君憂將去乎愕然若奪左右臂已而請代不得命彊以墨衰視事視其睫當涔涔有淚痕久之徒跣再拜泣曰培不獲奉母喪以歸死不塞責今行有日矣願得公一言以誌母幽宫死且無恨乎請徵其狀嗚咽不能語有間乃起曰母姓石氏年七十有二逮事先府君僅六載稱未亡人時母年二十三生不孝孤一周閱七月耳

當是時狠狽㷀丁內外無所倚高氏不絶如縷母誓以身殉孤從旁睥睨者僉謂不可終日而母卒之死靡他其拮据茶蓼以鞠以教雖百其口弗能狀也培旣官豫章母就養布衣蔬食篋中蕭然子婦或以爲言母嘆曰視昔糟糠不厭時何如吾所耗侈矣培是以無敢漁民也培旦出聽事母倚杖側耳聞脫人械則悅或箠楚聲盈庭則愀然不食培是以刑不敢濫也襁褓而哺之不有其聲及長大有過庭跪而責之督諸婦若孫也亦然培是以無敢傲且惰也夫母之蚤年苦節艱瘁百端培幼不及知而粥粥晨昏以庶幾無隕越則母實使然而今已矣雖待畀考績例當受　封蘄之士大夫合請之學使者將上其事于
朝用旌其閭而母已不待言及此不覺大慟於戲有是母厥有是子信哉會顧子赤方至自蘄于母爲通家子具言石太君苦節事藉藉州里間蓋實而可徵也乃次而爲之誌太君爲處士玉華公女年十七歲歸高贈君諱自現爲諸生才而不永母嘗籲以身代事繼姑鄧氏生死盡力有子培卽尚乎官江西臨江府知府孫二長曰克紹州庠生考授州同知次曰克楨州庠生考授縣丞曾孫凡七人歲康

熙壬寅十月母終于臨江府之官舍今葬于崇居鄉大林山之陽銘曰陵谷可移石亦可泐惟母心之匪石更終古其不磨滅

明中順大夫山西按察司副使李公墓誌銘　顧景星

公諱樹初字客天蘄州人曾祖諱言聞祖諱時珍太醫院院判封文林郎生考諱建中文林郎四川蓬溪知縣贈中憲大夫妣某氏封安人初太醫夢朱衣人曰來報汝陰德覺而生孫蓬溪弟建木未有子乞爲子蓬溪卒舉家產付

兄弟而自以菽水事嗣母舉萬歷四十六年鄉試明年戊進士授戶部主事天啓二年榷河西務寶源局銅乏派榷關備解若干斤公不以擾民自捐貲購銅又先期入大司農能之薦于朝召對上但稱聲音洪亮薦者大失望明年以郎中司宣府餉鹽商輸粟不實按名責補商賫金乞寢其事叱遣之因中貴人爲之請又不聽無何出知陽和府魏忠賢遣其黨廵宣大自巡撫下望塵拜謁公稱足疾不出烈皇帝誅忠賢臺臣以方正薦陞山西按察副使廵赤城口外立市怨中國不信公至勒石示不欺順義王遣使

厚謝公公亦厚報聞于朝降諭慰勞覃恩授中憲大夫請移封本生父而自以中順大夫落職築館湖上扁舟野服號西湖釣叟耽酒工詩有積餘備緒數卷崇禎八年寇犯境公捐郭外大池決堤通湖以衛城十六年寇陷蘄遇害年五十七配朱氏宜人先卒繼封氏宜人偕死生于萬歷丁亥四月七日卒于崇禎癸未正月二十八日子三延慶貢生同遇害具慶文學朱氏出全慶文學封氏出具慶子三之璿之玖之瑤全慶子一繩祖以某年月日葬公東湖猴耳洞之源公在陽和赤城皆有祠蘄則自其祖考皆崇祀彔星既受其子所爲狀爲李氏四賢傳而又爲公誌銘銘曰仁術壽世職公先宜樹贈吉報靡晉俎豆三世侯邦賢處豐而約厥德剛毅魂雄魄歌國殤目極千里歸心傷鐵石維幽旌日明匪昭美門設後人爾臧爾熾宜子孫

口北道李公嫡配朱宜人墓誌銘　盧　紘

宜人姓朱氏明萬歷己未進士分巡口北副憲李公諱樹初之嫡配荆藩都梁王孫朱公諱翊鏃之冢女宜人生而穎慧通文字朱公篤愛焉公雖性尚豪華然雅重文士頗負知人鑑無貴賤作等夷觀李公本故家子幼失賫生而

甚有文譽朱公深器之遂以宜人許賛構軒名坦腹館諸室益心識李公異日之必達矣宜人性淡朴時諸親里爭以靡相耀視之泊如耳兼勤女紅伴夫子讀每至夜分不倦李公亦甚重宜人誼益加勉朱公每從夜飲歸聞讀書聲兼窺其女之篝燈刺繡不輟手愈嘉歎援制得請鄉君資歲餼以佐弗給自是家計亦稍稍裕生子二李公始攜宜人歸奉繼姑侯恭人罔間定省禮倍甘清苦躬治紝績無異初終也李公有二弟封公遺產悉讓弟無所取宜人調和力居多焉宜人以貴胄女性純孝柔順勤朴曾無異

單寒卽求之公族亦不數數見也行年二十有九以疾卒葬于竹林湖祖塋後山宜人卒後之四年李公方舉進士第先是李公以農部員外郎贈宜人及任副憲例應贈恭人李公以身若妻荷錫三章而生父母未榮一命中闕如爲疏請移贈生父母報曰可抑成宜人志也宜人生某年月日卒某年月日生子長某次某並附諸誌而繫以銘銘曰唯彼貞良幽宅是安雨湖之濱秀聚而完封植從約非美厥觀本焉斯培支也云繁

王文學爾錫先生墓誌銘　盧紘元度

王氏于蘄爲望族數百年間甲第隆起蟬聯不絕也其在明隆萬時水部郎正齋公特以治績聞晉滇南廣南郡守是生陪京虎賁衛幕秉吾公秉吾公生文學文學諱亂隆字爾錫生癸巳年甫成童補蘄庠博士弟子以能文有聲屢試輒高等鄉闈凡七試幾售復擲者再自食餼廩一時曹偶多見推終以落落不遇爲憾天啓末以例貢應得補郡邑丞佐員不屑就仍赴省試者三至庚辰冬以疾卒時年四十有八大志未竟惜也方秉吾公之生文學也得頗艱然性嚴峻不事姑息居恒訓導自進退威儀以至應對賓客秩秩有紀朝夕習于庭不中度譴訶輒隨以故文學雖生長貴介恂恂若處子選言而出擇地而蹈自師淑外無妄交中年始聯郡知名士爲社相砥厲學大進王氏之先世以尚書名家自侍御長石公以麟經售文學亦治麟經著有鶴枝館歷試草蓼堂詠及淡社初編制舉書外又著有金剛經解及梓感應篇以行生平凛凛惟先訓是程無愆尺寸居兩喪尤有禮母馮孺人大司寇午山公從女元配李孺人憲副鑑池公次女生子四長志溥次卜年又次宗九又次士濟皆諸生生女三許聘皆名族孫三晉凱

咸亨乃志溥生履泰乃士濟生蘄郡之罹寇難也文學先四年而卒殯于堂遂及燬李孺人暨志溥士濟獲免卜年宗九歿于寇時家僮某暨僧克凡者于殘礫中收其殖殮而藏之李孺人暨二子脫難後易以棺移殯鄉莊閱九年歲在辛卯始葬于西鄉圓峯山之麓蔡家橋先人墓左之數武又十七年志溥以紘于文學爲世交悉其素履命弟士濟持書來告云先府君葬雖有年而藏地片石尚鮮一字之識無以示來茲乞爲之銘垂諸永久二子方不憚千里數言是徵可謂不替孝思矣爰爲作誌並系以銘曰有

峯圓兮巒其崔嵬有流長兮如帶縈洄藏貞宅兮屹起崇陔本太原兮世德之培惟文學兮生挺楨材既全歸兮合譽無虧安斯窆兮蕭然幕臺華表高兮靈鶴翔來松與楸兮孝子顧哀累千禩兮榮莢斯胚

王雲峯先生墓碑銘 王瀚遷居高祖 康熙戊寅年撰 顧昌

謹按王氏誌曰吾高祖雲峯公初居珠峯山下有田數百畝桑麻掩映世守耕讀公生而穎異剛果有識斷詩書寓目成誦應童子試制史蕭公拔爲冠軍後棄制舉潛心詩史以山水自娛嘗遊圓峯陟鷹嶺見山勢廻曲曰此可卜

居距山二里許有窩曰吾家瀚瀚者四面山環形若仰盂中有腴田數千畝春水時漲則瀧畔成河故瀚名之世傳此宅背巳向亥前列虎峯居者多不獲吉吾祖曰吾何畏乎遂與妣陳孺人遷居焉未十年而生吾曾祖父輩兄季五人曾祖父輩生吾王父輩兄弟十四人入黌宫者五人至先父輩兄弟三十人貢監入泮一十四人至鳳輩兄弟七十人或補博士員或登成均或食廩餼而習制科者三十餘人至余子姪輩入膠庠者亦五人此莫非祖澤之遺也妣陳孺人治家嚴肅有法年逮期頤孫男百餘人莫不凛凛遵爲矩範居側有小山另出自峯頭蜿蜒而下狀若虺蛇吾祖自卜生基囑吾曾祖西溪公等曰吾殁後葬此必獲吉厥後陳孺人殁吾高祖繼殁遂遵遺命合葬于茲兵燹之餘未丐一言誌其墓明末立短碑歲久剝落今始議修短垣圍護重竪碑以表其墓云顧生曰嗟乎孝德之于人大矣哉匪特其親必及其祖匪特其祖又推其祖之所自出以言孝也况近在五世之内云乎哉王氏蘄之望族人以地稱皆曰王瀚吾不察其所自來及覽九來家乘乃知雲峯遺澤匪惟未墜道將卜世滋大焉僉謀修墓爰

爲之銘銘曰太原巨姓復有瑯琊遥遥華胄未及其他乃有吾蘄鷹嶺之下厥字雲峯厥居以化負性剛果秉姿穎奇目之所卜曰必在茲生則胥宇沒而合墓子孫繩繩永贍永顧

勑贈中大夫盧公神道碑銘 吳偉業 梅村

丙子歲偉業被命偕給諫萊陽宋公九青典校湖廣鄉試時中原已憂寇盛彌漫豫楚之交流氛四出羽檄交道謬以一介虔奉簡書揚旆馳驟巖疆轉徙金革幸得畢使以鉛黃甲乙多士鎖院三試所弋獲皆爲俊民而蘄州盧大

夫紘在選徹棘捧雉來謁翩翩然君子人也既而詢知其家世以儒業發聞尊人呂侯公經行犖犖爲儒林長德余嘉其學有淵源稱歎者久之迄今兩閱星終而大夫來爲叅籓董儲倚于兹土一再過存具呂侯公素履及奉諱始末以覼泣而請曰先生生平好古篤行阨于時數潛德弗耀重以寇禍滔天毒流方嶽闔門抗節竟殞非命孤每念此日夜悼心今幸蒙恩

聖朝榮施泉壤告第納青秩登三品于今得樹碣隧道以紀休昭烈而徵辭摩靳尚竢載筆惟夫子辱知最深又前職記

注若不鄙而賜之光闡孤實假寵以報所天徼亟成我而已敢固以請余衰蘭不仕脂澤之言何足爲公增重顧念公積學純行法宜備書其死事一節尤奇且處大夫父子間契分特厚采錄懿媺傳信惇史固其所也庸敢以不文辭謹掇大夫自狀與虞山錢先生所爲傳而繫之左方公姓盧氏諱如鼎呂侯其字其先吳人遷楚之梅川勝國永樂間始占籍于蘄四世而爲南槐公諱楷卽公之考也用孫貴　贈中大夫妣宋氏繼李氏皆贈淑人公生而奇穎承傳家學丱歲屬文有聲南槐公義方甚嚴營丙舍于濠上引泉植竹疏窗閒靚以爲公肄業之所延里中少俊讀書談藝其中公挾册跧諷鞫曬究明不問家人生産淵涵停滀霈爲文辭弱冠游博士宮頻受知督學使者試輒雄其儕伍數踦省門不售中閒尼得之而更抑置人皆爲搤掔公一意修學著書以造進後昆爲己任抗顏家塾說經鏗鏗疏疑釋難教施如雨至者虛徃實歸充然意得去由是負笈雲集江黄間推爲大師嘗手箋尚書四子書科别同異丹粉狼藉成就子若從子多列鴛生畯儒比大夫以丙子名薦書英譽鵲起公遂撤弦息機不復事榮進爲人

厚重質直不苟訾笑服勤孝弟内行修飭南槐公治家嚴公應唯伺顔色惟謹少有不懌或形譙讓彌益蹴踖起敬執内外喪毁瘠踰禮分財産能適長兄田廬取湫菉者僮奴取羸拙者撫兄子如己子同仁均愛有鳲鳩之心辛巳凶札横道多殣公倒囷賑贍視致醫藥宗黨卒倚以全閭閻有爭相率就公平決片言折衷愧屈過于要質其爲時所信嚮如此異時鄉里子弟不悅學公用形家言請于當事增壘江中石磯闢祠梓潼神其上埤助文風自此售雨闈者蟬聯不絕蘄人士至今頌德焉公之卒也劇寇自廣

濟乘夜襲蘄公被執賊中有識者曰彼善士縱諸寇退舍公勒習里中人分布關隘爲死守計自守南城寇盡銳來攻公督厲守陴殊死鬬賊垂却而他樓堞隳從公後肉薄而入刃及于背公拒不及遂遇害時癸未春也子姪從孫及諸婦楊氏袁氏同時死者八九人嗟乎自盜起中原生靈塗地大城名藩相繼陷沒其間義夫淑媛就燬塵而不稱者何限而堂堂身都將相擁强兵牧伯正長覆師失守委而去之色甚安者多矣公進趨退怯恥然儒者又老困呫嗶未登仕版無預封畧人民之任而能臨難賈勇援兵

登陴力屈則披支胸腹橫屍原野而不惜可不謂識取舍烈丈夫乎死于難斯弱質聲不出捆赴蹈如歸者成羣乎公生萬歷戊寅四月下距癸未壽六十有六娶淑人羅氏生男子二長即大夫紘次紱公卒後三日羅淑人屍于江滸焚而殮之五閱月大夫歸自公車以殉節狀鳴于所司將拜章請旌未及上會改物而止丙戌冬大夫卜新阡葬公土門珠樹林已丑第進士由邑令累官藩臬廉辨肅給善政流聞凡三報最推恩得贈公自文林郎三命至中大夫壬寅歲

今上紀元之載奉

命督糧蘇松而俾余書其隧道之石公可謂有子矣雖不獲光顯其身而游受哀榮于後天之報忠義不爲無意也在禮死寇之士旌之曰兵戰于郎童汪踦死魯人欲勿殤子曰能執干戈以衛社稷雖欲勿殤也不亦可乎如公精忠大節有光冊書無疑也昔魯共姬待火而殞春秋賢之書曰宋災伯姬卒盧氏貞姬竟烈玉碎不恬曾何愧焉余不揣固陋採摭遺芳牽聯書之比于春秋禮傳之義以詔來者狀又稱公邑子暴卒攝至冥途冥王命屬盧某保任而

後釋歸正直之人鬼神所欽有是哉事涉恍惚故從附見然世所喜傳者在此則亦莫得而畧也銘曰卓哉盧公儒宗文師幼閑庭訓悅禮惇詩法律繩已名教夙資嚅嚌道眞克昌厥嗣進思經世有物隘之退淑諸徒南面臯比敷陳聖謨牛毛繭絲疏理滯碍如結得觿蹇蹇媚學陶鑄靡遺方領矩步好仁樂施閭里質成彥方愧知運鍾百六天狠失維巨寇狂獝帕首朱眉羣飛海水潰隄莫搘若火燎原撲滅詎期祝融郊甸魚爛則悲我公孱者武奮熊羆部勒壯士率用姑鉦丁寧[illegible]鐔擐甲登陴戈衛賊喉日含欲

移環城百礮三板突燎戰鼓不揚渠門火旗身膏草野刎腹折頤志均馬革義逐死綏婉婉彼姝頽爾自持清泉虐焰視甘如飴號無茅絰哀動出譆一門忠烈前行後隨似川卬浦啓佑本支魏科游陟
熙朝羽儀位崇岳牧絳節金龜禮備哀榮鸞書紫綬旌幢棨戟邦委來尸侍驂訪舊南史是咨徵文篆刻薇懿昭垂佳城鬱葱奠厲豐碑松楸馬鬣傳信在斯于千萬世式瞻慕思

勅贈盧母羅淑人墓誌銘

吳偉業

淑人姓羅氏楚之蘄州人　贈中大夫鹽運使盧公首山諱如鼎之妻進士管江南漕務左叅政紘之母也首山于癸未二月賊張獻忠攻蘄誓死設守得正而斃叅政時計偕在都次子綎又先期遇害淑人號哭行求收公屍于骸骨撐拒之中以待叅政之還憂勞成瘁不半載而卒得年六十有七葢公之死則殉城也淑人之死則殉夫也可謂酷矣人猶爲淑人厚幸曰未歿于兵又六年叅政成進士
聖朝推恩其母初以新泰令贈孺人再以桂林府同知贈宜人三以長蘆鹽運使贈淑人
國家十數年間凡有覃慶大典叅政母子未嘗不在褒寵中

可謂榮矣人猶爲淑人惋惜曰不及于祿偉業讀其家傳而歎曰天地慘黷生民糜爛閨門婦孺以一身揞拄于室家骨肉九鼎一絲之際豈不難哉當蘄之初被兵也首山之次子綎綎子晨初從子紳紳子震初皆死而綎妻楊氏震初妻袁氏死尤烈又一月而首山及叅政之長子旦初同罹于難蘄黃旣全楚之望盧氏尤稱忠孝義門推厥本源咸由公與淑人之教至于今曹江之水空流宋廟之火久熄有過中郎之閭而弔其禮宗者幾與共姬孝娥同其節槩淑人生嘗荼苦歿被寵榮烏頭雙闕且與豐碑宰木照耀天壤此史氏所必載而私紀可以弗之詳乎按狀淑人之父繡軒公官藩府書記從荆邸自建昌遷于蘄因家焉盧氏叅政之大父曰贈大中大夫南槐公兩家共里閈爲世好繡軒任俠能文南槐之弟曰南林好碁酒尤相善南槐嘗遠遊而不在兩人共奕從者劍首山立于側南林撫之曰兒子也請君女以爲婚羅公笑而應曰諾南槐至而弗改也南槐娶于宋有二子而母見背公生巳五年矣繼室以李氏無子視之如所生羅氏則爲愛壻蚤失恃其周恤甚有恩紀叅政言之輒出涕曰吾外王父之德猶吾

王父也淑人年十九歸于公生長高門裝送爲盛淑人綦
縞自甘銑穀弗御箴管盤衣紉治必工爲人儉而莊柔而
正通詩書能識其大義事高堂具有禮法南槐天性剛嚴
寢門之內懾氣屏息李淑人雖賢乎後姑也舅氏之佐楚
者又提于女君勃稽語言易生嫌間伯兄長姒爲之析産
異居淑人則下氣怡色就養無方二十餘年能奉之以終
始斯其孝可知已羅氏之饔人膳羞脯醢倣王家食官之
制南槐食而甘之舍是卽投箸命徹淑人知之中厨躬自
割烹約水火之齊醬物珍物必致其美命媵者奉以饋曰

此羅氏美也淑人性不飲自奉麤飯無兼味有潔癖篚篋
七箸必手滌而几席振拂無纖塵身親井臼生殖漸充僮
指百餘計口賦食嘗御之以寬終歲不聞疾言遽色而內
外奉其規程莫敢嘩輸嬉笑者其家法如此首山屢蹟于
鎖院淑人婉語相勞曰參政兄弟就外傳所以教督之有
方嘗篝燈聽夢夜請至東漢宋弘傳舉弘糟糠貧賤之語
以爲訓又至寇準傳曰天下好用寇老兒爲人當如此矣
得參政丙子賢書信曰若他日所就詎止此旁人覘之殊
無驚喜容退而皆服寇禍之作也首山自郊徙于城淑人

方盥洗聞鬼哭愴然知不保城陷公被縛矣已而釋乎執
參政之子旦初昭初扶其母張淑人以免弟紱則與妻子
偕歿淑人倉皇散有外戚熊姓者奠之使歸踰月寇復至
公與于難二孫別而纍昭初乘間逸旦初遂不知存亡淑
人偃立壞牆之旁同里顧氏妾者左右之還之以其衣遂
與張淑人偕脫嗚呼此二者孰非天爲之哉首山以二月
二十二日殪又十日于江滸而得淑人哭而收之焚以殮
亂故不成喪也參政間道西還遇其孥于湖涘之舟相扶
歸辰山鄉莊而淑人亦已病八月之二十二日遂卒其缺

也猶以歿身于手爲幸飯含之夕非淑人避兵時所攜帛
中金則不能爲棺參政言之輒噭然哭墓在蝦蟆湖之秀
山原以覗土門珠樹林首山藏骨處爲別葬孔子曰衛人
之祔也離之魯人之祔也合之季武子曰合葬非古也周
公蓋祔君子之重其親有其禮無其時不能行也同穴之
詩平世之所爲作詎所論于流離板蕩哉夫升陘之復以
矢狐駘之弔以髽若首山公者所謂埋而置揭得土而已
此窮于禮者之禮也淑人則猶得歛以時服懸棺而封故
其于公也有杞梁同絕之心而援蒼梧不從之義別誌者

益變文以起例所以著其孝而申其哀焉余嘗汎覽史傳每歎天下大亂女子之死節者其姓名最易爲抑沒傳者益千不獲一惟子奉其母婦奉其姑幸而得免者其後門第光顯後人爲之稱述或側見于孝義獨行世家列傳之中而負姬節母遂以奕世不朽今觀淑人得全而楊氏袁氏因之並著于後蓋造物若留之俾生者絕而復續死者隱而得章必如此始可報首卹于九原而啓叅政于身後豈偶然耶余史官也又嘗使楚乎楚事宜詳叅政今宦于吳爲廉吏爲孝子傳曰非此母不生此子然則淑人之必

傳于百世無疑也是何可不銘銘曰鈷鉧原泉兮其流發發爰采香草兮我心則悅石穴洲高兮銅零江小翠篠霜筠兮停雲縹緲若堂若斧兮出于湖墳二湘之晳兮八米之門釋奴龍子兮一日千里伊誰貽之兮母之懷矣蘄春大澤兮狐鳴篝火黃巾城下兮白骨道左戈求死子兮婦求死夫無使併沒兮天乎何幸崩城隕霜兮匍匐喪亂斂冤山丘兮夫復奚憾我刻斯銘兮用昭
懲緰誰曰不見兮後千百世其長存

蘄州新修麟山書院記

陳浩（學院昌平）

聖天子稽古右文振興學校書院之設徧於直省自大都以至山陬海澨良有司以次修舉者靡弗葺萃州處陶冶而成之作人造士之盛自古所未也胡北東南文物所聚在省會者有江漢書院其在列郡州縣者若晴川峒山蘭臺龍山鹿門龍泉彬彬郁郁不可勝紀而蘄州之麟山爲尤著時惟刺史檢亭錢君因舊址而新之創率士民謀及經久羣力畢集合新舊田之以穀種數計者四十石有奇歲收其入擇紳士之賢者籍掌之師儒廩祿惟厚生徒膳膏之

給視常有加復以其羨周寒士及州人之與賓興而艱於資斧者（先是太學生何樞捐石鼓河田以備寒士應試之費今亦併附於此）凡數年而規制始備課試有程出納有經咸可爲後來者法而於政事之暇時至講堂與諸生考經義陳古訓第其高等而加禮貌焉愛士之誠其勤若此刺史其賢矣哉夫刺史之所以拳拳而爲是者豈惟是衣冠典册之盛侈爲觀美而已將以助流教化樂育人才垂嘉惠於無窮也學者幸生
聖明之世良師友敬業樂羣相觀而善不可不厚自期許以無負賢刺史之望而後之繼錢君而來者尚其無廢前人之

法因已然者而益大其緒則美成在久所謂濟濟多士生此王國者將爲蘄之人歌詠之矣

藏書室銘 并序

盧紘

紘先君性嗜書兼好藏書心有所慕不惜重貲購之幾至盈室悉以授紘紘踵先志益廣購求視所授爲更倍并藏之雋石居中先君亦時時偃息于此居圖書隨意披玩若將以終老也癸未之難家君不幸罹之居室灰燼藏書亦且爲殉矣余惟先君是悼斯于書不暇念是時以計偕過眞州聞難而返尚攜去書一篋計十數種尤有先君手錄古文簡畧數帙并方書一小册載以歸每展視輒涕泗交横伊嗚不禁也自是余避難山中每

擔負自隨惟恐或失乙酉春避爲兵亂所窘倉卒覓小舟入湖中時值大雨狼狽登岸挈妻子赴蘇家山囑家僮郎負書籠隨後行不數武兵突至家僮舍書携食物數種疾遁余亟詢答曰書不如食物爲切要卒去彼取此問書所在曰兵入舟時破籠見書憤怒甚盡投之水中矣余聞慟哭欲絶既失先君手澤而自分相隨險難者數年一旦失去或亦書緣宜絶耶遂不復有讀書志惟日與傭伍混迹山藪間戊子冬遵功令蹇步至京師止從稚子貽初覓集註二册載去途次聊一展視同事

者見輒笑曰吾以子別有秘藏乃猶是小兒所誦耶余姑銜之莫應逮後令新甫日從學士大夫游又復有意收葺遺書數年間頗得十餘種然終苦無貲故不能多得既遷西粤勢不能携去過故里盡以付昭初且囑當于深山營一秘室藏之先世之志賴子以成慎無忽易蹈爾父覆轍也既命爲藏書之室并以銘付之銘曰

家世食貧惟書是藏讀以代耕曬爲資糧先君嗜篤寢食斯忘貽我子孫冀嗣厥香云胡多難身與患俱秦灰既爐草鞠其廬收葺殘鈌險阻支吾若或忌之投諸江湖吁嗟已矣已殄茲緣甘入山薙丌永以終焉聖世復錄授以微員見獵而喜如火欲燃經營累載數簏之存將釋而去惟粤是奔爰囑孺子歸藏坵園成兹先志允宜後昆

蘄州志卷之十七

知蘄州事虞山錢　塏纂輯

藝文志 下

詩賦

舒黃之間蘄爲勝區詞客之所流覽縉紳先生之所敷陳而詠歌載在前志不勝錄也今頗審酌體例别白眞贋期有當於不朽之義諸不足以攷故實備舊聞者辭雖工無取焉

賦

明　賦二首

浮玉磯賦

李若訥季重濟北人

浮玉磯者盍蘄江之勝觀黃郡之秀出截然中流欻而崒嵂斯亦不列於岳志絶紀於山經物有遺美人或探靈覿銳玉之如削沓奇石之若零巔趾吳楚源流瀦霍縈波突獻佳名爰託砥柱錚錚標以磊硌洪濤遶乎四周遠脉亘乎叢薄似月之洲玉塵紛錯若木之華朱曦磅礴諦登厥勢擅彼一方圓峰前覗巖業球瑯馬口後扼潗滄洸洋左挹諸岫唐帽玉屏右拍近麓麒麟鳳凰收名區之甌窶擴

上遊之徜徉其爲狀也浸百丈於蛟窟趺一尖於練影彷彿巉巖憑陵茇井歸然天成屹以日永礚長川其似柔插孤空其欲猛雲根跬武而層層霜骨凸凹而冷冷紆曲作桡於股肱綽約爲延於項領於是地形既据人巧載施緣紛糾而戢脅削路道而躨跜瑩夷如砥化彼離奇雕石成檻郎峻爲基宛欺猲之不濶羌窋窕以相宜撫瀺潸盈於頫仰因突兀撑於崎巇層累逎上岧嵽參差鴻飛朝棟洒淜渃兮星簇夜疏洩濆瀑兮藻梲雲粢重欄複瓦桀閣修梯文昌題下控巽地之明昌符升華之福報引三楚於目

中劃九江於袪把八牕熒熒宇宙咸閑（閑字疑誤）四戶脩脩山川交轇儼列宿其環柯擁紫薇其庇厦太乙巍崇如薦之筆鈞陳森列似排之櫝聳義文於獨尊散殷質於猶野混沌千秋一旦而寫乃有翹秀之品頴俊之人登高寄思眺遠無隣扶搖九萬攬結三春呼佳儕而領略商衆業而談論飛鴻目送流水神親意匠則廖廓悉入手削則須洞爲新陟爾帝座呼吸可因降而龍藏出沒有眞掬綃珠於宇淚起繡虎於文茵福綜法像瑞叶鴻鈞發江靈之鬱勃宜文曜之幻神此其符采大義吐納彬彬者也若其寒食梨雲重九桐雨芳草王孫臨淵漁父溯洄輕舠攜賓侶主嘗萬頃之既凌望片石而來撫斥絲竹其勿喧愛江天其欲譜徙倚登臨月光遙吐薄烟渲之上下川浦笑起僧寮茗汁半茹咀彼清蔬揮茲塵麈採鬻帆而未能引螺巵而願舞踏綠苔之鬖髿忘紫蕙之腥醲亦以點綴玉痕潤色天宇無取於粉黛之繚繎崽瑣之綺組驚破天門之夢汰消佛德之祐至於僧田百畝蒲饌一盂仰庇俎豆俯結精廬隔水鄉而不遠栖山閣而爲徒指秔稻以檀越守饔飧以苾蒭升斗之水不減衣珠方寸之名可代神思推其餘粒

餐及寒儒篝燈之夜可熄蛟人之欷歔肩玉之子皆揚帝宿之居諸抑又功德與磯並沕福利將江並濡嘶嘶不朽何潤何枯

白雲深處亭賦

高　鵬（南匡州人）

有一布衣性躭山埜東走吳西走越老子長之脚跟飽堯天之風月曉來放嘯於鳳肩展望於麟脊第見非烟非霧郁郁紛紛瑞幛弘開素屏森列峰廻路轉有亭翼然榜其上曰白雲深處也少焉天挺一人立於遊亭南面問其童子曰此白雲洞主也布衣心悸進而言曰主人物以寄與

亭以寄身翠軟紅柔孰非可樂顧乃淡素白雲而獨爲之怡情耶童子曰樂涉于僊同者夢蕉襲石之見事出於特異者馮虛遺世之心吾王以白雲者陰陽奇氣山岳精英玉質金輝堆崖拂袖脫洗塵俗氣象萬千疊閣層樓不煩模寫之圖畫舞風弄月不費招呼之可人如囷如輪掃春黛也如蓋如擎點夏峰也巧飛銀漢白雲秋霽也梅雲交魂白雲冬曉也白雲朝兮穿友猿之蕙帳白雲暮兮掛引鶴之疎楞舒卷隨時鼓登壇之詩將徃來適意縱旋凱之棋兵四達無塵一榻千金顧彼臨春結綺曾不滿乎一哂

紙屏石枕嘗夢破乎三生飄瓦浮名虛舟宦情龍潛必於淵海鳳隱必於深林閱典謨而尚友呼喬松以定盟契天人於獨坐付理亂於不聞院落沉沉硌砑百尋雖懸河貝錦者特宮墻之外望雖濫竽鼓瑟者徒鞅掌於浮生是盍淡而不厭簡而益文雖青雲之騰踏不足以爲貴紫雲之輝耀不足以爲珍浩浩乎與造物相忘堂堂乎與日月爭明不知天壤之大何樂可以加此也布衣輾然而笑曰噫吁嘻美哉景乎古有所謂壺中海上者今物色之矣遂擊節而歌曰雲淡淡兮縹緲無涯亭隱隱兮悃愊無華通一徑兮委蛇寄一人兮清嘉彼柏梁建章兮烏足爲家歌竟長揖請辭童子指之曰此荆藩君主奇樂處也布衣駭汗掉臂而走回翔再拜嘆嘖以歸怳然心曠而神怡不覺天淵之勢隔

國朝　二首

獲神龜賦原序覩異龜於金沙之滸厥大若錢云云疑即蘄龜　顧景星

夫何一神龜兮秉玉衡之微茲腹圓穹以象天兮體正色于北方恣輕逕以容與兮廼般辟虖䕩梁覆白雲之輪菌兮衛紫蚜之蓍莖極五銖之區匣兮實千歲之靈長連轉

運而發四時兮目左右而媲陰陽背平隆以瑩瑩兮甲屈折而翕張涵北斗與南辰兮羅五星及八風維王人之土瑞兮胡見褭于瘴鄉僕夫行而獲此兮狼辱處夫揞囊𥿐靈物之炫幻兮羌儵撍而欻亾遻吉人之宵兆兮感至誠于神明覩玄裳之華止兮翺恢台以旁唐掐偓佺與洪厓兮棄鮮雯而上翔拂蜺嬰以蝼蜿兮曾不可虖相羊屈崇量而示與兮神與我虖何祥爰啟匱而彝之兮布筵篿而從橫繇告我以好辭兮曰君子之餘慶肇斯文之權輿兮象刻圖于倉兇寀詩書之兆煜兮奏周道于縣庚苟菁莪

之旣竭兮蹇八百而褰裳與綺繡而鉆鑽兮寍曳尾于塗中彼朱君之入蔘兮曾不免乎剡傷元緒困于諸葛兮曁羅尼乎妖桑蠵千齡而受縶兮終見蛻于陳王曷若茲之神異兮邈諸無何有之鄉重曰神式至穀降茲祥兮孺精烝曜文道昌兮負乾抱坤理中黃兮高山下澤濃歸藏兮明晦變化終永臧兮葆合太和壽無疆兮

山居賦　陳之京 蘄北州人

羅亂離之瘼瘼傷北郭之居焚旣所如之不台乃决志乎山林旣僑十載倏忽三春索莫雙影伶仃孤身㴔違俗而

寡侶兮匪道高之無隣維時羲馭廻轡斗杓東指和風紛兮以披靑陽豔兮以侈玫瑰抽玉兮薔薇露蘂見天桃之零落兮對垂楊之旖旎雖山花野卉之無窮兮共羅生于茅舍疎籬者僅若斯而已矣爾乃新燕相宅舊燕葺巢擬笙簧之並奏恍姑婦之相嘲若乃驚心暴客兀坐假寐裏骨蒼山頹情白水霏霏晨露聒聒荒鷄當夢覺之初兮兮憎百舌之利嘴先生日晏强起啜麓茹蔬凭席而隱几誦風雅之篇什探羲周之奥旨兼以漁獵衆芳汎覽百氏還目力之將疲乃閉關而節制旣而掩帙抽韵援毫賦詩緒若春蠶色如死灰慘淡經營位置敲推或終朝而一字不成或須臾而千言立揮誰測其工力之所底而典會之所之已而罷杼軸歸渾淪墮肢體斂精魂旣何思而何慮兮復無搆而無營徜徉堦除徙倚簷楹曳杖阡陌緩步陂岑付陰晴於蒼穹置理亂於罔聞淸歌放濁酒斟俯仰堪輿往來古今庶立言期不朽兮歷浩刼而永貞

三水亭賦 亭爲渴口陳家别業刊水張生授經于此　金德嘉 會公

天一生水地中湧亭吐吞沆瀣呼吸滄溟卓爾張幔巋然挂鈴祖衡彌嵩而纖塵絕沐日浴月而百寶生象曰習坎

居之亢亨工垂成也喜雨客乍至焉古星礪礎川花琢崑谷刻桷丹楹凌宵冥睇嶺澥之洞酌仿君山于洞庭方春巢燕徂夏蔟螢雁影秋冪虹藏冬撐非魚而知魚之樂好鶴而使鶴若丁暇可洗耳淸斯濯纓充庖祗用垂釣果腹無勞挈瓶揖謝禨襪坐雷娉婷遲披蓑之逸叟邀鼓瑟虙湘靈爾乃拭素几剪中泠鬢眉競爽襟帶餘馨傳徧玉川諸椀注完桑苧一經琴彈雅操劍試新硎似得漳河之兒疑浮泗上之磬叶 濤浩浩而无息木忻忻以向榮松檀檜柏楮桂琴蓕杏榆杜蘅辛夷在隝芙蓉稱城桃葉梅根並

僕姚黃魏紫齊名迭萏迭秀或從或橫鷺與鷗與蒲汀柳汀沱無馬人蜑戶氾有鹿柴騂耕鬪鴨叠檻飲牛坳泓賓朋灑翰童冠揚舲鼓柁青林財三舍牽纏赤壁可二程楊暾仲舉北牖詞指茂先西京若上巳流觴唵澨似江心古寺砯砰虎臥龍跳聯卷軸宮袍畫舫及郊垧斯蘄春之壯觀而藝圃之鴻聲也亂曰長尋遠眺何濛濛叶兮來何迅邁去何終叶兮張融郭璞一海一江兮混茫大手疇匹雙兮雹戰雷奔滙此亭叶兮鯨魂龍魄將毋升叶兮踏瑶階酌桂漿兮若有人奉予觴兮含宮吐角徵徵清叶兮碧鷄黃鵠俱翔翔兮

詩

唐古今體詩九首

五言古一首

州刺史座右詩 諸州同　　元　宗

眷言思共理鑑古想維良猗歟此推擇聲績著周行賢能旣俟進黎庶實靳康視人當如子愛人亦如傷講學試誦論阡陌勸耕桑虛譽不可飾清知不可忘承民迹易見安貞德自彰訟獄必以情敎民貴有常恤惸且存老撫弱復綏强勉哉各祇命體予眷萬方

七言古一首

謝鄭公惠簟　　韓　愈退之

蘄州笛竹天下知鄭君所寶尤環奇攜來當晝不得臥一府爭看黃琉璃體堅色淨又藏節滿眼凝滑無瑕疵法曹貧賤衆所易腰腹空大何能爲自從五月困暑濕如坐深甑遭蒸炊手摩袖拂心語口漫膚多汗眞相宜日暮歸來獨惆悵有賣只欲傾家資誰謂故人知我意卷送八尺含風漪呼奴掃地展未了光彩照耀驚童兒青蠅側翅蚤虱避肅肅疑有清飈吹倒身酣寢百疾愈却願天日常炎曦明珠清玉不足報贈余相好無休時

七言律三首

寄蘄春李使君播　　白居易樂天

下車書奏龔黃課動筆詩傳鮑謝風江郡謳吟誇杜母洛城歡飲會車公笛愁春盡梅花裏簟冷秋生薤葉中不道蘄州歌酒少使君雅興與誰同

送蘄春李使君赴郡　　白居易

可憐官職好文詞五十專城未是遲曉日鏡前無白髮春

風門外有紅旗郡中無處堪攜酒席上誰人解和詩惟共
交情開口笑知君不及洛陽時

送蘄州李郎中赴任　劉禹錫

楚關蘄水路非賒東望雲山日夕嘉薤葉照人呈夏簟松
花滿椀試新茶樓中飲興因明月江上詩情爲晚霞此地
交情長引領早將玄髮到京華

五言排律 二首

九江口南濟北接蘄春南與潯陽岸　蘇味道

江路一悠哉滔滔九派來遠潭昏似霧前浦沸成雷鱗介

多潛有漁商幾泝洄風搖蜀柿下日照楚萍開近漱湓城
曲斜吹蠡澤隈錫龜猶入貢浮獸罷爲災津吏揮橈疾郵
童整傳催歸心詎可問爲是落潮廻

寄簟與元九　韓愈

笛竹出蘄春霜刀劈翠筠織成雙文簟寄與獨眠人捲作
筒中信舒爲席上珍滑如鋪薤葉冷似臥氷鱗清潤宜成
寢鮮華不受塵通州炎熱地此物最關身按此詩韓集中未載仍舊志存之

七言絶句 二首

洛中春末送杜錄事赴蘄州　劉禹錫

樽前花下長相見明日忽爲千里人君過午橋回首望洛
城猶自有殘春

丫頭山　施逵

何不梳粧嫁去休常教人喚作丫頭只因不信良媒說躭
閣千秋與萬秋

宋古今體詩十二首

五言古一首

咏張牧之竹溪　林敏修州人

幽閒古城陰結屋清溪曲溪流堪回映上有青青竹漫郎

欣得之綠髮訴空谷高風及前修勝趣隨遠矚惡客徒擾
人立談非我欲麾去寧汝嗔眞意聊自足或言不當耳往
往相誚譏答云豈吾私恐作林泉辱源流別涇渭臭味同
草木胷當百事勝容此一物俗獨餘稽阮輩蕩槳戒臣僕
濁醪澆古胷月沒還秉燭僕忝瓜葛後意氣頗相屬平生
幾兩屐共老三徑菊行年事無定此計諾已宿徑須買牛
衣閒亦荷青麓從子竹間遊溪魚剝寒玉

七言古 二首

寄蘄簟與蒲傳正　蘇軾

蘭谿美箭不成笛離離玉節排霜脊千絲萬縷自生風八手未開先慄慄公家列屋閑蛾眉珠簾不動花陰移霧帳銀牀初破睡牙籤玉局坐談棋東坡病叟長羈旅凍餓饑吟似饑鼠倚賴春風洗破衾一夜雪寒披故絮火冷燈青誰復知孤舟兒女自嚘咿黃天何時及炎燠媿此八尺黃琉璃願公淨掃清香閣臥聽風漪聲滿榻習習還從兩腋生請公乘此朝閶闔

牧牛謠 見楚風補　　謝童子 通志作蘄水

童子謝姓蘄州人少騃愜十歲不能言父母使之令牧牛一日忽歌云

可若何遠遠騎牛下淺坡長笛一聲鳴也清歌一曲無多

五言律二首

送俞尚寺丞知蘄春縣　　梅聖俞

應見言風物于今有貢蛇潛蹤遠竈黽飲露上蒹葭清潔一如此傷殘都莫嗟君惟修職業男耒女繰車

蘄州厲使君七夕祈雨　　戴石屏

樽俎忘佳節衣冠肅黃庭爲民祈一雨何暇賞雙星五馬無懸德三龍合傚靈前山好雲氣早已動雷霆

七言律三首

謝劉本玉先生惠簟　　王學

南朝笛竹蘄爲良織成文簟琉璃黃舊物正爾冷如鐵此君無奈寒如霜山齋溽暑正六月野人清夢迷三湘卷舒隨分且藏節作詩爲報劉中央

和秀野蘄簟之句　　朱熹

使君雨鬢尚青青學道仍抛後院笙溽暑快眠知簟好晚凉徐覺喜詩成人從蘄水當年寄句比韓公此日清坐對更深誰是伴唯應關月共長庚

蘄州早起　　楊時 一作魏了翁

城頭雷動角聲哀似共行人怨落梅欲報晨炊粱未熟與回殘夢眼慵開霜清暗覺貂裘冷月淡空令犬吠催倚杖起肩風正烈不堪嘶馬重徘徊

七言絶句四首

寄夏倪翁　　林敏功 州人

嘗憶他年接緒餘先生落魄我迂疏溪橋幾換風前柳僧壁猶餘醉後書

贈蘄簟與路公　　范純仁

雙文封卷如筒小六月鋪張滿榻寒曾是吐茵任醉客敢

塵齋閣助清歡

涵輝閣　　郭祥正

天乖星斗數尋近地捲雲山千里來氷壺倒影露華淨玉
寶溶雪蟾光類

白巖寺石刻　　無名氏

金殿重重鈴動風六龍飛入碧雲中晚來落盡前山雨人
借僧房鶴借松

元古今體詩四首

五言古一首

望蘄州　　楊基 山西副使

未見蘄州城已見蘄州山諸山初不高蒼石礪且頑想當
至正時民物庶以繁大江從西來萬里不閉關茲山獨儲
英羣雄出其間遂為禍亂階滋蔓莫可芟憶我聞亂初我
方總兩鬟侍立父祖傍聽說國步艱焉知三十年見此童
與菅骨肉亦已零安得鬟不斑披榛欲吊古豺虎愴我顏
蒼茫望茅宇日落孤舟還

五言律一首

宿蘄陽驛　　幹克莊

夜宿蘄陽驛淸聲已慣聽擁衾裁短句屈指數殘更世慮
如山重身謀似葉輕不堪天外雁作急兩三聲

七言律二首

四見亭　　幹克莊

前朝亭廢野蕪侵暇日躋攀試眺吟楚地寒烟青障遠漢
江秋水碧流深連城阡陌桑麻藹負郭人家竹葉森千載
麒麟山下路不知遊客幾登臨

前題　　觀音奴

臥麟山前江水平臥麟山下望行雲山雲山樹幾時好江

水江花顏色新長江西來流不盡東到滄海無回津我欲
登臨問興廢今時不見古時人

明古今體詩五十九首

五言古四首

題簟贈沈牟刺　　崔桐 學士

使君刺蘄州應聞蘄有竹織成細紋簟文彩如琴玉郡齋
非無暑藉此解炎酷應憐織簟人流汗在蔀屋

樊山王東園宴集　　吳國倫 興國

涉江采幽蘭江路阻且遙豈惜行路苦恐雜艾與蕭美人

脊同吳解佩行相招歡言展高宴綺閣開層霄竒卉粲以
繁修篁夾飛橋潛魚躍華池翔禽厲神飈瑚盤進嘉膳瓊
巵瀉甘醪吳歈變初節楚舞何妖嬈衆賓起爲壽賤子申
久要絃以大雅音結以青霞標庶幾永終譽千齡無松喬

劉世仰追送至蘄春舟中夜酌　吳國倫

三日別已遠川塗望悠悠胡然白頭浪撼我青雀舟菰際
飛一葦磯邊散羣鷗美人意艮厚濁酒歡且酬明月生斷
岸前峰在中流曼聲答漁唱醉語覓離憂江漢豈足廣蘭
蘅爲君投東風疾如駛明發不可留

黃石巖舊隱有空生閣峙翳薈中余乙卯紀綱其地
益面勢龍泓近負諸嶺而壽藤灌木獨堂四榮居
然外方也數年休沐邸舍爲桑門葦剥殆徧子瞻
有云栽種成陰十年事倉皇求買萬金無三復斯
言不勝嘆恨爲成是詩　袁素兗 公參州人

登山忽如此長喟秋濛濛觕力使翠竭驕穩逢斯翁憶昔
草堂貴夫子聊爲傭心枯畏日月蔽此杉松宮足使峯壯
変不至空勢窮鷲雹不得焰幽蟠如古龍石髮一朝髡寒
泉流濛濛魂摇北漏戶卧聱西流風雉鏵庶可待霧冷天

無功萬物蟄兀誰不藏黃石公

七言古 七首

環翠亭　高啓 青邱

環翠亭開紫霞裡更掖麟峰拜雉水千崖秀色傍窓浮萬
壑濤聲從座起煙消日出天溶溶玉壺倒挿金芙蓉鉤簾
相對坐長夏灑然氷雪生心胸

蘄州竹簟歌　郭鳳儀 黃州知府

齊安土瘠百不宜蘄春竹箭生獨奇疎節洞幹梟烟霧色
參碧玉多華滋尤物自合神理惜良工競采含苞枝欲矜

意匠誇能手苦濯江漢曝朝曦幾經折鏤等薙䔲一加織
組同繅絲就中巧思誰更識藏倪續斷渾不知綢繆但見
雙文密摩挲驚嘆眼還迷鮫人夜杼剪綃綺游魚吹浪揺
文漪已鬪滑溜能仆雞更笑苦濡啼痴兒稀有價重錦繡
叚展舒光映黃琉璃三疊九折柔耐卷八尺半握行堪隨
五月毒熱氣如炊嗚呼舍爾吾何支匡床石枕夢亦爽脩
然似過清秋時覺來凉意侵人肌只疑流汗翻成澌簟乎
簟乎願爾化爲太平之袵席使吾民寧一安寢常如斯

瀕湖李先生見訪之夕即仙師上昇時也尋出所校

定本草求敘戲贈之　王世貞 弇洲

李叟維稍直塘樹便覩仙眞跨龍去却出青囊肘後書似
求玄晏先生序華陽眞逸臨欲仙誤註本草遲十年何如
但附賢郎爲羊角横搏上九天 君有子爲蜀中名令故名

蘄民謠 四首　儀封王廷相 兵部尚書

蘄艾

有尤者艾生我土七年之病得者瘉五内失調邪作主富
貴耽慾乃自取艾縱有靈將奚補我欲言之上官怒

蘄龜

龜屌生毛綠的的大如錢貴如璧養來盆中水凝碧小兒

之玩有何益

蘄蛇

白花蛇誰教爾能辟風邪上司索爾急如火州中大夫只
逼我一時不得皮肉破積谷如巴陵殺爾種類絶白花不
生禍始滅

蘄簟

龍鬚作席光電電暑眠不及蘄陽簟凉如水滑如蔴一簟
幾工能織成官府取之只一聲有價無價誰敢爭

五言律 十四首

曉發蘄州　李東陽 茶陵

城曉遲吹角高雲濕未開驚波風不定危石岸將頹青入
無窮草黄低欲墮梅江湖苦留滯遊宦恥凡材

坐蘄州西河驛　顧璘 都御史

衰年重作宦入楚問民風豈謂山川異還嗟杼軸空官常
存國典惠澤自皇躬千里旬宣寄安危仗數公

白雲深處　蔡潮 霞山

瑞靄浮仙苑悠悠別一寰春陰琴柱潤風靜鶴聲閒舒卷

心應似登臨興未慳玉窗清夜夢元不到巫山

答富順王 二首　王廷陳 黄岡

帝室分封重王孫別館開禮于南嶽敵客比小山才爲善
心知樂通親表自裁雄風雖可挹何日侍蘭臺

其二

國自荆藩析書從孔壁傳瞻天棠肺附朝海切心懸賓從
思梁苑精誠感洛川晚來風稍勁吹月暈生圓

寄上富順王　王廷陳

南國諸王館池亭獨有名楚風蘋末勁淮月桂叢明中物

醒先析當天暈巳生無令爲善樂專美漢東平

題浮玉亭　吳國倫

石扼中流險亭當一柱支河山懸震盪日月荐推移岸樹微茫出風帆上下馳望中吳楚盡秋色最堪持

舟次蘄春避暑法勝寺顧大叅子承按察子良董司理友仲易州牧子田攜具見訪　吳國倫

梵宇千門逩僧房一鑑幽艇分蓮葉出軒抱水雲流疑結逃禪會何當載酒遊卻疑陶令醉三笑虎谿頭

龍眼磯　吳國倫

片石亂流中巋然抗佛宮諸天龍樹表萬象蜃樓空花雨都成雪濤驚不爲風孤僧容膝處應與海門通

蘄春江上謁禹廟　吳國倫

山逩鴻沙曲城凴鳳嶺孤古祠銜絕磴飛浪灑平蕪萬里來江漢千門過舳艫可知神禹蹟浩蕩古來無

發蘄州別姪子文良　吳國倫

爲汝能憐叔令吾轉戀家長江心萬里一夕鬢雙華刻鵠書仍戒名駒意未誇開林多種竹相待老烟霞

寓玉泉寺寄顧日巖　陳仁近 孟角 州人

玄髮一生病幽棲百丈陵無錢金井客有髮玉泉僧烏褭敎皇字螢分照佛燈湖山千里外寥落幾良朋

過湖上舊館　盧如鼎 呂侯 州人

偶爾趁春晴閒攜湖上行山樵隨意問茅舍幾番更鳥似曾相識花如舊有情壯懷空潦倒祗自怪浮生

結屋山中　盧如鼎

身閒成野癖地遠絕囂棼池靜生寒月山空卧白雲裁花聊作伴近鹿喜爲羣幸少浮名累荷衣可不焚

七言律三十一首

東山寺　富順王

平湖漠漠接平沙芳草青青沒燒涯着雨小桃紅錦濕受風新柳翠絲斜墻頭過酒情偏愜馬上啣杯輿轉賒更把東城比東郭每逢春日欲移家

前題　張袞 江陰

鷲嶺逶迤俯碧沙鶴林風色浩無涯門荒老樹昏鴉集歲晚寒江落雁斜地盡三吳春雨濕山傳五祖白雲賒城中奕奕王孫地誰問湖田百姓家

前題　戚昂 金華

湖光晃漾臨蕭寺十里荷花散綺霞遠浦笙簫仙客舫小
山松竹野人家堆盤氷果清堪掬入饌江魚味總嘉戀闕
有懷雙眼濶五雲縹緲隔天涯

蘄州江中怪石　李東陽

崒兀山城抱此州江間怪石擁戈矛隨波草樹愁生隙駭
浪蛟龍却避流豈有砦䡾能砥柱秪多衝突向行舟憑誰
一試君山手月落江平萬里秋

法勝寺　盧濬 天台

坐我官舟正午陰豁然乘興此禪林可憐靈谷眞鷲眼聊

對天花一賞心沙鳥樹邊烟森森玉梅開處月深深莫緣
芳草頻羈思萬古青山只古音

四節祠　王儼 州人

百年直氣激飛湍磯眼難消血淚乾一艦烟埋骸骨冷八
溟風灑鬢毛寒心存社稷應難死夢擾魚龍苦未安酬酒
臨江頻觸目征雲猶鎖樹光團

前題　高鵬 州人

鑿舟應不愧江湍罵賊同心口未乾磯面水聲猶帶恨城
頭山色尚凝寒不緣平日見先定爭得臨時死亦安羞殺
奸諛在何處四侯祠上月團團

仙人臺　郝守正 州人

每到山中訪二仙仙童仙洞尚依然巉㟥靈藥應千種石
髓喬松已萬年苔蘚厓前留幻跡藤蘿雲外隱諸天兩九
日月移朝暮陵谷由來幾變遷

前題　王儼

石洞涵虛果有仙土人傳說至今然精光閒寂寧知幻勝
跡盤陀不計年雨蝕蘚花青玉案風牽蘿幕蔚藍天闢幽
欲起山靈問搦管憑誰繼史遷

荅荊府樊山王以文章求訂　王世貞 弇州

時有虹光倚少微那無物色到漁磯人從白馬看如練詩
向黃梅擬受衣袖裏澤蘭愁信遠懷中荊璞怨工稀亦知
竹素千秋業敬禮人間有是非

奉答樊山王　吳國倫

老病龍鍾臥北園思君何日奉清言真風好與神仙近雅
道誰如帝子尊石上彩雲流錦席松間白鶴引華軒平臺
授簡多賓從不必狂生更在門

奉寄頔子良憲副子良期過訪予三年不至但時時

勉子學道因寄此詩　吳國倫

一水盈盈河漢遥空中鸞鶴似堪招循溪易返山陰棹鞭石難成海上橋學道豈應妨老大藏真只合混漁樵乾坤萬事捐都盡白日看君羽翼驕

寓蘄州示諸生　沈　鍾金陵

蘄州雄跨楚江頭隔岸羣峯紫翠浮文事因仍延信宿春光追逐縱遨遊懷鄉魚雁常違約吊古風雲亦解愁擬就滄浪歌一曲媿將軒冕對沙鷗

過蘄州冬至　毛伯溫吉水

年年冬至未能歸悵望孤雲天際飛上國衣冠朝會遠故鄉戎馬信音稀著生到處關休戚青史他年有是非獨坐窮愁隨日長柏臺清晝掩重扉

蘄城値雨　陳　溙州人

天意含愁不放晴鴻洲烟雨暗蘄城江邊薏苡忠臣憤湖上松楸孝子情龜鶴何年開壽域鳳麟千古應文明傷心龍眼磯頭水也爲英雄帶恨聲

江山清遡亭　富　玹會稽人

鳳凰山下水流東亭下青山四望同春樹鳥啼屏障裏夕陽人在畫圖中松風清爽生孤榻花雨繽紛落半空待得公餘無俗事南薰一曲奏絲桐

遊白巖寺　楊　清山陰

共說廬山天下高誰知此嶺直摩霄三十六澗水連渡一百八聲鐘細敲山果熟時猿在樹佛燈明處唄中霄也知老衲通三昧舍利光騰萬丈毫

菩提寺　毛伯溫吉水

三過野寺兩停驂王事驅馳苦不堪石磴清風驅落葉竹林斜日映寒潭似曾識面鳩頻渙如有羞容花半含試問

寺僧今幾許何人能唱望江南

夜月池　朱　紳

清池半畝浸寒蟾消長盈虧景亦兼玉鏡影搖雲母帳金鈎光映水晶簾漁翁舉釣情偏逸訛客傳觴興轉添天道信知元有數升沉端的不須占

鴻州烟雨　朱　紳

一片平沙二水通幾翻烟雨亂長空樹籠野色千林暗山隱風光兩岸同沙鳥飛翔濃淡裏風帆搖颺有無中待看海上金烏出一掃層陰萬境融

煙霏樓　顧闕

濃濃淡淡起天涯縹緲來親横復斜雲母屏風低映戶青綵步帳漫籠花絪緼造化憑誰判早晚陰晴恐認差分付豐隆收拾起好教日月吐光華

竹塘　陳仁近

不將長策射楓宸閑向池邊種綠筠風捲銀花營百畝日篩金屑走羣鱗蒲攢紫筍雲横塔籜閣青萍錦壓茵共約明朝祭玉板何須煮簀恠吳人

與陶靜山　陳仁近

逢君江上正秋徂盡日迎風傍玉壺豪興一呼連五采妙思十載賦三都莫蟠錦水嘲蝦毋好庋瑤堦醉鼠蛣我亦續涼孟東野可堪騎馬過金鋪

春日元舉君鍃見訪留識雨湖館　李　樸　質甫州人

齋居無伴憶停雲忽漫相過笑語聞花事半殘春欲暮壺漿頻促酒初醺樓頭徙倚蟾蜍蒲檻外空濛烟霧紛一水盈盈愁對晤留連深夜惜離羣

奉使荆藩登浮玉磯作　施鳳來　長水

清秋極目攬蒹葭傑閣登臨興自賒江擁諸濤浮欲去天

廻一柱屹堪誇青來麟卧藏真氣翠滴鸞翔護玉沙長嘯數聲吟忽就夜闌浮白接烟霞

登浮玉磯　鄒志隆　蘭陵

石閣凌虛勢欲飛江沙積玉動浮磯平分揲雉當軒出遙帶舠凫入檻依白社未招心亦醉青山有分願非違使君好迹風流事赤壁移來在水沂

過齊昌登浮玉磯　官應震　齊安

萬頃茫茫片石浮孤亭獨障大江流月明有影鯨鯢懼風吼無心波浪休吳楚兩分天塹在衡廬一望帝鄉收斜陽不盡登臨興遲我重來作賦秋

登文昌閣　吳亮嗣　梅川

文昌高閣倚層巔閣外江流小百川千頃澄波揺素練一方寒玉鎖晴烟根盤鼇極疑無地勢接龍門別有天天爲斯文培命脉棠陰南國自年年

贈錢受之　袁素亮

招我皮冠意已疎須君牀上廣何如自存天素非忘物聊爲中原苦讀書世界蓮花共屐屐工夫楮葉著樵漁智雖不用何能廢留待浮雲竟有餘

峽聽　袁素亮

暮雨藏山石氣焚紫烟破峽菭蘭薰歲當一候瑄妻合響耶孤傳抗墜分萬古機輪天上水百梯消息嶺頭雲遺光不用洗閉貌留照凉堂氷雪文

癸未挈家避地鴻宿洲旋上西塞作　顧天錫重光州人

髩斑之鏡自羞髩摸破青衫巳上藍大竄萬山誰告語鷰巢春樹枉詬誦孤城師旅烽加劇盛饌將軍酒亚酣河上逍遥渾故事先機媿我未遒南

七言絕句三首

送蕭使君擢守蘄州　王世懋太倉

十載誰憐國士心一官吳楚任浮沉積薪莫自疑懐璧剖竹猶堪問賜金

山中吟　顧問

山中名器一簑衣帶月和雲著得歸借問先生何品秩上農夫也是耶非

送三弟穉隆入吳省兄　李樸

青山兩岸墜丹時風冷江門送別離肯借尊前同此醉帆開咫尺是天涯

蘄州志卷之十八

知蘄州事虞山錢　鋆纂輯

藝文志

詩

國朝　古今體詩二百三十二首

五言古二十六首

詠高士吳瑛　顧景星黄公

伯仁起齋郞簽書黄州守入爲虞部員掛冠方黑首臨流獨長嘯種竹還漉酒歡笑迎嘉賔絕口不臧否青毡就盜乞力田門生耦不顧尚書期鶡冠狎鄰叟世遠言亦湮著述曾不有高躅留史篇芳名僅身後

詠高士林敏功敏修　顧景星

松坡節氣士少小負學術一舉偶見遺塞門即弗出經通郭子横名比皇甫謐隱處非盜聲率性不就辟子來實愛弟豹席共床筆湮没無思篇零落蒙山集立言期不朽傳後反難必所望賢達人名山拾遺佚

酬蕭霽　顧景星

之子志我同端居娟幽獨樂從大賢遊久謝時人目微雨

山中來竹梢低入屋鳴蛩寂不聞閉向東齋讀濁酒時復斟高筒頻拆牘一日凡幾回蛩音滿空谷

棲來店有序　　顧景星

石城徐公子星昔在山左招徠廛集漸成市廛土人德之呼徐公店茲守楚駐蘄于四郭隙地各建舍十間名曰棲來行旅乃得休止詩以紀之

伏莽既已平大江亦以清舊時荆棘地更有行人行山川故鬣突寇擾仍從横落日怖商賈淒風悲遠征懸殺市門鬪城上哀笳鳴一擔亡四顧但有雅鳥聲官離久不設貧

戕何惸惸一物不得所憫惻仁者情稍哀寄牛屋土龍眠古堂安知岐路泣不有狂阮生公昔駐山左二載德教明荒涂聚市肆廬宿無流氓楚俗最無陋茅竹支椽桁虎狼一斷道伐屋登空城杜陵思廣厦虚願終何成如君事實政永宜良牧程

答康伯問字說　　顧景星

斯文羲軒後微義竟誰紹智愆識其情遺象存理要流傳有淆體臆說恣攻剿瑣碎雖百家無能救沈澳鼎彝各異狀鼓冢亦難按沿襲誤後學徒然痛先覺六書非細事宣泄按道妙囊括二儀間津梁五經弁我勞夫如何十載心力耗變通固無方苦辯非執拗學官會有時覆瓿君豈料庶幾桓譚知不惜劉歆笑兒童于祿様腐塾兔園鈔規矩喪高曾笘幡轉相告老眼困昏花研精矢期耄莫怪和者稀陽春本孤調

上巳步湖村　　李炳然東皐州人

久不到南湖灣環僻若此豔豔花匝樹碌碌石濟齒透邐凡幾曲屋隱茅茨裡莫是武陵人依舊桃花水石林高復下坐客箕或倚稚耋少扳援貴賤一我爾問我來何所大

笑稱上巳雞犬與爲隣邱壑趣猶美得魚即易酒臨淵窺洗耳直待菡萏香還來劈蓮子

北園看菊　　李炳然

涼風吹庭槐萬樹一凄惻園林時偃仰春豔不重飾黄華如散金紫霞儼傾國當暑勤澆灌非種鋤螟螣移爾白玉堂四座起寒色

秋日石璠生携饌邀遊如是菴　　李炳然

西瀕峥嶸光今日固如是明日復何如恐虛林壑美生涯看黄葉損益隨秋水靜欸幽人扉高凭南郭几嵐氣奔不

歐湖心澹若此天聰躡般雷蓮心散皆卮掃開苦竹影妙
發醍醐理香稻飯青菰筐蔬點者耳與義衍三車清詞辯
四始交臂採芙蓉何必貝多子

從家人訊知里中故居近狀　盧紘 元度州人

故里臨江滸人當寇殘餘休息十年來疾苦尚未舒非無
仁明長蠹痼堅莫除水則勞舟楫陸尤困軌㮣奔走服徒
役終歲少安廬官錢不可問兼斂奉狠胥形枯骨僅存索
盡囊無儲欲脫此鄉去茫茫何所如呼籲不得聞蟠固難
間疎吁嗟此孑遺仰首空躊躕余久宦遠方聞之生長嘘

不須所忌諱憤貽長官書幸邀聽轉環夙弊一朝袪役仍
出官催夫額復其初從此獲寧止咸遂樂土居遠聞忽與
躍願頌循良譽敝瑟寧盡張改絃姑與徐屈指二三年生
聚盈郊藩余亦當倦游欣然返昔廬

其二　盧紘

憶昔喪亂後余宗歎伶仃煢煢婦與子藐爾弟與兄遠來
隨宦遊薄祉誰與耕去年從弟死斬焉無餘丁骨已歸荒
邱我子代爲營有弟入緇流浩然學無生志堅不可奪微
祚亦已傾一弟支爲近有家尚難成子稺方在抱內顧憂
未寧自伴我東來伏臘三度更祖祀莫爲享哀戸無與撐
祖田有微獲不足供官征內耗鼠穴叢外鬭鷹眼瞪痛聞
先墓傍疎孽竄其城自非久宦遊仍以家難弁胡致此報
虞種種切膺攖中夜戚然思一官忽已輕願歸先人廬歲
時篤宗盟他慮誠未遑先祧能無情

蘄州盧氏殉難始末　周茂源 雲間

伊昔蘄黃間寇禍最慘烈官兵爲先驅貪冒同饕餮賊從
上游來萬竈化魚鱉盧公偉丈夫嬰城誓死節賊衆如蟻
附交衢徧流血骨肉相因依一朝半屠滅公當瀕死餘拒

賊氣勇決登陴㝡徒兒瞋目背爲裂巖關倏爲摧鏃矢亦
告竭逢掖長賤貧與城共存沒長公間道歸遺骸裹衰絰
負土瘞舊阡殉難敘始末或死或竄亡歷數多嗚咽烈婦
楊與袁大義明霜雪楊爲叔也妻叔去成永別自投燎火
中珠胎並燔爇袁也歸震初堅貞儼積鐵從容拜姑嫜溺
井求蠲潔漆簡與丹旌采風宜首列夫何金鏡淪幽光殊
未徹純孝揚令名孤忠欽彙哲況乃黃鵠操挺然不可折
庶幾楚倚相紀美無遺鈌援筆愧如椽奚庸表碑碣

頌楊袁兩孺人節烈　張錫懌 雲間

蹈火旣不易赴井良獨難先後何從容雙烈稱二難至今
趙州側火燼血猶丹化爲祝融峯攜母俯千盤貞魂干氣
象白虹貫井榦化爲三峽水抱子激危湍慘死未及旌慨
焉摧心肝國史幸有紀能令白日寒

山中風雨憶猶仲熊學師　張士淑耳聖

空山久風雨重陰壓天暮落葉依重扃展齒迷來去鴈影
没秋旻千山寒未度遥遥一水思遠浦隔江樹

筆山行　張士淑

危巒矗空起壁古長箐篠里中數士姓相依共昏曉家舍

平林西雲樹可數眺豈不懷田廬四野飛旌旐隣伴約夜
歸路黑山月小谷靜發空響膽怯驚鳴鷺到家夜過半月
落荒村會生業各蕩廢頹垣翳蘿蔦破屋疎星入照我天
漢表時聞虎豹嗥更見蛛蝸繞雖是舊所居不敢久停遶
嘆息出門去覔徑登林杪安得天下盗賊盡歸農令我笑
數青峯卧亭沼

雨中訪顧赤方二首選一　張仁熙長人梅川

日夕大江流江聲莽回互蘄陽萬古心旅客愁無數高士
亦城居茆屋幽難遇著書二十年草長門前路相見亦何
深抵掌生烟霧論詩數百篇一一兼秋雨豈惜酒杯長展
轉彌清素

過蘄春懷顧黄公　陳大章

徵君瀟洒姿搖筆富文藻弱冠充王賓時論推國寶激昂
世務書匍匐兩京道志大徒欠且時危久枯槁高揖辭風
塵閉戸狎魚鳥經傳毛鄭宗學比崔蔡老一尺白茅堂樸
質謝雕巧晩就蒲輪徵束縛難爲好王式本不來臺佟節
彌皎依然奪牛翁歸作采芝皓六書大義徵研精肆幽討
上窮皇頡初下逮篆隸稾蒐羅辨形聲錯綜出要眇善誘

物之師博洽時所少伊昔奉微言今來悲宿草歲月忽已
遐風流竟誰紹抆淚下寒江白雲空浩浩

寄欽人田　萬燦

洌彼清谿水素鱗托蘋藻風日豈不殊縈情惟夙好河鼓
已宵移織機傷顔老天漢望容舠所恨秋霜早携手上河
梁金玉傾懷抱兩翼忽驚飛抗志凌雲表典酣揺五岳榮
名以爲寶隻影誰與同止水空潦倒落葉滿堦庭寒蟬泣
秋旻新芳及殘芷臭味分菀槁楚山接燕雲行行寄長道
衣帶日以遠珍重思紵縞

嘯月軒　陳鼎元　瀔溪州人

昏鴉棲已定幽人忘夜永仰見千尋竹搖動疎星影少焉東山上金盤光如炯頓令塵土中燦若玻璃境徧懷步兵狂思與蘇門等雖非鸞鳳音或不類蛙黽劃然草木震直上此君頂空翠藹林間悠然快獨領

半畝園即景　陳鼎元

四時各有序草木測其端季秋與冬孟辨在微芒間赤日照高樹霜風薄朱顔昏旦變節候凄然難久安坐我草堂中綠橘已丹攜雙柑下斗酒耳熱有餘歡裊裊芙蓉露秀色眞可餐採菊籬邊去悠然亦見山蒹葭正蒼蒼伊人良獨難

曹荔軒梓白茅堂集將竟感賦　顧　昌　培山州人

和璧不世出剖璞須其人珊瑚結海底網取非柔紉力大用必壯鑒別識乃眞明公賦至性挺特空羣倫束髮事高步老大能親仁生鍾燕吳秀氣壓京華春時維先君子旅卧越爲呻公也獨愾慕意洽如飲醇走馬出　殷直攬轡來城闉晏語或達暮夜懷難及晨豈惟骨肉愛竟以膠漆論身今致通顯揚扢據要津金閨總羣彥雅志獲見申古人不可没後哲等隱淪庀工市梨棗鍥鏤昆頡新驪珠燦煤墨玉版開璘璘陳思慟敬禮護惜猶苦辛刻同珙璧視忍終榛莽湮　中丞宋公許刻不果

宮井　荊府雅詠之一　張　畸　另齋州人

禾黍悲故宮荊棘生宮井不照綺羅人空挽寒泉綆秋來梧已落冬至桃還冷過此獨潸然興亡良可省

夜雨懷山館詩友　張　畸

入夜雨聲悠素心人自若寫懷見古意得酒破離索今夕有幽夢夢遶空山閣相思風雨中處處催花落

喜麥莊至　李生檠　兩崖州人

春風倚竹窗脫帽就瑄暖徘徊念故人狂喜臨清館君言別日多我問來何緩與君向階前花看梅梢滿

過蓮花池弔張氏二烈女　李生檠

防賊夫如何誓心同一死况乃宦家兒忍辱尤可恥所以就義人從容赴池水父老爲余言墳指荷香裏

自渦口歸陳芳蕎伯仲送別舟中　張溥源　梅川

天水共凄清積雪覆洲渚湖游雙溪曲遥向大江滸敝廬待我歸安能長羈旅野潤雁聲疎別離良太苦長揖謝故

人脉脉兩無語

别同學諸友　熊　洪

高崗有茂林暮鳥簇其枝羽采相輝映鳴聲若塤篪聚會盡今夕明朝南北岐去去日以遠夜月長相思

七言古十二首

沈生行 士望蘄州諸生崇禎末上書名見授兵部叅謀輔臣移送江督袁繼咸幕　顧景星

先皇避殿居齋宫晏食不聞司樂鍾黄門晨放罪已詔阜囊夜啓登聞封是時韋布紛然至沈生棄家走燕市上書

直動萬乘尊宋代陳東毋乃是韍衣給諫名最高陳啓新呼吸帝座無汝曹沈生上殿一指顧徃徃廷論歸儒髦潼關東西薊門北沙蟲擲道邊塵塞皇心但憂荆襄圍司馬誰防白波賊鋭頭参軍最後來相隨幕府臨江開短衣出入通侯第岸幘還登歇馬臺倉皇叩首驚傾覆烏號無弓小臣哭義旗壯士且鷹揚涸跡王孫盡魚腹渡江忽報安東軍生也收涕趨轅門化龍有讖雖曾應餓馬騰謠忍遽聞囟奸搆禍何倉卒誰夢湖城遠營日漢安爵命豈非恩廷尉山頭况難必丈夫死即鴻毛輕石頭取節非純臣悵中濺血黄將軍頭下奏事有沈生將軍敗後無堅壘凝笳疊鼓軍容改潛身幸託江海翁青衫已卸麻鞋在瓦盆半菽妻兒嗔憔悴尋常行路人誰知乞食陶彭澤莫辨埋名梅子眞春風貰酒茅檐下念是當時請纓者卻憶先皇御極初執手相看淚盈把

王居士歌 有序　顧景星

居士四十不娶若狂易鄉人共笑罵蘄腊自危堞踊身下無所損結茅廬山清凉臺巉巗縣空下臨百仞常月餘不食客至戰慄不敢上居士遥望大笑而已無名字自曰我仲尼之徒因號尼徒居士僕慕其人爲之歌

尼徒居士本無家截髪已自披毠毿鄉人共笑死即壑獨

脱禍亂棲煙霞清凉臺上人蹤少隨意晨昏坐來好經時石罅生白雲盡日林間絶飛鳥

東湖 名金沙亦名赤沙　李炳然

蘄陽城缺東南隅金沙赤沙閲東湖匃漏丹丸光的皪或云其下饒藏珠春水方生百川漲潯崖錯認牛馬驅衆師柳族類撥掉鵁鶄鵜鶘雜音呼晏安憶昔全盛日月夜渠槳雙飛梟好奇常奪渼陂席江妃來徃羣龍趨水月白露天無壁直泳塵斛于冰壺奈此狂瀾江海覆斜風細雨誰盧胡長鯨貪餌饜作腊龜口不見血淋顱南望洞庭是青

草酉眺匡阜之香爐今年山墜十八丈共頭塌破古鶚鳳
最愛湖平流淡淡小舸勝杖短筇扶青女霜繁水潦降恒
河沙聚一卯匽忽慕沔湖汎舟夜郎官新題千祀俱

甲子冬杪與諸公同涉雨湖會祭嵩岑李中丞作

李炳然

雨湖冬涸潦水平北風橫厲多哭聲賴蓼泥汨岸角出禿
樹杈枒葉戰鳴一碧泓深清見底鴨頭衣綠菜綸紫鯈魚
羣戲乘空遊素心元淡乃如是兩三人航渡口開葦間延
緣魚鳥來老僧可憐餉茶茗野客驚寒就煬炙更有王孫

游衍處落日古瓦窟蒼鼠版橋倒臥踏冰霜牛羊下壠傷
禾黍請君回船夜水渾聚少離多看浪痕今日羊曇猿墮
淚樣船愼勿到西門

奉和汪仉懷正月十三大雪偕同社諸公赴石璠生
招飲即席賦七言古風一首　李炳然

雪滿五枝水倒舉蜎毛慼縮傷馬圉豪士飲酒競華筵日
中酒掃還未許酸過牆頭在用存雪裏欵扉春雲溫折簡
招我走稚子擲菜燒爐熏芳蓀鵲巢歲據雙槐上井口籬
邊舊竈煬（石氏堂列二槐樹上有鵲巢下有甃井）可憐七菜落莘盤笑指銀

瓶罄家釀殘杯冷各莫驚猜槐堂豈爲老春開觴詠不貴
大官讌四座風生見辯才汪子承襄文崛起廊清燕穢詮
奇理蔚豹偶儻概凌雲唾壺擊缺不吾以石子朗朗玉山
行煦等清襟雪月明芝英筆底書無算武庫縱橫入莫名
八十老翁久疲病谷汲山樵息心競土膏冒槪省三農梅
隴衝寒識七政索居逴逴愲離羣襄顏酬會倚觴醺況値
金吾弛夜禁灞陵可識故將軍門外鼓闐燈火節士女塕
臂誇白雪宮月簑衣鋤帶寒春水方生鐏酒別

蘄城弔昔（癸未）　盧紘

汪城怪石環蛟宫鬱䚮王氣凌菁葱朱邸晝開傳鼎食樓
船夜汎喧絲桐飛馳上下帆檣會翹首流連大國風南山
周廻森列幛沙渚綿亘曲遶弓地居雄服當荆末萬里奔
濤難控遏出峽曾聞一線天朝宗滙此偏驚闊東來美聚
勢疑蟠突起人文多秀達虎變龍驤命世奇登壇赤幟紛
能奪運適終乘百六年焦毛薄肉殞多賢修蛇噴毒螯其
後狂鯨鼓翅噬其前炎烽四起百堞墮廬舍成墟灰蕩然
荒原處處飛燐火木吽寒鴟草宿烟俗承醇厚猶稱淑天
怒胡攖罹慘戮我歸骨肉並傷殘衰絰朞功一時服萬戶

千門僅有存眼中那見英耆夙獨立江頭憶舊遊淒風
助離人哭

許鶴原子詩兼贈　汪蘅仉懷衡州人

里中佳士鶴原子冰雪爲懷絶纖滓幽居築向鳳城偏花
竹蕭疎映圖史身豐暇豫抒深情成詩雅得風人旨几篋
般般金石聲不屑示人長自喜偶然小策披汝逕緒論微
言洞名理緘將新製我持歸剪燈吟繹香生齒建安端合
肖長篇近體還應天寶擬時人此道競輕爲苦心何處存
詩壘願言大雅共扶輪風格堅凝砥波詭當前好景足唱

酬麟鳳之山雨湖水

乾明書院　汪蘅

六菴張公牧蘄十有八載士民旣建書院于城南鳳山坊矣茲復建書院于大士閣之左亦曰張公書院予因其地題曰乾明所以別鳳山云爾

乾明磯右靈芝石乾明磯左羅仙跡大江東下抱磯流昔
時磯趾今沙擠磯上平原接鳳城古廟參差臨絶壁南山
排翠自年年州岸蘆花秋吐白菱唱漁歌落照時風帆沙
鳥煙雲夕依稀髣髴畫圖中王維欲寫千難百由來牧伯
幾登臨那許蝸牖容片席只今杜父得張公才出緒餘泣

煩劇初登化理鬱多難隨遘方城剽叜逆征師奕奕困壺
漿況復督郵腰頻厄田園典盡勵官箴飲馬錢空空自惜
荏苒心勞十八秋鳳山之原欻開闢經營不日煥宮墻肖
像情過惓赤寫潁州外史筆如椽因檄詩歌光史册芳煙
搦管散鶴原野老迂疎迹笨伯雕龍麓藻付英才兀把班
枝聊跳聚新詩裁罷瞻江濆無盡恩波磯前濤

蘄陽行　奚祿詒

春前我寄君山迹犀甲鱗鱗寒大澤暮帆今日過蘄陽江
花如練鳥頭白荆國春殘樸樕宮方勝花虵走阡陌羈旅

形容二十年中原無處無蕭瑟如此空城莫住船吳瑛巳
死誰留客

寄懷顧黃公江居　金德嘉憲公

掃地北風搖馬尾送我春明酒半醺我馬且行爲君立城
頭殘月照離羣是時巷南歌偪側君苦欲歸歸不得五月
逢人北寄書潭州博士報雙魚舒鄖伏劍客秦隴君亦掉
頭還舊廬蘄春草樹佳可賞草𣑱紅蘼況蕭爽江水盈盈
浮玉磯西塞山下鱖魚肥人生安能牛馬走細爭雞口與
牛後元瑜記室事徒然鄭虔官今更誰憐何如爛熳花前

茗艼醉醉眼看雲雨湖邊

虎入城 康熙辛丑十月十四日　　郭從 去山 州人

虎入城城民驚有衆逐虎虎負鳳麓之嵎莫敢攖專城都護州牧神明以正止邪虎無生吁嗟乎勢大者小不能與之敵力强者弱不能與之爭青天白日公然横行虎乎虎乎今入城城民驚以正止邪虎無生

題郭蒼屏畫　　李生槃

蕭奐老後王宰死千年冥出蒼屏子一邱一壑清且奇萬里遠勢藏尺紙霜林闇淡秋氣深遥天暮靄羣雁起中多

村落住幽人三三五五自行止舉網者誰釣者誰結伴更在烟波裏板橋扁舟自相通山水蒼莽青濛濛牧童牛背何處去令我想見羲皇之高風吁嗟郭君把筆凝神久沉雄寫付後生須珍重而今米顛風流空遺踪

五言律 八十七首

山居　　顧咸泰 思菴 州人

柴門眺野湖石醉路爲迂岸峭泉飛嶺林深月隱隅澤蘭侵酒斝遠砌夾蔓于寒翠盈溪結栽詩好截蒲

其二

别自爲清晝晝閒意轉清香烟縈古篆竹韻走溪聲村斷烟光接湖遥雲氣生農歌隨岸曲雅俗各怡情

答王純伯次來韻 顯江防 副使　　顧景星

白日空環堵窮愁未著書野田看射雁春岸指叉魚萍跡還爲客荷衣亦號儒雖歸故鄉陌終與俗情疎

鈷鉧潭 蘄治東八十里源出大湖縣司空山今名洗馬潭　　顧景星

連雲趨萬壑起伏更嶙峋百里樝梨水千山巖壑春林陰著魍兩潭定落星辰瀑漲循河下蛟龍亦有神

谿口　　顧景星

野岸泥難杙江船纜繫斜迎風放桃葉宜雨是梨花流水東西堰新村八九家兵餘得淳樸漸欲見桑麻

王子雲隱居廬山忽過訪　　顧景星

只愁歸不易歸後轉饑寒知已十年别貧家一飯難白頭仍避地遠害肯投竿孰是鄧文子能令王憲寛 屢辭 徵辟

秋日登拱奎樓 道憲徐公建　　李炳然 東皐

鴻文懸石閣白露滿城隅直爲藏書計非關寓目須寒藤纏古木亂葦擁澄湖卓立羣峰外疎林半欲無

蘄陽營兵丁元通逆受僞札其妻某氏頗知泣諫不

聽乃絞殺其二女尋自經而死夫丁元事洩被執乃拊膺大哭云悔不從妻氏之言　李炳然

不謂丹青烈芳徽出婦人嫁從廝養卒愁見陌頭春薄命緣慳搆三生義滅親早知嬰母糜那到菜街陳

萬壽寺訪天山老人不遇 天山老人夏琁伯別號　李炳然

詞場久寥廓大雅得狂生鵾鷄凌風急驊騮驀澗橫巾車憑逸軌釣艇或知名不見黃公叟松風滿院聲

重過水月山寺　李炳然

十月林葉赤晴空愜舊遊山川天氣好橘柚露珠雷野火連斜郭寒溪戀去舟幽人不我棄落日過橋愁

其二　李炳然

解組曾投此誰憐迫歲除鶯花愉老眼霜葉踏精廬榾柮爐圍火菰蒲竈减稭早知清淨理卜築竟何如

粵歸展墓　盧紘

六載兒歸日悽然拜母墳青非初植樹白是舊瞻雲文摵吾宗弱哀祈地下聞將辭東郡去心與楮俱焚

將適東郡值雨過株樹林望先塋不得上　盧紘

每憶烟荒地時從夢裡遊到家旬日雨偏隔一山邱北道催行急長空併涕流愴魂從此去夜夜遶松楸

楚蘄首山盧公一門節孝詩四首　楊枝起 雲間

癸未寇薄蘄州首山盧公率衆登陴誓以死守城陷不屈死前後從公死者其子諸生紱紱子晨初從子紳從孫震初紱妻楊氏震初妻袁氏

其一　楊枝起

昔賢盧子幹身隱道彌尊抗節伸炎漢流徽到遠孫譚經時握麈殉敵不呼晉異代縹緗素應憐風義存

其二　楊枝起

早播黃香譽終成王蠋忠時危貧賤眘義重死生同碧血流霜草鴻聲感玉穹玄成方繼起人憶范陽風

其三　楊枝起

嗟爾四君子翩然華國才不期霜鍔染能使陣雲開忠孝傳家業精靈越夜臺當時仗節者騰告忍徘徊

其四　楊枝起

聶家軹井里趙氏磨笄山感慨徒爲爾從容未盡閑玉笄清粉黛火雀煦金鐶若遺鸞書問應從姑射還

殉難詩　張一鵠 又齋

楚國先賢傳千秋事可師家留子幹學人畏彥方知槃澗
鴻飛日孤城鳳鍛時年年江漢水常與薦芳籬

其二　張一鵠

大將居全地諸生在戰場乘墉無上策縈帶豈周防華髮
歌虞殯丹雛弔國殤九原留勁草雲靄暮蒼蒼

其三　張一鵠

彤管垂遺詠芝蘭此共傾無心猶恤緯有淚已崩城朱火
芳仍烈寒泉骨愈清自緣誠感切執義及衿纓

其四　張一鵠

褒典虛前代推恩自
聖朝天書暉草木泉戶仰雲霄華表遲歸語青春托大招尚
餘榮養恨灑涣滿征軺

初夏山中送李嵩岑赴粵西僉憲兼憶盧澹岩先生　陳之京　覲伯

西湖老病休出處各爲謀遠宦蒼梧去幽棲藜桂留楚山
紛漠漠湘水淡悠悠佳句頻酬和人逢柳柳州

七葉寮　談允謙　長益

朝氣尚未散鬚眉都已侵若雲流水上非雨灑松陰客漸
移鳩杖僧猶阻鳳岑城中有空翠何必萬峰深

汎雨湖　談允謙

汎入雲深處驚鳧出水涯引人湖最曲豈我與偏賒客靜
親鷗鳥舟行讓藕花幾時兵火靖遂志得移家

蘄州官署書壁　呂　晹　全五　彷憲

梧桐纔葉下絺綌已驚凉健翮霄承露紛英晚帶香魚開
菰子白鶯與柳條黃虹見愁無雨花陰聽早螿

蘄州三角山寺　王　顯　純伯　防憲

三峯稱勝地登眺有餘情鳥語堪留偈花香可作盟俗緣

閒裏斷禪法靜中明林密山藏寺鐘聲襍雨聲

三角山龍門寺　僧天章　嶽州人

嗒焉虛隱几兒月恰投牕喝石山羊醒揮塵野馬降巖空
天借半橋卧影如雙此意憑誰指遙峯插翠幢

其二　僧天章

臨榻不能寐山空月一樓草蟲虛沸夜梧雨壯迎秋却坐
凉如瀉相看意自酬寂寥生曠眼扶策好優游

送黃公還　施閏章　愚山

故人看又去羇客坐含愁把酒不成醉何年同復遊才偏

稱野史名巳徧皇州舊國烽烟裏休登黃鶴樓

其二　　施閏章

强起非君志京華且復春嬾充虎觀客閒許鹿門身寃蓋看今日湖山讓此人狂歌自適隱未老豈長貧

悼袁先生公寥　　張仁熙 藕灣

頗識東阿又還疑李賀同幽思華屋裏鬼語玉樓中地志文偏古浮亭賦獨工孤墳不得意搖落耐秋風

其二　　張仁熙

風俗爾先憐繁華亦自牽真才人欲殺駿骨恨難捐老眼

荒天地雄文半鬼仙廣陵無限調凄斷付哀弦

喜盧參政自姑蘇歸里　　張仁熙

憶昔繁華地春風玳瑁觴錦帆留極浦花信到橫塘對月聞歌倦看雲笑吏忙歸來無一事重上讀書堂

蘄州蓮花菴道上　　舒峻極

青草留行路黃花徧野田數家成市井疎樹黯炊煙估客遠來羅溪橋春集船同遊歸興動未到已凄然

同集生公卜過柳塘故居　　張士淑

昔時遊冶處池館遍荊榛白髮悲前事青山憶故人鳥呼如識面樹老不知春為問荒堤柳長條幾暮晨

宿福勝庵　　龔栢 百子

穿林入古徑息倦慰繩床燈老連霄碧茶烟靜夜香細聽松露落近對紙窗凉賓主兩無念悄然星漢光

其二　　龔栢

不待安身久虛空靜裡生各言心所受共識理無爭一榻禪初定千秋月正明鐘音隨谷起桐葉落三更

雨宿王郎石山房　　欽士佃 人田

信宿十年地重來路不迷山川高士傳風雨故人詩酒熟

秋前林交盟鬓上絲蕭蕭窗外竹況味此君知

舟泊蘄州追懷顧黃公　　張瑗基 梅川

問孰張吾楚伊人絕可嘆龍旂刑白馬牛耳誓朱槃聲勁松風肅韻流竹露寒白茅猶似昔叙歷夢魂殘

烈士廟　　黃天福 錫五 州人

江水朝昏逝丹心日月懸雨朝悲合璧一死感重淵凜烈龍磯石蒼凉鳳麓煙偷生苟富貴到此覺徒然

烈女墩 在州治北蓮花池內元總管之二女死難處　　黃天福

雙娥凜大義一奮葬澄淵死骨清如水貞心苦在蓮衷中

誰勁節波底感遙天隱同塵埃外池墩護月圓

山居秋懷　駱思白

東皋涼葉下遠岫亂雲生嫋嫋秋風夜淒淒楚客情空庭流月色虛壁響蟲聲展轉難爲寐晨鐘不肯鳴

其二　駱思白

景氣益明媚尋雲且獨行病懷松際釋高意石邊生山遠樵歸早風微葉下輕徑迷幽絕處獨坐聽溪聲

次答晏東白　陳其勅 五惇州人

如我如君者棲遲又一年悲歌憐夙志風雨伴初禪廣武

狂非酒豐城氣豈銷世途同馬腹且莫問長鞭

小江即景　陳鼎元 瀔溪州人

籬落人家少高低幾處村插楊成古道編竹當柴門飯罷雞鳴午杯長犬吠昏與餘還向火坐對老翁論

其二　陳鼎元

出水魚兒好携來酒下之夕陽殘遠岫夜氣鎖寒枝比戶皆雞黍圍爐盡豆箕田家風味好我已賦棲遲

贈同社吳子天蓋入山講學　石爲璘 璠生州人

吳子傳經處飄然有遠心總因逢世懶遂爾入山深嶺上猿啼月沙頭鶴唳陰忘機皆好友放浪任披襟

和方伯徐公雨湖秋月原韻　僧普紹 雪嵩

不知秋樹裡住有幾人家吹笛响山翠敲砧弄月華閒情歸野趣清賞在烟霞行到水窮際芙蓉處處花

洒輝閣舊址　鄭裔周 郜曾州人

霜白蘄州路凌虛見女墻夕陽留水郭高閣自江鄉處處芙蓉岸山山薜荔房城隅一回首極浦是瀟湘

聞友人讀書大泉寺却寄　鄭裔周

擔登尋故事此會見淵泉老愛佛燈冷閒隨僧飯便幼安

忘皂蓋子敬戀青氈一但投機後從前事猛然

其二　鄭裔周

北郭茆齋晏湖南梵宇清芰荷千頃處風雨廿年情殘臼升雞犬枯槎達海瀛徘徊清磬寂念此意怦怦

避亂鄉居過孟楠二兄山齋　張樞 矩軒州人

當着逼愁客避煩過澗西坐君北牖下風滿藕花溪畦圃啼黃鳥山村走白鷄親朋不可見萬馬苦長嘶

太平山寺鐘銘 古名靖明蘄志失考　顧昌

拔地起崔嵬崇巒萬仞開障褰青靄合崖護紫峯回草色

常烟雨山光到酴醿須知㝷絕處步屧接三台

題張巾祖師洞門　　顧　昌

一片寒山石中藏不壞身放光頭上髻說法手中巾溪中有石巾紋宛然傳是祖師遺跡定自六朝入慈堪浩刧覩至今施惠雨枯旱及黎民禱雨奇應

送別吳寅公　　李永昇

歸路匡廬近經過好繫舟虎溪晴欲雨鹿洞夏如秋每聽山人說常從夢裏遊何時同結伴長嘯五峰頭

夏夜渡金沙湖　　郭　從去山

一葉東湖往夕陽光有餘烏飛昏擇木鷺宿晚窺魚明月投雲暗殘星映水疎遙看燈火亂相信是村居

拜康國公祠　　秦　京永巖州人

下馬入祠內英雄足敬恭驅元獲八剌敵漢走羣兇釆石磯頭虎鐵橋水下龍明廷推武義嘉謚久銘鐘

七懷詩有序　　張　畸另齋

郡中師友一時名宿日月如流零落殆盡撰詩懷人感往贈愴云爾

東皋李夫子炳然字人虎順治辛丑會試副車官吏部司務出宰江西萬安蚕賦歸來杜門著書文宗選體詩學少陵有江麓堂集傳世

大雅存吾道高懷詣古期宿精文選理老敵杜陵詩五柳歸來日千秋著述時暮年陶後進不倦講帷披

盧公澹崖　　張　畸

紘字元度順治己丑科進士歷官蕪松糧儲叅議罷居虎邱講學海內知名士無不景從四照堂文集盛行歸蘄宦槖蕭然古書玩器俱散佚四方惟結容膝軒于鳳山之麓年八十餘猶手不釋卷

風波辭宦海著作老山阿文體分西漢詩情帶永和虎邱曾講學鳳麓久安窩獨掩柴扉靜藏書付薜蘿

汪公仉懷　　張　畸

蘅字甫友順治己丑科進士知福建南平縣以不媚權貴罷歸詩酒自豪與東皋澹崖諸先生各建旗鼓一時壇坫

高捷南宮日風流雅絕倫才餘隨酒展興溢惹花瞋秀句浸寒月騈詞𩓐曉春囊空免羞澁瀟洒露天眞

王約庵先生　　張　畸

協字恭南雋才博學由明經出宰華亭疎狂自放不能爲五斗折腰遂拂衣歸蘄居城之南山以詩文自娛

鶴唳華亭後南山種豆翁揮鋤輕皂蓋廻首嘆飛鴻書卷消閒日行藏類轉蓬西湖曾有約花柳六橋中

李千英先生　　張　畸

士俊字蘊文少博青衿即精古學從遊于澹崖易氏東皋伯兄特加磨礪駸駸有得扁其居曰鶴原石室茂林修竹客至剪韭烹葵雅有幽人之致

巾衫端素履石室老鶴原酒結同心侶詩追嘔血魂呼兒春剪韭問字曉開門世態浮雲外先生古道存

鄭部胄裔周　　張　畸

一字闕吾州名諸生屢蹶場屋遂放懷詩酒于吾輩中稱豪士焉後余結雨湖唫社而闕吾先赴玉樓十餘年悲夫

昔年詩酒社我愛鄭當時擬古霞成綺飛觴月醉卮不嫌羨是菜更喜墨臨池制舉科名事流傳豈在斯

郭層崖從　　張　畸

一字去山州諸生負性倜儻慷慨有大志喜讀秦漢書書畫獨出匠心更精古篆中鋒運腕今流在人間私諡小印如韓山片石不可多得其生平所歷人情物態悲歌感慨無一不發于詩付梓時去山病篤夜三鼓招余永訣執手泣下以不獲目見刻成爲恨云

磊落襟期遠居然八尺身文章高格調器度起嶙峋感遇禽言盡從有禽言十首最工摩鐫古篆神煙雲爭繞帋一嘯出風塵

哭田生縉昔東皋先生所稱田長者之子也　　張　畸

昔稱田長者今日竟無兒天道何由問人情至此悲撫棺腸已結聞哭淚先垂自古滄桑變浮生漫有期

龍磯石　　李生槃

怪石横江鎖長流勢欲窮淵迴疑噴雪舟疾似乘風日月翻無極蛟龍戰未終谷陵幾變易長此識鴻濛

歲丁未大水偕丹九往泛　　李生槃

薄暮來湖上飄搖坐小船岸隨千頃沒波逐一帆懸望遠低晴嶂光寒倒碧天扣舷歌未穩四顧已茫然

陳澴溪先生二水亭題柱　　李生槃

春入尋芳好名園數太邱水知隨岸轉亭不讓河流遙憶青蓮句如臨白鷺洲從容還一坐消息到源頭

東山寺　　黃載華鹿亭州人

蕭然東郭外寂歷古禪關綠隱一湖水青圍四面山鐘聲空際出客氣靜中刪消受蓮花淨方知身世間

雲麼菴在安陽山　　黃載華

淨土藏雲窟雲深山與深朝宗門外水揷漢檻前岑松竹淸遊與烟雲澹衲心我來思祖澤一笠盡雙林雲囊雲麼雨菴先祖避兵處

昭化寺前荊藩建棟佛皆石　　黃載嶠晉軍州人

野殿寒光動蒼凉一徑通石闌兵燹後輦路夕陽中江水

荒荒白山花故故紅誰將當日事回首問春風

烈女墩　黃載嶠

元時張總管兩女在閨門盜寇頻衝突裙釵驚竄奔蓮池同就死玉骨不單存春水高三丈依然見古墩

宿古泉菴夜雨　熊楚荊 玉山州人

深澗飛流疾荒菴夜雨長鼓聲寒帶濕燈焰冷無光咄咄頻書暗傲傲強作狂欲眠仍不寐夢亦怯淒涼

秋日鉢蓮菴即事　涂萬綬 州人

一徑空林古迷天薜荔盤寒山森露骨落葉響彈冠碧鑑清湖水秋風冷釣竿蕭疎無限意應不數嚴灘

過禾與寺　熊楚淳 師道州人

一徑通山寺泉聲到處聞蒼松能引客老衲喜論文洞僻雷殘雪巖高落片雲尋幽方未已啼鳥莫紛紛

莖草亭分賦　釋重珂 鳴菴

詩人能味道作意窮清幽日月棲莖草乾坤到兩眸平簷湖水淨接岸嶺雲流對此塵氛息相將物外遊

過修靜菴　熊淇 竹園州人

密竹編幽刹深松鎖梵宫纖塵收拾盡一逕曲迂通茶熟花香外經談鳥語中莖草亭人坐久紅雨落濛濛

留別天隱禪師　范正 儒儒州人

路險穿雲上徐行挽薜蘿層巒烟景出飛閣翠霞多有意歸蓮社無緣斷酒魔何時清磬裏相對發高歌

江景　張作楫

孤舟憑斷岸落日抱迴流遠樹連山郭逢嵐擁驛樓氣蒸天雨白浪激水風颼今古傷心事烟波天際浮

過白茅堂顧漁溪出黃公先生遺像展視之餘感賦四律　張禮源 梅川

大雅彫零後園留仲蔚蒿百城書擁榻三峽水迎亳海宇驚詩伯蓬門哭楚騷榛苓思彼美憑弔氣猶豪

白茅堂自古三字額猶鮮畫筆鬚眉見鴻文日月懸未登床下拜安得枕中傳末學瞻山斗空懷願執鞭

安車徵北闕策蹇巳南征道在羲皇上名看芥屣輕幅巾方袖日栖谷枕山肯江水東流去遺音空自清

所契知名士郭菴與藕灣墩盤誰主席蜀道獨開山先生與吾邑劉廓菴家藕灣爲詩文友而先生爲主盟　方幅盈珠玉風流絕陟攀後人留手澤猶見虎賁顏

七言律 五十首

赤東湖夜漁　顧景星 赤方州人

子規亂啼山木疏西嶂已没殘詹諸嘵聲暗問識同伴星影不知誰得魚全生肯狎鮫鼉窟遠害且非豺虎居自笑爲農閒袖手漁租歲歲當菑畬

尋飛昇石　顧景星

乾明磯上飛仙石苔蘚蒼黄棘刺中華表幾時堪下鶴荒洲依舊只鳴鴻憑高晴見遠山雨得路香聞幽谷風雲窟江聲重載酒念年回首欲成翁

旌表劉貞節先姑　顧景星

名香繡佛日周旋膝下承歡二十年帚母周官曾立詁班姑漢志亦成編誰家匹婦嘗天語我祖流傳有地仙鶴駕瑶池歸去否孤墳四載痛荒阡

寄答高台州培　顧景星

君侯昔自臨江至曾代愚山寄俸錢酒徒豐滿竟累月窮宦囊空幾半年秪愁海縣無供億偏念山居闕豆籩晚節漸於詩律放閒緘應笑落梅邊

庚申秋楚有譁兵徐方伯攝巡撫相幾救戢亂庶遄

己步韻寄朱大 四首選一　顧景星

公卿坐問滿長安近日堪誰大築壇樂毅有才仍未薦曹蜍無用不遭彈餓鷹啄骨恒思掣野火憂時每罷餐肎信南州徐孺子得官將相救凋殘

東澹崖　顧景星

新年頃念鶯花好破臘纔聞豔雪香已辦大瓶春作社須開老口笑當場望衡接守兵戈外鍊藥吹笙水石傍我有書淫兼酒癖從公次第乞仙方

重過李中丞故居 二首選一　李炳然

五丈旗開雨水濱藕華香罷没蹄輪泣珠時籍沈淵客許劍誰當繫樹人杜若草香三間宅孤山梅放五湖春分携北榷關梁上白馬黃泉恨不申

徐幼女年甫十二刲臂醫母事有足異因贈　李炳然

玭夢克閶未足奇別憐門戸得男兒死磚擲地家無力骨肉還親女獨知母命瀘焉懸永日月刑應上感常儀大家不獨專閨史血濺婆娑江上碑

秋獨步水月山寺喜友郭素如適至郭近遁跡沙門

李炳然

樹聲滿壑影蕭蕭一院凉陰閉寂寥藉草坐深塵事少往
跡話舊客情饒白雲舒卷藏烟岫黃葉飛沉散海潮何能
茹董猿鶴怨南華悔讀問逍遙

憶被難亡弟茂才樸侯　李炳然

西堂夢助句須成有賦窮愁獨慰兄興到苦吟驚漏徹家
迻絕粒折葵烹沙原浴白同飛啄鋒刃燐青別死生羣從
子遺今長立玉樓梁上可鐫名

過湧蓮庵有傷亡友陳仲啓　李炳然

東林約誓揭朝暾夜雨連床經對翻陶謝詞場今頓盡鐘
王妙蹟與誰論山陽舊館惟殘草天上新文早及門泉壤
不聞滄海事車過腹痛已聲吞

蘄陽十景并序　盧紘

蘄陽八景今有不可考如太清夜月相傳以爲城東有池中沉古鏡夜常吐光久淹沒無存矣今另敘定以兩湖浮玉二景補之茲實不朽勝槪質之同人當共以爲然耳

麟阜江山　盧紘

浩淼江光一望收分明圖向坐中留屏開翠障迴青靄波
湧晴沙引白洲賈舶千檣鷗影現村炊幾處縷烟浮蹟傳
白甫無題句應怪才人也漫遊

鳳麓晨鐘　盧紘

江下蘄陽遶鳳隈蘆分四葉古林開耳根久信塵俱寂水
面猶疑響似雷大覺原從空際徹羣迷早向夢中回蘧蘧
晨起徬徨立方識鐘聲送悟來

太清夜月　盧紘

城東曾訪太清池長老依稀述舊遺設道塵沙湮寶鏡已
無波洛漾淪漪天邊有月孤懸照石上留苔畧見詩方信
山川多幻變空傳好景繫人思

龍磯夕照　盧紘

硆砑磊石踞江門浪鼓蛟宫晝夜吞高閣窗中揺素練遠
帆天際帶餘昏晴沙芳杜香浮岸漁浦微燈影隔村勝地
隨時堪寄眺尤宜落照看濤翻

城北荷池　盧紘

長夏閒登城北樓輕風時送遠香悠新蕖幾曲沿芳岸高
柳千門繫小舟採罷歌傳歸正晚坐深譚競去仍留頻來
靜對消清晝豈羨羲皇世上遊

金沙夜泛　盧紘

一泒湖光疊碎金水烟相淡夜俱深小航獨泛中流靜圓鏡虛涵片影沉鷗過不驚隨浪穩鴈來早度怯霜侵楓林兩岸留燈火村落朝炊且待尋

鴻洲烟雨　　盧紘

西風翻浪漲平沙四覆陰雲濕荻花隱隱渡頭依小艇濛濛村外有人家疑聞驚起呼相亂遥帶銜飛影若斜萬狀江光收未盡不妨暫作一籠遮

龜鶴梅花　　盧紘

雪漫龜鶴似孤山萬片冬來石上斑風送暗香隨隴出月

涵清影待人還驢頭索句寒生韻夢裏通魂玉破顏夙昔王孫耽勝事探尋正自許乘閒

浮玉晴沙　　盧紘

流引晴江一練澄瑩沙波湧石崚嶒孤亭柱藐搖空出傑閣窗虛入漢憑春到連汀吹杜若夜深依岸起魚燈擬將七曲陪三島呼吸瑤京且任昇

雨湖漁舫　　盧紘

幾曲烟波入畫中兼收風月夜瀜瀜千株高柳圍村綠十里新蕖覆水紅網罟晚天歸棹集菱蒲深處有歌通由來

簑笠相傳業沽酒烹魚樂事同

禹王閣　　盧紘

倚城高檻俯江流萬里安瀾遶石頭榜唱橈謳深歲月渚青沙白自千秋海門澎湃輸遥島大別朝宗就列侯此地尚留崇伯祀元圭知己報荊州

羅乙眞人飛仙閣古蹟　　盧紘

蹟遺雙履印苔蒼仰眺雲中鶴路長丹灶欲尋空見石芝田何處但存崗島遊夜逐潮音泛綵仗高隨禹步翔（與大士禹王二閣相近）霞外仙蹤應不寂江天霽處正相望

烟光樓懷吳明卿先生舊遊處　　盧紘

寥落梁家江上樓飄颻騷客舊登遊烟波晚眺曾留句沙渚秋平幾泛舟漫對翠屏千嶂合徒存片玉一亭浮同來覽勝今何去常使經過更慕流

送李嵩岑擢部入都　　陳之京（覲北州人）

花旻鶯嬌萬錦攢垂楊千尺拂征鞍名香不事芬喉舌粉署初棲試羽翰壯麗蕭曹崇漢殿夔龍禮樂峡冬官還淳爲拇工倕指驟首升恒正石磐

答新泰盧澹岩社翁　　陳之京

避地移家遠索居長竿湖畔釣雙魚故人分俸還沽酒對老援毫正著書膏雨岱宗雲合後文瀾滄海日生初琴堂清暇如相憶爲報秋風短鬢疎

雨走徃鳳山寺　陳之京

細雨春寒濕暖烟棠梨開遍杏花天遙遙故址南崗外落落新楊北牖前伴侶招提閒有約窮愁滔莽浩無邊伏生已老逢鼂錯蝌蚪殘書久不傳

土寇叠警農桑失業感念亂離賦此永嘆　張士淑

烽火連宵暗野屯蕭凉彌望遍荆榛蟲鳴促織家停杼鳥喚催耕野絕畇東海豈眞稱義士中山强半是狂人武陵若許漁舟泛深卧桃花笑木濱

浮玉磯　劉醇驥千里 梅川

怡亭舊落木中央奔突東磯更混茫直劈江心帆路隱遠垂虹背釣臺荒天圖鶴浪千峯隔風住神燈六月凉楚客白蘋蕭瑟裏何須聽雪上瞿塘

其二　劉醇驥

黯淡雲根太古秋蛟宫鼉窟擁冥搜磴無懸草蒼猶立人忽成雲薄欲流烟遠過城通曉磬日孤眠鷺隱滄洲携來鐵笛吹寒色風雨梅花暮未愁

其三　劉醇驥

來往十年思不違偶分山屐俯清暉仙人幾卧苔衣上柔櫓嘗穿雪峽飛木葉渡江逢石斷雲光墮鳥照沙稀夜深浦白鐘聲濶香海茫茫何所歸

雨湖秋　僧眞常道恒

秋在晴湖不在城羣峯互動見秋横寺從落葉林邊出水去枯江石上鳴傴僂影寒行旅亂凄凉心向暮中生雲烟

身是孤僧事且自今年不遠程

龍磯寺　談允謙

鐘鼓波深島嶼晴呼人隔水挐舟迎蛟龍定有窟在此風雨未來潮自鳴磯險乘流船疾渡江斜衝郭石孤撑疑僧終世不曾寐每聽夜静驚濤聲

談長益揚訂遊雨湖次答　張仁熙

州城南郭望霏微郭外澄湖帶夕暉棹入千峯花徑好溪深五月釣魚肥佳人白羽停宫扇遊子春衫漫薜衣近得盧敖清興滿題詩多傍彩雲飛

其二　　張仁熙

十載爲漁異昔年逢人猶説舊山川何時燈火王孫展封處笙歌御史船隔岸總堪洲似月小舟那送酒如泉山翁最有高陽興倒醉風流會渺然

春雨懷卧雲煉師　　舒峻極

入春十日多風雨山路時深一尺泥江郭每思飛鳥外故人遥隔暮雲西草堂擁衲應臨帖野寺尋僧或杖藜洞口桃花晴欲放肯來覓句竹間題

舟中値顧赤方是夜復别去紀贈　　龔鼎孳

吳船楚語隔中流招手相看續舊遊多難感君期我死著書空老益人愁香薰袖草三更月酒滴離雲百里舟落日金閶遲客展座中詞賦倚應劉

次韻酬徐芳瑶　　張惟金 貢方 梅川

忘年交淺意還賒樂事相關豈有涯掃徑欲懸徐孺榻含毫煩寫趙昌花 芳瑶善畫 高懷落落常投刺一水盈盈屢泛槎最是江天春色好與君携手倚晴霞

送陳湛我歸瀤川　　熊心璋 公朗 州人

夕陽山外野烟横疋馬蕭條趁晚晴未必通宵行百里何妨越宿話三更搖鞭却聽鐘初動據㦸應知月倍明好去瀤川村酒熟東西湖畔有餘清

遊羅州城次陳子嚴韻　　陳鼎元

剩水殘山偶一遊荒城指點是羅州東周國號傳青史南宋衣冠成古邱過客幾人悲麥黍居民不自解春秋芙蕖滿目多蕭瑟淸沼猶通廢圃流

奉先大夫柩還里留别諸父老　　李丞昇

荒城回首已黄昏巷哭凄凄似斷猿去後官聲凴父老歸來家計累兒孫百年何日能消恨一飯當時合報恩土木

餘生眞意外便應白首舊漁村

偕友人遊大泉山　　張　枏 亭雲 州人

亭開懸磴白雲低木架如巢竟可栖兩壁青峯春霧隱千章綠樹淡烟迷山僧供筍情無限林鳥穿花語不齊醉後放歌天欲暮馬蹄輕踏夕陽西

石鼓寺酬張子駿　　鄭裔周

四月空江古殿寒相依野伴偶爲歡林風掠筍香還澀梅雨吹窗人欲酸未必雁聲傳信好方知鳩羽學飛難歎輿皂蓋嘗終日誰挽扶鋤管幼安

雨湖春漲　李生槃

盈盈春水欲沉天村落人家鏡裏懸青草岸平三月雨綠楊隄鎖一湖煙覓橋忽沒灘頭路問渡新尋谷口船獨怪閒情屬鷗鷺終朝游泳不知還

通志館作　李生槃

江漢分襟歲月深星霜幾度鬢毛侵數行墨訂千秋蹟萬卷書成一寸心太史自堪商筆削楚材尚復憶升沉由來觀左風流在蘄附青雲意不禁

送范仲兼還維揚　黃載嶠

蘆白江空正穩流開帆送爾下揚州霜飛古渡寒生枕夢散殘更月滿舟過眼雲山添絕調關情兒女破新愁朋中試問隋隄柳風雨蕭條幾度秋

九日登鳳凰山　張選桂　丹一

十里江光十里山水鷗飄泊自飛還久嘗世味知喧苦暫涉林風許寂閒遠壑似隨人俱靜古松覺與石同頑眼空方會登臨勝不在茱萸强解顏

遊紫雲山訪天隱禪師　范正　緇儒

幾年夢繞紫雲顛得傍支公意洒然突起雙峰抽玉筍飛來疊嶂擁金蓮心空色界疑無地目極虛明別有天此日塵襟都滌盡不須參學老僧禪

半畝園納涼　蔣尚德　州牧

當暑偏勞長吏行羨君執麈笑相迎藕花香盡池塘碧篁竹生風几簟清獨處不聞家計聒耽吟應用錦囊盛倉皇愧我多煩熱只有冰心對月明

歸蘄後寄郃陽諸同學　陳常　藝極　州人

乞養歸來已十年故人望斷楚南天雁飛遠浦魂銷矣月滿平湖思渺然漫許經明能訓士亦藏吾拙得歸田一燈

閒課兒孫讀荒殖何堪復漢川

五言排律　九首

燕臺東劉克猷　顧咸泰

巍名隆海內彩羽煥天中雷殿初傳遠龍標首建雄文星高射斗正氣獨凌嵩內相聲聞重弘儒德業崇郏城蓉鏡曉康里紙箋紅久列紗籠秘先題玉宇隆乃知瀛苑異方識木天窿漏永修篁禁懷清廡島風青藜燃太乙皓鶴點仙官文發蒼鏤異書成黃聿同牙籤咸甲乙濤画各西東上下數千紀縱橫今古衷一時宏駿望百代蔚宗工胄其

名山榻多君表素功

壬寅夏奉寄盧澹岩大㕘　顧景星

渤海當天府東南直斗樞詔詢筦榷使官用節旄除弊筴源經術慈祥出轉輸牢盆無絓罔飛輓屬通渠民力錐刀挩官簇簿牒初戚增須令甲量減亦恩書凤駕曾留犢凮簾舊掛魚公為令尹太守皆有廉聲詩家冣蕭散賦筆且馳驅吟歎驍章句歌呼與吏胥曹參真相國匡鼎自名儒海氣登樓卜苴田入望紓五湖饒荇茆六月滿芙蕖晝舫多年夢横塘

舊日漁故鄉前草莽此地已林廬矯首江楓隔關心隴木殊片雲飛待急雙鯉寄容徐景物吳儂異栽培國勢需看君奏冣日簫鼓渭橋趨

送李嵩岑巡鬱林　顧景星

萬里蒼梧路繩橋百粵懸水通七澤勝山與九疑聯擴境新編戶論兵近備邊檄書紛桂壁旌旆繞灕川風俗圖經異城池壤勢偏赤巖晴自瘴蠻樹綠多烟野果全如茵蚺蛇美似鬈獻歌蘆管鬧叱馭跣郎先孔雀呼都護靈麐識使軺長齋鈴閣靜散帙錦題鮮君長齋奉道家多藏書薏苡休來謗桄榔可駐年火山明劍氣氷井著廉泉炎景憐分袂危途

愼著艱難吾道固心力爾才賢白巨高歌送青春取醉眠風雲看勁翮險阻信雄褰多難仁人泰盤根利器全筴勳寧用武訪道況知玄元結禪猶勤丁郎祀不遷丁郎山在梧州岑溪縣孝子丁密故有祀祀傳丁蘭君行忠孝地駐節儻流連

贈王大紳　顧景星

諱臣縉一字縉雲蘄州人崇禎進士令錢塘忤大吏罷官甲申欲起義擊賊未果順治初走海外魯王授分巡副使兵敗赦還爲僧居江南常熟縣

死別驚重合寒灰冄再溫淒涼窮海淚痛哭舊朝恩徐庶初驚放陳宫竟不寃物情龐悼惜天意獨周存喜出黃泉

隧來過黑浪翻遙知嘉慶畢苦話別離屯隱忍誰能識傷心祗自捫他時相見後重疊拭啼痕

夏日傷前宗正朱仲艮先生湖上舊居二十四韻　李炳然

廣讌開樊邸扁舟涉雨湖避喧營小築蕩盬滌洪鑪中壘經傳久南陔冠蓋殊應徐才總萃山桂色長欣生長朱門盛傾懷白屋孤河間存禮樂東海表神區銀榜懸珠蘂蘭言吐碧梧陳思三父子王李七倡于先生與弇州滄溟七子唱酬寄贈有詩篇最樂貪爲善懷愁渺獨斂蒼天憐水旱赤子弄萑蒲鵜鴂

冲霄去鸞鶩碎地呼渡河舟掬指奪絹血淋朘龍鼎猶存
没王孫飯有無甘泉驚火徹爰止畢烏道柏葉饑猶餅先生
逃賊難饑餮柏葉而卒余皇棄在蘆草堂留響像松菊日蓁蕪涅摧
蛇騰窟臺傾鸞語雛斷橋通厲揭浸板畫蜿蝓珠賣茅誰
補坏融枳倩扶琴亡人載筆舟繫壑藏隅麥秀蘄移合雍
門涕逝徂雉壇餘竹柏沙嘴滿鵜鶘感舊聽隣笛傷心擊
唾壺縹緗無隻字流恨向山隅

過舊園荒處感賦二十韻 癸未　盧紘

故宅臨濠上園開畝一區南山當戶立修竹遶籬扶簇簇

花沿徑田田葉滿湖殘霜留小菊滴雨聽疎梧地僻塵難
到人幽興不孤著書三世業訓禮一庭趨開許朋來過談
餘酒漫呼正逢高世隱可盡百年娛劍運方罹刼危宗並
受屠亭軒空烈燼垣墉翳深蕪尋徑迷前址臨風起舊吁
有荻仍窟鼠無樹可棲烏境入荒凉盡情愴俯仰殊悽然
傷父子死若失生徒愾息聲疑在追隨願已辜祇憐埋兎
礫何自禁樵蘇寥落全非主伶仃獨悵癯回思如幻夢遷
化亦須臾顧彼如雲第疇無易盡途嗟余猶見晚漫引淚
如珠

過圓峯山避兵宼處追憶有感 癸未　盧紘

圓峯幽淨地二梵舊禪林磵接重巒峻巖藏古木深郊原
初寇跡烽火尚驚心方厭塵勞劇希從世外尋如何逢擾
攘猶苦避淩侵病婦趨徒步癡兒挈敝衾壑棲虎不畏風
動骨疑森晝永愁難夜嬰啼禁勿喑舉家同罪繫累月坐
沉陰伺晚潛歸爨乘昏促向岑艱虞幾歷萬喘息始存今
事後重來過欷歔涕濕襟

喜黄公還里　徐惺 子星

已作經年别誰期今再遊到門湖水白放眼野雲秋孤鶴

遥相唤冥鴻肯不留荷香生遠岸花影上汀洲醉訪陶彭
澤書尋李鄴侯寒烟仍泛艇明月又登樓方遂懷山樂安
能對影愁家園叢桂老風雨話無休

次答黄公先生　朱載震 悔人

白衣還漢水最愛竹林遊放艇當深夏看山恰早秋顛仍
張長史傲寄阮陳留江樹繁高嶺蒼葭徧遠洲肯將司馬
賦不換醉鄉侯泉石宜千卷烟霞護一樓狂吟忘籍在長
歗破離愁商洛真難老還須訪伯休

五言絶句 十七首

麟苑江山　顧景星

白晝江山靜空城似馬屯蕭蕭梁苑竹今日幾竿存

鳳寺晨鐘　顧景星

鼓角住清曉柧棱出烟樹山僧八百聲隨風過江去

龍磯夕照　顧景星

大江石甚奇嶮水涸乃接北岸宋大觀四年立廟祀順濟龍王故名北岸烈士廟宋王彥明死節處

義士死長江人來弔夕陽磯聲流不盡遺恨與江長

雨湖漁艇　顧景星

且喜城郭近又無車馬喧打魚呼酒伴風雨過前村

金沙月泛 一名赤東湖　顧景星

明月亦何皎偏多雲水鄉當時兵火地到此即清涼

石簰積雪　顧景星

治東十里大江中水涸乃見亂流一里水淺爲患郡人擬立鐵柱未果

積雪覆蒼磧橫江走白龍幾時沉鐵鎖水底作奇峰

温泉春浴　顧景星

脫帽林下露振衣山澗風不知春氣好常在此山中

城南柳嶼 在西湖亦名鏡口　顧景星

湖光本自寬畧彴已多設試問築堤人胸中何太窄

浮玉新磯　顧景星

大江中爲舟檝患萬歷十七年州守徐希明甃石增高使知所避建亭日浮玉

埤堄連雲出濤聲繞樹長無情江上石獨立閱興亡

避地雜感 錄三首　李炳然

主人嫌久客酌酒送行頻賴走風波裏山川未厭人

森然槐柳列飛樓齊雲端直下望雷雨城中增暮寒

流水且接軫飛雀晚張羅道周逢鹵薄父子遯山河

蘄簟　金德嘉

高枕得桃笙炎天遊化城中宵醒蝶夢皎皎見參橫

四時詠 雨湖吟社作

春　秦京

草色碧于天新林咽杜鵑紫騮花裡去情滿五陵烟

夏　李生槃

日向槐陰下從朝坐至昏百番啼鳥喚不敢啓柴門

秋 集陶　黃載華

天高風景徹百卉俱已腓秋菊有佳色一觴聊可揮

冬　郭從

一夜北風削空山大雪鳴誰將老鐵骨卧與短衾撑

七言絶句 三十一首

白雲山訪龔百子 二首 顧景星

綠烟高處白雲遮二月山僧入采茶野火樵斤都不到層層開出杜鵑花

景定兵戈記不眞白雲山下起黄塵叢條長養君休伐留與他年避世人

哀蕭霽 顧景星

一抔無自寄空城春草何曾面上生白骨已隨寒雨盡遺詩猶作斷腸聲

其二 顧景星

同遭喪亂君爲鹵存殁殊途淚轉滋幾度傷心無可道一年今有哭君詩

蘄竹 顧景星

蘄竹能吹綵鳳鳴籥筠織簟勝桃笙秖因兵火摧殘盡尋遍空山無一莖

其二 顧景星

斬伐頻傷嶰谷春教坊擫捻一時新只今蘆荻蕭蕭地哭殺當年採竹人

山居採笋 李炳然

山居香飫帶河餐萬玉蕭條春雨寒採得生芻剛一束還防饕餮損琊玕

其二 李炳然

地宜種竹不加功笋價長年與土同別屋炊嘗僧共食雍清滋味此君風

浮玉亭 劉養微

孤亭穩着石如拳兩岸波光秋可憐回首庾公樓上月茫茫占斷玉壺天

蘄僧餽笋 徐惺 子星 江寧

錦棚初脱玉嬰兒雉尾龍孫總未遲留取他年鸞鳳食休教江上笛空吹

迎山 俗名銀山 金德嘉

牛肝馬口水潺湲稼圃人家竹樹灣最喜時清無鑛使大書此地是銀山

蘄州城外青樓故址 金德嘉

前朝官妓此爲家十里湘簾一水涯江月有情來照夜官人斜畔墅棠花

初夏湧峰樓觀漲　陳道兼庶型州人
雨足陂塘水亂流無分陸海與滄洲桑田豈是蛟龍窟任
爾狂瀾到處浮

渦口觀漲　陳道兼
踢來野水輒平河此日緣溪失釣坡欲駕扁舟尋舊侶重
重對酒聽漁歌

浮玉亭予外王父吳公亮嗣題時官兵科給事中　李生棨
何年鞭石過東海萬里飛來江際浮不道題亭吳給事錯
疑玉影滙中流

文明橋　姚紹祁心傳州人
風靜橋平浪不驚一湖清水漾文明夕陽斜掛橋頭柳兩
岸漁竿盡入城

鉢蓮庵　姚紹祁
望去南湖一鉢圓芰荷花放碧蓮大香風過去聞鐘响恰
值僧堂午課前

訪卧雲道人不遇　張樞
閒行勁是水雲家水競雲遲意自斜前日共君松樹底道
書一卷把秋霞

送泳堂上人之廣陵　黃載嶠
破擊雁影入雲高老逐風波長二毛愁結雨鄉千里夢鴻
洲烟雨廣陵濤

麟山晚眺　張錫爵
江南水曲萬山横一片斜陽照眼明最好尋春楊柳岸雙
樹斗酒聽流鶯

元妙觀夜坐　丹九道人
學道年來强自持蒲團兀坐夜深時爐香欲燼問童子月
上花梢第幾枝

遊長流寺　王思孟近聖州人
野雲深護法王關溪水長流雪一灣笑問老僧尋勝蹟幾
株枯樹老荒山

蓮花池吊二烈女　高鴻賓南州人
女郎廿與水爲家野碧沉沉玉未瑕湖裏一墩今宛在香
魂只合傍蓮花

讀書鎮國寺　張學塏奠高州人
光分佛火手殘篇戶自蕭看達曉天茶灶未炊僧起早一
聲清磬破林煙

靈岩寺聽雨　梅如玉 公樹

寺前雲氣起山隈驟雨聲聲風送來一卷燈殘存短燭五更夢醒借輕雷

示嗣媳董氏　范倩仙 貞女

蘭閨獨坐轉淒凉一縷紅絲恨未忘今日氷心仍是昔到頭終入女兒行

補 五首

題人壁東友夏　袁素亮

騎馬擁歡眠遂有專儂意粗知好浮名向儂求姓字姓字

却不言但與譚郎好遣人問譚郎悟儂非草草

贈錢愛之　袁素亮

招我皮冠意已踈須君牀坐廣何如自存天素非忘物聊爲中原苦讀書世界蓮花供屐展工夫楮葉著樵漁智雖不用何能腐留得浮雲竟有餘

西塞山讀書四首 選一　王可象

山事閒中取任睮從來相妬在繁華有時聽溜皆成韻到處聞香不見花漁父忘機雙鷺下道人開戶一峰斜頹垣綢繆誰能寫裝點還須屬米家

采蘭　郭從 去山

日日云采蘭日日未得采今朝天氣清行矣不可待入谷得聞香尋香識所在謾謂非鹽梅不足調鼎鼐賦性本幽芳此其所以乃

示兒高暉　郭從

兒高挾册山中來阿翁見之懷頓開總然老朽疾復作形容骯髒心悠哉人生窮達固有命大道不明方是病能將道妙貫胸中萬事紛投胥自鏡翁今拓落亦耶當只緣不教硯田荒懊悔千年志不篤遂令一恨彌穹蒼猶喜此間

眞樂國麥隴無際黃雲邑稲陂正滿秧針齊沃野千頃雙眼碧到來秋穫爭登場長碓高舂玉粒光家家豐醞若山球不欠官錢不稱貸童叟熙熙樂也無淳風直奪羲皇代吁嗟乎人生歲月苦無多況復奔馳隙裏過但得有兒耕且讀阿翁何事長悲歌

蘄州志卷之十九

知蘄州事虞山錢　鋆纂輯

雜志

祥異

君子道其常祥異不常有也故入雜志

國朝仁聖相承屢召休嘉祥固不勝紀災告偶乘蠲賑即隨其後雖失常而不爲變其㫖見于蘄者例得直書

唐文宗八年秋蘄州湖溢

宋乾德三年七月蘄州大雨水壞民廬舍霖雨彌兩月

至道二年甘露降於州之麟鳳二山

仁宗天聖三年二月丁卯蘄州榷貨務火

徽宗政和五年八月甲子蘄產芝草徧境計貢芝草一萬一千六百枝內一枝色紫九幹時稱瑞焉

高宗紹興元年蘄州旱

孝宗乾道三年六月蘄州水壞苗稼漂人畜

孝宗淳熙二年五年淮南旱七年諸道蘄黃等處自四月不雨至九月八年正月甲戌積旱始雨

光宗紹熙二年蘄饑民多殍於路

光宗紹興元年蘄州旱

寧宗十四年正月乙未地夜震大雷金人乘震破蘄黃

理宗寶慶二年三月己卯蘄州火

理宗端平三年辛酉蘄州大雨水漂民居

順帝元統二年三月蘄州黃州旱

元世祖至元二年蘄黃旱

成宗大德五年庚戌蘄州之蘄春廣濟蘄水旱

延祐七年六月蘄黃二郡旱

英宗正治元年蘄州蘄水縣饑

文宗至順元年蘄黃等路饑

順帝至元三年蘄州饑

順帝至正九年夏秋蘄州大水傷稼

至正十三年三月月食太白是時徐真一倪蠻子陳友諒等始倡亂漢沔蘄黃間

至正十三年蘄黃大疫

明太祖吳二年（元順帝至正二十六年　宋韓氏龍鳳十二年）秋七月癸亥太白歲星合於翼

孝宗八年乙卯十一月蘄州大雪冰結數寸樹木凍死
鳥飛墮地
武宗正德三年戊辰蘄州大旱六七月湖水盡涸可馳
驅
世宗嘉靖六年丁亥蘄州大水漂流人畜
十八年己亥蘄州大水低田盡没而巷入船是秋小民
捕魚聊生
神宗萬歷二十八年庚子七月蘄州大風壞屋舍二月
止

三十二年甲辰春蘄州大泉山東南裂百餘丈濶二丈
至己巳年漸合
三十四年荆府宫室一火焚盡
三十六年戊申五月天下大水南直湖廣尤甚蘄州城
堞可以登舟城内巷道水深數尺至丈餘者
四十二年荆王宫室二次火焚
四十七年冬蘄州大雪深五六尺
熹宗天啓元年辛酉正月蘄州大雪大冰屋瓦地上冰
厚尺許二月不止

六年蘄州旱
七年蘄州田鼠害稼
崇禎二年己巳三月天下地震蘄黄尤甚一日五震有
聲如雷自東北來屋瓦揺墮夏又震十月又震
九年春流賊犯蘄州四鄉殺戮無筭秋饑冬賊又犯境
自是每歲多寇民無寧宇
九年丙子夏蘄州晝瞑大風拔大樹數百株根皆向天
小者無筭
九年冬十年春蘄州嘗風霾沙飛揚如北地

十年丁丑七月一日夜蘄州大風雨自西北來瓦雀飛
投南城壕死
十年蘄州竹遍生花
十年蘄黄遠近多螟群烏食之
十二年三月蘄州夜有五色虹下屬地數刻許天色變
晴如蒙霧累日不解
十三年三月州署中所藏火砲未置藥一日自發棟瓦
轟塌
十三年庚辰五月蘄州武昌漢陽九江遠近皆雨土于

時黃霧四塞不雨不風百步內外不見物氣溫臭焦撲人口鼻着物皆黃塵旬日始霽

十三年七月蘄州江岸逆水港忽地裂崩房屋俱陷

十三年六月蘄州二虎入郭破民居室噬數人入踞北門外麒麟菴佛堂上爲官兵所殺

十四年辛巳天下大旱疫蘄黃等處蝗虫蔽天斗米銀四錢民死過半

十四年十五年夏秋蘄州多蠅飛集孔道團結行轉是年大疫殍屍載道

十六年正月二十五日夜蘄蒙霧黑氣四塞漏一鼓大雪明日張獻忠陷蘄州屠殺焚燒無遺

十六年癸未五月蘄黃九江武昌漢陽每日將西即見青氣二撑日脚廣各二丈長至地七月始散

十六年夏秋間蘄州嘗有黃氣非雲非霧高數丈遠望則有卽之則無

十六年十七年蘄州城內外多虎穴白晝出攫人時蘄陷後荆棘蒲衢巷官民惟取一二道行

崇禎初蘄州雞多黃昏鳴或初更鳴

崇禎末蘄黃雞翼生距訛傳食之殺人

崇禎中末蘄州桃李梅杏之屬嘗秋冬華衆不爲怪

以上俱舊志

國朝順治九年蘄州早人掘藕充食冬種蕎麥有收

康熙二年正月二十九日午後天黑如夜巴河以下武穴以上皆然至晚復明

康熙二年七月永福鄉有虎一日傷四十餘人至滑口與牛鬬爲鄉民所殺

康熙二年秋大水

雍正年間崇居鄉楊家寨上忽裂一口深入無際觀者引繩數十丈繫石投之終莫能測但覺清泉隱隱後數年復合至今裂痕尚存

雍正三年蘄州大熟

雍正四年江水泛濫較常高丈餘五年水亦如之隨邀詳請每糧一石
恩免三錢有零

乾隆丁卯又三月大風東關城樓毀石器俱移置他所屋瓦紛飛如燕各鄉古木拔折無算

乾隆十九年蘄州大熟

乾隆乙亥年三月二十八日大風雨壞民居三百餘所壓死十餘人當申報　各憲查明被災人口給賑有差

兵事

天生五材民並用之兵所以難去也蘄自漢迄元雖代有蹂躪而受禍之烈獻寇爲最嗚呼不覩前代搶攘之秋而飲和食德者安知
帝力之高厚哉

東漢建安二年袁術僭號曹操征之術走渡淮留其將張勳橋蕤於蘄陽以拒之操擊斬蕤勳退走

建安十三年曹操破荆州下江陵先主窘甚乃使諸葛孔明求援於吳權遣周瑜黃蓋迎戰大破曹兵於赤壁旋師賞軍於蘄之江中名其地曰散花營

吳黃武初吳晉宗爲蘄口將以衆叛如魏還爲蘄春太守圖襲安樂取其保質孫權以爲恥六月盛夏出其不意遣賀齊督麋芳鮮于丹等襲蘄春遂生擄宗

唐興元元年李希烈反淮南泝江狗地節度使曹王皋討之遣將伊慎爲先鋒攻蔡山拔之越一日會賊救至大敗遂下蘄州平黃兵益振天子在梁州包佶轉東南財糧次蘄口賊遣驍將杜少誠遏江道不得通慎選士七千乘便擊少誠斬別將許少華漕無留難拜慎爲安黃節度使

乾符三年王仙芝攻蘄刺史裴渥王鐸知舉時所擢進士也王鐐在賊中爲仙芝以書說渥渥與仙芝約歛兵不戰許爲之奏官仙芝如約渥乃延仙芝及黃巢三十餘人入城置酒大陳貨賂以贈之諸宰相多

言先帝不赦龐勛朞年卒誅之今仙芝小賊非龐勛之比赦罪除官益長姦宄不許王鐸固請許之乃以仙芝爲左神策軍押牙兼監察御史遣中使以告身即蘄州授之仙芝甚喜鐐渥皆賀黃巢以官不及已大怒曰始者共立大事橫行天下今獨取官赴左軍使此五千餘衆安所歸乎因毆仙芝傷首其衆喧噪不已仙芝畏衆怒遂不受命大掠蘄州人半驅半殺焚其廬舍渥奔鄂州刺史奔襄州鐐爲賊所拘賊乃分其軍三千餘人從仙芝及尚君長二千餘人從巢

各分道而去
周顯德二年周主自將攻唐淮南蘄州裨將李福殺刺史王承雋降周
三年唐將朱元等復取舒和蘄州
五年周世宗臨江遣水軍擊唐兵破之唐主遣使舒盧蘄黃四州地畫江爲界周師乃還
宋嘉定十四年金將僕散安貞自奪黃土關後所過城池勢如破竹入梅林關抜麻城縣至黃州克之進克蘄州前後殺掠不可勝計

元至正十一年羅田徐壽輝又名一眞業販布袁州僧瑩玉與麻城鄒普勝黃陂倪文俊以妖術聚衆用紅巾爲號壽輝狀貌厖厚衆推爲王九月陷蘄水並黃州蘄春等處竊據蘄水僭國號天完建元治平以普勝爲太師文俊爲丞相湖廣江西浙江城池多陷沒閩蓮臺省于蘄春浙江平章政事卜顏帖木兒等討壽輝于蘄水破之獲僞官四百餘人已而復熾遷都漢陽爲文俊所制文俊謀殺壽輝不克遂奔黃州陳友諒隷文俊麾下數有功遂乘機殺文俊並其兵後壽輝亦爲所殺
明萬歷十六年戊子蘄黃大饑黃梅賊劉少溪余孟新等焚掠鄉邨時兵戎久弛人心搖動知州徐希明設法防禦州判陳策死之事聞命湖廣巡撫南京操江御史合勦三月會兵蘄州凡九閱月平之
崇禎十年二月經畧熊文燦總兵左良玉於蘄招安張獻忠一丈靑等賊荆藩爲之置宴邸中時良玉不主撫議未二年賊果自穀城叛去
十一年十一月鎭守兵謀殺總兵張一龍事泄伏誅

十四年招安革裡眼賊安插蘄之詁山上鄉大爲民害後仍叛去
十六年正月二十六日鎭算兵通張獻忠賊乘雪夜襲破蘄城先從南城上焚廬室殺戮宗室紳衿居民殆盡江防道許公文岐以不屈死
二月二十二日城外房屋尚有未焚盡者居民收集防守賊復攻破三險大肆焚掠蘄民殆無噍類矣
五月三十日賊破武昌至六月初二日沿江一帶浮尸而下水爲不流

方毛于徐四營兵奉左良玉令撥防蘄黃一帶駐蘄
新洲不久掣調
國朝順治元年四月
大清兵誅李自成蘄奉
旨置官安撫
順治五年三月九江寇水陸並進至蘄之城南參將
韓友領兵擊敗之
六年二月蘄州上鄉土賊焚掠鄉邨參將韓友領兵
擊敗之盡平餘黨鄉民獲安

乾隆十七年春江南霍山縣白雲菴奸僧正修及湖
廣奸民胡濟修等黨同首逆馬朝柱前在羅田縣內
天堂寨開山燒炭招集無賴漸成羽翼繼在英山縣
內天馬寨假立神異煽誘動衆作逆書逆示傳單札
符旂令圖書軍器等項流言四起蘄州知州今陞黃
州府知府李 偵知其實親赴楊何等處剪其黨羽
飛報各憲陸續緝獲逆匪二百餘人起兵器火藥三
百餘件楚督永公 江督尹公先後奏
聞欽奉
諭旨分別輕重按律治罪其首逆馬朝柱從逆熊得勝等
尚未就擒現奉 部覆嚴飭各省懸立賞格多方查
詰期于必獲遵照節次通緝如初

蘄州志卷之二十

知蘄州事虞山錢　鋆纂輯

外志

仙釋

舊志彙二氏于人物其教列繁複不勝紀豈南北分宗始于破額重之以有明諸藩爭事長生冇以致之歟今頗刪節亦稍稍取証於他書仍彚入外志以別之

五代晉

羅翼不知何處人相傳飛昇于乾明磯磯上石踵踵若屐跡然後人遂建閣于上名之曰飛仙今廢又劉六者同時人居大浮山亦飛昇去

唐

費郎君者名光輝世畊大明山母劉氏餉夫元昇過雷雨晝晦欣欣若有感遂娠三年乃生郎君四歲就塾師學好從澗中浴師跡諸澗則龍也遂失所在一日歸立簷下約父母俱往如期風雷拔屋以父母去

王全飛昇于天長觀中

司馬氏道信宗派所稱四祖也初卓錫於州之鳳凰山旣徙破額山卽山以其法傳弘忍稱五祖後俱徙黃梅蘄有神秀者禮五祖于黃梅遂開南北之宗

介珪涿州人母夢一星墜懷而生卓錫於三角山山多虎珪至虎悉遁去因號伏虎禪師後祈雨輒應仁宗高宗俱有賜號

手巾葬張祖師者貞觀時人菴旁有巨石先爲神龕

原所據師欲奪之約與俱浴原起師覆手巾于上原揭再三不能起師卽石上坐原怒登山發三大石擊之二左右植一幾及頂師掌承之遂結爲龕掌及手巾迹猶存菴因以名

白崖和尚住高溪寺一日溪水有血流出塗人怪之沿溪行見白崖手刲一人腹曰若欲悉吾教吾爲若滌臟胃耳語畢忽失所在跡之見一石齒刺山麓儼然白崖也其上有詩云金殿重重鈴動風六龍飛入白雲中晚來落盡前山雨人借山房鶴借

松

詹祖師即弘簡坐化于馬口寺

二梵西竺僧隋唐間三僧入中國一住興國東方山一住州之三角山二梵住圓峰山屢著靈異山半有泉土人祈雨輒驗

宋

麻衣道者姓李名和生而紺髮美姿容常入終南山遇異人授一牒曰南陽之間湍水之陽神開汝鄉汝則往之可以翕神養茫後得樵者導其處居之

十九年義熙中旱居民張熏率衆請雨麻衣苦無術是夕有丈夫十二人來謁狀貌猙獰謂第許之翌日果大雨與唐無藥禪師遺蛻俱存石鼓院中

戒和尚居五祖山東坡同山谷見清老清語坡前身爲五祖戒和尚即此

明

郝悟通者麥燚李之徒先是荆永定王迎麥燚李於太和山破衲入王宫王問長生訣曰修身齊家長生訣也送歸至漢上未及岸自舟中逸去後王幾以罪廢國始悟李語因敬禮悟通萬歷中大旱王命求雨自暴烈日中雨至而逼坐化矣王以禮塟之

雪菴和尚者托堪輿往來于州之崇居鄉長年不爲人卜一地謂陳氏夫婦賢爲搆一門一葬其先世後不知所終著有字字金壺書行世舊載雪菴姓葉揚州人建文時進士或曰即郭節未知孰是

僧源潭與里中子鄧茂七善一日茂七從石窟中獲一劍以示潭偶揮之飛禽望空首落潭曰此禍本

也請去之不聽挾之走閩正統中爲亂于沙尤古田間有司命潭招撫潭仗一劍往與之飲醉起易其劍擲江中亂遂平事聞詔建弘慧寺于蘄以居之

歸宗語不虛發雖尋常談論必透宗旨萬歷間鄉官袁世振迎住宗遠菴結十齋社

靈鑪江右人兄弟七人俱爲劉大將軍偏裨從征皆死鑪遂棄家爲僧芙蓉開募修石鼓寺

張后山不知何許人甞羅上傻魁一紛常覗一妓不

荅乃引手向空取新衣與止絳綵衆大笑忽問公等可少嚌乎後向空出美酒肥炙餉之後坐盜荆府物下長吏后山涕泣叩頭額盡瘇曰死矣願少乞我酒酒至后山目注之叫霹靂應聲自酒中起后山並桎械俱失所在

不知姓名翁年可八九十好遊麟山高處臥或猝之陞笑自緣起如是三猝三緣起疑其痦也一日言天地國耳或驚問先生言矣何謂道曰耳其目目其耳鼻其口口其鼻之謂道後失所在

德心白雲菴僧不識字惟日拜觀音一日傾淨水處生蓮花因閉關三年遂頓悟悉解諸經並傳通文字言晴雨輒應後之蜀寺後有磐石圻裂有聲僧坐裂處誦心經石合如故

雲外歙縣汪氏子明末以諸生披剃爲僧先居匡山八九年人鮮知者後從州之南嶽寺示寂時預定時日手書法語數千言又所著有宗鏡等書

四弘安慶人白龍潭寺僧工書法筋力稜稜得顏魯公體樊山王雅重之墨跡至今有存者

國朝

臥雲道人明宗室易姓李住元妙觀工詩不存稿僧鴈字詩百首州人士傳誦之

丹九道人姓易名來成陝西人由麻姑洞來住元妙觀工詩運腕臨帖預知化期著有崑崖集

佛幢居東山寺元初居三閣蒋二僧後先大倡宗旨時蘄當寇難之後士大夫頗言因果多從之

界定鎮國寺僧田氏子蘄州人臨濟門下麟瑞九世法嗣性沉靜工書法托堪輿以自晦著有語錄

宗一居氏子廣濟人明末讀書白鹿洞遇異僧披剃了悟禪宗　國初住朝西菴著有語錄傳法容海再傳悟源掌僧正教

最偉福興寺僧與陳友夏參究宗旨多所了悟示寂後三年啓龕如生僅一小指朽焉

山月三角寺僧性沉靜通古籍除遊謁外終日焚香默坐嘗曰吾山以鎮身月以居心故名州人士咸重之

鳴巷東山寺僧結茎草亭吟咏其中蘄州有兩湖七

子祗鳴菴與焉
慧澤蘄州三角山寺僧問師登寶座大衆側聆師卓柱杖一下僧曰答即便答又卓箇甚麽師曰百雜碎
迷指三角山寺僧有夙慧其胸空洞無物著有語錄法嗣多宗之
天笠住大泉寺又住菩提寺凡九坐道場說法十二會後寂于澗南著有語錄
雷門震和尚江西萬年縣方氏子年十八不就婚入廬山披剃悟宗旨後住蘄之大泉寺有語錄及雜著

紹嵩居三角龍門寺著有語錄
磊菴龍門寺僧工詩著有語錄
靜惟 慈慶 工詩著有稿
按舊志載釋氏以山紀者若烏牙山之行朗清楚彥賔三角山之真鎮法遇志謙四祖山之清皎諸演端輝悟通志 仲宣曇華五祖山之山秀道初大演表自凡十有八人以寺紀者四人若龍華寺之曉愚開元寺之子琦瞿金寺之馬祖龍潭寺之理公以地紀者一若壽聖蘄州人此皆無可紀述姑附見于此以俟詳攷

寺觀

南北之宗皆寓于蘄其勝蹟猶有存者緇流黃冠之所溺而處也故祠祀之外寺觀爲多抑神道設教聖王隱用之以佐政令固有不可廢者與
城隍廟在麒麟山麓明成化間建嘉靖間修
國朝乾隆十五年陞州李珌重修知州錢鋆增修首庸募費詳各碑記監生查用禮舊捐香火田

東嶽廟有五一在東門外明洪武間黃均建永樂間陳仕冕重建鄉官孫天衢及老會捐置各田一在闕家衝洪武初闕岳建一在永福下鄉雲臺山嘉靖間壽官熊維賢維岳等建一在大同鄉高砂里十三戶約所一在青山鄉與隆山吳鳳翩鳳樓等建
三公祠在州城內洪武三年知府徐麟建祀提刑按察使何公安撫使吳公張公皆有惠澤及民者

三洞龍王廟在三角山宋慶歷閒祈雨有應封侯紹興閒進封王

鎮國寺在永福策山生員張錫爵建男作楫作梅協占重修

百神廟在小西門外乾隆十二年僧廣照重修

白馬廟在州治中碑存　魯王廟在西關內

高山廟在北關外　三官廟在東關外

龍磯寺在江心

烈士廟在龍磯門祀王彥明洪武初士民公建景泰

中士民重建後並以祀王玠題其額曰二烈士廟詳王儼碑記

褒忠廟在州內祀正節侯李誠之義烈侯秦鉅今毀

文昌閣在南關外江心新生磯先是明萬歷戊子州守徐公築基建亭奐明卿題曰浮玉後防道侯公尭封韓公孫愛增築丙辰新安吳公國仕鼎建文昌閣又置田膳士飯僧置渡春秋歲祀後王公世德增築外磯李公如會重建浮玉亭於閣前士民不忘其功祀侯韓二公像於關聖祠後又專祀吳王李三公主于報功祠詳見李公本寧銘記載藝文志

關聖行宮原在南門外最著靈應　國朝順治己丑韓參戎移建荆藩舊址今南門外基尚存

報功祠在南關外關聖祠右為防道吳公國仕建基尚存

四祖寺在鳳山麓隋大業閒道信遊此唐武德中闢山為寺後徙黃梅永徽初入寂賜號大醫禪師明洪武元年僧正名鐸重建　國初李廷楷等募修

方丈僧源常募衆裝修僧象明施香火田

五祖寺在州東雨湖岸上唐貞觀閒弘忍大師卓錫于此明洪武閒僧祖錫正統閒僧法治嘗葺嘉靖閒永定王增修荆府擴而新之一名東山寺　國朝順治十五年僧海蓮募建康熙甲寅鄉官李本晟捐建鐘鼓樓雍正丁未李永慶永寧乾隆甲子王鎮王鑾葺修觀音堂湯時弼修後殿吳蘭伯同男胎元舊捐香火田　左有莖草亭僧鳴菴結雨湖陰社

石鼓寺在羊子塝宋咸寧建明天順間僧永啟行化承奉阮佑修天啟三年僧靈鑑募化鄉官李瓊岳鎮華諸生孔庭訓盧如鼎等重修鄉耆郝其文施寺田

法勝寺在蓮花池北岸洪武間僧法崇開剏天順二年荆靖王奏請爲祝聖道場仍請額得賜今名嘉靖戊子僧承玉永誥重修

鐵佛寺在北門内佛像皆鐵三鐵鎮蘄陽此其一也明洪武元年比丘永明剏嘉靖十九年荆府重修

乾明寺卽觀音閣明永樂中比丘知安遷建正統間福慶重修嘉靖五年荆府新之

昭化寺在州北三里荆府建成化八年僧智明重修

地藏寺在州東十里

菩提寺在州東三十里明正統六年僧智英修成化五年僧惠錫重修

沙徑寺在州北一十五里明景泰間僧明珍修

龍門資教寺在三角山後梁僧慈應剏宋仁宗賜額龍門高宗加賜資教明洪武元年僧正果重建

廣教寺在州北五十里白雲山明洪武間僧守住修正統間僧明鐸重建

天竺寺在州北一百三十里明洪武十三年僧印信修

古佛寺在州北一百八十里僧智誠建佘元施祀田

三峯寺在州北二百里僧智誠建

金山寺在馬下山正西久廢明正德十年僧德堅修山主徐演遷去舊址里許

高溪寺在州北一百三十里宋紹興間僧白崖建

弘慧寺舊名清溪在州東一百五十里宋僧紹慶剏建明僧道真修弘治間奉勅改置見仙釋源潭傳

瞿金寺在州北唐貞觀間馬祖師建明洪武間僧盛力修

大泉寺在州東十里山阿下有大泉

松山寺在州東一百一十里碧雲峯明永樂間龍虎慈僧卓錫於此旁有古松一株蒼古如畫遂名

靈虬寺在州北七十里明正統間僧福興重修

靈泉寺在州東八十里明景泰元年僧智寶修

圓峯寺在州西三十里　龍峯寺在州北十里
長流寺在州西三十里
漁田寺在永福鄉西湖尾有賈島詩刻
龍窟寺在永福鄉高家衝
郎山寺在州北明宣德元年僧本然剏天順間僧圓
通有碣
寶林寺在州北一百五十里唐貞觀建明洪武三年
僧無塵重建
科亭寺在州　百二十里明洪武廿八年僧守住建

盤石寺在州東一百八十里唐貞觀間僧令一建四
祖寺僧智敞重修
南泉寺在州東十里僧廣善置香火田陸斗程尚海
尚湧捐水田壹石陸斗
紫金寺在州北一百八十五里四祖寺僧如霽修
成眞寺一名存金在州北一百五十里唐貞觀間建
金鵝寺在州東一百二十里明洪武間建
永福寺在州北三十里雲峯山明洪武間建
三角資教寺在州北一百二十里唐貞觀間伏虎禪
師剏明洪武間僧正果修元至正間比邱德明有
碑記
城山寺在永福鄉城山之顛
開通寺在安平鄉紫玉山明末生員李具慶仝慶施
基並香火田　國朝順治間僧元明募建
福興寺在陳家壋明荊王建
宗遠菴在東門外明萬歷間鄉官袁世振爲僧歸宗
建　國朝順治僧海蓮修
三閣菴在南門外明崇禎間鄉官饒京建盧絃重建

鉢蓮菴在雨湖中明天啟間鄉官楊芬建僧祖仗修
如是菴在東門外明天啟間僧海瑞建
潛留菴在五祖寺左僧海淵建
寶月菴在東門外教場口　祇園菴在文明門內
慈雲菴有三一在雨湖迎山鄉官饒京建盧絃修一
在青山鄉一在大同鄉
福勝菴在州東四十里盧時俊施基並香火田　國
朝順治間僧圓理圓慈募建有碑記
茶菴在彭思橋

雙井菴在州北舊傳劉五眞人居此

元妙觀原在麒麟山宋祥符間道士李可道刱明洪武間道士王德榮遷建於東門外天順四年荆靖王鼎建正德間荆王修正殿嘉靖間荆世子復修鄉官宋誠王儼俱有記 國朝雍正李元序之妻陳氏施香火田

朝陽觀在永福鄉

溪山觀在州北宋元豐間道士桂道祿刱明洪武間道士江秋修

天長觀在州東北晉永熙間王全眞人刱明洪武間道士蔡會祥正德間道士盛從改建

天眞觀在州北元至正間道士詹道元刱明洪武間道士王嗣斌重建

武當行宮在州治右荆府建

祈嗣宮在四祖寺左荆府建

三閭祠其址有五一在遞運所一在鴻宿洲一在羊子墩一在卦口一在王厰

關聖行宮在北門外貢生李延慶居屋羅寇難其妻李氏施爲廟祀關聖

萬壽宮在羊子墩江滙 國朝順治十五年豫章客蘄者建祀許眞人生員盧灝施基

雲臺仙院在州治内三眼井前鄉耆李時暘施基

奎星樓在外泮池左 國朝防道徐惺建知州錢鋆重修崇居鄉候選州同陳法璧增修廊房前訓導江魯福捐香燈銀四十兩生息州貢生馮以觀易時敏與住持僧雲目捐置樓後園地

元善寺在州北一百八十里燕子崖下明末州人胡

士鼎幼避賊于此賊至縱火焚死無算鼎方卧夢神掣置深潭得免及寤抱木而浮嗣糾衆卽其地建寺

龍巖寺在青山鄉僧止水建

歷化寺在永福鄉

石觀音寺在崇居鄉

廻龍寺在大同鄉

箓山寺在永福鄉

海會寺在青山鄉　白塔寺

廣福寺在安平鄉
寧泉寺在三闘橋王氏香火
極樂菴在迎山
朝西菴在大同鄉僧宗一開禪于此
死中菴一名城隍墩在第一關外陳士眉修建男起
超重修
華頂菴在大泉山陳士眉修
大泉菴在州東十里鄉官李本衍建
手巾菴在崇居鄉見仙釋

士子菴在崇居鄉原名賜子菴生員胡宣典宣袁宣
謨改今名爲士子肄業處也
六度菴在崇居鄉監生吳璘改建男生員洪兒監生
洪覺監修所捐賑族義倉在內詳碑記
衍慶菴在永福鄉生員張錫爵之妻楊氏鼎建孫文
度超元應詔等重修
遠塵菴在青山鄉僧自成建
雲蔭菴　雲覆菴俱在州東二十里黃氏香火
廣福菴在青山鄉陳家壩

興善菴在大同鄉　桃園菴在青山鄉
龍井菴在永福鄉　櫞木堂僧漢月建
三祈菴在永福鄉　普照菴在大同鄉葉家山
萬壽菴駱恭先建　東山菴胡學晟建
大慈菴陳華重建施有香火田
仁壽菴胡以蔡建施有香火田僧智省住持
華嚴菴在州東大徑橋一名顧家菴顧氏香火
慧照菴在文明門內鳳山　霞玉菴在文明門內
石鼓院在盤龍山有麻衣道者無藥禪師二眞身

慈雲閣在渴口下市陳贊元之妻熊氏鼎建男於校
於榮孫天縱監修
大琳宮在黃城河口　高店廟在青山鄉廠腳樓
二郎廟州城有二漕河有二
郎家畈鄉儺廟俗名戲廟在州南明洪武年蔡興伍
高俊建千戶戴祥改建
五顯廟一在四祖寺一在第一關一在崩岸頭
烈士廟在大同司祀田金浦
達城廟在青山鄉陳欲鰲募十域公建

火星廟在文明門內
芭茅山廟在鳳山門
天王廟在熊畫嶺
四官廟在北關外
按舊志祠廟已廢者概不錄若三公祠褒忠廟報功祠有功德于蘄者仍存其名以待修建

附鬼神

志鬼神自盧氏續志始其説謂爲蘄一方尊祀而設以今考之不必盡然也第傳聞異辭迎賽各别故仍其目攷訂加察焉

城隍主者舊稱威靈公封爵始明洪武初其所謂公亦五嶽視公四瀆視侯之意川嶽之靈每能因人事善惡以戲福人故公之侯之隱然與官斯土者共分生殺之權又隱然操官斯土者生殺之權而使之不得以私逞蘄俗每歲于六月六日謂城隍誕辰祭賽必備或曰城池之建以是日始故也

社公社婆卽俗所稱土地也農人祀以祈穀四時皆祭二月二日爲尤盛其亦古社酒之遺意歟

二郎神舊稱導江縣高濟王次子卽秦李冰云宋元豐立廟灌口得封爲侯蘄衛官軍戍平溪代清浪征諸蠻數過灌口甚獲神祐故蘄得祀之每歲六月廿四云神誕日醵金備儀仗鼓吹迎神于市一神前驅似猢猻著半臂執棒謂之孫悟空衆倅倚悟空戴雉尾着赭衣翔儛若狂謂之馬脚其日家各設案剪雞候于門或假悟空怒碎人器用壞人戶牖乾隆十九年州牧錢鋆積薪焚悟空棄其餘于江立碑禁勿迎二郎神碑載藝文

費聖龍君見仙釋

江神若順濟龍王三洞龍王蕭公晏公黑神吳王水府諸神皆謂之江神廟祀不一惟夏至在于文昌閣有祭載祠祀及書院收支項下

順濟龍王熈寧中王師南征有龍伏江中或謂卽晋吳猛許遜所誅大蛇之子也有司以聞詔封王遣太常卿致祭蘄有廟在龍磯之巔徽宗大觀四年封靈順英昭安濟王

三洞龍王在三角山有洞三相傳各有龍潛洞中慶

歷間祈雨有應詔封上洞靈祐侯東洞顯應侯二洞失考絡與時祈雨又應俱進封王

蕭公舊傳名化軒一曰伯軒新淦人沒爲江神元時以其子祥叔合祀焉明初遣官諭祭于汰洋洲永樂中其孫天任卒屢著英異亦合祀之詔封水府通靈廣濟顯應陰祐侯蘄有廟在州治西南濱江

晏公舊載名戍仔清江鎮人一云臨江縣人元初爲文錦局堂長因病歸發舟尸解人以爲神立廟祀之蘄有廟在乾明磯上洪武十九年州民胡恂建

後封平浪侯嘉靖三年運使陳大中以不經改爲禹王廟

高山郡王靖明大王莫詳緣起有廟在城北元至正十五年建

三公土主者一提刑按察司何公一安撫使吳公一按撫使張公皆有惠澤于蘄也祀其官祀其姓名諱無聞廟在城內明洪武三年知府徐麟建

白馬神廟在州城大街中石碑現存相傳有大賈乘白馬過蘄爲人刼殺遂爲神故蘄有白馬渡云按南楚新聞云唐咸通中有姓佘朱者家于巫峽遇白馬祠禱焉忽聞神語愧子相知吾將去此爲湖南城隍神天下亦將亂毋遠賈也是歲僖宗以晉王卽位又一統志載黃州白馬廟爲張桓侯未知孰是

鄉儺神古稱高陽氏第三子沒而爲儺蘄所事儺非高陽氏其神有四中一黃衣冠如帝者曰唐明皇三少年花衣帽從曰太尉按搜神記天寶時田氏兄弟三人尙遊俠醉卧天津橋明皇微行見之戲命粉墨塗其面覺而相視大笑遂死見夢于帝曰

臣兄弟蒙賜粉墨魂不知所歸乞臣何職帝曰命汝爲儺每春陽巡行花柳可乎因令郡邑塑三人像賜號太尉自是帝屢夢挾二人遊蘄事儺七十有二家每孟春舁神遍歷其家至則男女羅拜鉦鼓喧闐旌旆雜沓神降送以歌歌聲烏烏畢則內神于廟廟一在州南二里許一在郎家坂今廢儺事亦寖熄

黑神水神也祀三閭祠中俗傳卽三閭大夫子悲父

沉汨羅死號泣烈日中髮焦面目黧黑已而亦投江死遂為神蘄于五日競渡時舉神登龍舟投角黍于江鳴鼓哀歌歌聲若云壽爺郎壽爺郎又元總管吉星戰死李輔葬之鳳凰山土人因依山立廟又別為巴茅山後人並稱黑神總管莫辨其為兩人也他如楊泗將軍張七張八相公聶三聶四聶九官人皆無考

七郎神或傳是泰山第七子蘄有廟一在道署後一在赤東湖彈子山神降每執棒對舞自唱麻城張

七郎按一統志宋時麻城人張行七以毀沿江廟繫獄適有火災釋行七救之立止至城北五腦山人馬俱化遂為神

張王為睢陽無疑每見有塑許遠雷萬春以從祀者揚州志云張士誠父非也蘄俗于五月迎其神醮衛甚盛鄉村各為社或相值爭道以毆謂之撞張王又作紙船揚旂旛其上送之江謂之送瘟豈沿公死為厲鬼一語而誣歟

吳王三國時甘寧也南宋有鐵騎夜繞金營之異晉封王蘄舊有行宮在羊子墩今廢按吳志寧守下雉破虜中流矢死富池羣鴉覆屍得不壞今與國富池有甘寧墓每上巳士女各有挈為王掃墓義鴉覆王屍以餕餘飼鴉鴉以故與人狎至今客帆過富池鴉來噪檣端則喜或以肉食擲空中鴉吻張十七距張十九飛接無虛擲土人謂之神鴉又曰鴉將贊王靈也

策山白馬將軍神相傳宋進士胡魁也因殉宋難勑賜為神　國初戊己之亂寇賊煽虐土人結砦于

上賊攻之幾下突空中有人乘白馬環甲冑持太阿匝城四周賊衆望之大駭不敢近奔北死傷者無算一方安堵張錫爵為神建寺厥後州牧蔣公賜額曰鎮國

三司總管不知何許人祈禱輒應或云即三公土主也

二令相公相傳為洞庭神意亦楊四張七之類蘄境惟青山鄉祀之

摭聞

狂夫之言聖人擇焉其傳聞于父老者不必盡非也兹于舊志遺事外畧復綴拾一二要必與其地掌故相發明虞初九百雖多無取焉

一統志載宋理宗景定二年安撫使王益避亂率民保鴻宿洲築城于今治麟山之陽掘地得墓碣云本是千年地暫借五百年感謝王刺史移我過西園按王益爲知州稱安撫誤舊傳爲郭景純所畱自晉迄宋末不止五百年又傳爲荆藩建邸時所獲皆誤

蘄州今治形家言地如箄形故用三鐵鎮之一爲州治内戒石前三鐵缸一爲鐵佛寺鐵佛一爲南門外鐵牯牛鐵缸癸未城破後爲江南人擊碎運去鐵佛今尚存至鐵牯牛相傳在南城濠邊土内有人浴濠中偶傷牛角城中遂犯火災

蘄州防道憲署初建時或占其中宜出大元後宣城沈公寵其子懋學歸安韓公紹其子敬皆發殿元南公先後建節于蘄信地有先兆也

舊志載姑蘓高太史啓修行于蘄之迎山寺按寺在迎山之隈基甚隘今遍考自環翠亭一詩外在蘄更無他蹟而太史集中亦別無著作可稽其稱在蘄修行不知何據也

明萬歷已未間土人于江中之散花洲得小鐘一口擊之無聲以獻之兵憲王公廻溪亦不能識時大宗伯李公本寧過蘄王公質之李公曰此三國時周公瑾破曹兵軍中會食之鐘也共十有二以重物擊之無聲以蘆葦輕擊之其聲始發驗之果然

蘄南城外三里許關帝祠神像甚有生氣城中人事之甚謹癸未賊後祠爲土人所壞神遂露處韓粲戎爲建祠于荆邸沉香樓之廢址擬移神卜之不許强移之神初像面淺赤豐頰有拙工爲之改削其人立死神前威靈顯著如此乃順治已丑夏事也

一統志載蘄州有鬼鳥宋王禹偁自黄徙蘄聞此鳥詢其名或答曰此名蘄州鬼禹偁大惡之未幾果卒蘓子瞻作禽言詩曰使君向蘄州更㗫蘄州鬼我不識使君寧知使君死人生作鬼會不免使君

已老知何晚今按蘄原無此鳥或謂即梟鳥俗名扛喪聞其聲即惡爲不祥然此鳥處處有之春夏間卯哺時多夜鳴何指爲蘄有也

蘄產白花蛇龍頭有角褰鼻四牙尾有佛指甲脊有方勝花文死目不陷不食生蟲惟食楠藤子楠藤可治風故蘄蛇亦可治風相傳蘄花龍峯山舊有沉香樹楠藤附之蛇多產于此後樹爲人所盜伐蛇遂渡江移于興國其實往來產聚之地不常惟楠藤盛處即有也或曰蛇產處處有之而蘄產獨

靈者以其地所應正在翼火之分星耳

蘄山水秀麗人文故多應之遠不可考近代王公折節樂與士大夫游往往結爲詩社宗簡中以觴事擅名者如竹侶之草蟲定王之菊竹鑪虛之松梅季御伯誠之水墨花卉維宗之松書則如震岳仲良龍渭諸昆季皆得飄然蕭灑之意縉紳之工書者若王之栩號天目王之鼎字定仲李新字庚伯王可象字孝儀王縉號意菴而諸生中有袁素亮字公爹鍾士良字伯駿陳之京字覲北王瑄字大玉周至德字文仲張效鍾字期伯陳宰字居長袁紳字元薦周弘德字叔毅袁道長字天倅其楷書行草皆擅絕一時藝林翹楚此文苑之所不能盡收者故附記于遺事云

蘄俗近文雅善歌者多習吳中雅調雖布衣之士咸能以絕技擅名如黃綺雲之善謎馮道衙之善奕雖曰小技王公大人亦樂與游至今猶述爲里中美譚也

蘄民多尚義邇年橋梁多折毀如治西之三十里通

上鄉者有大明橋　國朝順治十五年鄉民李如嚴捐貲千金並募化重建之又南路之三十里通廣濟田家鎮者有馬口橋順治十二年州民粱均宇重募建不足鬻屋以竣厥工至行旅攸賴二人出自編氓尤所難也近又有僧海蓮于東山寺鳳山寺玄妙觀俱任募修凡此皆建置與尚義類所不能盡載並于遺事附之　以上俱舊志

明藩邸雅好賓客布衣若謝茂秦盧次楩等以詩古文詞相酬答外此一技擅長皆得厠名其間風流

魚雅極一時之盛
國初工詩不獨儒家者流釋子若天章羽士若卧雲
皆堪樹幟騷壇今天章詩僅存數首卧雲詩則廣
陵散矣聞天章乃皖桐庠士卧雲則天潢之裔也
夏埭字子喬江州人謚文莊知蘄州時龐莊敏公爲
司法嘗以疾在告忽吏報莊敏死文莊大駭曰此
人當爲宰相吏言其家已發喪文莊曰不然卽往
見取燈視其面曰此陽證傷寒醫者誤耳亟以承
氣湯灌之少頃甦世謂文莊知人多術後與莊敏

並入相
白茅堂集載李言聞傳內李時珍與顧日巖善日巖
嘗夢爲詩曰遠色隔林靜屬時珍對對曰明霞對
客飛翌日言夢皆合其神交如此　又貢生蕭銓
病危夢時珍授以方當用海桐皮治之果愈銓遂
讀其書精于醫今醫家稱時珍爲醫聖此亦一事
也
白茅堂詩話載蕭霽字東曙長予一歲每與予卽席
賦詩皆頃刻就贈予有云欲擬逸才何所似裁雲
鏤月作詩篇嘗賦巾幗行見嘲畧云顧生意氣何
揚揚鼻頭吐火眼出光自言有詩二百章踵門長
跪求雌黃豈知小巫神氣澀幾欲出手還沮藏鍾
會隔墻擲四本不敢對面投嵇康予戲賦龍嶠行
答之有云豈知仙經那可假手執靈文故瀟灑顛
爲橋上授書人不識爐頭畫灰者東曙跣足至大
叫傖何目我做不得癸未張獻忠屠蘄予家以貞
節感賊免害東曙被執詈賊賊臠之痛哉後予說
向張公亮先生先生曰蕭詩輕露君辭重渾吉凶

所以異也東曙有集十卷編類書名道器搭囊一
千六百卷並失又嘗謂予曰一穴不兩蛟我當殺
汝予笑曰君當爲員俶我爲李泌何至相殺耶
耳提錄載黃公語云浦心章蘄州人爲荆藩良醫所
精太素脉是時諸生中名噪人耳者唯予與蕭東
曙浦一夕延予至其家曰勿飲酒夜半吾當爲子
候脉既候而嘆曰吾意子少年科第將有所託今
科第雖不可得而心脉起一峯將來必以文章名
世吉祥壽考固不待言矣惟蕭脉七斷八截恐非

令終之咨及城破蕭死獨憭然後知浦術之精
明季蘄州人文頗盛應試常數千人額亦無定并宗學約五六十名試場于雨湖西岸爲棚或以繩區之諸童入庠後各持香楮至其處云辭季家嘴又諸童入庠歸次日晨早各穿巾服詣藩邸朝王王御殿諸璫如數捧茶至階下飲之各分賜紙筆謝恩而出
大同鄉巡司署前面山有石如人立山麓即雲霞菴防憲徐公賑饑其處題詩二首題雲霞菴詩云茅

菴結在萬山巔只見雲遮不見山寄語山雲遮護好莫教雞犬識人間贈石人詩云呼爾爲人苦未休風霜剝落不知愁不如只作峯頭石萬古青蒼在上頭至今碑在菴左側
四照堂集載康公茂才以元進士官授南康太守歸命明太祖康郎山之戰厥爲首庸太祖既定天下論功錫爵爰封蘄國公子鐸嗣爵蘄春侯靖難時鐸守後宰門勒兵拒命死遂失封世宗起興藩入纘大統念康公爲楚人功大殄祀甚憫悼勅湖撫下郡邑求康氏子孫時康姓居蘄青山鄉聞命驚錯以爲靖難禍復作恐罹族誅有司求急康氏議一椎魯之人稱爲嫡派赴京陛見上不樂止襲留京錦衣千戶又別支有流寓燕者號明元光宗爲太子時明元以黃冠奉祀太清宮香火太子素習勤苦常諮訪民間事明元乘間陳先世失封狀太子允復其封壽一月崩遂未議及蘄庠生康再奇字鳴來蘄國嫡裔其始封券及宋濂所撰制誥萬歷間州守徐徵驗其券復其丁徭二十戶以示優

恤
州城有朱某亂後漂泊蘄東百里外江郎隱于醫雅與士大夫文酒遊更姓樊字曰孝山荆府名妓某工畫蘭楚楚有致酒間曼聲度曲能說開元天寶故事孝山寵之遂妻焉與之偕老已而孝山病廢歸蘄結草廬以居今蕪沒矣金太史德嘉有詩云白頭宮女嫁王孫陋巷頹垣烟雨昏椀茗爐香曾此地琵琶一曲客銷魂

後序

甲戌冬余来司鐸蘄州明年州　大夫
虞山錢公議增修盧副使紘所為州志
屬余執筆硯從事其間始二月朔至於
十二月既望書成計卷目增盧志十之
三人物增十五六藝文倍之其他攷故
實審體例亦有互異者盧志成於江南
官舍蒐訪所及既不能無遺又距今近

百年事蹟舊聞日積以多固宜視昔加
詳也攷蘄志自明有之甘澤志九卷最
先出翁丹山以謂成於一人之手續修
於嘉靖間是為郝志
國朝盧志成二書遂廢今於盧志不能無
異同如此自後日視今所為其又有定
論耶然以　大夫之公且明一時積學
能文章者皆在館局鄉先生又能勤於
訪問不遺幽隱荅交相為功而書乃成
雖久不廢可也余承　大夫教無能為
役稍〻校字句附名簡末俟来者更定
焉蘄州學正應城程大中拳時謹序